H. G.
Wells

AutoreSelectos

H. G.
Wells

La máquina del tiempo
El hombre invisible
La guerra de los mundos
Los primeros hombres en la Luna
Cuentos

Grupo Editorial Tomo, S. A. de C. V.
Nicolás San Juan 1043
03100 México, D. F.

1a. edición, julio 2003.

© H. G. Wells
  The Time Machine
  The Invisible Man
  The War of the Worlds
  The First Men on the Moon
  Tales
  Traducción: Luis Rutiaga

© 2003, Grupo Editorial Tomo, S. A. de C. V.
  Nicolás San Juan 1043, Col. Del Valle
  03100 México, D. F.
  Tels. 5575-6615, 5575-8701 y 5575-0186
  Fax. 5575-6695
  http://www.grupotomo.com.mx
  ISBN: 970-666-758-X
  Miembro de la Cámara Nacional
  de la Industria Editorial No. 2961

Diseño de portada: Emigdio Guevara
Supervisor de producción: Leonardo Figueroa

Impreso en Colombia por: Imprelibros S.A. - *Printed in Colombia*

Prólogo

H. G. Wells (1866-1946), autor, filósofo y político inglés, famoso por sus novelas de ciencia-ficción, que contienen descripciones proféticas de los triunfos de la tecnología, así como de los horrores de las guerras del siglo XX.

La casa donde Herbert George Wells vino al mundo estaba situada en la calle principal del pequeño pueblo de Bromley (Kent), muy cercano por entonces a Londres, y hoy en día integrado como un barrio más en la capital británica.

En el momento de nacer, su padre, Joseph, y su madre Sara, eran propietarios de una reducida tienda de objetos de porcelana y otras variedades de menaje doméstico. No era un buen negocio, y el nacimiento de H. G. Wells, tercer hijo varón del matrimonio, aumentó las preocupaciones en la familia. Los padres, que se habían conocido siendo sirvientes, él jardinero y ella doncella, en una mansión noble de la comarca, y que con base en ahorros y esfuerzos habían logrado montar aquel negocio, se vieron en la necesidad de encontrar nuevas fuentes de ingresos para sacar adelante a la familia, y así ella vuelve a tomar su antiguo empleo, y el padre aporta nuevas entradas monetarias gracias a su habilidad como jugador de críquet, deporte tradicional inglés semejante al béisbol.

Aun cuando el propio H. G. Wells nos dice que la influencia de su padre, aficionado a la lectura, resultó más decisiva para su futura vida que el papel de su madre, sus biógrafos están de acuerdo con entender que el peso familiar descansaba en la figura materna, y que será ella quien intente trazar el destino de sus hijos. Con la intención de hacerles subir un peldaño en la rígida escala social de su tiempo, decide prepararlos para que entren el día de mañana como dependientes de comercio u oficinistas, en cuyos modales y vestimenta, levita negra y alto cuello blanco, veía una divisa de honorabilidad y rango superior.

Los primeros estudios los realizó en una escuela privada, regida por un antiguo conserje llegado a maestro, Thomas Morley, dotado de escasas habilidades pedagógicas y aun menores conocimientos. De aspecto feroz y de carácter colérico, seguía al pie de la letra la antigua máxima de que "la letra con sangre entra". Su frase favorita era: "la primera ley del cielo, señores, es el orden". De aquellas circunstancias, que Wells relata en su novela *Kipps*, guardará siempre un amargo recuerdo. En alguna de sus cartas escribe literalmente: "No recuerdo que me enseñaran nada en la escuela. Nos señalaban lecciones y sumas, y luego nos las oían. Pero nuestra pérdida era principalmente negativa, crecíamos embotados".

A los ocho años sufre una caída y se fractura la espinilla, debiendo guardar cama durante algunas semanas. El médico del pueblo colocó mal el hueso y hubo que romperlo de nuevo y reparar el error. Durante largo tiempo ha de permanecer instalado en la sala de su casa, y encerrado entre sus cuatro paredes descubre un enorme horizonte: la lectura. A lo largo de la convalecencia devora los libros que su padre le proporciona, y se desarrollan en él el hábito y el placer de la lectura. Dickens y Washington Irving son sus primeros novelistas favoritos. Con razón hablará de aquella caída, como de uno de los momentos más afortunados de su vida.

Finalizados los estudios de cultura general y contabilidad, entra de ayudante de caja en un almacén de tejidos, pero sus tendencias a estar en la Luna y soñar despierto, añadidas a su mínima falta de interés, no le convierten precisamente en el empleado óptimo para el desempeño de dicho oficio. Lo despiden y pasa entonces y durante una breve temporada, a ayudar a un pariente que dirige una escuela, tarea que le satisface y le permite dedicar tiempo a su vicio favorito: los libros.

Pero la desgracia parece acompañarle. La escuela quiebra por falta de alumnos y nuevamente, ha de trabajar en un almacén de paños, donde aparte de desarrollar tareas manuales, ha de permanecer interno durmiendo en el triste barracón de los trabajadores. Un día, cuando a las once de la noche apagan la luz y ha de interrumpir su lectura, decide abandonar no sólo aquel lugar, sino también aquel camino en la vida.

Tomada aquella decisión, se aleja del almacén y, andando más de cuarenta kilómetros, se dirige a ver a su madre en la mansión de Uppark, donde ésta trabaja como criada de confianza. Aquel adiós y aquella caminata los recordará como "tal vez lo más grande de cuanto he realizado en mi vida".

Pasa entonces una breve temporada viviendo con su madre y entra en contacto, merced a su acceso a la biblioteca de los señores de la casa, con la obra del filósofo evolucionista Herbert Spencer; lee a Platón, a Voltaire y algún ensayo político que, como *Los derechos del hombre*, de Paine, uno de los padres del socialismo inglés, le causará profunda huella. En este intercambio placentero reconstruirá un telescopio desmantelado que por azar encuentra, y contempla hechizado la armonía muda e imperecedera de las estrellas y planetas, que desde entonces servirán de fondo a todas sus imaginaciones.

La necesidad económica lo obliga a colocarse de nuevo como mancebo en una botica, que años más tarde describirá en su novela *El sueño*, que, al igual que gran parte del resto de sus escritos, contiene pasajes autobiográficos. Al tiempo se matricula en una escuela nocturna y, encontrándose con un buen maestro y ayudado por su pasión y curiosidad por el estudio, se interesa por aprender los conocimientos científicos del momento: la Astronomía, la Geología, la Física, la Biología, a la vez que se convierte en un evolucionista y admirador de Charles Darwin.

Habiendo destacado en sus estudios, es propuesto para seguir con una beca estudios superiores en la Escuela Normal de Ciencias de Londres y, lograda su admisión, se traslada a Londres para cursar diversas disciplinas. Entre sus nuevos maestros destaca la presencia de T. H. Huxley, eminente fisiólogo, defensor de Darwin y abuelo del futuro novelista Aldous Huxley. Para H. G. Wells aquellos años de estudio constituyeron sus primeros momentos de felicidad.

Instalado en Londres, ya casado con Isabel, una parienta lejana y de quien se separa pronto, desarrolla una actividad exhaustiva: estudia, investiga, da clases particulares y comienza a publicar en una revista científica sus primeros trabajos de carácter pedagógico. Terminados los cursos de la Escuela Normal, se sitúa como profesor auxiliar en una escuela de mediana calidad donde dejará un recuerdo de maestro exigente, preparado y dotado de excelentes condiciones para la enseñanza. Se casa por segunda vez con una antigua alumna, Catherine Rollins, y colabora en diversas revistas y periódicos. Aquellos tiempos de tremendo esfuerzo, unidos a la estrechez económica en que vive, resienten gravemente su salud. Pesa por entonces cuarenta kilos. Una mañana, y luego de un ligero trabajo físico, tiene un vómito de sangre. El diagnóstico es claro: tuberculosis. Abandona la enseñanza y dedica su tiempo a redactar colaboraciones en la prensa, al tiempo que dirige la sección de Ciencias Naturales de una academia de enseñanza por correspondencia, incluyendo el papel que tal práctica podría representar en el futuro y que las actuales universidades a distancia han corroborado.

Entre 1893 y 1894 Wells escribe una especie de relato fantástico, *Los eternos argonautas*, que aparece de forma periódica en la revista "National Observer". Cuando esta revista se cierra, su editor, Henley, crea la "New Review", y desea para ella una novela sensacional, ofreciéndole una cantidad estimable a Wells para que escribiese una, recogiendo el tema de aquel antiguo relato: un viaje al futuro.

En quince días de arduo trabajo, rehízo aquel material y terminó *La máquina del tiempo*, que aparece primero en forma de serie y más tarde como libro. Fue un éxito instantáneo. Se hablaba del libro en todas partes.

Se vendía. Se calificaba a su autor como hombre genial. De pronto, se había convertido en un autor de fama, a quien todos los periódicos pedían colaboraciones. Abandona, aunque no de forma total, el periodismo y se dedica a escribir. En el mismo año publica *La visita maravillosa*, y en los tres años siguientes tres novelas que cimentaron y acrecentaron su prestigio: *La isla del doctor Moreau*, *El hombre invisible* y *La guerra de los mundos*.

De esta manera, y a los veintinueve años, se halló dueño absoluto de su libertad. Independiente económicamente y con un prestigio de escritor con imaginación brillante, cálida humanidad y enorme originalidad mental, se encontró en una posición inmejorable. No se durmió en los laureles.

El éxito económico que acompaña sus primeras publicaciones le permitirá a H. G. Wells cumplir una ciega ilusión: tener una casa propia en un lugar ameno y grato donde poder seguir trabajando. Cuando el siglo XX inicia su andadura, el matrimonio Wells se traslada a su nueva residencia: la Casa de las Espadas, y allí, cuidando su precaria salud, haciendo deporte y dedicando la mayor parte de las horas del día a la dura tarea de escribir, pasará los mejores años de su vida. Pronto dos hijos varones alegrarán las paredes de la nada ostentosa, pero sí agradable mansión.

En 1883 un grupo de intelectuales había creado en Londres un club político: la Sociedad Fabiana, que propugnaba un socialismo evolucionista y moderado. La preocupación de H. G. Wells por los temas políticos, y por el socialismo en concreto, era ya evidente, aun antes de haberse consagrado como escritor. Una lectura atenta de *La máquina del tiempo*, descubre que la reflexión sobre la posibilidad del socialismo o el comunismo ocupaba su mente. Al poco de publicar *Anticipaciones*, un ensayo sobre los problemas sociales y políticos de su tiempo, los Webb, fundadores del grupo de los fabianos, lo convencen para que se integre a ellos. Allí se encontrará con otros miembros destacados de la cultura inglesa, como el autor teatral y futuro premio Nobel, Bernard Shaw, y el filósofo Bertrand Russell. Para aquella sociedad escribió diversos manifiestos, y dedicó a su organización y difusión gran parte de sus energías.

Su socialismo se basaba en la idea de que el progreso de la humanidad pasaba por la necesidad de erradicar la pobreza e incrementar la cultura. Veía en la educación el arma principal para la transformación del mundo. Resumía sus ideas en el eslogan "el hombre para el hombre", en oposición al comunismo, que lo entendía como "el hombre para el Estado", y al cristianismo, "el hombre para Dios". Su fuerte carácter individualista chocó pronto con las rígidas normas de los fabianos y su colaboración con ellos no se prolongó demasiado tiempo.

Su buena posición social, su más que sustanciosa fortuna y el éxito social que lo acompañó durante el resto de sus días, no diluyeron sus ideales de buscar y defender la verdad y la libertad. Estuvo siempre al lado de los desventurados y de los perseguidos, apoyó el movimiento sufragista, luchó desde la tribuna de sus libros y escritos periodísticos contra la hipocresía de la moral burguesa, participó activamente en las campañas laboristas y continuó defendiendo la necesidad de educar a la humanidad. Aporta libros de divulgación histórica y científica con esa mira y continúa, dice en su biografía: "dándole cada día al martillo del trabajo literario".

En pleno siglo XVIII, un ilustrado catedrático de Fisiología en la Universidad de Salamanca, don Fernando Mateos Beato, sostuvo la teoría de que la capacidad de amor dependía del volumen del bazo. Según tan excéntrico sabio, cada historia de amor producía la aparición de una señal circular en dicha víscera. Si tal afirmación fuese cierta, un análisis del bazo de H. G. Wells al final de sus años, mostraría semejanzas con el corte transversal de un tronco de árbol. Un hombre como él, vitalista y apasionado, no podía menos de atraer con su fuerte personalidad a bastantes mujeres, y ser atraído a su vez por muchas de ellas. Dejando aparte su primera y fallida experiencia matrimonial, dos mujeres ocuparon un lugar destacado en su biografía: Amy Catherine Rollins, su segunda mujer, y Rebeca West, a quien conoció en 1914, y con la que tuvo un hijo varón. Para Wells, su ideal femenino era una combinación armónica de atractivo sexual y camaradería intelectual, y defendió, frente a la hipocresía moral dominante, la necesidad de "un sistema nuevo de relaciones entre el hombre y la mujer, a salvo del servilismo, de la agresión, de la provocación y del parasitismo". Sus novelas *Ana Verónica* y *Juana y Pedro,* recogerán estas ideas.

Desde la Primera Guerra Mundial desarrollará una exhaustiva labor dando conferencias, publicando nuevos libros y haciendo oír su voz desde los mejores periódicos mundiales. Su objetivo es conseguir que los hombres superen sus motivos de enfrentamientos, crear una conciencia común entre todos los pobladores del mundo e instrumentar una organización, la Sociedad de Naciones que gobernase el estado Tierra. La Segunda Guerra Mundial supuso el fracaso de sus esperanzas.

Acosado por los achaques físicos que le habían perseguido a todo lo largo de su vida, tuberculosis y lesión de riñón, se refugió durante sus últimos años en su finca de Easton Glebe, dedicado a la revisión de sus obras completas. El trabajo siguió siendo su horizonte cotidiano. En la tarde del 13 de agosto del año 1946 llamó a su sirvienta y le pidió una pijama. Desde su lecho miró a los amigos que lo acompañaban, y les dijo: "Proseguid: yo ya lo tengo todo". Pocas horas después murió. Como el viajero del tiempo, también él había entrado en el futuro.

Su obra literaria

La obra de un autor tan polifacético como H. G. Wells es difícil de resumir en escasas páginas.

Como periodista, ensayista y novelista, además de alguna aventura teatral, sus más de cien obras publicadas resisten cualquier intento de síntesis bajo una u otra etiqueta. Hay muchos Wells. Parte de su obra ha permanecido con mejor suerte que otra, pero en su mayoría sus novelas y escritos continúan vigentes.

Por mero afán metodológico separaremos el conjunto de sus producciones según corresponda a un género literario u otro. En realidad forman un conjunto interrelacionado y asombroso.

La producción narrativa de H. G. Wells puede, a su vez, ser diferenciada según su contenido básico:

Novelas científicas: Como novelista científico y padre de la ciencia-ficción, está popularmente considerado. *La máquina del tiempo*, *La visita maravillosa*, *La isla del Dr. Moreau*, *El hombre invisible* y *La guerra de los mundos*, son los títulos más representativos de este grupo. En ellas confluye la formación científica del autor y su temperamento de reformador y moralista social con sus innegables datos de artista. Comparado muchas veces con Julio Verne, sus talentos literarios son, sin embargo, divergentes. La imaginación del autor de *De la Tierra a la Luna* era detallista: pensaba y calculaba, por ejemplo, el calibre y trayectoria del proyectil que llevaba a sus personajes hasta la Luna. Wells, en cambio, resuelve el problema inventando una sustancia, "la cavorita", que actúa contra las fuerzas de la gravedad en *Los primeros hombre en la Luna*. Cada una de estas novelas encierra un sentido moral: *La máquina del tiempo*, la responsabilidad del hombre ante la humanidad; *El hombre invisible*, los peligros que engendra el poder sin un control ético, y *La isla del Dr. Moreau*, la necesidad de combatir los instintos animales del hombre con la disciplina educativa. Falta en estas novelas toda profundización en el elemento humano, los personajes son meros pretextos para comunicar ideas y circunstancias. Seguramente esto ha inducido a ciertos críticos a calificarlas como "libros para niños". Puede admitirse que algunas de las cualidades sobresalientes de estas historias derivan del hombre de ciencia más que del artista. Pero precisamente por su fuerza imaginativa y su penetración narrativa, han permanecido más vivas que otras literariamente más conseguidas.

Novelas de la vida: En la primera década del siglo XX, Wells escribió, según ciertos críticos, lo mejor de su obra. Son novelas como *Kipps*, *Tono-Bungay*, *La historia de Mr. Polly*, *El amor y Mr. Lewishan*, en las que aplica todo su amor, capacidad de expresión, humor e imaginación para recoger en ellas todo el espectáculo de la vida de gente humilde en lucha contra su medio social. Son novelas, frente al resto de su producción, escritas más con el corazón que con el cerebro.

Novelas ideológicas: Si en todas sus novelas está presente el contenido ideológico, de carácter socialista, en este último grupo, lo ideológico, ya no es un telón de fondo o un discurso que aparezca salpicando la acción. En novelas como *El nuevo Maquiavelo, El señor Brithing, Dios, Rey invisible* o *Juana y Pedro,* lo ideológico lo es todo, y los personajes son tan sólo encarnación de una idea o una teoría. Son sus novelas peor valoradas en la actualidad, pues el paso del tiempo ha vuelto farragoso lo que sin duda al publicarse era polémico.

Entre sus ensayos podemos distinguir los de carácter político-social y los históricos. Los primeros son exposiciones de sus teorías sociales y políticas, y reflejan su pensamiento acerca de la necesidad de lograr un socialismo democrático y humanista. *Anticipaciones, La humanidad en formación* y *Una utopía moderna* son los más conocidos.

Al campo histórico se aproximó H. G. Wells llevado por su idea de dotar de una conciencia común a la comunidad humana. *Esquema de la Historia* e *Historia breve del mundo,* son libros que todavía hoy sorprenden por la acertada labor de síntesis que representan.

Sus escritos en prensa diaria y en todo tipo de revistas ocupan gran parte de sus obras completas. H. G. Wells gustaba de ser conocido más como periodista que como escritor. La divulgación científica, la polémica política y las reflexiones pedagógicas son el tema de la mayoría de sus artículos.

Luis Rutiaga

La Máquina del Tiempo

del
Tiempo

(1895)

Introducción

El Viajero a través del Tiempo (pues convendrá llamarle así al hablar de él), nos exponía una misteriosa cuestión. Sus ojos grises brillaban lanzando centellas, y su rostro, habitualmente pálido, se mostraba encendido y animado. El fuego ardía fulgurante y el suave resplandor de las lámparas incandescentes, en forma de lirios de plata, se prendía en las burbujas que destellaban y subían dentro de nuestras copas. Nuestros sillones, construidos según sus diseños, nos abrazaban y acariciaban en lugar de someterse a que nos sentásemos sobre ellos; y había allí esa sibarítica atmósfera de sobremesa, cuando los pensamientos vuelan gráciles, libres de las trabas de la exactitud. Y él nos la expuso de este modo, señalando los puntos con su afilado índice, mientras que nosotros, arrellanados perezosamente, admirábamos su seriedad al tratar de aquella nueva paradoja (eso la creíamos) y su fecundidad.

—Deben ustedes seguirme con atención. Tendré que discutir una o dos ideas que están casi universalmente admitidas. Por ejemplo, la geometría que les han enseñado en el colegio está basada sobre un concepto erróneo.

—¿No es más bien excesivo con respecto a nosotros ese comienzo? —dijo Filby, un personaje polemista de pelo rojo.

—No pienso pedirles que acepten nada sin motivo razonable para ello. Pronto admitirán lo que necesito de ustedes. Saben, naturalmente, que una línea matemática de espesor nulo no tiene existencia real. ¿Les han enseñado esto? Tampoco la posee un plano matemático. Estas cosas son simples abstracciones.

—Esto está muy bien —dijo el Psicólogo.

—Ni poseyendo tan sólo longitud, anchura y espesor, un cubo puede tener existencia real.

—Eso lo impugno —dijo Filby—. Un cuerpo sólido puede, por supuesto, existir. Todas las cosas reales...

—Eso cree la mayoría de la gente. Pero espere un momento, ¿puede un cubo instantáneo existir?

—No le sigo a usted —dijo Filby.

—¿Un cubo que no lo sea en absoluto durante algún tiempo, puede tener una existencia real?

Filby se quedó pensativo.

—Evidentemente —prosiguió el Viajero a través del Tiempo— todo cuerpo real debe extenderse en cuatro direcciones: debe tener longitud, anchura, espesor y... duración. Pero debido a una flaqueza natural de la carne, que les explicaré dentro de un momento, tendemos a olvidar este hecho. Existen en realidad cuatro dimensiones, tres a las que llamamos los tres planos del Espacio, y una cuarta, el Tiempo. Hay, sin embargo, una tendencia a establecer una distinción imaginaria entre las tres primeras dimensiones y la última, porque sucede que nuestra conciencia se mueve por intermitencias en una dirección a lo largo de la última, desde el comienzo hasta el fin de nuestras vidas.

—Eso —dijo un muchacho muy joven, haciendo esfuerzos espasmódicos para encender de nuevo su cigarro encima de la lámpara eso... es, realmente, muy claro.

—Ahora bien, resulta notabilísimo que se olvide esto con tanta frecuencia —continuó el Viajero a través del Tiempo en un ligero acceso de jovialidad—. Esto es lo que significa, en realidad, la Cuarta Dimensión, aunque ciertas gentes que hablan de la Cuarta Dimensión no sepan lo que es. Es solamente otra manera de considerar el Tiempo. "No hay diferencia entre el Tiempo y cualesquiera de las tres dimensiones salvo que nuestra conciencia se mueve a lo largo de ellas". Pero algunos necios han captado el lado malo de esa idea. ¿No han oído todos ustedes lo que han dicho esas gentes acerca de la Cuarta Dimensión?

—Yo no —dijo el Corregidor.

—Pues, sencillamente, esto. De ese Espacio, tal como nuestros matemáticos lo entienden, se dice que tiene tres dimensiones, que pueden llamarse longitud, anchura y espesor, y que es siempre definible por referencia a tres planos, cada uno de ellos en ángulo recto con los otros. Algunas mentes filosóficas se han preguntado: ¿por qué *tres dimensiones*, precisamente?, ¿por qué no otra dirección en ángulos rectos con las otras tres? E incluso, han intentado construir una geometría de Cuatro Dimensiones. El profesor Simon Newcomb expuso esto en la Sociedad Matemática de Nueva York hace un mes aproximadamente. Saben ustedes que, sobre una superficie plana que no tenga más que dos dimensiones, podemos representar la figura de un sólido de tres dimensiones, e igualmente creen que por medio de modelos de tres dimensiones representarían uno de cuatro, si pudiesen conocer la perspectiva de la cosa. ¿Comprenden?

—Así lo creo —murmuró el Corregidor; y frunciendo las cejas se sumió en un estado de introversión, moviendo sus labios como quien repite unas palabras místicas—. Sí, creo que ahora le comprendo —dijo después de un rato, animándose de un modo completamente pasajero.

—Bueno, no tengo por qué ocultarles que vengo trabajando hace tiempo sobre esa geometría de las Cuatro Dimensiones. Algunos de mis resultados son curiosos. Por ejemplo, he aquí el retrato de un hombre a los ocho años, otro a los quince, otro a los diecisiete, otro a los veintitrés, y así sucesivamente. Todas éstas son sin duda secciones, por decirlo así, representaciones tridimensionales de su ser de Cuatro Dimensiones, que es una cosa fija e inalterable.

—Los hombres de ciencia —prosiguió el Viajero a través del Tiempo, después de una pausa necesaria para la adecuada asimilación de lo anterior— saben muy bien que el Tiempo es únicamente una especie de Espacio. Aquí tienen un diagrama científico conocido, un indicador del tiempo. Esta línea que sigo con el dedo, muestra el movimiento del barómetro. Ayer estaba así de alto, anoche descendió, esta mañana ha vuelto a subir y llegado suavemente hasta aquí. Con seguridad el mercurio no ha trazado esta línea en las dimensiones del Espacio generalmente admitidas. Indudablemente esa línea ha sido trazada, y por ello debemos inferir que lo ha sido a lo largo de la dimensión del Tiempo.

—Pero —dijo el Doctor, mirando fijamente arder el carbón en la chimenea—, si el Tiempo es tan sólo una Cuarta Dimensión del Espacio, ¿por qué se le ha considerado siempre como algo diferente? ¿Y por qué no podemos movernos aquí y allá en el Tiempo como nos movemos y allá en las otras dimensiones del Espacio?

El Viajero a través del Tiempo sonrió.

—¿Está usted seguro de que podemos movernos libremente en el Espacio? Podemos ir a la derecha y a la izquierda, hacia adelante y hacia atrás con bastante libertad, y los hombres siempre lo han hecho. Admito que nos movemos libremente en dos dimensiones. Pero ¿cómo hacia arriba y hacia abajo? La gravitación nos limita ahí.

—Eso no es del todo exacto —dijo el Doctor—. Ahí tiene usted los globos.

—Pero antes de los globos, excepto en los saltos espasmódicos y en las desigualdades de la superficie, el hombre no tenía libertad para el movimiento vertical.

—Aunque puede moverse un poco hacia arriba y hacia abajo —dijo el Doctor.

—Con facilidad, con mayor facilidad hacia abajo que hacia arriba.

—Y usted no puede moverse de ninguna manera en el Tiempo, no puede huir del momento presente.

—Mi querido amigo, en eso es en lo que está usted pensado. Eso es justamente en lo que el mundo entero se equivoca. Estamos escapando siempre del momento presente. Nuestras existencias mentales, que son inmateriales y que carecen de dimensiones, pasan a lo largo de la dimensión del Tiempo con una velocidad uniforme, desde la cuna hasta la tumba. Lo mismo que viajaríamos hacia abajo si empezásemos nuestra existencia cincuenta millas por encima de la superficie terrestre.

—Pero la gran dificultad es ésta —interrumpió el Psicólogo—: puede usted moverse de aquí para allá en todas las direcciones del Espacio, pero no puede usted moverse de aquí para allá en el Tiempo.

—Ése es el origen de mi gran descubrimiento. Pero se equivoca usted, al decir que no podemos movernos de aquí para allá en el Tiempo. Por ejemplo, si recuerdo muy vivamente un incidente, retrocedo al momento en que ocurrió: me convierto en un distraído, como usted dice. Salto hacia atrás durante un momento. Naturalmente, no tenemos medios de permanecer atrás durante un periodo cualquiera de Tiempo, como tampoco un salvaje o un animal pueden sostenerse en el aire seis pies por encima de la tierra. Pero el hombre civilizado está en mejores condiciones que el salvaje a ese respecto. Puede elevarse en un globo pese a la gravitación; y ¿por qué no ha de poder esperarse que al final sea capaz de detener o de acelerar su impulso a lo largo de la dimensión del Tiempo, o incluso de dar la vuelta y de viajar en el otro sentido?

—¡Oh!, eso... —comentó Filby— es...

—¿Por qué no...? —dijo el Viajero a través del Tiempo.

—Eso va contra la razón —terminó Filby.

—¿Qué razón? —dijo el Viajero a través del Tiempo.

—Puede usted por medio de la argumentación demostrar que lo negro es blanco —dijo Filby—, pero no me convencerá usted nunca.

—Es posible —replicó el Viajero a través del Tiempo—. Pero ahora empieza usted a percibir el objeto de mis investigaciones en la geometría de Cuatro Dimensiones. Hace mucho que tenía yo un vago vislumbre de una máquina...

—¡Para viajar a través del Tiempo! —exclamó el Muchacho Muy Joven.

—Que viaje indistintamente en todas las direcciones del Espacio y del Tiempo, como decida el conductor de ella.

Filby se contentó con reír.

—Pero he realizado la comprobación experimental —dijo el Viajero a través del Tiempo.

—Eso sería muy conveniente para el historiador —sugirió el Psicólogo—. ¡Se podría viajar hacia atrás y confirmar el admitido relato de la batalla de Hastings, por ejemplo!

—¿No cree usted que eso atraería la atención? —dijo el Doctor—. Nuestros antepasados no tenían una gran tolerancia por los anacronismos.

—Podría uno aprender el griego de los propios labios de Homero y de Platón —sugirió el Muchacho Muy Joven.

—En cuyo caso le suspenderían a usted con seguridad en el primer curso. Los sabios alemanes ¡han mejorado tanto el griego!

—Entonces, ahí está el porvenir —dijo el Muchacho Muy Joven—. ¡Figúrense! ¡Podría uno invertir todo su dinero, dejar que se acumulase con los intereses y lanzarse hacia adelante!

—A descubrir una sociedad —dije yo— asentada sobre una base estrictamente comunista.

—De todas las teorías disparatadas y extravagantes —comenzó el Psicólogo.

—Sí, eso me parecía a mí, por lo cual no he hablado nunca de esto hasta...

—¿Verificación experimental? —exclamé—. ¿Va usted a experimentar eso?

—¡El experimento! —exclamó Filby, que tenía el cerebro fatigado.

—Déjenos presenciar su experimento de todos modos —dijo el Psicólogo—, aunque bien sabe usted que es todo una patraña.

El Viajero a través del Tiempo nos sonrió a todos. Luego, sonriendo aún levemente y con las manos hundidas en los bolsillos de sus pantalones, salió despacio de la habitación y oímos sus zapatillas arrastrarse por el largo corredor hacia su laboratorio.

El Psicólogo nos miró.

—Y yo pregunto: ¿a qué ha ido?

—Algún juego de manos, o cosa parecida —dijo el Doctor; y Filby intentó hablarnos de un prestidigitador que había visto en Burlesm. Pero antes de que hubiese terminado su exordio, el Viajero a través del Tiempo volvió y la anécdota de Filby fracasó.

La máquina

La cosa que el Viajero a través del Tiempo tenía en su mano era un brillante armazón metálica, apenas mayor que un relojito y muy delicadamente confeccionada. Había en aquello marfil y una sustancia cristalina y transparente. Y ahora debo ser explícito, pues lo que sigue —a menos que su explicación sea aceptada— es algo absolutamente inadmisible. Cogió él una de las mesitas octagonales que había esparcidas alrededor de la habitación y la colocó enfrente de la chimenea, con dos patas sobre la alfombra. Puso la máquina encima de ella. Luego acercó una silla y se sentó. El otro objeto que había sobre la mesa era una lamparita con pantalla, cuya brillante luz daba de lleno sobre aquella cosa. Había allí también una docena de bujías aproximadamente, dos en candelabros de bronce sobre la repisa de la chimenea, y otras varias en brazos de metal, así es que la habitación estaba profusamente iluminada. Me senté en un sillón muy cerca del fuego y lo arrastré hacia adelante, a fin estar casi entre el Viajero a través del Tiempo y el hogar. Filby se sentó detrás de él, mirando por encima de su hombro. El Doctor y el Corregidor le observaban de perfil desde la derecha, y el Psicólogo desde la izquierda. El Muchacho Muy Joven se erguía detrás del Psicólogo. Estábamos todos sobre aviso. Me parece increíble que cualquier clase de treta, aunque sutilmente ideada y realizada con destreza, nos hubiese engañado en esas condiciones.

El Viajero a través del Tiempo nos contempló, y luego a su máquina.

—Bien, ¿y qué? —dijo el Psicólogo.

—Este pequeño objeto —dijo el Viajero a través del Tiempo acodándose sobre la mesa y juntando sus manos por encima del aparato— es sólo un modelo. Es mi modelo de una máquina para viajar a través del tiempo. Advertirán ustedes que parece singularmente ambigua, y que esta varilla rutilante presenta un extraño aspecto, como si fuese en cierto modo irreal.

Y la señaló con el dedo.

—He aquí, también, una pequeña palanca blanca, y ahí otra.

El Doctor se levantó de su asiento y escudriñó el interior de la cosa.

—Está esmeradamente hecho —dijo.

—He tardado dos años en construirlo —replicó el Viajero a través del Tiempo.

Luego, cuando todos hubimos imitado el acto del Doctor, aquél dijo:

—Ahora quiero que comprendan ustedes claramente que, al apretar esta palanca, envía la máquina a planear en el futuro y esta otra invierte el movimiento. Este soporte representa el asiento del Viajero a través del Tiempo. Dentro de poco voy a mover la palanca, y la máquina partirá. Se desvanecerá. Se adentrará en el tiempo futuro, y desaparecerá. Mírenla a gusto. Examinen también la mesa, y convénzanse ustedes de que no hay trampa. No quiero desperdiciar este modelo y que luego me digan que soy un charlatán.

Hubo una pausa aproximada de un minuto. El Psicólogo pareció que iba a hablarme, pero cambió de idea. El Viajero a través del Tiempo adelantó su dedo hacia la palanca.

—No —dijo de repente—. Deme su mano.

Y volviéndose hacia el Psicólogo, le cogió la mano y le dijo que extendiese el índice. De modo que fue el propio Psicólogo quien envió el modelo de la Máquina del Tiempo hacia su interminable viaje. Vimos todos bajarse la palanca. Estoy completamente seguro de que no hubo engaño. Sopló una ráfaga de aire, y la llama de la lámpara se inclinó. Una de las bujías de la repisa de la chimenea se apagó y la maquinita giró en redondo de pronto, se hizo indistinta, la vimos como un fantasma durante un segundo quizá, como un remolino de cobre y marfil brillando débilmente; y partió... ¡se desvaneció! Sobre la mesa vacía no quedaba más que la lámpara.

Todos permanecimos silenciosos durante un minuto.

—¡Vaya con el chisme! —dijo Filby a continuación.

El Psicólogo salió de su estupor y miró repentinamente de la mesa, ante lo cual el Viajero a través del Tiempo rió jovialmente.

—Bueno, ¿y qué? —dijo, rememorando al Psicólogo. Después se levantó, fue hacia el bote de tabaco que estaba sobre la repisa de la chimenea y, de espaldas a nosotros, empezó a llenar su pipa.

Nos mirábamos unos a otros con asombro.

—Dígame —preguntó el Doctor—: ¿ha hecho usted esto en serio? ¿Cree usted seriamente que esa máquina viajará a través del tiempo?

—Con toda certeza —contestó el Viajero a través del Tiempo, deteniéndose para prender una cerilla en el fuego. Luego se volvió, encendiendo su pipa, para mirar al Psicólogo de frente. (Éste, para demostrar que no estaba trastornado, cogió un cigarro e intentó encenderlo sin cortarle la punta)—. Es más, tengo ahí una gran máquina casi terminada —y señaló hacia el laboratorio—, y cuando esté montada por completo, pienso hacer un viaje por mi propia cuenta.

—¿Quiere usted decir que esa máquina viaja por el futuro? —dijo Filby.

—Por el futuro y por el pasado..., no sé, con seguridad, por cuál.

Después de una pausa, el Psicólogo tuvo una inspiración.

—De haber ido a alguna parte, habrá sido al pasado —dijo.

—¿Por qué? —preguntó el Viajero a través del Tiempo.

—Porque supongo que no se ha movido en el Espacio; si viajase por el futuro, aún estaría aquí en este momento, puesto que debería viajar por el momento presente.

—Pero —dije yo—, si viajase por el pasado, hubiera sido visible cuando entramos antes en esta habitación; y el jueves último cuando estuvimos aquí; y el jueves anterior a ése, ¡y así sucesivamente!

—Serias objeciones —observó el Corregidor con aire de imparcialidad, volviéndose hacia el Viajero a través del Tiempo.

—Nada de eso —dijo éste, y luego, dirigiéndose al Psicólogo—: piénselo. Usted puede explicar esto. Ya sabe usted que hay una representación bajo el umbral, una representación diluida.

—En efecto —dijo el Psicólogo, y nos tranquilizó—. Es un simple punto de psicología. Debería haber pensado en ello. Es bastante claro y sostiene la paradoja deliciosamente. No podemos ver, ni podemos apreciar éstas, como tampoco podemos ver el rayo de una rueda en plena rotación, o una bala volando por el aire. Si viaja a través del tiempo cincuenta o cien veces más de prisa que nosotros, si recorre un minuto mientras nosotros un segundo, la impresión producida será, naturalmente, tan sólo una cincuentésima o una centésima de lo que sería si no viajase a través del tiempo. Está bastante claro.

Pasó su mano por el sitio donde había estado la máquina

—¿Comprenden ustedes? —dijo riendo.

Seguimos sentados mirando fijamente la mesa vacía por casi un minuto. Luego, el Viajero a través del Tiempo, nos preguntó qué pensábamos de todo aquello.

—Me parece bastante plausible esta noche —dijo el Doctor—; pero hay que esperar hasta mañana. De día se ven las cosas de distinto modo.

—¿Quieren ustedes ver la auténtica Máquina del Tiempo? —preguntó el Viajero a través del Tiempo.

Y dicho esto, cogió una lámpara y mostró el camino largo y oscuro corredor hacia su laboratorio. Recuerdo vivamente la luz vacilante, la silueta de su extraña y rara cabeza, la danza de las sombras, cómo le seguíamos perplejos pero incrédulos, y cómo allí, en el laboratorio, contemplamos una reproducción de gran tamaño de la maquinita que habíamos visto desvanecerse ante nuestros ojos. Tenía partes de níquel, de marfil, otras que habían sido indudablemente limadas o aserradas de un cristal de roca. La máquina estaba casi completa, pero unas barras de cristal retorcido sin terminar estaban colocadas sobre un banco de carpintero, junto a algunos planos; cogí una de aquéllas para examinarla mejor. Parecía ser de cuarzo.

—¡Vamos! —dijo el Doctor—. ¿Habla usted completamente en serio? ¿O es esto una burla... como ese fantasma que nos enseñó usted la pasada Navidad?

—Montado en esta máquina —dijo el Viajero a través del Tiempo, levantando la lámpara—, me propongo explorar el tiempo. ¿Está claro? No he estado nunca en mi vida más serio.

Ninguno sabíamos en absoluto cómo tomar aquello.

Capté la mirada de Filby por encima del hombro del Doctor, y me guiñó solemnemente un ojo.

El Viajero a través del Tiempo vuelve

Creo que ninguno de nosotros creyó en absoluto ni por un momento en la Máquina del Tiempo. El hecho, es que el Viajero a través del Tiempo era uno de esos hombres demasiado inteligentes para ser creídos; con él se tenía la sensación de que nunca se le percibía por entero; sospechaba uno siempre en él alguna sutil reserva, alguna genialidad emboscada detrás de su lúcida franqueza. De haber sido Filby quien nos hubiese enseñado el modelo y explicado la cuestión con las palabras del Viajero a través del Tiempo, le habríamos mostrado mucho menos escepticismo, porque hubiésemos comprendido sus motivos: un carnicero entendería a Filby. Pero el Viajero a través del Tiempo tenía más de un rasgo de fantasía entre sus elementos, y desconfiábamos de él. Cosas que hubieran hecho la fama de un hombre menos inteligente que pareciesen supercherías en sus manos. Es un error hacer las cosas con demasiada facilidad. Las gentes serias que le tomaban en serio no se sentían nunca seguras de su proceder; sabían en cierto modo que confiar sus reputaciones al juicio de él, era como amueblar un cuarto para niños con loza muy fina. Por eso no creo que ninguno de nosotros haya hablado mucho del viaje a través del tiempo en el intervalo entre aquel jueves y el siguiente, aunque sus extrañas capacidades cruzasen indudablemente por muchas de nuestras mentes: su plausibilidad, es decir, su incredibilidad práctica, las curiosas posibilidades de anacronismo y de completa confusión que sugería. Por mi parte, me preocupaba especialmente la treta del modelo. Recuerdo que lo discutí con el Doctor, a quien encontré el viernes en el Linnaean. Dijo que había visto una cosa parecida en Tübingen, e insistía mucho en el apagón de la bujía. Pero no podía explicar cómo se efectuaba el engaño.

El jueves siguiente fui a Richmond —supongo que era yo uno de los más asiduos invitados del Viajero a través del Tiempo—, y como llegué tarde, encontré a cuatro o cinco hombres reunidos ya en su sala. El Doctor estaba colocado delante del fuego con una hoja de papel en una mano y su reloj en la otra. Busqué con la mirada al Viajero a través del Tiempo, y...

—Son ahora las siete y media —dijo el Doctor—. Creo que haríamos mejor en cenar.

—¿Dónde está...? —dije yo, nombrando a nuestro anfitrión.

—¿Acaba usted de llegar? Es más bien extraño. Ha sufrido un retraso inevitable. Me pide en esta nota que empecemos a cenar a las siete si él no ha vuelto. Dice que lo explicará cuando llegue.

—Es realmente una lástima dejar que se estropee la comida —dijo el Director de un diario muy conocido; y, al punto, el Doctor tocó el timbre.

El Psicólogo, el Doctor y yo éramos los únicos que habíamos asistido a la comida anterior. Los otros concurrentes eran Blank, el mencionado Director, cierto periodista y otro —un hombre tranquilo, tímido, con barba— a quien yo no conocía y que, por lo que pude observar, no despegó los labios en toda la noche. Se hicieron algunas conjeturas en la mesa sobre la ausencia del Viajero a través del Tiempo, y yo sugerí con humor semijocoso que estaría viajando a través del tiempo. El Director del diario quiso que le explicasen aquello, y el Psicólogo le hizo gustoso un relato de "la ingeniosa paradoja y del engaño" de que habíamos sido testigos días antes. Estaba en la mitad de su exposición cuando la puerta del corredor se abrió lentamente y sin ruido. Estaba yo sentado frente a dicha puerta y fui el primero en verlo.

—¡Hola! —dije—. ¡Por fin!

La puerta se abrió del todo y el Viajero a través del Tiempo se presentó ante nosotros. Lancé un grito de sorpresa.

—¡Cielo santo! ¿Qué pasa amigo? —exclamó el Doctor, que lo vio después. Y todos los presentes se volvieron hacia la puerta.

Aparecía nuestro anfitrión en un estado asombroso. Su chaqueta estaba polvorienta y sucia, manchada de verde en las mangas, y su pelo enmarañado me pareció más gris, ya fuera por el polvo y la suciedad o porque estuviese ahora descolorido. Tenía la cara atrozmente pálida y en su mentón un corte oscuro, a medio cicatrizar; su expresión era ansiosa y descompuesta como por un intenso sufrimiento. Durante un instante vaciló en el umbral, como si le cegase la luz. Luego entró en la habitación. Vi que andaba exactamente como un cojo que tiene los pies doloridos de vagabundear. Le mirábamos en silencio, esperando a que hablase.

No dijo una palabra, pero se acercó penosamente a la mesa e hizo un ademán hacia el vino. El Director del diario llenó una copa de champaña y la empujó hacia él. La vació, pareciendo sentirse mejor. Miró a su alrededor, y la sombra de su antigua sonrisa fluctuó sobre su rostro.

—¿Qué ha estado usted haciendo bajo tierra, amigo mío? —dijo el Doctor.

El Viajero a través del Tiempo no pareció oír.

—Permítame que le interrumpa —dijo, con vacilante pronunciación—. Estoy muy bien.

Se detuvo, tendió su copa para que la llenasen de nuevo, y tomándola la volvió a vaciar.

—Esto sienta bien —dijo. Sus ojos grises brillaron, y un ligero color afloró a sus mejillas. Su mirada revoloteó sobre nuestros rostros con cierta apagada aprobación, y luego recorrió el cuarto caliente y confortable. Después habló de nuevo, como buscando su camino entre sus palabras—.

Voy a lavarme y a vestirme, y luego bajaré y explicaré las cosas. Guárdenme un poco de ese carnero. Me muero de hambre y quisiera comer algo.

Vio al Director del diario, que rara vez iba a visitarlo, y le preguntó cómo estaba. El Director inició una pregunta.

—Le contestaré en seguida —dijo el Viajero a través del Tiempo—. ¡Estoy... raro! Todo marchará bien dentro de un minuto.

Dejó su copa, y fue hacia la puerta de la escalera. Noté de nuevo su cojera y el pesado ruido de sus pisadas y, levantándome en mi sitio, vi sus pies al salir. No llevaba en ellos más que unos calcetines harapientos y manchados de sangre. Luego la puerta se cerró tras él. Tuve intención de seguirle, pero recordé cuánto le disgustaba que se preocupasen de él. Durante un minuto, quizás, estuve ensimismado. Luego, oí decir al Director del diario: "Notable conducta de un eminente sabio", pensando (según solía) en epígrafes de periódicos. Y esto volvió mi atención hacia la brillante mesa.

—¿Qué broma es ésta? —dijo el Periodista—. ¿Es que he estado haciendo de pordiosero aficionado? No lo entiendo.

Tropecé con los ojos del Psicólogo, y leí mi propia interpretación en su cara. Pensé en el Viajero a través del Tiempo, cojeando penosamente al subir la escalera. No creo que ningún otro hubiera notado su cojera.

El primero en recobrarse por completo de su asombro fue el Doctor, que tocó el timbre —el Viajero a través del Tiempo detestaba tener a los criados esperando durante la comida— para que sirviesen un plato caliente. En ese momento, el Director cogió su cuchillo y su tenedor con un gruñido, y el hombre silencioso siguió su ejemplo. La cena se reanudó. Durante un breve rato la conversación fue una serie de exclamaciones, con pausas de asombro; y luego, el Director mostró una vehemente curiosidad.

—¿Aumenta nuestro amigo su modesta renta pasando a gente por un vado? ¿O tiene fases de Nabucodonosor? —preguntó.

—Estoy seguro de que se trata de la Máquina del Tiempo —dije; y reanudé el relato del Psicólogo de nuestra reunión anterior. Los nuevos invitados se mostraron francamente incrédulos. El Director del diario planteaba objeciones.

—¿Qué era aquello del viaje por el tiempo? ¿No puede un hombre cubrirse él mismo de polvo revolcándose en una paradoja?

Y luego, como la idea tocaba su cuerda sensible, recurrió a la caricatura. ¿No había ningún cepillo de ropa en el futuro? El Periodista tampoco quería creer a ningún precio, y se unió al Director en la fácil tarea de colmar de ridículo la cuestión entera. Ambos eran de esa nueva clase de periodistas jóvenes muy alegres e irrespetuosos.

—Nuestro corresponsal especial para los artículos de pasado mañana... —estaba diciendo el Periodista (o más bien gritando) cuando el
Viajero a través del Tiempo volvió. Se había vestido de etiqueta y nada,
salvo su mirada ansiosa, quedaba del cambio que me había sobrecogido.

—Dígame —preguntó riendo el Director—, estos muchachos cuentan que ha estado usted viajando ¡por la mitad de la semana próxima!
Díganos todo lo referente al pequeño Rosebery, ¿quiere? ¿Cuánto pide
usted por la serie de artículos?

El Viajero a través del Tiempo fue a sentarse al sitio reservado para él
sin pronunciar una palabra. Sonrió tranquilamente a su antigua manera.

—¿Dónde está mi carnero? —dijo—. ¡Qué placer éste de clavar de
nuevo un tenedor en la carne!

—¡Eso es un cuento! —exclamó el Director.

—¡Maldito cuento! —dijo el Viajero a través del Tiempo—. Necesito
comer algo. No quiero decir una palabra hasta que haya introducido un
poco de peptona en mis arterias. Gracias. ¿Y la sal?

—Una palabra —dije yo—. ¿Ha estado usted viajando a través del
tiempo?

—Sí —dijo el Viajero a través del Tiempo, con la boca asintiendo con
la cabeza.

—Pago la línea a un chelín por una reseña al pie de la letra —dijo el
Director del diario.

El Viajero a través del Tiempo empujó su copa hacia el Hombre Silencioso y la golpeó con la uña, a lo cual el Hombre Silencioso, que lo
estaba mirando fijamente a la cara, se estremeció convulsivamente, y le
sirvió vino. El resto de la cena transcurrió embarazosamente. Por mi
parte, repentinas preguntas seguían subiendo a mis labios, y me atrevo
a decir que a los demás les sucedía lo mismo. El Periodista intentó disminuir la tensión contando anécdotas de Hettie Potter. El Viajero
dedicaba su atención a la comida, mostrando el apetito de un vagabundo. El Doctor fumaba un cigarrillo y contemplaba al Viajero a través del
Tiempo con los ojos entornados. El Hombre Silencioso parecía más des-
mañado que de costumbre, y bebía champaña con una regularidad y
una decisión evidentemente nerviosas. Al fin el Viajero a través del Tiempo apartó su plato, y nos miró a todos.

—Creo que debo disculparme —dijo—. Estaba simplemente muerto de hambre. He pasado una temporada asombrosa.

Alargó la mano para coger un cigarro, y le cortó la punta.

—Pero vengan al salón de fumar. Es un relato demasiado largo para
contarlo entre platos grasientos.

Y tocando el timbre al pasar, nos condujo a la habitación contigua.

—¿Ha hablado usted a Blank, a Dash y a Chose de la máquina? —me preguntó, echándose hacia atrás en su sillón y nombrando a los tres nuevos invitados.

—Pero la máquina es una simple paradoja —dijo el Director del diario.

—No puedo discutir esta noche. No tengo inconveniente en contarles la aventura, pero no puedo discutirla.

Quiero —continuó— relatarles lo que me ha sucedido, si les parece, pero deberán abstenerse de hacer interrupciones. Necesito contar esto. De mala manera, gran parte de mi relato les sonará a falso. ¡Sea! Es cierto (palabra por palabra) a pesar de todo. Estaba yo en mi laboratorio a las cuatro, y desde entonces... He vivido ocho días..., ¡unos días tales, como ningún ser humano los ha vivido nunca antes! Estoy casi agotado, pero no dormiré hasta que les haya contado esto a ustedes. Entonces me iré a acostar. Pero ¡nada de interrupciones! ¿De acuerdo?

—De acuerdo —dijo el Director, y los demás hicimos eco: "De acuerdo". Y con esto el Viajero a través del Tiempo comenzó su relato tal como lo transcribo a continuación. Se echó hacia atrás en su sillón al principio, y habló como un hombre rendido. Después se mostró más animado. Al poner esto por escrito, siento tan sólo con mucha agudeza la insuficiencia de la pluma y la tinta y, sobre todo, mi propia insuficiencia para expresarlo en su valor. Supongo que lo leerán ustedes con la suficiente atención; pero no pueden ver al pálido narrador ni su franco rostro en el brillante círculo de la lamparita, ni oír el tono de su voz. ¡No pueden ustedes conocer cómo su expresión seguía las fases de su relato! Muchos de sus oyentes estábamos en la sombra, pues las bujías del salón de fumar no habían sido encendidas, y únicamente estaban iluminadas la cara del Periodista y las piernas del Hombre Silencioso de las rodillas para abajo. Al principio nos mirábamos de vez en cuando unos a otros. Pasado un rato dejamos de hacerlo, y contemplamos tan sólo el rostro del Viajero a través del Tiempo.

El viaje a través del tiempo

—Ya he hablado a algunos de ustedes el jueves último de los principios de la Máquina del Tiempo, y mostrado el propio aparato tal como estaba entonces, sin terminar, en el taller. Allí está ahora, un poco fatigado por el viaje, realmente; una de las barras de marfil está agrietada y uno de los carriles de bronce, torcido; pero el resto sigue bastante firme. Esperaba haberlo terminado el viernes; pero ese día, cuando el montaje completo estaba casi hecho, me encontré con que una de las barras de níquel era exactamente una pulgada más corta y esto me obligó a rehacerla; por eso el aparato no estuvo acabado hasta esta mañana. Fue, pues, a las diez de hoy, cuando la primera de todas las Máquinas del Tiempo comenzó su carrera. Le di un último toque, probé todos los tornillos de nuevo, eché una gota de aceite más en la varilla de cuarzo y me senté en el soporte. Supongo que el suicida que mantiene una pistola contra su cráneo debe de sentir la misma admiración por lo que va a suceder, que experimenté yo entonces. Cogí la palanca de arranque con una mano y la de freno con la otra, apreté con fuerza la primera, y casi inmediatamente la segunda. Me pareció tambalearme; tuve una sensación pesadillesca de caída; y mirando alrededor, vi el laboratorio exactamente como antes—. ¿Había ocurrido algo? Por un momento sospeché que mi intelecto me había engañado. Observé el reloj. Un momento antes, eso me pareció, marcaba un minuto o así después de las diez, ¡y ahora eran casi las tres y media!

Respiré, apretando los dientes, así con las dos manos la palanca de arranque, y partí con un crujido. El laboratorio se volvió brumoso y luego oscuro. La señora Watchets, mi ama de llaves, apareció y fue, al parecer sin verme, hacia la puerta del jardín. Supongo que necesitó un minuto o así para cruzar ese espacio, pero me pareció que iba disparada a través de la habitación como un cohete. Empujé la palanca hasta su posición extrema. La noche llegó como se apaga una lámpara, y en otro momento vino la mañana. El laboratorio se tornó desvaído y brumoso, y luego cada vez más desvaído. Llegó la noche de mañana, después el día de nuevo, otra vez la noche; luego, volvió el día, y así sucesivamente más y más de prisa. Un murmullo vertiginoso llenaba mis oídos, y una extraña, silenciosa confusión descendía sobre mi mente.

Temo no poder transmitir las peculiares sensaciones del viaje a través del tiempo. Son extremadamente desagradables. Se experimenta un sentimiento sumamente parecido al que se tiene en las montañas rusas zigzagueantes (¡un irresistible movimiento como si se precipitase uno de cabeza!). Sentí también la misma horrible anticipación de inminente aplastamiento. Cuando emprendí la marcha, la noche seguía al día como el aleteo de un ala negra. La oscura percepción del laboratorio pareció ahora debilitarse en mí, y vi el Sol saltar rápidamente por el cielo, brincando a cada minuto, y cada minuto marcando un día. Supuse que el laboratorio había quedado destruido y que estaba yo al aire libre. Tuve la oscura impresión de hallarme sobre un andamiaje, pero iba ya demasiado de prisa para tener conciencia de cualquier cosa movible. El caracol más lento que se haya nunca arrastrado se precipitaba con demasiada velocidad para mí. La centelleante sucesión de oscuridad y de luz era sumamente dolorosa para los ojos. Luego, en las tinieblas intermitentes vi la Luna girando rápidamente a través de sus fases desde la nueva hasta la llena, y tuve un débil atisbo de las órbitas de las estrellas. Pronto, mientras avanzaba con velocidad creciente aún, la palpitación de la noche y del día se fundió en una continua grisura; el cielo tomó una maravillosa intensidad azul, un espléndido y luminoso color como el de un temprano amanecer; el Sol saltarín se convirtió en una raya de fuego, en un arco brillante en el espacio, la Luna en una débil faja oscilante; y no pude ver nada de estrellas, sino de vez en cuando un círculo brillante fluctuando en el azul.

La vista era brumosa e incierta. Seguía yo situado en la de la colina sobre la cual está ahora construida esta casa y el saliente se elevaba por encima de mí, gris y confuso. Vi unos árboles crecer y cambiar como bocanadas de vapor, tan pronto pardos como verdes: crecían, se desarrollaban, se quebraban y desaparecían. Vi alzarse edificios vagos y bellos pasar como sueños. La superficie de la Tierra parecía cambiada, disipándose y fluyendo bajo mis ojos. Las manecillas sobre los cuadrantes que registraban mi velocidad giraban cada vez más de prisa. Pronto observé que el círculo solar oscilaba de arriba abajo, solsticio a solsticio, en un minuto o menos, y que, por consiguiente, mi marcha era de más de un año por minuto; y minuto por minuto la blanca nieve destellaba sobre el mundo, y se disipaba, siendo seguida por el verdor brillante y corto de la primavera.

Las sensaciones desagradables de la salida eran menos punzantes ahora. Se fundieron al fin en una especie de hilaridad histérica. Noté, sin embargo, un pesado bamboleo de la máquina, que era yo incapaz de explicarme. Pero mi mente se hallaba demasiado confusa para fijarse en eso, de modo que, con una especie de locura que aumentaba en mí, me precipité en el futuro. Al principio no pensé apenas en detenerme, no pensé apenas, sino en aquellas nuevas sensaciones. Pero pronto una nueva serie de impresiones me vino a la mente —cierta curiosidad y luego cierto temor—, hasta que por último se apoderaron de mí por completo. ¡Qué extraños desenvolvimientos de la Humanidad, qué maravillosos avances sobre nuestra rudimentaria civilización, —pensé—, iban a aparecérseme cuando llegase a contemplar de cerca el vago y fugaz mundo que desfilaba rápido y que fluctuaba ante mis ojos! Vi una grande y espléndida arquitectura elevarse a mi alrededor, más sólida que cualquiera de los edificios de nuestro tiempo; y, sin embargo, parecía construida de trémula luz y de niebla. Vi un verdor más rico extenderse sobre la colina, y permanecer allí sin interrupción invernal. Aun a través del velo de mi confusión la Tierra parecía muy bella. Y así vino a mi mente la cuestión de detener la máquina.

El riesgo especial estaba en la posibilidad de encontrarme alguna sustancia en el espacio que yo o la máquina ocupábamos. Mientras viajaba a una gran velocidad a través del tiempo, esto importaba poco: el peligro estaba, por decirlo así, atenuado, ¡deslizándome como un vapor

a través de los intersticios de las sustancias intermedias! Pero llegar a
detenerme entrañaba el aplastamiento de mí mismo, molécula por molécula, contra lo que se hallase en mi ruta; significaba poner a mis átomos
en tan íntimo contacto con los del obstáculo, que una profunda reacción
química —tal vez una explosión de gran alcance— se produciría, lan-
zándonos a mí y a mi aparato fuera de todas las dimensiones posibles...
en lo Desconocido. Esta posibilidad se me había ocurrido muchas veces
mientras estaba construyendo la máquina; pero entonces la había yo
aceptado alegremente, como un riesgo inevitable, ¡uno de esos riesgos
que un hombre tiene que admitir! Ahora que el riesgo era inevitable, ya
no lo consideraba bajo la misma alegre luz. El hecho es que, insensiblemente, la absoluta rareza de todo aquello, la débil sacudida y el bamboleo
de la máquina, y sobre todo la sensación de caída prolongada, habían
alterado por completo mis nervios. Me dije a mí mismo que no podría
detenerme nunca, y en un acceso de enojo, decidí pararme inmediatamente. Como un loco impaciente, tiré de la palanca, y acto seguido, el
aparato se tambaleó y salí despedido de cabeza por el aire.

Hubo un ruido retumbante de trueno en mis oídos. Debí quedarme
aturdido un momento. Un despiadado granizo silbaba a mi alrededor, y
me encontré sentado sobre una blanda hierba, frente a la máquina vol-
cada. Todo me pareció gris todavía, pero pronto observé que el confuso
ruido en mis oídos había desaparecido. Miré en derredor. Estaba lo que
parecía ser un pequeño prado de un jardín, rodeado de macizos de rododendros; y observé que sus flores malva y púrpura caían como una
lluvia bajo el golpeteo de las piedras de granizo. La rebotante y danzari-
na granizada caía en una nubecilla sobre la máquina, y se moría a lo
largo de la tierra como una humareda. En un momento me encontré
calado hasta los huesos.

—Bonita hospitalidad —dije— con un hombre que ha viajado innumerables años para veros.

Pronto pensé que era estúpido dejarse empapar. Me levanté y miré
a mi alrededor. Una figura colosal, esculpida al parecer en una piedra
blanca, aparecía confusamente más allá de los rododendros, a través del
aguacero brumoso. Pero todo el resto del mundo era invisible.

Sería difícil describir mis sensaciones. Como las columnas de granizo disminuían, vi la figura blanca más claramente. Parecía muy
voluminosa, pues un abedul plateado tocaba sus hombros. Era de mármol blanco, algo parecida en su forma a una esfinge alada; pero las alas,
en lugar de llevarlas verticalmente a los lados, estaban desplegadas de
modo que parecían planear. El pedestal me pareció que era de bronce y
estaba cubierto de un espeso verdín. Sucedió que la cara estaba de frente a mí; los ojos sin vista parecían mirarme; había la débil sombra de una
sonrisa sobre sus labios. Estaba muy deteriorada por el tiempo, y ello le

comunicaba una desagradable impresión de enfermedad. Permanecí contemplándola un breve momento, medio minuto quizás, o media hora. Parecía avanzar y retroceder según cayese delante de ella el granizo más denso o más espaciado. Por último, aparté mis ojos de ella por un momento, y vi que la cortina de granizo aparecía más transparente, y que el cielo se iluminaba con la promesa del Sol.

Volví a mirar a la figura blanca, agachado, y la plena temeridad de mi viaje se me apareció de repente. ¿Qué iba a suceder cuando aquella cortina brumosa se hubiera retirado por entero? ¿Qué podría haberles sucedido a los hombres? ¿Qué hacer si la crueldad se había convertido en una pasión común? ¿Qué, si en ese intervalo la raza había perdido su virilidad, desarrollándose como algo inhumano, indiferente y abrumadoramente potente? Yo podría parecer algún salvaje del viejo mundo, pero el más espantoso por nuestra común semejanza, un ser inmundo que habría que matar inmediatamente.

Ya veía yo otras amplias formas: enormes edificios con intricados parapetos y altas columnas, entre una colina oscuramente arbolada que llegaba hasta mí a través de la tormenta encalmada. Me sentí presa de un terror pánico. Volví frenéticamente hacia la Máquina del Tiempo, y me esforcé penosamente en reajustarla. Mientras lo intentaba, los rayos del Sol traspasaron la tronada. El gris aguacero había pasado y se desvaneció como las vestiduras arrastradas por un fantasma. Encima de mí, en el azul intenso del cielo estival, jirones oscuros y ligeros de nubes remolineaban en la nada. Los grandes edificios a mi alrededor se elevaban claros y nítidos, brillantes con la lluvia de la tormenta, y resultando blancos por las piedras de granizo sin derretir, amontonadas a lo largo de sus hiladas. Me sentía desnudo en un extraño mundo. Experimenté lo que quizás experimenta un pájaro en el aire claro, cuando sabe que el gavilán vuela y quiere precipitarse sobre él. Mi pavor se tornaba frenético. Hice una larga aspiración, apreté los dientes y luché de nuevo furiosamente, empleando las muñecas y las rodillas, con la máquina. Cedió bajo mi desesperado esfuerzo y retrocedió. Golpeó violentamente mi barbilla. Con una mano sobre el asiento y la otra sobre la palanca, permanecí jadeando penosamente en actitud de montarme de nuevo.

Pero con la esperanza de una pronta retirada recobré mi valor. Miré con más curiosidad y menos temor aquel mundo del remoto futuro. Por una abertura circular, muy alta en el muro del edificio más cercano, divisé un grupo de figuras vestidas con ricos y suaves ropajes. Me habían visto, y sus caras estaban vueltas hacia mí.

Oí entonces voces que se acercaban. Viniendo a través de los macizos que crecían junto a la Esfinge Blanca, veía las cabezas y los hombros de unos seres corriendo. Uno de ellos surgió de una senda que conducía directamente al pequeño prado en el cual permanecía con mi máquina.

Era una ligera criatura —de una estatura quizá de cuatro pies— vestida con una túnica púrpura, ceñida al talle por un cinturón de cuero. Unas sandalias o coturnos —no pude distinguir claramente lo que eran— calzaban sus pies; sus piernas estaban desnudas hasta las rodillas, y su cabeza al aire. Al observar esto, me di cuenta por primera vez de lo cálido que era el aire.

Me impresionaron la belleza y gracia de aquel ser, aunque me chocó también su fragilidad indescriptible. Su cara sonrosada me recordó mucho la clase de belleza de los tísicos, esa belleza hética de la que tanto hemos oído hablar. Al verle recobré de pronto la confianza. Aparté mis manos de la máquina.

En la Edad de Oro

En un momento estuvimos cara a cara, yo y aquel ser frágil, más allá del futuro. Vino directamente a mí y se echó a reír en mis narices. La ausencia en su expresión de todo signo de miedo me impresionó en seguida. Luego se volvió hacia los otros dos que le seguían y les habló en una lengua extraña muy dulce y armoniosa.

Acudieron otros más, y pronto tuve a mi alrededor un pequeño grupo de unos ocho o diez de aquellos exquisitos seres. Uno de ellos se dirigió a mí. Se me ocurrió, de un modo bastante singular, que mi voz era demasiado áspera y profunda para ellos. Por eso moví la cabeza y, señalando mis oídos, la volví a mover. Dio él un paso hacia delante, vaciló y tocó mi mano. Entonces sentí otros suaves tentáculos sobre mi espalda y mis hombros. Querían comprobar si era yo un ser real. No había en esto absolutamente nada de alarmante. En verdad tenían algo aquellas lindas gentes que inspiraba confianza: una graciosa dulzura, cierta desenvoltura infantil. Y, además, parecían tan frágiles, que me imaginé a mí mismo derribando una docena entera de ellos como si fuesen bolos. Pero hice un movimiento repentino para cuando vi sus manitas rosadas palpando la Máquina del Tiempo. Afortunadamente, entonces, cuando no era todavía demasiado tarde, pensé en un peligro del que me había olvidado hasta aquel momento, y tomando las barras de la máquina, desprendí las pequeñas palancas que la hubieran puesto en movimiento y las metí en mi bolsillo. Luego intenté hallar el medio de comunicarme con ellos.

Entonces, viendo más de cerca sus rasgos, percibí nuevas particularidades en su tipo de belleza, muy de porcelana de Desde. Su pelo, que estaba rizado por igual, terminaba en punta sobre el cuello y las mejillas; no se veía el más leve indicio de vello en su cara, y sus orejas eran singularmente menudas. Las bocas, pequeñas, de un rojo brillante, de labios más bien delgados, y las barbillas reducidas, acababan en punta. Los ojos grandes y apacibles, y —esto puede parecer egoísmo por mi parte— me imaginé entonces que les faltaba cierta parte del interés que había yo esperado encontrar en ellos.

Como no hacían esfuerzo alguno para comunicarse conmigo, sino que me rodeaban simplemente, sonriendo y hablando entre ellos en suave tono arrullado, inicié la conversación. Señalé hacia la Máquina del Tiempo y hacia mí mismo. Luego, vacilando un momento sobre cómo expresar la idea de Tiempo, indiqué el Sol con el dedo. Inmediatamente una figura pequeña, lindamente arcaica, vestida con una estofa blanca y púrpura, siguió mi gesto y, después, me dejó atónito imitando el ruido del trueno.

Durante un instante me quedé tambaleante, aunque la importancia de su gesto era suficientemente clara.

Una pregunta se me ocurrió bruscamente: ¿estaban locos aquellos seres? Les sería difícil a ustedes comprender cómo se me ocurrió aquello. Ya saben que he previsto siempre que las gentes del año 802,000 y tantos nos adelantarán increíblemente en conocimientos, arte, en todo. Y, en seguida, uno de ellos me hacía de repente una pregunta que probaba que su nivel intelectual era el de un niño de cinco años, que me preguntaba en realidad ¡si había yo llegado del Sol con la tronada! Lo cual alteró la opinión que me había formado de ellos por sus vestiduras, sus miembros frágiles y ligeros y sus delicadas facciones. Una oleada de desengaño cayó sobre mi mente. Durante un momento sentí que había construido la Máquina del Tiempo en vano.

Incliné la cabeza, señalando hacia el Sol, e interpreté tal, gráficamente un trueno, que los hice estremecer. Se apartaron todos un paso o más y se inclinaron. Entonces uno de ellos avanzó riendo hacia mí, llevando una guirnalda de bellas flores, que me eran desconocidas por completo, y me la puso al cuello. La idea fue acogida con un melodioso aplauso; y pronto todos empezaron a correr de una parte a otra cogiendo flores; y, riendo, me las arrojaban hasta que estuve casi asfixiado bajo el amontonamiento. Ustedes que no han visto nunca nada parecido, apenas podrán figurarse qué flores delicadas y maravillosas han creado innumerables años de cultura. Después, uno de ellos sugirió que su juguete debía ser exhibido en el edificio más próximo, y así me llevaron más allá de la "esfinge de mármol blanco", que parecía haber estado mirándome entre tanto con una sonrisa ante mi asombro, hacia un amplio edificio gris de piedra desgastada. Mientras iba con ellos, volvió a mi mente con irresistible júbilo, el recuerdo de mis confiadas anticipaciones de una posteridad hondamente seria e intelectual.

El edificio tenía una enorme entrada y era todo él de colosales dimensiones. Estaba yo naturalmente muy ocupado por la creciente multitud de gente menuda, y por las grandes puertas que se abrían ante mí, sombrías y misteriosas. Mi impresión general del mundo que veía sobre sus cabezas, era la de un confuso derroche de hermosos arbustos y de flores, de un jardín, largo tiempo descuidado y, sin embargo, sin malas hierbas. Divisé un gran número de extrañas flores blancas, de altos tallos que medían quizá un pie en sus pétalos de cera extendidos. Crecían desperdigadas, silvestres, entre los diversos arbustos, pero, como ya he dicho, no pude examinarlas de cerca en aquel momento. La Máquina del Tiempo quedó abandonada sobre la hierba, entre los rododendros.

El arco de la entrada estaba ricamente esculpido, pero, naturalmente, no pude observar desde muy cerca las esculturas, aunque me pareció vislumbrar indicios de antiguos adornos fenicios al pasar y me sorprendió que estuvieran muy rotos y deteriorados por el tiempo. Vinieron a mi encuentro en la puerta varios seres brillantemente ataviados, entramos, yo vestido con deslucidas ropas del siglo XIX, de aspecto bastante grotesco, enguirnaldado de flores, y rodeado de una remolineante masa de vestidos alegres y suavemente coloridos, y de miembros tersos y blancos en un melodioso como de risas y de alegres palabras.

La enorme puerta daba a un vestíbulo relativamente grande, tapizado de oscuro. El techo estaba en la sombra, y las ventanas, guarnecidas en parte de cristales de colores y desprovistas de ellos, dejaban pasar una luz suave. El suelo estaba hecho de inmensos bloques de un metal muy duro, no de planchas ni de losas; pensé que debía estar tan desgastado por el ir y venir de pasadas generaciones, debido a los hondos surcos que había a lo largo de los caminos más frecuentados. Transversalmente a su longitud habían innumerables mesas hechas de losas de pulimentada, elevadas, quizás, un pie del suelo, y sobre ellas montones de frutas. Reconocí algunas, como una especie de frambuesas y naranjas hipertrofiadas, pero la mayoría eran muy raras.

Entre las mesas, había esparcidos numerosos cojines. Mis guías se sentaron sobre ellos, indicándome que hiciese otro tanto. Con una grata ausencia de ceremonia comenzaron a comer las frutas con sus manos, arrojando las pieles, las pepitas y lo demás, dentro de unas aberturas redondas que había a los lados de las mesas. Estaba yo dispuesto a seguir su ejemplo, pues me sentía sediento y hambriento. Mientras lo hacía, observé el vestíbulo con todo sosiego.

Y quizá la cosa que me chocó más, fue su aspecto ruinoso. Los cristales de color, que mostraban un solo modelo geométrico, estaban rotos en muchos sitios, y las cortinas que colgaban sobre el extremo inferior aparecían cubiertas de polvo. Y mi mirada descubrió que la esquina de la mesa de mármol, cercana a mí, estaba rota. No obstante lo cual, el efecto general era de suma suntuosidad y muy pintoresco. Había allí, quizás, un par de centenares de gente comiendo en el vestíbulo; y muchas de ellas, sentadas tan cerca de mí como podían, me contemplaban con interés, brillándoles los ojillos sobre el fruto que comían. Todas estaban vestidas con la misma tela suave, sedeña y, sin embargo, fuerte.

La fruta, dicho sea de paso, constituía todo su régimen alimenticio. Aquella gente del remoto futuro era estrictamente vegetariana, y mientras estuve con ella, pese a algunos deseos carnívoros, tuve que ser frugívoro. Realmente, vi después que los caballos, el ganado, las ovejas, los perros, habían seguido al ictiosaurio en su extinción. Pero las frutas eran en verdad deliciosas; una en particular, que pareció estar en sazón durante todo el tiempo que permanecí allí —una fruta harinosa de envoltura triangular—, era especialmente sabrosa, e hice de ella mi alimento habitual. Al principio me desconcertaban todas aquellas extrañas frutas y las flores raras que veía, pero después empecé a comprender su importancia.

Y ahora ya les he hablado a ustedes bastante de mi alimentación frugívora en el lejano futuro. Tan pronto como calmé un poco mi apetito, decidí hacer una enérgica tentativa para aprender el lenguaje de aquellos nuevos compañeros míos. Era, evidentemente, lo primero que debía hacer. Las frutas parecían una cosa adecuada para iniciar aquel aprendizaje, y cogiendo una la levanté esbozando una serie de sonidos y de gestos interrogativos. Tuve una gran dificultad en dar a entender mi propósito. Al principio mis intentos tropezaron con unas miradas fijas de sorpresa o con risas inextinguibles, pero pronto una criatura de cabellos rubios pareció captar mi intención y repitió un nombre. Ellos charlaron y se explicaron largamente la cuestión unos a otros, y mis primeras tentativas de imitar los exquisitos sonidos de su lenguaje produjeron una enorme e ingenua, ya que no cortés, diversión. Sin embargo, me sentí un maestro de escuela rodeado de niños, insistí, y conté con una veintena de nombres sustantivos, por lo menos, a mi disposición; luego llegué a los pronombres demostrativos, e incluso al verbo "comer". Pero era una tarea lenta, y aquellos pequeños seres se cansaron pronto y quisieron huir de mis interrogaciones, por lo cual decidí, más bien por necesidad, dejar que impartiesen sus lecciones en pequeñas dosis cuando se sintieran inclinados a ello. Y me di cuenta de que tenía que ser en dosis muy pequeñas, pues jamás he visto gente más indolente ni que se cansase con mayor facilidad.

El ocaso de la humanidad

Pronto descubrí una cosa extraña en relación con mis pequeños huéspedes: su falta de interés. Venían a mí con gritos anhelantes de asombro, como niños; pero cesaban en seguida de examinarme, y se apartaban para ir en pos de algún otro juguete. Terminadas la comida y mis tentativas de conversación, observé por primera vez que casi todos los que me rodeaban al principio se habían ido. Y resulta también extraño cuán rápidamente llegué a no hacer caso de aquella gente menuda. Franqueé la puerta y me encontré de nuevo a la luz del Sol del mundo una vez satisfecha mi hambre. Encontré continuamente más grupos de aquellos hombres del futuro que me seguían a corta distancia, parloteando y riendo a mi costa, y habiéndome sonreído y hecho gestos de una manera amistosa, me dejaban entregado a mis propios pensamientos.

La calma de la noche se extendía sobre el mundo, cuando salí del gran vestíbulo y la escena estaba iluminada por el cálido resplandor del Sol poniente. Al principio, las cosas aparecían muy confusas. Todo era completamente distinto del mundo que yo conocía, hasta las flores. El enorme edificio que acababa de abandonar estaba situado sobre la ladera de un valle por el que corría un ancho río; pero el Támesis había sido desviado, a una milla aproximadamente de su actual posición. Decidí subir a la cumbre de una colina, a una milla y medida poco más o menos de allí, desde donde podría tener una amplia vista de este nuestro planeta en el año de gracia 802,701. Pues ésta era, —como debería haberlo explicado—, la fecha que los pequeños cuadrantes de mi máquina señalaban.

Mientras caminaba, estaba alerta a toda impresión que pudiera probablemente explicarme el estado de ruinoso esplendor en que encontré al mundo, pues aparecía ruinoso. En un pequeño sendero que ascendía a la colina, por ejemplo, había un amontonamiento de granito, ligado por masas de aluminio, un amplio laberinto de murallas escarpadas y de piedras desmoronadas, entre las cuales crecían espesos macizos de bellas plantas en forma de pagoda —ortigas probablemente—, pero de hojas maravillosamente coloridas de marrón y que no podían pinchar. Eran evidentemente los restos abandonados de alguna gran construcción, erigida con un fin que no podía yo determinar. Era allí donde estaba yo destinado, en una fecha posterior, a llevar a cabo una experiencia muy extraña —primer indicio de un descubrimiento más extraño aún—, pero de la cual hablaré en su adecuado lugar.

Miré alrededor con un repentino pensamiento, desde una terraza en la cual descansé un rato, y me di cuenta de que no había allí ninguna casa pequeña. Al parecer, la mansión corriente, y probablemente la casa de familia, habían desaparecido. Aquí y allá entre la verdura había edificios semejantes a palacios, pero la casa normal y la de campo, que presentan unos rasgos tan característicos a nuestro paisaje inglés, habían desaparecido.

"Es el comunismo", dije para mí.

Y pisándole los talones a éste vino otro pensamiento. Miré la media docena de figuritas que me seguían. Entonces, en un relámpago, percibí que todas tenían la misma forma de vestido, la misma cara imberbe y suave, y la misma morbidez femenil de miembros. Podrá parecer extraño, quizá, que no hubiese yo notado aquello antes. Pero ¡era todo tan extraño! Ahora veo el hecho con plena claridad. En el vestido y en todas las diferencias de contextura y de porte que marcan hoy la distinción entre uno y otro sexo, aquella gente del futuro era idéntica. Y los hijos no parecían ser a mis ojos sino las miniaturas de sus padres. Pensé entonces que los niños de aquel tiempo eran sumamente precoces, al menos físicamente, y pude después comprobar ampliamente mi opinión.

Viendo la desenvoltura y la seguridad en que vivía aquella gente, comprendí que aquel estrecho parecido de los sexos era, después de todo, lo que podía esperarse; pues la fuerza de un hombre y la delicadeza de una mujer, la institución de la familia y la diferenciación de ocupaciones son simples necesidades militantes de una edad de fuerza física. Allí, donde la población es equilibrada y abundante, muchos nacimientos llegan a ser un mal más que un beneficio para el Estado; allí, donde la violencia es rara y la prole es segura, hay menos necesidad —realmente no existe la necesidad— de una familia eficaz, y la especialización de los sexos con referencia a las necesidades de sus hijos desaparece. Vemos algunos indicios de esto hasta en nuestro propio tiempo, y en esa edad futura era un hecho consumado. Esto, debo recordárselo a ustedes, era una conjetura que hacía yo en aquel momento. Después, iba a poder apreciar cuán lejos estaba de la realidad.

Mientras meditaba sobre estas cosas, atrajo mi atención una linda y pequeña construcción, parecida a un pozo bajo una cúpula. Pensé de modo pasajero en la singularidad de que existiese aún un pozo, y luego reanudé el hilo de mis teorías. No había grandes edificios hasta la cumbre de la colina, y como mis facultades motrices eran evidentemente milagrosas, pronto me encontré solo por primera vez. Con una extraña sensación de libertad y de aventura avancé hacia la cumbre.

Allí encontré un asiento hecho de un metal amarillo, no lo reconocí, estaba corroído a trechos por una especie de o rosado y semicubierto de blando musgo; tenía los brazos vaciados y bruñidos en forma de cabezas de grifo. Me senté y contemplé la amplia visión de nuestro viejo mundo bajo el Sol poniente de aquel largo día. Era uno de los más bellos y agradables espectáculos que he visto nunca. El Sol se había puesto ya por debajo del horizonte y el Oeste era de oro llameante, tocado por algunas barras horizontales de púrpura y carmesí. Por debajo estaba el valle del Támesis en donde el río se extendía como una banda de acero pulido. He hablado ya de los grandes palacios que despuntaban entre el abigarrado verdor, algunos en ruinas y otros ocupados aún. Aquí y allá surgía una figura blanca o plateada en el devastado jardín de la Tierra, aquí y allá aparecía la afilada línea vertical de alguna cúpula u obelisco. No había setos, ni señales de derechos de propiedad, ni muestras de agricultura; la Tierra entera se había convertido en un jardín.

Contemplando esto, comencé a urdir mi interpretación acerca de las cosas que había visto, y dada la forma que tomó para mí aquella noche, mi interpretación fue algo por el siguiente estilo (después vi que había encontrado solamente una semiverdad, o vislumbrado únicamente una faceta de la verdad).

Me pareció encontrarme en la decadencia de la Humanidad. El ocaso rojizo me hizo pensar en el ocaso de la Humanidad. Por primera vez empecé a comprender una singular consecuencia del esfuerzo social en que estamos ahora comprometidos. Y, sin embargo, créanlo, ésta es una consecuencia bastante lógica. La fuerza es el resultado de la necesidad; la seguridad establece un premio a la debilidad. La obra de mejoramiento de las condiciones de vida —el verdadero proceso civilizador que hace la vida cada vez más segura— había avanzado constantemente hacia su culminación. Un triunfo de una Humanidad unida sobre la Naturaleza había seguido a otro. Cosas que ahora son tan sólo sueños habían llegado a ser proyectos deliberadamente emprendidos y llevados adelante. ¡Y lo que yo veía era el fruto de aquello!

Después de todo, la salubridad y la agricultura de hoy día se hallan aún en una etapa rudimentaria. La ciencia de nuestro tiempo no ha atacado más que una pequeña división del campo de las enfermedades humanas, pero, aún así, extiende sus operaciones de modo constante y persistente. Nuestra agricultura y nuestra horticultura destruyen una mala hierba sólo aquí y allá, y cultivan quizás una veintena aproximadamente de plantas saludables, dejando que la mayoría luche por equilibrarse como pueda. Mejoran nuestras plantas y nuestros animales favoritos —¡y qué pocos son!— gradualmente, por vía selectiva; ora un melocotón mejor, ora una flor más grande y perfumada, ora una raza de ganado vacuno más conveniente. Los mejoramos gradualmente, porque nuestros ideales son vagos y tanteadores, y nuestro conocimiento muy limitado, pues la Naturaleza es también tímida y lenta en nuestras manos torpes. Algún día todo esto estará mejor organizado y será incluso mejor. Ésta es la dirección de la corriente a pesar de los remansos. El mundo entero será inteligente, culto y servicial; las cosas se moverán más y más de prisa hacia la sumisión de la Naturaleza. Al final, sabia y cuidadosamente, reajustaremos el equilibrio de la vida animal y vegetal para adaptarlas a nuestras necesidades humanas.

Este reajuste, —digo yo—, debe haber sido hecho y bien hecho, realmente para siempre, en el espacio de tiempo a través del cual mi máquina había saltado. El aire estaba libre de mosquitos, la tierra de malas hierbas y de hongos; por todas partes había frutas y flores deliciosas; brillantes mariposas revoloteaban aquí y allá. El ideal de la medicina preventiva estaba alcanzado. Las enfermedades, suprimidas. No vi ningún indicio de enfermedad contagiosa durante toda mi estancia allí. Y ya les contaré más adelante que hasta el proceso de la putrefacción y de la vejez había sido profundamente afectado por aquellos cambios.

Se habían conseguido también triunfos sociales. Veía yo la Humanidad alojada en espléndidas moradas, suntuosamente vestida; y, sin embargo, no había encontrado aquella gente ocupada en ninguna faena.

Allí no había signo alguno de lucha, ni social ni económica. La tienda, el anuncio, el tráfico, todo ese comercio que constituye la realidad de nuestro mundo había desaparecido. Era natural que en aquella noche preciosa me apresurase a aprovechar la idea de un "paraíso social". La dificultad del aumento de población había sido resuelta, supongo, y la población cesó de aumentar.

Pero con semejante cambio de condición vienen las inevitables adaptaciones a dicho cambio. A menos que la ciencia biológica sea un montón de errores, ¿cuál es la causa de la inteligencia y del vigor humanos? Las penalidades y la libertad: condiciones bajo las cuales el ser activo, fuerte y apto, sobrevive, y el débil sucumbe; condiciones que recompensan la alianza leal de los hombres capaces basadas en la autocontención, la paciencia y la decisión. Y la institución de la familia y las emociones que entraña, los celos feroces, la ternura por los hijos, la abnegación de los padres, todo ello encuentra su justificación y su apoyo en los peligros inminentes que amenazan a los jóvenes. Ahora, ¿dónde están esos peligros inminentes? Se origina aquí un sentimiento que crecerá contra los celos conyugales, contra la maternidad feroz, contra toda clase de pasiones; cosas inútiles ahora, cosas que nos hacen sentirnos molestos, supervivientes salvajes y discordantes en una vida refinada y grata.

Pensé en la pequeñez física de la gente, en su falta de inteligencia, en aquellas enormes y profundas ruinas; y esto fortaleció mi creencia en una conquista perfecta de la Naturaleza. Porque después de la batalla viene la calma. La Humanidad había sido fuerte, enérgica e inteligente, y había utilizado su abundante vitalidad para modificar las condiciones bajo las cuales vivía. Y ahora llegaba la reacción de aquellas condiciones cambiadas.

Bajo las nuevas condiciones de bienestar y de seguridad perfectos, esa bulliciosa energía, que es nuestra fuerza, llegaría a ser debilidad. Hasta en nuestro tiempo ciertas inclinaciones y deseos, en otro tiempo necesarios para sobrevivir, son un constante origen de fracaso. La valentía física y el amor al combate, por ejemplo, no representan una gran ayuda —pueden incluso ser obstáculos— para el hombre civilizado. Y en un estado de equilibrio físico y de seguridad, la potencia, tanto intelectual como física, estaría fuera de lugar. Pensé que durante incontables años no había habido peligro alguno de guerra o de violencia aislada, ningún peligro de fieras, ninguna enfermedad agotadora que haya requerido una constitución vigorosa, ni necesitado un trabajo asiduo. Para una vida tal, los que llamaríamos "débiles" se hallan tan bien pertrechados como los "fuertes", no son realmente débiles. Mejor pertrechados en realidad, pues los fuertes estarían gastados por una energía para la cual no hay salida. Era indudable que la exquisita belleza de los edificios que yo veía era el resultado de las últimas agitaciones de la energía, ahora sin fin determinado de la Humanidad, antes de haberse asentado en la perfecta armonía con las condiciones bajo las cuales vivía: el florecimiento de ese triunfo que fue el comienzo de la última gran paz. Ésta ha sido siempre la suerte de la energía en seguridad; se consagra al arte y al erotismo, y luego vienen la languidez y la decadencia.

Hasta ese impulso artístico deberá desaparecer al final —había desaparecido casi en el Tiempo que yo veía—. Adornarse ellos mismos con flores, danzar, cantar al Sol; esto era lo que quedaba del espíritu artístico y nada más. Aun eso desaparecería al final, dando lugar a una satisfecha inactividad. Somos afilados sin cesar sobre la muela del dolor y de la necesidad y, según me parecía, ¡he aquí que aquella odiosa muela se rompía al fin!

Permanecí allí en las condensadas tinieblas, pensando que con aquella simple explicación había yo dominado el problema del mundo, dominando el secreto entero de aquel delicioso pueblo. Tal vez los obstáculos por ellos ideados para detener el aumento de población habían tenido demasiado buen éxito, y su número, en lugar de permanecer estacionario, había más bien disminuido. Esto hubiese explicado aquellas ruinas abandonadas. Era muy sencilla mi explicación y bastante plausible, ¡como lo son la mayoría de las teorías equivocadas!

Una conmoción repentina

Mientras permanecía meditando sobre este triunfo demasiado perfecto del hombre, la Luna llena, amarilla y jibosa, salió entre un desbordamiento de luz plateada, al Nordeste. Las brillantes figuritas cesaron de moverse debajo de mí, un búho silencioso revoloteó, y me estremecí con el frío de la noche. Decidí descender y elegir un sitio dónde poder dormir.

Busqué con los ojos el edificio que conocía. Luego, mi mirada corrió a lo largo de la figura de la Esfinge Blanca sobre su pedestal de bronce, cada vez más visible a medida que la luz de la Luna ascendente se hacía más brillante. Podía yo ver el argentado abedul enfrente. Había allí, por un lado, el macizo de rododendros, negro en la pálida claridad, y por el otro, la pequeña pradera que volví a contemplar. Una extraña duda heló mi satisfacción. "No", me dije con resolución, "ésa no es la pradera".

Pero era la pradera. Pues la lívida faz leprosa de la esfinge estaba vuelta hacia allí. ¿Pueden ustedes imaginar lo que sentí cuando tuve la plena convicción de ello? No podrían. ¡La Máquina del Tiempo había desaparecido!

En seguida, como un latigazo en la cara, se me ocurrió la posibilidad de perder mi propia época, de quedar abandonado e impotente en aquel extraño mundo nuevo. El simple pensamiento de esto, representaba una verdadera sensación física. Sentía que me agarraba por la garganta, cortándome la respiración. Un momento después sufrí un ataque de miedo y corrí con largas zancadas ladera abajo. En seguida tropecé, caí de cabeza y me hice un corte en la cara; no perdí el tiempo en restañar la sangre, sino que salté de nuevo en pie y seguí corriendo, mientras me escurría la sangre caliente por la mejilla y el mentón. Y mientras corría me iba diciendo a mí mismo: "La han movido un poco, la han empujado debajo del macizo, fuera del camino". Sin embargo, corría todo cuanto me era posible. Todo el tiempo, con la certeza que algunas veces acompaña a un miedo excesivo, yo sabía que tal seguridad era una locura, sabía instintivamente que la máquina había sido transportada fuera de mi alcance. Respiraba penosamente. Supongo que recorrí la distancia entera desde la cumbre de la colina hasta la pradera, dos millas aproximadamente, en diez minutos. Y no soy ya un joven. Mientras iba corriendo maldecía en voz alta mi necia confianza, derrochando así mi aliento. Gritaba muy fuerte y nadie contestaba. Ningún ser parecía agitarse en aquel mundo iluminado por la Luna.

Cuando llegué a la pradera mis peores temores se realizaron. No se veía el menor rastro de la máquina. Me sentí desfallecido y helado cuando estuve frente al espacio vacío, entre la negra maraña de los arbustos. Corrí furiosamente alrededor, como si la máquina pudiera estar oculta en algún rincón, y luego me detuve en seco, agarrándome el pelo con las manos. Por encima de mí descollaba la esfinge, sobre su pedestal de bronce, blanca, brillante, leprosa, bajo la luz de la Luna que ascendía. Parecía reírse burlonamente de mi congoja.

Pude haberme consolado a mí mismo imaginando que los pequeños seres habían llevado por mí el aparato a algún refugio, de no haber tenido la seguridad de su incapacidad física e intelectual. Esto era lo que me acongojaba: la sensación de algún poder insospechado hasta entonces, por cuya intervención mi invento había desaparecido. Sin embargo, estaba seguro de una cosa: salvo que alguna otra época hubiera construido un duplicado exacto, la máquina no podía haberse movido a través del tiempo. Las conexiones de las palancas —les mostraré después el sistema— impiden que, una vez quitadas, nadie pueda ponerla en movimiento de ninguna manera. Había sido transportada y escondida solamente en el espacio. Pero, entonces, ¿dónde podía estar?

Creo que debí ser presa de una especie de frenesí. Recuerdo haber recorrido violentamente por dentro y por fuera, a la luz de la Luna, todos los arbustos que rodeaban a la esfinge, y asustado en la incierta claridad a algún animal blanco al que tomé por un cervatillo. Recuerdo también, ya muy avanzada la noche, haber aporreado las matas con mis puños cerrados hasta que mis articulaciones quedaron heridas y sangrantes por las ramas partidas. Luego, sollozando y delirando en mi angustia de espíritu, descendí hasta el gran edificio de piedra. El enorme vestíbulo estaba oscuro, silencioso y desierto. Resbalé sobre un suelo desigual y caí encima de una de las mesas de malaquita, casi rompiéndome la espinilla. Encendí una cerilla y penetré al otro lado de las cortinas polvorientas de las que les he hablado.

Allí encontré un segundo gran vestíbulo cubierto de cojines, sobre los cuales dormían, quizás, una veintena de aquellos pequeños seres. Estoy seguro de que encontraron mi segunda aparición bastante extraña, surgiendo repentinamente de la tranquila oscuridad con ruidos inarticulados y el chasquido y la llama de una cerilla. Porque ellos habían olvidado lo que eran las cerillas. "¿Dónde está mi Máquina del Tiempo?", comencé, chillando como un niño furioso, asiéndolos y sacudiéndolos a un tiempo. Debió parecerles muy raro aquello. Algunos rieron, la mayoría parecieron dolorosamente amedrentados. Cuando vi que formaban como a mi alrededor, se me ocurrió que estaba haciendo una cosa tan necia como era posible hacerla en aquellas circunstancias, intentando revivir la sensación de miedo. Porque razonando conforme a su comportamiento a la luz del día: pensé que el miedo debía estar olvidado.

Bruscamente tiré la cerilla, y chocando con algunos de aquellos seres en mi carrera, crucé otra vez, desatinado, el enorme comedor hasta llegar afuera bajo la luz de la Luna. Oí gritos de terror y sus piececitos corriendo y tropezando aquí y allá. No recuerdo todo lo que hice mientras la Luna ascendía por el cielo. Supongo que era la circunstancia inesperada de mi pérdida lo que me enloquecía. Me sentía desesperanzado, separado de mi propia especie —como un extraño animal en un mundo desconocido—. Debí desvariar de un lado para otro, chillando y vociferando contra Dios y el Destino. Recuerdo que sentí una horrible fatiga, mientras la larga noche de desesperación transcurría; que remiré en tal o cual sitio imposible; que anduve a tientas entre las ruinas iluminadas por la Luna y que toqué extrañas criaturas en las negras sombras, y, por último, que me tendí sobre la tierra junto a la esfinge, llorando por mi absoluta desdicha, pues hasta la cólera por haber cometido la locura de abandonar la máquina había desaparecido con mi fuerza. No me quedaba más que mi desgracia. Luego me dormí. Cuando desperté otra vez, era ya muy de día, y una pareja de gorriones brincaba a mi alrededor sobre la hierba, al alcance de mi mano.

Me senté en el frescor de la mañana, —intentando recordar cómo había llegado hasta allí, y por qué experimentaba una tan profunda sensación de abandono y desesperación—. Entonces las cosas se aclararon en mi mente. Con la clara razonable luz del día, podía considerar de frente mis circunstancias. Me di cuenta de la grandísima locura cometida en mi frenesí de la noche anterior, pude razonar conmigo mismo. "¿Suponer lo peor? —me dije—. ¿Suponer que la máquina está enteramente perdida, destruida, quizá? Me importa estar tranquilo, ser paciente, aprender el modo de ser de esta gente, adquirir una idea clara de cómo se ha perdido mi aparato, y los medios de conseguir materiales y herramientas, a fin de poder, al final, construir tal vez otro". Tenía que ser aquélla mi única esperanza, una mísera esperanza tal vez, pero mejor que la desesperación. Y, después de todo, era aquél un mundo bello y curioso.

Pero probablemente la máquina había sido tan sólo sustraída. Aún así, debía yo mantenerme sereno, tener paciencia, buscar el sitio del escondite, y recuperarla por la fuerza o con astucia. Y con esto me puse en pie rápidamente y miré a mi alrededor, preguntándome, dónde podría lavarme. Me sentía fatigado, entumecido y sucio a causa del viaje. El frescor de la mañana me hizo desear una frescura igual. Había agotado mi emoción. Realmente, buscando lo que necesitaba, me sentí asombrado de mi intensa excitación de la noche anterior. Examiné cuidadosamente el suelo de la praderita. Perdí un rato en fútiles preguntas dirigidas lo mejor que pude a aquellas gentecillas que se acercaban. Todos fueron incapaces de comprender mis gestos; algunos se mostraron simplemente estúpidos; otros creyeron que era una chanza, y se rieron en mis narices. Fue para mí la tarea más difícil del mundo impedir que mis manos cayesen sobre sus lindas caras rientes. Era un loco impulso, pero el demonio engendrado por el miedo y la cólera ciega estaba mal refrenado y aun ansioso de aprovecharse de mi perplejidad. La hierba me trajo un mejor consejo. Encontré unos surcos marcados en ella, aproximadamente a mitad de camino entre el pedestal de la esfinge y las huellas de pasos de mis pies, a mi llegada. Había alrededor otras señales de traslación, con extrañas y estrechas huellas de pasos tales, que las pude creer hechas por un perezoso. Esto dirigió mi atención más cerca del pedestal.

Era éste, como creo haber dicho, de bronce. No se trataba de un simple bloque, sino que estaba ambiciosamente adornado con unos paneles hondos a cada lado.

Me acerqué a golpearlos. El pedestal era hueco. Examinando los paneles minuciosamente, observé que quedaba una abertura entre ellos y el marco. No había allí asas ni cerraduras, pero era posible que aquellos paneles, si eran puertas como yo suponía, se abriesen hacia dentro. Una cosa aparecía clara a mi inteligencia. No necesité un gran esfuerzo mental para inferir que mi Máquina del Tiempo estaba dentro de aquel pedestal. Pero cómo había llegado hasta allí era un problema diferente.

Vi las cabezas de dos seres vestidos color naranja, entre las matas y bajo unos manzanos cubiertos de flores venir hacia mí. Me volví a ellos sonriendo y llamándoles por señas. Llegaron a mi lado, y entonces, señalando el pedestal de bronce intenté darles a entender mi deseo de abrirlo. Pero a mi primer gesto hacia allí se comportaron de un modo muy extraño. No sé cómo describirles a ustedes su expresión. Supongan que hacen a una dama de fino temperamento unos gestos groseros e impropios; la actitud que esa dama adoptaría fue la de ellos. Se alejaron como si hubiesen recibido el último insulto. Intenté una amable mímica parecida ante un mocito vestido de blanco, con el mismo resultado exactamente. De un modo u otro su actitud me dejó avergonzado de mí mismo. Pero, como ustedes comprenderán, yo deseaba recuperar la Máquina del Tiempo, e hice una nueva tentativa. Cuando le vi a éste dar la vuelta, como los otros, mi mal humor predominó. En tres zancadas le alcancé, le cogí por la parte suelta de su vestido alrededor del cuello, y le empecé a arrastrar hacia la esfinge. Entonces vi tal horror y repugnancia en su rostro, que le solté de repente.

Pero no quería declararme vencido aún. Golpeé con los puños los paneles de bronce. Creí oír algún movimiento dentro —para ser más claro, creí percibir un ruido como de risas sofocadas—, pero debí equivocarme. Entonces fui a buscar una gruesa piedra al río, y volví a martillar con ella los paneles hasta que hube aplastado una espiral de los adornos, y cayó el verdín en laminillas polvorientas. La delicada gentecilla debió de oírme golpear en violentas arremetidas hasta una milla, pero no se acercó. Vi una multitud de ellos por las laderas, mirándome furtivamente. Al final, sofocado y rendido, me senté para vigilar aquel sitio. Pero estaba demasiado inquieto para vigilar largo rato. Soy demasiado occidental para una larga vigilancia. Puedo trabajar durante años enteros en un problema, pero aguardar inactivo durante veinticuatro horas es otra cuestión.

Después de un rato me levanté, y empecé a caminar a la ventura entre la maleza, hacia la colina otra vez. "Paciencia —me dije—; si quieres recuperar tu máquina debes dejar sola a la esfinge. Si piensan quitártela, de poco sirve destrozar sus paneles de bronce, y si no piensan hacerlo, te la devolverán tan pronto como se la pidas. Velar entre todas esas cosas desconocidas ante un rompecabezas como éste es

desesperante. Representa una línea de conducta que lleva a la demen-
cia. Enfréntate con este mundo. Aprende sus usos, obsérvale, abstente
de hacer conjeturas demasiado precipitadas en cuanto a sus intenciones; al final encontrarás la pista de todo esto". Entonces, me di cuenta de
repente de lo cómico de la situación: el recuerdo de los años que había
gastado en estudios y trabajos para adentrarme en el tiempo futuro y,
ahora, una ardiente ansiedad por salir de él. Me había creado la más
complicada y desesperante trampa que haya podido inventar nunca un
hombre. Aunque era a mi propia costa, no pude remediarlo. Me reí a
carcajadas.

Cuando cruzaba el enorme palacio, me pareció que aquellas
gentecillas me esquivaban. Podían ser figuraciones mías, o algo relacio-
nado con mis golpes en las puertas de bronce. Estaba, sin embargo, casi
seguro de que me rehuían. Pese a lo cual, tuve buen cuidado de mostrar
que no me importaba, y de abstenerme de perseguirles, y en el transcurso de uno o dos días las cosas volvieron a su antiguo estado.

Hice todos los progresos que pude en su lengua, y además, proseguí
mis exploraciones aquí y allá. A menos que no haya tenido en cuenta algún
punto sutil, su lengua parecía excesivamente simple, compuesta casi
exclusivamente de sustantivos concretos y verbos. En lo relativo a los
sustantivos abstractos, parecía haber pocos (si los había). Empleaban
escasamente el lenguaje figurado. Como sus frases eran por lo general
simples y de dos palabras, no pude darles a entender ni comprender
yo, sino las cosas más sencillas. Decidí apartar la idea de mi Máquina
del Tiempo y el misterio de las puertas de bronce de la esfinge hasta donde
fuera posible, en un rincón de mi memoria, esperando que mi creciente
conocimiento me llevase a ella por un camino natural. Sin embargo, cierto
sentimiento, como podrán ustedes comprender, me retenía en un círculo de unas cuantas millas alrededor del sitio de mi llegada.

Explicación

Hasta donde podía ver, el mundo entero desplegaba la misma exube-
rante riqueza que el valle del Támesis. Desde cada colina a la que yo
subía, vi la misma profusión de edificios espléndidos, infinitamente variados de materiales y de estilos; los mismos amontonamientos de árboles
de hoja perenne, los mismos árboles cargados de flores y los mismos
altos helechos. Aquí y allá el agua brillaba como plata, y más lejos la
tierra se elevaba en azules ondulaciones de colinas, y desaparecía así en
la serenidad del cielo. Un rasgo peculiar que pronto atrajo mi atención,
fue la presencia de ciertos pozos circulares, varios de ellos, según me

pareció, de una profundidad muy grande. Uno se hallaba situado cerca del sendero que subía a la colina, y que yo había seguido durante mi primera caminata. Como los otros, estaba bordeado de bronce, curiosamente forjado y protegido de la lluvia por una pequeña cúpula. Sentado sobre el borde de aquellos pozos y escrutando su oscuro fondo, no pude divisar ningún centelleo de agua, ni conseguir ningún reflejo con la llama de una cerilla. Pero en todos ellos oí cierto ruido: un toc-toc-toc, parecido a la pulsación de alguna enorme máquina; y descubrí, por la llama de mis cerillas, que una corriente continua de aire soplaba abajo, dentro del hueco de los pozos. Además, arrojé un pedazo de papel en el orificio de uno de ellos; y en vez de descender revoloteando lentamente, fue velozmente aspirado y se perdió de vista.

También, después de un rato, llegué a relacionar aquellos pozos con altas torres que se elevaban aquí y allá sobre las laderas; pues había con frecuencia por encima de ellas, esa misma fluctuación que se percibe en un día caluroso sobre una playa abrasada por el Sol. Enlazando estas cosas, llegué a la firme presunción de un amplio sistema de ventilación subterránea, cuya verdadera significación érame difícil imaginar. Me incliné al principio a asociarlo con la instalación sanitaria de aquella gente. Era una conclusión evidente, pero absolutamente equivocada.

Y aquí debo admitir que he aprendido muy poco de desagües, de campanas y de modos de transporte, y de comodidades parecidas, durante el tiempo de mi estancia en aquel futuro real. En algunas de aquellas visiones de utopía y de los tiempos por venir que he leído, hay una gran cantidad de detalles sobre la construcción, las ordenaciones sociales y demás cosas de ese género. Pero aunque tales detalles son bastante fáciles de obtener cuando el mundo entero se halla contenido en la sola imaginación, son por completo inaccesibles para un auténtico viajero mezclado con la realidad, como me encontré allí. ¡Imagínense ustedes lo que contaría de Londres un negro recién llegado del África Central al regresar a su tribu! ¿Qué podría él saber de las compañías de ferrocarriles, de los movimientos sociales, del teléfono y el telégrafo, de la compañía de envío de paquetes a domicilio, de los giros postales y de otras cosas parecidas? ¡Sin embargo, nosotros accederíamos, cuando menos, a explicarle esas cosas! E incluso de lo que él supiese, ¿qué le haría comprender o creer a su amigo que no hubiese viajado? ¡Piensen, además, qué escasa distancia hay entre un negro y un blanco de nuestro propio tiempo, y qué extenso espacio existía entre aquellos seres de la Edad de Oro y yo! Me daba cuenta de muchas cosas invisibles que contribuían a mi bienestar; pero salvo por una impresión general de organización automática, temo no poder hacerles comprender a ustedes sino muy poco de esa diferencia.

En lo referente a la sepultura, por ejemplo, no podía yo ver signos de cremación, ni nada que sugiriese tumbas. Pero se me ocurrió que, posiblemente, habría cementerios (u hornos crematorios) en alguna parte, más allá de mi línea de exploración. Fue ésta, de nuevo, una pregunta que me planteé deliberadamente, y mi curiosidad sufrió un completo fracaso al principio con respecto a ese punto. La cosa me desconcertaba, y acabé por hacer una observación ulterior que me desconcertó más aún: que no había entre aquella gente ningún ser anciano o achacoso.

Debo confesar que la satisfacción que sentí por mi primera Teoría de una Civilización Automática y de una Humanidad en decadencia, no duró mucho tiempo. Sin embargo, no podía yo imaginar otra. Los diversos enormes palacios que había yo explorado eran simples viviendas, grandes salones-comedores y amplios dormitorios. No pude encontrar ni máquinas ni herramientas de ninguna clase. Sin embargo, aquella gente iba vestida con bellos tejidos, que deberían necesariamente renovar de vez en cuando, y sus sandalias, aunque sin adornos, eran muestras bastante complejas de labor metálica. De un modo o de otro, tales cosas debían ser fabricadas. Y aquella gentecilla no revelaba indicio alguno de tendencia creadora. No había tiendas, ni talleres, ni señal ninguna de importaciones entre ellos. Gastaban todo su tiempo en retozar lindamente, en bañarse en el río, en hacerse el amor de una manera semijuguetona, en comer frutas y en dormir. No pude ver cómo se conseguía que las cosas siguieran marchando.

Volvamos entonces a la Máquina del Tiempo: alguien, no sabía yo quién, la había encerrado en el pedestal hueco de la Esfinge Blanca. ¿Por qué? A fe mía no pude imaginarlo. Había también aquellos pozos sin agua, aquellas columnas de aireación. Comprendí que me faltaba una pista. Comprendí..., ¿cómo les explicaría aquello? Supónganse que encuentran ustedes una inscripción, con frases aquí y allá en un excelente y claro inglés, e interpoladas con esto, otras compuestas de palabras, incluso de letras, absolutamente desconocidas para ustedes. ¡Pues bien, al tercer día de mi visita, así era como se me presentaba el mundo del año 802,701!

Ese día, también, me eché una amiga... en cierto modo. Sucedió que, cuando estaba yo contemplando a algunos de aquellos seres bañándose en un bajío, uno de ellos sufrió un calambre y empezó a ser arrastrado por el agua. La corriente principal era más bien rápida, aunque no demasiado fuerte para un nadador regular. Les daré a ustedes una idea, por tanto, de la extraña imperfección de aquellas criaturas cuando les diga que ninguna hizo el más leve gesto para intentar salvar al pequeño ser que gritando débilmente se estaba ahogando ante sus ojos. Cuando me di cuenta de ello, me despojé rápidamente de la ropa, y vadeando el agua por un sitio más abajo, agarré aquella cosa menuda y la puse a salvo en la orilla. Unas ligeras fricciones de sus miembros la reanimaron pronto, y tuve la satisfacción de verla completamente bien antes de separarme de ella. Tenía tan poca estimación por los de su raza, que no esperé ninguna gratitud de la muchachita. Sin embargo, en esto me equivocaba.

Lo relatado ocurrió por la mañana. Por la tarde, encontré a mi mujercilla —eso supuse que era— cuando regresaba yo hacia mi centro de una exploración. Me recibió con gritos de deleite, y me ofreció una gran guirnalda de flores, hecha evidentemente para mí. Aquello impresionó mi imaginación.

Es muy posible que me sintiese solo. Sea como fuere, hice cuanto pude para mostrar mi reconocimiento por su regalo. Pronto estuvimos sentados juntos bajo un árbol sosteniendo una conversación compuesta principalmente de sonrisas. La amistad de aquella criatura me afectaba exactamente como puede afectar la de una niña. Nos dábamos flores uno a otro, y ella me besaba las manos. Le besé yo también las suyas. Luego intenté hablar y supe que se llamaba Weena, nombre que a pesar de no saber yo lo que significaba, me pareció en cierto modo muy apropiado. Éste fue el comienzo de una extraña amistad que duró una semana, ¡y que terminó como les diré!

Era ella exactamente parecida a una niña. Quería estar siempre conmigo. Intentaba seguirme por todas partes, y en mi viaje siguiente sentí el corazón oprimido, teniendo que dejarla, al final, exhausta y llamándome quejumbrosamente, pues érame preciso conocer a fondo los problemas de aquel mundo. No había llegado, me dije a mí mismo, al futuro para mantener un flirteo en miniatura. Sin embargo, su angustia cuando la dejé era muy grande, sus reproches al separarnos eran a veces frenéticos, y creo plenamente que sentí tanta inquietud, como consuelo con su afecto. Sin embargo, significaba ella, de todos modos, un gran alivio para mí. Creí que era un simple cariño infantil el que la hacía apegarse a mí. Hasta que fue demasiado tarde, no supe claramente qué pena le había infligido al abandonarla. Hasta entonces, no supe tampoco claramente lo que era ella para mí. Pues, por estar simplemente en apariencia enamorada de mí, por su manera fútil de mostrar que yo le preocupaba, aquella humana muñequita pronto dio a mi regreso a las proximidades de la Esfinge Blanca, casi el sentimiento de la vuelta al hogar; y acechaba la aparición de su delicada figurita, blanca y oro, no bien llegaba yo a la colina.

Por ella supe también que el temor no había desaparecido aún de la Tierra. Se mostraba ella bastante intrépida durante el día y tenía una extraña confianza en mí; pues una vez, en un momento estúpido, le hice muecas amenazadoras, y ella se echó a reír simplemente. Pero le amedrentaban la oscuridad, las sombras, las cosas negras. Las tinieblas eran para ella la única cosa aterradora. Era una emoción singularmente viva, y esto me hizo meditar y observarla. Descubrí entonces, entre otras cosas, que aquellos seres se congregaban dentro de las grandes casas al anochecer, y dormían en grupos. Entrar donde ellos estaban sin una luz, les llenaba de una inquietud tumultuosa. Nunca encontré a nadie de puertas afuera, o durmiendo solo de puertas adentro después de ponerse el Sol. Sin embargo, fui tan estúpido, que no comprendí la lección de ese temor y, pese a la angustia de Weena, me obstiné en acostarme apartado de aquellas multitudes adormecidas.

Esto le inquietó a ella mucho, pero al final su extraño afecto por mí triunfó, y durante las cinco noches de nuestro conocimiento, incluyendo la última de todas, durmió ella con la cabeza recostada sobre mi brazo. Pero mi relato se me escapa mientras les hablo a ustedes de ella. La noche anterior a su salvación, debía despertarme al amanecer. Había estado inquieto, soñando muy desagradablemente que me ahogaba, y que unas anémonas de mar me palpaban la cara con sus blandos apéndices. Me desperté sobresaltado, con la extraña sensación de que un animal gris acababa de huir de la habitación. Intenté dormirme de nuevo, pero me sentía desasosegado y a disgusto. Era esa hora incierta y gris en que las cosas acaban de surgir de las tinieblas, cuando todo el incoloro se recorta con fuerza, aun pareciendo irreal. Me levanté, fui al gran vestíbulo, y llegué así hasta las losas de piedra delante del palacio. Tenía intención, haciendo virtud de la necesidad, de contemplar la salida del Sol.

La Luna se ponía, y su luz moribunda y las primeras palideces del alba se mezclaban en una semiclaridad fantasmal. Los arbustos eran de un negro tinta, la tierra de un gris oscuro, el cielo descolorido y triste. Y sobre la colina creía ver unos espectros. En tres ocasiones distintas, mientras escudriñaba la ladera, vi unas figuras blancas. Por dos veces me pareció divisar una criatura solitaria, blanca, con el aspecto de un mono, subiendo más bien rápidamente Por la colina, y una vez cerca de las ruinas, vi tres de aquellas figuras arrastrando un cuerpo oscuro. Se movían velozmente. Y no pude ver qué fue de ellas. Parecieron desvanecerse entre los arbustos. El alba era todavía incierta, como ustedes comprenderán. Y tenía yo esa sensación helada, confusa, del despuntar del alba que ustedes conocen tal vez. Dudaba de mis ojos.

Cuando el cielo se tornó brillante al Este, y la luz del Sol subió y esparció una vez más sus vivos colores sobre el mundo, escruté profundamente el paisaje, pero no percibí ningún vestigio de mis figuras blancas. Eran simplemente seres de la media luz. "Deben de haber sido fantasmas —me dije—. Me pregunto qué edad tendrán". Pues una singular Teoría de Grant Allen vino a mi mente, y me divirtió. Si cada generación fenece y deja fantasmas, —argumenta él—, el mundo al final estará atestado de ellos. Según esa teoría, habrían crecido de modo innumerable dentro de unos ochocientos mil años a contar de esta fecha, y no sería muy sorprendente ver cuatro a la vez. Pero la broma no era convincente, y me pasé toda la mañana pensando en aquellas figuras, hasta que gracias a Weena logré desechar ese pensamiento. Las asocié de una manera vaga con el animal blanco que había yo asustado en mi primera y ardorosa busca de la Máquina del Tiempo.

Pero Weena era una grata sustituta. Sin embargo, todas ellas estaban destinadas pronto a tomar una mayor y más implacable posesión de mi espíritu.

Creo haberles dicho, cuánto más calurosa que la nuestra era la temperatura de esa Edad de Oro. No puedo explicarme por qué. Quizás el Sol era más fuerte, o la Tierra estaba más cerca del Sol. Se admite, por lo general, que el Sol se irá enfriando constantemente en el futuro. Pero la gente, poco familiarizada con teorías tales como las de Darwin, olvida que los planetas deben finalmente volver a caer uno por uno dentro de la masa que los engendró. Cuando esas catástrofes ocurran, el Sol llameará con renovada energía; y puede que algún planeta interior haya sufrido esa suerte. Sea cual fuere la razón, persiste el hecho de que el Sol era mucho más fuerte que el que nosotros conocemos.

Bien, pues una mañana muy calurosa —la cuarta, creo, de mi estancia—, cuando intentaba resguardarme del calor y de la reverberación entre algunas ruinas colosales cerca del gran edificio donde dormía y comía, ocurrió una cosa extraña. Encaramándome sobre aquel montón de mampostería, encontré una estrecha galería, cuyo final y respiradero laterales estaban obstruidos por masas de piedras caídas. En contraste con la luz deslumbrante del exterior, me pareció al principio de una oscuridad impenetrable. Entré a tientas, pues el cambio de la luz a las tinieblas hacía surgir manchas flotantes de color ante mí. De repente, me detuve como hechizado. Un par de ojos, luminosos por el reflejo de la luz de afuera, me miraba fijamente en las tinieblas.

El viejo e instintivo terror a las fieras se apoderó nuevamente de mí. Apreté los puños, y miré con decisión aquellos brillantes ojos. Luego, el pensamiento de la absoluta seguridad en que la Humanidad parecía vivir se apareció a mi mente. Y después recordé aquel extraño terror a las tinieblas. Dominando mi pavor hasta cierto punto, avancé un paso y hablé. Confesaré que mi voz era bronca e insegura. Extendí la mano y toqué algo suave. Inmediatamente los ojos se apartaron, y algo blanco huyó rozándome. Me volví con el corazón en la garganta y vi una extraña figurilla de aspecto simiesco, sujetándose la cabeza de una manera especial, cruzar corriendo el espacio iluminado por el Sol, a mi espalda. Chocó contra un bloque de granito, se tambaleó, y en un instante se ocultó en la negra sombra bajo otro montón de escombros de las ruinas.

La impresión que recogí de aquel ser fue, naturalmente, imperfecta; pero sé que era de un blanco desvaído, y que tenía unos ojos grandes y extraños de un rojo grisáceo, y también unos cabellos muy rubios que le caían por la espalda. Pero, como digo, se movió con demasiada rapidez para que pudiese verle con claridad. No puedo siquiera decir si corría a cuatro pies, o tan sólo manteniendo sus antebrazos muy bajos. Después de unos instantes de detención le seguí hasta el segundo montón de ruinas. No pude encontrarle al principio; pero después de un rato, entre la profunda oscuridad, llegué a una de aquellas aberturas redondas y parecidas a un pozo del que ya les he hablado a ustedes, semiobstruida por una columna derribada. Un pensamiento repentino vino a mi mente. ¿Podría aquella Cosa haber desaparecido por dicha abertura abajo? Encendí una cerilla y, mirando hasta el fondo, vi agitarse una pequeña y blanca criatura con unos ojos brillantes que me miraban fijamente. Esto me hizo estremecer. ¡Aquel ser se asemejaba a una araña humana! Descendía por la pared y divisé, ahora por primera vez, una serie de soportes y de asas de metal formando una especie de escala que se hundía en la abertura. Entonces, la llama me quemó los dedos y la solté, apagándose al caer; y cuando encendí otra, el pequeño monstruo había desaparecido.

No sé cuánto tiempo permanecí mirando el interior de aquel pozo. Necesité un rato para conseguir convencerme a mí mismo, de que aquella Cosa entrevista, ¡era un ser humano! Pero, poco a poco, la verdad se abrió paso en mí: el Hombre no había seguido siendo una especie única, sino que se había diferenciado en dos animales distintos; las graciosas criaturas del Mundo Superior no eran los solos descendientes de nuestra generación, sino que aquel ser, pálido, repugnante, nocturno, que había pasado fugazmente ante mí, era también el heredero de todas las edades.

Pensé en las columnas de aireación y en mi teoría de una ventilación subterránea. Empecé a sospechar su verdadera importancia. ¿Y qué viene a hacer, me pregunté, este Lémur en mi esquema de una organización perfectamente equilibrada? ¿Qué relación podía tener con la indolente serenidad de los habitantes del Mundo Superior? ¿Y qué se ocultaba debajo de aquello en el fondo de aquel pozo? Me senté sobre el borde diciéndome que, en cualquier caso, no había nada que temer, y que debía yo bajar allí para solucionar mis apuros. ¡Y al mismo tiempo me aterraba en absoluto bajar! Mientras vacilaba, dos de los bellos seres del Mundo Superior llegaron corriendo en su amoroso juego desde la luz del Sol hasta la sombra. El varón perseguía a la hembra, arrojándole flores en su huida.

Parecieron angustiados de encontrarme con mi brazo apoyado contra la columna caída, y escrutando el pozo. Al parecer, estaba mal considerado el fijarse en aquellas aberturas; pues cuando señalé ésta junto a la cual estaba yo e intenté dirigirles una pregunta sobre ello en su lengua, se mostraron más angustiados aún y se dieron la vuelta. Pero les interesaban mis cerillas, y encendí unas cuantas para divertirlos. Intenté de nuevo preguntarles sobre el pozo, Y fracasé otra vez. Por eso los dejé en seguida, a fin de ir en busca de Weena, y ver qué podía sonsacarle. Pero Mi mente estaba ya trastornada; mis conjeturas e impresiones se deslizaban y enfocaban hacia una nueva interpretación. Tenía ahora una pista para averiguar la importancia de aquellos pozos, de aquellas torres de ventilación, de aquel misterio de los fantasmas; ¡y esto, sin mencionar la indicación relativa al significado de las puertas de bronce y de la suerte de la Máquina del Tiempo! Y muy vagamente hallé una sugerencia acerca de la solución del problema económico que me había desconcertado.

He aquí mi nuevo punto de vista. Evidentemente, aquella segunda especie humana era subterránea. Había en especial tres detalles que me hacían creer que sus raras apariciones sobre el suelo eran la consecuencia de una larga y continuada costumbre de vivir bajo tierra. En primer lugar, estaba el aspecto lívido común a la mayoría de los animales que viven prolongadamente en la oscuridad; el pez blanco de las grutas del Kentucky, por ejemplo. Luego, aquellos grandes ojos con su facultad de reflejar la luz, son rasgos comunes en los seres nocturnos, según lo demuestran el búho y el gato. Y por último, aquel patente desconcierto a la luz del Sol, y aquella apresurada y, sin embargo, torpe huida hacia la oscura sombra, y aquella postura tan particular de la cabeza mientras estaba a la luz. Todo esto reforzaba la teoría de una extremada sensibilidad de la retina.

Bajo mis pies, por tanto, la Tierra debía estar inmensamente socavada, y aquellos socavones eran la vivienda de la Nueva Raza. La presencia de tubos de ventilación y de los pozos a lo largo de las laderas de las colinas por todas partes, en realidad, excepto a lo largo del valle por donde corría el río, revelaba cuán universales eran sus ramificaciones. ¿No era muy natural, entonces, suponer que era en aquel Mundo Subterráneo, donde se hacía el trabajo necesario para la comodidad de la raza que vivía a la luz del Sol? La explicación era tan plausible que la acepté inmediatamente, y llegué hasta imaginar el porqué de aquella diferenciación de la especie humana. Me atrevo a creer que prevén ustedes la hechura de mi teoría, aunque pronto comprendí por mí mismo cuán alejada estaba de la verdad.

Al principio, procediendo conforme a los problemas de nuestra propia época, me parecía claro como la luz del día, que la extensión gradual de las actuales diferencias meramente temporales y sociales entre el Capitalista y el Trabajador era la clave de la situación entera. Sin duda, les parecerá a ustedes un tanto grotesco —¡y disparatadamente increíble!— y, sin embargo, aun ahora, existen circunstancias que señalan ese camino. Hay una tendencia a utilizar el espacio subterráneo para los fines menos decorativos de la civilización; hay, por ejemplo, en Londres el Metro, hay los nuevos tranvías eléctricos, hay pasos subterráneos, talleres y restaurantes subterráneos que aumentan y se multiplican. "Evidentemente —pensé— esta tendencia ha crecido hasta el punto que la industria ha perdido gradualmente su derecho de existencia al aire libre". Quiero decir, que se había extendido cada vez más profundamente y cada vez en más y más amplias fábricas subterráneas ¡consumiendo una cantidad de tiempo sin cesar creciente, hasta que al final...! Aun hoy día, ¿es que un obrero del "East End" no vive en condiciones, de tal modo artificiales que, prácticamente, está separado de la superficie natural de la Tierra?

Además, la tendencia exclusiva de la gente rica —debida, sin duda, al creciente refinamiento de su educación y al amplio abismo en aumento entre ella y la ruda violencia de la gente pobre— la lleva ya a acotar, en su interés, considerables partes de la superficie del país. En los alrededores de Londres, por ejemplo, tal vez la mitad de los lugares más hermosos están cerrados a la intrusión. Y ese mismo abismo creciente que se debe a los procedimientos más largos y costosos de la educación superior, y a las crecientes facilidades y tentaciones por parte de los ricos, hará que cada vez sea menos frecuente el intercambio entre las clases y el ascenso en la posición social por matrimonios entre ellas, que retrasa actualmente la división de nuestra especie a lo largo de líneas de estratificación social. De modo que, al final, sobre el suelo habremos de tener a los Poseedores, buscando el placer, el bienestar y la belleza; y debajo del suelo, a los No Poseedores. Los obreros se adaptan continuamente a las condiciones de su trabajo. Una vez allí tuvieron, sin duda, que pagar un canon nada reducido por la ventilación de sus cavernas; y si se negaban, los mataban de hambre o los asfixiaban para hacerles pagar los atrasos. Los que habían nacido para ser desdichados o rebeldes, murieron; y finalmente, al ser permanente el equilibrio, los Supervivientes acabaron por estar adaptados a las condiciones de la vida subterránea y tan satisfechos en su medio, como la gente del Mundo Superior en el suyo. Por lo que, me parecía, la refinada belleza y la palidez marchita, se seguían con bastante naturalidad.

El gran triunfo de la Humanidad que había yo soñado tomaba una forma distinta en mi mente. No había existido tal triunfo de la educación moral y de la cooperación general, como imaginé. En lugar de esto, veía yo una verdadera aristocracia, armada de una ciencia perfecta y preparando una lógica conclusión al sistema industrial de hoy día. Su triunfo no había sido simplemente un triunfo sobre la Naturaleza, sino también sobre el prójimo. Esto, debo advertirlo a ustedes, era mi teoría de aquel momento. No tenía ningún guía adecuado como ocurre en los libros utópicos. Mi explicación puede ser errónea por completo, aunque creo que es la más plausible. Pero, aun suponiendo esto, la civilización equilibrada que había sido finalmente alcanzada, debía haber sobrepasado hacía largo tiempo su cenit y haber caído en una profunda decadencia. La seguridad demasiado perfecta de los habitantes del Mundo Superior los había llevado, en un pausado movimiento de degeneración, a un aminoramiento general de estatura, de fuerza e inteligencia. Eso podía yo verlo ya con bastante claridad. Sin embargo, no sospechaba aún lo que había ocurrido a los habitantes del Mundo Subterráneo, pero por lo que había visto de los Morlocks —que era el nombre que daban a aquellos seres— podía imaginar que la modificación del tipo humano era aún más profunda que entre los Eloi, la raza que ya conocía.

Entonces surgieron los Morlocks, unas dudas fastidiosas. ¿Por qué habían cogido mi Máquina del Tiempo? Pues estaba seguro de que eran ellos quienes la habían cogido. ¿Y por qué, también, si los Eloi eran los amos, no podían devolvérmela? ¿Y por qué sentían un miedo tan terrible de la oscuridad? Empecé, como ya he dicho, por interrogar a Weena acerca de aquel Mundo Subterráneo, pero de nuevo quedé defraudado. Al principio no comprendió mis preguntas, y luego se negó a contestarlas. Se estremecía, como si el tema le fuese insoportable. Y cuando la presioné, quizás un poco bruscamente, se deshizo en llanto. Fueron las únicas lágrimas, exceptuando las mías, que vi jamás en la Edad de Oro. Viéndolas cesé de molestarla sobre los Morlocks, y me dediqué a borrar de los ojos de Weena aquellas muestras de su herencia humana. Pronto sonrió, aplaudiendo con sus manitas, mientras yo encendía solemnemente una cerilla.

Los Morlocks

Podrá parecerles raro, pero dejé pasar dos días antes de seguir la reciente pista que llevaba evidentemente al camino apropiado. Sentía una aversión especial por aquellos cuerpos pálidos. Tenían exactamente ese tono semiblancuzco de los gusanos y de los animales conservados en alcohol en un museo zoológico. Y al tacto, eran de una frialdad repugnante. Mi aversión se debía, en gran parte, a la influencia simpática de los Eloi, cuyo asco por los Morlocks empezaba yo a comprender.

La noche siguiente no dormí nada bien. Sin duda, mi salud estaba alterada. Me sentía abrumado de perplejidad y de dudas. Tuve una o dos veces la sensación de un pavor intenso al cual no podía yo encontrar ninguna razón concreta. Recuerdo haberme deslizado sin ruido en el gran vestíbulo donde los seres aquellos dormían a la luz de la Luna

—aquella noche Weena se hallaba entre ellas— y me sentía tranquilizado con su presencia. Se me ocurrió, en aquel momento, que en el curso de pocos días, la Luna debería entrar en su último cuarto, y las noches serían oscuras; entonces, las apariciones de aquellos desagradables seres subterráneos, de aquellos blancuzcos lémures, de aquella nueva gusanera que había sustituido a la antigua, serían más numerosas. Y durante esos dos días, tuve la inquieta sensación de quien elude una obligación inevitable. Estaba seguro de que solamente recuperaría la Máquina del Tiempo penetrando audazmente en aquellos misterios del subsuelo. Sin embargo, no podía enfrentarme con aquel enigma. De haber tenido un compañero la cosa sería muy diferente. Pero estaba horriblemente solo, y el simple hecho de descender por las tinieblas del pozo me hacía palidecer. No sé si ustedes comprenderán mi estado de ánimo, pero sentía sin cesar un peligro a mi espalda.

Esta inquietud, esta inseguridad, era quizá la que me arrastraba más y más lejos en mis excursiones exploradoras. Yendo al Sudoeste, hacia la comarca escarpada que se llama ahora "Combe Wood", observé a lo lejos, en la dirección del Bansteadf del siglo XIX, una amplia construcción verde, de estilo diferente a las que había visto hasta entonces. Era más grande que el mayor de los palacios o ruinas que conocía, y la fachada tenía un aspecto oriental: mostraba ésta el brillo de un tono gris pálido, de cierta clase de porcelana china. Esta diferencia de aspecto sugería una diferencia de uso, y se me ocurrió llevar hasta allí mi exploración. Pero el día declinaba ya, y llegué a la vista de aquel lugar después de un largo y extenuante rodeo; por lo cual decidí aplazar la aventura para el día siguiente, y volví hacia la bienvenida y las caricias de la pequeña Weena. Pero a la mañana siguiente, me di cuenta con suficiente claridad, que mi curiosidad referente al Palacio de Porcelana Verde, era un acto de autodecepción, capaz de evitarme, por un día más, la experiencia que yo temía. Decidí emprender el descenso sin más pérdida de tiempo, y salí al amanecer hacia un pozo cercano a las ruinas de granito y aluminio.

La pequeña Weena vino corriendo conmigo. Bailaba junto al pozo, pero cuando vio que me inclinaba yo sobre el brocal mirando hacia abajo, pareció singularmente desconcertada. "Adiós, pequeña Weena", dije, besándola; y luego, dejándola sobre el suelo, comencé a buscar sobre el brocal los escalones y los ganchos. Más bien de prisa —debo confesarlo—, ¡pues temía que flaquease mi valor! Al principio ella me miró con asombro. Luego lanzó un grito quejumbroso y, corriendo hacia mí, quiso retenerme con sus manitas. Creo que su oposición me incitó más bien a continuar. La rechacé, acaso un poco bruscamente, y un momento después estaba adentrándome en el pozo. Vi su cara agonizante sobre el brocal y le sonreí para tranquilizarla. Luego, me fue preciso mirar hacia abajo a los ganchos inestables a que me agarraba.

Tuve que bajar un trecho de doscientas yardas, quizás. El descenso lo efectuaba por medio de los barrotes metálicos que salían de las paredes del pozo, y como estaban adaptados a las necesidades de unos mucho más pequeños que yo, pronto me sentí entumecido y fatigado por la bajada. ¡Y no sólo fatigado! Uno de los barrotes cedió de repente bajo mi peso, y casi me balanceé en las tinieblas de debajo. Durante un momento quedé suspendido por una mano, y después de esa prueba, no me atreví a descansar de nuevo. Aunque mis brazos y mi espalda me doliesen ahora agudamente, seguía descendiendo de un tirón, tan de prisa como era posible. Al mirar hacia arriba, vi la abertura, un pequeño disco azul, en el cual era visible una estrella, mientras que la cabeza de la pequeña Weena aparecía como una proyección negra y redonda. El ruido acompasado de una máquina, desde el fondo, se hacía cada vez más fuerte y opresivo. Todo, salvo el pequeño disco de arriba, era profundamente oscuro, y cuando volví a mirar hacia allí, Weena había desaparecido. Me sentía en una agonía de inquietud. Pensé vagamente intentar remontar del pozo y dejar en su soledad al Mundo Subterráneo. Pero hasta cuando estaba dándole vueltas a esa idea, seguía descendiendo. Por último, con un profundo alivio, vi confusamente aparecer, a un pie a mi derecha, una estrecha abertura en la pared. Me introduje allí, y descubrí que era el orificio de un reducido túnel horizontal en el cual pude tenderme y descansar. Y ya era hora. Mis brazos estaban doloridos, mi espalda entumecida y temblaba con el prolongado terror de una caída. Además, la oscuridad ininterrumpida tuvo un efecto doloroso sobre mis ojos. El aire estaba lleno del palpitante zumbido de la maquinaria que ventilaba el pozo.

No sé cuánto tiempo permanecí tendido allí. Me despertó una mano suave que tocaba mi cara. Me levanté de un salto en la oscuridad y, sacando mis cerillas, encendí una rápidamente: vi tres seres encorvados y blancos semejantes a aquel que había visto sobre la tierra, en las ruinas y que huyó velozmente de la luz. Viviendo, como vivían, en las que me parecían tinieblas impenetrables, sus ojos eran de un tamaño anormal y muy sensibles, como lo son las pupilas de los peces de los fondos abisales, y reflejaban la luz de idéntica manera. No me cabía duda de que podían verme en aquella absoluta oscuridad, y no parecieron tener miedo de mí, aparte de su temor a la luz. Pero, en cuanto encendí una cerilla con objeto de verlos, huyeron veloces, desapareciendo dentro de unos sombríos canales y túneles, desde los cuales me miraban sus ojos del modo más extraño.

Intenté llamarles, pero su lenguaje era al parecer diferente del de los habitantes del Mundo Superior; por lo cual me quedé entregado a mis propios esfuerzos, y la idea de huir antes de iniciar la exploración pasó por mi mente. Pero me dije a mí mismo: "Estás aquí ahora para eso", y avancé a lo largo del túnel, sintiendo que el ruido de la maquinaria se hacía más fuerte.

Pronto dejé de notar las paredes a mis lados, llegué a un espacio amplio y abierto, y encendiendo otra cerilla, vi que había entrado en una vasta caverna arqueada que se extendía hacia las profundas tinieblas más allá de la claridad de mi cerilla. Vi lo que se puede ver mientras arde una cerilla.

Mi recuerdo es forzosamente vago. Grandes formas parecidas a enormes máquinas surgían de la oscuridad y proyectaban negras sombras entre las cuales los inciertos y espectrales Morlocks se guarecían de la luz. El sitio, dicho sea de paso, era muy sofocante y opresivo, y débiles emanaciones de sangre fresca flotaban en el aire. Un poco más abajo del centro había una mesita de un metal blanco, en la que parecía haberse servido una comida. ¡Los Morlocks eran, de todos modos, carnívoros! Aun en aquel momento, recuerdo haberme preguntado qué voluminoso animal podía haber sobrevivido para suministrar el rojo cuarto que yo veía. Estaba todo muy confuso: el denso olor, las enormes formas carentes de significado, la figura repulsiva espiando en las sombras, ¡y esperando tan sólo a que volviesen a reinar las tinieblas para acercarse a mí de nuevo! Entonces la cerilla se apagó, quemándome los dedos, y cayó con una roja ondulación, en las tinieblas.

He pensado después lo mal equipado que estaba yo para semejante experiencia. Cuando la inicié con la Máquina del Tiempo, lo hice en la absurda suposición de que todos los hombres del futuro debían ser infinitamente superiores a nosotros mismos en todos los artefactos. Había llegado sin armas, sin medicinas, sin nada que fumar — ¡a veces notaba atrozmente la falta del tabaco! —; hasta sin suficientes cerillas. ¡Si tan sólo hubiera pensado en una Kodak! Podría haber tomado aquella visión del Mundo Subterráneo en un segundo, y haberlo examinado a gusto. Pero, sea lo que fuere, estaba allí con las únicas armas y los únicos poderes con que la Naturaleza me ha dotado: manos, pies y dientes; esto y cuatro cerillas suecas que aún me quedaban.

Temía yo abrirme camino entre toda aquella maquinaria en la oscuridad, y solamente con la última llama descubrí que mi provisión de cerillas se había agotado. No se me había ocurrido nunca, hasta entonces, que hubiera necesidad de economizarlas, y gasté casi la mitad de la caja en asombrar a los habitantes del Mundo Superior, para quienes el fuego era una novedad. Ahora, como digo, me quedaban cuatro, y mientras permanecía en la oscuridad, una mano tocó la mía, sentí unos dedos descarnados sobre mi cara, y percibí un olor especial, muy desagradable. Me pareció oír a mi alrededor la respiración de una multitud de aquellos horrorosos pequeños seres. Sentí que intentaban quitarme suavemente la caja de cerillas que tenía en la mano, y que otras manos detrás de mí me tiraban de la ropa. La sensación de que aquellas criaturas invisibles me examinaban, érame desagradable de un modo indescriptible. La repentina comprensión de mi desconocimiento de sus maneras de pensar y de obrar se me presentó de nuevo vivamente en las tinieblas. Grité lo más fuerte que pude. Se apartaron, y luego los sentí acercarse otra vez. Sus tocamientos se hicieron más osados, mientras se musitaban extraños sonidos unos a otros. Me estremecí con violencia, y volví a gritar, de un modo más bien discordante. Esta vez se mostraron menos seriamente alarmados, y se acercaron de nuevo a mí con una extraña y ruidosa risa. Debo confesar que estaba horriblemente asustado. Decidí encender otra cerilla y escapar amparado por la claridad. Así lo hice, y acreciendo un poco la llama con un pedazo de papel que saqué de mi bolsillo, llevé a cabo mi retirada hacia el estrecho túnel. Pero apenas hube entrado mi luz se apagó, y en tinieblas pude oír a los Morlocks susurrando como el viento entre las hojas, haciendo un ruido acompasado como la lluvia, mientras se precipitaban detrás de mí.

En un momento me sentí agarrado por varias manos, y no pude equivocarme sobre su propósito, que era arrastrarme hacia atrás. Encendí otra cerilla y la agité ante sus deslumbrantes caras. Difícilmente podrán ustedes imaginar lo nauseabundos e inhumanos que parecían — ¡rostros lívidos y sin mentón, ojos grandes, sin párpados, de un gris rosado!—, mientras que se paraban en su ceguera y aturdimiento. Pero no me detuve a mirarlos, se los aseguro a ustedes: volví a retirarme, y cuando terminó mi segunda cerilla, encendí la tercera. Estaba casi consumida, cuando alcancé la abertura que había en el pozo. Me tendí sobre el borde, pues la palpitación de la gran bomba del fondo me aturdía. Luego palpé los lados para buscar los asideros salientes, y al hacerlo, me agarraron de los pies, y fui tirado violentamente hacia atrás. Encendí mi última cerilla... y se apagó en el acto. Pero había yo empuñado ahora uno de los barrotes, y dando fuertes puntapiés, me desprendí de las manos de los Morlocks y ascendí rápidamente por el pozo, mientras ellos se quedaban abajo atisbando y guiñando los ojos hacia mí: todos, menos un pequeño miserable que me siguió un momento, y casi se apoderó de una de mis botas como si hubiera sido un trofeo.

Aquella escalada me pareció interminable. En los últimos veinte o treinta pies sentí una náusea mortal. Me costó un gran trabajo mantenerme asido. En las últimas yardas sostuve una lucha espantosa contra aquel desfallecimiento. Me dieron varios vahídos y experimenté todas las sensaciones de la caída. Al final, sin embargo, pude, no sé cómo, llegar al brocal y escapar tambaleándome fuera de las ruinas bajo la cegadora luz del Sol. Caí de bruces. Hasta el suelo olía dulce y puramente. Luego recuerdo a Weena besando mis manos y mis orejas, y las voces de otros Eloi. Después estuve sin sentido durante un rato.

Al llegar la noche

Ahora, realmente, parecía encontrarme en una situación peor que la de antes. Hasta aquí, excepto durante mi noche angustiosa después de la pérdida de la Máquina del Tiempo, había yo tenido la confortadora esperanza de una última escapatoria; pero esa esperanza se desvanecía con los nuevos descubrimientos. Hasta ahora me había creído simplemente obstaculizado por la pueril simplicidad de aquella pequeña raza, y por algunas fuerzas desconocidas que me era preciso comprender para superarlas; pero había un elemento nuevo por completo en la repugnante especie de los Morlocks, algo inhumano y maligno. Instintivamente los aborrecía. Antes había yo sentido lo que sentiría un hombre que cayese en un precipicio: mi preocupación era el precipicio y cómo salir de él. Ahora me sentía como una fiera en una trampa, cuyo enemigo va a caer pronto sobre ella.

El enemigo al que yo temía, tal vez les sorprenda a ustedes. Era la oscuridad de la Luna Nueva. Weena me había inculcado eso en la cabeza haciendo algunas observaciones, al principio incomprensibles, acerca de las Noches Oscuras. No era un problema muy difícil de adivinar lo que iba a significar la llegada de las Noches Oscuras. La Luna estaba en Menguante cada noche era— más largo el periodo de oscuridad—. Y ahora comprendí hasta cierto grado, cuando menos, la razón del miedo de los pequeños habitantes del Mundo Superior a las tinieblas. Me pregunté vagamente qué perversas infamias podían ser las que los Morlocks realizaban durante la Luna Nueva. Estaba casi seguro de que mi segunda hipótesis era totalmente falsa. La gente del Mundo Superior podía haber sido antaño la favorecida aristocracia y los Morlocks sus servidores mecánicos; pero aquello había acabado hacía largo tiempo. Las dos especies que habían resultado de la evolución humana declinaban, o habían llegado ya a unas relaciones completamente nuevas. Los Eloi, como los reyes carolingios, habían llegado a ser simplemente unas lindas inutilidades. Poseían todavía la Tierra por consentimiento tácito, desde que los Morlocks, —subterráneos hacía innumerables generaciones—, habían llegado a encontrar intolerable la superficie iluminada por el Sol. Y los Morlocks confeccionaban sus vestidos, infería yo, y subvenían a sus necesidades habituales, quizás a causa de la supervivencia de un viejo hábito de servidumbre. Lo hacían como un caballo encabritado agita sus patas, o como un hombre se divierte en matar animales por deporte: porque unas antiguas y fenecidas necesidades lo habían inculcado en su organismo. Pero, evidentemente, el antiguo orden estaba ya en parte invertido. La Némesis de los delicados hombrecillos se acercaba de prisa. Hacía edades, hacía miles de generaciones, el hombre había privado a su hermano el hombre de la comodidad y de la luz del Sol. ¡Y ahora

aquel hermano volvía cambiado! Ya los Eloi habían empezado a aprender una vieja lección otra vez. Trababan de nuevo conocimiento con el
Miedo. Y de pronto me vino a la mente el recuerdo de la carne que había
visto en el mundo subterráneo. Parece extraño cómo aquel recuerdo me
obsesionó; no lo despertó, por decirlo así, el curso de mis meditaciones,
sino que surgió casi como una interrogación desde fuera. Intenté recordar la forma de aquello. Tenía yo una vaga sensación de algo familiar,
pero no pude decir lo que era en aquel momento.

Sin embargo, por impotentes que fuesen los pequeños seres en presencia de su misterioso Miedo, yo estaba constituido de un modo
diferente. Venía de esta edad nuestra, de esta prístina y madura raza
humana, en la que el Miedo no paraliza y el misterio ha perdido sus
terrores. Yo, al menos, me defendería por mí mismo. Sin dilación, decidí
fabricarme unas armas y un albergue fortificado dónde poder dormir.
Con aquel refugio como base, podría hacer frente a aquel extraño mundo con algo de la confianza que había perdido al darme cuenta de la
clase de seres a que iba a estar expuesto noche tras noche. Sentí que no
podría dormir de nuevo hasta que mi lecho estuviese a salvo de ellos.
Me estremecí de horror al pensar cómo me habían examinado ya.

Vagué durante la tarde a lo largo del valle del Támesis, pero no pude
encontrar nada que se ofreciese a mi mente como inaccesible. Todos los
edificios y todos los árboles parecían fácilmente practicables para unos
trepadores tan hábiles como debían ser los Morlocks, a juzgar por sus
pozos. Entonces, los altos pináculos del Palacio de Porcelana Verde y el
bruñido fulgor de sus muros resurgieron en mi memoria; y al anochecer, llevando a Weena como una niña sobre mi hombro, subí a la colina,
hacia el Sudoeste. Había calculado la distancia en unas siete u ocho millas, pero debía estar cerca de las dieciocho. Había yo visto el palacio
por primera vez en una tarde húmeda, en que las distancias disminuyen engañosamente. Además, perdí el tacón de una de mis botas, y un
clavo penetraba a través de la suela —eran unas botas viejas, cómodas,
que usaba en casa—, por lo que cojeaba. Y fue ya largo rato después de
ponerse el Sol cuando llegué a la vista del palacio, que se recortaba en
negro sobre el amarillo pálido del cielo.

Weena se mostró contentísima cuando empecé a llevarla, pero pasado
un rato, quiso que la dejase en el suelo para correr a mi lado, precipitándose a veces a coger flores que introducía en mis bolsillos. Éstas habían
extrañado siempre a Weena, pero al final pensó que debían ser una rara
clase de búcaros para adornos florales. ¡Y esto me recuerda...! Al cambiar de chaqueta he encontrado...

El Viajero a través del Tiempo se interrumpió, metió la mano en el
bolsillo y colocó silenciosamente sobre la mesita dos flores marchitas,
que no dejaban de parecerse a grandes malvas blancas. Luego, prosiguió su relato.

Cuando la quietud del anochecer se difundía sobre el mundo y avanzábamos más allá de la cima de la colina hacia Wimbledon, Weena se sintió cansada y quiso volver a la casa de piedra gris. Pero le señalé los distantes pináculos del Palacio de Porcelana Verde, y me las ingenié para hacerle comprender que íbamos a buscar allí un refugio contra su miedo ¿Conocen ustedes esa gran inmovilidad que cae sobre las cosas antes de anochecer? La brisa misma se detiene en los árboles. Para mí hay siempre un aire de expectación en esa quietud del anochecer. El cielo era claro, remoto y despejado, salvo algunas fajas horizontales al fondo, hacia Poniente. Bueno, aquella noche la expectación tomó el color de mis temores. En aquella oscura calma mis sentidos parecían agudizados de un modo sobrenatural. Imaginé que sentía incluso la tierra hueca bajo mis pies, y que podía, realmente, casi ver a través de ella a los Morlocks en su hormiguero, yendo de aquí para allá en espera de la oscuridad. En mi excitación me figuré que recibieron mi invasión de sus madrigueras como una declaración de guerra. ¿Y por qué habían cogido mi Máquina del Tiempo?

Así pues, seguimos en aquella ciudad, y el crepúsculo se adensó en la noche. El azul claro de la distancia palideció, y una tras otra aparecieron las estrellas. La tierra se tornó gris oscura y los árboles negros. Los temores de Weena y su fatiga aumentaron. La cogí en mis brazos, le hablé y la acaricié. Luego, como la oscuridad aumentaba, me rodeó ella el cuello con sus brazos, y cerrando los ojos, apoyó apretadamente su cara contra mi hombro. Así descendimos una larga pendiente hasta el valle y allí, en la oscuridad, me metí casi en un pequeño río. Lo vadeé y ascendí al lado opuesto del valle, más allá de muchos edificios-dormitorios y de una estatua —un fauno o una figura por el estilo— sin cabeza. Allí también había acacias. Hasta entonces no había visto nada de los Morlocks, pero la noche se hallaba en su comienzo y las horas de oscuridad anteriores a la salida de la Luna Nueva no habían llegado aún.

Desde la cumbre de la cercana colina vi un bosque espeso que se extendía, amplio y negro, ante mí. Esto me hizo vacilar. No podía ver el final, ni hacia la derecha ni hacia la izquierda. Sintiéndome cansado —el pie en especial me dolía mucho— bajé cuidadosamente a Weena de mi hombro al detenerme, y me senté sobre la hierba. No podía ya ver el Palacio de Porcelana Verde, y dudaba sobre la dirección a seguir. Escudriñé la espesura del bosque y pensé en lo que podía ocultar. Bajo aquella densa maraña de ramas no debían verse las estrellas. Aunque no existiese allí ningún peligro emboscado —un peligro sobre el cual no quería yo dar rienda suelta a la imaginación—, habría, sin embargo, raíces en qué tropezar, y troncos contra los cuales chocar. Estaba rendido, además, después de las excitaciones del día; por eso decidí no afrontar aquello, y pasar en cambio la noche al aire libre en la colina.

Me alegró ver que Weena estaba profundamente dormida. La envolví con cuidado en mi chaqueta, y me senté junto a ella para esperar la salida de la Luna. La ladera estaba tranquila y desierta, pero de la negrura del bosque, venía de vez en cuando una agitación de seres vivos. Sobre mí brillaban las estrellas, pues la noche era muy clara. Experimentaba cierta sensación de amistoso bienestar con su centelleo. Sin embargo, todas las vetustas constelaciones habían desaparecido del cielo; su lento movimiento, que es imperceptible durante centenares de vidas humanas, las había, desde hacía largo tiempo, reordenado en grupos desconocidos. Pero la Vía Láctea, me parecía, era aún la misma banderola harapienta de polvo de estrellas de antaño. Por la parte Sur (según pude apreciar) había una estrella roja muy brillante, nueva para mí; parecía aún más espléndida que nuestra propia y verde Sirio. Y entre todos aquellos puntos de luz centelleante, brillaba un planeta benévolo y constantemente como la cara de un antiguo amigo.

Contemplando aquellas estrellas disminuyeron mis propias inquietudes y todas las seriedades de la vida terrenal. Pensé en su insondable distancia, y en el curso lento e inevitable de sus movimientos desde el desconocido pasado hacia el desconocido futuro. Pensé en el gran ciclo procesional que describe el eje de la Tierra. Sólo cuarenta veces se había realizado aquella silenciosa revolución durante todos los años que había yo atravesado. Y durante aquellas escasas revoluciones, todas las actividades, todas las tradiciones y complejas organizaciones, las naciones, lenguas, literaturas, aspiraciones, hasta el simple recuerdo del Hombre tal como yo lo conocía, habían sido barridas de la existencia. En lugar de ello, quedaban aquellas ágiles criaturas que habían olvidado a sus llevados antepasados, y los seres blancuzcos que me aterraban. Pensé entonces en el Gran Miedo que separaba a las dos especies, y por primera vez, con un estremecimiento repentino, comprendí claramente de dónde procedía la carne que había yo visto. ¡Sin embargo, era demasiado horrible! Contemplé a la pequeña Weena durmiendo junto a mí, su cara blanca y radiante bajo las estrellas, e inmediatamente deseché aquel pensamiento.

Durante aquella larga noche aparté de mi mente lo mejor que pude a los Morlocks, y entretuve el tiempo intentando imaginar que podía encontrar las huellas de las viejas constelaciones en la nueva confusión. El cielo seguía muy claro, aparte de algunas nubes como brumosas. Sin duda me adormecí a ratos. Luego, al transcurrir mi velada, se difundió una débil claridad por el cielo, al Este, como reflejo de un fuego incoloro; y salió la Luna Nueva, delgada, puntiaguda y blanca. E inmediatamente detrás, alcanzándola e inundándola, llegó el alba, pálida al principio, y luego rosada y ardiente. Ningún Morlock se había acercado a nosotros. Realmente, no había yo visto ninguno en la colina aquella noche. Y con la confianza que aportaba el día renovado, me pareció casi que mi miedo había sido irrazonable. Me levanté, y vi que mi pie calzado con la bota sin tacón estaba hinchado por el tobillo y muy dolorido bajo el talón; de modo que me senté, me quité las botas y las arrojé lejos.

Desperté a Weena y nos adentramos en el bosque, ahora verde y agradable, en lugar de negro y aborrecible. Encontramos algunas frutas con las cuales rompimos nuestro ayuno. Pronto encontramos a otros delicados Eloi, riendo y danzando al Sol, como si no existiera en la Naturaleza esa cosa que es la noche. Y entonces, pensé otra vez en la carne que había visto. Estaba ahora seguro de lo que era aquello, y desde el fondo de mi corazón me apiadé de aquel último y débil arroyuelo del gran río de la Humanidad. Evidentemente, en cierto momento del largo pasado de la decadencia humana, el alimento de los Morlocks había escaseado. Quizá habían subsistido con ratas y con inmundicias parecidas. Aun ahora, el hombre es mucho menos delicado y exclusivo para su alimentación que lo era antes; mucho menos que cualquier mono. Su prejuicio contra la carne humana no es un instinto hondamente arraigado. ¡Así pues, aquellos inhumanos hijos de los hombres...! Intenté considerar la cosa con un espíritu científico. Después de todo, eran menos humanos y estaban más alejados que nuestros caníbales antepasados de hace tres o cuatro mil años. Y la inteligencia que hubiera hecho de ese estado de cosas un tormento había desaparecido. ¿Por qué inquietarme? Aquellos Eloi eran simplemente ganado para cebar, que, como las hormigas, los Morlocks preservaban y consumían, y a cuya cría tal vez atendían. ¡Y allí estaba Weena, bailando a mi lado!

Intenté entonces protegerme a mí mismo del horror que me invadía, considerando aquello como un castigo riguroso del egoísmo humano. El hombre se había contentado con vivir fácil y placenteramente a expensas del trabajo de sus hermanos, había tomado la Necesidad como consigna y disculpa, y en la plenitud del tiempo la Necesidad se había vuelto contra él. Intenté, incluso, una especie de desprecio a lo Carlyle de esta mísera aristocracia en decadencia. Pero esta actitud mental resultaba imposible. Por grande que hubiera sido su degeneración intelectual, los Eloi habían conservado en demasía la forma humana para no tener derecho a mi simpatía y hacerme compartir a la fuerza su degradación y su miedo.

Tenía yo en aquel momento ideas muy vagas sobre el camino que seguir. La primera de ellas, era asegurarme algún sitio para refugio, y fabricarme yo mismo las armas de metal o piedra que pudiera idear. Esta necesidad era inmediata. En segundo lugar, esperaba proporcionarme algún medio de hacer fuego, teniendo así el arma de una antorcha en la mano, porque yo sabía que nada sería más eficaz que eso contra aquellos Morlocks. Luego, tenía que idear algún artefacto para romper las puertas de bronce que había bajo la Esfinge Blanca. Se me ocurrió hacer una especie de "ariete". Estaba persuadido de que si podía abrir aquellas puertas y tener delante una llama, descubriría la Máquina del Tiempo y me escaparía. No podía imaginar que los Morlocks fuesen lo suficientemente fuertes para transportarla lejos. Estaba resuelto a llevar a Weena conmigo a nuestra propia época. Y dando vueltas a estos planes en mi cabeza proseguí mi camino hacia el edificio que mi fantasía había escogido para morada nuestra.

El Palacio de Porcelana Verde

Encontré el Palacio de Porcelana Verde al filo del mediodía, desierto y desmoronándose en ruinas. Sólo quedaban trozos de vidrio en sus ventanas, y extensas capas del verde revestimiento se habían desprendido de las armaduras metálicas corroídas. El palacio estaba situado en lo más alto de una pendiente herbosa; mirando, antes de entrar allí, hacia el Nordeste. Me sorprendió ver un ancho estuario, o incluso una ensenada, donde supuse que Wandsworth y Batterseaf debían haber estado en otro tiempo. Pensé entonces —aunque no seguí nunca más lejos este pensamiento—, qué debía haber sucedido, o qué sucedía, a los seres que vivían en el mar.

Los materiales del palacio resultaron ser, después de bien examinados, auténtica porcelana, y a lo largo de la fachada vi una inscripción en unos caracteres desconocidos. Pensé, más bien neciamente, que Weena podía ayudarme a interpretarla, pero me di cuenta luego de que la simple idea de la escritura no había nunca penetrado en su cabeza. Ella me pareció siempre, creo yo, más humana de lo que era, quizá por ser su afecto tan humano.

Pasadas las enormes hojas de la puerta —que estaban abiertas y rotas—, encontramos, en lugar del acostumbrado vestíbulo, una larga galería iluminada por numerosas ventanas laterales. A primera vista me recordó un museo. El enlosado estaba cubierto de polvo, y una notable exhibición de objetos diversos se ocultaba bajo aquella misma capa gris. Vi entonces, levantándose extraño y ahilado en el centro del vestíbulo, lo que era sin duda la parte inferior de un inmenso esqueleto. Reconocí por los pies oblicuos, que se trataba de algún ser extinguido, de la especie del megaterio. El cráneo y los huesos superiores yacían al lado sobre la capa de polvo; y en un sitio en que el agua de la lluvia había caído por una gotera del techo, aquella osamenta estaba deteriorada. Más adelante, en la galería, se hallaba el enorme esqueleto encajonado de un brontosaurio. Mi hipótesis de un museo se confirmaba. En los lados encontré los que me parecieron ser estantes inclinados, y quitando la capa de polvo, descubrí las antiguas y familiares cajas encristaladas de nuestro propio tiempo. Pero debían ser herméticas al aire a juzgar por la perfecta conservación de sus contenidos.

¡Evidentemente, estábamos en medio de las ruinas de algún South Kensington de nuestros días! Allí estaba, evidentemente, la sección de Paleontología, que debía haber encerrado una espléndida serie de fósiles, aunque el inevitable proceso de descomposición, que había sido detenido por un tiempo, perdiendo gracias a la extinción de las bacterias y del moho, las noventa y nueve centésimas de su fuerza. Se había, sin embargo, puesto de nuevo a la obra con extrema seguridad, aunque con suma lentitud, para la destrucción de todos sus tesoros. Aquí y allá encontré vestigios de los pequeños seres en forma de raros fósiles rotos en pedazos o ensartados con fibra de cañas. Y las cajas, en algunos casos, habían sido removidas por los Morlocks, a mi juicio. Reinaba un gran silencio en aquel sitio. La capa de polvo amortiguaba nuestras pisadas. Weena, que hacía rodar un erizo de mar sobre el cristal inclinado de una caja, se acercó pronto a mí —mientras miraba yo fijamente alrededor—, me cogió muy tranquilamente la mano y permaneció a mi lado,

Al principio me dejó tan sorprendido aquel antiguo monumento de una época intelectual, que no me paré a pensar en las posibilidades que presentaba. Hasta la preocupación por la Máquina del Tiempo se alejó un tanto de mi mente.

A juzgar por el tamaño del lugar, aquel Palacio de Porcelana Verde contenía muchas más cosas que una Galería de Paleontología; posiblemente tenía galerías históricas; ¡e incluso podía haber allí una biblioteca! Para mí, al menos en aquellas circunstancias, hubiera sido mucho más interesante que aquel espectáculo de una vieja geología en decadencia. En mi exploración encontré otra corta galería que se extendía transversalmente a la primera. Parecía estar dedicada a los minerales, y la vista de un bloque de azufre despertó en mi mente la idea de la potencia de la pólvora. Pero no pude encontrar salitre; ni en realidad, nitrato de ninguna clase. Sin duda se habían disuelto desde hacía muchas edades. Sin embargo, el azufre persistió en mi pensamiento, e hizo surgir una serie de asociaciones de cosas. En cuanto al resto del contenido de aquella galería, aunque era, en conjunto, lo mejor conservado de todo cuanto vi, me interesaba poco. No soy especialista en Mineralogía. Me dirigí hacia un ala muy ruinosa paralela al primer vestíbulo en que habíamos entrado. Evidentemente, aquella sección estaba dedicada a la Historia Natural, pero todo resultaba allí imposible de reconocer. Unos cuantos vestigios encogidos y ennegrecidos de lo que habían sido en otro tiempo animales disecados, momias disecadas en frascos que habían contenido antaño alcohol, un polvo marrón de plantas desaparecidas:

¡esto era todo! Lo deploré, porque me hubiese alegrado trazar los pacientes reajustes por medio de los cuales habían conseguido hacer la conquista de la naturaleza animada. Luego, llegamos a una galería de dimensiones sencillamente colosales, pero muy mal iluminada, y cuyo suelo en suave pendiente hacía un ligero ángulo con la última galería el que había entrado. Globos blancos pendían, a intervalos, del techo — muchos de ellos rajados y rotos — indicando que aquel sitio había estado al principio iluminado artificialmente. Allí me encontraba más en mi elemento, pues de cada lado se levantaban las enormes masas de unas gigantescas máquinas, todas muy corroídas y muchas rotas, pero algunas aún bastante completas. Como ustedes saben, siento cierta debilidad por la mecánica, y estaba dispuesto a detenerme entre ellas; tanto más cuanto que la mayoría ofrecían el interés de un rompecabezas, y yo no podía hacer más que vagas conjeturas respecto a su utilidad. Me imaginé que si podía resolver aquellos rompecabezas, me encontraría en posesión de fuerzas que podían servirme contra los Morlocks.

De pronto, Weena se acercó mucho a mí. Tan repentinamente, que me estremecí. Si no hubiera sido por ella, no creo que hubiese yo notado que el suelo de la galería era inclinado, en absoluto. El extremo a que había llegado se hallaba por completo encima del suelo, y estaba iluminado por escasas ventanas parecidas a troneras. Al descender en su longitud, el suelo se elevaba contra aquellas ventanas, con sólo una estrecha faja de luz en lo alto delante de cada una de ellas, hasta ser al final un foso, como el sótano de una casa de Londres. Avancé despacio, intentando averiguar el uso de las máquinas, y prestándoles demasiada atención para advertir la disminución gradual de la luz del día, hasta que las crecientes inquietudes de Weena atrajeron mi atención hacia ello. Vi entonces que la galería quedaba sumida al final en densas tinieblas. Vacilé, y luego, al mirar a mi alrededor, vi que la capa de polvo era menos abundante y su superficie menos lisa. Más lejos, hacia la oscuridad, parecía marcada por varias pisadas, menudas y estrechas. Mi sensación de la inmediata presencia de los Morlocks se reanimó ante aquello. Comprendí que estaba perdiendo el tiempo en aquel examen académico de la maquinaria.

Recordé que la tarde se hallaba ya muy avanzada, y que yo no tenía aún ni arma, ni refugio, ni medios de hacer fuego. Y luego, viniendo del fondo, en la remota oscuridad de la galería, oí el peculiar pateo, y los mismos raros ruidos que había percibido abajo en el pozo.

Cogí la mano de Weena. Luego, con una idea repentina, la solté y volví hacia una máquina de la cual sobresalía una palanca bastante parecida a las de las garitas de señales en las estaciones. Subiendo a la plataforma, así aquella palanca y la torcí hacia un lado con toda mi fuerza. De repente, Weena, abandonada en la nave central, empezó a gemir.

Había yo calculado la resistencia de la palanca con bastante corrección, pues al minuto de esfuerzos se partió, y me uní a Weena con una maza en la mano, más que suficiente, creía yo, para romper el cráneo de cualquier Morlock que pudiese encontrar. Estaba impaciente por matar a un Morlock o a varios. ¡Les parecerá a ustedes muy inhumano aquel deseo de matar a mis propios descendientes! Pero era imposible, de un modo u otro, sentir ninguna piedad por aquellos seres. Tan sólo mi aversión a abandonar a Weena, y el convencimiento de que si comenzaba a apagar mi sed de matanza, mi Máquina del Tiempo sufriría por ello, me contuvieron de bajar derechamente a la galería y de ir a matar a los Morlocks.

Así pues, con la maza en una mano y llevando de la otra a Weena, salí de aquella galería y entré en otra más amplia aún, que a primera vista me recordó una capilla militar con banderas desgarradas colgadas. Pronto reconocí en los harapos oscuros y carbonizados que pendían a los lados, restos averiados de libros. Desde hacía largo tiempo se habían caído a pedazos, desapareciendo en ellos toda apariencia de impresión. Pero aquí y allá, cubiertas acartonadas y cierres metálicos decían bastante sobre aquella historia. De haber sido yo un literato, hubiese podido quizá moralizar sobre la futileza de toda ambición. Pero tal como era, la cosa que me impresionó con más honda fuerza, fue el enorme derroche de trabajo que aquella sombría mezcolanza de papel podrido atestiguaba. Debo confesar, que en aquel momento pense principalmente en las Philosophical Transactions y en mis propios diecisiete trabajos sobre física óptica.

Luego, subiendo una ancha escalera, llegamos a lo que debía haber sido en otro tiempo una galería de química técnica. Y allí tuve una gran esperanza de hacer descubrimientos útiles. Excepto en un extremo, donde el techo se había desplomado, aquella galería estaba bien conservada. Fui presuroso hacia las cajas que no estaban deshechas y que eran realmente herméticas. Y al fin, en una de ellas, encontré una caja de cerillas. Probé una a toda prisa. Estaban en perfecto estado. Ni siquiera parecían húmedas. Me volví hacia Weena. "¡Baila!", le grité en su propia lengua. Pues ahora poseía yo una verdadera arma contra los horribles seres a quienes temíamos. Y así, en aquel museo abandonado, sobre el espeso y suave tapiz de polvo, ante el inmenso deleite de Weena, ejecuté solemnemente una especie de danza compuesta, silbando unos compases de *El país del hombre leal*, tan alegremente como pude. Era en parte, un modesto cancán, en parte un paso de baile, en parte una danza de faldón (hasta donde mi levita lo permitía), y en parte original. Porque, como ustedes saben, soy inventivo por naturaleza.

Aun ahora, pienso que el hecho de haber escapado aquella caja de cerillas al desgaste del tiempo durante años memoriales resultaba muy extraño, y para mí la cosa más afortunada. Además, de un modo bastante singular, encontré una sustancia más inverosímil, que fue "alcanfor". Lo hallé en un frasco sellado que, por casualidad, supongo, había sido en verdad herméticamente cerrado. Creí al principio que sería cera de parafina y, en consecuencia, rompí el cristal. Pero el olor del alcanfor era evidente. En la descomposición universal, aquella sustancia volátil había sobrevivido casualmente, quizás a través de muchos miles de centurias. Esto me recordó una pintura en sepia que había visto ejecutar una vez con la tinta de una belemnita fósil hacía millones de años. Estaba a punto de tirarlo, pero recordé que el alcanfor era inflamable y que ardía con una buena y brillante llama —fue, en efecto, una excelente bujía— y me lo metí en el bolsillo. No encontré, sin embargo, explosivos, ni medio alguno de derribar las puertas de bronce. Todavía mi palanca de hierro era la cosa más útil que poseía yo por casualidad. A pesar de lo cual salí de aquella galería altamente exaltado.

No puedo contarles a ustedes toda la historia de aquella larga tarde. Exigiría un gran esfuerzo de memoria recordar mis exploraciones en todo su adecuado orden. Recuerdo una larga galería con panoplias de armas enmohecidas, y cómo vacilé entre mi palanca y un hacha o una espada. No podía, sin embargo, llevarme las dos, y mi barra de hierro prometía un mejor resultado contra las puertas de bronce. Había allí innumerables fusiles, pistolas y rifles. La mayoría eran masas de herrumbre, pero muchas estaban hechas de algún nuevo metal y se hallaban aún en bastante buen estado. Pero todo lo que pudo haber sido en otro tiempo cartuchos estaba convertido en polvo. Vi que una de las esquinas de aquella galería estaba carbonizada y derruida; quizá —me figuro yo— por la explosión de alguna de las muestras. En otro sitio había una amplia exposición de ídolos —polinésicos, mexicanos, griegos, fenicios—, creo que de todos los países de la Tierra. Y allí, cediendo a un impulso irresistible, escribí mi nombre sobre la nariz de un monstruo de esteatita procedente de Sudamérica que impresionó en especial mi imaginación.

A medida que caía la tarde, mi interés disminuía. Recorrí galería tras galería, polvorientas, silenciosas, con frecuencia ruinosas; los objetos allí expuestos eran a veces meros montones de herrumbre y de lignito, en algunos casos recientes. En un lugar me encontré de repente cerca del modelo de una mina de estaño, y entonces por el más simple azar descubrí dentro de una caja hermética, dos cartuchos de dinamita. Lancé un "¡Eureka!", y rompí aquella caja con alegría. Entonces surgió en mí una duda. Vacilé. Luego, escogiendo una pequeña galería lateral, hice la prueba. No he experimentado nunca desengaño igual al que sentí esperando cinco, diez, quince minutos a que se produjese una explosión. Naturalmente, aquello era simulado, como debía haberlo supuesto por su sola presencia allí. Creo, en realidad, que de no haber sido así, me hubiese precipitado inmediatamente y hecho saltar la Esfinge, las puertas de bronce y (como quedó probado) mis probabilidades de encontrar la Máquina del Tiempo, acabando con todo.

Creo que fue después de aquello, cuando llegué a un pequeño patio abierto del palacio. Estaba tapizado de césped, y habían crecido tres árboles frutales en su centro. De modo que descansamos y nos refrescamos allí. Hacia el ocaso empecé a pensar en nuestra situación. La noche se arrastraba a nuestro alrededor y aún tenía que encontrar nuestro inaccesible escondite. Pero aquello me inquietaba ahora muy poco. Tenía en mi poder una cosa que era, quizá, la mejor de todas las defensas contra los Morlocks: ¡tenía cerillas!

Llevaba también el alcanfor en el bolsillo, por si era necesario una llamarada. Me parecía que lo mejor que podíamos hacer era pasar la noche al aire libre, protegido, por el fuego. Por la mañana recuperaría la Máquina del Tiempo. Para ello, hasta entonces, tenía yo solamente mi maza de hierro. Pero ahora, con mi creciente conocimiento, mis sentimientos respecto a aquellas puertas de bronce eran muy diferentes. Hasta aquel momento me había abstenido de forzarlas, en gran parte a causa del misterio del otro lado. No me habían hecho nunca la impresión de ser muy resistentes, y esperaba que mi barra de hierro no sería del todo inadecuada para aquella obra.

En las tinieblas

Salimos del palacio cuando el Sol estaba aún en parte sobre el horizonte. Había yo decidido llegar a la Esfinge Blanca a la mañana siguiente muy temprano, y tenía el propósito de atravesar antes de anochecer el bosque que me había detenido en mi anterior trayecto. Mi plan era ir lo más lejos posible aquella noche y, luego, hacer un fuego y dormir bajo la protección de su resplandor. De acuerdo con esto, mientras caminábamos, recogí cuantas ramas y hierbas secas vi, y pronto tuve los brazos repletos de tales elementos. Así cargado, avanzábamos más lentamente de lo que había previsto —y además Weena estaba rendida, y yo empezaba también a tener sueño— de modo que era noche cerrada cuando llegamos al bosque. Weena hubiera querido detenerse en un altozano con arbustos que había en su lindero, temiendo que la oscuridad se nos anticipase; pero una singular sensación de calamidad inminente, que hubiera debido realmente servirme de advertencia, me impulsó hacia adelante. Había estado sin dormir durante dos días y una noche y me sentía febril e irritable. Sentía que el sueño me invadía, y que con él vendrían los Morlocks.

Mientras vacilábamos, vi entre la negra maleza, a nuestra espalda, confusas en la oscuridad, tres figuras agachadas. Había matas y altas hierbas a nuestro alrededor, y yo no me sentía a salvo de su ataque insidioso. El bosque, según mi cálculo, debía tener menos de una milla de largo. Si podíamos atravesarlo y llegar a la ladera pelada, me parecía que encontraríamos un sitio dónde descansar con plena seguridad; pensé que con mis cerillas y mi alcanfor lograría iluminar mi camino por el bosque. Sin embargo, era evidente que si tenía que agitar las cerillas con mis manos debería abandonar mi leña; así pues, la dejé en el suelo, más bien de mala gana. Y entonces se me ocurrió la idea de prenderle fuego para asombrar a los seres ocultos a nuestra espalda. Pronto iba a descubrir la atroz locura de aquel acto; pero entonces se presentó a mi mente como un recurso ingenioso para cubrir nuestra retirada.

No sé si han pensado ustedes alguna vez, qué extraña cosa es la llama en ausencia del hombre y en un clima templado. El calor del Sol es rara vez lo bastante fuerte para producir llama, aunque esté concentrado por gotas de rocío, como ocurre a veces en las comarcas más tropicales. El rayo puede destrozar y carbonizar, mas con poca frecuencia es causa de incendios extensos. La vegetación que se descompone puede casualmente arder con el calor de su fermentación, pero es raro que produzca llama. En aquella época de decadencia, además, el arte de hacer fuego había sido olvidado en la Tierra. Las rojas lenguas que subían lamiendo mi montón de leña eran para Weena algo nuevo y extraño por completo.

Quería cogerlas y jugar con ellas. Creo que se hubiese arrojado dentro de no haberla yo contenido. Pero la levanté y, pese a sus esfuerzos, me adentré osadamente en el bosque. Durante un breve rato, el resplandor de aquel fuego iluminó mi camino. Al mirar luego hacia atrás, pude ver entre los apiñados troncos, que de mi montón de ramaje la llama se había extendido a algunas matas contiguas, y que una línea curva de fuego se arrastraba por la hierba de la colina. Aquello me hizo reír y volví de nuevo a caminar avanzando entre los árboles oscuros. La oscuridad era completa, y Weena se aferraba a mí convulsivamente; pero como mis ojos se iban acostumbrando a las tinieblas, había aún la suficiente luz para permitirme evitar los troncos. Sobre mi cabeza todo estaba negro, excepto algún resquicio de cielo azul que brillaba aquí y allá sobre nosotros. No encendí ninguna de mis cerillas, porque no tenía las manos libres. Con mi brazo izquierdo sostenía a mi amiguita, y en la mano derecha llevaba mi barra de hierro.

Durante un rato no oí más que los crujidos de las ramitas bajo mis pies, el débil susurro de la brisa sobre mí, mi propia respiración y los latidos de los vasos sanguíneos en mis oídos. Luego me pareció percibir unos leves ruidos a mi alrededor. Apresuré el paso, ceñudo. Los ruidos se hicieron más claros, y capté los mismos extraños sonidos y las voces que había oído en el Mundo Subterráneo. Debían estar allí evidentemente varios Morlocks, y me iban rodeando. En efecto, un minuto después sentí un tirón de mi chaqueta, y luego de mi brazo. Y Weena se estremeció violentamente, quedando inmóvil en absoluto.

Era el momento de encender una cerilla. Pero para ello, tuve que dejar a Weena en el suelo. Así lo hice, y mientras registraba mi bolsillo, se inició una lucha en la oscuridad cerca de mis rodillas, completamente silenciosa por parte de ella y con los mismos peculiares sonidos arrulladores por parte de los Morlocks. Unas suaves manitas se deslizaban también sobre mi chaqueta y mi espalda, incluso mi cuello. Entonces rasqué y encendí la cerilla. La levanté flameante, y vi las blancas espaldas de los Morlocks que huían entre los árboles. Cogí presuroso un trozo de alcanfor de mi bolsillo, y me preparé a encenderlo tan pronto como la cerilla se apagase. Luego, examiné a Weena. Yacía en tierra, agarrada a mis pies, completamente inanimada, de bruces sobre el suelo. Con un terror repentino me incliné hacia ella. Parecía respirar apenas. Encendí el trozo de alcanfor y lo puse sobre el suelo; y mientras estallaba y llameaba, alejando los Morlocks y las sombras, me arrodillé y la incorporé. ¡El bosque, a mi espalda, parecía lleno de la agitación y del murmullo de una gran multitud!

Weena parecía estar desmayada. La coloqué con sumo cuidado sobre mi hombro y me levanté para caminar. Y entonces se me apareció la horrible realidad. Al maniobrar con mis cerillas y con Weena, había yo dado varias vueltas sobre mí mismo, y ahora no tenía ni la más ligera idea de la dirección en que estaba mi camino. Todo lo que pude saber, es que debía hallarme de cara al Palacio de Porcelana Verde. Sentí un sudor frío por mi cuerpo. Era preciso pensar rápidamente qué debía hacer. Decidí encender un fuego y acampar donde estábamos. Apoyé a Weena, todavía inanimada, sobre un tronco cubierto de musgo, y a toda prisa, cuando mi primer trozo de alcanfor iba a apagarse, empecé a amontonar ramas y hojas. Aquí y allá en las tinieblas, a mi alrededor, los ojos de los Morlocks brillaban como carbunclos.

El alcanfor vaciló y se extinguió. Encendí una cerilla, y mientras lo hacía, dos formas blancas que se habían acercado a Weena, huyeron apresuradamente. Una de ellas quedó tan cegada por la luz, que vino en derechura hacia mí, y sentí sus huesos partirse bajo mi violento puñetazo. Lanzó un grito de espanto, se tambaleó un momento y se desplomó. Encendí otro trozo de alcanfor y seguí acumulando la leña de mi hoguera. Pronto noté lo seco que estaba el follaje encima de mí, pues desde mi llegada en la Máquina del Tiempo, una semana antes, no había llovido. Por eso, en lugar de buscar entre los árboles caídos, empecé a alcanzar y a partir ramas. Conseguí en seguida un fuego sofocante de leña verde y de ramas secas, y pude economizar mi alcanfor. Entonces volví donde Weena yacía junto a mi maza de hierro. Intenté todo cuanto pude para reanimarla, pero estaba como muerta. No logré siquiera comprobar si respiraba o no.

Ahora el humo del fuego me envolvía y debió dejarme como embotado de pronto. Además, los vapores del alcanfor flotaban en el aire. Mi fuego podía durar aún una hora, aproximadamente. Me sentía muy débil después de aquellos esfuerzos, y me senté. El bosque también estaba lleno de un soñoliento murmullo que no podía yo comprender. Me pareció realmente que dormitaba y abrí los ojos. Pero todo estaba oscuro, y los Morlocks tenían sus manos sobre mí. Rechazando sus dedos que me asían, busqué apresuradamente la caja de cerillas de mi bolsillo, y... ¡había desaparecido! Entonces me agarraron y cayeron sobre mí de nuevo. En un instante supe lo sucedido. Me había dormido, y mi fuego se extinguió; la amargura de la muerte invadió mi alma. La selva parecía llena del olor a madera quemada. Fui cogido del cuello, del pelo, de los brazos y derribado. Era de un horror indecible sentir en las tinieblas todos aquellos seres amontonados sobre mí. Tuve la sensación de hallarme apresado en una monstruosa telaraña. Estaba vencido y me abandoné. Sentí que unos dientecillos me mordían en el cuello. Rodé hacia un lado y mi mano cayó por casualidad sobre mi palanca de hierro. Esto me dio nuevas fuerzas. Luché, apartando de mí aquellas ratas humanas, y sujetando la barra con fuerza, la hundí donde juzgué que debían estar sus caras. Sentía bajo mis golpes el magnífico aplastamiento de la carne y de los huesos, y por un instante estuve libre.

La extraña exultación que con tanta frecuencia parece acompañar una lucha encarnizada me invadió. Sabía que Weena y yo estábamos perdidos, pero decidí hacerles pagar caro su alimento a los Morlocks. Me levanté, y apoyándome contra un árbol, blandí la barra de hierro ante mí. El bosque entero estaba lleno de la agitación y del griterío de aquellos eres. Pasó un minuto. Sus voces parecieron elevarse hasta un alto grado de excitación y sus movimientos se hicieron más rápidos. Sin embargo, ninguno se puso a mi alcance.

Permanecí mirando fijamente en las tinieblas. Luego, tuve de repente una esperanza. ¿Qué era lo que podía espantar a los Morlocks? Y pisándole los talones a esta pregunta sucedió una extraña cosa. Las tinieblas parecieron tornarse luminosas. Muy confusamente comencé a ver a los Morlocks a mi alrededor —tres de ellos derribados a mis pies— y entonces reconocí con una sorpresa incrédula que los otros huían, en una oleada incesante, al parecer, por detrás de mí, y que desaparecían en el bosque. Sus espaldas no eran ya blancas, sino rojizas. Mientras permanecía con la boca abierta, vi una chispita roja revolotear y disiparse, en un retazo de cielo estrellado, a través de las ramas. Y por ello comprendí el olor a madera quemada, el murmullo monótono que se había convertido ahora en un borrascoso estruendo, el resplandor rojizo y la huida de los Morlocks.

Separándome del tronco de mi árbol y mirando hacia atrás, vi entre las negras columnas de los árboles más cercanos las llamas del bosque incendiado. Era mi primer fuego que me seguía. Por eso busqué a Weena, pero había desaparecido. Detrás de mí los silbidos y las crepitaciones, el ruido estallante de cada árbol que se prendía me dejaban poco tiempo para reflexionar. Con mi barra de hierro asida aún, seguí la trayectoria de los Morlocks. Fue una carrera precipitada. En una ocasión, las llamas avanzaron tan rápidamente a mi derecha, mientras corría, que fui adelantado y tuve que desviarme hacia la izquierda. Pero al fin salí a un pequeño claro, y en el mismo momento un Morlock vino equivocado hacia mí, me pasó, ¡y se precipitó derechamente en el fuego!

Ahora iba yo a contemplar la cosa más fantasmagórica y horripilante, creo, de todas las que había visto en aquella edad futura. Todo el espacio descubierto estaba tan iluminado, como si fuese de día por el reflejo del incendio. En el centro había un montículo o túmulo, coronado por un espino abrasado. Detrás, otra parte del bosque incendiado, con lenguas amarillas que se retorcían, cercando por completo el espacio con una barrera de fuego. Sobre la ladera de la colina, estaban treinta o cuarenta Morlocks, cegados por la luz y el calor, corriendo desatinadamente de un lado para otro, chocando entre ellos en su trastorno.

Al principio no pensé que estuvieran cegados, y cuando se acercaron los golpeé furiosamente con mi barra, en un frenesí de pavor, matando a uno y lisiando a varios más. Pero cuando hube observado los gestos de uno de ellos, yendo a tientas entre el espino bajo el rojo cielo, y oí sus quejidos, me convencí de su absoluta y desdichada impotencia bajo aquel resplandor, y no los golpeé más.

Sin embargo, de vez en cuando uno de ellos venía directamente hacia mí, causándome un estremecimiento de horror que hacía que le rehuyese con toda premura. En un momento dado, las llamas bajaron algo, y temí que aquellos inmundos seres consiguieran pronto verme. Pensé, incluso, entablar la lucha matando a algunos de ellos antes de que sucediese aquello; pero el fuego volvió a brillar voraz, y contuve mi mano. Me paseé alrededor de la colina entre ellos, rehuyéndolos, buscando alguna huella de Weena. Pero Weena había desaparecido.

Al final me senté en la cima del montículo y contemplé aquel increíble tropel de seres ciegos arrastrándose de aquí para allá, y lanzando pavorosos gritos mientras el resplandor del incendio los envolvía. Las densas volutas de humo ascendían hacia el cielo, y a través de los raros resquicios de aquel rojo dosel, lejanas como si perteneciesen a otro universo, brillaban menudas las estrellas. Dos o tres Morlocks vinieron a tropezar conmigo; los rechacé a puñetazos, temblando al hacerlo.

Durante la mayor parte de aquella noche tuve el convencimiento de que sufría una pesadilla. Me mordí a mí mismo y grité con el ardiente deseo de despertarme. Golpeé la tierra con mis manos, me levanté y volví a sentarme, vagué de un lado a otro y me senté de nuevo. Luego, llegué a frotarme los ojos y a pedir a Dios que me despertase. Por tres veces vi a unos Morlocks lanzarse dentro de las llamas en una especie de agonía. Pero al final, por encima de las encalmadas llamas del incendio, por encima de las flotantes masas de humo negro, el blancor y la negrura de los troncos, y el número decreciente de aquellos seres indistintos, se difundió la blanca luz del día.

Busqué de nuevo las huellas de Weena, pero allí no encontré ninguna. Era evidente que ellos habían abandonado su pobre cuerpecillo en el bosque. No puedo describir hasta qué punto alivió mi dolor el pensar que ella se había librado del horrible destino que parecía estarle reservado. Pensando en esto, sentí casi impulsos de comenzar la matanza de las impotentes abominaciones que estaban a mi alrededor, pero me contuve. Aquel montículo, como ya he dicho, era una especie de isla en el bosque. Desde su cumbre, podía ahora descubrir a través de una niebla de humo el Palacio de Porcelana Verde, y desde allí orientarme hacia la Esfinge Blanca. Y así, abandonando el resto de aquellas almas malditas, que se movían aún de aquí para allá gimiendo, mientras el día iba clareando, até algunas hierbas alrededor de mis pies y avancé cojeando —entre las cenizas humeantes y los troncos negruzcos, agitados aún por el fuego en una conmoción interna— hacia el escondite de la Máquina del Tiempo. Caminaba despacio, pues estaba casi agotado, y asimismo cojo, y me sentía hondamente desdichado con la horrible muerte de la pequeña Weena. Me parecía una calamidad abrumadora. Ahora, en esta vieja habitación familiar, aquello se me antoja más, que la pena de un sueño que una pérdida real. Pero aquella mañana su pérdida me dejó otra vez solo por completo, terriblemente solo. Empecé a pensar en esta casa mía, en este rincón junto al fuego, en algunos de ustedes, y con tales pensamientos, se apoderó de mí un anhelo que era un sufrimiento.

Pero al caminar sobre las cenizas humeantes bajo el brillante cielo matinal, hice un descubrimiento. En el bolsillo del pantalón quedaban algunas cerillas. Debían haberse caído de la caja antes de perderse ésta.

La trampa de la Esfinge Blanca

Alrededor de las ocho o las nueve de la mañana, llegué al mismo asiento de metal amarillo desde el cual había contemplado el mundo la noche de mi llegada. Pensé en las conclusiones precipitadas que hice aquella noche, y no pude dejar de reírme amargamente de mi presunción. Allí había aún el mismo bello paisaje, el mismo abundante follaje; los mismos espléndidos palacios y magníficas ruinas, el mismo río plateado corriendo entre sus fértiles orillas. Los alegres vestidos de aquellos deli-cados seres se movían de aquí para allá entre los árboles. Algunos se bañaban en el sitio preciso en que había yo salvado a Weena, y esto me asestó de repente una aguda puñalada de dolor. Como manchas sobre el paisaje, se elevaban las cúpulas por encima de los caminos hacia el Mundo Subterráneo. Sabía ahora lo que ocultaba toda la belleza del Mun-do Superior. Sus días eran muy agradables, como lo son los días que pasa el ganado en el campo. Como el ganado, ellos ignoraban que tuvie-sen enemigos y no prevenían sus necesidades. Y su fin era el mismo.

Me afligió pensar, cuán breve había sido el sueño de la inteligencia humana. Se había suicidado. Se había puesto con firmeza en busca de la comodidad y el bienestar de una sociedad equilibrada con seguridad y estabilidad, como lema; había realizado sus esperanzas para llegar a esto al final. Alguna vez, la vida y la propiedad debieron alcanzar una casi absoluta seguridad. Al rico le habían garantizado su riqueza y su bienes-tar, al trabajador su vida y su trabajo. Sin duda, en aquel mundo perfecto no había existido ningún problema de desempleo, ninguna cuestión so-cial dejada sin resolver. Y esto había sido seguido de una gran calma.

Una ley natural que olvidamos, es que la versatilidad intelectual es la compensación por el cambio, el peligro y la inquietud. Un animal en perfecta armonía con su medio ambiente es un perfecto mecanismo. La naturaleza no hace nunca un llamamiento a la inteligencia, como el há-bito y el instinto no sean inútiles. No hay inteligencia, allí donde no hay cambio ni necesidad de cambio. Sólo los animales que cuentan con inte-ligencia tienen que hacer frente a una enorme variedad de necesidades y de peligros.

Así pues, como podía ver, el hombre del Mundo Superior había de-rivado hacia su blanda belleza, y el del Mundo Subterráneo hacia la simple industria mecánica. Pero aquel perfecto estado carecía aún de una cosa para alcanzar la perfección mecánica: la estabilidad absoluta. Evidentemente, a medida que transcurría el tiempo, la subsistencia del Mundo Subterráneo, como quiera que se efectuase, se había alterado. La Madre Necesidad, que había sido rechazada durante algunos milenios, volvió otra vez y comenzó de nuevo su obra, abajo. El Mun-do Subterráneo al estar en contacto con una maquinaria que, aun siendo perfecta, necesitaba, sin embargo, un poco de pensamiento además del hábito, había probablemente conservado, por fuerza, bastante más ini-ciativa, pero menos carácter humano que el Superior. Y cuando les faltó un tipo de carne, acudieron a lo que una antigua costumbre les había prohibido hasta entonces. De esta manera, vi en mi última mirada el mundo del año 802,701. Ésta es, tal vez, la explicación más errónea que puede inventar un mortal. Ésta es, sin embargo, la forma que tomó para mí la cosa y así se la ofrezco a ustedes.

Después de las fatigas, las excitaciones y los terrores de los pasados días, y pese a mi dolor, aquel asiento, la tranquila vista y el calor del Sol, eran muy agradables. Estaba muy cansado y soñoliento, y pronto mis especulaciones se convirtieron en sopor. Comprendiéndolo así, acepté mi propia sugerencia, y tendiéndome sobre el césped gocé de un sueño vivificador. Me desperté un poco antes de ponerse el Sol. Me sentía ahora a salvo de ser sorprendido por los Morlocks y, desperezándome, bajé por la colina hacia la Esfinge Blanca. Llevaba mi palanca en una mano, y la otra jugaba con las cerillas en mi bolsillo.

Y ahora viene lo más inesperado. Al acercarme al pedestal de la esfinge, encontré las hojas de bronce abiertas. Habían resbalado hacia abajo sobre unas ranuras.

Ante esto, me detuve en seco vacilando en entrar.

Dentro, había un pequeño aposento, y en un rincón elevado estaba la Máquina del Tiempo. Tenía las pequeñas palancas en mi bolsillo. Así pues, después de todos mis estudiados preparativos para el asedio de la Esfinge Blanca, me encontraba con una humilde rendición. Tiré mi barra de hierro, sintiendo casi no haberla usado.

Me vino a la mente un repentino pensamiento cuando me agachaba hacia la entrada. Por una vez, al menos, capté las operaciones mentales de los Morlocks. Conteniendo un enorme deseo de reír, pasé bajo el marco de bronce y avancé hacia la Máquina del Tiempo. Me sorprendió observar que había sido cuidadosamente engrasada y limpiada. Después, he sospechado que los Morlocks la habían desmontado en parte, intentando a su insegura manera averiguar para qué servía.

Ahora, mientras la examinaba, encontrando un placer en el simple contacto con el aparato, sucedió lo que yo esperaba. Los paneles de bronce resbalaron de repente y cerraron el marco con un ruido metálico. Me hallé en la oscuridad, cogido en la trampa. Eso pensaban los Morlocks. Me reí entre dientes gozosamente.

Oía ya su risueño murmullo mientras avanzaban hacia mí. Con toda tranquilidad intenté encender una cerilla. No tenía más que tirar de las palancas y partiría como un fantasma. Pero había olvidado una cosa insignificante. Las cerillas eran de esa clase abominable que sólo se encienden rascándolas sobre la caja.

Pueden ustedes imaginar cómo desapareció toda mi calma. Los pequeños brutos estaban muy cerca de mí. Uno de ellos me tocó. Con la ayuda de las palancas barrí de un golpe la oscuridad y empecé a subir al sillín de la máquina. Entonces, una mano se posó sobre mí y luego otra. Tenía, por tanto, simplemente que luchar contra sus dedos persistentes para defender mis palancas y al mismo tiempo encontrar a tientas los pernos sobre los cuales encajaban. Casi consiguieron apartar una de mí.

Pero cuando sentí que me escurría de la mano, no tuve más remedio que topar mi cabeza en la oscuridad —pude oír retumbar el cráneo del Morlock— para recuperarla. Creo que aquel último esfuerzo representaba algo más inmediato que la lucha en la selva.

Pero al fin la palanca quedó encajada en el movimiento de la puesta en marcha. Las manos que me asían se desprendieron de mí. Las tinieblas se disiparon luego ante mis ojos. Y me encontré en la misma luz grisácea y entre el mismo tumulto que ya he descrito.

La visión más distante

Ya les he narrado las náuseas y la confusión que produce el viajar a través del tiempo. Y ahora no estaba yo bien sentado en el sillín, sino puesto de lado y de un modo inestable. Durante un tiempo indefinido me agarre a la máquina que oscilaba, y vibraba sin preocuparme en absoluto cómo iba, y cuando quise mirar los cuadrantes de nuevo, me dejó asombrado ver adónde había llegado. Uno de los cuadrantes señala los días; otro, los millares de días; otro, los millones de días, y otro, los miles de millones. Ahora, en lugar de poner las palancas en marcha atrás, las había puesto en posición de marcha hacia delante, y cuando consulté aquellos indicadores, vi que la aguja de los millares tan de prisa como la del segundero de un reloj giraba hacia el futuro.

Entre tanto, un cambio peculiar se efectuaba en el aspecto de las cosas. La palpitación grisácea se tornó oscura; entonces —aunque estaba yo viajando todavía a una velocidad prodigiosa— la sucesión parpadeante del día y de la noche, que indicaba por lo general una marcha aminorada, volvió cada vez más acusada. Esto me desconcertó mucho al principio. Las alternativas de día y de noche se hicieron más y más lentas, así como también el paso del Sol por el cielo, aunque parecían extenderse a través de las centurias. Al final, un constante crepúsculo envolvió la Tierra, un crepúsculo interrumpido tan sólo de vez en cuando por el resplandor de un cometa en el cielo entenebrecido. La faja de luz que señalaba el Sol había desaparecido hacía largo rato, pues el Sol no se ponía; simplemente se levantaba y descendía por el Oeste, mostrándose más grande y más rojo. Todo rastro de la Luna se había desvanecido. Las revoluciones de las estrellas, cada vez más lentas, fueron sustituidas por puntos de luz que ascendían despacio. Al final, poco antes de hacer yo alto, el Sol rojo e inmenso se quedó inmóvil sobre el horizonte: una amplia cúpula que brillaba con un resplandor empañado, y que sufría de vez en cuando una extinción momentánea. Una vez se reanimó un poco mientras brillaba con más fulgor nuevamente, pero recobró en seguida su rojo y sombrío resplandor. Comprendí que por aquel aminoramiento de su salida y de su puesta se realizaba la obra de las mareas. La Tierra reposaba con una de sus caras vuelta hacia el Sol, del mismo modo que en nuestra propia época la Luna presenta su cara a la Tierra. Muy cautelosamente, pues recordé mi anterior caída de bruces, empecé a invertir el movimiento. Giraron cada vez más despacio las agujas, hasta que la de los millares pareció inmovilizarse y la de los días dejó de ser una simple nube sobre su cuadrante. Más despacio aún, hasta que los vagos contornos de una playa desolada se hicieron visibles.

Me detuve muy delicadamente y, sentado en la Máquina del Tiempo, miré alrededor. El cielo ya no era azul.

Hacia el Nordeste era negro como tinta, y en aquellas tinieblas brillaban con gran fulgor, incesantemente, las pálidas estrellas. Sobre mí era de un almagre intenso y sin estrellas, y al Sudeste se hacía brillante, llegando a un escarlata resplandeciente hasta donde, cortado por el horizonte, estaba el inmenso disco del Sol, rojo e inmóvil. Las rocas a mi alrededor eran de un áspero color rojizo, y el único vestigio de vida que pude ver al principio, fue la vegetación intensamente verde que cubría cada punto saliente sobre su cara del Sudeste. Era ese mismo verde opulento que se ve en el musgo de la selva o en el liquen de las cuevas: plantas que, como éstas, crecen en un perpetuo crepúsculo.

La máquina se había parado sobre una playa en pendiente. El mar se extendía hacia el Sudeste, levantándose claro y brillante sobre el cielo pálido. No había allí ni rompientes ni olas, pues no soplaba ni una ráfaga de viento. Sólo una ligera y oleosa ondulación mostraba que el mar eterno, aún se agitaba y vivía. Y a lo largo de la orilla, donde el agua rompía a veces, había una gruesa capa de sal rosada bajo el cielo espeluznante. Sentía una opresión en mi cabeza, y observé que tenía la respiración muy agitada. Aquella sensación me recordó mi único ensayo de montañismo, y por ello juzgué que el aire debía estar más enrarecido que ahora.

Muy lejos, en lo alto de la desolada pendiente, oí un áspero grito y vi una cosa parecida a una inmensa mariposa blanca inclinarse revoloteando por el cielo y, dando vueltas, desaparecer sobre unas lomas bajas. Su chillido era tan lúgubre, que me estremecí, asentándome con más firmeza en la máquina. Mirando nuevamente a mi alrededor vi que, muy cerca, lo que había tomado por una rojiza masa de rocas se movía lentamente hacia mí. Percibí entonces que la cosa era en realidad un ser monstruoso parecido a un cangrejo. ¿Pueden ustedes imaginar un cangrejo tan grande como aquella masa, moviendo lentamente sus numerosas patas, bamboleándose, cimbreando sus enormes pinzas, sus largas antenas, como látigos de carretero, ondulantes tentáculos, con sus ojos acechándoles centelleantes a cada lado de su frente metálica? Su lomo era rugoso y adornado de protuberancias desiguales, y unas verdosas incrustaciones lo recubrían aquí y allá. Veía yo, mientras se movía, los numerosos palpos de su complicada boca agitarse y tantear.

Mientras miraba con asombro aquella siniestra aparición que se arrastraba hacia mí, sentí sobre mi mejilla un cosquilleo, como si una mosca se posase en ella. Intenté apartarla con la mano, pero al momento volvió, y casi inmediatamente sentí otra sobre mi oreja. La apresé y cogí algo parecido a un hilo. Se me escapó rápidamente de la mano. Con una náusea atroz me volví, y pude ver que había atrapado la antena de otro monstruoso cangrejo que estaba detrás de mí. Sus ojos malignos ondulaban sus pedúnculos, su boca estaba animada de voracidad, y sus recias pinzas torpes, untadas de un limo algáceo, iban a caer sobre mí. En un instante mi mano asió la palanca y puse un mes de intervalo entre aquellos monstruos y yo. Pero me encontré aún en la misma playa y los vi claramente en cuanto paré. Docenas de ellos parecían arrastrarse aquí y allá, en la sombría luz, entre las capas superpuestas de un verde intenso.

No puedo describir la sensación de abominable desolación que pesaba sobre el mundo. El cielo rojo al Oriente, el Norte entenebrecido, el salobre mar Muerto, la playa cubierta de guijarros donde se arrastraban aquellos inmundos, lentos y excitados monstruos; el verde uniforme de aspecto venenoso de las plantas de liquen, aquel aire enrarecido que desgarraba los pulmones: todo contribuía a crear aquel aspecto aterrador. Hice que la máquina me llevase cien años hacia delante; y había allí el mismo Sol rojo — un poco más grande, un poco más empañado —, el mismo mar moribundo, el mismo aire helado y el mismo amontonamiento de los bastos crustáceos entre la verde hierba y las rojas rocas. Y en el cielo occidental, vi una pálida línea curva como una enorme Luna Nueva.

Viajé así, deteniéndome de vez en cuando, a grandes zancadas de mil años o más, arrastrado por el misterio del destino de la Tierra, viendo con una extraña fascinación cómo el Sol se tornaba más grande y más empañado en el cielo de Occidente, y la vida de la vieja Tierra iba decayendo. Al final, a más de treinta millones de años de aquí, la inmensa e intensamente roja cúpula del Sol acabó por oscurecer cerca de una décima parte de los cielos sombríos. Entonces, me detuve una vez más, pues la multitud de cangrejos había desaparecido, y la rojiza playa, salvo por sus plantas hepáticas y sus líquenes de un verde lívido, parecía sin vida. Y ahora estaba cubierta de una capa blanca. Un frío penetrante me asaltó. Escasos copos blancos caían de vez en cuando, remolineando. Hacia el Nordeste, el relumbrar de la nieve se extendía bajo la luz de las estrellas de un cielo negro, y pude ver las cumbres ondulantes de unas lomas de un blanco rosado. Había allí, flecos de hielo a lo largo de la orilla del mar, con masas flotantes más lejos; pero la mayor extensión de aquel océano salado, todo sangriento bajo el eterno Sol poniente, no estaba helada aún.

Miré a mi alrededor para ver si quedaban rastros de alguna vida animal. Cierta indefinible aprehensión me mantenía en el sillín de la máquina. Pero no vi moverse nada, ni en la tierra, ni en el cielo, ni en el mar. Sólo el légamo verde sobre las rocas atestiguaba que la vida no se había extinguido. Un banco de arena apareció en el mar y el agua se había retirado de la costa. Creí ver algún objeto negro aleteando sobre aquel banco, pero cuando lo observé permaneció inmóvil. Juzgué que mis ojos se habían engañado, y que el negro objeto era simplemente una roca. Las estrellas en el cielo brillaban con intensidad, y me pareció que centelleaban muy levemente.

De repente noté que el contorno occidental del Sol había cambiado; que una concavidad, una bahía, aparecía en la curva. Vi que se ensanchaba. Durante un minuto, quizá, contemplé horrorizado aquellas tinieblas que invadían lentamente el día, y entonces comprendí que comenzaba un "eclipse". La Luna o el planeta Mercurio pasaban ante el disco solar. Naturalmente, al principio me pareció que era la Luna, pero me inclino grandemente a creer, que lo que vi en realidad era el tránsito de un planeta interior que pasaba muy próximo a la Tierra.

La oscuridad aumentaba rápidamente; un viento frío comenzó a soplar en ráfagas refrescantes del Este, y la caída de los copos blancos en el aire creció en número. De la orilla del mar vinieron una agitación y un murmullo. Fuera de estos ruidos inanimados, el mundo estaba silencioso. ¿Silencioso? Sería difícil describir aquella calma. Todos los ruidos humanos, el balido del rebaño, los gritos de los pájaros, el zumbido de los insectos, el bullicio que forma el fondo de nuestras vidas, todo eso había desaparecido. Cuando las tinieblas se adensaron, los copos remolineantes cayeron más abundantes, danzando ante mis ojos. Al final, rápidamente, uno tras otro, los blancos picachos de las lejanas colinas se desvanecieron en la oscuridad. La brisa se convirtió en un viento quejumbroso. Vi la negra sombra central del eclipse difundirse hacia mí. En otro momento, sólo las pálidas estrellas fueron visibles. Todo lo demás estaba sumido en las tinieblas. El cielo era completamente negro.

Me invadió el horror de aquellas grandes tinieblas. El frío que me penetraba hasta los tuétanos y el dolor que sentía al respirar me vencieron. Me estremecí, y una náusea mortal se apoderó de mí. Entonces, como un arco candente en el cielo, apareció el borde del Sol. Bajé de la máquina para reanimarme. Me sentía aturdido e incapaz de afrontar el viaje de vuelta. Mientras permanecía así, angustiado y confuso, vi de nuevo aquella cosa movible sobre el banco —no había ahora equivocación posible de que la cosa se movía— resaltar contra el agua roja del mar. Era una cosa redonda, del tamaño de un balón de fútbol, quizás, o acaso mayor, con unos tentáculos que le arrastraban por detrás; parecía negra contra las agitadas aguas rojo sangre, y brincaba torpemente de aquí para allá. Entonces sentí que me iba a desmayar. Pero un terror espantoso a quedar tendido e impotente en aquel crepúsculo remoto y tremendo me sostuvo, mientras trepaba sobre el sillín.

El regreso del Viajero a través del Tiempo

Y así he vuelto. Debí permanecer largo tiempo insensible sobre la máquina. La sucesión intermitente de los días y las noches se reanudó, el Sol salió dorado de nuevo, el cielo volvió a ser azul. Respiré con mayor facilidad. Los contornos fluctuantes de la Tierra fluyeron y refluyeron. Las agujas giraron hacia atrás sobre los cuadrantes. Al final, vi otra vez vagas sombras de casas, los testimonios de la Humanidad decadente. Éstas también cambiaron y pasaron; aparecieron otras. Luego, cuando el cuadrante del millón estuvo a cero, aminoré la velocidad. Empecé a reconocer nuestra mezquina y familiar arquitectura, la aguja de los millares volvió rápidamente a su punto de partida, la noche y el día alternaban cada vez más despacio. Luego, los viejos muros del laboratorio me rodearon. Muy suavemente, ahora, fui parando el mecanismo.

Observé una cosa insignificante que me pareció rara. Creo haberles dicho a ustedes que, cuando partí, antes de que mi velocidad llegase a ser muy grande, la señora Watchets, mi ama de llaves, había cruzado la habitación, moviéndose, eso me pareció a mí, como un cohete. A mi regreso pasé de nuevo en el minuto en que ella cruzaba el laboratorio. Pero ahora, cada movimiento suyo pareció ser exactamente la inversa de los que había ella hecho antes. La puerta del extremo inferior se abrió, y ella se deslizó tranquilamente en el laboratorio, de espaldas, y desapareció detrás de la puerta por donde había entrado antes. Exactamente en el minuto precedente me pareció ver un momento a Hilleter; pero él pasó como un relámpago. Entonces, detuve la máquina, y vi otra vez a mi alrededor el viejo laboratorio familiar, mis instrumentos, mis aparatos exactamente tales como los dejé. Bajé de la máquina todo trémulo, y me senté en mi banco. Durante varios minutos estuve temblando violentamente. Luego me calmé. A mi alrededor estaba de nuevo mi antiguo taller exactamente como se hallaba antes. Debí haberme dormido allí, y todo esto había sido un sueño.

¡Y, sin embargo, no era así exactamente! La máquina había partido del rincón Sudeste del laboratorio. Estaba arrimada de nuevo al Noroeste, contra la pared donde la han visto ustedes. Esto les indicará la distancia exacta que había desde la praderita hasta el pedestal de la Esfinge Blanca, a cuyo interior habían trasladado mi máquina los Morlocks.

Durante un rato mi cerebro quedó paralizado. Luego, me levanté y vine aquí por el pasadizo, cojeando, pues me sigue doliendo el talón, y sintiéndome desagradablemente desaseado. Vi la Pall Mall Gazette sobre la mesa, junto a la puerta. Descubrí que la fecha era, en efecto, la de hoy, y mirando el reloj vi que marcaba casi las ocho. Oí las voces de ustedes y el ruido de los platos. Vacilé. ¡Me sentía tan extenuado y débil! Entonces olí una buena y sana comida, abrí la puerta y aparecí ante ustedes. Ya conocen el resto. Me lavé, comí, y ahora les he contado la aventura.

Después del relato

—Sé —dijo el Viajero a través del Tiempo después de una pausa— que todo esto les parecerá completamente increíble. Para mí la única cosa increíble, es estar aquí esta noche, en esta vieja y familiar habitación, viendo sus caras amigas y contándoles estas extrañas aventuras.

Miró al Doctor.

—No. No puedo esperar que usted crea esto. Tome mi relato como una patraña o como una profecía. Diga usted que he soñado en mi taller. Piense que he meditado sobre los destinos de nuestra raza hasta haber tramado esta ficción. Considere mi afirmación de su autenticidad, como una simple pincelada artística para aumentar su interés. Y tomando así el relato, ¿qué piensa usted de él?

Cogió su pipa y comenzó, de acuerdo con su antigua manera, a dar con ella nerviosamente sobre las barras de la parrilla. Hubo un silencio momentáneo. Luego, las sillas empezaron a crujir y los pies a restregarse sobre la alfombra. Aparté los ojos de la cara del Viajero a través del Tiempo y miré a los oyentes a mi alrededor. Estaban en la oscuridad, y pequeñas manchas de color flotaban ante ellos. El Doctor Parecía absorto en la contemplación de nuestro anfitrión. El Director del periódico miraba con obstinación la punta de su cigarro, el sexto. El Periodista sacó su reloj. Los otros, si mal no recuerdo, estaban inmóviles.

El Director se puso en pie con un suspiro, y dijo:

—¡Lástima que no sea usted escritor de cuentos! —y puso su mano en el hombro del Viajero a través del Tiempo.

—¿No cree usted esto?

—Pues yo...

—Me lo figuraba.

El Viajero a través del Tiempo se volvió hacia nosotros:

—¿Dónde están las cerillas? —dijo. Encendió una entre bocanadas de humo de su pipa, y habló—: Si he decirles la verdad..., apenas creo yo mismo en ello... Y, sin embargo...

Sus ojos cayeron con una muda interrogación sobre las flores blancas marchitas que había sobre la mesita. Luego, volvió la mano con que asía la pipa, y vi que examinaba unas cicatrices, a medio curar, sobre sus nudillos.

El Doctor se levantó, fue hacia la lámpara y examinó las flores.

—El gineceo es raro —dijo.

El Psicólogo se inclinó para ver y tendió la mano para coger una de ellas.

—¡Qué me cuelguen! ¡Es la una menos cuarto! —exclamó el Periodista—. ¿Cómo voy a volver a mi casa?

—Hay muchos taxis en la estación —dijo el Psicólogo.

—Es una cosa curiosísima —dijo el Doctor—, pero no sé realmente a qué género pertenecen estas flores. ¿Puedo llevármelas?

El Viajero a través del Tiempo titubeó. Y luego, de pronto:

—¡De ningún modo! —contestó.

—¿Dónde las ha encontrado usted en realidad? —preguntó el Doctor.

El Viajero a través del Tiempo se llevó la mano a la cabeza. Habló como quien intenta mantener asida una idea que se le escapa.

—Me las metió en el bolsillo Weena cuando viajé a través del tiempo.

Miró desconcertado a su alrededor.

—¡Desdichado de mí si todo esto no se borra! Esta habitación, ustedes y esta atmósfera de la vida diaria, son demasiado para mi memoria. ¿He construido yo alguna vez una Máquina del Tiempo, o un modelo de ella? ¿O es esto solamente un sueño? Dicen que la vida es un sueño, un pobre sueño a veces precioso... pero no puedo hallar otro que encaje. Es una locura. ¿Y de dónde me ha venido este sueño...? Tengo que ir a ver esa máquina ¡Si es que la hay! Cogió presuroso la lámpara, franqueó la puerta y la llevó, con su luz roja, a lo largo del corredor. Le seguimos. Allí, bajo la vacilante luz de la lámpara, estaba en toda su realidad la máquina, rechoncha, fea y sesgada; un artefacto de bronce, ébano, marfil y cuarzo translúcido y reluciente. Sólida al tacto —pues alargué la mano y palpé sus barras con manchas y tiznes color marrón sobre el marfil, y briznas de hierba y mechones de musgo adheridos a su parte inferior, y una de las barras torcida oblicuamente.

El Viajero a través del Tiempo dejó la lámpara sobre el banco y recorrió con su mano la barra averiada.

—Ahora está muy bien —dijo—. El relato que les he hecho era cierto. Siento haberles traído aquí, al frío.

Cogió la lámpara y, en medio de un silencio absoluto, volvimos a la sala de fumar.

Nos acompañó al vestíbulo y ayudó al Director a ponerse el gabán. El Doctor le miraba a la cara y, con cierta vacilación, le dijo que debía alterarle el trabajo excesivo, lo cual le hizo reír a carcajadas. Lo recuerdo de pie en el umbral, gritándonos buenas noches.

Tomé un taxi con el Director del periódico. Creía éste que el relato era una "brillante mentira". Por mi parte, me sentía incapaz de llegar a una conclusión. ¡Aquel relato era tan fantástico e increíble, y la manera de narrarlo tan creíble y serena! Permanecí desvelado la mayor parte de la noche pensando en aquello. Decidí volver al día siguiente, y ver de nuevo al Viajero a través del Tiempo. Me dijeron que se encontraba en el laboratorio, y como me consideraban de toda confianza en la casa, fui a buscarle. El laboratorio, sin embargo, estaba vacío. Fijé la mirada un momento en la Máquina del Tiempo, alargué la mano y moví la palanca. A lo cual la masa rechoncha y sólida de aspecto osciló como una rama sacudida por el viento. Su inestabilidad me sobrecogió grandemente, y tuve el extraño recuerdo de los días de mi infancia cuando me prohibían tocar las cosas. Volví por el corredor. Me encontré al Viajero a través del Tiempo en la sala de fumar. Venía de la casa. Llevaba un pequeño aparato fotográfico debajo de un brazo y un saco de viaje debajo del otro. Se echó a reír al verme y me ofreció su codo para que lo estrechase, ya que no podía tenderme su mano.

—Estoy atrozmente ocupado —dijo— con esa cosa de allí.

—Pero ¿no es broma? —dije—. ¿Viajaba usted realmente a través del tiempo?

—Así es, real y verdaderamente.

Clavó francamente sus ojos en los míos. Vaciló. Su mirada vagó por la habitación.

—Necesito sólo media hora —continuó—. Sé por qué ha venido usted y es sumamente amable por su parte. Aquí hay unas revistas. Si quiere usted quedarse a comer, le probaré que viajé a través del tiempo a mi antojo, con muestras y todo. ¿Me perdona usted que le deje ahora?

Accedí, comprendiendo apenas entonces toda la importancia de sus palabras; y haciéndome unas señas con la cabeza, se marchó por el corredor. Oí la puerta cerrarse de golpe, me senté en un sillón y cogí un diario. ¿Qué iba a hacer hasta la hora de comer? Luego, de pronto, recordé por un anuncio que estaba citado con Richardson, el editor, a las dos. Consulté mi reloj y vi que no podía eludir aquel compromiso. Me levanté y fui por el pasadizo a decírselo al Viajero a través del Tiempo.

Cuando así el picaporte oí una exclamación, extrañamente interrumpida al final, y un golpe seco, seguido de un choque. Una ráfaga de aire se arremolinó a mi alrededor cuando abría la puerta, y sonó dentro, un ruido de cristales rotos cayendo sobre el suelo. El Viajero a través del Tiempo no estaba allí. Me pareció ver durante un momento una forma fantasmal, confusa, sentada en una masa remolineante —negra y cobriza—, una forma tan transparente, que el banco de detrás con sus hojas de dibujos era absolutamente claro; pero aquel fantasma se desvaneció mientras me frotaba los ojos. La Máquina del Tiempo había partido. Salvo un rastro de polvo en movimiento, el extremo más alejado del laboratorio estaba vacío. Una de las hojas de la ventana acababa, al parecer, de ser arrancada.

Sentí un asombro irrazonable. Comprendí que algo extraño había ocurrido, y durante un momento no pude percibir de qué cosa rara se trataba. Mientras permanecía allí, mirando aturdido, se abrió la puerta del jardín, y apareció el criado.

Nos miramos. Después volvieron las ideas a mi mente.

—¿Ha salido su amo... por ahí? —dije.

—No, señor. Nadie ha salido por ahí. Esperaba encontrarle aquí.

Ante esto, comprendí. A riesgo de disgustar a Richardson, me quedé allí, esperando la vuelta del Viajero a través del Tiempo; esperando el segundo relato, quizá más extraño aún, y las muestras y las fotografías que traería él consigo. Pero empiezo ahora a temer que habré de esperar toda la vida. El Viajero a través del Tiempo desapareció hace tres años. Y, como todo el mundo sabe, no ha regresado nunca.

Epílogo

No puede uno escoger, sino hacerse preguntas. ¿Regresará alguna vez? Puede que se haya deslizado en el pasado y caído entre los salvajes y cabelludos bebedores de sangre de la Edad de Piedra sin pulimentar; en los abismos del mar cretáceo; o entre los grotescos saurios, los inmensos animales reptadores de la época jurásica. Puede estar ahora —si me permite emplear la frase— vagando sobre algún arrecife de coral Eolítico, frecuentado por los plesiosaurios, o cerca de los solitarios lagos salinos de la Edad Triásica. ¿O marchó hacia el futuro, hacia las edades próximas, en las cuales los hombres son hombres todavía, pero en las que los enigmas de nuestro tiempo están aclarados y sus problemas fastidiosos resueltos? Hacia la virilidad de la raza: pues yo, por mi parte, no puedo creer que esos días recientes de tímida experimentación de teorías incompletas y de discordias mutuas, sean realmente la época culminante del hombre. Digo, por mi propia parte. Él, lo sé —porque la cuestión había sido discutida entre nosotros mucho antes de ser construida la Máquina del Tiempo—, pensaba, no pensaba alegremente acerca del progreso de la Humanidad, y veía tan sólo en el creciente acopio de civilización, una necia acumulación que debía inevitablemente venirse abajo al final y destrozar a sus artífices. Si esto es así, no nos queda sino vivir como si no lo fuera. Pero, para mí, el porvenir aparece aún oscuro y vacío; es una gran ignorancia, iluminada en algunos sitios casuales por el recuerdo de su relato. Y tengo, para consuelo mío, dos extrañas flores blancas —encogidas ahora, ennegrecidas, aplastadas y frágiles— para atestiguar, que aun cuando la inteligencia y la fuerza habían desaparecido, la gratitud y una mutua ternura aún se alojaban en el corazón del hombre.

El hombre invisible
(1897)

I
La llegada del hombre desconocido

El desconocido llegó un día huracanado de primeros de febrero, abriéndose paso a través de un viento cortante y de una densa nevada, la última del año. El desconocido llegó a pie desde la estación del ferrocarril de Bramblehurst. Llevaba en la mano bien enguantada una pequeña maleta negra. Iba envuelto de los pies a la cabeza, el ala de su sombrero de fieltro le tapaba todo el rostro y sólo dejaba al descubierto la punta de su nariz. La nieve se había ido acumulando sobre sus hombros y sobre la pechera de su atuendo y había formado una capa blanca en la parte superior de su carga. Más muerto que vivo, entró tambaleándose en la fonda Coach and Horses y, después de soltar su maleta, gritó: "¡Un fuego, por caridad! ¡Una habitación con un fuego!" Dio unos golpes en el suelo y se sacudió la nieve junto a la barra. Después siguió a la señora Hall hasta el salón para concertar el precio. Sin más presentaciones, una rápida conformidad y un par de soberanos sobre la mesa, se alojó en la posada.

La señora Hall encendió el fuego, le dejó solo y se fue a prepararle algo de comer. Que un cliente se quedara en invierno en Iping era mucha suerte y aún más si no era de ésos que regatean. Estaba dispuesta a no desaprovechar su buena fortuna. Tan pronto como el tocino estuvo casi preparado y cuando había convencido a Millie, la criada, con unas cuantas expresiones escogidas con destreza, llevó el mantel, los platos y los vasos al salón y se dispuso a poner la mesa con gran esmero. La señora Hall se sorprendió al ver que el visitante todavía seguía con el abrigo y el sombrero a pesar de que el fuego ardía con fuerza. El huésped estaba de pie, de espaldas a ella, y miraba fijamente cómo caía la nieve en el patio. Con las manos, enguantadas todavía, cogidas en la espalda, parecía estar sumido en sus propios pensamientos. La señora Hall se dio cuenta de que la nieve derretida estaba goteando en la alfombra, y le dijo:

—¿Me permite su sombrero y su abrigo para que se sequen en la cocina, señor?

—No —contestó éste sin volverse.

No estando segura de haberle oído, la señora Hall iba a repetirle la pregunta. Él se volvió y, mirando a la señora Hall de reojo, dijo con énfasis:

—Prefiero tenerlos puestos.

La señora Hall se dio cuenta de que llevaba puestas unas grandes gafas azules y de que por encima del cuello del abrigo le salían unas amplias patillas, que le ocultaban el rostro completamente.

—Como quiera el señor —contestó ella—. La habitación se calentará en seguida.

Sin contestar, apartó de nuevo la vista de ella, y la señora Hall, dándose cuenta que sus intentos de entablar conversación no eran oportunos, dejó rápidamente el resto de las cosas sobre la mesa y salió de la habitación. Cuando volvió, él seguía allí todavía, como si fuese de piedra, encorvado, con el cuello del abrigo hacia arriba y el ala del sombrero goteando, ocultándole completamente el rostro y las orejas. La señora Hall dejó los huevos con tocino en la mesa con fuerza, y le dijo:

—La cena está servida, señor.

—Gracias —contestó el forastero sin moverse hasta que ella hubo cerrado la puerta. Después se abalanzó sobre la comida en la mesa.

Cuando volvía a la cocina por detrás del mostrador, la señora Hall empezó a oír un ruido que se repetía a intervalos regulares. Era el batir de una cuchara en un cuenco. "¡Esa chica!", dijo, "se me había olvidado, ¡si no tardara tanto!" Y mientras acabó ella de batir la mostaza, reprendió a Millie por su lentitud excesiva. Ella había preparado los huevos con tocino, había puesto la mesa y había hecho todo mientras que Millie (¡vaya una ayuda!), sólo había logrado retrasar la mostaza. ¡Y había un huésped nuevo que quería quedarse! Llenó el tarro de mostaza y, después de colocarlo con cierta majestuosidad en una bandeja de té dorada y negra, la llevó al salón.

Llamó a la puerta y entró. Mientras lo hacía, se dio cuenta que el visitante se había movido tan deprisa que apenas pudo vislumbrar un objeto blanco que desaparecía debajo de la mesa. Parecía que estaba recogiendo algo del suelo. Dejó el tarro de mostaza sobre la mesa y advirtió que el visitante se había quitado el abrigo y el sombrero, y los había dejado en una silla cerca del fuego. Un par de botas mojadas amenazaban con oxidar la pantalla de acero del fuego. La señora Hall se dirigió hacia todo ello con resolución, diciendo con una voz que no daba lugar a una posible negativa:

—Supongo que ahora podré llevármelos para secarlos.

—Deje el sombrero —contestó el visitante con voz apagada. Cuando do la señora Hall se volvió, él había levantado la cabeza y la estaba mirando. Estaba demasiado sorprendida para poder hablar. Él sujetaba una servilleta blanca para taparse la parte inferior de la cara; la boca y las mandíbulas estaban completamente ocultas, de ahí el sonido apagado de su voz. Pero esto no sobresaltó tanto a la señora Hall como ver que tenía la cabeza tapada con las gafas y con una venda blanca, y otra le cubría las orejas. No se le veía nada, excepto la punta rosada de la nariz. El pelo negro, abundante, que aparecía entre los vendajes le daba una apariencia muy extraña, pues parecía tener distintas coletas y cuernos. La cabeza era tan diferente a lo que la señora Hall se habría imaginado, que por un momento se quedó paralizada.

Él continuaba sosteniendo la servilleta con la mano enguantada, y la miraba a través de sus inescrutables gafas azules.

—Deje el sombrero —dijo hablando a través del trapo blanco.

Cuando sus nervios se recobraron del susto, la señora Hall volvió a colocar el sombrero en la silla, al lado del fuego.

—No sabía..., señor —empezó a decir, pero se paró, turbada.

—Gracias —contestó secamente, mirando primero a la puerta y volviendo la mirada a ella de nuevo—. Haré que los sequen en seguida —dijo llevándose la ropa de la habitación—. Cuando iba hacia la puerta, se volvió para echar de nuevo un vistazo a la cabeza vendada y a las gafas azules; él todavía se tapaba con la servilleta. Al cerrar la puerta, tuvo un ligero estremecimiento, y en su cara se dibujaban sorpresa y perplejidad. "¡Vaya!, nunca..." iba susurrando mientras se acercaba a la cocina, demasiado preocupada como para pensar en lo que Millie estaba haciendo en ese momento.

El visitante se sentó y escuchó cómo se alejaban los pasos de la señora Hall. Antes de quitarse la servilleta para seguir comiendo, miró hacia la ventana, entre bocado y bocado, y continuó mirando hasta que, sujetando la servilleta, se levantó y corrió las cortinas, dejando la habitación en penumbra. Después se sentó a la mesa para terminar de comer tranquilamente

—Pobre hombre —decía la señora Hall—, habrá tenido un accidente o sufrido una operación, pero ¡qué susto me han dado todos esos vendajes!

Echó un poco de carbón en la chimenea y colgó el abrigo en un tendedero. "Y, ¡esas gafas!, ¡parecía más un buzo que un ser humano!" Tendió la bufanda del visitante. "Y hablando todo el tiempo a través de ese pañuelo blanco..., quizá tenga la boca destrozada", y se volvió de repente como alguien que acaba de recordar algo: "¡Dios mío, Millie! ¿Todavía no has terminado?"

Cuando la señora Hall volvió para recoger la mesa, su idea de que el visitante tenía la boca desfigurada por algún accidente se confirmó, pues,

aunque estaba fumando en pipa, no se quitaba la bufanda que le ocultaba la parte inferior de la cara ni siquiera para llevarse la pipa a los labios.
No se trataba de un despiste, pues ella veía cómo se iba consumiendo.
Estaba sentado en un rincón de espaldas a la ventana. Después de haber
comido y de haberse calentado un rato en la chimenea, habló a la señora
Hall con menos agresividad que antes. El reflejo del fuego rindió a sus
grandes gafas una animación que no habían tenido hasta ahora.

—El resto de mi equipaje está en la estación de Bramblehurst —comenzó, y preguntó a la señora Hall si cabía la posibilidad de que se lo
trajeran a la posada. Después de escuchar la explicación de la señora
Hall, dijo:

—¡Mañana!, ¿no puede ser antes?—.Y pareció disgustado, cuando
le respondieron que no.

—¿Está segura? —continuó diciendo—. ¿No podría ir a recogerlo
un hombre con una carreta?

La señora Hall aprovechó estas preguntas para entablar conversación.

—Es una carretera demasiado empinada —dijo, como respuesta a la
posibilidad de la carreta; después añadió—: Allí volcó un coche hace
poco más de un año y murieron un caballero y el cochero. Pueden ocurrir accidentes en cualquier momento, señor.

Sin inmutarse, el visitante contestó: "Tiene razón" a través de la
bufanda, sin dejar de mirarla con sus gafas impenetrables.

—Y, sin embargo, tardan mucho tiempo en curarse, ¿no cree usted,
señor? Tom, el hijo de mi hermana, se cortó en el brazo con una guadaña
al caerse en el campo y, ¡Dios mío!, estuvo tres meses en cama. Aunque
no lo crea, cada vez que veo una guadaña me acuerdo de todo aquello,
señor.

—La comprendo perfectamente —contestó el visitante.

—Estaba tan grave, que creía que iban a operarlo.

De pronto, el visitante se echó a reír. Fue una carcajada que pareció
empezar y acabar en su boca.

—¿En serio? —dijo.

—Desde luego, señor. Y no es para tomárselo a broma, sobre todo
los que nos tuvimos que ocupar de él, pues mi hermana tiene niños pequeños. Había que estar poniéndole y quitándole vendas. Y me atrevería
a decirle, señor, que...

—¿Podría acercarme unas cerillas? —dijo de repente el visitante—.
Se me ha apagado la pipa.

La señora Hall se sintió un poco molesta. Le parecía grosero por
parte del visitante, después de todo lo que le había contado. Lo miró un
instante, pero, recordando los dos soberanos, salió a buscar las cerillas.

—Gracias —contestó, cuando le estaba dando las cerillas, y se volvió hacia la ventana. Era evidente que al hombre no le interesaban ni las operaciones ni los vendajes. Después de todo, ella no había querido insinuar nada, pero aquel rechazo había conseguido irritarla, y Millie sufriría las consecuencias aquella tarde.

El forastero se quedó en el salón hasta las cuatro, sin permitir que nadie entrase en la habitación. Durante la mayor parte del tiempo estuvo quieto, fumando junto al fuego. Dormitando, quizá.

En un par de ocasiones pudo oírse cómo removía las brasas, y por espacio de cinco minutos se oyó cómo caminaba por la habitación. Parecía que hablaba solo. Después se oyó cómo crujía el sillón: se había vuelto a sentar.

II
Las primeras impresiones del señor Teddy Henfrey

Eran las cuatro de la tarde. Estaba oscureciendo, y la señora Hall hacía acopio de valor para entrar en la habitación y preguntarle al visitante si le apetecía tomar una taza de té. En ese momento, Teddy Henfrey, el relojero, entró en el bar.

— ¡Menudo tiempecito, señora Hall! ¡No hace tiempo para andar por ahí con unas botas tan ligeras! La nieve caía ahora con más fuerza.

La señora Hall asintió; se dio cuenta de que el relojero traía su caja de herramientas y se le ocurrió una idea:

—A propósito, señor Teddy —dijo—. Me gustaría que echara un vistazo al viejo reloj del salón. Funciona bien, pero la aguja siempre señala las seis.

Y, dirigiéndose al salón, entró después de haber llamado. Al abrir la puerta, vio al visitante sentado en el sillón delante de la chimenea. Parecía estar medio dormido y tenía la cabeza inclinada hacia un lado. La única luz que había en la habitación, era la que daba la chimenea y la poca luz que entraba por la puerta. La señora Hall no podía ver con claridad, además estaba deslumbrada, ya que acababa de encender las luces del bar. Por un momento le pareció ver que el hombre al que ella estaba mirando tenía una enorme boca abierta, una boca increíble, que le ocupaba casi la mitad del rostro. Fue una sensación momentánea: la cabeza vendada, las gafas monstruosas y ese enorme agujero debajo. En seguida el hombre se agitó en su sillón, se levantó y se llevó la mano al rostro. La señora Hall abrió la puerta de par en par para que entrara más luz y para poder ver al visitante con claridad. Al igual que antes la servilleta, una bufanda le cubría ahora el rostro. La señora Hall pensó que seguramente habían sido las sombras.

—¿Le importaría que entrara este señor a arreglar el reloj? —dijo, mientras se recobraba del susto.

—¿Arreglar el reloj? —dijo mirando a su alrededor torpemente y con la mano en la boca—. No faltaría más —continuó, esta vez haciendo un esfuerzo por despertarse.

La señora Hall salió para buscar una lámpara, y el visitante hizo ademán de querer estirarse. Al volver la señora Hall con la luz al salón, el señor Teddy Henfrey dio un respingo, al verse enfrente de aquel hombre recubierto de vendajes.

—Buenas tardes —dijo el visitante al señor Henfrey, que se sintió observado intensamente, como una langosta, a través de aquellas gafas oscuras.

—Espero —dijo el señor Henfrey— que no considere esto como una molestia.

—De ninguna manera —contestó el visitante—. Aunque creía que esta habitación era para mi uso personal —dijo volviéndose hacia la señora Hall.

—Perdón —dijo la señora Hall—, pero pensé que le gustaría que arreglasen el reloj.

—Sin lugar a dudas —siguió diciendo el visitante—, pero normalmente me gusta que se respete mi intimidad. Sin embargo, me agrada que hayan venido a arreglar el reloj —dijo al observar cierta vacilación en el comportamiento del señor Henfrey—. Me agrada mucho.

El visitante se volvió y, dando la espalda a la chimenea, cruzó las manos en la espalda, y dijo:

—Ah, cuando el reloj esté arreglado, me gustaría tomar una taza de té, pero, repito, cuando terminen de arreglar el reloj.

La señora Hall se disponía a salir, no había hecho ningún intento de entablar conversación con el visitante por miedo a quedar en ridículo ante el señor Henfrey, cuando oyó que el forastero le preguntaba si había averiguado algo más sobre su equipaje. Ella dijo que había hablado del asunto con el cartero y que un porteador se lo iba a traer por la mañana temprano.

—¿Está segura de que es lo más rápido, de que no puede ser antes? —preguntó él.

Con frialdad, la señora Hall le contestó que estaba segura.

—Debería explicar ahora —añadió el forastero lo que antes no pude por el frío y el cansancio. Soy un científico.

—¿De verdad? —repuso la señora Hall, impresionada.

—Y en mi equipaje tengo distintos aparatos y accesorios muy importantes.

—No cabe duda de que lo serán, señor —dijo la señora Hall.

—Comprenderá ahora la prisa que tengo por reanudar mis investigaciones.

—Claro, señor.

—Las razones que me han traído a Iping —prosiguió con cierta intención— fueron el deseo de soledad. No me gusta que nadie me moleste, mientras estoy trabajando. Además, un accidente...

—Lo suponía —dijo la señora Hall.

—Necesito tranquilidad. Tengo los ojos tan débiles, que debo encerrarme a oscuras durante horas. En esos momentos, me gustaría que comprendiera que una mínima molestia, como por ejemplo, el que alguien entre de pronto en la habitación, me produciría un gran disgusto.

—Claro, señor—dijo la señora Hall—, y si me permite preguntarle...

—Creo que eso es todo —acabó el forastero, indicando que en ese momento debía finalizar la conversación. La señora Hall, entonces se guardó la pregunta y su simpatía para mejor ocasión.

Una vez que la señora Hall salió de la habitación, el forastero se quedó de pie, inmóvil, enfrente de la chimenea, mirando airadamente, según el señor Henfrey, cómo éste arreglaba el reloj. El señor Henfrey quitó las manecillas, la esfera y algunas piezas al reloj, e intentaba hacerlo de la forma más lenta posible. Trabajaba manteniendo la lámpara cerca de él, de manera que la pantalla verde le arrojaba distintos reflejos sobre las manos, así como sobre el marco y las ruedecillas, dejando el resto de la habitación en penumbra. Cuando levantaba la vista, parecía ver pequeñas motas de colores. De naturaleza curiosa, se había extendido en su trabajo con la idea de retrasar su marcha, y así entablar conversación con el forastero. Pero el forastero se quedó allí de pie y quieto, tan quieto que estaba empezando a poner nervioso al señor Henfrey. Parecía estar solo en la habitación, pero cada vez que levantaba la vista, se encontraba con aquella figura gris e imprecisa, con aquella cabeza vendada que lo miraba con unas enormes gafas azules, entre un amasijo de puntitos verdes.

A Henfrey le parecía todo muy misterioso. Durante unos segundos se observaron mutuamente, hasta que Henfrey bajó la mirada. ¡Qué incómodo se encontraba! Le habría gustado decir algo. ¿Qué tal si le comentaba algo sobre el frío excesivo que estaba haciendo para esa época del año?

Levantó de nuevo la vista, como si quisiera lanzarle un primer disparo.

—Está haciendo un tiempo... —comenzó.

—¿Por qué no termina de una vez y se marcha? —le contestó aquella figura rígida sumida en una rabia, que apenas podía dominar—. Sólo tiene que colocar la manecilla de las horas en su eje, no crea que me está engañando.

—Desde luego, señor, en seguida termino—. Y, cuando el señor Henfrey acabó su trabajo, se marchó. Lo hizo muy indignado. "Maldita sea", se decía mientras atravesaba el pueblo torpemente, ya que la nieve se estaba derritiendo. "Uno necesita su tiempo para arreglar un reloj". Y seguía diciendo: "¿Acaso no se le puede mirar a la cara? Parece ser que no. Si la policía lo estuviera buscando, no podría estar más lleno de vendajes".

En la esquina con la calle Gleeson vio a Hall, que se había casado hacía poco con la posadera del "Coach and Horses" y que conducía la diligencia de Iping a Sidderbridge, siempre que hubiese algún pasajero ocasional. Hall venía de allí en ese momento, y parecía que se había quedado un poco más de lo normal en Sidderbridge, a juzgar por su forma de conducir.

—¡Hola, Teddy! —le dijo al pasar.

—¡Te espera una buena pieza en casa! —le contestó Teddy.

—¿Qué dices? —preguntó Hall, después de detenerse.

—Un tipo muy raro se ha hospedado esta noche en el Coach and Horses —explicó Teddy—. Ya lo verás.

Y Teddy continuó dándole una descripción detallada del extraño personaje.

—Parece que va disfrazado. A mí siempre me gusta ver la cara de la gente que tengo delante —le dijo, y continuó—, pero las mujeres son muy confiadas cuando se trata de extraños. Se ha instalado en tu habitación y no ha dado ni siquiera un nombre.

—¡Qué me estás diciendo! —le contestó Hall, que era un hombre bastante aprehensivo.

—Sí —continuó Teddy—. Y ha pagado por una semana. Sea quien sea no te podrás librar de él antes de una semana. Y, además, ha traído un montón de equipaje que le llegará mañana. Esperemos que no se trate de maletas llenas de piedras.

Entonces, Teddy contó a Hall la historia de cómo un forastero había estafado a una tía suya que vivía en Hastings. Después de escuchar todo esto, el pobre Hall se sintió invadido por las peores sospechas.

—Vamos, levanta, vieja yegua —dijo—. Creo que tengo que enterarme de lo que ocurre.

Teddy siguió su camino mucho más tranquilo después de haberse quitado ese peso de encima. Cuando Hall llegó a la posada, en lugar de "enterarse de lo que ocurría", lo que recibió fue una reprimenda de su mujer por haberse detenido tanto tiempo en Sidderbridge, y sus tímidas preguntas sobre el forastero fueron contestadas de forma rápida y cortante; sin embargo, la semilla de la sospecha había arraigado en su mente.

— Vosotras las mujeres no sabéis nada — dijo el señor Hall resuelto a averiguar algo más sobre la personalidad del huésped en la primera ocasión que se le presentara. Y después de que el forastero, sobre las nueve y media se hubiese ido a la cama, el señor Hall se dirigió al salón y estuvo mirando los muebles de su esposa uno por uno, y se paró a observar una pequeña operación matemática que el forastero había dejado. Cuando se retiró a dormir, dio instrucciones a la señora Hall de inspeccionar el equipaje del forastero cuando llegase el día siguiente.

— Ocúpate de tus asuntos — le contestó la señora Hall — que yo me ocuparé de los míos.

Estaba dispuesta a contradecir a su marido, porque el forastero era decididamente un hombre muy extraño y ella tampoco estaba muy tranquila. A medianoche se despertó soñando con enormes cabezas blancas como nabos, con larguísimos cuellos e inmensos ojos azules. Pero, como era una mujer sensata, no sucumbió al miedo y se dio la vuelta para seguir durmiendo.

III
Las mil y una botellas

Así fue cómo llegó a Iping, como caído del cielo, aquel extraño personaje, un nueve de febrero, cuando comenzaba el deshielo. Su equipaje llegó al día siguiente. Y era un equipaje que llamaba la atención. Había un par de baúles, como los de cualquier hombre corriente, pero, además, había una caja llena de libros, de grandes libros, algunos con una escritura ininteligible, y más de una docena de distintas cajas y cajones embalados en paja que contenían botellas, como pudo comprobar el señor Hall, quien, por curiosidad, estuvo removiendo entre la paja. El forastero, envuelto en su sombrero, abrigo, guantes y en una especie de capa, salió impaciente al encuentro de la carreta del señor Fearenside, mientras el señor Hall estaba charlando con él y se disponía a ayudarle a descargar todo aquello. Al salir, no se dio cuenta que el señor Fearenside tenía un perro, que en ese momento estaba olfateando las piernas al señor Hall.

— Dense prisa con las cajas — dijo — . He estado esperando demasiado tiempo.

Dicho esto, bajó los escalones y se dirigió a la parte trasera de la carreta con ademán de coger uno de los paquetes más pequeños.

Nada más verlo, el perro del señor Fearenside empezó a ladrar y a gruñir y, cuando el forastero terminó de bajar los escalones, el perro se abalanzó sobre él y le mordió una mano.

¡Oh, no! —gritó Hall, dando un salto hacia atrás, pues tenía mucho miedo a los perros.

—¡Quieto! —gritó a su vez Fearenside, sacando un látigo.

Los dos hombres vieron cómo los dientes del perro se hundían en la mano del forastero, y después de que éste le lanzara un puntapié, vieron cómo el perro daba un salto y le mordía la pierna, oyéndose claramente cómo se le desgarraba la tela del pantalón. Finalmente, el látigo de Fearenside alcanzó al perro, y éste se escondió, quejándose, debajo de la carreta. Todo ocurrió en medio segundo y sólo se escuchaban gritos. El forastero se miró rápidamente el guante desgarrado y la pierna, e hizo una inclinación en dirección a la última, pero se dio media vuelta y volvió sobre sus pasos a la posada. Los dos hombres escucharon cómo se alejaba por el pasillo y las escaleras hacia su habitación.

—¡Bruto! —dijo Fearenside, agachándose con el látigo en la mano, mientras se dirigía al perro, que lo miraba desde abajo de la carreta—. ¡Es mejor que me obedezcas y vengas aquí!

Hall seguía de pie, mirando.

—Le ha mordido. Será mejor que vaya a ver cómo se encuentra.

Subió detrás del forastero. Por el pasillo se encontró con la señora Hall, y le dijo:

—Le ha mordido el perro del carretero.

Subió directamente al piso de arriba y, al encontrar la puerta entreabierta, irrumpió en la habitación. Las persianas estaban echadas y la habitación a oscuras. El señor Hall creyó ver una cosa muy extraña, lo que parecía un brazo sin mano le hacía señas y lo mismo hacía una cara con tres enormes agujeros blancos. De pronto recibió un fuerte golpe en el pecho y cayó de espaldas; al mismo tiempo le cerraron la puerta en las narices y echaron la llave. Todo ocurrió con tanta rapidez, que el señor Hall apenas tuvo tiempo para ver nada. Una oleada de formas y figuras indescifrables, un golpe y, por último, la conmoción del mismo. El señor Hall se quedó tendido en la oscuridad, preguntándose qué podía ser aquello que había visto. Al cabo de unos cuantos minutos se unió a la gente que se había agrupado a la puerta del Coach and Horses. Allí estaba Fearenside, contándolo todo por segunda vez; la señora Hall le decía que su perro no tenía derecho alguno a morder a sus huéspedes; Huxter, el tendero de enfrente, no entendía nada de lo que ocurría, y Sandy Wadgers, el herrero, exponía sus propias opiniones sobre los hechos acaecidos; había también un grupo de mujeres y niños que no dejaban de decir tonterías:

—A mí no me hubiera mordido, seguro.

—No está bien tener ese tipo de perro.

—Y entonces, ¿por qué le mordió?

Al señor Hall, que escuchaba todo y miraba desde los escalones, le parecía increíble que algo tan extraordinario le hubiera ocurrido en el piso de arriba. Además, tenía un vocabulario demasiado limitado como para poder relatar todas sus impresiones.

—Dice que no quiere ayuda de nadie—dijo, contestando a lo que su mujer le preguntaba—. Será mejor que acabemos de descargar el equipaje.

—Habría que desinfectarle la herida —dijo el señor Huxter—, antes de que se inflame.

—Lo mejor sería pegarle un tiro a ese perro —dijo una de las señoras que estaban en el grupo.

De repente, el perro comenzó a gruñir de nuevo.

—¡Vamos! —gritó una voz enfadada. Allí estaba el forastero embozado, con el cuello del abrigo subido y con la frente tapada por el ala del sombrero—. Cuanto antes suban el equipaje, mejor.

Una de las personas que estaba curioseando se dio cuenta de que el forastero se había cambiado de guantes y de pantalones.

—¿Le ha hecho mucho daño, señor? —preguntó Fearenside y añadió—: Siento mucho lo ocurrido con el perro.

—No ha sido nada —contestó el forastero—. Ni me ha rozado la piel. Dense prisa con el equipaje. Según afirma el señor Hall, el extranjero maldecía entre dientes.

Una vez que el primer cajón se encontraba en el salón, según las propias indicaciones del forastero, éste se lanzó sobre él con extraordinaria avidez y comenzó a desempaquetarlo, según iba quitando la paja, sin tener en consideración la alfombra de la señora Hall. Empezó a sacar distintas botellas del cajón, frascos pequeños que contenían polvos, botellas pequeñas y delgadas con líquidos blancos y de color, botellas alargadas de color azul con la etiqueta de "veneno", botellas de panza redonda y cuello largo, botellas grandes, unas blancas y otras verdes, botellas con tapones de cristal y etiquetas blanquecinas, botellas taponadas con corcho, con tapones de madera, botellas de vino, botellas de aceite, y las iba colocando en fila en cualquier sitio, sobre la cómoda, en la chimenea, en la mesa que había debajo de la ventana, en el suelo, en la librería. En la farmacia de Bramblehurst no había ni la mitad de las botellas que había allí. Era todo un espectáculo. Uno tras otro, todos los cajones estaban llenos de botellas y, cuando los seis cajones estuvieron vacíos, la mesa quedó cubierta de paja. Además de botellas, lo único que contenían los cajones eran unos cuantos tubos de ensayo y una balanza cuidadosamente empaquetada.

Después de desempaquetar los cajones, el forastero se dirigió hacia la ventana y se puso a trabajar sin preocuparse lo más mínimo de la paja esparcida, de la chimenea medio apagada, o de los baúles y demás equipaje que habían dejado en el piso de arriba.

Cuando la señora Hall le subió la comida, estaba tan absorto en su trabajo, echando gotitas de las botellas en los tubos de ensayo, que no se dio cuenta de su presencia hasta que no había barrido los montones de paja y puesto la bandeja sobre la mesa, quizá con cierto enfado, debido al estado en que había quedado el suelo. Entonces volvió la cabeza y, al verla, la llevó inmediatamente a su posición anterior. Pero la señora Hall se había dado cuenta de que no llevaba las gafas puestas; las tenía encima de la mesa, a un lado, y le pareció que en lugar de las cuencas de los ojos tenía dos enormes agujeros. El forastero se volvió a poner las gafas y se dio media vuelta, mirándola de frente. Iba a quejarse de la paja que había quedado en el suelo, pero él se le anticipó:

—Me gustaría que no entrara en la habitación sin llamar antes —le dijo en un tono de exasperación característico suyo.

—He llamado, pero al parecer...

—Quizá lo hiciera, pero en mis investigaciones que, como sabe, son muy importantes y me corren prisa, la más pequeña interrupción, el crujir de una puerta..., hay que tenerlo en cuenta.

—Desde luego, señor. Usted puede encerrarse con llave cuando quiera, si es lo que desea.

—Es una buena idea —contestó el forastero—. Y toda esta paja, señor, me gustaría que se diera cuenta de...

—No se preocupe. Si la paja le molesta, anótemelo en la cuenta—. Y dirigió unas palabras que a la señora Hall le sonaron sospechosas.

Allí, de pie, el forastero tenía un aspecto tan extraño, tan agresivo, con una botella en una mano y un tubo de ensayo en la otra, que la señora Hall se asustó. Pero era una mujer decidida, y dijo:

—En ese caso, señor, ¿qué precio cree que sería conveniente?

—Un chelín. Supongo que un chelín sea suficiente, ¿no?

—Claro que es suficiente —contestó la señora Hall, mientras colocaba el mantel sobre la mesa—. Si a usted le satisface esa cifra, por supuesto.

El forastero volvió a sentarse de espaldas, de manera que la señora Hall sólo podía ver el cuello del abrigo.

Según la señora Hall, el forastero estuvo trabajando toda la tarde, encerrado en su habitación, bajo llave y en silencio. Pero en una ocasión se oyó un golpe y el sonido de botellas que se entrechocaban y se estrellaban en el suelo, y después se escucharon unos pasos a lo largo de la habitación. Temiendo que algo hubiese ocurrido, la señora Hall se acercó hasta la puerta para escuchar, no atreviéndose a llamar.

—¡No puedo más! —vociferaba el extranjero—. ¡No puedo seguir así! ¡Trescientos mil, cuatrocientos mil! ¡Una gran multitud! ¡Me han engañado! ¡Me va a costar la vida! ¡Paciencia, necesito mucha paciencia! ¡Soy un loco!

En ese momento, la señora Hall oyó cómo la llamaban desde el bar, y tuvo que dejar, de mala gana, el resto del soliloquio del visitante. Cuando volvió, no se oía nada en la habitación, a no ser el crujido de la silla, o el choque fortuito de las botellas. El soliloquio ya había terminado, y el forastero había vuelto a su trabajo.

Cuando, más tarde, le llevó el té, pudo ver algunos cristales rotos debajo del espejo cóncavo y una mancha dorada que había sido restregada con descuido. La señora Hall decidió llamarle la atención.

—Cárguelo en mi cuenta —dijo el visitante con sequedad—. Y por el amor de Dios, no me moleste. Si hay algún desperfecto, cárguelo a mi cuenta—. Y siguió haciendo una lista en la libreta que tenía delante.

—Te diré algo —dijo Fearenside con aire de misterio. Era ya tarde y se encontraba con Teddy Henfrey en una cervecería de Iping.

—¿De qué se trata? —dijo Teddy Henfrey.

—El tipo del que hablas, al que mordió mi perro. Pues bien, creo que es negro. Por lo menos sus piernas lo son. Pude ver lo que había debajo del roto de sus pantalones y de su guante. Cualquiera habría esperado un trozo de piel rosada, ¿no? Bien, pues no lo había. Era negro. Te lo digo yo, era tan negro como mi sombrero.

—Sí, sí, bueno —contestó Henfrey, y añadió—: De todas formas es un caso muy raro. Su nariz es tan rosada, que parece que la han pintado.

—Es verdad —dijo Fearenside—. Yo también me había dado cuenta. Y te diré lo que estoy pensando. Ese hombre es moteado, Teddy. Negro por un lado y blanco por otro, a lunares. Es un tipo de mestizos a los que el color no se les ha mezclado, sino que les ha aparecido a lunares. Ya había oído hablar de este tipo de casos con anterioridad. Y es lo que ocurre generalmente con los caballos, como todos sabemos.

IV
El señor Cuss habla con el forastero

He relatado con detalle la llegada del forastero a Iping para que el lector pueda darse cuenta de la expectación que causó. Y, exceptuando un par de incidentes algo extraños, no ocurrió nada interesante durante su estancia hasta el día de la fiesta del Club. El visitante había tenido algunas escaramuzas con la señora Hall por problemas domésticos, pero en estos casos, siempre se libraba de ella cargándolo a su cuenta, hasta que a finales de abril empezaron a notarse las primeras señales de su penuria económica. El forastero no le resultaba simpático al señor Hall y, siempre que podía, hablaba de la conveniencia de deshacerse de él; pero mostraba su descontento, ocultándose de él y evitándole siempre que podía.

—Espera hasta que llegue el verano —decía la señora Hall prudentemente—. Hasta que lleguen los artistas. Entonces, ya veremos. Quizá sea un poco autoritario, pero las cuentas que se pagan puntualmente son cuentas que se pagan puntualmente, digas lo que digas.

El forastero no iba nunca a la Iglesia y, además, no hacía distinción entre el domingo y los demás días, ni siquiera se cambiaba de ropa. Según la opinión de la señora Hall, trabajaba a rachas. Algunos días se levantaba temprano y estaba ocupado todo el tiempo. Otros, sin embargo, se despertaba muy tarde y se pasaba horas hablando en alto, paseando por la habitación mientras fumaba o se quedaba dormido en el sillón, delante del fuego. No mantenía contacto con nadie fuera del pueblo. Su temperamento era muy desigual; la mayor parte del tiempo su actitud era la de un hombre que se encuentra bajo una tensión insoportable, y en un par de ocasiones se dedicó a cortar, rasgar, arrojar o romper cosas en ataques espasmódicos de violencia. Parecía encontrarse bajo una irritación crónica muy intensa. Se acostumbró a hablar solo en voz baja con frecuencia y, aunque la señora Hall lo escuchaba concienzudamente, no encontraba ni pies ni cabeza a aquello que oía.

Durante el día, raras veces salía de la posada, pero por las noches solía pasear, completamente embozado y sin importarle el frío que hiciese, y elegía para ello los lugares más solitarios y sumidos en sombras de árboles. Sus enormes gafas y la cara vendada debajo del sombrero, se aparecía a veces de repente en la oscuridad para desagrado de los campesinos que volvían a sus casas. Teddy Henfrey, una noche que salía tambaleándose de la Scarlet Coat a las nueve y media, se asustó al ver la cabeza del forastero (pues llevaba el sombrero en la mano) alumbrada por un rayo que salía de la puerta de la taberna. Los niños que lo habían visto tenían pesadillas y soñaban con fantasmas, y parece difícil adivinar si él odiaba a los niños más que ellos a él o al revés. La realidad era que había mucho odio por ambas partes.

Era inevitable que una persona de apariencia tan singular y autoritaria fuese el tema de conversación más frecuente en Iping. La opinión sobre la ocupación del forastero estaba muy dividida. Cuando preguntaban a la señora Hall sobre este punto, respondía explicando con detalle que era un investigador experimental. Pronunciaba las sílabas con cautela, como el que teme que exista alguna trampa. Cuando le preguntaban qué quería decir ser investigador experimental, solía decir con un cierto tono de superioridad que las personas educadas sabían perfectamente lo que era, y luego añadía que "descubría cosas". Su huésped había sufrido un accidente, —comentaba—, y su cara y sus manos estaban dañadas; y al tener un carácter tan sensible, era reacio al contacto con la gente del pueblo.

Además de ésta, otra versión de la gente del pueblo era la de que se trataba de un criminal que intentaba escapar de la policía embozándose, para que ésta no pudiera verlo, oculto como estaba. Esta idea partió de Teddy Henfrey. Sin embargo, no se había cometido ningún crimen en el mes de febrero. El señor Gould, el asistente que estaba a prueba en la escuela, imaginó que el forastero era un anarquista disfrazado, que se dedicaba a preparar explosivos, y resolvió hacer las veces de detective en el tiempo que tenía libre. Sus operaciones detectivescas consistían en la mayoría de los casos, en mirar fijamente al visitante cuando se encontraba con él, o en preguntar cosas sobre él a personas que nunca lo habían visto. No descubrió nada, a pesar de todo esto.

Otro grupo era de la opinión del señor Fearenside, aceptando la versión de que tenía el cuerpo moteado, u otra versión con algunas modificaciones; por ejemplo, a Silas Durgan le oyeron afirmar: "Si se dedicara a exhibirse en las ferias, no tardaría en hacer fortuna" y, pecando de teólogo, comparó al forastero con el hombre que tenía un solo talento. Otro grupo lo explicaba todo diciendo que era un loco inofensivo. Esta última teoría tenía la ventaja de que todo era muy simple.

Entre los grupos más importantes había indecisos y comprometidos con el tema. La gente de Sussex era poco supersticiosa, y fueron los acontecimientos ocurridos a principios de abril, los que hicieron que se empezara a susurrar la palabra "sobrenatural" entre la gente del pueblo, e incluso entonces, sólo por las mujeres del pueblo.

Pero, dejando a un lado las teorías, a la gente del pueblo, en general, le desagradaba el forastero. Su irritabilidad, aunque hubiese sido comprensible para un intelectual de la ciudad, resultaba extraña y desconcertante para aquella gente tranquila de Sussex. Las raras gesticulaciones con las que le sorprendían de vez en cuando, los largos paseos al anochecer con los que se aparecía ante ellos en cualquier esquina, el trato inhumano ante cualquier intento de curiosear, el gusto por la oscuridad, que le llevaba a cerrar las puertas, a bajar las persianas y a apagar los candelabros y las lámparas. ¿Quién podía estar de acuerdo con todo ese tipo de cosas? Todos se apartaban cuando el forastero pasaba por el centro del pueblo, y cuando se había alejado, había algunos chistosos que se subían el cuello del abrigo y bajaban el ala del sombrero y caminaban nerviosamente tras él, imitando aquella personalidad oculta. Por aquel tiempo había una canción popular titulada *El Hombre Fantasma*. La señorita Statchell la cantó en la sala de conciertos de la escuela (para ayudar a pagar las lámparas de la Iglesia), y después de aquello, cada vez que se reunían dos o tres campesinos y aparecía el forastero, se podían escuchar los dos primeros compases de la canción. Y los niños pequeños iban detrás de él y le gritaban "¡Fantasma!", y luego salían corriendo.

La curiosidad devoraba a Cuss, el boticario. Los vendajes atraían su interés profesional. Miraba con ojos recelosos las mil y una botellas. Durante los meses de abril y mayo había codiciado la oportunidad de hablar con el forastero. Y por fin, hacia Pentecostés, cuando ya no podía aguantar más, aprovechó la excusa de la elaboración de una lista de suscripción para pedir una enfermera para el pueblo y así hablar con el forastero. Se sorprendió cuando supo que la señora Hall no sabía el nombre del huésped.

—Dio su nombre —mintió la señora Hall—, pero apenas pude oírlo y no me acuerdo.

Pensó que era demasiado estúpido no saber el nombre de su huésped.

El señor Cuss llamó a la puerta del salón y entró. Desde dentro se oyó una imprecación.

—Perdone mi intromisión —dijo Cuss, y cerró la puerta, impidiendo que la señora Hall escuchase el resto de la conversación.

Ella pudo oír un murmullo de voces durante los siguientes diez minutos, después un grito de sorpresa, un movimiento de pies, el golpe de una silla, una sonora carcajada, unos pasos rápidos hacia la puerta, y apareció el señor Cuss con la cara pálida y mirando por encima de su hombro. Dejó la puerta abierta detrás de él y, sin mirar a la señora Hall, siguió por el pasillo y bajó las escaleras, y ella pudo oír cómo se alejaba corriendo por la carretera. Llevaba el sombrero en la mano. Ella se quedó de pie mirando a la puerta abierta del salón. Después oyó cómo se reía el forastero y cómo se movían sus pasos por la habitación. Desde donde estaba no podía ver la cara. Finalmente, la puerta del salón se cerró y el lugar se quedó de nuevo en silencio.

Cuss cruzó el pueblo hacia la casa de Bunting, el vicario.

—¿Cree que estoy loco? —preguntó Cuss con dureza nada más para entrar en el pequeño estudio—. ¿Doy la impresión de estar enfermo?

—¿Qué ha pasado? —preguntó el vicario, que estaba estudiando las hojas gastadas de su próximo sermón.

—Ese tipo, el de la posada.

—¿Y bien?

—Deme algo de beber —dijo Cuss, y se sentó. Cuando se hubo calmado con una copita de jerez barato —el único que el vicario tenía a su disposición —, le contó la conversación que acababa de tener. "Entré en la habitación", —dijo entrecortadamente —, "y comencé pidiéndole que si quería poner su nombre en la lista para conseguir la enfermera para el pueblo. Cuando entré, se metió rápidamente las manos en los bolsillos, y se dejó caer en la silla. Respiró. Le comenté que había oído que se interesaba por los temas científicos. Me dijo que sí, y volvió a respirar de nuevo, con fuerza. Siguió respirando con dificultad todo el tiempo: se notaba que acababa de coger un resfriado tremendo. ¡No me extraña, si siempre va tan tapado! Seguí explicándole la historia de la enfermera, mirando, durante ese tiempo, a mi alrededor. Había botellas llenas de productos químicos por toda la habitación. Una balanza y tubos de ensayo colocados en sus soportes y un intenso olor a flor de primavera. Le pregunté que si quería poner su nombre en la lista y me dijo que lo pensaría. Entonces, le pregunté si estaba realizando alguna investigación, y si le estaba costando demasiado tiempo. Se enfadó y me dijo que sí, que eran muy largas. "Ah, ¿sí?", —le dije—, y en ese momento se puso fuera de sí. El hombre iba a estallar, y mi pregunta fue la gota que colmó el vaso. El forastero tenía en sus manos una receta que parecía ser muy valiosa para él. Le pregunté si se la había recetado el médico. "¡Maldita sea!", me contestó. "¿Qué es lo que en realidad anda buscando?" Yo me disculpé entonces y me contestó con un golpe de tos. La leyó. Cinco ingredientes. La colocó encima de la mesa y, al volverse, una corriente de aire que entró por la ventana se llevó el papel. Se oyó un crujir de papeles. El forastero trabajaba con la chimenea encendida. Vi un resplandor, y la receta se fue chimenea arriba.

—¿Y qué?

—¿Cómo? ¡Que no tenía mano! La manga estaba vacía. ¡Dios mío!, pensé que era una deformidad física. Imaginé que tenía una mano de corcho, y supuse que se la había quitado. Pero luego me dije que había algo raro en todo esto. ¿Qué demonios mantiene tiesa la manga, si no hay nada dentro? De verdad te digo que no había nada dentro. Nada, y pude verle hasta el codo; además la manga tenía un agujero y la luz pasaba a través de él. "¡Dios mío!", —me dije—. En ese momento él se detuvo. Se quedó mirándome con sus gafas negras, y después se miró la manga.

—Y, ¿qué pasó?

—Nada más. No dijo ni una sola palabra, sólo miraba y volvió a meterse la manga en el bolsillo. "Hablábamos de la receta, ¿no?", me dijo tosiendo, y yo le pregunté: "¿Cómo demonios puede mover una manga vacía?" "¿Una manga vacía?", me contestó. "Sí, sí, una manga vacía", volví a decirle.

"Es una manga vacía, ¿verdad? Usted vio una manga vacía".

"Estábamos los dos de pie. Después de dar tres pasos, el forastero se me acercó. Respiró con fuerza. Yo no me moví, aunque desde luego aquella cabeza vendada y aquellas gafas son suficientes para poner nervioso a cualquiera, sobre todo si se te van acercando tan despacio.

"¿Dijo que mi manga estaba vacía?", me preguntó.

"Eso dije", le respondí yo.

Entonces él, lentamente, sacó la manga del bolsillo, y la dirigió hacia mí, como si quisiera enseñármela de nuevo. Lo hacía con suma lentitud. Yo miraba. Me pareció que tardaba una eternidad.

"¿Y bien?", me preguntó, y yo, aclarándome la garganta, le contesté: "No hay nada. Está vacía". Tenía que decir algo y estaba empezando a sentir miedo. Pude ver el interior. Extendió la manga hacia mí, lenta, muy lentamente, así, hasta que el puño casi rozaba mi cara. ¡Qué raro ver una manga vacía que se te acerca de esa manera!, y entonces...

—¿Entonces?

—Entonces algo parecido a un dedo me pellizcó la nariz.

Bunting se echó a reír.

—¡No había nada allí dentro! —dijo Cuss haciendo hincapié en la palabra "allí"—. Me parece muy bien que te rías, pero estaba tan asustado, que le golpeé con el puño, me di la vuelta y salí corriendo de la habitación.

Cuss se calló. Nadie podía dudar de su sinceridad por el pánico que manifestaba. Aturdido, miró a su alrededor y se tomó una segunda copa de jerez.

"Cuando le golpeé el puño", siguió Cuss, "te prometo que noté exactamente igual que si golpeara un brazo, ¡pero no había brazo! ¡No había ni rastro del brazo!"

El señor Bunting recapacitó sobre lo que acababa de oír. Miró al señor Cuss con algunas sospechas.

—Es una historia realmente extraordinaria —le dijo. Miró gravemente a Cuss y repitió—: Realmente es una historia extraordinaria.

V

El robo de la Vicaría

Los hechos del robo de la Vicaría nos llegaron a través del vicario y de su mujer. El robo tuvo lugar en la madrugada del día de Pentecostés, el día que Iping dedicaba a la fiesta del Club. Según parece, la señora Bunting se despertó de repente, en medio de la tranquilidad que reina antes del alba, porque tuvo la impresión de que la puerta de su dormitorio se había abierto y después se había vuelto a cerrar. En un principio no despertó a su marido y se sentó en la cama a escuchar. La señora Bunting oyó claramente el ruido de las pisadas de unos pies descalzos que salían de la habitación contigua a su dormitorio y se dirigían a la escalera por el pasillo. En cuanto estuvo segura, despertó al reverendo Bunting, intentando hacer el menor ruido posible. Éste, sin encender la luz, se puso las gafas, un batín y las zapatillas, y salió al rellano de la escalera para ver si oía algo. Desde allí pudo oír claramente cómo alguien estaba hurgando en su despacho, en el piso de abajo y, posteriormente, un fuerte estornudo.

En ese momento volvió a su habitación y, arenándose con lo que tenía más a mano, su bastón, empezó a bajar las escaleras con el mayor cuidado posible, para no hacer ruido. Mientras tanto, la señora Bunting salió al rellano de la escalera.

Eran alrededor de las cuatro, y la oscuridad de la noche estaba empezando a levantarse. La entrada estaba iluminada por un débil rayo de luz, pero la puerta del estudio estaba tan oscura que parecía impenetrable. Todo estaba en silencio, sólo se escuchaban, apenas perceptibles, los crujidos de los escalones bajo los pies del señor Bunting, y unos ligeros movimientos en el estudio. De pronto, se oyó un golpe, se abrió un cajón y se escucharon ruidos de papeles. Después, también pudo oírse una imprecación, y alguien encendió una cerilla, llenando el estudio de una luz amarillenta. En ese momento, el señor Bunting se encontraba ya en la entrada y pudo observar, por la rendija de la puerta, el cajón abierto y la vela que ardía encima de la mesa, pero no pudo ver a ningún ladrón. El señor Bunting se quedó allí sin saber qué hacer, y la señora Bunting, con la cara pálida y la mirada atenta, bajó las escaleras lentamente, detrás de él. Sin embargo, había algo que mantenía el valor del señor Bunting: la convicción de que el ladrón vivía en el pueblo.

El matrimonio pudo escuchar claramente el sonido del dinero y comprendieron que el ladrón había encontrado sus ahorros, dos libras y diez peniques, y todo en monedas de medio soberano cada una. Cuando escuchó el sonido, el señor Bunting se decidió a entrar en acción y, batiendo con fuerza su bastón, se deslizó dentro de la habitación, seguido de cerca por su esposa.

—¡Ríndase! —gritó con fuerza, y de pronto se paró, extrañado. La habitación aparentaba estar completamente vacía.

Sin embargo, ellos estaban convencidos de que en algún momento, habían oído a alguien que se encontraba en la habitación.

Durante un momento se quedaron allí, de pie, sin saber qué decir. Luego, la señora Bunting atravesó la habitación para mirar detrás del biombo, mientras que el señor Bunting, con un impulso parecido, miró debajo de la mesa del despacho. Después, la señora Bunting descorrió las cortinas y su marido miró en la chimenea, tanteando con su bastón.

Seguidamente, la señora Bunting echó un vistazo en la papelera, y el señor Bunting destapó el cubo del carbón. Finalmente, se pararon y se quedaron de pie, mirándose el uno al otro, como si quisieran obtener una respuesta.

—Podría jurarlo —comentó la señora Bunting—. Y, si no —dijo el señor Bunting—, ¿quién encendió la vela?

—¡Y el cajón! —dijo la señora Bunting—. ¡Se han llevado el dinero! —Y se apresuró hasta la puerta—. Es de las cosas más extraordinarias...

En ese momento se oyó un estornudo en el pasillo. El matrimonio salió entonces de la habitación y la puerta de la cocina se cerró de golpe.

—Trae la vela —ordenó el señor Bunting, caminando delante de su mujer, y los dos oyeron cómo alguien corría apresuradamente los cerrojos de la puerta.

Cuando abrió la puerta de la cocina, el señor Bunting vio desde la cocina cómo se estaba abriendo la puerta trasera de la casa. La luz débil del amanecer se esparcía por los macizos oscuros del jardín. La puerta se abrió y se quedó así hasta que se cerró de un portazo. Como consecuencia de eso, la vela que llevaba el señor Bunting se apagó. Había pasado algo más de un minuto desde que ellos entraron en la cocina.

El lugar estaba completamente vacío. Cerraron la puerta trasera y miraron en la cocina, en la despensa y, por último, bajaron a la bodega. No encontraron ni un alma en la casa, y eso que buscaron cuanto pudieron.

Las primeras luces del día encontraron al vicario y a su esposa, singularmente vestidos, sentados en el primer piso de su casa a la luz, innecesaria ya, de una vela que se estaba extinguiendo, maravillados aún por lo ocurrido.

VI
Los muebles se vuelven locos

Ocurrió que en la madrugada del día de Pentecostés, el señor y la señora Hall, antes de despertar a Millie para que empezase a trabajar, se levantaron y bajaron a la bodega sin hacer ruido. Querían ver cómo iba la fermentación de su cerveza. Nada más de entrar, la señora Hall se dio cuenta de que había olvidado traer una botella de zarzaparrilla de la habitación. Como ella era la más experta en esta materia, el señor Hall subió a buscarla al piso de arriba.

Cuando llegó al rellano de la escalera, le sorprendió ver que la puerta de la habitación del forastero estuviera entreabierta. El señor Hall fue a su habitación y encontró la botella donde su mujer le había dicho.

Al volver con la botella, observó que los cerrojos de la puerta principal estaban descorridos y que ésta estaba cerrada sólo con el pestillo. En un momento de inspiración se le ocurrió relacionar este hecho con la puerta abierta del forastero y con las sugerencias del señor Teddy Henfrey. Recordó, además, claramente, cómo sostenía una lámpara mientras el señor Hall corría los cerrojos la noche anterior. Al ver todo esto, se detuvo algo asombrado y, con la botella todavía en la mano, volvió a subir al piso de arriba. Al llegar, llamó a la puerta del forastero y no obtuvo respuesta. Volvió a llamar, y acto seguido, entró abriendo la puerta de par en par.

Como esperaba, la cama, e incluso la habitación, estaban vacías. Y lo que resultaba aún más extraño, incluso para su escasa inteligencia, era que, esparcidas por la silla y los pies de la cama, se encontraban las ropas, o por lo menos, las únicas ropas que él le había visto, y las vendas del huésped. También su sombrero de ala ancha estaba colgado en uno de los barrotes de la cama.

En éstas se hallaba, cuando oyó la voz de su mujer, que surgía de lo más profundo de la bodega con ese tono característico de los campesinos del Oeste de Sussex, que denota una gran impaciencia:

—¡George! ¿Es que no vas a venir nunca? Al oírla, Hall bajó corriendo.

—Janny —le dijo—. Henfrey tenía razón en lo que decía. Él no está en su habitación. Se ha ido. Los cerrojos de la puerta están descorridos.

Al principio la señora Hall no entendió nada, pero en cuanto se percató, decidió subir a ver por sí misma la habitación vacía. Hall, con la botella en la mano todavía, iba él primero.

—Él no está, pero sus ropas sí —dijo—. Entonces, ¿qué está haciendo sin sus ropas? Éste es un asunto muy raro.

Como quedó claro luego, mientras subían las escaleras de la bodega, les pareció oír cómo la puerta de la entrada se abría y se cerraba más tarde, pero al no ver nada y estar cerrada la puerta, ninguno de los dos dijo ni una palabra sobre el hecho en ese momento. La señora Hall adelantó a su marido por el camino y fue la primera en llegar arriba. En ese momento alguien estornudó. Hall, que iba unos pasos detrás de su esposa, pensó que era ella la que había estornudado, pues iba delante, y ella tuvo la impresión de que había sido él el que lo había hecho. La señora Hall abrió la puerta de la habitación, y al verla comentó:

—¡Qué curioso es todo esto!

De pronto, le pareció escuchar una respiración justo detrás de ella y, al volverse, se quedó muy sorprendida, ya que su marido se encontraba a unos doce pasos de ella, en el último escalón de la escalera. Sólo al cabo de un minuto estuvo a su lado; ella se adelantó y tocó la almohada y debajo de la ropa.

—Están frías —dijo—. Ha debido levantarse hace más de una hora.

Cuando decía esto, tuvo lugar un hecho extremadamente raro: las sábanas empezaron a moverse ellas solas, formando una especie de pico que cayó a los pies de la cama. Fue como si alguien las hubiera agarrado por el centro y las hubiese echado a un lado de la cama. Inmediatamente después, el sombrero se descolgó del barrote de la cama y, describiendo un semicírculo en el aire, fue a parar a la cara de la señora Hall. Después, y con la misma rapidez, saltó la esponja del lavabo, y luego una silla, tirando los pantalones y el abrigo del forastero a un lado y riéndose secamente con un tono muy parecido al del forastero, dirigiendo sus cuatro patas hacia la señora Hall, y como si por un momento, quisiera afinar la puntería se lanzó contra ella. La señora Hall gritó y se dio la vuelta, y entonces la silla apoyó sus patas suave, pero firmemente en su espalda, y les obligó, a ella y a su marido, a salir de la habitación. Acto seguido, la puerta se cerró con fuerza y alguien echó la llave. Durante un momento pareció que la silla y la cama estaban ejecutando la danza del triunfo, y de repente, todo quedó en silencio.

La señora Hall, medio desmayada, cayó en brazos de su marido en el rellano de la escalera. El señor Hall y Millie, que se había despertado al escuchar los gritos, no sin dificultad, lograron finalmente llevarla abajo y aplicarle lo acostumbrado en estos casos.

—Son espíritus —decía la señora Hall—. Estoy segura de que son espíritus. Lo he leído en los periódicos. Mesas y sillas que dan brincos y bailan...

—Toma un poco más, Janny —dijo el señor Hall—. Te ayudará a calmarte.

—Echadle fuera —siguió diciendo la señora Hall—. No dejéis que vuelva. Debí haberlo sospechado. Debí haberlo sabido. ¡Con esos ojos fuera de las órbitas y esa cabeza! Y sin ir a misa los domingos. Y todas esas botellas, más de las que alguien pueda tener, ha metido los espíritus en mis muebles. ¡Mis pobres muebles! En esa misma silla mi madre solía sentarse cuando yo era sólo una niña. ¡Y pensar que ahora se ha levantado contra mí!

—Sólo una gota más, Janny —le repetía el señor Hall—. Tienes los nervios destrozados.

Cuando lucían los primeros rayos de Sol, enviaron a Millie al otro lado de la calle para que despertara al señor Sandy Wadgers, el herrero. El señor Hall le enviaba sus saludos y le mandaba decir que los muebles del piso de arriba se estaban comportando de manera singular. ¿Se podría acercar el señor Wadgers por allí? Era un hombre muy sabio y lleno de recursos. Cuando llegó, examinó el suceso con seriedad.

—Apuesto lo que sea a que es asunto de brujería —dijo el señor Wadgers—. Vais a necesitar bastantes herraduras para tratar con gente de ese cariz.

Estaba muy preocupado. Los Hall querían que subiese al piso de arriba, pero él no parecía tener demasiada prisa, prefería quedarse hablando en el pasillo. En ese momento, el ayudante de Huxter se disponía a abrir las persianas del escaparate del establecimiento y lo llamaron para que se uniera al grupo. Naturalmente, el señor Huxter también se unió al cabo de unos minutos. El genio anglosajón quedó patente en aquella reunión: todo el mundo hablaba, pero nadie se decidía a actuar.

—Vamos a considerar de nuevo los hechos —insistió el señor Sandy Wadgers—. Asegurémonos de que antes de echar abajo la puerta, estaba abierta. Una puerta que no ha sido forzada siempre se puede forzar, pero no se puede rehacer una vez forzada.

Y, de repente, y de forma extraordinaria, la puerta de la habitación se abrió por sí sola y, ante el asombro de todos, apareció la figura embozada del forastero, quien comenzó a bajar las escaleras, mirándolos como nunca antes lo había hecho a través de sus gafas azules. Empezó a bajar rígida y lentamente, sin dejar de mirarlos en ningún momento; recorrió el pasillo, y después se detuvo.

—¡Miren allí! —dijo.

Y sus miradas siguieron la dirección que les indicaba aquel dedo enguantado hasta fijarse en una botella de zarzaparrilla, que se encontraba en la puerta de la bodega. Después entró en el salón y les cerró la puerta en las narices airado.

No se escuchó ni una palabra, hasta que se extinguieron los últimos ecos del portazo. Se miraron unos a otros.

—¡Qué me cuelguen, si esto no es demasiado! —dijo el señor Wadgers, dejando la alternativa en el aire—. Yo iría y le pediría una explicación —le dijo al señor Hall.

Les llevó algún tiempo convencer al marido de la posadera para que se atreviese a hacerlo. Cuando lo lograron, éste llamó a la puerta, la abrió y sólo acertó a decir:

—Perdone...

—¡Váyase al diablo! —le dijo a voces el forastero—. Y cierre la puerta cuando salga —añadió, dando por terminada la conversación con estas últimas palabras.

VII

El desconocido se descubre

El desconocido entró en el salón del Coach and Horses, alrededor de las cinco y media de la mañana y permaneció allí, con las persianas bajadas y la puerta cerrada, hasta cerca de las doce del mediodía, sin que nadie se atreviera a acercarse después del comportamiento que tuvo con el señor Hall.

No debió comer nada durante ese tiempo. La campanilla sonó tres veces; la última vez con furia y de forma continuada, pero nadie contestó.

—Él y su ¡váyase al diablo! —decía la señora Hall. En ese momento comenzaron a llegar los rumores del robo en la Vicaría, y todo el mundo comenzó a atar cabos sueltos. Hall, acompañado de Wadgers, salió a buscar al señor Shuckleforth, el magistrado, para pedirle consejo. Como nadie se atrevió a subir arriba, no se sabe lo que estuvo haciendo el forastero. De vez en cuando recorría con celeridad la habitación de un lado a otro, y en un par de ocasiones pudo escucharse cómo maldecía, rasgaba papeles o rompía cristales con fuerza.

El pequeño grupo de gente asustada, pero curiosa, era cada vez más grande. La señora Huxter se unió al poco rato; algunos jóvenes que lucían chaquetas negras y corbatas de papel imitando piqué, pues era Pentecostés, también se acercaron preguntándose qué ocurría. El joven Archie Harker, incluso, cruzó el patio e intentó fisgar por debajo de las persianas. No pudo ver nada, pero los demás creyeron que había visto algo y se le unieron en seguida.

Era el día de Pentecostés más bonito que habían tenido hasta entonces; y a lo largo de la calle del pueblo podía verse una fila de unos doce puestos de feria y uno de tiro al blanco. En una pradera al lado de la herrería podían verse tres vagones pintados de amarillo y de marrón, y un grupo muy pintoresco de extranjeros, hombres y mujeres, que estaban levantando un puesto de tiro de cocos. Los caballeros llevaban "jerseys" azules y las señoras delantales blancos y sombreros a la moda con grandes plumas. Wodger, el de la Purple Fawn, y el señor Jaggers, el zapatero, que, además, se dedicaban a vender bicicletas de segunda mano, estaban colgando una ristra de banderines (con los que, originalmente, se celebraba el jubileo) a lo largo de la calle.

Y, mientras tanto, dentro, en la oscuridad artificial del salón, en el que sólo penetraba un débil rayo de luz, el forastero, suponemos que hambriento y asustado, escondido en su incómoda envoltura, miraba sus papeles con las gafas oscuras o hacía sonar sus botellas, pequeñas y sucias y, de vez en cuando, gritaba enfadado contra los niños, a los que no podía ver, pero sí oír al otro lado de las ventanas. En una esquina, al lado de la chimenea, yacían los cristales de media docena de botellas rotas, y el aire estaba cargado de un fuerte olor a cloro. Esto es lo que sabemos por lo que podía oírse en ese momento y por lo que, más tarde, pudo verse en la habitación. Hacia el mediodía, el forastero abrió de repente la puerta del salón y se quedó mirando fijamente a las tres o cuatro personas que se encontraban en ese momento en el bar.

—Señora Hall —llamó.

Y alguien se apresuró a avisarla.

La señora Hall apareció al cabo de un instante con la respiración un poco alterada, pero todavía furiosa. El señor Hall aún se encontraba fuera. Ella había reflexionado sobre lo ocurrido y acudió llevando una bandeja con la cuenta sin pagar.

—¿Desea la cuenta, señor? —le dijo.

—¿Por qué no ha mandado que me trajeran el desayuno? ¿Por qué no me ha preparado la comida y contestado a mis llamadas? ¿Cree que puedo vivir sin comer?

—¿Por qué no me ha pagado la cuenta? —le dijo la señora Hall—. Es lo único que quiero saber. —Le dije hace tres días que estaba esperando un envío.

—Y yo le dije hace dos que no estaba dispuesta a esperar ningún envío. No puede quejarse si ha esperado un poco por su desayuno, pues yo he estado esperando cinco días a que me pagase la cuenta.

El forastero perjuró brevemente, pero con energía. Desde el bar se escucharon algunos comentarios. —Le estaría muy agradecida, señor, si se guardara sus groserías —le dijo la señora Hall.

El forastero, de pie, parecía ahora más que nunca un buzo. En el bar se convencieron de que, en ese momento, la señora Hall las tenía todas a favor. Y las palabras que el forastero pronunció después se lo confirmaron.

—Espere un momento, buena mujer —comenzó diciendo.

—A mí no me llame buena mujer —contestó la señora Hall.

—Le he dicho, y le repito, que aún no me ha llegado el envío.

—¡A mí no me venga ahora con envíos! —siguió la señora Hall.

—Espere, quizá todavía me quede en el bolsillo... —Usted me dijo hace dos días que tan sólo llevaba un soberano de plata encima.

—De acuerdo, pero he encontrado algunas monedas...

—¿Es verdad eso? —se oyó desde el bar.

—Me gustaría saber de dónde las ha sacado —le dijo la señora Hall.

Esto pareció enojar mucho al forastero, quien dando una patada en el suelo, dijo:

—¿Qué quiere decir?

—Que me gustaría saber dónde las ha encontrado —le contestó la señora Hall—. Y, antes de aceptar un billete o de traerle el desayuno, o de hacer cualquier cosa, tiene que decirme una o dos cosas que yo no entiendo y que nadie entiende y que, además, todos estamos ansiosos por entender. Quiero saber qué le ha estado haciendo a la silla de arriba, y por qué su habitación estaba vacía, y cómo pudo entrar de nuevo. Los que se quedan en mi casa tienen que entrar por las puertas, es una regla de la posada, y usted no la ha cumplido, y quiero saber cómo entró, y también quiero saber...

De repente el forastero levantó la mano enguantada, dio un pisotón en el suelo y gritó: "¡Basta!", con tanta fuerza, que la señora Hall enmudeció al instante.

—Usted no entiende —comenzó a decir el forastero— ni quién soy ni qué soy, ¿verdad? Pues voy a enseñárselo. ¡Vaya que si voy a enseñárselo!

En ese momento se tapó la cara con la palma de la mano y luego la apartó. El centro de su rostro se había convertido en un agujero negro.

—Tome —dijo, y dio un paso adelante extendiéndole algo a la señora Hall, que lo aceptó automáticamente, impresionada como estaba por la metamorfosis que estaba sufriendo el rostro del huésped. Después, cuando vio de lo que se trataba, retrocedió unos pasos y, dando un grito, lo soltó. Se trataba de la nariz del forastero, tan rosada y brillante, que rodó por el suelo.

Después se quitó las gafas, mientras lo observaban todos los que estaban en el bar. Se quitó el sombrero y, con un gesto rápido, se desprendió del bigote y de los vendajes. Por un instante éstos se resistieron. Un escalofrío recorrió a todos los que se encontraban en el bar.

—¡Dios mío! —gritó alguien, a la vez que caían al suelo las vendas.

Aquello era lo peor de lo peor. La señora Hall, horrorizada y boquiabierta, después de dar un grito por lo que estaba viendo, salió corriendo hacia la puerta de la posada. Todo el mundo en el bar echó a correr. Habían estado esperando cicatrices, una cara horriblemente desfigurada, pero ¡no había nada! Las vendas y la peluca volaron hasta el bar, obligando a un muchacho a dar un salto para poder evitarlas. Unos tropezaban contra otros al intentar bajar las escaleras. Mientras tanto, el hombre que estaba allí de pie, intentando dar una serie de explicaciones incoherentes, no era más que una figura que gesticulaba y que no tenía absolutamente nada que pudiera verse a partir del cuello del abrigo.

La gente del pueblo que estaba fuera oyó los gritos y los chillidos y, cuando miraron calle arriba, vieron cómo la gente salía a empellones del Coach and Horses. Vieron cómo se caía la señora Hall y cómo el señor Teddy Henfrey saltaba por encima de ella para no pisarla. Después oyeron los terribles gritos de Millie que había salido de la cocina al escuchar el ruido en el bar y se había encontrado con el forastero sin cabeza.

Al ver todo aquello, los que se encontraban en la calle, el vendedor de dulces, el propietario de la caseta del tiro de cocos y su ayudante, el señor de los columpios, varios niños y niñas, petimetres paletos, elegantes jovencitas, señores bien vestidos e incluso las gitanas con sus delantales, se acercaron corriendo a la posada; y, milagrosamente, en un corto periodo de tiempo una multitud de casi cuarenta personas que no dejaba de aumentar, se agitaba, silbaba, preguntaba, contestaba y sugería delante del establecimiento del señor Hall. Todos hablaban a la vez, y aquello no parecía otra cosa que la torre de Babel. Un pequeño grupo atendía a la señora Hall que estaba al borde del desmayo. La confusión fue muy grande ante la evidencia de un testigo ocular, que seguía gritando:

—¡Un fantasma!

—¿Qué es lo que ha hecho? —¿No la habrá herido?

—Creo que se le vino encima con un cuchillo en la mano.

—Te digo que no tiene cabeza, y no es una forma de hablar, me refiero a ¡un hombre sin cabeza!

—¡Tonterías! Eso es un truco de prestidigitador. —¡Se ha quitado unos vendajes!

En su intento de atisbar algo a través de la puerta abierta, la multitud había formado un enorme muro, y la persona que estaba más cerca de la posada gritaba:

—Se estuvo quieto un momento, oí el grito de la mujer y se volvió. La chica echó a correr y él la persiguió. No duró más de diez segundos. Después él volvió con una navaja en la mano y con una barra de pan. No hace ni un minuto que ha entrado por aquella puerta. Les digo que ese hombre no tenía cabeza. Ustedes no han podido verlo...

Hubo un pequeño revuelo detrás de la multitud y el que hablaba se paró para dejar paso a una pequeña procesión que se dirigía con resolución hacia la casa. El primero, era el señor Hall, completamente rojo y decidido, le seguía el señor Bobby Jaffers, el policía del pueblo, y acto seguido, iba el astuto señor Wadgers. Iban provistos de una autorización judicial para arrestar al forastero.

La gente seguía dando distintas versiones de los acontecimientos.

—Con cabeza o sin ella —decía Jaffers—, tengo que arrestarlo y lo arrestaré.

El señor Hall subió las escaleras para dirigirse a la puerta del salón. La puerta estaba abierta.

—Agente —dijo—, cumpla usted con su deber. Jaffers entró primero, Hall después y, por último, Wadgers. En la penumbra vieron una figura sin cabeza delante de ellos. Tenía un trozo de pan mordisqueado en una mano y un pedazo de queso en la otra.

—¡Es él! —dijo Hall.

—¿Qué demonios es todo esto? —dijo una voz, que surgía del cuello de la figura, en un tono de enfado evidente.

—Es usted un tipo bastante raro, señor —dijo el señor Jaffers—. Pero, con cabeza o sin ella, en la orden especifica cuerpo, y el deber es el deber...

—¡A mí no se me acerque! —dijo la figura, echándose hacia atrás.

De un golpe tiró el pan y el queso, y el señor Hall agarró la navaja justo a tiempo para que no se clavara en la mesa. El forastero se quitó el guante de la mano izquierda y abofeteó a Jaffers. Un instante después, Jaffers, dejando a un lado todo lo que concernía a la orden de arresto, lo agarró por la muñeca sin mano y por la garganta invisible. El forastero le dio entonces una patada en la espinilla que lo hizo gritar, pero Jaffers siguió sin soltar la presa. Hall deslizó la navaja por encima de la mesa para que Wadgers la cogiera, y dio un paso hacia atrás, al ver que Jaffers y el forastero iban tambaleándose hacia donde él estaba, dándose puñetazos el uno al otro. Sin darse cuenta de que había una silla en medio, los dos hombres cayeron al suelo con gran estruendo.

—Agárrelo por los pies —dijo Jaffers entre dientes.

El señor Hall al intentar seguir las instrucciones, recibió una buena patada en las costillas, que lo inutilizó un momento, y el señor Wadgers, al ver que el forastero sin cabeza rodaba y se colocaba encima de Jaffers, retrocedió hasta la puerta, cuchillo en mano, tropezando con el señor Huxter y el carretero de Sidderbridge, que acudían para prestar ayuda. En ese mismo instante se cayeron tres o cuatro botellas de la cómoda, y un fuerte olor acre se expandió por toda la habitación.

—¡Me rindo! —gritaba el forastero, a pesar de estar todavía encima de Jaffers.

Poco después se levantaba, apareciendo como una extraña figura sin cabeza y sin manos, pues se había quitado tanto el guante derecho como el izquierdo.

—No merece la pena —dijo, como si estuviese sollozando.

Era especialmente extraño oír aquella voz que surgía de la nada, pero quizá sean los campesinos de Sussex la gente más práctica del mundo. Jaffers también se levantó y sacó un par de esposas.

—Pero... —dijo dándose cuenta de la incongruencia de todo aquel asunto—. ¡Maldita sea! No puedo utilizarlas. ¡No veo!

El forastero se pasó el brazo por el chaleco, y como si se tratase de un milagro, los botones a los que su manga vacía señalaba se desabrochaban solos. Después comentó algo sobre su espinilla y se agachó: parecía estar toqueteándose los zapatos y los calcetines.

—¡Cómo! —dijo Huxter de repente—. Esto no es un hombre. Son sólo ropas vacías. ¡Miren! Se puede ver el vacío dentro del cuello del abrigo y del forro de la ropa. Podría incluso meter mi brazo...

Pero, al extender su brazo, topó con algo que estaba suspendido en el aire, y lo retiró a la vez que lanzaba una exclamación.

—Le agradecería que no me metiera los dedos en el ojo —dijo la voz de la figura invisible con tono enfadado—. La verdad es que tengo todo: cabeza, manos, piernas y el resto del cuerpo. Lo que ocurre es que soy invisible. Es un fastidio, pero no lo puedo remediar. Y, además, no es razón suficiente para que cualquier estúpido de Iping venga a ponerme las manos encima. ¿No creen?

La ropa, completamente desabrochada y colgando sobre un soporte invisible, se puso en pie con los brazos en jarras.

Algunos otros hombres del pueblo habían ido entrando en la habitación, que ahora estaba bastante concurrida.

—Con que invisible, ¿eh? —dijo Huxter, sin escuchar los insultos del forastero—. ¿Quién ha oído hablar antes de algo parecido?

—Quizá les parezca extraño, pero no es un crimen. No tengo por qué ser asaltado por un policía de esta manera.

—Ah, ¿no? Ése es otro tema —dijo Jaffers—. No hay duda de que es difícil verlo con la luz que hay aquí, pero yo he traído una orden de arresto, y está en regla. Yo no vengo a arrestarlo porque usted sea invisible, sino por robo. Han robado en una casa y se han llevado el dinero.

—¿Y qué?

—Que las circunstancias señalan...

—¡Deje de decir tonterías! —dijo el hombre invisible.

—Eso espero, señor. Pero me han dado instrucciones.

—Está bien. Iré. Iré con usted, pero sin esposas.

—Es lo reglamentario —dijo Jaffers.

—Sin esposas —insistió el forastero.

—De acuerdo, como quiera —dijo Jaffers.

De repente, la figura se sentó, y antes de que nadie pudiera darse cuenta, se había quitado las zapatillas, los calcetines y había tirado los pantalones debajo de la mesa. Después se volvió a levantar y dejó caer su abrigo.

—¡Eh, espere un momento! —dijo Jaffers, dándose cuenta de lo que en realidad ocurría. Le agarró por el chaleco, hasta que la camisa se deslizó por el mismo y se quedó con la prenda vacía entre las manos—. ¡Agárrenlo! —gritó Jaffers—. En el momento en que se quite todas las cosas...

—¡Que alguien lo atrape! —gritaban todos a la vez, mientras intentaban apoderarse de la camisa que se movía de un lado para otro, y que era la única prenda visible del forastero.

La manga de la camisa asestó un golpe en la cara a Hall, evitando que éste siguiera avanzando con los brazos abiertos, y lo empujó, cayendo de espaldas sobre Toothsome, el sacristán. Un momento después la camisa se elevó en el aire, como si alguien se quitara una prenda por la cabeza. Jaffers la agarró con fuerza, pero sólo consiguió ayudar a que el forastero se desprendiera de ella; le dieron un golpe en la boca y, blandiendo su porra con violencia, asestó un golpe a Teddy Henfrey en toda la coronilla.

—¡Cuidado! —gritaba todo el mundo, resguardándose donde podía y dando golpes por doquier—. ¡Agárrenlo! ¡Que alguien cierre la puerta! ¡No lo dejéis escapar! ¡Creo que he agarrado algo, aquí está! Aquello se había convertido en un campo de batalla. Todo el mundo, al parecer, estaba recibiendo golpes, y Sandy Wadger, tan astuto como siempre y la inteligencia agudizada por un terrible puñetazo en la nariz, salió por la puerta, abriendo así el camino a los demás. Los demás, al intentar seguirlo, se iban amontonando en el umbral. Los golpes continuaban. Phipps, el unitario, tenía un diente roto, y Henfrey estaba sangrando por una oreja. Jaffers recibió un golpe en la mandíbula y, al volverse, cogió algo que se interponía entre él y Huxter y que impidió que se diesen un encontronazo. Notó un pecho musculoso y, en cuestión de segundos, el grupo de hombres sobreexcitados logró salir al vestíbulo, que también estaba abarrotado.

—¡Ya lo tengo! —gritó Jaffers, que se debatía entre todos los demás y que luchaba, con la cara completamente roja, con un enemigo al que no podía ver.

Los hombres se apelotonaron a derecha e izquierda, mientras que los dos combatientes se dirigían hacia la puerta de entrada. Al llegar, bajaron rodando la media docena de escalones de la posada. Jaffers seguía gritando con voz rota, sin soltar su presa y pegándole rodillazos, hasta que cayó pesadamente, dando con su cabeza en el suelo. Sólo en ese momento, sus dedos soltaron lo que tenía entre manos.

La gente seguía gritando excitada: "¡Agárrenlo! ¡Es invisible!" Y un joven, que no era conocido en el lugar y cuyo nombre no viene al caso, cogió algo, pero volvió a perderlo, y cayó sobre el cuerpo del policía. Algo más lejos, en medio de la calle, una mujer se puso a gritar al sentir cómo la empujaban, y un perro, al que aparentemente le habían dado una patada, corrió aullando hacia el patio de Huxter, y con esto se consumó la transformación del hombre invisible. Durante un rato, la gente siguió asombrada y haciendo gestos, hasta que cundió el pánico y todos echaron a correr en distintas direcciones por el pueblo.

El único que no se movió fue Jaffers, que se quedó allí, boca arriba y con las piernas dobladas.

VIII
De paso

El octavo capítulo es extremadamente corto, y cuenta cómo Gibbins, el naturalista de la comarca, mientras estaba tumbado en una pradera, sin que hubiese un alma a un par de millas de distancia, medio dormido, escuchó a su lado a alguien que tosía, estornudaba y maldecía; al mirar, no vio nada, pero era indiscutible que allí había alguien. Continuó perjurando con la variedad característica de un hombre culto. Las maldiciones llegaron a un punto culminante, disminuyeron de nuevo y se perdieron en la distancia, en dirección, al parecer, a Adderdean. Todo terminó con un espasmódico estornudo. Gibbins no había oído nada de lo que había sucedido aquella mañana, pero aquel fenómeno le resultó tan sumamente raro, que consiguió que desapareciera toda su filosófica tranquilidad; se levantó rápidamente y echó a correr por la colina hacia el pueblo tan deprisa como le fue posible.

IX
El señor Thomas Marvel

Deberían imaginarse al señor Thomas Marvel como una persona de cara ancha y fofa, con una enorme nariz redonda, una boca grande, siempre oliendo a vino y aguardiente, y una barba excéntrica y erizada. Estaba encorvado y sus piernas cortas acentuaban aún más esa inclinación de su figura. Solía llevar un sombrero de seda adornado con pieles y, con frecuencia, en lugar de botones, llevaba cordeles y cordones de zapatos, delatando así su estado de soltero.

El señor Thomas Marvel estaba sentado en la cuneta de la carretera de Adderdean, a una milla y media de Iping. Sus pies estaban únicamente cubiertos por unos calcetines mal puestos, que dejaban asomarse unos dedos anchos y tiesos, como las orejas de un perro que está al acecho. Estaba contemplando con tranquilidad un par de botas que tenía delante. Él hacía todo con tranquilidad. Eran las mejores botas que había tenido desde hacía mucho tiempo, pero estaban demasiado grandes. Por el contrario, las que se había puesto eran muy buenas para tiempo seco, pero como tenían una suela muy fina, no valían para caminar por el barro. El señor Thomas Marvel no sabía qué odiaba más, si unas botas demasiado grandes o caminar por terreno húmedo. Nunca se había parado a pensar qué odiaba más, pero hoy hacía un día muy bueno y no tenía otra cosa mejor que hacer. Por eso puso las cuatro botas juntas en el suelo y se quedó mirándolas. Y al verlas allí, entre la hierba, se le ocurrió, de repente, que los dos pares eran muy feos. Por eso no se inmutó al oír una voz detrás de él que decía:

—Son botas.

—Sí, de las que regalan —dijo el señor Thomas Marvel con la cabeza inclinada y mirándolas con desgano—. Y, ¡maldita sea si sé cuál de los dos pares es más feo!

—Humm —dijo la voz.

—Las he tenido peores, incluso, a veces ni he tenido botas. Pero nunca unas tan condenadamente feas, si me permite la expresión. He estado intentando buscar unas botas. Estoy harto de las que llevo. Son muy buenas, pero se ven mucho por ahí. Y, créame, no he encontrado en todo el condado otras botas que no sean iguales. ¡Mírelas bien! Y eso que, en general, es un condado en donde se fabrican buenas botas. Pero tengo mala suerte. He llevado estas botas por el condado durante más de diez años, y luego, me tratan como me tratan.

—Es un condado salvaje —dijo la voz— y sus habitantes son unos cerdos.

—¿Usted también opina así? —dijo el señor Thomas Marvel—. Pero, sin duda, ¡lo peor de todo son las botas!

Al decir esto, se volvió hacia la derecha para comparar sus botas con las de su interlocutor, pero donde habrían tenido que estar no había ni botas ni piernas. Entonces se volvió hacia la izquierda, pero allí tampoco había ni botas ni piernas. Estaba completamente asombrado.

—¿Dónde está usted? —preguntó mientras se ponía a cuatro patas y miraba para todos lados. Pero sólo encontró grandes praderas y, a lo lejos, verdes arbustos movidos por el viento.

—¿Estaré borracho? —se decía el señor Thomas Marvel—. ¿Habré tenido visiones? ¿Habré estado hablando conmigo mismo? ¿Qué...?

—No se asuste —dijo una voz.

—No me utilice para hacer de ventrílocuo —dijo el señor Marvel, mientras se ponía en pie—. ¡Y encima me dice que no me asuste! ¿Dónde está usted?

—No se asuste —repitió la voz.

—¡Usted sí que se va a asustar dentro de un momento, está loco! —dijo el señor Thomas Marvel—. ¿Dónde está usted? Deje que le eche un vistazo... ¿No estará usted bajo tierra? —prosiguió el señor Thomas Marvel, después de un intervalo.

No hubo respuesta. El señor Thomas Marvel estaba de pie, sin botas y con la chaqueta a medio quitar. A lo lejos se escuchó un pájaro cantar.

—¡Sólo faltaba el trino de un pájaro! —añadió el señor Thomas Marvel—. No es precisamente un momento para bromas.

La pradera estaba completamente desierta. La carretera, con sus cunetas y sus mojones, también. Tan sólo el canto del pájaro turbaba la quietud del cielo.

—¡Que alguien me ayude! —dijo el señor Thomas Marvel volviéndose a echar el abrigo sobre los hombros—. ¡Es la bebida! Debería haberme dado cuenta antes.

—No es la bebida —señaló la voz—. Usted está completamente sobrio.

—¡Oh, no! —decía el señor Marvel, mientras palidecía—. Es la bebida—repetían sus labios, y se puso a mirar a su alrededor, yéndose hacia atrás—. Habría jurado que oí una voz —concluyó en un susurro—. Desde luego que la oyó.

—Ahí está otra vez —dijo el señor Marvel, cerrando los ojos y llevándose la mano a la frente con desesperación. En ese momento lo cogieron del cuello y lo zarandearon, dejándolo más aturdido que nunca.

—No sea tonto —señaló la voz.

—Me estoy volviendo loco —dijo el señor Thomas Marvel—. Debe haber sido por haberme quedado mirando durante tanto tiempo las botas. O me estoy volviendo loco o es cosa de espíritus.

—Ni una cosa ni la otra —añadió la voz—. ¡Escúcheme!

—Loco de remate —se decía el señor Marvel.

—Un minuto, por favor —dijo la voz, intentando controlarse.

—Está bien. ¿Qué quiere? —dijo el señor Marvel con la extraña impresión de que un dedo lo había tocado en el pecho.

—Usted cree que soy un producto de su imaginación y sólo eso, ¿verdad?

—¿Qué otra cosa podría ser? —contestó Thomas Marvel, rascándose el cogote.

—Muy bien —contestó la voz, con tono de enfado—. Entonces voy a empezar a tirarle piedras hasta que cambie de opinión.

—Pero, ¿dónde está usted?

La voz no contestó. Entonces, como surgida del aire, apareció una piedra que, por un pelo, no le dio al señor Marvel en un hombro. Al volverse, vio cómo una piedra se levantaba en el aire, trazaba un círculo muy complicado, se detenía un momento y caía a sus pies con invisible rapidez. Estaba tan asombrado que no pudo evitarla. La piedra, con un zumbido, rebotó en un dedo del pie y fue a parar a la cuneta. El señor Marvel se puso a dar saltos sobre un solo pie, gritando. Acto seguido echó a correr, pero chocó contra un obstáculo invisible y cayó al suelo sentado.

—¿Y ahora? —dijo la voz, mientras una tercera piedra se elevaba en el aire y se paraba justo encima de la cabeza del señor Marvel—. ¿Soy un producto de su imaginación?

El señor Marvel, en lugar de responder, se puso de pie, e inmediatamente volvió a caer al suelo. Se quedó en esa posición por momento.

—Si vuelve a intentar escapar —añadió la voz—, le tiraré la piedra en la cabeza.

—Es curioso —dijo el señor Thomas Marvel, que sentado, se cogía el dedo dañado con la mano y tenía la vista fija en la tercera piedra—. No lo entiendo. Piedras que se mueven solas. Piedras que hablan. Me siento. Me rindo.

La tercera piedra cayó al suelo.

—Es muy sencillo —dijo la voz—. Soy un hombre invisible.

—Dígame otra cosa, por favor —dijo el señor Marvel, aún con cara de dolor—. ¿Dónde está escondido? ¿Cómo lo hace? No entiendo nada.

—No hay más que entender —dijo la voz—. Soy invisible. Es lo que quiero hacerle comprender.

—Eso, cualquiera puede verlo. No tiene por qué ponerse así. Y, ahora, deme una pista. ¿Cómo hace para esconderse?

—Soy invisible. Ésa es la cuestión, y es lo que quiero que entienda.

—Pero, ¿dónde está? —interrumpió el señor Marvel.

—¡Aquí! A unos pasos, enfrente de usted.

—¡Vamos, hombre, que no estoy ciego! Y ahora me dirá que no es más que un poco de aire. ¿Cree que soy tonto?

—Pues es lo que soy, un poco de aire. Usted puede ver a través de mí.

—¿Qué? ¿No tiene cuerpo? *Vox et...*¿sólo un chapurreo, no es eso?

—No. Soy un ser humano, de materia sólida, que necesita comer y beber, que también necesita abrigarse... Pero, soy invisible, ¿lo ve?, invisible. Es una idea muy sencilla. Soy invisible.

—Entonces, ¿es usted un hombre de verdad?

—Sí, de verdad.

—Entonces deme la mano —dijo el señor Marvel—. Si es de verdad, no le debe resultar extraño. Así que... ¡Dios mío! —dijo—. ¡Me ha hecho dar un salto al agarrarme!

Sintió que la mano le agarraba la muñeca con todos sus dedos y, con timidez, siguió tocando el brazo, el pecho musculoso y una barba. La cara de Marvel expresó su estupefacción.

—¡Es increíble! —dijo Marvel—. Esto es mejor que una pelea de gallos. ¡Es extraordinario! ¡Y, a través de usted, puedo ver un conejo con toda claridad a una milla de distancia! Es invisible del todo, excepto...

Y miró atentamente el espacio que parecía vacío.

—¿No habrá comido pan con queso, verdad? —le preguntó, agarrando el brazo invisible.

—Está usted en lo cierto. Es que mi cuerpo todavía no lo ha digerido.

—Ya —dijo el señor Marvel—. Entonces, ¿es usted una especie de fantasma?

—No, desde luego, no es tan maravilloso como cree.

—Para mi modesta persona es lo suficientemente maravilloso —respondió el señor Marvel—. ¿Cómo puede arreglárselas? ¿Cómo lo hace?

—Es una historia demasiado larga y además...

—Le digo de verdad que estoy muy impresionado —le interrumpió el señor Marvel.

—En estos momentos, quiero decirle que necesito ayuda. Por eso he venido. Tropecé con usted por casualidad cuando vagaba por ahí, loco de rabia, desnudo, impotente. Podría haber llegado incluso al asesinato, pero lo vi a usted y...

—¡Santo cielo! —dijo el señor Marvel.

—Me acerqué por detrás, luego dudé un poco y, por fin...

La expresión del señor Marvel era bastante elocuente.

—Después me paré y pensé: "Éste es". La sociedad también lo ha rechazado. Éste es mi hombre. Me volví y...

—¡Santo cielo! —repitió el señor Marvel—. Me voy a desmayar. ¿Podría preguntarle cómo lo hace, o qué tipo de ayuda quiere de mí? ¡Invisible!

—Quiero que me consiga ropa y un sitio donde cobijarme, y después, algunas otras cosas. He estado sin ellas demasiado tiempo. Si no quiere, me conformaré, pero ¡tiene que querer!

—Míreme, señor —le dijo el señor Marvel—. Estoy completamente pasmado. No me maree más y déjeme que me vaya. Tengo que tranquilizarme un poco. Casi me ha roto el dedo del pie. Nada tiene sentido. No hay nada en la pradera. El cielo no alberga a nadie. No hay nada que ver en varias millas, excepto la naturaleza. Y, de pronto, como surgida del cielo, ¡llega hasta mí una voz! ¡Y luego piedras! Y hasta un puñetazo. ¡Santo Dios!

—Mantenga la calma —dijo la voz—, pues tiene que ayudarme.

El señor Marvel resopló y sus ojos se abrieron como platos.

—Lo he elegido a usted —continuó la voz—. Es usted el único hombre, junto con otros del pueblo, que ha visto a un hombre invisible. Tiene que ayudarme. Si me ayuda, le recompensaré. Un hombre invisible es un hombre muy poderoso —y se paró durante un segundo para estornudar con fuerza—. Pero si me traiciona, si no hace las cosas como le digo...

Entonces paró de hablar y tocó al señor Marvel ligeramente en el hombro. Éste dio un grito de terror al notar el contacto.

—Yo no quiero traicionarle —dijo el señor Marvel apartándose de donde estaban aquellos dedos—. No vaya a pensar eso. Yo quiero ayudarle. Dígame, simplemente, lo que tengo que hacer. Haré todo lo que usted quiere que haga.

X
El señor Thomas Marvel llega a Iping

Cuando pasó el pánico, la gente del pueblo empezó a sacar conclusiones. Apareció el escepticismo, un escepticismo nervioso y no muy convencido, pero al fin y al cabo, escepticismo. Es mucho más fácil no creer en hombres invisibles; y los que realmente lo habían visto, o los que habían sentido la fuerza de su brazo, podían contarse con los dedos de las dos manos. Y, entre los testigos, el señor Wadgers, por ejemplo, se había refugiado tras los cerrojos de su casa, y Jaffers, todavía aturdido, estaba tumbado en el salón del Coach and Horses. En general, los grandes acontecimientos, así como los extraños, que superan la experiencia humana, con frecuencia afectan menos a los hombres y mujeres, que detalles mucho más pequeños de la vida cotidiana. Iping estaba alegre, lleno de banderines, y todo el mundo se había vestido de gala. Todos esperaban ansiosos que llegara el día de Pentecostés desde hacía más de un mes. Por la tarde, incluso los que creían en lo sobrenatural, estaban empezando a disfrutar, al suponer que aquel hombre ya se había ido, y los escépticos se mofaban de su existencia. Todos, tanto los que creían como los que no, se mostraban amables ese día.

El jardín de Haysman estaba adornado con una lona, debajo de la cual el señor Bunting y otras señoras preparaban el té; y mientras tanto, los niños de la Escuela Dominical, que no tenían colegio, hacían carreras y jugaban bajo la vigilancia del párroco y de las señoras Cuss y Sackbut. Sin duda, cierta incomodidad flotaba en el ambiente, pero la mayoría tenía el suficiente sentido común para ocultar las preocupaciones sobre lo ocurrido aquella mañana. En la pradera del pueblo se había colocado una cuerda ligeramente inclinada por la cual, mediante una polea, uno podía lanzarse con mucha rapidez contra un saco puesto en el otro extremo y que tuvo mucha aceptación entre los jóvenes. También había columpios y tenderetes en los que se vendían cocos. La gente paseaba, y, al lado de los columpios, se sentía un fuerte olor a aceite, y un organillo llenaba el aire con una música bastante alta. Los miembros del Club que habían ido a la Iglesia por la mañana, iban muy elegantes con sus bandas de color rosa y verde, y algunos, los más alegres, se habían adornado los bombines con cintas de colores. Al viejo Fletcher, con una concepción de la fiesta muy severa, se le podía ver por entre los jazmines que adornaban su ventana o por la puerta abierta (según por donde se mirara), de pie, encima de una tabla colocada entre dos sillas, encalando el techo del vestíbulo de su casa.

A eso de las cuatro de la tarde, apareció en el pueblo un extraño personaje que venía de las colinas. Era una persona baja y gorda, que llevaba un sombrero muy usado, y que llegó casi sin respiración. Sus mejillas se hinchaban y deshinchaban alternativamente. Su pecoso rostro expresaba inquietud, y se movía con forzada diligencia.

Al llegar, torció en la esquina de la Iglesia y fue directamente hacia Coach and Horses. Entre otros, el viejo Fletcher recuerda haberlo visto pasar y, además, se quedó tan ensimismado con ese paso agitado, que no advirtió cómo le caían unas cuantas gotas de pintura de la brocha en la manga del traje.

Según el propietario del tenderete de cocos, el extraño personaje parece que iba hablando solo, también el señor Huxter comentó este hecho. Nuestro personaje se paró ante la puerta de Coach and Horses y, de acuerdo con el señor Huxter, parece que dudó bastante antes de entrar. Por fin subió los escalones, y el señor Huxter vio cómo giraba a la izquierda y abría la puerta del salón. El señor Huxter oyó unas voces que salían de la habitación y del bar y que informaban al personaje de su error.

—Esa habitación es privada —dijo Hall.

Y el personaje cerró la puerta con torpeza y se dirigió al bar.

Al cabo de unos minutos, reapareció pasándose la mano por los labios con un aire de satisfacción, que, de alguna forma, impresionó al señor Huxter. Se quedó parado un momento y, después, el señor Huxter vio cómo se dirigía furtivamente a la puerta del patio, adonde daban las ventanas del salón. El personaje, después de dudar unos instantes, se apoyó en la puerta y sacó una pipa, y se puso a prepararla. Mientras lo hacía, los dedos le temblaban. La encendió con torpeza y, cruzando los brazos, empezó a fumar con una actitud lánguida, comportamiento al que traicionaban sus rápidas miradas al interior del patio.

El señor Huxter seguía la escena por encima de los botes del escaparate de su establecimiento, y la singularidad con la que aquel hombre se comportaba, le indujeron a mantener su observación.

En ese momento, el forastero se puso de pie y se guardó la pipa en el bolsillo. Acto seguido, desapareció dentro del patio. En seguida el señor Huxter, imaginando ser testigo de alguna ratería, dio la vuelta al mostrador y salió corriendo a la calle para interceptar al ladrón. Mientras tanto, el señor Marvel salía con el sombrero ladeado, con un bulto envuelto en un mantel azul en una mano y tres libros atados con los tirantes del vicario, como pudo demostrarse más tarde, en la otra. Al ver a Huxter, dio un respingo, giró a la izquierda y echó a correr.

—¡Al ladrón! —gritó Huxter, y salió corriendo detrás de él.

Las sensaciones del señor Huxter fueron intensas, pero breves. Vio cómo el hombre que iba delante de él torcía en la esquina de la Iglesia y corría hacia la colina. Vio las banderas y la fiesta y las caras que se volvían para mirarlo.

—¡Al ladrón! —gritó de nuevo, pero apenas había dado diez pasos, lo agarraron por una pierna de forma misteriosa, y cayó de bruces al suelo. Le pareció que el mundo se convertía en millones de puntitos de luz y ya no le interesó lo que ocurrió después.

XI
En la posada de la señora Hall

Para comprender lo que ocurrió en la posada, hay que volver al momento en el que el señor Huxter vio por vez primera a Marvel por el escaparate de su establecimiento. En ese momento se encontraban en el salón, el señor Cuss y el señor Bunting. Hablaban con seriedad sobre los extraordinarios acontecimientos que habían tenido lugar aquella mañana, y estaban, con el permiso del señor Hall, examinando las pertenencias del hombre invisible. Jaffers se había recuperado, en parte, de su caída y se había ido a casa por disposición de sus amigos. La señora Hall había recogido las ropas del forastero y había ordenado el cuarto. Y sobre la mesa que había bajo la ventana, donde el forastero solía trabajar, Cuss había encontrado tres libros manuscritos en los que se leía Diario.

—¡Un Diario! —dijo Cuss, colocando los tres libros sobre la mesa—. Ahora nos enteraremos de lo ocurrido.

El vicario, que estaba de pie, se apoyó con las dos manos en la mesa.

—Un Diario —repetía Cuss, mientras se sentaba y colocaba dos volúmenes en la mesa y sostenía el tercero. Lo abrió—. ¡Humm! No hay ni un nombre en la portada. ¡Qué fastidio! Sólo hay códigos y símbolos.

El vicario se acercó mirando por encima del hombro.

Cuss empezó a pasar páginas, sufriendo un repentino desengaño.

—Estoy... ¡no puede ser! Todo está escrito en clave, Bunting.

—¿No hay ningún diagrama —preguntó Bunting—, ningún dibujo que nos pueda ayudar algo?

—Míralo tú mismo —dijo el señor Cuss—. Parte de lo que hay son números, y parte está escrito en ruso o en otra lengua parecida (a juzgar por el tipo de letra), y el resto, en griego. A propósito, usted sabía griego...

—Claro —dijo el señor Bunting, sacando las gafas y limpiándolas a la vez que se sentía un poco incómodo (no se acordaba ni de una palabra en griego)—. Sí, claro, el griego puede darnos alguna pista.

—Le buscaré un párrafo.

—Prefiero echar un vistazo antes a los otros volúmenes —dijo el señor Bunting, limpiando las gafas—. Primero hay que tener una impresión general, Cuss. Después, ya buscaremos las pistas.

Bunting tosió, se puso las gafas, se las ajustó, tosió de nuevo y, después, deseó que ocurriera algo que evitara la terrible humillación. Cuando tomó el volumen que Cuss le tendía, lo hizo con parsimonia y, acto seguido, ocurrió algo.

Se abrió la puerta de repente.

Los dos hombres dieron un salto, miraron a su alrededor y se tranquilizaron al ver una cara sonrosada debajo de un sombrero de seda adornado con pieles.

—Una cerveza —pidió aquella cara y se quedó mirando.

—No es aquí —dijeron los dos hombres al unísono.

—Es por el otro lado, señor —dijo el señor Bunting.

—Y, por favor, cierre la puerta —dijo el señor Cuss, irritado.

—De acuerdo —contestó el intruso con una voz mucho más baja y distinta, al parecer de la voz ronca con la que había hecho la pregunta—. Tienen razón —volvió a decir el intruso con la misma voz que al principio— pero, ¡manténganse a distancia!

Y desapareció, cerrando la puerta.

—Yo diría que se trata de un marinero—dijo el señor Bunting—. Son tipos muy curiosos. ¡Manténganse a distancia! Imagino que será algún término especial para indicar que se marcha de la habitación.

—Supongo que debe ser eso —dijo Cuss—. Hoy tengo los nervios desechos. Vaya susto que me he llevado cuando se abrió la puerta.

El señor Bunting sonrió como si él no se hubiese asustado.

—Y ahora—dijo—volvamos a esos libros para ver qué podemos encontrar.

—Un momento —dijo Cuss, echando la llave a la puerta—. Así no nos interrumpirá nadie.

Alguien respiró mientras lo hacía.

—Una cosa es indiscutible —dijo Bunting, mientras acercaba una silla a la de Cuss—. En Iping han ocurrido cosas muy extrañas estos últimos días, muy extrañas. Y, por supuesto, no creo en esa absurda historia de la invisibilidad.

—Es increíble —dijo Cuss—. Increíble, pero el hecho es que yo lo he visto. Realmente vi el interior de su manga.

—Pero, ¿está seguro de lo que ha visto? Suponga que fue el reflejo de un espejo. Con frecuencia se producen alucinaciones. No sé si ha visto alguna vez actuar a un buen prestidigitador...

—No quiero volver a discutir sobre eso —dijo Cuss—. Hemos descartado ya esa posibilidad, Bunting. Ahora, estábamos con estos libros. ¡Ah, aquí está lo que supuse que era griego! Sin duda, las letras son griegas.

Y señaló el centro de una página. El señor Bunting se sonrojó un poco y acercó la cara al libro, como si no pudiera ver bien con las gafas. De repente notó una sensación muy extraña en el cogote. Intentó levantar la cabeza, pero encontró una fuerte resistencia. Notó una presión, la de una mano pesada y firme que lo empujaba hasta dar con la barbilla en la mesa.

—No se muevan, hombrecillos —susurró una voz—, o les salto los sesos.

Bunting miró la cara de Cuss, ahora muy cerca de la suya, y los dos vieron el horrible reflejo de su perplejidad.

—Siento tener que tratarlos así —continuó la voz—, pero no me queda otro remedio. ¿Desde cuándo se dedican a fisgonear en los papeles privados de un investigador? —dijo la voz, y las dos barbillas golpearon contra la mesa y los dientes de ambos rechinaron—. ¿Desde cuándo se dedican a invadir las habitaciones de un hombre desgraciado? —y se repitieron los golpes—. ¿Dónde se han llevado mi ropa? Escuchen —dijo la voz— las ventanas están cerradas y he quitado la llave de la cerradura. Soy un hombre bastante fuerte y tengo una mano dura; además, soy invisible. No cabe la menor duda de que podría matarlos a los dos y escapar con facilidad, si quisiera. ¿Están de acuerdo? Muy bien. Pero, ¿si les dejo marchar, me prometerán no intentar cometer ninguna tontería y hacer lo que yo les diga?

El vicario y el doctor se miraron. El doctor hizo una mueca.

—Sí —dijo el señor Bunting y el doctor lo imitó. Entonces, cesó la presión sobre sus cuellos y los dos se incorporaron con las caras como pimientos y moviendo las cabezas.

—Por favor, quédense sentados donde están —dijo el hombre invisible—. Acuérdense de que puedo atizarles. Cuando entré en esa habitación —continuó diciendo el hombre invisible, después de tocar la punta de la nariz de cada uno de los intrusos—, no esperaba hallarla ocupada y, además, esperaba encontrar, aparte de mis libros y papeles, toda mi ropa. ¿Dónde está? No, no se levanten. Puedo ver que se la han llevado. Y, ahora, volviendo a nuestro asunto, aunque los días son bastante cálidos, incluso para un hombre invisible que se pasea por ahí, desnudo, las noches son frescas. Quiero mi ropa y varias otras cosas, y también quiero esos tres libros.

XII
El hombre invisible pierde la paciencia

Es inevitable que la narración se interrumpa en este momento de nuevo, debido a un lamentable motivo, como veremos más adelante. Mientras todo lo descrito ocurría en el salón y mientras el señor Huxter observaba cómo el señor Marvel fumaba su pipa apoyado en la puerta del patio, a poca distancia de allí, el señor Hall y Teddy Henfrey comentaban intrigados lo que se había convertido en el único tema de Iping.

De repente, se oyó un golpe en la puerta del salón, un grito y, luego, un silencio total.

—¿Qué ocurre? —dijo Teddy Henfrey. —¿Qué ocurre? —se oyó en el bar.

El señor Hall tardaba en entender las cosas, pero ahora se daba cuenta de que allí pasaba algo.

—Ahí dentro algo va mal —dijo, y salió de detrás de la barra para dirigirse a la puerta del salón.

Él y el señor Henfrey se acercaron a la puerta para escuchar, preguntándose con los ojos.

—Ahí dentro algo va mal —dijo Hall. Y Henfrey asintió con la cabeza. Y empezaron a notar un desagradable olor a productos químicos, y se oía una conversación apagada y muy rápida.

—¿Están ustedes bien? —preguntó Hall llamando a la puerta.

La conversación cesó repentinamente; hubo unos minutos de silencio y después siguió la conversación con susurros muy débiles. Luego, se oyó un grito agudo: "¡No, no lo haga!". Acto seguido, se oyó el ruido de una silla que cayó al suelo. Parecía que estuviese teniendo lugar una pequeña lucha. Después, de nuevo el silencio.

—¿Qué está ocurriendo ahí? —exclamó Henfrey en voz baja.

—¿Están bien? —volvió a preguntar el señor Hall. Se oyó entonces la voz del vicario con un tono bastante extraño:

—Estamos bien. Por favor, no interrumpan.

—¡Qué raro! —dijo el señor Henfrey.

—Sí, es muy raro —dijo el señor Hall.

—Ha dicho que no interrumpiéramos —dijo el señor Henfrey.

—Sí, yo también lo he oído —añadió Hall.

—Y he oído un estornudo —dijo Henfrey.

Se quedaron escuchando la conversación, que siguió en voz muy baja y con bastante rapidez.

—No puedo —decía el señor Bunting alzando la voz—. Le digo que no puedo hacer eso, señor.

—¿Qué ha dicho? —preguntó Henfrey.

—Dice que no piensa hacerlo —respondió Hall—. ¿Crees que nos está hablando a nosotros?

—¡Es una vergüenza! —dijo el señor Bunting desde dentro.

—¡Es una vergüenza! —dijo el señor Henfrey—. Es lo que ha dicho, acabo de oírlo claramente.

—¿Quién está hablando? —preguntó Henfrey.

—Supongo que el señor Cuss —dijo Hall—. ¿Puedes oír algo?

Silencio. No se podía distinguir nada por los ruidos de dentro.

—Parece que estuvieran quitando el mantel —dijo Hall.

La señora Hall apareció en ese momento. Hall le hizo gestos para que se callara. La señora Hall se opuso.

—¿Por qué estás escuchando ahí, a la puerta, Hall? —le preguntó—. ¿No tienes nada mejor qué hacer, y más en un día de tanto trabajo?

Hall intentaba hacerle todo tipo de gestos para que se callara, pero la señora Hall no se daba por vencida. Alzó la voz de manera que Hall y Henfrey, más bien cabizbajos, volvieran a la barra de puntillas, gesticulando en un intento de explicación.

En principio, la señora Hall no quería creer nada de lo que los dos hombres habían oído. Mandó callar a Hall, mientras Henfrey le contaba toda la historia. La señora Hall pensaba que todo aquello no eran más que tonterías, quizá sólo estaban corriendo los muebles.

—Sin embargo, estoy seguro de haberles oído decir, ¡es una vergüenza! —dijo Hall.

—Sí, sí; yo también lo oí, señora Hall —dijo Henfrey.

—No puede ser... —comenzó la señora Hall.

—¡Sssh! —dijo Teddy Henfrey—. ¿No han oído la ventana?

—¿Qué ventana? —preguntó la señora Hall.

—La del salón —dijo Henfrey.

Todos se quedaron escuchando atentamente. La señora Hall estaba mirando, sin ver el marco de la puerta de la posada, la calle blanca y ruidosa, y el escaparate del establecimiento de Huxter que estaba enfrente. De repente, Huxter apareció en la puerta, excitado y haciendo gestos con los brazos.

— ¡Al ladrón, al ladrón! — decía, y salió corriendo hacia la puerta del patio por donde desapareció.

Casi a la vez, se oyó un gran barullo en el salón y cómo cerraban las ventanas.

Hall, Henfrey y todos los que estaban en el bar de la posada salieron atropelladamente a la calle. Y vieron a alguien que daba la vuelta a la esquina, hacia la calle que lleva a las colinas, y al señor Huxter que daba una complicada cabriola en el aire y terminaba en el suelo de cabeza. La gente, en la calle, estaba boquiabierta y corría detrás de aquellos hombres.

El señor Huxter estaba aturdido. Henfrey se paró para ver qué le pasaba. Hall y los dos campesinos del bar siguieron corriendo hacia la esquina, gritando frases incoherentes, y vieron cómo el señor Marvel desaparecía al doblar la esquina de la pared de la Iglesia. Parecieron llegar a la conclusión, poco probable, de que era el hombre invisible que se había vuelto visible, y siguieron corriendo tras él. Apenas recorridos unos metros, Hall lanzó un grito de asombro y salió despedido hacia un lado, yendo a dar contra un campesino que cayó con él al suelo. Le habían empujado, como si estuviera jugando un partido de fútbol. El otro campesino se volvió, los miró, y creyendo que el señor Hall se había caído, siguió con la persecución, pero le pusieron la zancadilla, como le ocurrió a Huxter, y cayó al suelo. Después, cuando el primer campesino intentaba ponerse de pie, volvió a recibir un golpe que habría derribado a un buey.

A la vez que caía al suelo, doblaron la esquina las personas que venían de la pradera del pueblo. El primero en aparecer, fue el propietario del tenderete de cocos, un hombre fuerte que llevaba un jersey azul; se quedó asombrado al ver la calle vacía y los tres cuerpos tirados en el suelo. Pero, en ese momento, algo le ocurrió a una de sus piernas y cayó rodando al suelo, llevándose consigo a su hermano y socio, al que pudo agarrar por un brazo en el último momento. El resto de la gente que venía detrás tropezó con ellos, los pisotearon y cayeron encima.

Cuando Hall, Henfrey y los campesinos salieron corriendo de la posada, la señora Hall, que tenía muchos años de experiencia, se quedó en el bar, pegada a la caja. De repente, se abrió la puerta del salón y apareció el señor Cuss, quien, sin mirarla, echó a correr escaleras abajo hacia la esquina, gritando:

— ¡Atrapadlo! ¡No dejen que suelte el paquete! ¡Sólo lo seguirán viendo si no suelta el paquete!

No sabía nada de la existencia del señor Marvel, a quien el hombre invisible había entregado los libros y el paquete en el patio. En la cara del señor Cuss podía verse dibujado el enfado y la contrariedad, pero su indumentaria era escasa, llevaba sólo una especie de faldón blanco que sólo habría quedado bien en Grecia.

— ¡Atrapadlo! — chillaba — . ¡Tiene mis pantalones y toda la ropa del vicario!

— ¡Me ocuparé de él! — le gritó a Henfrey, mientras pasaba al lado de Huxter, en el suelo, y doblaba la esquina para unirse a la multitud. En ese momento le dieron un golpe que lo dejó tumbado de forma indecorosa. Alguien, con todo el peso del cuerpo, le estaba pisando los dedos de la mano. Lanzó un grito e intentó ponerse de pie, pero le volvieron a dar un golpe y cayó, encontrándose otra vez a cuatro patas. En ese momento tuvo la impresión de que no estaba envuelto en una persecución, sino en una huida. Todo el mundo corría de vuelta hacia el pueblo. El señor Cuss volvió a levantarse y le dieron un golpe detrás de la oreja. Echó a correr, y se dirigió al Coach and Horses, pasando por encima de Huxter, que se encontraba sentado en medio de la calle.

En las escaleras de la posada, escuchó, detrás de él, cómo alguien lanzaba un grito de rabia que se oyó por encima de los gritos del resto de la gente, y el ruido de una bofetada. Reconoció la voz del hombre invisible. El grito era el de un hombre furioso.

El señor Cuss entró corriendo al salón.

— ¡Ha vuelto, Bunting! ¡Sálvate! ¡Se ha vuelto loco!

El señor Bunting estaba de pie, al lado de la ventana, intentando taparse con la alfombra de la chimenea y el West Surrey Cazette.

— ¿Quién ha vuelto? — dijo, sobresaltándose de tal forma, que casi dejó caer la alfombra.

— ¡El hombre invisible! — respondió Cuss, mientras corría hacia la ventana — . ¡Marchémonos de aquí cuanto antes! ¡Se ha vuelto loco, completamente loco!

Al instante, ya había salido al patio.

— ¡Cielo santo! — dijo el señor Bunting, quien dudaba sobre qué se podía hacer, pero al oír una tremenda contienda en el pasillo de la posada, se decidió. Se descolgó por la ventana, se ajustó el improvisado traje como pudo, y echó a correr por el pueblo tan rápido como sus piernas, gordas y cortas, se lo permitieron.

Desde el momento en que el hombre invisible lanzó un grito de rabia y de la hazaña memorable del señor Bunting, corriendo por el pueblo, es imposible enumerar todos los acontecimientos que tuvieron lugar en Iping. Quizá la primera intención del hombre invisible, fuera cubrir la huida de Marvel con la ropa y con los libros. Pero pareció perder la paciencia, nunca tuvo mucha, cuando recibió un golpe por casualidad y, a raíz de eso, se dedicó a dar golpes a diestra y siniestra, simplemente por hacer daño.

Ustedes pueden imaginarse las calles de Iping llenas de gente que corría de un lado para otro, puertas que se cerraban con violencia y gente que se peleaba por encontrar sitio dónde esconderse. Pueden imaginar cómo perdió el equilibrio la tabla entre las dos sillas que sostenía al viejo Fletcher y sus terribles resultados. Una pareja aterrorizada se quedó en lo alto de un columpio. Una vez pasado todo, las calles de Iping se quedaron desiertas, si no tenemos en cuenta la presencia del enfadado hombre invisible, aunque había cocos, lonas y restos de tenderetes esparcidos por el suelo. En el pueblo sólo se oía cerrar puertas con llave y correr cerrojos y, ocasionalmente, se podía ver a alguien que se asomaba tras los cristales de alguna ventana.

El hombre invisible, mientras tanto, se divertía rompiendo todos los cristales de todas las ventanas del Coach and Horses, y lanzando una lámpara de la calle por la ventana del salón de la señora Gribble. Y seguramente él cortó los hilos del telégrafo de Adderdean a la altura de la casa de Higgins, en la carretera de Adderdean. Y, después de todo eso, por sus peculiares facultades, quedó fuera del alcance de la percepción humana, y ya nunca se le volvió a oír, ver o sentir en Iping. Simplemente desapareció.

Durante más de dos horas ni un alma se aventuró a salir a aquella calle desierta.

XIII
El señor Marvel presenta su dimisión

Al atardecer, cuando Iping volvía tímidamente a la normalidad, un hombre bajito, rechoncho, que llevaba un gastado sombrero de seda, caminaba con esfuerzo por la orilla del hayedo de la carretera de Bramblehurst. Llevaba tres libros atados con una especie de cordón elástico y un bulto envuelto en un mantel azul. Su cara rubicunda mostraba preocupación y cansancio; parecía tener mucha prisa. Le acompañaba una voz que no era la suya, y de vez en cuando, se estremecía empujado por unas manos a las que no veía.

—Si vuelves a intentar escaparte —dijo la voz—, si vuelves a intentar escapar...

—¡Dios santo! —dijo el señor Marvel—. ¡Pero si tengo el hombro completamente destrozado!

—...te doy mi palabra —dijo la voz—. Te mataré.

—No he intentado escaparme —dijo el señor Marvel, echándose casi a llorar—. Le juro que no. No sabía que hubiese una curva. ¡Eso fue todo! ¿Cómo demonios iba a saber que había una curva? Y me dieron un golpe.

—Y te darán muchos más si no tienes más cuidado —dijo la voz, y el señor Marvel se calló. Dio un resoplido, y en sus ojos se veía la desesperación—. Ya he tenido bastante permitiendo a esos paletos sacar a la luz mi secreto, para dejarte escapar con mis libros. ¡Algunos tuvieron la suerte de poder salir corriendo! ¡Nadie sabía que era invisible! ¿Qué voy a hacer ahora?

—¿Y qué voy a hacer yo? —preguntó el señor Marvel en voz baja.

—Es de dominio público. ¡Saldrá en los periódicos! Todos me buscarán; cada uno por su cuenta...

—La voz soltó algunas imprecaciones y se calló.

La desesperación del señor Marvel aumentó y aflojó el paso.

—¡Vamos! —dijo la voz.

La cara del señor Marvel cambió de color, poniéndose gris.

—¡No deje caer los libros, estúpido! —dijo secamente la voz, adelantándosele—. Y en realidad —prosiguió— lo necesito. Usted no es más que un instrumento, pero necesito utilizarlo.

—Soy un vulgar instrumento —dijo el señor Marvel.

—Así es —dijo la voz.

—Pero soy el peor instrumento que se puede tener, pues no soy muy fuerte —dijo después de unos tensos momentos de silencio—. No soy fuerte —repitió.

—¿No?

—No. Y tengo un corazón débil. Todo lo ocurrido pasado está, desde luego, pero, ¡maldita sea!, podría haber muerto.

—¿Y qué?...

—Pues que no tengo ni la fuerza ni el ánimo para hacer lo que quiere que haga.

—Yo te animaré.

—Mejor sería que no lo hiciera. Sabe que me gustaría echar sus planes a perder, pero tendré que hacerlo..., soy un pobre desgraciado. Desearía morirme —dijo Marvel—. No es justo —añadió más tarde—. Debe admitir... tengo derecho a...

—Venga, date prisa —gritó la voz.

El señor Marvel aceleró el paso y, durante un buen rato, los dos hombres caminaron en silencio.

—Esto se me hace muy duro —comenzó el señor Marvel, pero al ver que no surtía efecto, intentó una nueva táctica—. Y, ¿qué saco yo de todo esto? —comenzó de nuevo, subiendo el tono.

—¡Cállate de una vez! —dijo la voz con un repentino y asombroso vigor—. Yo me ocuparé de ti. Harás todo lo que te diga, y lo harás bien. Ya sé que eres un loco, pero harás...

—Le repito, señor, no soy el hombre adecuado. Con todos mis respetos, creo que...

—Si no te callas, te volveré a retorcer la muñeca —dijo el hombre invisible—. Tengo que pensar.

En ese momento dos rayos de luz se divisaron entre los árboles, y la torre cuadrada de una Iglesia se perfiló en el resplandor.

—Te pondré la mano en el hombro —dijo la voz—, mientras atravesamos el pueblo. Sigue recto y no intentes ninguna locura. Será peor para ti si intentas algo.

—Ya lo sé —suspiró el señor Marvel—. ¡Claro que lo sé!

La infeliz figura del sombrero de seda atravesó la calle principal de aquel pueblecito con su carga y desapareció en la oscuridad, una vez pasadas las luces de las casas.

XIV
En Port Stowe

Eran las diez de la mañana del día siguiente, y el señor Marvel, sin afeitar y muy sucio por el viaje, estaba sentado con las manos en los bolsillos, y los libros, en un banco, a la puerta de una posada de las afueras de Port Stowe. Parecía estar nervioso e incómodo. Los libros estaban al lado, atados con un cordel. Habían abandonado el bulto en un pinar, cerca de Bramblehurst, de acuerdo con un cambio en los planes del hombre invisible. El señor Marvel estaba sentado en el banco y, aunque nadie le prestaba ninguna atención, estaba tan agitado que metía y sacaba las manos de sus bolsillos, con movimientos nerviosos, constantemente.

Cuando llevaba sentado casi una hora, salió de la posada un viejo marinero con un periódico, y se sentó a su lado.

—Hace un día espléndido —le dijo el marinero.

El señor Marvel lo miró con cierto recelo.

—Sí —contestó.

—Es el adecuado para esta época del año —siguió el marinero, sin darse por enterado.

—Ya lo creo —dijo el señor Marvel.

El marinero sacó un palillo de dientes que lo mantuvo ocupado un rato. Mientras tanto, se dedicó a observar a aquella figura polvorienta y los libros que tenía al lado. Al acercarse al señor Marvel, había oído el tintineo de unas monedas al caer en un bolsillo. Le llamó la atención el contraste entre el aspecto del señor Marvel y esos signos de opulencia. Y, por este motivo, volvió inmediatamente al tema que le rondaba por la cabeza.

—¿Libros? —preguntó, rompiendo el palillo de dientes.

El señor Marvel, moviéndose, los miró.

—Sí, sí —dijo—. Son libros.

—En los libros hay cosas extraordinarias —continuó el marinero.

—Ya lo creo —dijo el señor Marvel.

—Y también hay cosas extraordinarias que no se encuentran en los libros —señaló el marinero.

—También es verdad —dijo el señor Marvel, mirando a su interlocutor de arriba abajo.

—También en los periódicos aparecen cosas extraordinarias, por ejemplo —dijo el marinero.

—Por supuesto.

—En este periódico... —añadió el marinero.

—¡Ah! —dijo el señor Marvel.

—En este periódico se cuenta una historia —continuó el marinero, mirando al señor Marvel—. Se cuenta la historia sobre un hombre invisible, por ejemplo.

El señor Marvel hizo una mueca con la boca, se rascó la mejilla y notó que se le ponían coloradas las orejas.

—¡Qué barbaridad! —exclamó intentando no darle importancia—. ¿Y dónde ha sido eso, en Austria o en América?

—En ninguno de los dos sitios —dijo el marinero—. Ha sido aquí.

—¡Dios mío! —dijo el señor Marvel, dando un respingo.

—Cuando digo aquí —prosiguió el marinero para tranquilizar al señor Marvel— no quiero decir en este lugar, sino en los alrededores.

—¡Un hombre invisible! —dijo el señor Marvel—. ¿Y qué ha hecho?

—De todo —añadió el marinero, sin dejar de mirar al señor Marvel—. Todo lo que uno pueda imaginar.

—En cuatro días no he leído ni un periódico —dijo Marvel.

—Dicen que en Iping comenzó todo —continuó el marinero.

—¡Qué me dice! —dijo el señor Marvel.

—Apareció allí, aunque nadie parece saber de dónde venía. Aquí lo dice: "Extraño suceso en Iping". Y dicen en el periódico que han ocurrido cosas fuera de lo común, extraordinarias.

—¡Dios mío! —exclamó el señor Marvel.

—Es una historia increíble. Hay dos testigos, un clérigo y un médico. Ellos pudieron verlo o, a decir verdad, no lo vieron. Dice que estaba hospedado en el Coach and Horses, pero nadie se había enterado de su desgracia, hasta que hubo un altercado en la posada, dice, y el personaje se arrancó los vendajes de la cabeza. Entonces pudieron ver que la cabeza era invisible. Intentaron atraparlo, pero según el periódico, se quitó la ropa y consiguió escaparse, tras una desesperada lucha, en la que, según se cuenta, hirió gravemente a nuestro mejor policía, el señor Jaffers. Una historia interesante, ¿no cree usted?, con pelos y señales.

—Santo Dios —prorrumpió el señor Marvel, mirando nerviosamente a su alrededor y tratando de contar el dinero que tenía en el bolsillo, ayudándose únicamente del sentido del tacto. En ese momento se le ocurrió una nueva idea—. Parece una historia increíble.

—Desde luego. Incluso yo diría que extraordinaria. Nunca había oído hablar de hombres invisibles, pero se oyen tantas cosas que...

—¿Y eso fue todo lo que hizo? —preguntó el señor Marvel, intentando no darle mucha importancia.

—¿No le parece suficiente? —dijo el marinero.

—¿Y no volvió allí? —preguntó Marvel—. ¿Se escapó y no ocurrió nada más?

—¡Claro! —dijo el marinero—. ¿Por qué? ¿No le parece suficiente?

—Sí, sí, por supuesto —dijo Marvel.

—Yo creo que es más que suficiente —señaló el marinero.

—¿Tenía algún cómplice? ¿Dice en el periódico, si tenía algún cómplice? —preguntó, ansioso, el señor Marvel.

—¿Uno solo le parece poco? —contestó el marinero—. No, gracias a Dios, no tenía ningún compinche. —El marinero movió la cabeza lentamente—. Simplemente con pensar que ese tipo anda por aquí, en el condado, me hace estar intranquilo. Ahora parece que está en libertad y hay síntomas que indican que puede tomar, o ha tomado, la carretera de Port Stowe. ¡Estamos en el ajo! En estos momentos no nos sirven de nada las hipótesis de que si hubiese ocurrido en América. ¡Basta pensar en lo que puede llegar a hacer! ¿Qué haría usted si le ataca? Suponga que quiere robar... ¿Quién podría impedírselo? Puede ir donde quiera, puede robar, podría traspasar un cordón de policías con tanta facilidad como usted o yo podríamos escapar de un ciego, incluso con más facilidad, ya que, según dicen, los ciegos pueden oír ruidos que generalmente nadie oye. Y, si se trata de tomar una copa...

—Sí, en realidad, tiene muchas ventajas —dijo el señor Marvel.

—Es verdad —asintió el marinero—. Tiene muchas ventajas.

Hasta ese momento el señor Marvel había estado mirando a su alrededor, intentando escuchar el menor ruido o detectando el movimiento más imperceptible. Parecía que iba a tomar una determinación. Se puso una mano en la boca y tosió.

Volvió a mirar y a escuchar a su alrededor; se acercó al marinero y le dijo en voz baja:

—El hecho es que... me he enterado de un par de cosas de ese hombre invisible. Las sé de buena tinta.

—¡Oh! —exclamó el marinero, interesado—. ¿Usted sabe...?

—Sí —dijo el señor Marvel—. Yo...

—¿En serio? —exclamó el marinero—. ¿Puedo preguntarle...?

—Se quedará asombrado —dijo el señor Marvel, sin quitarse la mano de la boca—. Es algo increíble.

—¡No me diga! —señaló el marinero.

—El hecho es que... —comenzó el señor Marvel en tono confidencial. Y de repente le cambió la expresión—. ¡Ay! —exclamó levantándose de su asiento. En su cara se podía ver reflejado el dolor físico—. ¡Ay! —repitió.

—¿Qué le ocurre? —preguntó el marinero, preocupado.

—Un dolor de muelas —dijo el señor Marvel, mientras se llevaba la mano al oído. Tomó los libros—. Será mejor que me vaya —añadió, levantándose de una manera muy curiosa del banco.

—Pero usted iba a contarme ahora algo sobre ese hombre invisible —protestó el marinero.

Entonces, el señor Marvel pareció consultar algo consigo mismo.

—Era una broma —dijo una voz.

—Era una broma —dijo el señor Marvel.

—Pero lo dice el periódico —señaló el marinero.

—No deja de ser una broma —añadió el señor Marvel—. Conozco al tipo que inventó esa mentira. De todas formas, no hay ningún hombre invisible.

—Y, ¿entonces el periódico? ¿Quiere hacerme creer que...?

—Ni una palabra —dijo el señor Marvel.

El marinero le miró con el periódico en la mano. El señor Marvel escrutó a su alrededor con insistencia.

—Espere un momento —dijo el marinero, levantándose y hablando muy despacio—. ¿Entonces quiere decir que...?

—Eso quiero decir —señaló el señor Marvel.

—Entonces, ¿por qué me dejó que le contara todas esas tonterías? ¿Cómo permite que un hombre haga el ridículo así? ¿Quiere explicármelo?

El señor Marvel resopló. El marinero se puso rojo. Apretó los puños.

—He estado hablando diez minutos... —dijo—, y usted, viejo estúpido, no ha tenido la más mínima educación para...

—A ver si mide sus palabras —señaló el señor Marvel.

—¿Que mida mis palabras? Menos mal que...

—Vamos —dijo una voz, y de repente hizo dar media vuelta al señor Marvel, y éste empezó a alejarse dando saltos.

—Eso, será mejor que se vaya —añadió el marinero.

—¿Quién se va? —dijo el señor Marvel, y se fue alejando mientras daba unos extraños saltos hacia atrás y hacia adelante. Cuando ya llevaba un trecho recorrido, empezó un monólogo de protestas y recriminaciones.

—Imbécil —gritó el marinero, que estaba con las piernas separadas y los brazos en jarras, mirando cómo se alejaba aquella figura—. Ya te enseñaré yo, ¡burro! ¡Burlarse de mí! Está aquí, ¡en el periódico!

El señor Marvel le contestó con alguna incoherencia hasta que se perdió en una curva de la carretera. El marinero se quedó allí, en medio del camino, hasta que el carro del carnicero lo obligó a apartarse.

"Esta comarca está llena de cretinos —se dijo—. Sólo quería confundirme, en eso consistía su juego sucio; pero está en el periódico".

Y más tarde escucharía otro fenómeno extraño que tuvo lugar no lejos de donde él se encontraba. Parece ser que vieron el puño de una mano lleno de monedas —nada más y nada menos— que iba, sin dueño visible, siguiendo el muro que hace esquina con St. Michael Lane. Lo había visto otro marinero aquella mañana. Este marinero intentó atrapar el dinero, pero cuando se abalanzó, recibió un golpe y, después, al levantarse, el dinero se había desvanecido en el aire. Nuestro marinero estaba dispuesto a creer todo, pero aquello era demasiado.

Sin embargo, después volvió a recapacitar sobre el asunto. La historia del dinero volador era cierta. En todo el vecindario, en el Banco de Londres, en las cajas de las tiendas y de las posadas que tenían las puertas abiertas por el tiempo soleado que hacía, había desaparecido dinero. El dinero, a puñados, flotaba por la orilla de los muros y por los lugares menos iluminados, desapareciendo de la vista de los hombres. Y había terminado siempre, aunque nadie lo hubiese descubierto, en los bolsillos de ese hombre nervioso del sombrero de seda que se sentó en la posada de las afueras de Port Stowe.

XV
El hombre que coarta

Al anochecer, el doctor Kemp estaba sentado en su estudio, en el mirador de la colina que da a Burdock. Era una habitación pequeña y acogedora. Tenía tres ventanas que daban al Norte, al Sur y al Oeste, y estanterías llenas de libros y publicaciones científicas. Había también una amplia mesa de trabajo y, bajo la ventana que daba al Norte, un microscopio, platinas, instrumentos de precisión, algunos cultivos y, esparcidos por todas partes, distintas botellas que contenían reactivos. La lámpara del doctor estaba encendida, a pesar de que el cielo estaba todavía iluminado por los rayos del crepúsculo. Las persianas, levantadas, ya que no había peligro de que nadie se asomara desde el exterior y hubiese que bajarlas. El doctor Kemp era un joven alto y delgado, de cabellos rubios y un bigote casi blanco, y esperaba que el trabajo que estaba realizando le permitiese entrar en la "Royal Society", a la que él daba mucha importancia.

En un momento en que estaba distraído de su trabajo, sus ojos se quedaron mirando la puesta de Sol detrás de la colina que tenía enfrente. Estuvo sentado así, quizá durante un buen rato, con la pluma en la boca, admirando los colores dorados que surgían de la cima de la colina, hasta que se sintió atraído por la figura de un hombre, completamente negra, que corría por la colina hacia él. Era un hombrecillo bajo, que llevaba un sombrero enorme y que corría tan deprisa, que apenas se le distinguían las piernas.

—Debe de ser uno de esos locos —dijo el doctor Kemp—. Como ese torpe que esta mañana al volver la esquina chocó conmigo, y gritaba: "¡El hombre invisible, señor!". No puedo imaginar quién los haya poseído. Parece que estemos en el siglo XIII.

Se levantó, se acercó a la ventana, y miró a la colina y a la figura negra que subía corriendo.

—Parece tener mucha prisa —dijo el doctor Kemp—, pero no adelanta demasiado. Se diría que lleva plomo en los bolsillos.

Se acercaba al final de la cuesta.

—¡Un poco más de esfuerzo, venga! —dijo el doctor Kemp.

Un instante después, aquella figura se ocultaba tras la casa que se encontraba en lo alto de la colina. El hombrecillo se hizo otra vez visible, y así tres veces más, según pasaba por delante de las tres casas que siguieron a la primera, hasta que una de las terrazas de la colina lo ocultó definitivamente.

—Son todos unos borregos —dijo el doctor Kemp, girando sobre sus talones y volviendo a la mesa de trabajo.

Sin embargo, los que vieron de cerca al fugitivo y percibieron el terror que reflejaba su rostro, empapado de sudor, no compartieron el desdén del doctor. En cuanto al hombrecillo, éste seguía corriendo y sonaba como una bolsa repleta de monedas que se balancea de un lado para otro. No miraba ni a izquierda ni a derecha, sus ojos dilatados miraban colina abajo, donde las luces se estaban empezando a encender y donde había mucha gente en la calle. Tenía la boca torcida por el agotamiento, los labios llenos de una saliva espesa y su respiración se hacía cada vez más ronca y ruidosa. A medida que pasaba, todos se le quedaban mirando, preguntándose incómodos, cuál podría ser la razón de su huida.

En ese momento, un perro que jugaba en lo alto de la colina, lanzó un aullido y corrió a esconderse debajo de una verja. Todos notaron algo, una especie de viento, unos pasos y el sonido de una respiración jadeante que pasaba a su lado.

La gente empezó a gritar y a correr. La noticia se difundió a voces y por instinto en toda la colina. La gente gritaba en la calle antes de que Marvel estuviera a medio camino de la misma. Todos se metieron rápidamente en sus casas y cerraron las puertas tras ellos. Marvel lo estaba oyendo e hizo un último y desesperado esfuerzo. El miedo se le había adelantado y, en un momento, se había apoderado de todo el pueblo.

—¡Que viene el hombre invisible! ¡El hombre invisible!

XVI
En el Jolly Cricketers

El "Jolly Cricketers" estaba al final de la colina, donde empezaban las líneas del tranvía. El posadero estaba apoyado en el mostrador con sus brazos, enormes y rosados, mientras hablaba de caballos con un cochero escuchimizado. Al mismo tiempo, un hombre de negra barba vestido de gris se estaba comiendo un bocadillo de queso, bebía Burton y conversaba en americano con un policía que estaba fuera de servicio.

—¿Qué son esos gritos? —preguntó el cochero, saliéndose de la conversación e intentando ver lo que ocurría en la colina, por encima de la cortina, sucia y amarillenta, de la ventana de la posada. Fuera, alguien pasó corriendo.

—Quizá sea un incendio —dijo el posadero.

Los pasos se aproximaron, corrían con esfuerzo. En ese momento, la puerta de la posada se abrió con violencia. Y apareció Marvel, llorando y desaliñado. Había perdido el sombrero y el cuello de su chaqueta estaba medio arrancado. Entró en la posada y, dándose media vuelta, intentó cerrar la puerta que estaba entreabierta y sujeta por una correa.

—¡Ya viene! —gritó desencajado—. ¡Ya llega! ¡El hombre invisible me persigue! ¡Por amor de Dios! ¡Ayúdenme! ¡Socorro! ¡Socorro!

—Cerrad las puertas —dijo el policía—. ¿Quién viene? ¿Por qué corre?

Se dirigió hacia la puerta, quitó la correa, y dio un portazo. El americano cerró la otra puerta.

—Déjenme entrar —dijo Marvel, sin dejar de moverse y llorando, sin soltar los libros—. Déjenme entrar y enciérrenme en algún sitio. Me está persiguiendo. Me he escapado de él y dice que me va a matar, y lo hará.

—Tranquilícese, está usted a salvo —le dijo el hombre de la barba negra—. La puerta está cerrada. Tranquilícese y cuéntenos de qué se trata.

—Déjenme entrar —dijo Marvel.

En ese momento se oyó un golpe que hizo temblar la puerta; fuera, alguien estaba llamando insistentemente y gritando. Marvel dio un grito de terror.

—¿Quién va? —preguntó el policía—. ¿Quién está ahí?

Marvel, entonces, se lanzó contra los paneles, creyendo que eran puertas.

—¡Me matará! Creo que tiene un cuchillo o algo parecido. ¡Por el amor de Dios!

—Por aquí —le dijo el posadero—. Venga por aquí.

Y levantó la tabla del mostrador.

El señor Marvel se escondió detrás del mostrador, mientras, fuera, las llamadas no cesaban.

—No abran la puerta —decía el señor Marvel—. Por favor, ¡no abran la puerta! ¿Dónde podría esconderme?

—¿Se trata del hombre invisible? —preguntó el hombre de la barba negra, que tenía una mano a la espalda—. Va siendo hora de que lo veamos.

De pronto, se abrió la ventana de la posada. La gente iba de un lado a otro de la calle corriendo y dando gritos. El policía, que había permanecido encima de un sillón intentando ver quién llamaba a la puerta, se bajó y, arqueando las cejas, dijo:

—Es cierto.

El posadero, de pie, delante de la puerta de la habitación en donde se había encerrado el señor Marvel, se quedó mirando a la ventana que había cedido; luego se acercó a los otros dos hombres.

Y, de repente, todo se quedó en silencio.

—¡Ojalá tuviera mi porra! —dijo el policía, dirigiéndose a la puerta—. En el momento que abramos se meterá. No hay forma de pararlo.

—¿No cree que tiene demasiada prisa en abrir la puerta? —dijo el cochero.

—¡Corran los cerrojos! —dijo el hombre de la barba negra—. Y si se atreve a entrar... — y enseñó una pistola que llevaba.

—¡Eso no! —dijo el policía—. ¡Sería un asesinato!

—Conozco las leyes de la comarca—dijo el hombre de la barba—. Voy a apuntarle a las piernas. Descorran los cerrojos.

—No, y menos con un revólver a mis espaldas —dijo el posadero, mirando por encima de las cortinas.

—Está bien—dijo el hombre de la barba negra, y agachándose con el revólver preparado, los descorrió él mismo. El posadero, el cochero y el policía se quedaron mirando.

—¡Vamos, entre! —dijo el hombre de la barba en voz baja, dando un paso atrás y quedándose de pie, de cara a la puerta, con la pistola en la espalda. Pero nadie entró y la puerta permaneció cerrada. Cinco minutos después, cuando un segundo cochero asomó la cabeza cuidadosamente, estaban todos todavía esperando. En ese momento apareció una cara ansiosa por detrás de la puerta de la trastienda, y preguntó:

—¿Están cerradas todas las puertas de la posada?

—Era Marvel, y continuó—: Seguro que está merodeando alrededor. Es un diablo.

—¡Dios mío! —exclamó el posadero—. ¡La puerta de atrás! ¡Óiganme! ¡Miren todas las puertas! —Y miró a su alrededor sin esperanza. Entonces, la puerta de la trastienda se cerró de golpe, y oyeron cómo echaban la llave—. ¡También está la puerta del patio y la puerta que da a la casa! En la puerta del patio...

El posadero salió disparado del bar.

Y reapareció con un cuchillo de cocina en la mano.

—La puerta del patio estaba abierta—dijo con desolación.

—Entonces, puede que ya esté dentro —dijo el primer cochero.

—En la cocina no está —dijo el posadero—. La he registrado palmo a palmo con este juguetito en la mano y, además, hay dos mujeres que no creen que haya entrado. Por lo menos no han notado nada extraño.

—¿Ha atrancado bien la puerta? —preguntó el primer cochero.

—No puedo estar en todo —dijo el posadero.

El hombre de la barba guardó la pistola y, no había acabado de hacerlo, cuando alguien bajó la tabla del mostrador y chirrió el cerrojo.

Inmediatamente después se rompió el pestillo de la puerta con un tremendo ruido, y la puerta de la trastienda se abrió de par en par. Todos oyeron chillar a Marvel como una liebre a la que han atrapado, y atravesaron corriendo el bar para acudir en su ayuda. El hombre de la barba disparó y el espejo de la trastienda cayó al suelo hecho añicos.

Cuando el posadero entró en la habitación, vio a Marvel que se debatía, hecho un ovillo, contra la puerta que daba al patio y a la cocina. La puerta se abrió, mientras el posadero dudaba qué hacer y arrastraron a Marvel hasta la cocina. Se oyó un grito y un ruido de cacerolas chocando unas con otras. Marvel, boca abajo y arrastrándose obstinadamente en dirección contraria, era conducido a la fuerza hacia la puerta de la cocina, y alguien descorrió el cerrojo.

En ese momento el policía, que había estado intentando sobrepasar al posadero, entró en la estancia seguido de uno de los cocheros y, al intentar sujetar la muñeca del hombre invisible, que tenía agarrado por el cuello a Marvel, recibió un golpe en la cara y se tambaleó, cayendo de espaldas. Se abrió la puerta y Marvel hizo un gran esfuerzo para impedir que lo sacaran fuera. Entonces, el cochero, agarrando algo, dijo:

—¡Ya lo tengo!

Después, el posadero empezó a arañar al hombre invisible con sus manos coloradas.

—¡Aquí está! —gritó.

El señor Marvel, que se había liberado, se tiró al suelo, e intentó escabullirse entre las piernas de los hombres que se estaban peleando. La lucha continuaba al lado del quicio de la puerta, y por primera vez, se pudo escuchar la voz del hombre invisible que lanzó un grito cuando el policía le dio un pisotón. El hombre invisible siguió gritando, mientras repartía puñetazos a diestra y siniestra, dando vueltas. El cochero también gritó en ese momento y se dobló. Le acababan de dar un golpe debajo del diafragma. Mientras tanto, se abrió la puerta de la cocina que daba a la trastienda y, por ella, escapó el señor Marvel. Después, los hombres que seguían luchando en la cocina se dieron cuenta de que estaban dando golpes al aire.

—¿Dónde se ha ido? —gritó el hombre de la barba—. ¿Se ha escapado?

—Se ha ido por aquí —dijo el policía, saliendo al patio y quedándose allí, parado.

Un trozo de teja le pasó rozando la cabeza y se estrelló contra los platos que había en la mesa.

—¡Ya le enseñaré yo! —gritó el hombre de la barba negra, y asomó un cañón de acero por encima del hombro del policía, y disparó cinco veces seguidas en dirección al lugar de donde había venido la teja.

Mientras disparaba, el hombre de la barba describió un círculo con el brazo, de manera que los disparos llegaron a diferentes puntos del patio.

Acto seguido, se hizo el silencio.

—Cinco balas —dijo el hombre de la barba—. Es lo mejor. Cuatro ases y el comodín. Que alguien me traiga una linterna para buscar el cuerpo.

XVII
El doctor Kemp recibe una visita

El doctor Kemp había continuado escribiendo en su estudio, hasta que los disparos le hicieron levantarse de la silla. Se oyeron los disparos uno tras otro.

—¡Vaya! —dijo el doctor Kemp, volviéndose a colocar la pluma en la boca y prestando atención—. ¿Quién habrá permitido pistolas en Burdock? ¿Qué estarán haciendo esos idiotas ahora?

Se dirigió a la ventana que daba al Sur, la abrió y se asomó. Al hacerlo, vio la hilera de ventanas con luz, las lámparas de gas encendidas y las luces de las casas con sus tejados y patios negros que componían la ciudad de noche.

—Parece que hay gente en la parte de abajo de la colina —dijo—, en la posada.

Y se quedó allí, mirando. Entonces sus ojos se dirigieron mucho más allá, para fijarse en las luces de los barcos y en el resplandor del embarcadero, un pequeño pabellón iluminado, como una gema amarilla.

La Luna, en "cuarto creciente", parecía estar colgada encima de la colina situada en el Oeste, y las estrellas, muy claras, tenían un brillo casi tropical.

Pasados cinco minutos, durante los cuales su mente había estado haciendo especulaciones remotas sobre las condiciones sociales en el futuro y había perdido la noción del tiempo, el doctor Kemp, con un suspiro, cerró la ventana y volvió a su escritorio.

Una hora más tarde, llamaron al timbre. Había estado escribiendo con torpeza y con intervalos de abstracción desde que sonaran los disparos. Se sentó a escuchar. Oyó cómo la muchacha contestaba a la llamada y esperó sus pasos en la escalera, pero la muchacha no vino.

—Me pregunto quién podría ser —dijo el doctor Kemp.

Intentó acabar el trabajo, pero no pudo. Se levantó y bajó al descansillo de la escalera, tocó el timbre del servicio y se asomó a la barandilla para llamar a la muchacha, en el momento en que ésta aparecía en el vestíbulo.

— ¿Era una carta? —le preguntó.

—No. Alguien debió llamar y salió corriendo, señor —contestó ella.

"No sé qué me pasa esta noche, estoy intranquilo", se dijo. Volvió al estudio y, esta vez, se dedicó al trabajo con ahínco. Al cabo de un rato estaba absorto por completo en su trabajo. Los únicos ruidos que se oían en toda la habitación, eran el tic-tac del reloj y el rascar de la pluma sobre el papel; la única luz, era la de una lámpara que daba directamente sobre su mesa de trabajo.

Eran las dos de la madrugada, cuando el doctor Kemp terminó su trabajo. Se levantó, bostezó y bajó para irse a dormir. Se había quitado la chaqueta y el chaleco, y sintió que tenía sed. Cogió una vela y bajó al comedor para prepararse un "güisqui" con soda.

La profesión del doctor Kemp lo había convertido en un hombre muy observador y, cuando pasó de nuevo por el vestíbulo, de vuelta a su habitación, se dio cuenta que había una mancha oscura en el linóleo, al lado del felpudo que había a los pies de la escalera. Siguió por las escaleras y, de repente, se le ocurrió pensar qué sería aquella mancha. Aparentemente, algo en su subconsciente se lo estaba preguntando. Sin pensarlo dos veces, dio media vuelta y volvió al vestíbulo con el vaso en la mano. Dejó el güisqui con soda en el suelo, se arrodilló y tocó la mancha. Sin sorprenderse, se percató de que tenía el tacto y el color de la sangre cuando se está secando.

El doctor Kemp cogió otra vez el vaso y subió a su habitación, mirando alrededor e intentando buscar una explicación a aquella mancha de sangre. Al llegar al descansillo de la escalera, se detuvo muy sorprendido. Había visto algo. El pomo de la puerta de su propia habitación estaba manchado de sangre. Se miró la mano y estaba limpia. Entonces recordó que había abierto la puerta de su habitación cuando bajó del estudio y, por consiguiente, no había tocado el pomo. Entró en la habitación con el rostro bastante sereno, quizá con un poco más de decisión de lo normal. Su mirada inquisitiva lo primero que vio fue la cama. La colcha estaba llena de sangre y habían vuelto las sábanas. No se había dado cuenta antes, porque se había dirigido directamente al tocador. La ropa de la cama estaba hundida, como si alguien, recientemente, hubiese estado sentado allí.

Después tuvo la extraña impresión de oír a alguien que le decía en voz baja: "¡Cielo santo! ¡Es Kemp!" Pero el doctor Kemp no creía en las voces.

El doctor Kemp se quedó allí, de pie, mirando las sábanas revueltas. ¿Aquello había sido una voz? Miró de nuevo a su alrededor, pero no vio nada raro, excepto la cama desordenada y manchada de sangre. Entonces, oyó claramente que algo se movía en la habitación, cerca del lavabo. Sin embargo, todos los hombres, incluso los más educados, tienen algo de supersticiosos. Lo que generalmente se llama "miedo" se apoderó entonces del doctor Kemp. Cerró la puerta de la habitación, se dirigió al tocador y dejó allí el vaso. De pronto, sobresaltado, vio, entre él y el tocador, un trozo de venda de hilo, enrollada y manchada de sangre, suspendida en el aire.

Se quedó mirando el fenómeno, sorprendido. Era un vendaje vacío. Un vendaje bien hecho, pero vacío. Cuando iba a aventurarse a tocarlo, algo se lo impidió y una voz le dijo desde muy cerca:

—¡Kemp!

—¿Qué...? —dijo Kemp, con la boca abierta.

—No te pongas nervioso —dijo la voz—. Soy un hombre invisible.

Durante un rato, Kemp no contestó, simplemente miraba el vendaje.

—Un hombre invisible —repitió la voz.

La historia que aquella mañana él había ridiculizado, volvía ahora a la mente de Kemp. En ese momento no parecía estar ni muy asustado ni demasiado asombrado. Kemp se terminó de dar cuenta mucho más tarde.

—Creí que todo era mentira —dijo. En lo único que pensaba era en lo que había dicho aquella mañana—. ¿Lleva usted puesta una venda? —preguntó.

—Sí —dijo el hombre invisible.

—¡Oh! —dijo Kemp, dándose cuenta de la situación—. ¿Qué estoy diciendo? —continuó—. Esto es una tontería. Debe tratarse de algún truco.

Dio un paso atrás y, al extender la mano para tocar el vendaje, se topó con unos dedos invisibles. Retrocedió al tocarlos, y su cara cambió de color.

—¡Tranquilízate Kemp, por el amor de Dios! Necesito que me ayudes. Para, por favor.

Le sujetó el brazo con la mano y Kemp la golpeó.

—¡Kemp! —gritó la voz—. ¡Tranquilízate Kemp! —repitió sujetándole con más fuerza.

A Kemp le entraron unas ganas frenéticas de liberarse de su opresor. La mano del brazo vendado le agarró el brazo y, de repente, sintió un fuerte empujón que le tiró encima de la cama. Intentó gritar, pero le metieron una punta de la sábana en la boca. El hombre invisible le tenía inmovilizado con todas sus fuerzas, pero Kemp tenía los brazos libres e intentaba golpear con todas sus fuerzas.

—¿Me dejarás que te explique todo de una vez? —le dijo el hombre invisible, sin soltarle, a pesar del puñetazo que recibió en las costillas—. ¡Déjalo ya, por Dios, o acabarás haciéndome cometer una locura! ¿Todavía crees que es una mentira, eh, loco? —gritó el hombre invisible al oído de Kemp.

Kemp siguió debatiéndose un instante hasta que, finalmente, se estuvo quieto.

—Si gritas, te romperé la cara—dijo el hombre invisible, destapándole la boca—. Soy un hombre invisible. No es ninguna locura ni tampoco es cosa de magia. Soy realmente un hombre invisible. Necesito que me ayudes. No me gustaría hacerte daño, pero si sigues comportándote como un palurdo, no me quedará más remedio. ¿No me recuerdas Kemp? Soy Griffin, del colegio universitario.

—Deja que me levante —le pidió Kemp—. No intentaré hacerte nada. Deja que me tranquilice.

Kemp se sentó y se llevó la mano al cuello.

—Soy Griffin, del colegio universitario. Me he vuelto invisible. Sólo soy un hombre como otro cualquiera, un hombre al que tú has conocido, que se ha vuelto invisible.

—¿Griffin? —preguntó Kemp.

—Sí, Griffin —contestó la voz—. Un estudiante más joven que tú, casi albino, de uno ochenta de estatura, bastante fuerte, con la cara rosácea y los ojos rojizos... Soy aquel que ganó la medalla en química.

—Estoy aturdido —dijo Kemp—. Me estoy haciendo un lío. ¿Qué tiene que ver todo esto con Griffin?

—¿No lo entiendes? ¡Yo soy Griffin!

—¡Es horrible! —dijo Kemp, y añadió—: Pero, ¿qué demonios hay que hacer para que un hombre se vuelva invisible?

—No hay que hacer nada, es un proceso lógico y fácil de comprender.

—¡Pero es horrible! —dijo Kemp—. ¿Cómo...?

—¡Ya sé que es horrible! Pero ahora estoy herido, tengo muchos dolores y estoy cansado. ¡Por el amor de Dios, Kemp! Tú eres un hombre bueno. Dame algo de comer y algo de beber, y déjame que me siente aquí.

Kemp miraba cómo se movía el vendaje por la habitación, y después vio cómo arrastraba una silla hasta la cama. La silla crujió y por lo menos una cuarta parte del asiento se hundió. Kemp se restregó los ojos y se volvió a llevar la mano al cuello.

—Esto acaba con los fantasmas —dijo, y se rió estúpidamente.

—Así está mejor. Gracias a Dios, te vas haciendo a la idea.

—O me estoy volviendo loco —dijo Kemp, frotándose los ojos con los nudillos.

—¿Puedo beber un poco de *whisky*? Me muero de sed.

—Pues a mí no me da esa impresión. ¿Dónde estás? Si me levanto, podría chocar contigo. ¡Ya está! Muy bien. ¿Un poco de *whisky*? Aquí tienes. ¿Y, ahora, cómo te lo doy?

La silla crujió y Kemp sintió que le quitaban el vaso de la mano. Él soltó el vaso haciendo un esfuerzo, pues su instinto lo empujaba a no hacerlo. El vaso se quedó en el aire a unos centímetros por encima de la silla. Kemp se le quedó mirando con infinita perplejidad.

—Esto es... esto tiene que ser hipnotismo. Me has debido hacer creer que eres invisible.

—No digas tonterías —dijo la voz.

—Es una locura.

—Escúchame un momento.

—Yo —comenzó Kemp— concluía esta mañana demostrando que la invisibilidad...

—¡No te preocupes de lo que demostraste!... Estoy muerto de hambre —dijo la voz—, y la noche es... fría para un hombre que no lleva nada encima.

—¿Quieres algo de comer? —preguntó Kemp.

El vaso de *whisky* se inclinó.

—Sí —dijo el hombre invisible, bebiendo un poco—. ¿Tienes una bata?

Kemp comentó algo en voz baja. Se dirigió al armario y sacó una bata de color rojo oscuro.

—¿Te vale esto? —preguntó, y se lo arrebataron. La prenda permaneció un momento como colgada en el aire, luego se aireó misteriosamente, se abotonó y se sentó en la silla.

—Algo de ropa interior, calcetines y unas zapatillas me vendrían muy bien —dijo el hombre invisible—. Ah, y comida también.

—Lo que quieras, pero ¡es la situación más absurda que me ha ocurrido en mi vida!

Kemp abrió unos cajones para sacar las cosas que le habían pedido y después bajó a registrar la despensa. Volvió con unas chuletas frías y un poco de pan. Lo colocó en una mesa y lo puso ante su invitado.

—No te preocupes por los cubiertos —dijo el visitante, mientras una chuleta se quedó en el aire, y oía masticar.

—¡Invisible! —dijo Kemp, y se sentó en una silla.

—Siempre me gusta ponerme algo encima antes de comer —dijo el hombre invisible con la boca llena, comiendo con avidez—. ¡Es una manía!

—Imagino que lo de la muñeca no es nada serio —dijo Kemp.

—No —dijo el hombre invisible.

—Todo esto es tan raro y extraordinario...

—Cierto. Pero es más raro que me colara en tu casa para buscar una venda. Ha sido mi primer golpe de suerte. En cualquier caso, pienso quedarme a dormir esta noche. ¡Tendrás que soportarme! Es una molestia toda esa sangre por ahí, ¿no crees? Pero me he dado cuenta de que se hace visible cuando se coagula. Llevo en la casa tres horas.

—Pero, ¿cómo ha ocurrido? —empezó Kemp con tono desesperado—. ¡Estoy confundido! Todo este asunto no tiene sentido.

—Pues es bastante razonable—dijo el hombre invisible—. Perfectamente razonable.

El hombre invisible alcanzó la botella de *whisky*. Kemp miró cómo la bata se la bebía. Un rayo de luz entraba por un roto que había en el hombro derecho, y formaba un triángulo de luz con las costillas de su costado izquierdo.

—Y, ¿qué eran esos disparos? —preguntó—. ¿Cómo empezó todo?

—Empezó porque un tipo, completamente loco, una especie de cómplice mío, ¡maldita sea!, intentó robarme el dinero. Y es lo que ha hecho.

—¿Es también invisible?

—No.

—¿Y qué más?

—¿Podría comer algo más antes de contártelo todo? Estoy hambriento y me duele todo el cuerpo, y ¡encima quieres que te cuente mi historia!

Kemp se levantó.

—¿Fuiste tú el que disparó? —preguntó.

—No, no fui yo —dijo el visitante—. Un loco al que nunca había visto empezó a disparar al azar. Muchos tenían miedo, y todos me temían. ¡Malditos! ¿Podrías traerme algo más de comer, Kemp?

—Voy a bajar a ver si encuentro algo más de comer —dijo Kemp—. Pero me temo que no haya mucho. Después de comer, y comió muchísimo, el hombre invisible pidió un puro. Antes de que Kemp encontrara un cuchillo, el hombre invisible había mordido el extremo del puro de manera salvaje, y lanzó una maldición al desprenderse, por el mordisco, la capa exterior del puro. Era extraño verlo fumar; la boca, la garganta, la faringe, los orificios de la nariz se hacían visibles con el humo.

—¡Fumar es un placer! —decía, mientras chupaba el puro—. ¡Qué suerte he tenido cayendo en tu casa, Kemp! Tienes que ayudarme. ¡Qué coincidencia haber dado contigo! Estoy en un apuro. Creo que me he vuelto loco. ¡Si supieras en todo lo que he estado pensando! Pero todavía podemos hacer cosas juntos. Déjame que te cuente...

El hombre invisible se echó un poco más de güisqui con soda. Kemp se levantó, echó un vistazo alrededor y trajo un vaso para él de la habitación contigua.

—Es todo una locura, pero imagino que también puedo echar un trago contigo.

—No has cambiado mucho en estos doce años, Kemp. ¡Nada! Sigues tan frío y metódico... Como te decía, ¡tenemos que trabajar juntos!

—Pero, ¿cómo ocurrió todo? —insistió Kemp—. ¿Cómo te volviste invisible?

—Por el amor de Dios, déjame fumar en paz un rato. Después te lo contaré todo.

Pero no se lo contó aquella noche. La muñeca del hombre invisible iba de mal en peor. Le subió la fiebre, estaba exhausto. En ese momento volvió a recordar la persecución por la colina y la pelea en la posada. A ratos hablaba de Marvel, luego se puso a fumar mucho más deprisa y en su voz se empezó a notar el enfado. Kemp intentó unirlo todo como pudo.

—Tenía miedo de mí, yo notaba que me temía —repetía una y otra vez el hombre invisible—. Quería librarse de mí, siempre le rondaba esa idea. ¡Qué tonto he sido!

—¡Qué canalla!

—Debí haberlo matado.

—¿De dónde sacaste el dinero? —interrumpió Kemp.

El hombre invisible guardó silencio antes de contestar.

—No te lo puedo contar esta noche —le dijo.

De repente se oyó un gemido. El hombre invisible se inclinó hacia adelante agarrándose con manos invisibles su cabeza invisible.

—Kemp —dijo—, hace casi tres días que no duermo, quitando un par de cabezadas de una hora más o menos. Necesito dormir.

—Está bien, quédate en mi habitación, en esta habitación.

—¿Pero cómo voy a dormir? Si me duermo, se escapará. Aunque, ¡qué más da!

—¿Es grave esa herida? —preguntó Kemp.

—No, no es nada, sólo un rasguño y sangre. ¡Oh, Dios! ¡Necesito dormir!

—¿Y por qué no lo haces?

El hombre invisible pareció quedarse mirando a Kemp.

—Porque no quiero dejarme atrapar por ningún hombre —dijo lentamente.

Kemp dio un respingo.

— ¡Pero qué tonto soy! — dijo el hombre invisible, dando un golpe en la mesa —. Te acabo de dar la idea.

XVIII
El hombre invisible duerme

Exhausto y herido como estaba, el hombre invisible rechazó la palabra que Kemp le daba, asegurándole que su libertad sería respetada en todo momento. Examinó las dos ventanas de la habitación, subió las persianas y abrió las hojas de las mismas para confirmar, como le había dicho Kemp, que podía escapar por ellas. Fuera, era una noche tranquila y la Luna Nueva se estaba poniendo en la colina. Después examinó las llaves del dormitorio y las dos puertas del armario para convencerse de la seguridad de su libertad. Y, por fin, se quedó satisfecho. Estuvo un rato de pie, al lado de la chimenea, y Kemp oyó como un bostezo.

— Siento mucho — empezó el hombre invisible — no poderte contar todo esta noche, pero estoy agotado. No cabe duda de lo grotesco del caso. ¡Es algo horrible! Pero, créeme, Kemp, es posible. Yo mismo he hecho el descubrimiento. En un principio quise guardar el secreto, pero me he dado cuenta de que no puedo. Necesito tener un socio. Y tú..., podemos hacer tantas cosas juntos... Pero mañana. Ahora Kemp, creo que, si no duermo un poco, me moriré.

Kemp, de pie en el centro de la habitación, se quedó mirando a toda aquella ropa sin cabeza.

— Imagino que ahora tendré que dejarte — dijo —. Es increíble. Otras tres cosas más como ésta, que cambien todo lo que yo creía, y me vuelvo completamente loco. Pero, ¡esto es real! ¿Necesitas algo más de mí?

— Sólo que me des las buenas noches — le dijo Griffin.

— Buenas noches — dijo Kemp, mientras estrechaba una mano invisible. Después, se dirigió directamente a la puerta y la bata salió corriendo detrás de él.

— Escúchame bien — le dijo la bata —, no intentes poner ninguna traba y no intentes capturarme o, de lo contrario...

Kemp cambió de expresión.

— Creo que te he dado mi palabra — dijo.

Kemp cerró la puerta detrás de él con toda suavidad. Nada más hacerlo, echaron la llave. Después, mientras la expresión de asombro todavía podía leerse en el rostro de Kemp, se oyeron unos pasos rápidos que se dirigieron al armario y también echó la llave. Kemp se dio una palmada en la frente: "¿Estaré soñando? ¿El mundo se ha vuelto loco o, por el contrario, yo me he vuelto loco?"

Acto seguido, se echó a reír y puso una mano en la puerta cerrada: "¡Me han echado de mi dormitorio por algo completamente absurdo!", dijo.

Se acercó a la escalera y miró las puertas cerradas. " ¡Es un hecho! ", dijo, tocándose con los dedos el cuello dolorido. "Un hecho innegable, pero..." Sacudió la cabeza sin esperanza alguna, se dio la vuelta y bajó las escaleras.

Kemp encendió la lámpara del comedor, sacó un puro y se puso a andar de un lado para otro por la habitación, haciendo gestos. De vez en cuando se ponía a discutir consigo mismo.

"¡Es invisible!

"¿Hay algo tan extraño como un animal invisible? En el mar, sí. ¡Hay miles, incluso millones! Todas las larvas, todos los seres microscópicos, las medusas. ¡En el mar hay muchas más cosas invisibles que visibles! Nunca se me había ocurrido. ¡Y también en las charcas! Todos esos pequeños seres que viven en ellas, todas las partículas transparentes que no tienen color. ¿Pero en el aire? ¡Por supuesto que no!

"No puede ser.

"Pero... después de todo... ¿Por qué no puede ser?

"Si un hombre estuviera hecho de vidrio, también sería invisible".

A partir de ese momento, pasó a especulaciones mucho más profundas. Antes de que volviera a decir una palabra, la ceniza de tres puros se había extendido por toda la alfombra. Después, se levantó de su sitio, salió de la habitación y se dirigió a la sala de visitas donde encendió una lámpara de gas. Era una habitación pequeña, porque el doctor Kemp no recibía visitas y allí era donde tenía todos los periódicos del día. El periódico de la mañana estaba tirado y descuidadamente abierto. Lo cogió, le dio la vuelta y empezó a leer el relato sobre el "Extraño suceso en Iping", que el marinero de Port Stowe le había contado a Marvel. Kemp lo leyó rápidamente.

—¡Embozado! —dijo Kemp—. ¡Disfrazado! ¡Ocultándose! Nadie debía darse cuenta de su desgracia. ¿A qué diablos está jugando?

Soltó el periódico y sus ojos siguieron buscando otro.

—¡Ah! —dijo, y cogió el St. James Gazette que estaba intacto, como cuando llegó—. Ahora nos acercaremos a la verdad —dijo Kemp. Tenía el periódico abierto y a dos columnas. El título era: "Un pueblo entero de Sussex se vuelve loco".

—¡Cielo santo! —dijo Kemp, mientras leía el increíble artículo sobre los acontecimientos que habían tenido lugar en Iping la tarde anterior, que ya hemos descrito en su momento. El artículo del periódico de la mañana se reproducía íntegro en la página siguiente.

Kemp volvió a leerlo. "Bajó corriendo la calle dando golpes a diestra y siniestra. Jaffers quedó sin sentido. El señor Huxter, con un dolor impresionante, todavía no puede describir lo que vio. El vicario completamente humillado. Una mujer enferma por el miedo que pasó. Ventanas rotas. Pero esta historia debe ser una completa invención. Demasiado buena para no publicarla".

Soltó el periódico y se quedó mirando adelante, sin ver nada realmente.

—¡Tiene que ser una invención!

Volvió a coger el periódico y lo releyó todo.

—Pero, ¿en ningún momento citan al vagabundo? ¿Por qué demonios iba persiguiendo a un vagabundo?

Después de hacerse estas preguntas, se dejó caer en su sillón de cirujano.

—No sólo es invisible —se dijo—, ¡también está loco! ¡Es un homicida!

Cuando aparecieron los primeros rayos de luz que se mezclaron con la luz de la lámpara de gas y el humo del comedor, Kemp seguía dando vueltas por la habitación, intentando comprender aquello que todavía le parecía increíble.

Estaba demasiado excitado para poder dormir. Por la mañana, los sirvientes, todavía presa del sueño, lo encontraron allí y achacaron su estado a la excesiva dedicación al estudio. Entonces, les dio instrucciones explícitas de que prepararan un desayuno para dos personas y lo llevaran al estudio. Luego, les dijo que se quedaran en la planta baja y en el primer piso. Todas estas instrucciones les parecieron raras. Acto seguido, siguió paseándose por la habitación, hasta que llegó el periódico de la mañana. En él se comentaba mucho, pero se decían muy pocas cosas nuevas del asunto, aparte de la confirmación de los sucesos de la noche anterior, y un artículo, muy mal escrito, sobre un suceso extraordinario ocurrido en Port Burdock. Era el resumen que Kemp necesitaba sobre lo ocurrido en el Jolly Cricketers; ahora ya aparecía el nombre de Marvel. "Me obligó a estar a su lado durante veinticuatro horas", testificaba Marvel. Se añadían también algunos hechos de menor importancia en la historia de Iping, destacando el corte de los hilos del telégrafo del pueblo. Pero no había nada que arrojase nueva luz sobre la relación entre el hombre invisible y el vagabundo, ya que el señor Marvel no había dicho nada sobre los tres libros ni sobre el dinero que llevaba encima. La atmósfera de incredulidad se había disipado, y muchos periodistas y curiosos se estaban ocupando del tema.

Kemp leyó todo el artículo y envió después a la muchacha a buscar todos los periódicos de la mañana que encontrara. Los devoró todos.

—¡Es invisible! —dijo—. Y está pasando de tener rabia a convertirse en un maniático. ¡Y la cantidad de cosas que puede hacer y que ha hecho! Y está arriba, tan libre como el aire. ¿Qué podría hacer yo? Por ejemplo, ¿sería faltar a mi palabra si...? ¡No, no puedo!

Se dirigió a un desordenado escritorio que había en una esquina de la habitación y anotó algo. Rompió lo que había empezado a escribir y escribió una nota nueva. Cuando terminó la leyó, y consideró que estaba bien. Después la metió en un sobre y lo dirigió al "Coronel Adye, Port Burdock".

El hombre invisible se despertó, mientras Kemp escribía la nota. Se despertó de mal humor, y Kemp, que estaba alerta a cualquier ruido, oyó sus pisadas arriba y cómo estas iban de un lado para otro por toda la habitación. Después oyó cómo se caía al suelo una silla y, más tarde, el lavabo. Kemp, entonces, subió corriendo las escaleras y llamó a la puerta.

XIX
Algunos principios fundamentales

—¿Qué está pasando aquí? —preguntó Kemp, cuando el hombre invisible le abrió la puerta.

—Nada —fue la respuesta.

—Pero, ¡maldita sea! ¿Y esos golpes?

—Un arrebato —dijo el hombre invisible—. Me olvidé de mi brazo y me duele mucho.

—¿Y estás siempre expuesto a que te ocurran esas cosas?

—Sí.

Kemp cruzó la habitación y recogió los cristales de un vaso roto.

—Se ha publicado todo lo que has hecho —dijo Kemp, de pie, con los cristales en la mano—. Todo lo que pasó en Iping y lo de la colina. El mundo ya conoce la existencia del hombre invisible. Pero nadie sabe que estás aquí.

El hombre invisible empezó a maldecir.

—Se ha publicado tu secreto. Imagino que un secreto es lo que había sido hasta ahora. No conozco tus planes, pero, desde luego, estoy ansioso por ayudarte.

El hombre invisible se sentó en la cama.

—Tomaremos el desayuno arriba —dijo Kemp con calma, y quedó encantado al ver cómo su extraño invitado se levantaba de la cama bien dispuesto. Kemp abrió camino por la estrecha escalera que conducía al mirador.

—Antes de que hagamos nada más —le dijo Kemp—, me tienes que explicar con detalle el hecho de tu invisibilidad.

Se había sentado, después de echar un vistazo, nervioso, por la ventana, con la intención de mantener una larga conversación. Pero las dudas sobre la buena marcha de todo aquel asunto volvieron a desvanecerse, cuando se fijó en el sitio donde estaba Griffin: una bata sin manos y sin cabeza, que, con una servilleta que se sostenía milagrosamente en el aire, se limpiaba unos labios invisibles.

—Es bastante simple y creíble —dijo Griffin, dejando a un lado la servilleta y dejando caer la cabeza invisible sobre una mano invisible también.

—Sin duda, sobre todo para ti, pero... —dijo Kemp, riéndose.

—Sí, claro; al principio, me pareció algo maravilloso. Pero ahora... ¡Dios mío! ¡Todavía podemos hacer grandes cosas! Empecé con estas cosas, cuando estuve en Chesilstowe.

—¿Cuando estuviste en Chesilstowe?

—Me fui allí tras dejar Londres. ¿Sabes que dejé Medicina para dedicarme a la Física, no? Bien, eso fue lo que hice. La luz. La luz me fascinaba.

—Ya.

—¡La densidad óptica! Es un tema plagado de enigmas. Un tema cuyas soluciones se te escapan de las manos. Pero como tenía veintidós años y estaba lleno de entusiasmo, me dije: a esto dedicaré mi vida. Merece la pena. Ya sabes lo locos que estamos a los veintidós años.

—Lo éramos entonces y lo somos ahora —dijo Kemp—. ¡Como si saber un poco más fuera una satisfacción para el hombre!

—Me puse a trabajar como un negro. No llevaba ni seis meses trabajando y pensando sobre el tema, cuando descubrí algo sobre una de las ramas de mi investigación. ¡Me quedé deslumbrado! Descubrí un principio fundamental sobre pigmentación y refracción, una fórmula, una expresión geométrica que incluía cuatro dimensiones. Los locos, los hombres vulgares, incluso algunos matemáticos vulgares, no saben nada de lo que algunas expresiones generales pueden llegar a significar para un estudiante de física molecular. En los libros, ésos que el vagabundo ha escondido, hay escritas maravillas, milagros. Pero esto no era un método, sino una idea que conduciría a un método, a través del cual sería posible, sin cambiar ninguna propiedad de la materia, excepto, a veces, los colores, disminuir el índice de refracción de una sustancia, sólida o líquida, hasta que fuese igual al del aire, todo esto, en lo que concierne a propósitos prácticos.

—¡Eso es muy raro! —dijo Kemp—. Todavía no lo tengo muy claro. Entiendo que de esa manera se puede echar a perder una piedra preciosa, pero tanto como llegar a conseguir la invisibilidad de las personas...

—Precisamente —dijo Griffin—. Recapacita. La visibilidad depende de la acción que los cuerpos visibles ejercen sobre la luz. Déjame que te exponga los hechos como si no los conocieras. Así me comprenderás mejor. Sabes que un cuerpo absorbe la luz, o la refleja, o la refracta, o hace las dos cosas al mismo tiempo. Pero si ese cuerpo ni la refleja, ni la refracta, ni absorbe la luz, no puede ser visible. Imagínate, por ejemplo, una caja roja y opaca; tú la ves roja, porque el color absorbe parte de la luz y refleja todo el resto, toda la parte de la luz que es de color rojo, y eso es lo que tú ves. Si no absorbe ninguna porción de luz, pero la refleja toda, verás entonces una caja blanca brillante. ¡Una caja de plata! Una caja de diamantes no absorbería mucha luz ni tampoco reflejaría demasiado en la superficie general, sólo en determinados puntos, donde la superficie fuera favorable, se reflejaría y refractaría, de manera que tú tendrías ante ti una caja llena de reflejos y transparencias brillantes, una especie de esqueleto de la luz. Una caja de cristal no sería tan brillante ni podría verse con tanta nitidez como una caja de diamantes, porque habría menos refracción y menos reflexión. ¿Lo entiendes? Desde algunos puntos determinados, tú podrías ver a través de ella con toda claridad. Algunos cristales son más visibles que otros. Una caja de cristal de roca siempre es más brillante que una caja de cristal normal, del que se usa para las ventanas. Una caja de cristal común muy fino sería difícil de ver, si hay poca luz, porque absorbería muy poca luz y, por tanto, no habría apenas refracción o reflexión. Si metes una lámina de cristal común blanco en agua o, lo que es mejor, en un líquido más denso que el agua, desaparece casi por completo, porque no hay apenas refracción o reflexión en la luz que pasa del agua al cristal; a veces, incluso, es nula. Es casi tan imposible de ver como un chorro de gas de hulla o de hidrógeno en el aire. ¡Y, precisamente, por esa misma razón...!

—Claro —dijo Kemp—, eso lo sabe todo el mundo.

—Existe otro hecho que también sabrás. Si se rompe una lámina de cristal y se convierte en polvo, se hace mucho más visible en el aire; se convierte en un polvo blanco opaco. Esto es así, porque, al ser polvo, se multiplican las superficies en las que tiene lugar la refracción y la reflexión. En la lámina de cristal hay solamente dos superficies; sin embargo, en el polvo, la luz se refracta o se refleja en la superficie de cada grano que atraviesa. Pero, si ese polvillo blanco se introduce en el agua, desaparece al instante. El polvo de cristal y el agua tienen, más o menos, el mismo índice de refracción; la luz sufre muy poca refracción o reflexión al pasar de uno a otro elemento. El cristal se hace invisible, si lo introduces en un líquido o en algo que tenga, más o menos, el mismo índice de refracción; algo que sea transparente se hace invisible, si se lo introduce en un medio que tenga un índice de refracción similar al suyo. Y, si te paras a pensarlo un momento, verías que el polvo de cristal también se puede hacer invisible, si su índice de refracción pudiera hacerse igual al del aire; en ese caso, tampoco habría refracción o reflexión al pasar de un medio a otro.

—Sí, sí, claro—dijo Kemp—, pero ¡un hombre no está hecho de polvo de cristal!

—No —contestó Griffin—, ¡porque es todavía más transparente!

—¡Tonterías!

—¿Y eso lo dice un médico? ¡Qué pronto nos olvidamos de todo! ¿En tan sólo diez años has olvidado todo lo que aprendiste sobre física? Piensa en todas las cosas que son transparentes y que no lo parecen. El papel, por ejemplo, está hecho a base de fibras transparentes, y es blanco y opaco por la misma razón que lo es el polvo de cristal. Mételo en aceite, llena los intersticios que hay entre cada partícula con aceite, para que sólo haya refracción y reflexión en la superficie, y éste se volverá igual de transparente que el cristal. Y no solamente el papel, también la fibra de algodón, la fibra de hilo, la de lana, la de madera y la de los huesos, Kemp, y la de la carne, Kemp, y la del cabello, Kemp, y las de las uñas y los nervios, Kemp, todo lo que constituye el hombre, excepto el color rojo de su sangre y el pigmento oscuro del cabello, está hecho de materia transparente e incolora. Es muy poco lo que permite que nos podamos ver los unos a los otros. En su mayor parte, las fibras de cualquier ser vivo no son más opacas que el agua.

—¡Dios mío! —gritó Kemp—. ¡Claro que sí, desde luego! ¡Y yo esta noche no podía pensar más que en larvas y en medusas!

—¡Estás empezando a comprender! Yo había estado pensando en todo esto un año antes de dejar Londres, hace seis años. Pero no se lo dije a nadie. Tuve que realizar mi trabajo en condiciones pésimas. Oliver, mi profesor de Universidad, era un científico sin escrúpulos, un periodista por instinto, un ladrón de ideas. ¡Siempre estaba fisgoneando! Ya conoces lo picaresco del mundo de los científicos. Simplemente decidí no publicarlo, para no dejar que compartiera mi honor. Seguí trabajando y cada vez estaba más cerca de conseguir que mi fórmula sobre aquel experimento fuese una realidad. No se lo dije a nadie, porque quería que mis investigaciones causasen un gran efecto, una vez que se conocieran y, de esta forma, hacerme famoso de golpe. Me dediqué al problema de los pigmentos, porque quería llenar algunas lagunas. Y, de repente, por casualidad, hice un descubrimiento en Fisiología.

—¿Y?

—El color rojo de la sangre se puede convertir en blanco, es decir, incoloro, ¡sin que ésta pierda ninguna de sus funciones!

Kemp, asombrado, lanzó un grito de incredulidad. El hombre invisible se levantó y empezó a dar vueltas por el estudio.

—Haces bien asombrándote. Recuerdo aquella noche. Era muy tarde. Durante el día me molestaba aquella panda de estudiantes imbéciles, y a veces me quedaba trabajando hasta el amanecer. La idea se me ocurrió de repente y con toda claridad. Estaba solo, en la paz del laboratorio, y con las luces que brillaban en silencio. ¡Se puede hacer que un animal, una materia, sea transparente! "¡Puede ser invisible!", me dije, dándome cuenta, rápidamente, de lo que significaba ser un albino y poseer esos conocimientos. La idea era muy tentadora. Dejé lo que estaba haciendo y me acerqué a la ventana para mirar las estrellas. " ¡Puedo ser invisible! ", me repetí a mí mismo. Hacer eso significaba ir más allá de la magia. Entonces me imaginé, sin ninguna duda, claramente, lo que la invisibilidad podría significar para el hombre: el misterio, el poder, la libertad. En aquel momento no vi ninguna desventaja. ¡Tan sólo había que pensar! Y yo, que no era más que un pobre profesor que enseñaba a unos locos en un colegio de provincias, podría, de pronto, convertirme en... eso. Y ahora te pregunto, Kemp, si tú o cualquiera no se habría lanzado a desarrollar aquella investigación. Trabajé durante tres años y cada dificultad con la que tropezaba traía consigo, como mínimo, otra. ¡Y había tantísimos detalles! Y debo añadir, cómo me exasperaba mi profesor, un profesor de provincias que siempre estaba fisgoneando. "¿Cuándo va a publicar su trabajo?", era la pregunta continua. ¡Y los estudiantes, y los medios tan escasos! Durante tres años trabajé en esas circunstancias... Y después de tres años de trabajar en secreto y con desesperación, comprendí que era imposible terminar mis investigaciones... Imposible.

—¿Por qué? —preguntó Kemp.

—Por el dinero —dijo el hombre invisible, mirando de nuevo por la ventana. De pronto, se volvió—. Robé a mi padre. Pero el dinero no era suyo y se pegó un tiro.

XX
En la casa de Great Portland Street

Durante un momento Kemp se quedó sentado en silencio, mirando a la figura sin cabeza, de espaldas a la ventana. Después, habiéndosele pasado algo por la cabeza, se levantó, agarró al hombre invisible por un brazo y lo apartó de la ventana.

—Estás cansado —le dijo—. Mientras yo sigo sentado, tú no paras de dar vueltas por la habitación. Siéntate en mi sitio.

Él se colocó entre Griffin y la ventana más cercana.

Griffin se quedó un rato en silencio y, luego, de repente, siguió contando su historia:

—Cuando ocurrió esto, yo ya había dejado mi casa de Chesilstowe. Esto fue el pasado diciembre. Alquilé una habitación en Londres; una habitación muy grande y sin amueblar en una casa de huéspedes, en un barrio pobre cerca de Great Portland Street. Llené la habitación con los aparatos que compré con el dinero de mi padre; mi investigación se iba desarrollando con regularidad, con éxito, incluso acercándose a su fin. Yo me sentía como el hombre que acaba de salir del bosque en el que estaba perdido y que, de repente, se encuentra con que ha ocurrido una tragedia. Fui a enterrar a mi padre. Mi mente se centraba en mis investigaciones, y no moví un solo dedo para salvar su reputación. Recuerdo el funeral, un coche fúnebre barato, una ceremonia muy corta, aquella ladera azotada por el viento y la escarcha, y a un viejo compañero suyo que leyó las oraciones por su alma: un viejo encorvado, vestido de negro, que lloraba. Recuerdo mi vuelta a la casa vacía, atravesando lo que antes había sido un pueblo y estaba ahora lleno de construcciones a medio hacer, convertido en una horrible ciudad. Todas las calles desembocaban en campos profanados, con montones de escombros y con una tupida maleza húmeda. Me recuerdo a mí mismo como una figura negra y lúgubre, caminando por la acera brillante y resbaladiza; y aquella extraña sensación de despego que sentí por la poca respetabilidad y el mercantilismo sórdido de aquel lugar. No sentí pena por mi padre. Me pareció que había sido la víctima de su sentimentalismo alocado. La hipocresía social requería mi presencia en el funeral, pero, en realidad, no era asunto mío. Pero, mientras recorría High Street, toda mi vida anterior volvió a mí por un instante, al encontrarme con una chica a la que había conocido diez años antes. Nuestras miradas se cruzaron. Algo me obligó a volverme y hablarle. Era una persona bastante mediocre. Aquella visita a esos viejos lugares fue como un sueño. Entonces, no me di cuenta de que estaba solo, de que me había alejado del mundo para sumergirme en la desolación. Advertí mi falta de compasión, pero lo achaqué a la estupidez de las cosas, en general. Al volver a mi habitación, volví también a la realidad. Allí estaban todas las cosas que conocía y a las que amaba. Allí estaban mis aparatos y mis experimentos preparados y esperándome. No me quedaba nada más que una dificultad: la planificación de los últimos detalles. Tarde o temprano acabaré explicándote todos aquellos complicados procesos, Kemp. No tenemos por qué tocar ese tema ahora. La mayoría de éstos, excepto algunas lagunas que ahora recuerdo, están escritos en clave en los libros que ha escondido el vagabundo. Tenemos que atraparlo. Tenemos que recuperar los libros. Pero la fase principal era la de colocar el objeto transparente, cuyo índice de refracción había que rebajar entre dos centros que radiasen una especie de radiación etérea, algo que te explicaré con mayor profundidad en otro momento. No, no eran vibraciones del tipo Röntgen. No creo que las vibraciones a las que me refiero se hayan descrito nunca, aunque son bastante claras. Necesitaba dos dinamos pequeñas, que haría funcionar con un simple motor de gas. Hice mi primer experimento con un trozo de lana blanca. Fue una de las cosas más extrañas que he visto, el parpadeo de aquellos rayos suaves y blancos, y después ver cómo se desvanecía su silueta como una columna de humo. Apenas podía creer que lo había conseguido. Cogí con la mano aquel vacío y allí me encontré el trozo tan sólido como siempre. Quise hacerlo más difícil y lo tiré al suelo. Pues bien, tuve problemas para volver a encontrarlo. Entonces tuve una curiosa experiencia. Oí maullar detrás de mí y, al volverme, vi una gata blanca, flaca y muy sucia, que estaba en el alféizar de la ventana. Entonces se me ocurrió una idea. "Lo tengo todo preparado", me dije acercándome a la ventana. La abrí y llamé a la gata con mimo. Ella se acercó ronroneando. El pobre animal estaba hambriento, y le di un poco de leche. Después se dedicó a oler por toda la habitación, evidentemente con la idea de establecerse allí. El trozo de lana invisible pareció asustarle un poco. ¡Tenías que haberla visto con el lomo completamente enarcado! La coloqué encima de la almohada de la cama y le di mantequilla para que se lavara por dentro.

—¿Y la utilizaste en tu experimento?

—Claro. ¡Pero no creas que es una broma drogar a una gata! El proceso falló.

—¿Falló?

—Sí, falló por una doble causa. Una, por las garras, y la otra, ese pigmento, ¿cómo se llama?, que está detrás del ojo de un gato. ¿Te acuerdas tú?

—El tapetum.

—Eso es, el tapetum. No pude conseguir que desapareciera. Después de suministrarle una pócima decolorante para la sangre y hacer otros preparativos, le di opio y la coloqué, junto con la almohada sobre la que dormía, en el aparato. Y, después de obtener que el resto del cuerpo desapareciera, no lo conseguí con los ojos.

—¡Qué extraño!

—No puedo explicármelo. La gata estaba, desde luego, vendada y atada; la tenía inmovilizada. Pero se despertó cuando todavía estaba atontada, y empezó a maullar lastimosamente. En ese momento, alguien se acercó y llamó a la puerta. Era una vieja que vivía en el piso de abajo y que sospechaba que yo hacía vivisecciones; una vieja alcohólica, que lo único que poseía en este mundo era un gato. Cogí un poco de cloroformo y se lo di a oler a la gata; después, abrí la puerta. "¿Ha oído maullar a un gato?", me preguntó. "¿Está aquí mi gata?" "No, señora, aquí no está", le respondí con toda amabilidad. Pero ella se quedó con la duda e intentó echar un vistazo por la habitación. Le debió parecer un tanto insólito: las paredes desnudas, las ventanas sin cortinas, una cama con ruedas, con el motor de gas en marcha, los dos puntos resplandecientes y, por último, el intenso olor a cloroformo en el aire. Al final se debió dar por satisfecha y se marchó.

— ¿Cuánto tiempo duró el proceso? — preguntó Kemp.

— La de la gata, unas tres o cuatro horas. Los huesos, los tendones y la grasa fueron los últimos en desaparecer, y también la punta de los pelos de color. Y, como te dije, la parte trasera del ojo, aunque de materia irisada, no terminó de desaparecer del todo. Ya había anochecido fuera mucho antes de que terminara el proceso y, al final, no se veían más que los ojos oscuros y las garras. Paré el motor de gas, toqué a la gata, que estaba todavía inconsciente, y la desaté. Después, notándome cansado, la dejé durmiendo en la almohada invisible y me fui a la cama. No podía quedarme dormido. Estaba tumbado, despierto, pensando una y otra vez en el experimento, o soñaba que todas las cosas a mi alrededor iban desapareciendo, hasta que todo, incluso el suelo, desaparecía, sumergiéndome en una horrible pesadilla. A eso de las dos, la gata empezó a maullar por la habitación. Intenté hacerla callar con palabras, y, después, decidí soltarla. Recuerdo el sobresalto que experimenté, cuando, al encender la luz, sólo vi unos ojos verdes y redondos y nada a su alrededor. Le habría dado un poco de leche, pero ya no me quedaba más. No se estaba quieta, se sentó en el suelo y se puso a maullar al lado de la puerta. Intenté atraparla con la idea de sacarla por la ventana, pero no se dejaba atrapar. Seguía maullando por la habitación. Luego, la abrí la ventana, haciéndole señales para que se fuera. Al final creo que lo hizo. Nunca más la volví a ver. Después, Dios sabe cómo, me puse a pensar otra vez en el funeral de mi padre, en aquella ladera deprimente y azotada por el viento, hasta que amaneció. Por la mañana, como no podía dormir, cerré la puerta de mi habitación detrás de mí y salí a pasear por aquellas calles.

— ¿Quieres decir que hay una gata invisible deambulando por ahí? — dijo Kemp.

— Si no la han matado — contestó el hombre invisible.

— Claro, ¿por qué no? — dijo Kemp—. Perdona, no quería interrumpirte.

— Probablemente la hayan matado— dijo el hombre invisible—. Sé que cuatro días más tarde aún estaba viva, estaba en una verja de Great Tichtfield Street, porque vi a un numeroso grupo de gente, alrededor de aquel lugar, intentando adivinar de dónde provenían unos maullidos que estaban escuchando.

Se quedó en silencio durante un buen rato, y de pronto, continuó con la historia.

—Recuerdo la última mañana antes de mi metamorfosis. Debí subir por Portland Street. Recuerdo los carteles de Albany Street, y los soldados que salían a caballo; y, al final, me vi sentado al Sol en lo alto de Primrose Hill, sintiéndome enfermo y extraño. Era un día soleado de enero, uno de esos días soleados y helados que precedieron a la nieve este año. Mi mente agotada intentó hacerse una idea de la situación y establecer un plan de acción. Me sorprendí al darme cuenta, ahora que tenía la meta al alcance de la mano, de lo poco convincente que parecía mi intento. La verdad es que estaba agotado. El intenso cansancio, después de cuatro años de trabajo seguido, me había incapacitado para tener cualquier sentimiento. Me sentía apático, e intenté, en vano, recobrar aquel entusiasmo de mis primeras investigaciones, la pasión por el descubrimiento que me había permitido, incluso, superar la muerte de mi padre. Nada parecía tener importancia para mí. En cualquier caso, vi claramente que aquello era un estado de ánimo pasajero por el trabajo excesivo y por la necesidad que tenía de dormir; veía posible recuperar todas mis fuerzas ya fuera con drogas o con cualquier otro medio. Lo único que veía claro en mi mente, era que tenía que terminar aquello. Todavía me ronda la obsesión. Aquello tenía que acabarlo pronto, porque me estaba quedando sin dinero. Mientras estaba en la colina, miré a mi alrededor; había niños jugando y niñas que los miraban. Me puse a pensar, entonces, en las increíbles ventajas que podría tener un hombre invisible en este mundo. Después de un rato, volví a casa, comí algo y me tomé una dosis bastante fuerte de estricnina; me metí en la cama, que estaba sin hacer, vestido como estaba. La estricnina es un tónico perfecto, Kemp, para acabar con la debilidad del hombre.

—Pero es diabólica —dijo Kemp—. Es la fuerza bruta en una botella.

—Me desperté con un vigor enorme y bastante irritable, ¿sabes?

—Sí, ya conozco esa faceta.

—Y, nada más despertarme, alguien estaba llamando a la puerta. Era mi casero, un viejo judío polaco que llevaba puesto un abrigo largo y gris y unas zapatillas llenas de grasa; venía con aire amenazador y haciéndome preguntas. Estaba convencido de que yo había estado torturando a una gata aquella noche (la vieja no había perdido el tiempo). Insistía en que quería saberlo todo. Las leyes del país contra la vivisección son muy severas, y podía ponerme una denuncia. Yo negué la existencia de la gata. Después, dijo que las vibraciones del motor de gas se sentían en todo el edificio. Esto, desde luego, era verdad. Se coló en la habitación y empezó a fisgonearlo todo, mirando por encima de sus gafas de plata alemana; en ese momento, me invadió cierto temor de que pudiese averiguar algo sobre mi secreto. Intenté quedarme entre él y el aparato de concentración que yo mismo había preparado, y esto no hizo más que aumentar su curiosidad. ¿Qué estaba tramando? ¿Por qué estaba siempre solo y me mostraba esquivo? ¿Era legal lo que hacía? ¿Era peligroso? Yo pagaba la renta normal. La suya había sido siempre una casa muy respetable, en un barrio de bastante mala reputación, pensé yo. A mí, de pronto, se me acabó la paciencia. Le dije que saliera de la habitación. Él empezó a protestar y chapurrear, explicándome que tenía derecho a entrar. Al oírle, lo agarré por el cuello; sentí que algo se desgarraba y lo eché al pasillo. Di un portazo, cerré la puerta con llave y me senté. Estaba temblando. Una vez fuera, el viejo empezó a armar escándalo. Yo me despreocupé, y al cabo de un rato, se había marchado. Este hecho me llevaba a tomar una rápida decisión. Yo no sabía qué iba a hacer aquel viejo, ni siquiera a qué tenía derecho. Cambiarme a otra habitación sólo habría significado retrasar mis experimentos; además, sólo disponía de veinte libras, en su mayoría en el banco, y no podía permitirme aquel lujo de la mudanza. ¡Tenía que desaparecer! No podía hacer otra cosa. Después de lo ocurrido vendrían las preguntas y entrarían a registrar mi habitación. Sólo pensando en la posibilidad de que mi investigación pudiera interrumpirse en su punto culminante, me entró una especie de furia y me puse manos a la obra. Cogí mis tres libros de notas y mi libreta de cheques —el vagabundo lo tiene todo ahora—, y me dirigí a la oficina de correos más cercana para que lo mandaran todo a una casa de recogida de paquetes en Great Portland Street. Intenté salir sin hacer ruido. Al volver, vi cómo el casero subía lentamente las escaleras. Supongo que habría oído la puerta al cerrarse. Te habrías reído mucho, si le hubieras visto cómo se echó a un lado en el descansillo de la escalera, cuando se dio cuenta de que yo subía corriendo detrás de él. Me miró cuando pasé por su lado y yo di tal portazo, que tembló toda la casa. Después oí cómo arrastraba los pies hasta el piso donde yo estaba, dudaba un momento y optaba por seguir bajando. A partir de entonces, me puse a hacer todos los preparativos. Lo hice todo aquella tarde y aquella noche. Cuando todavía me encontraba bajo la influencia, empalagosa y soporífera de las drogas que decoloraban la sangre, llamaron a la puerta con insistencia. Dejaron de llamar, y unos pasos se fueron para luego volver y empezar a llamar de nuevo. Intentaron, más tarde, meter algo por debajo de la puerta... un papel azul. En ese momento, rabioso, me levanté y abrí la puerta de par en par "¿Qué quiere ahora?", pregunté. Era mi casero, que traía una orden de desahucio o algo por el estilo. Al darme el papel, creo que debió ver algo raro en mis manos y, levantando los ojos, se me quedó mirando. Se quedó boquiabierto y dio un grito. A continuación, soltó la vela y el papel, y salió corriendo a oscuras por el oscuro pasillo, escaleras abajo. Cerré la puerta, eché la llave y me acerqué al espejo. Entonces, comprendí su miedo. Mi cara estaba blanca, blanca como el mármol. Fue todo horrible. Yo no

esperaba aquel dolor tan fuerte. Fue una noche de atormentada angustia, de dolores y mareos. Apreté los dientes, a pesar de que mi piel estaba
ardiendo. Todo el cuerpo me ardía. Y me quedé allí tumbado como
muerto. Ahora comprendo por qué la gata se puso a maullar de aquella
manera hasta que le administré cloroformo. Por suerte, vivía solo y no
tenía a nadie que me atendiera en la habitación. Hubo veces en que
sollozaba y me quejaba. Otras, hablaba solo. Pero resistí. Perdí el conocimiento y me desperté, sin fuerzas, en la oscuridad. Los dolores habían
cesado. Pensé que me estaba muriendo, pero no me importaba. Nunca
olvidaré aquel amanecer, y el extraño horror que sentí al ver que mis
manos se habían vuelto de cristal, un cristal como manchado, y al ver
cómo cada vez eran más claras y delgadas, a medida que el día avanzaba, hasta que al final logré ver el desorden en que estaba mi cuarto a
través de ellas. Lo veía a pesar de que cerraba mis párpados, ya transparentes. Mis miembros se tornaron de cristal, los huesos y las arterias
desaparecieron, y los nervios, pequeños y blancos, también desaparecieron, aunque fueron los últimos en hacerlo. Apreté los dientes y seguí
así hasta el final. Cuando todo terminó, sólo quedaban las puntas de las
uñas, blanquecinas, y la mancha marrón de algún ácido en mis dedos.
Traté de ponerme de pie. Al principio era incapaz de hacerlo, me sentía
como un niño de pañales, caminando con unas piernas que no podía
ver. Estaba muy débil y tenía hambre. Me acerqué al espejo y me miré
sin verme, sólo quedaba un poco de pigmento detrás de la retina de mis
ojos, pero era mucho más tenue que la niebla. Puse las manos en la mesa
y tuve que tocar el espejo con la frente. Con una fuerza de voluntad
enorme, me arrastré hasta los aparatos y completé el proceso. Dormí
durante el resto de la mañana, tapándome los ojos con las sábanas, para
no ver la luz; al mediodía me desperté, al oír que alguien llamaba a la
puerta. Había recuperado todas mis fuerzas. Me senté en la cama y creí
oír unos susurros. Me levanté y, haciendo el menor ruido posible, empecé a desmantelar el aparato y a dejar sus distintas partes por toda la
habitación, para no dar lugar a sospechas. En ese momento, se volvieron a escuchar los golpes en la puerta y unas voces, primero la de mi
casero y, luego, otras dos. Para ganar tiempo, les contesté. Recogí el trozo de lana invisible y la almohada, y abrí la ventana para tirarlos. Cuando
estaba abriéndola, dieron un tremendo golpe en la puerta. Alguien se
había lanzado contra ella con la idea de romper la cerradura, pero los
cerrojos, que yo había colocado con anterioridad, impidieron que se viniera abajo. Aquello me puso furioso. Empecé a temblar y a actuar con
la máxima rapidez. Recogí un poco de papel y algo de paja, y lo puse
todo junto en medio de la habitación. Abrí el gas en el momento en que
grandes golpes hacían retumbar la puerta. Yo no encontraba las cerillas
y empecé a dar puñetazos a la pared, lleno de rabia. Volví a abrir las
llaves del gas, salté por la ventana y me escondí en la cisterna del agua,

a salvo e invisible, y temblando de rabia, para ver qué iba a ocurrir. Rompieron un panel de la puerta y, acto seguido, corrieron los cerrojos y se quedaron allí de pie, con la puerta abierta. Era el casero, acompañado de sus dos hijastros, dos hombres jóvenes y robustos, de unos veintitrés o veinticuatro años. Detrás de ellos se encontraba la vieja de abajo. Puedes imaginarte sus caras de asombro, al ver que la habitación estaba vacía. Uno de los jóvenes corrió hacia la ventana, la abrió y se asomó por ella. Sus ojos y su cara barbuda y de labios gruesos estaban a un palmo de mi cara. Estuve a punto de darle un golpe, pero me contuve a tiempo. Él estaba mirando a través de mí, y también lo hicieron los demás, cuando se acercaron a donde él estaba. El viejo se separó de ellos y echó un vistazo debajo de la cama y, después, todos se abalanzaron sobre el armario. Estuvieron discutiendo un rato en "yiddisk" y "cockney" (dialecto londinense de los barrios bajos). Terminaron diciendo que yo no les había contestado, que se lo habían imaginado todo. Mi rabia se tornó entonces, en regocijo, mientras estaba sentado en la ventana, mirando a aquellas cuatro personas, cuatro, porque la vieja había entrado en la habitación buscando a su gata, que intentaban comprender mi comportamiento. El viejo, por lo que pude comprender de aquella jerga suya, estaba de acuerdo con la anciana en que yo practicaba vivisecciones. Los hijastros, por el contrario, explicaban y decían, en un inglés desvirtuado, que yo era electricista, y basaban su postura en aquellos dinamos y radiadores. Estaban todos nerviosos, temiendo que yo regresara, aunque, como comprobé más tarde, habían corrido los cerrojos de la puerta de abajo. La vieja se dedicó a fisgonear dentro del armario y debajo de la cama, mientras uno de los jóvenes miraba chimenea arriba. Uno de los inquilinos, un vendedor ambulante que había alquilado la habitación de enfrente, junto con un carnicero, apareció en el rellano; lo llamaron y empezaron a explicarle todo lo ocurrido con frases incoherentes. Entonces, al ver los radiadores, se me ocurrió que si caían en manos de una persona con conocimiento del tema, podría llegar a delatarme; aproveché esa oportunidad para entrar en la habitación y lanzar la dinamo contra el aparato sobre el que descansaba ésta y, así, romperlos los dos a la vez. Cuando aquellas personas estaban tratando de explicarse este último hecho, me deslicé fuera de la habitación y bajé las escaleras con mucho cuidado. Me metí en una de las salas de estar y esperé a que bajasen, comentando y discutiendo los acontecimientos y, todos, un poco decepcionados al no haber encontrado ninguna "cosa terrible". Estaban un poco perplejos, pues no sabían en qué situación se encontraban respecto a mí. Después, volví a subir a mi habitación con una caja de cerillas, prendí fuego al montón de papeles y puse las sillas y la cama encima, dejando que el gas se encargara del resto con un tubo de caucho. Eché un último vistazo a la habitación y me marché.

— ¿Prendiste fuego a la casa? — exclamó Kemp.

—Sí, sí, la incendié. Era la única manera de borrar mis huellas, y además, estoy seguro de que estaba asegurada. Después, descorrí los cerrojos de la puerta de abajo y salí a la calle. Era invisible y me estaba empezando a dar cuenta de las extraordinarias ventajas que me ofrecía serlo. Empezaban a rondarme por la cabeza todas las cosas maravillosas que podía realizar con absoluta impunidad.

XXI
En Oxford Street

Cuando bajé las escaleras por primera vez, tuve grandes dificultades, porque no podía verme los pies; tropecé dos veces y notaba cierta torpeza al agarrarme a la barandilla. Sin embargo, pude caminar mejor evitando mirar hacia abajo. Estaba completamente exaltado, como el hombre que ve y que camina sin hacer ningún ruido en una ciudad de ciegos. Me entraron ganas de bromear, de asustar a la gente, de darle una palmada en la espalda a algún tipo, de tirarle el sombrero a alguien, de aprovecharme de mi extraordinaria ventaja. Apenas acababa de salir a Great Portland Street (mi antigua casa estaba cerca de una tienda de telas), cuando recibí un golpe muy fuerte en la espalda; al volverme, vi a un hombre con una cesta con sifones que miraba con asombro su carga. Aunque el golpe me hizo daño, no pude aguantar una carcajada, al ver la expresión de su rostro. "Lleva el diablo en la cesta", le dije, y se la arrebaté de las manos.

Él la soltó sin oponer resistencia y yo alcé aquel peso en el aire. Pero, en la puerta de una taberna había un cochero, y el idiota quiso coger la cesta y para esto, me dio un manotazo en una oreja. Dejé la carga en el suelo y le di un puñetazo, y, me di cuenta de lo que había organizado cuando empecé a oír gritos y noté que me pisaban, y vi gente que salía de las tiendas y se dirigían hacia donde yo estaba, y vehículos que se paraban allí. Maldije mi locura, me apreté contra una ventana y me preparé para escapar de aquella confusión. En un momento, vi cómo me rodeaba la gente, que, inevitablemente, me descubriría. Di un empujón al hijo del carnicero que, por fortuna, no se volvió para ver el vacío con el que se habría encontrado y me escondí detrás del vehículo del cochero. No sé cómo acabó aquel lío. Crucé la calle, aprovechando que, en ese momento, no pasaba nadie y sin tener en cuenta la dirección por el miedo a que me descubrieran por el incidente, me metí entre la multitud que suele haber a esas horas en Oxford Street. Intenté confundirme, pero era demasiada gente para mí. Me empezaron a pisar los talones. Entonces, me bajé a la calzada, pero era demasiado dura y me hacían daño los pies; un cabriolé que venía a poca velocidad, me clavó el varal en un hombro, recordándome la serie de contusiones que había sufrido y me aparté de su camino, evité chocar contra un cochecito de niño con un movimiento rápido y me encontré justo detrás del cabriolé. En ese momento me vi salvado, pues, como el carruaje iba lentamente, me puse detrás, temblando de miedo y asombrado de ver cómo habían dado la vuelta las cosas. No sólo temblaba de miedo, sino que tiritaba de frío. Era un hermoso día de enero y yo andaba por ahí desnudo, pisando la capa de barro que cubría la calzada que estaba completamente helada. Ahora me parece una locura, pero no se me había ocurrido que, invisible o no, estaba expuesto a las inclemencias del tiempo y a todas sus consecuencias. De pronto, se me ocurrió una brillante idea. Di la vuelta al coche y me metí dentro. De esta manera, tiritando, asustado y estornudando (esto último era un síntoma claro de resfriado), me llevaron por Oxford Street hasta pasar Tottenham Court Road. Mi estado de ánimo era bien distinto a aquel con el que había salido diez minutos antes, como puedes imaginarte. Y, además, ¡aquella invisibilidad! En lo único que pensaba, era en cómo iba a salir del lío en el que me había metido. Circulábamos lentamente hasta llegar cerca de la librería Mudie, en donde una mujer, que salía con cinco o seis libros con una etiqueta amarilla, hizo señas al carruaje para que se detuviera; yo salté justo a tiempo para no chocarme con ella, esquivando un vagón de un tranvía que pasó rozándome. Me dirigí hacia Bloomsbury Square con la intención de dejar atrás el Museo, y así llegar a un distrito más tranquilo. Estaba completamente helado, y aquella extraña situación me había desquiciado tanto, que eché a correr medio llorando. De la esquina norte de la plaza, de las oficinas de la Sociedad de Farmacéuticos, salió un perro pequeño y blanco que, olisqueando el suelo, se dirigía hacia mí. Hasta entonces no me había dando cuenta, pero la nariz es para el perro lo que los ojos para el hombre. Igual que cualquier hombre puede ver a otro, los perros perciben su olor. El perro empezó a ladrar y a dar brincos, y me pareció que lo hacía sólo para hacerme ver que se había dado cuenta de mi presencia. Crucé Great Russell Street, mirando por encima del hombro, y ya había recorrido parte de Montague Street, cuando me di cuenta de hacia dónde me dirigía. Oí música, y al mirar para ver de dónde venía, vi a un grupo de gente que venía de Russell Square. Todos llevaban jerseys rojos y, en vanguardia, la bandera del Ejército de Salvación. Aquella multitud venía cantando por la calle, y me pareció imposible pasar por en medio. Temía retroceder de nuevo y alejarme de mi camino, así que, guiado por un impulso espontáneo, subí los escalones blancos de una casa que estaba enfrente de la valla del Museo, y me quedé allí esperando a que pasara la multitud. Felizmente para mí, el perro también se paró al oír la banda de música, dudó un momento y, finalmente, se volvió corriendo hacia Bloomsbury Square. La banda seguía avanzando, cantando, con inconsciente ironía, un himno que decía algo así como "¿Cuándo podremos verle el rostro?", y me pareció que tardaron una eternidad en pasar. Pom, pom, pom, resonaban los tambores, haciendo vibrar todo a su paso, y, en ese momento, no me había dando cuenta que dos muchachos se habían parado a mi lado. "Mira", dijo uno. "¿Que mire qué?", contestó el otro. "Mira, son las huellas de un pie descalzo, como las que se hacen en el barro". Miré hacia abajo y vi cómo dos muchachos que se habían parado, observaban las marcas de barro que yo había dejado en los escalones recién fregados. La gente que pasaba los empujaba y les daba codazos, pero su condenada imaginación hacía que siguieran allí parados. La banda seguía: Pom, pom, pom. "Cuándo, pom, volveremos, pom, a ver, pom, su rostro, pom, pom". "Apuesto lo que sea a que un hombre descalzo ha subido estos escalones", dijo uno, "y no ha vuelto a bajarlos. Además un pie está sangrando". La mayoría de aquella gente había pasado ya. "Mira, Ted", dijo el más joven, señalando a mis pies y con cierta sorpresa en la voz. Yo miré y vi cómo se perfilaba su silueta, débilmente, con las salpicaduras del barro. Por un instante, me quedé paralizado. "Qué raro", dijo el mayor. " ¡Esto es muy extraño! Parece el fantasma de un pie, ¿no te parece?" Estuvo dudando y se decidió a alargar el brazo para tocar aquello. Un hombre se acercó para ver lo que quería coger y luego lo hizo una niña. Si hubiera tardado un minuto más en saber qué hacer, habría conseguido tocarme, pero di un paso y el niño se echó hacia atrás, soltando una exclamación. Después, con un rápido movimiento, salté al pórtico de la casa vecina. El niño más pequeño, que era muy avispado, se dio cuenta de mi movimiento, y antes de que yo bajara los escalones y me encontrara en la acera, él ya se había recobrado de su asombro momentáneo y gritaba que los pies habían saltado el muro. Rápidamente dieron la vuelta y vieron mis huellas en el último escalón y en la acera. "¿Qué pasa?", preguntó alguien. "Que hay unos pies, ¡mire! ¡Unos pies que corren solos!". Todas las personas que había en la calle, excepto mis tres perseguidores, iban detrás del Ejército de Salvación, y ello me impedía, tanto a mí como a ellos, correr en esa dirección. Durante un momento, sorprendidos, todos se preguntaban unos a otros. Después de derribar a un muchacho, logré cruzar la calle y, un momento más tarde, eché a correr por Russell Square. Detrás de mí iban seis o siete personas siguiendo mis huellas, asombrados. No tenía tiempo para dar explicaciones, si no quería que aquel montón de gente se me echase encima. Di la vuelta a dos esquinas, y crucé tres veces la calle, volviendo sobre mis propias huellas y, al mismo tiempo que mis pies se iban calentando y secando, las huellas, húmedas, iban desapareciendo. Al final, tuve un momento de respiro que aproveché para quitarme el barro de los pies con las manos y, así, me salvé. Lo último que vi de aquella persecución, fue un grupo de gente, quizás una docena de personas, que estudiaban con infinita perplejidad una huella que se secaba rápidamente, y que yo había dejado en un charco de Tavistock Square. Una huella tan aislada e incomprensible para ellos, como el descubrimiento solitario de Robinson Crusoe. La carrera me había servido para entrar en calor y caminaba mucho mejor por las calles menos frecuentadas que había por aquella zona. La espalda se me había endurecido y me dolía bastante, y también la garganta, desde que el cochero me diera el manotazo. El mismo cochero me había hecho un arañazo en el cuello; los pies me dolían mucho y, además, cojeaba, porque tenía un corte en uno. Vi a un ciego y en ese momento me aparté. Tenía miedo de la sutileza de su intuición. En un par de ocasiones me choqué, dejando a la gente asombrada por las maldiciones que les decía. Después me cayó algo en la cara, y mientras cruzaba la plaza, noté un velo muy fino de copos de nieve, que caían lentamente. Había cogido un resfriado y, a pesar de todo, no podía evitar estornudar de vez en cuando. Y cada perro que veía con la nariz levantada, olfateando, significaba para mí un verdadero terror. Después vi a un grupo de hombres y niños que corrían gritando. Había un incendio. Corrían en dirección a mi antiguo hospedaje, y al volverme para mirar calle abajo, vi una masa de humo negro por encima de los tejados y de los cables de teléfono. Estaba ardiendo mi casa. Toda mi ropa, mis aparatos y mis posesiones, excepto la libreta de cheques y los tres libros que me esperaban en Great Portland Street, estaban allí. ¡Se estaba quemando todo! Había quemado mis cosas. Todo aquel lugar estaba en llamas.

El hombre invisible dejó de hablar y se quedó pensativo. Kemp miró nerviosamente por la ventana.

—¿Y qué más? —dijo—. Continúa.

XXII
En los grandes almacenes

Así fue cómo el mes de enero pasado, cuando empezaba a caer la nieve, ¡y si me hubiera caído encima, me habría delatado!, agotado, helado, dolorido, tremendamente desgraciado, y todavía a medio convencer de mi propia invisibilidad, empecé esta nueva vida con la que me he comprometido. No tenía ningún sitio dónde ir, ningún recurso, y nadie en el mundo en quién confiar. Revelar mi secreto significaba delatarme, convertirme en un espectáculo para la gente, en una rareza humana. Sin embargo, estuve tentado de acercarme a cualquier persona que pasara por la calle y ponerme a su merced, pero veía claramente el terror y la crueldad que despertaría cualquier explicación por parte mía. No tracé ningún plan mientras estuve en la calle. Sólo quería resguardarme de la nieve, abrigarme y calentarme. Entonces podría pensar en algo, aunque, incluso para mí, hombre invisible, todas las casas de Londres, en fila, estaban bien cerradas, atrancadas y con los cerrojos corridos. Sólo veía una cosa clara: tendría que pasar la noche bajo la fría nieve; pero se me ocurrió una idea brillante. Di la vuelta por una de las calles que van desde Gower Street a Tottenham Court Road, y me encontré con que estaba delante de Omnium, un establecimiento donde se puede comprar de todo. Imagino que conoces ese lugar. Venden carne, ultramarinos, ropa de cama, muebles, trajes, cuadros al óleo, de todo. Es más una serie de tiendas que una tienda. Pensé encontrar las puertas abiertas, pero estaban cerradas. Mientras estaba delante de aquella puerta, grande, se paró un carruaje, y salió un hombre de uniforme, que llevaba la palabra "Omnium" grabada en la gorra. El hombre abrió la puerta. Conseguí entrar y empecé a recorrer la tienda. Entré en una sección en la que vendían cintas, guantes, calcetines y cosas de ese estilo, y de allí pasé a otra sala mucho más grande que estaba dedicada a cestos de picnic y muebles de mimbre. Sin embargo, no me sentía seguro. Había mucha gente que iba de un lado para otro. Estuve merodeando inquieto, hasta que llegué a una sección muy grande que estaba en el piso superior. Había montones y montones de camas y un poco más allá un sitio con todos los colchones enrollados, unos encima de otros. Ya habían encendido las luces y se estaba muy caliente. Por tanto, decidí quedarme donde estaba, observando con precaución a dos o tres clientes y empleados, hasta que llegara el momento de cerrar. Después, pensé, podría robar algo de comida y ropas y, disfrazado, merodear un poco por allí para examinar todo lo que tenía a mi alcance y, quizá, dormir en alguna cama. Me pareció un plan aceptable. Mi idea era la de procurarme algo de ropa para tener una apariencia aceptable, aunque iba a tener que ir prácticamente embozado; conseguir dinero y después recobrar mis libros y mi paquete, alquilar una habitación en algún sitio y, una vez allí, pensar en algo que me permitiera disfrutar de las ventajas que, como hombre invisible, tenía sobre el resto de los hombres. Pronto llegó la hora de cerrar; no había pasado una hora desde que me subí a los colchones, cuando vi cómo bajaban las persianas de los escaparates y cómo todos los clientes se dirigían hacia la puerta. Acto seguido, un animado grupo de jóvenes empezó a ordenar, con una diligencia increíble, todos los objetos. A medida que el sitio se iba quedando vacío, dejé mi escondite y empecé a merodear, con precaución, por las secciones menos solitarias de la tienda. Me quedé sorprendido, al ver la rapidez con la que aquellos hombres y mujeres guardaban todos los objetos que se habían expuesto durante el día. Las cajas, las telas, las cintas, las cajas de dulces de la sección de alimentación, las muestras de esto y de aquello, absolutamente todo, se colocaba, se doblaba, se metía en cajas, y a lo que no se podía guardar, le echaban una sábana por encima. Por último, colocaron todas las sillas encima de los mostradores, despejando el suelo. Después de terminar su tarea, cada uno de aquellos jóvenes se dirigía a la salida con una expresión de alegría en el rostro, como nunca antes había visto en ningún empleado de ninguna tienda. Después aparecieron varios muchachos echando aserrín y provistos de cubos y de escobas. Tuve que echarme a un lado para no interponerme en su camino, y aún así, me echaron aserrín en un tobillo. Durante un buen rato, mientras deambulaba por las distintas secciones, con las sábanas cubriéndolo todo y a oscuras, oía el ruido de las escobas. Y, finalmente, una hora después, o quizás un poco más de que cerraran, pude oír cómo echaban la llave. El lugar se quedó en silencio. Yo me vi caminando entre la enorme complejidad de tiendas, galerías y escaparates. Estaba completamente solo. Todo estaba muy tranquilo. Recuerdo que, al pasar cerca de la entrada que daba a Tottenham Court Road, escuché las pisadas de los peatones. Me dirigí primero al lugar donde se vendían calcetines y guantes. Estaba a oscuras; tardé un poco en encontrar cerillas, pero finalmente las encontré en el cajón de la caja registradora. Después tenía que conseguir una vela. Tuve que desenvolver varios paquetes y abrir numerosas cajas y cajones, pero al final pude encontrar lo que buscaba. En la etiqueta de una caja decía: calzoncillos y camisetas de lana; después tenía que conseguir unos calcetines, gordos y cómodos; luego me dirigí a la sección de ropa y me puse unos pantalones, una chaqueta, un abrigo y un sombrero bastante flexible, una especie de sombrero de clérigo, con el ala inclinada hacia abajo. Entonces, empecé a sentirme de nuevo como un ser humano; y en seguida, pensé en la comida. Arriba había una cafetería, donde pude comer un poco de carne fría. Todavía quedaba un poco de café en la cafetera, así que encendí el gas y lo volví a calentar. Con esto me quedé bastante bien. A continuación, mientras buscaba mantas (al final, tuve que conformarme con un montón de edredones), llegué a la sección de alimentación, donde encontré chocolate y fruta escarchada, más de lo que podía comer, y vino blanco de Borgoña. Al lado de ésta, estaba la sección de juguetes, y se me ocurrió una idea genial. Encontré unas narices artificiales, sabes, de esas de mentira, y pensé también en unas gafas negras. Pero los grandes almacenes no tenían sección de óptica. Además, tuve dificultades con la nariz; pensé, incluso, en pintármela. Al estar allí, me había hecho pensar en pelucas, máscaras y cosas por el estilo. Por último, me dormí entre un montón de edredones, donde estaba muy cómodo y caliente. Los últimos pensamientos que tuve antes de dormirme, fueron los más agradables que había tenido desde que sufrí la transformación. Estaba físicamente sereno, y eso se reflejaba en mi mente. Pensé que podría salir del establecimiento sin que nadie reparara en mí, con toda la ropa que llevaba, tapándome la cara con una bufanda blanca; pensaba en comprarme unas gafas con el dinero que había robado, y así completar mi disfraz.

Todas las cosas increíbles que me habían ocurrido durante los últimos días pasaron por mi mente en completo desorden. Vi al viejo judío, dando voces en su habitación, a sus dos hijastros asombrados, la cara angulosa de la vieja que preguntaba por su gata. Volví a experimentar la extraña sensación de ver cómo desaparecía el trozo de tela, y volví a la ladera azotada por el viento, en donde aquel viejo cura mascullaba lloriqueando: "Lo que es de las cenizas, a las cenizas; lo que es de la tierra, a la tierra", y la tumba abierta de mi padre. "Tú también", dijo una voz y, de repente, noté cómo me empujaban hacia la tumba. Me debatí, grité, llamé a los acompañantes, pero continuaban escuchando el servicio religioso; lo mismo ocurría al viejo clérigo, que proseguía murmurando sus oraciones sin vacilar un instante. Me di cuenta entonces, de que era invisible y de que nadie me podía oír, que fuerzas sobrenaturales me tenían agarrado. Me debatía en vano, pues algo me llevaba hasta el borde de la fosa; el ataúd se hundió al caer yo encima de él; luego empezaron a tirarme encima paladas de tierra. Nadie me prestaba atención, nadie se daba cuenta de lo que me ocurría. Empecé a debatirme con todas mis fuerzas y, finalmente, me desperté. Estaba amaneciendo y el lugar estaba inundado por una luz grisácea y helada que se filtraba por los bordes de las persianas de los escaparates. Me senté y me pregunté qué hacía yo en aquel espacioso lugar lleno de mostradores, rollos de tela apilados, montones de edredones y almohadas, y columnas de hierro. Después, cuando pude acordarme de todo, oí unas voces que conversaban. Al final de la sala, envueltos en la luz de otra sección, en la que ya habían subido las persianas, vi a dos hombres que se aproximaban. Me puse de pie, mirando a mi alrededor, buscando un sitio por dónde escapar. El ruido que hice delató mi presencia. Imagino que sólo vieron una figura que se alejaba rápidamente. "Quién anda ahí?", gritó uno, y el otro: "¡Alto!" Yo doblé una esquina y me choqué de frente, ¡imagínate, una figura sin rostro!, con un chico larguirucho de unos quince años. El muchacho dio un grito, lo eché a un lado, doblé otra esquina y, por una feliz inspiración, me tumbé detrás de un mostrador. Acto seguido, vi cómo pasaban unos pies corriendo y oí voces que gritaban: " ¡Vigilad las puertas! ", y se preguntaban qué pasaba y daban una serie de consejos sobre cómo atraparme. Allí, en el suelo, estaba completamente aterrado. Y, por muy raro que parezca, no se me ocurrió quitarme la ropa de encima, cosa que debería haber hecho. Imagino que me había hecho a la idea de salir con ella puesta. Después, desde el otro extremo de los mostradores, oí cómo alguien gritaba: "¡Aquí está!" Me puse en pie de un salto, cogí una de las sillas del mostrador y se la tiré al loco que había gritado. Luego, me volví y, al doblar una esquina, me choqué con otro, lo tiré al suelo y me lancé escaleras arriba. El dependiente recobró el equilibrio, dio un grito, y se puso a seguirme. En la escalera había amontonadas vasijas de colores brillantes. ¿Qué son? ¿Cómo se llaman?

—Jarrones —dijo Kemp.

—Eso es, jarrones. Bien, cuando estaba en el último escalón, me volví, cogí uno de esos jarrones, y se lo estampé en la cabeza a aquel idiota cuando venía hacia mí. Todo el montón de jarrones se vino abajo y pude oír gritos y pasos que llegaban de todos lados. Me dirigí a la cafetería y un hombre vestido de blanco, que parecía un cocinero, y que estaba allí, se puso a perseguirme. En un último y desesperado intento, eché a correr y me encontré rodeado de lámparas y de objetos de ferretería. Me escondí detrás del mostrador y esperé al cocinero. Cuando pasó delante, le di un golpe con una lámpara. Se cayó, me agaché detrás del mostrador y empecé a quitarme la ropa tan rápido como pude. El abrigo, la chaqueta, los pantalones y los zapatos me los quité sin ningún problema, pero tuve algunos con la camiseta, pues las de lana se pegan al cuerpo como una segunda piel. Oí cómo llegaban otros hombres; el cocinero estaba inmóvil en el suelo al otro lado del mostrador, se había quedado sin habla, no sé si porque estaba aturdido o porque tenía miedo, y yo tenía que intentar escapar. Luego oí una voz que gritaba: "¡Por aquí, policía!" Yo me encontraba de nuevo en la planta dedicada a las camas, y vi que al fondo había un gran número de armarios. Me metí entre ellos, me tiré al suelo y logré, por fin, después de infinitos esfuerzos, liberarme de la camiseta. Me sentí un hombre libre otra vez, aunque jadeando y asustado, cuando el policía y tres de los dependientes aparecieron, doblando una esquina. Se acercaron corriendo al lugar en donde había dejado la camiseta y los calzoncillos, y cogieron los pantalones. "Se está deshaciendo de lo robado", dijo uno. "Debe estar en algún sitio, por aquí". Pero, en cualquier caso, no lograron encontrarme. Me los quedé mirando un rato, mientras me buscaban, y maldije mi mala suerte por haber perdido mi ropa. Después subí a la cafetería, tomé un poco de leche que encontré y me senté junto al fuego a reconsiderar mi situación. Al poco tiempo, llegaron dos dependientes y empezaron a charlar, excitados, sobre el asunto, demostrando su imbecilidad. Pude escuchar el recuento, exagerado, de los estragos que había causado y algunas teorías sobre mi posible escondite. En aquel momento dejé de escuchar y me dediqué a pensar. La primera dificultad, y más ahora que se había dado la voz de alarma, era la de salir, fuese como fuese, de aquel lugar. Bajé al sótano para ver si tenía suerte y podía preparar un paquete y franquearlo, pero no entendía muy bien el sistema de comprobación.

Sobre las once, viendo que la nieve se estaba derritiendo, y que el día era un poco más cálido que el anterior, decidí que ya no tenía nada que hacer en los grandes almacenes y me marché, desesperado por no haber conseguido lo que quería y sin ningún plan de acción a la vista.

XXIII
En Drury Lane

—Te habrás empezado a dar cuenta —dijo el hombre invisible— de las múltiples desventajas de mi situación. No tenía dónde ir, ni tampoco ropa y, además, vestirme era perder mis ventajas y hacer de mí un ser extraño y terrible. Estaba en ayunas, pero, si comía algo, me llenaba de materia sin digerir, y era hacerme visible de la forma más grotesca.

—No se me había ocurrido —dijo Kemp.

—Ni a mí tampoco. Y la nieve me había avisado de otros peligros. No podía salir cuando nevaba, porque me delataba si me caía encima. La lluvia también me convertía en una silueta acuosa, en una superficie reluciente, en una burbuja. Y, en la niebla, sería una burbuja borrosa, un contorno, un destello, como grasiento, de humanidad. Además, al salir, por la atmósfera de Londres, se me ensuciaron los tobillos y la piel se me llenó de motitas de hollín y de polvo. No sabía cuánto tiempo tardaría en hacerme visible por esto, pero era evidente, que no demasiado.

—Y menos en Londres, desde luego.

—Me dirigí a los suburbios cercanos a Great Portland Street y llegué al final de la calle en la que había vivido. Pero no seguí en esa dirección porque aún había gente frente a las ruinas, humeantes, de la casa que yo había incendiado. Mi primera preocupación era conseguir algo de ropa y todavía no sabía qué iba a hacer con mi cara. Entonces, en una de esas tiendas en las que venden de todo, periódicos, dulces, juguetes, papel de cartas, sobres, tonterías para Navidad y otras cosas por el estilo, vi una colección de máscaras y narices. Así que vi mi problema solucionado y supe qué camino debía tomar. Di la vuelta y, evitando las calles más concurridas, me encaminé hacia las calles que pasan por detrás del norte del Strand, porque, aunque no sabía exactamente dónde, recordaba que algunos proveedores de teatro tenían sus tiendas en aquella zona. Hacía frío y un viento cortante soplaba por las calles de la parte norte. Caminaba deprisa para evitar que me adelantaran. Cada cruce era un peligro y tenía que estar atento a los peatones. En una ocasión, cuando iba a sobrepasar a un hombre, al final de Bedford Street, éste se volvió y chocó conmigo, echándome de la acera. Me caí al suelo y casi me atropella un cabriolé. El cochero dijo que, probablemente, aquel hombre había sufrido un ataque repentino. El encontronazo me puso tan nervioso, que me dirigí al mercado de Covent Garden, y me senté un rato al lado de un puesto de violetas, en un rincón tranquilo. Estaba jadeando y temblaba. Había cogido otro resfriado y, después de un rato, tuve que salir fuera para no atraer la atención con mis estornudos. Pero, por fin, encontré lo que buscaba: una tienda pequeña, sucia y cochambrosa, en una calleja apartada, cerca de Drury Lane. La tienda tenía un escaparate lleno de trajes de lentejuelas, bisutería, pelucas, zapatillas, dominós y fotografías de teatro. Era una tienda oscura y antigua. La casa que se alzaba encima tenía cuatro pisos, también oscuros y tenebrosos. Eché un vistazo por el escaparate y, al ver que no había nadie, me colé dentro. Al abrir la puerta, sonó una campanilla. La dejé abierta, pasé por el lado de un perchero vacío y me escondí en un rincón, detrás de un espejo de cuerpo entero. Estuve allí un rato sin que apareciera nadie, pero después oí pasos que atravesaban una habitación y un hombre entró en la tienda. Yo sabía perfectamente lo que quería. Me proponía entrar en la casa, esconderme arriba y, aprovechando la primera oportunidad cuando todo estuviera en silencio, coger una peluca, una máscara, unas gafas y un traje y salir a la calle. Tendría un aspecto grotesco, pero por lo menos parecería una persona. Y, por supuesto, de forma accidental, podría robar todo el dinero disponible en la casa. El hombre que entró en la tienda era más bien bajo, algo encorvado, cejudo; tenía los brazos muy largos, las piernas muy cortas y arqueadas. Por lo que pude observar, había interrumpido su almuerzo. Empezó a mirar por la tienda, esperando encontrar a alguien, pero se sorprendió al verla vacía, y su sorpresa se tornó en ira. "¡Malditos chicos!", comentó. Salió de la tienda y miró arriba y abajo de la calle. Volvió a entrar, cerró la puerta de una patada y se dirigió, murmurando, hacia la puerta de su vivienda. Yo salí de mi escondite para seguirlo y, al oír el ruido, se paró en seco. Yo también lo hice, asombrado por la agudeza de su oído. Pero, después, me cerró la puerta en las narices. Me quedé allí parado dudando qué hacer, pero oí sus pisadas que volvían rápidamente. Se abrió otra vez la puerta. Se quedó mirando dentro de la tienda, como si no se hubiese quedado conforme. Después, sin dejar de murmurar, miró detrás del mostrador y en algunas estanterías. Acto seguido, se quedó parado, como dudando. Como había dejado la puerta de su vivienda abierta, yo aproveché para deslizarme en la habitación contigua. Era una habitación pequeña y algo extraña. Estaba pobremente amueblada, y en un rincón había muchas máscaras de gran tamaño. En la mesa, estaba preparado el desayuno. Y no te puedes imaginar la desesperación, Kemp, de estar oliendo aquel café y tenerme que quedar de pie, mirando cómo el hombre volvía y se ponía a desayunar. Su comportamiento en la mesa, además, me irritaba. En la habitación había tres puertas; una daba al piso de arriba y otra, al piso de abajo, pero las tres estaban cerradas. Además, apenas me podía mover, porque el hombre seguía estando alerta. Donde yo estaba, había una corriente de aire que me daba directamente en la espalda, y en dos ocasiones, pude aguantarme el estornudo a tiempo. Las sensaciones que estaba experimentando eran curiosas y nuevas para mí, pero, a pesar de esto, antes de que el hombre terminara de desayunar, yo estaba agotado y furioso. Por fin, terminó su desayuno. Colocó los miserables cacharros en la bandeja negra de metal, sobre la que había una tetera y, después de recoger todas las migajas de aquel mantel manchado de mostaza, se lo llevó todo. Su intención era cerrar la puerta tras él, pero no pudo, porque llevaba las dos manos ocupadas; nunca he visto a un hombre con tanta manía de cerrar las puertas. Lo seguí hasta una cocina muy sucia, que hacía las veces de oficina y que estaba en el sótano. Tuve el placer de ver cómo se ponía a fregar los platos y, después, viendo que no merecía la pena quedarse allí y dado que el suelo de ladrillo estaba demasiado frío para mis pies, volví arriba y me senté en una silla, junto al fuego. El fuego estaba muy bajo y, casi sin pensarlo, eché un poco más de carbón. Al oír el ruido, se presentó en la habitación y se quedó mirando. Empezó a fisgonear y casi llega a tocarme. Incluso después de este último examen, no parecía del todo satisfecho. Se paró en el umbral de la puerta y echó un último vistazo antes de bajar. Esperé en aquel cuarto una eternidad, hasta que, finalmente, subió y abrió la puerta que conducía al piso de arriba. Esta vez me las arreglé para seguirlo. Sin embargo, en la escalera se volvió a parar de repente, de forma que casi me echo encima de él. Se quedó de pie, mirando hacia atrás, justo a la altura de mi cara, escuchando. "Hubiera jurado..." dijo. Se tocó el labio inferior con aquella mano, larga y peluda y, con su mirada, recorrió las escaleras de arriba abajo. Luego gruñó y siguió subiendo. Cuando tenía la mano en el pomo de la puerta, se volvió a parar con la misma expresión de ira en su rostro. Se estaba dando cuenta de los ruidos que yo hacía, al moverme, detrás de él. Aquel hombre debía tener un oído endiabladamente agudo. De pronto, y llevado por la ira, gritó: "¡Si hay alguien en esta casa...!", y dejó ese juramento sin terminar. Se echó mano al bolsillo y, no encontrando lo que buscaba, pasó a mi lado corriendo y se lanzó escaleras abajo, haciendo ruido y con aire de querer pelear. Pero esta vez no lo seguí, sino que esperé sentado en la escalera a que volviera. Al momento estaba arriba de nuevo y seguía murmurando. Abrió la puerta de la habitación y, antes de que yo pudiera colarme, me dio con ella en las narices. Decidí, entonces, echar un vistazo por la casa, y a eso le dediqué un buen rato, cuidándome de hacer el menor ruido posible. La casa era muy vieja y tenía un aspecto ruinoso; había tanta humedad, que el papel del desván se caía a tiras, y estaba infestada de ratas. Algunos de los pomos de las puertas chirriaban y me daba un poco de miedo girarlos. Varias habitaciones estaban completamente vacías y otras estaban llenas de trastos de teatro, comprados de segunda mano, a juzgar por su apariencia. En la habitación contigua a la suya encontré mucha ropa vieja. Empecé a revolver entre aquella ropa, olvidándome de la agudeza de oído de aquel hombre. Oí pasos cautelosos y miré justo en el momento de verle cómo fisgoneaba entre aquel montón de ropa y sacaba una vieja pistola. Me quedé quieto, mientras él miraba a su alrededor, boquiabierto y desconfiado. "Tiene que haber sido ella", dijo. "¡Maldita sea!". Cerró la puerta con cuidado e, inmediatamente, oí cómo echaba la llave. Sus pisadas se alejaron y me di cuenta de que me había dejado encerrado. Durante un minuto me quedé sin saber qué hacer. Me dirigí a la ventana y luego volví a la puerta. Me quedé allí de pie, perplejo. Me empezó a henchir la ira. Pero decidí seguir revolviendo la ropa antes de hacer nada más y, al primer intento, tiré uno de los montones que había en uno de los estantes superiores. El ruido hizo que volviera de nuevo, con un aspecto mucho más siniestro que nunca. Esta vez llegó a tocarme y dio un salto hacia atrás, sorprendido, y se quedó asombrado en medio de la habitación. En ese momento se calmó un poco. "¡Ratas!", dijo en voz baja, tapándose los labios con sus dedos. Evidentemente, tenía un poco de miedo. Me dirigí silenciosamente hacia la puerta, fuera de la habitación, pero, mientras lo hacía, una madera del suelo crujió. Entonces aquel bruto infernal empezó a recorrer la casa, pistola en mano, cerrando puerta tras puerta y metiéndose las llaves en el bolsillo. Cuando me di cuenta de lo que intentaba hacer, sufrí un ataque de ira que casi me impidió controlarme en el intento de aprovechar cualquier oportunidad. A esas alturas yo sabía que se encontraba solo en la casa y, no pudiendo esperar más, le di un golpe en la cabeza.

—¿Le diste un golpe en la cabeza? —exclamó Kemp.

—Sí, mientras bajaba las escaleras. Le golpeé por la espalda con un taburete que había en el descansillo. Cayó rodando como un saco de patatas.

—¡Pero...! Las normas de comportamiento de cualquier ser humano...

—Están muy bien para la gente normal. Pero la verdad era, Kemp, que yo tenía que salir de allí disfrazado y sin que aquel hombre me viera. No podía pensar en otra forma distinta de hacerlo. Le amordacé con un chaleco Luis XIV y le envolví en una sábana.

—¿Que le envolviste en una sábana?

—Sí, hice una especie de hatillo. Era una idea excelente para asustar a aquel idiota y maniatarlo. Además, era difícil que se escapara, pues lo había atado con una cuerda. Querido Kemp, no deberías quedarte ahí sentado, mirándome como si fuera un asesino.

Tenía que hacerlo. Aquel hombre tenía una pistola. Si me hubiera visto tan sólo una vez, habría podido describirme.

—Pero —dijo Kemp— en Inglaterra... actualmente. Y el hombre estaba en su casa, y tú estabas ro... bando.

—¡Robando! ¡Maldita sea! ¡Y, ahora, me llamas ladrón! De verdad, Kemp, pensaba que no estabas tan loco como para ser tan anticuado. ¿No te das cuenta de la situación en la que estaba?

—¿Y la suya? —dijo Kemp.

El hombre invisible se puso de pie bruscamente.

—¿Qué estás intentando decirme?

Kemp se puso serio. Iba a empezar a hablar, pero se detuvo.

—Bueno, supongo que, después de todo, tenías que hacerlo —dijo, cambiando rápidamente de actitud—. Estabas en un aprieto. Pero de todos modos...

—Claro que estaba en un aprieto, en un tremendo aprieto. Además, aquel hombre me puso furioso, persiguiéndome por toda la casa, jugueteando con la pistola, abriendo y cerrando puertas. Era desesperante. ¿No me irás a echar la culpa, verdad? ¿No me reprocharás nada?

—Nunca culpo a nadie —dijo Kemp—. Eso es anticuado. ¿Qué hiciste después?

—Tenía mucha hambre. Abajo encontré pan y un poco de queso rancio, lo que bastó para saciar mi apetito. Tomé un poco de coñac con agua y, después, pasando por encima del improvisado paquete, que yacía inmóvil, volví a la habitación donde estaba la ropa. La habitación daba a la calle. En la ventana había unas cortinas de encaje de color marrón muy sucias. Me acerqué a la ventana y miré la calle tras las cortinas. Fuera, el día era muy claro, en contraste con la penumbra de la ruinosa casa en la que me encontraba. Había bastante tráfico: carros de fruta, un cabriolé, un coche cargado con un montón de cajas, el carro de un pescadero. Cuando me volví hacia lo que tenía detrás, tan sombrío, había miles de motitas de colores que me bailaban en los ojos. Mi estado de excitación me llevaba de nuevo a comprender claramente mi situación. En la habitación, había cierto olor a benzol, e imagino que lo usaría para limpiar la ropa. Empecé a rebuscar sistemáticamente por toda la habitación. Supuse que aquel jorobado vivía solo en aquella casa desde hacía algún tiempo. Era una persona curiosa. Todo lo que resultaba, a mi parecer de utilidad, lo iba amontonando y, después, me dediqué a hacer una selección. Encontré una cartera que me pareció que se podía utilizar, un poco de maquillaje, colorete y esparadrapo. Había pensado pintarme y maquillarme la cara, y todas las partes del cuerpo que quedaran a la vista para hacerme visible, pero encontré la desventaja de que necesitaba aguarrás, otros accesorios y mucho tiempo, si quería volver a desaparecer de nuevo. Al final, elegí una nariz de las que me parecían mejores, algo grotesca, pero no mucho más que la de algunos hombres, unas gafas oscuras, unos bigotes grisáceos y una peluca; no pude encontrar ropa interior, pero podría comprármela después; de momento, me envolví en un traje de percal y en algunas bufandas de cachemir blanco. Tampoco encontré calcetines, pero las botas del jorobado me venían bastante bien, y eso me resultaba suficiente. En un escritorio de la tienda encontré tres soberanos y unos treinta chelines de plata, y en un armario de una habitación interior, encontré ocho monedas de oro. Equipado como estaba, podía salir, de nuevo, al mundo. En

este momento me entró una duda curiosa: ¿mi aspecto era realmente...
normal? Me miré en un espejo; lo hice con minuciosidad, mirando cada
parte de mi cuerpo, para ver si había quedado alguna sin cubrir, pero
todo parecía estar bien. Quedaba un poco grotesco, como si hiciera teatro; parecía representar la figura del avaro, pero, desde luego, nada se
salía de lo posible. Tomando confianza, llevé el espejo a la tienda, bajé
las persianas y, con la ayuda del espejo de cuerpo entero que había en
un rincón, me volví a mirar desde distintos puntos de vista. Aún pasaron unos minutos, por fin me armé de valor, abrí la puerta y salí a la
calle, dejando a aquel hombrecillo que escapara de la sábana cuando
quisiera. Cinco minutos después estaba ya a diez o doce manzanas de la
tienda. Nadie parecía fijarse en mí. Me pareció que mi última dificultad
se había resuelto.

El hombre invisible dejó de hablar otra vez.

—¿Y ya no te has vuelto a preocupar por el jorobado? —preguntó
Kemp.

—No —dijo el hombre invisible—. Ni tampoco sé qué ha sido de él.
Imagino que acabaría desatándose o saldría de algún otro modo, porque los nudos estaban muy apretados.

Se calló de nuevo y se acercó a la ventana.

—¿Qué ocurrió cuando saliste al Strand?

—¡Oh!, una nueva desilusión. Pensé que mis problemas se habían
terminado. Pensé también que, prácticamente, podía hacer cualquier cosa
impunemente, excepto revelar mi secreto. Es lo que pensaba. No me
importaban las cosas que pudiera hacer ni sus consecuencias. Lo único
que debía hacer era quitarme la ropa y desaparecer. Nadie podía pillar-
me. Podía coger dinero de allá donde lo viera. Decidí darme un banquete,
después, alojarme en un buen hotel y comprarme cosas nuevas. Me sentía asombrosamente confiado, no es agradable reconocer que era un
idiota. Entré en un sitio y pedí el menú, sin darme cuenta de que no
podía comer sin mostrar mi cara invisible. Acabé pidiendo el menú y
le dije al camarero que volvería en diez minutos. Me marché de allí furioso. No sé si tú has sufrido una decepción de ese tipo, cuando tienes
hambre.

—No, nunca de ese tipo —dijo Kemp—, pero puedo imaginármelo.

—Tenía que haberme liado a golpes con aquellos tontos. Al final,
con la idea fija de comer algo, me fui a otro sitio y pedí un reservado.
"Tengo la cara muy desfigurada", le dije. Me miraron con curiosidad,
pero, como no era asunto suyo, me sirvieron el menú como yo quería.
No era demasiado bueno, pero era suficiente; cuando terminé, me fumé
un puro y empecé a hacer planes. Fuera, empezaba a nevar. Cuanto más
lo pensaba, Kemp, más me daba cuenta de lo absurdo que era un hombre

invisible en un clima tan frío y sucio y en una ciudad con tanta gente. Antes de realizar aquel loco experimento, había imaginado mil ventajas; sin embargo, aquella tarde, todo era decepción. Empecé a repasar las cosas que el hombre considera deseables. Sin duda, la invisibilidad me iba a permitir conseguirlas, pero una vez en mi poder, sería imposible disfrutarlas. La ambición... ¿de qué vale estar orgulloso de un lugar cuando no se puede aparecer por allí? ¿De qué vale el amor de una mujer, cuando ésta tiene que llamarse necesariamente Dalila? No me gusta la política, ni la sinvergonzonería de la fama, ni el deporte, ni la filantropía. ¿A qué me iba a dedicar? ¡Y para eso me había convertido en un misterio embozado, en la caricatura vendada de un hombre!

Hizo una pausa y, por su postura, pareció estar echando un vistazo por la ventana.

—¿Pero cómo llegaste a Iping? —dijo Kemp, ansioso de que su invitado continuara su relato.

—Fui a trabajar. Todavía me quedaba una esperanza. ¡Era una idea que aún no estaba del todo definida! Todavía la tengo en mente y, actualmente, está muy clara. ¡Es el camino inverso! El camino de restituir todo lo que he hecho, cuando quiera, cuando haya realizado todo lo que deseé siendo invisible. Y de esto quiero hablar contigo.

—¿Fuiste directamente a Iping?

—Sí. Simplemente tenía que recuperar mis tres libros y mi talón de cheques, mi equipaje y algo de ropa interior. Además, tenía que encargar una serie de productos químicos para poder llevar a cabo mi idea. Te enseñaré todos mis cálculos en cuanto recupere mis libros—, y me puse en marcha. Ahora recuerdo la nevada y el trabajo que me costó que la nieve no me estropeara la nariz de cartón.

—Y luego —dijo Kemp—; anteayer, cuando te descubrieron, tú a juzgar por los periódicos...

—Sí, todo eso es cierto. ¿Maté a aquel policía?

—No —dijo Kemp—. Se espera una recuperación en poco tiempo.

—Entonces, tuvo suerte. Perdí el control. ¡Esos tontos! ¿Por qué no me dejaban solo? ¿Y el bruto del tendero?

—Se espera que no haya ningún muerto —dijo Kemp.

—Del que no sé nada, es del vagabundo —dijo el hombre invisible, con una sonrisa desagradable—. ¡Por el amor de Dios, Kemp, tú no sabes lo que es la rabia! ¡Haber trabajado durante años, haberlo planeado todo, para que después un idiota se interponga en tu camino! Todas y cada una de esas criaturas estúpidas que hay en el mundo se han topado conmigo. Si esto continúa así, me volveré loco y empezaré a cortar cabezas. Ellos han hecho que todo me resulte mil veces más difícil.

—No hay duda de que son suficientes motivos para que uno se ponga furioso —dijo Kemp, secamente.

XXIV
El plan que fracasó

—¿Y qué vamos a hacer nosotros ahora? —dijo Kemp, mirando por la ventana.

Se acercó a su huésped mientras le hablaba, para evitar que éste pudiera ver a los tres hombres que subían a la colina, con una intolerable lentitud, según le pareció.

—¿Qué estabas planeando cuando te dirigías a Port Burdock? ¿Tenías alguna idea?

—Me disponía a salir del país, pero he cambiado de idea después de hablar contigo. Pensé que sería sensato, ahora que el tiempo es cálido y la invisibilidad posible, ir hacia el Sur. Ahora, mi secreto ya se conoce, y todo el mundo anda buscando a una persona enmascarada y embozada. Desde aquí, hay una línea de barcos que va a Francia. Mi idea era embarcar y correr el riesgo del viaje. Desde allí, cogería un tren para España, o bien para Argelia. Eso no sería difícil. Allí podría ser invisible y podría vivir. Allí podría, incluso, hacer cosas. Estaba utilizando a aquel vagabundo para que me llevara el dinero y el equipaje, hasta que decidiera cómo enviar mis libros y mis cosas y hacerlos llegar hasta mí.

—Eso queda claro.

—¡Pero entonces el animal decide robarme! Ha escondido mis libros, Kemp, ¡los ha escondido! ¡Si le pongo las manos encima...!

—Lo mejor sería, en primer lugar, recuperar los libros.

—¿Pero dónde está? ¿Lo sabes tú?

—Está encerrado en la comisaría de policía por voluntad propia. En la celda más segura.

—¡Canalla! —dijo el hombre invisible.

—Eso retrasará tus planes.

—Tenemos que recuperar los libros. Son vitales.

—Desde luego —dijo Kemp un poco nervioso, preguntándose si lo que oía fuera eran pasos—. Desde luego que tenemos que recuperarlos. Pero eso no será muy difícil, si él no sabe lo que significan para ti.

—No —dijo el hombre invisible, pensativo.

Kemp estaba intentando pensar en algo que mantuviera la conversación, pero el hombre invisible siguió hablando.

—El haber dado con tu casa, Kemp —dijo—, cambia todos mis planes. Tú eres un hombre capaz de entender ciertas cosas. A pesar de lo ocurrido, a pesar de toda esa publicidad, de la pérdida de mis libros, de todo lo que he sufrido, todavía tenemos grandes posibilidades, enormes posibilidades... ¿No le habrás dicho a nadie que estoy aquí? —preguntó de repente.

Kemp dudó un momento.

—Claro que no —dijo.

—¿A nadie? —insistió Griffin.

—Ni a un alma.

—Bien.

El hombre invisible se puso de pie y, con los brazos en jarras, comenzó a dar vueltas por el estudio.

—Cometí un error, Kemp, un grave error al intentar llevar este asunto yo solo. He malgastado mis fuerzas, tiempo y oportunidades. Yo solo, ¡es increíble lo poco que puede hacer un hombre solo!, robar un poco, hacer un poco de daño, y ahí se acaba todo. Kemp necesito a alguien que me ayude y un lugar donde esconderme, un sitio dónde poder dormir, comer y estar tranquilo sin que nadie sospeche de mí. Tengo que tener un cómplice. Con un cómplice, comida y alojamiento se pueden hacer mil cosas. Hasta ahora, he seguido unos planes demasiado vagos. Tenemos que considerar lo que significa ser libre y, también, lo que no significa. Tiene una ventaja mínima para espiar y para cosas de ese tipo, pues no se hace ruido. Quizá sea de más ayuda para entrar en las casas, pero si alguien me coge, me pueden meter en la cárcel. Por otro lado, es muy difícil atraparme. De hecho, la invisibilidad es útil en dos casos: para escapar y para acercarse a los sitios. Por eso resulta muy útil para cometer asesinatos. Puedo acercarme a cualquiera, independientemente del arma que lleve, y elegir el sitio, pegar como quiera, esquivarlo como quiera y escapar como quiera.

Kemp se llevó la mano al bigote. ¿Se había movido alguien abajo?

—Y lo que tenemos que hacer, Kemp, es matar.

—Lo que tenemos que hacer es matar —repitió Kemp—. Estoy escuchando lo que dices, Griffin, pero no estoy de acuerdo contigo. ¿Por qué matar?

—No quiero decir matar sin control, sino asesinar de forma sensata. Ellos saben que hay un hombre invisible, lo mismo que nosotros sabemos que existe un hombre invisible. Y ese hombre invisible, Kemp, tiene que establecer ahora su Reinado del Terror. Sí, no cabe duda de que la idea es sobrecogedora, pero es lo que quiero decir: el Reinado del Terror. Tiene que tomar una ciudad como Burdock, por ejemplo, aterrorizar a sus habitantes y dominarla. Tiene que publicar órdenes. Puede realizar esta tarea de mil formas; podría valer, por ejemplo, echar unos cuantos papeles por debajo de las puertas. Y hay que matar a todo el que desobedezca sus órdenes, y también a todo el que lo defienda.

—¡Bah! —dijo Kemp, que ya no escuchaba a Griffin, sino el sonido de la puerta principal de la casa que se abría y se cerraba—. Me parece, Griffin —comentó para disimular—, que tu cómplice se encontraría en una situación difícil.

—Nadie sabría que era cómplice —dijo el hombre invisible con ansiedad, y luego—: ¡Sssh! ¿Qué ocurre abajo?

—Nada —dijo Kemp, quien de repente empezó a hablar más deprisa y subiendo el tono de voz—. No estoy de acuerdo, Griffin —dijo—. Entiéndeme. No estoy de acuerdo. ¿Por qué sueñas jugar en contra de la humanidad? ¿Cómo puedes esperar alcanzar la felicidad? No te conviertas en un lobo solitario. Haz que todo el país sea tu cómplice, publicando tus resultados. Imagina lo que podrías hacer si te ayudasen un millón de personas.

El hombre invisible interrumpió a Kemp.

—Oigo pasos que se acercan por la escalera —le dijo en voz baja.

—Tonterías —dijo Kemp.

—Déjame comprobarlo —dijo el hombre invisible, y se acercó a la puerta con el brazo extendido. Kemp lo dudó un momento e intentó impedir que lo hiciera. El hombre invisible, sorprendido, se quedó parado.

—¡Eres un traidor! —gritó la voz, abriéndose de repente la bata.

El hombre invisible se sentó y empezó a quitarse la ropa. Kemp dio tres pasos rápidos hacia la puerta, y el hombre invisible, cuyas piernas habían desaparecido, se puso de pie dando un grito. Kemp abrió la puerta.

Cuando lo hizo, se oyeron pasos que corrían por el piso de abajo y voces.

Con un rápido movimiento, Kemp empujó al hombre invisible hacia atrás, dio un salto fuera de la habitación y cerró la puerta. La llave estaba preparada. Segundos después, Griffin habría podido quedar atrapado, solo, en el estudio, pero hubo un fallo: Kemp había metido la llave apresuradamente en la cerradura, y al dar un portazo, ésta había caído en la alfombra.

Kemp quedó pálido. Intentó sujetar el pomo de la puerta con las dos manos, y estuvo así, agarrándolo, durante unos segundos, pero la puerta cedió y se abrió unos centímetros. Luego, volvió a cerrarse. La segunda vez, se abrió un poco más y la bata se metió por la abertura. A Kemp lo cogieron por el cuello unos dedos invisibles, y soltó el pomo de la puerta para defenderse; lo empujaron, tropezó y cayó en un rincón del rellano. Luego, le echaron la bata vacía encima.

El coronel Adye, al que Kemp había mandado la carta, estaba subiendo la escalera. El coronel era el jefe de policía de Burdock. Éste se quedó mirando espantado la repentina aparición de Kemp, seguida de los aspavientos de aquella bata vacía en el aire. Vio cómo Kemp se caía y se volvía a poner de pie. Lo vio arremeter contra algo hacia adelante y caer de nuevo, como si fuera un buey.

Acto seguido, le dieron, de repente, un golpe muy fuerte que llegó de la nada. Le pareció que un enorme peso se le echó encima y rodó por las escaleras, con una mano apretándole la garganta y una rodilla presionándole en la ingle. Un pie invisible le pisoteó la espalda y unos pasos ligeros y fantasmales bajaron las escaleras. Oyó cómo, en el vestíbulo, los dos oficiales de policía daban un grito y salían corriendo; después, la puerta de la calle dio un gran portazo.

Se dio la vuelta y se quedó sentado, mirando. Vio a Kemp, que se tambaleaba, bajando las escaleras, lleno de polvo y despeinado. Tenía un golpe en la cara, le sangraba el labio y llevaba en las manos una bata roja y algo de ropa interior.

— ¡Dios mío! —gritó Kemp—. ¡Se acabó el juego! ¡Se ha escapado!

XXV
A la caza del hombre invisible

Durante un rato, Kemp fue incapaz de hacer comprender a Adye todo lo que había ocurrido. Los dos hombres se quedaron en el rellano, mientras Kemp hablaba deprisa, todavía con las absurdas ropas de Griffin en la mano. El coronel Adye empezaba a entender el asunto.

— ¡Está loco! —dijo Kemp—. No es un ser humano. Es puro egoísmo. Tan sólo piensa en su propio interés, en su salvación. ¡Esta mañana he podido escuchar la historia de su egoísmo! Ha herido a varios hombres y empezará a matar, a no ser que podamos evitarlo. Cundirá el pánico. Nada puede pararlo y ahora se ha escapado... ¡completamente furioso!

—Tenemos que atraparlo —dijo Adye—, de eso estoy seguro.

—¿Pero cómo? —gritó Kemp y, de pronto, se le ocurrieron varias ideas—. Hay que empezar ahora mismo. Tiene que emplear a todos los hombres que tenga disponibles. Hay que evitar que salga de esta zona. Una vez que lo consiga, irá por todo el país a su antojo, matando y haciendo daño. ¡Sueña con establecer un Reinado del Terror! Oiga lo que le digo: un Reinado del Terror. Tiene que vigilar los trenes, las carreteras, los barcos. Pida ayuda al ejército. Telegrafíe para pedir ayuda. Lo único que lo puede retener aquí, es la idea de recuperar unos libros que le son de gran valor. ¡Ya se lo explicaré luego! Usted tiene encerrado en la comisaría a un hombre que se llama Marvel...

—Sí, sí, ya lo sé —dijo Adye—. Y también lo de esos libros.

—Hay que evitar que coma o duerma; todo el pueblo debe ponerse en movimiento contra él, día y noche. Hay que guardar toda la comida bajo llave para obligarle a ponerse en evidencia, si quiere conseguirla. Habrá que cerrarle todas las puertas de las casas. ¡Y que el cielo nos envíe noches frías y lluvia! Todo el pueblo tiene que intentar atraparlo. De verdad, Adye, es un peligro, una catástrofe; si no lo capturamos, me da miedo pensar en las cosas que pueden ocurrir.

—¿Y qué más podemos hacer? —dijo Adye—. Tengo que bajar ahora mismo y empezar a organizarlo todo. Pero, ¿por qué no viene conmigo? Sí, venga usted también. Venga y preparemos una especie de consejo de guerra. Pidamos ayuda a Hopps y a los gestores del ferrocarril. ¡Venga, es muy urgente! Cuénteme más cosas, mientras vamos para allá. ¿Qué más hay que podamos hacer? Y deje eso en el suelo. Minutos después, Adye se abría camino escaleras abajo. Encontraron la puerta de la calle abierta y, fuera, a los dos policías, de pie, mirando al vacío.

—Se ha escapado, señor —dijo uno.

—Tenemos que ir a la comisaría central. Que uno de vosotros baje, busque un coche y suba a recogernos. ¡Rápido! Y ahora, Kemp, ¿qué más podemos hacer? —dijo Adye.

—Perros —dijo Kemp—. Hay que conseguir perros. No pueden verlo, pero sí olerlo. Consiga perros.

—De acuerdo —dijo Adye—. Casi nadie lo sabe, pero los oficiales de la prisión de Halstead conocen a un hombre que tiene perros policía. Los perros ya están, ¿qué más?

—Hay que tener en cuenta —dijo Kemp— que lo que come es visible. Después de comer, se ve la comida hasta que la asimila; por eso tiene que esconderse siempre que come. Habrá que registrar cada arbusto, cada rincón, por tranquilo que parezca. Y habrá que guardar todas las armas o lo que pueda utilizarse como un arma. No puede llevar esas cosas durante mucho tiempo. Hay que esconder todo lo que él pueda coger para golpear a la gente.

—De acuerdo —dijo Adye—. ¡Lo atraparemos!

—Y en las carreteras... —dijo Kemp, y se quedó dudando un momento.

—¿Sí? —dijo Adye.

—Hay que echar cristal en polvo —dijo Kemp—. Ya sé que es muy cruel. Pero piense en lo que puede llegar a hacer.

Adye tomó un poco de aire.

—No es juego limpio, no estoy seguro. Pero tendré preparado cristal en polvo, por si llega demasiado lejos

—Le prometo que ya no es un ser humano —dijo Kemp—. Estoy tan seguro de que implantará el Reinado del Terror, una vez que se haya recuperado de las emociones de la huida, como lo estoy de estar hablando con usted. Nuestra única posibilidad de éxito es adelantarnos. Él mismo se ha apartado de la humanidad. Su propia sangre caerá sobre su cabeza.

XXVI
El asesinato de Wicksteed

El hombre invisible pareció salir de casa de Kemp ciego de ira. Agarró y tiró a un lado a un niño que jugaba cerca de la casa de Kemp, y lo hizo de manera tan violenta, que le rompió un tobillo. Después, el hombre invisible desapareció durante algunas horas. Nadie sabe dónde fue, ni qué hizo. Pero podemos imaginárnoslo, corriendo colina arriba bajo el Sol de aquella mañana de junio, hacia los campos que había detrás de Port Burdock, rabioso y desesperado por su mala suerte y, refugiándose finalmente, sudoroso y agotado, entre la vegetación de Hintondean, preparando de nuevo algún plan de destrucción hacia los de su misma especie. Parece que allí se escondió, porque allí reapareció, de una forma terriblemente trágica, hacia las dos de la tarde.

Uno se pregunta cuál debió de ser su estado de ánimo durante ese tiempo y qué planes tramó. Sin duda, estaría furioso por la traición de Kemp y, aunque podemos entender los motivos que le condujeron al engaño, también podemos imaginar e, incluso, justificar, en cierta medida, la furia que la sorpresa le ocasionó. Quizá recordara la perplejidad que le produjeron sus experiencias de Oxford Street, pues había contado con la cooperación de Kemp para llevar a cabo su sueño brutal de aterrorizar al mundo. En cualquier caso se perdió de vista alrededor del mediodía, y nadie puede decir lo que hizo hasta las dos y media, más o menos. Quizás, esto fuese afortunado para la humanidad, pero esa inactividad, fue fatal para él.

En aquel momento, ya se había lanzado en su búsqueda un grupo de personas, cada vez mayor, que se repartieron por la comarca. Por la mañana no era más que una leyenda, un cuento de miedo; por la tarde, y debido, sobre todo, a la escueta exposición de los hechos por parte de Kemp, se había convertido en un enemigo tangible al que había que herir, capturar o vencer, y para ello, toda la comarca empezó a organizarse por su cuenta con una rapidez nunca vista. Hasta las dos de la tarde podía haberse marchado de la zona cogiendo un tren, pero, después de esa hora, ya no era posible. Todos los trenes de pasajeros de las líneas entre Southampton, Brighton, Manchester y Horsham, viajaban con las puertas cerradas y el transporte de mercancías había sido prácticamente suspendido. En un círculo de veinte kilómetros alrededor de Port Burdock, hombres armados con escopetas y porras se estaban organizando en grupos de tres o cuatro, que, con perros, batían las carreteras y los campos.

Policías a caballo iban por toda la comarca, deteniéndose en todas las casas para avisar a la gente que cerrara sus puertas y se quedaran dentro, a menos que estuvieran armados; todos los colegios cerraron a las tres, y los niños, asustados y manteniéndose en grupos, corrían a sus casas. La nota de Kemp, que también Adye había firmado, se colocó por toda la comarca entre las cuatro y las cinco de la tarde. En ella se podían leer, breve y claramente, las condiciones en las que se estaba llevando a cabo la lucha, la necesidad de mantener al hombre invisible alejado de la comida y del sueño, la necesidad de observar continuamente con toda atención cualquier movimiento. Tan rápida y decidida fue la acción de las autoridades, y tan rápida y general la creencia en aquel extraño ser, que antes de la caída de la noche, un área de varios cientos de kilómetros cuadrados estaba en estricto estado de alerta. Y también, antes del anochecer, una sensación de horror recorría toda aquella comarca que seguía nerviosa. La historia del asesinato del señor Wicksteed se susurraba de boca en boca, rápidamente y con detalle, a lo largo y ancho de la comarca.

Si hacíamos bien en suponer que el refugio del hombre invisible eran los matorrales de Hintondean, tenemos que suponer también que, a primera hora de la tarde, salió de nuevo para realizar algún proyecto que llevara consigo el uso de un arma. No sabemos de qué se trataba, pero la evidencia de que llevaba una barra de hierro en la mano antes de encontrarse con el señor Wicksteed, es aplastante, al menos para mí.

No sabemos nada sobre los detalles de aquel encuentro. Ocurrió al final de un foso que había a unos doscientos metros de la casa de Lord Burdock. La evidencia muestra una lucha desesperada: el suelo pisoteado, las numerosas heridas que sufrió el señor Wicksteed, su garrote hecho pedazos; pero es imposible imaginar por qué le atacó, a no ser que pensemos en un deseo homicida. Además, la teoría de la locura es inevitable. El señor Wicksteed era un hombre de unos cuarenta y cinco o cuarenta y seis años; era el mayordomo de Lord Burdock y de costumbres en apariencia inofensivas, la última persona en el mundo que habría provocado a tan terrible enemigo. Parece ser que el hombre invisible utilizó un trozo de valla roto. Detuvo a este hombre tranquilo que iba a comer a casa, lo atacó, venció su débil resistencia, le rompió un brazo, lo tiró al suelo y le golpeó la cabeza hasta hacérsela papilla.

Debió de haber arrancado la barra de la valla antes de encontrarse con su víctima; la debía llevar preparada en la mano. Hay un par de detalles, además de los ya expuestos, que merecen ser mencionados. Uno, el hecho de que el foso no estaba en el camino de la casa del señor Wicksteed, sino a unos doscientos metros. El otro, que, según afirma una niña que se dirigía a la escuela vespertina, vio a la víctima dando unos saltitos de manera peculiar por el campo, en dirección al foso. Según la descripción de la niña, parecía tratarse de un hombre que iba persiguiendo algo que iba por el suelo y le iba dando unos golpecitos con su bastón. Fue la última persona que lo vio vivo. Pasó por delante de los ojos de aquella niña camino de su muerte, y la lucha quedó oculta a los ojos de aquélla por un grupo de hayas y por una ligera depresión del terreno.

Esto, al menos para el autor, hace que el asesinato escape a la absoluta inmotivación. Podemos creer que Griffin había arrancado la barra para que le sirviera, desde luego, como arma, pero sin que tuviera la deliberada intención de utilizarla para matar. Wicksteed pudo cruzarse en su camino y ver aquella barra, que, inexplicablemente, se movía sola, suspendida en el aire. Sin pensar en el hombre invisible, pues Port Burdock quedaba a diez kilómetros de allí, pudo haberla perseguido. Puede ser, incluso, que no hubiera oído hablar del hombre invisible. Uno podría imaginarse, entonces, al hombre invisible alejándose sin hacer ruido, para evitar que se descubriese su presencia en el vecindario, y a Wicksteed, excitado por la curiosidad, persiguiendo al objeto móvil y, por último, atacándolo.

Sin lugar a dudas, el hombre invisible se pudo haber alejado fácilmente de aquel hombre de mediana edad que lo perseguía, bajo circunstancias normales, pero la posición en que se encontró el cuerpo de Wicksteed, hace pensar que tuvo la mala suerte de conducir a su presa a un rincón situado entre un montón de ortigas y el foso. Para los que conocen la extraordinaria irascibilidad del hombre invisible, el resto del relato ya se lo pueden imaginar.

Pero todo esto es sólo una hipótesis. Los únicos hechos reales, ya que las historias de los niños con frecuencia no ofrecen mucha seguridad, son el descubrimiento del cuerpo de Wicksteed, muerto, y el de la barra de hierro manchada de sangre, tirada entre las ortigas. El abandono de la barra por parte de Griffin sugiere que, en el estado de excitación emocional en el que se encontraba después de lo ocurrido, abandonó el propósito por el que arrancó la barra, si es que tenía alguno. Desde luego, era un hombre egoísta y sin sentimientos, pero, al ver a su víctima, a su primera víctima, ensangrentada y de aspecto penoso, a sus pies, podría haber dejado fluir el remordimiento, cualquiera que fuese el plan de acción que había ideado.

Después del asesinato del señor Wicksteed, parece ser que atravesó la región hacia las colinas. Se dice que un par de hombres que estaban en el campo, cerca de Fern Bottom, oyeron una voz, cuando el Sol se estaba poniendo. Estaba quejándose y riendo, sollozando y gruñendo y, de vez en cuando, gritaba. Les debió resultar extraño oírla. Se oyó mejor cuando pasaba por el centro de un campo de árboles y se extinguió en dirección a las colinas.

Aquella tarde, el hombre invisible debió aprender algo sobre la rapidez con la que Kemp utilizó sus confidencias. Debió encontrar las casas cerradas con llave y atrancadas; debió merodear por las estaciones de tren y rondar cerca de las posadas y, sin duda, pudo leer la nota y darse cuenta de la campaña que se estaba desarrollando en contra de él. Según avanzaba la tarde, los campos se llenaban, por distintas partes, de grupos de tres o cuatro hombres, y se escuchaba el ladrido de los perros. Aquellos cazadores de hombres tenían instrucciones especiales para ayudarse mutuamente, en caso de que se encontraran con el hombre invisible. Él los evitó a todos. Nosotros podemos entender, en parte, su furia, no era para menos, porque él mismo había dado la información que se estaba utilizando, inexorablemente en contra suya. Al menos, aquel día se desanimó; durante unas veinticuatro horas, excepto cuando tuvo el encuentro con Wicksteed, había sido un hombre perseguido. Por la noche debió comer y dormir algo, porque, a la mañana siguiente, se encontraba de nuevo activo, con fuerzas, enfadado y malvado, preparado para su última gran batalla contra el mundo.

XXVII
El sitio de la casa de Kemp

Kemp leyó una extraña carta escrita a lápiz en una hoja de papel que estaba muy sucio.

"Has sido muy enérgico e inteligente —decía la carta—, aunque no puedo imaginar lo que pretendes conseguir. Estás en contra mía. Me has estado persiguiendo durante todo el día; has intentado robarme la tranquilidad de la noche. Pero he comido, a pesar tuyo, y a pesar tuyo, he dormido. El juego está empezando. El juego no ha hecho más que empezar. Sólo queda iniciar el Terror. Esta carta anuncia el primer día de Terror. Dile a tu coronel de policía y al resto de la gente que Port Burdock ya no está bajo el mandato de la Reina. Ahora está bajo mi mandato, ¡el del Terror! Éste es el primer día del primer año de una nueva época: el Periodo del Hombre Invisible. Yo soy El Hombre Invisible I. Empezar será muy fácil. El primer día habrá una ejecución, que sirva de ejemplo la de un hombre llamado Kemp. La muerte le llegará hoy. Puede encerrarse con llave, puede esconderse, puede rodearse de guardaespaldas o ponerse una armadura, si así lo desea; la Muerte, la Muerte invisible está cerca. Dejémosle que tome precauciones; impresionará a mi pueblo. La muerte saldrá del buzón al mediodía. La carta caerá, cuando el cartero se acerque. El juego va a empezar. La Muerte llega. No le ayudéis, pueblo mío, si no queréis que la Muerte caiga también sobre vosotros. Kemp va a morir hoy".

Kemp leyó la carta dos veces.

—¡No es ninguna broma! —dijo—. Son sus palabras y habla en serio.

Dobló la hoja por la mitad y vio al lado de la dirección el sello de correos de Hintondean, y el detalle de mal gusto: "dos peniques a pagar".

Se levantó sin haber terminado de comer (la carta había llegado en el correo de la una) y subió al estudio. Llamó al ama de llaves y le dijo que se diese una vuelta por toda la casa para asegurarse de que todas las ventanas estaban cerradas y para que cerrase las contraventanas. Él mismo cerró las contraventanas del estudio. De un cajón del dormitorio, sacó un pequeño revólver, lo examinó cuidadosamente y se lo metió en el bolsillo de la chaqueta. Escribió una serie de notas muy breves: una, dirigida al coronel Adye, se la dio a la muchacha para que se la llevara, con instrucciones específicas sobre cómo salir de la casa.

—No hay ningún peligro —le dijo, y añadió mentalmente: "Para ti".

Después de hacer esto, se quedó pensativo un momento y, luego, volvió a la comida que se le estaba quedando fría.

Mientras comía, se paraba a pensar. Luego, dio un golpe muy fuerte en la mesa.

—¡Lo atraparemos! —dijo—; y yo seré el cebo. Ha llegado demasiado lejos.

Subió al mirador, cuidándose de cerrar todas las puertas tras de sí.

—Es un juego —dijo—, un juego muy extraño, pero tengo todos los ases a mi favor, Griffin, a pesar de tu invisibilidad. Griffin contra el mundo... ¡con una venganza! —se paró en la ventana, mirando a la colina calentada por el Sol—. Todos los días tiene que comer, no lo envidio. ¿Habrá dormido esta noche? Habrá sido en algún sitio, por ahí fuera, a salvo de cualquier emergencia. Me gustaría que hiciese frío y que lloviese, en lugar de hacer este calor. Quizá me esté observando en este mismo instante.

Se acercó a la ventana. Algo golpeó secamente los ladrillos afuera, y dio un respingo.

—Me estoy poniendo nervioso —dijo Kemp, y pasaron cinco minutos antes de que se volviera a acercar a la ventana—. Debe de haber sido algún gorrión —dijo.

En ese momento oyó cómo llamaban a la puerta de entrada y bajó corriendo las escaleras. Descorrió el cerrojo, abrió, miró con la cadena puesta, la soltó y abrió con precaución, sin exponerse. Una voz familiar le dijo algo. Era Adye.

—¡Ha asaltado a la muchacha, Kemp! —dijo, desde el otro lado.

—¿Qué? —exclamó Kemp.

—Le ha quitado la nota que usted le dio. Tiene que estar por aquí cerca. Déjeme entrar.

Kemp quitó la cadena, y Kemp entró, abriendo la puerta lo menos posible. Se quedó de pie en el vestíbulo, mirando con un alivio infinito cómo Kemp aseguraba la puerta de nuevo.

—Le quitó la nota de la mano y ella se asustó terriblemente. Está en la comisaría de policía, completamente histérica. Debe de estar cerca de aquí. ¿Qué quería decirme?

Kemp empezó a perjurar.

—Qué tonto he sido —dijo Kemp—. Debí suponerlo. Hintondean está a menos de una hora de camino de este lugar.

—¿Qué ocurre? —dijo Adye.

—¡Venga y mire! —dijo Kemp, y condujo al coronel Adye a su estudio. Le enseñó al coronel la carta del hombre invisible. Adye la leyó y emitió un silbido.

—¿Y usted...? —dijo Adye.

—Le proponía tenderle una trampa... soy un tonto —dijo Kemp—, y envié mi propuesta con una criada, pero a él, en lugar de a usted.

Adye, como lo había hecho antes Kemp, empezó a perjurar.

—Quizá se marche —dijo Adye. —No lo hará —dijo Kemp.

Se oyó el ruido de cristales rotos que venía de arriba. Adye vio el destello plateado del pequeño revólver que asomaba por el bolsillo de Kemp.

—¡Es la ventana de arriba! —dijo Kemp, y subió corriendo. Mientras se encontraba en las escaleras, se oyó un segundo ruido. Cuando entraron en el estudio, se encontraron con que dos de las tres ventanas estaban rotas y los cristales esparcidos por casi toda la habitación. Encima de la mesa había una piedra enorme. Los dos se quedaron parados en el umbral de la puerta, contemplando el destrozo. Kemp empezó a lanzar maldiciones y, mientras lo hacía, la tercera ventana se rompió con un ruido como el de un pistoletazo. Se mantuvo un momento así, y cayó, haciéndose mil pedazos, dentro de la habitación.

—¿Por qué lo ha hecho? —preguntó Adye.

—Es el comienzo —dijo Kemp.

—¿No hay forma de subir aquí?

—Ni siquiera para un gato —dijo Kemp.

—¿No hay contraventanas?

—Aquí no, pero sí las hay en todas las ventanas del piso de abajo. ¿Qué ha sido eso?

En el piso de abajo se oyó el ruido de un golpe, y después, cómo crujían las maderas.

—¡Maldito sea! —dijo Kemp—. Eso tiene que haber sido... sí, en uno de los dormitorios. Lo va a hacer con toda la casa. Está loco. Las contraventanas están cerradas y los cristales caerán hacia fuera. Se va a cortar los pies.

Se oyó cómo se rompía otra ventana. Los dos hombres se quedaron en el rellano de la escalera, perplejos.

—¡Ya lo tengo! —dijo Adye—. Déjeme un palo o algo por el estilo, e iré a la comisaría para traer los perros. ¡Eso tiene que detenerle! No me llevará más de diez minutos.

Otra ventana se rompió como había sucedido a sus compañeras.

—¿No tiene un revólver? —preguntó Adye.

Kemp se metió la mano en el bolsillo, dudó un momento, y dijo:

—No, no tengo ninguno... por lo menos que me sobre.

—Se lo devolveré más tarde—dijo Adye—. Usted está a salvo aquí dentro.

Kemp le dio el arma.

—Bueno, vayamos hacia la puerta —dijo Adye. Mientras se quedaron dudando un momento en el vestíbulo, oyeron el ruido de una ventana de un dormitorio del primer piso que se hacía pedazos. Kemp se dirigió a la puerta y empezó a descorrer los cerrojos, haciendo el menor ruido posible. Estaba un poco más pálido de lo normal. Un momento después, Adye se encontraba ya fuera y los cerrojos volvían a su sitio. Dudó qué hacer durante un momento, sintiéndose mucho más seguro apoyado de espaldas contra la puerta. Después empezó a caminar, erguido y recto, y bajó los escalones. Atravesó el jardín en dirección a la verja. Le pareció que algo se movía a su lado.

—Espere un momento —dijo una voz, y Adye se paró en seco y agarró el revólver mucho más fuerte. —¿Y bien? —dijo Adye, pálido y solemne, con todos los nervios en tensión.

—Hágame el favor de volver a la casa—dijo la voz, con la misma solemnidad con que le había hablado Adye.

—Lo siento —dijo Adye con la voz un poco ronca, y se humedeció los labios con la lengua. Pensó que la voz venía del lado izquierdo y supuso que podría probar suerte disparando hacia allí.

— ¿A dónde va? —dijo la voz, y los dos hombres hicieron un rápido movimiento, mientras un rayo de Sol se reflejó en el bolsillo de Adye.

Adye desistió de su intento, y añadió:

—Donde vaya —dijo lentamente— es cosa mía. No había terminado aquellas palabras, cuando un brazo lo agarró del cuello, notó una rodilla en la espalda y cayó hacia atrás. Se incorporó torpemente y malgastó un disparo. Unos segundos después recibía un puñetazo en la boca y le arrebataban el revólver de las manos. En vano intentó agarrar un brazo que se le escurría, trató de levantarse y volvió a caer al suelo.

—¡Maldito sea! —dijo Adye. La voz soltó una carcajada.

—Le mataría ahora mismo, si no tuviera que malgastar una bala —dijo.

Adye vio el revólver suspendido en el aire, a unos seis pasos de él, apuntándole.

—Está bien —dijo Adye, sentándose en el suelo.

—Levántese —exclamó la voz.

Adye se levantó.

—Escúcheme con atención —ordenó la voz, y continuó con furia—: No intente hacerme una jugarreta. Recuerde que yo puedo ver su cara y usted, sin embargo, no puede ver la mía. Tiene que volver a la casa.

—Él no me dejaría entrar —señaló Adye.

—Es una pena —dijo el hombre invisible—. No tengo nada contra usted.

Adye se humedeció los labios otra vez. Apartó la vista del cañón del revólver y, a lo lejos, vio el mar, azul oscuro, bajo los rayos del Sol del mediodía, el campo verde, el blanco acantilado y la ciudad populosa; de pronto, comprendió lo dulce que era la vida. Sus ojos volvieron a aquella cosita de metal que se sostenía entre el aire y la tierra, a unos pasos de él.

— ¿Qué podría yo hacer? —dijo, taciturno.

— ¿Y qué podría hacer yo? —preguntó el hombre invisible—. Usted iba a buscar ayuda. Lo único que tiene que hacer ahora es volver atrás.

—Lo intentaré. Pero, si Kemp me deja entrar, ¿me promete que no se abalanzará contra la puerta?

—No tengo nada contra usted —dijo la voz. Kemp, después de dejar fuera a Adye, había subido arriba a toda prisa; ahora se encontraba agachado entre los cristales rotos y miraba cautelosamente hacia el jardín, desde el alféizar de una ventana del estudio. Desde allí, vio cómo Adye parlamentaba con el hombre invisible.

— ¿Por qué no dispara? —se preguntó Kemp. Entonces, el revólver se movió un poco, y el reflejo del Sol le dio a Kemp en los ojos, que se los cubrió mientras trataba de ver de dónde provenía aquel rayo cegador.

"Está claro", se dijo, "que Adye le ha entregado el revólver".

—Prométame que no se abalanzará sobre la puerta —le estaba diciendo Adye al hombre invisible—. No lleve el juego demasiado lejos, usted lleva las de ganar. Dele una oportunidad.

—Usted vuelva a la casa. Le digo por última vez que no puedo prometerle nada.

Adye pareció tomar una rápida decisión. Se volvió hacia la casa, caminando lentamente con las manos en la espalda. Kemp lo observaba, asombrado. El revólver desapareció, volvió a aparecer y desapareció de nuevo. Al final, después de mirarlo fijamente, se hizo evidente como un pequeño objeto oscuro que seguía a Adye. Después, todo ocurrió rápidamente. Adye dio un salto atrás, se volvió y se abalanzó sobre aquel objeto, perdiéndolo; luego, levantó las manos y cayó de bruces al suelo, levantando una especie de humareda azul en el aire. Kemp no oyó el disparo. Adye se retorció en el suelo, se apoyó en un brazo para incorporarse y volvió a caer, inmóvil.

Durante unos minutos, Kemp se quedó mirando el cuerpo inmóvil de Adye. La tarde era calurosa y estaba tranquila; nada parecía moverse en el mundo, excepto una pareja de mariposas amarillas, persiguiéndose la una a la otra por los matorrales que había entre la casa y la carretera. Adye yacía en el suelo, cerca de la verja. Las persianas de todas las casas de la colina estaban bajadas. En una glorieta, se veía una pequeña figura blanca. Aparentemente, era un viejo que dormía. Kemp miró los alrededores de la casa para ver si localizaba el revólver, pero había desaparecido. Sus ojos se volvieron a fijar en Adye. El juego ya había comenzado.

En ese momento llamaron a la puerta principal, llamaron a la vez al timbre y con los nudillos. Las llamadas cada vez eran más fuertes, pero, siguiendo las instrucciones de Kemp, todos los criados se habían encerrado en sus habitaciones. A esto siguió un silencio total. Kemp se sentó a escuchar y, después, empezó a mirar cuidadosamente por las tres ventanas del estudio, una tras otra. Se dirigió a la escalera y se quedó allí escuchando, inquieto. Se armó con el atizador de la chimenea de su habitación y bajó a cerciorarse de que las ventanas del primer piso estaban bien cerradas. Todo estaba tranquilo y en silencio. Volvió al mirador. Adye yacía inmóvil, tal y como había caído. Subiendo por entre las casas de la colina venía el ama de llaves, acompañada de dos policías.

Todo estaba envuelto en un silencio de muerte. Daba la impresión de que aquellas tres personas se estaban acercando demasiado lentamente. Se preguntó qué estaría haciendo su enemigo.

De pronto, se oyó un golpe que venía de abajo, y se sobresaltó. Dudó un instante y decidió volver a bajar. De repente, la casa empezó a hacer eco de fuertes golpes y de maderas que se astillaban. Luego oyó otro golpe, y el caer de los cierres de hierro de las contraventanas. Hizo girar la llave y abrió la puerta de la cocina. Cuando lo hacía, volaron hacia él las astillas de las contraventanas. Se quedó horrorizado. El marco de la ventana estaba todavía intacto, pero sólo quedaban en él pequeños restos de cristales. Las contraventanas habían sido destrozadas con un hacha, y ahora ésta se dejaba caer con violentos golpes sobre el marco de la ventana y las barras de hierro que la defendían. De repente, cayó a un lado y desapareció. Kemp pudo ver el revólver fuera, y cómo éste ascendía en el aire. Él se echó hacia atrás. El revólver disparó demasiado tarde, y una astilla de la puerta, que se estaba cerrando, le cayó en la cabeza. Acabó de cerrar con un portazo y echó la llave, y mientras estaba fuera, oyó a Griffin gritar y reírse. Después se reanudaron los golpes del hacha con aquel acompañamiento de astillas y estrépitos.

Kemp se quedó en el pasillo intentando pensar en algo. Dentro de un instante, el hombre invisible entraría en la cocina. Aquella puerta no lo retendría mucho tiempo y entonces...

Volvieron a llamar a la puerta principal otra vez. Quizá fuesen los policías. Kemp corrió al vestíbulo, quitó la cadena y descorrió los cerrojos. Hizo que la chica dijese algo antes de soltar la cadena, y las tres personas entraron en la casa de golpe, dando un portazo.

—¡El hombre invisible! —dijo Kemp—. Tiene un revólver y le quedan dos balas. Ha matado a Adye o, por lo menos, le ha disparado. ¿No lo han visto tumbado en el césped?

—¿A quién? —dijo uno de los policías.

—A Adye —contestó Kemp.

—Nosotros hemos venido por la parte de atrás —añadió la muchacha.

—¿Qué son esos golpes? —preguntó un policía.

—Está en la cocina o lo estará dentro de un momento. Ha encontrado un hacha.

De repente, la casa entera se llenó del eco de los hachazos que daba el hombre invisible en la puerta de la cocina. La muchacha se quedó mirando a la puerta, se asustó y volvió al comedor. Kemp intentó explicarse con frases encontradas. Luego, oyeron cómo cedía la puerta de la cocina.

—¡Por aquí! —gritó Kemp, y se puso en acción, empujando a los policías hacia la puerta del comedor.

—¡El atizador! —dijo, y corrió hacia la chimenea. Le dio un atizador a cada policía. De pronto, se echó hacia atrás.

—¡Oh! —exclamó un policía y, agachándose, dio un golpe al hacha con el atizador. El revólver disparó una penúltima bala y destrozó un valioso Sidney Cooper. El otro policía dejó caer el atizador sobre el arma, como quien intenta matar a una avispa, y lo lanzó, rebotando al suelo.

Al primer golpe, la muchacha lanzó un grito y se quedó chillando al lado de la chimenea; después, corrió a abrir las contraventanas, quizá con la idea de escapar por allí.

El hacha retrocedió y se quedó a unos dos pies del suelo. Todos podían escuchar la respiración del hombre invisible.

—Ustedes dos, márchense —dijo—, sólo quiero a Kemp.

—Nosotros te queremos a ti —dijo un policía, dando un paso rápido hacia adelante, y empezando a dar golpes con el atizador hacia el lugar de donde él creía que salía la voz. El hombre invisible debió retroceder y tropezar con el paragüero. Después, mientras el policía se tambaleaba, debido al impulso del golpe que le había dado, el hombre invisible le atacó con el hacha, le dio un golpe en el casco, que se rasgó como el papel, y el hombre se cayó al suelo, dándose con la cabeza en las escaleras de la cocina. Pero el segundo policía, que iba detrás del hacha con el atizador en la mano, pinchó algo blando. Se escuchó una agudo grito de dolor, y el hacha cayó al suelo. El policía arremetió de nuevo al vacío, pero esta vez no golpeó nada; pisó el hacha y golpeó de nuevo. Después se quedó parado, blandiendo el atizador, intentando apreciar el más mínimo movimiento.

Oyó cómo se abría la ventana del comedor y unos pasos que se alejaban. Su compañero se dio la vuelta y se sentó en el suelo. Le corría la sangre por la cara.

—¿Dónde está? —preguntó.

—No lo sé. Lo he herido. Estará en algún sitio del vestíbulo, a menos que pase por encima de ti. ¡Doctor Kemp..., señor!

Hubo un silencio.

—¡Doctor Kemp! —gritó de nuevo el policía.

El otro policía intentó recuperar el equilibrio. Se puso de pie. De repente, se pudieron oír los débiles pasos de unos pies descalzos en los escalones de la cocina.

—¡Ahí está! —gritó la policía, quien no pudo contener dar un golpe con el atizador, pero rompió un brazo de una lámpara de gas.

Hizo ademán de perseguir al hombre invisible, bajando las escaleras, pero lo pensó mejor y volvió al comedor.

—¡Doctor Kemp! —empezó y se paró de repente—. El doctor Kemp es un héroe —dijo, mientras que su compañero lo miraba por encima del hombro. La ventana del comedor estaba abierta de par en par, y no se veía ni a la muchacha ni a Kemp.

La opinión del otro policía sobre Kemp era concisa y bastante imaginativa.

XXVIII
El cazador cazado

El señor Heelas, el vecino más próximo del señor Kemp, estaba durmiendo en el cenador de su jardín, mientras tenía lugar el sitio de la casa
de Kemp. El señor Heelas era uno de los componentes de esa gran mi-
noría que no creían en "todas esas tonterías" sobre un hombre invisible.
Su esposa, sin embargo, como más tarde le recordaría a menudo, sí creía.
Insistió en dar un paseo por su jardín, como si no ocurriera nada, y fue a
echarse una siesta, tal y como venía haciendo desde hacía años. Durmió
sin enterarse del ruido de las ventanas, pero se despertó repentinamente con la extraña intuición de que algo malo estaba ocurriendo. Miró a la
casa de Kemp, se frotó los ojos y volvió a mirar. Después, bajó los pies al
suelo y se quedó sentado, escuchando. Pensó que estaba condenado
mientras todavía veía aquella cosa tan extraña. La casa parecía estar
vacía desde hacía semanas, como si hubiese tenido lugar un ataque violento. Todas las ventanas estaban destrozadas, y todas, excepto las del
mirador, tenían cerradas las contraventanas.

— Habría jurado que todo estaba en orden hace veinte minutos. — Y
miró su reloj.

Entonces, empezó a oír una especie de conmoción y ruidos de cristales que llegaban de lejos. Y después, mientras estaba sentado con la
boca abierta, tuvo lugar un hecho todavía más extraño. Las contraventanas de la ventana del comedor se abrieron de par en par, violentamente,
y el ama de llaves, con sombrero y ropa de calle, apareció, luchando con
todas sus fuerzas para levantar la hoja de la ventana. De pronto,
un hombre apareció detrás de ella, ayudándola. ¡Era el doctor Kemp!
Un momento después se abría la ventana, y la criada saltaba fuera de la
casa, se echaba a correr y desaparecía entre los arbustos. El señor Heelas
se puso de pie y lanzó una vaga exclamación con toda vehemencia, al
contemplar aquellos extraños acontecimientos. Vio cómo Kemp se ponía
de pie en el alféizar, saltaba afuera y reaparecía, casi instantáneamente,
corriendo por el jardín entre los matorrales. Mientras corría, se paró, como
si no quisiera que le vieran. Desapareció detrás de un arbusto, y apareció más tarde, trepando por una valla que daba al campo. No tardó ni
dos segundos en saltarla; y luego echó a correr todo lo deprisa que pudo
por el camino que bajaba a la casa del señor Heelas.

— ¡Dios mío! — gritó el señor Heelas, mientras le asaltaba una idea —.
¡Debe de ser el hombre invisible! Después de todo, quizá sea verdad.

Cuando el señor Heelas pensaba en cosas de este tipo, actuaba inmediatamente, y su cocinera, que lo estaba viendo desde la ventana, se
quedó asombrada al verlo venir hacia la casa, corriendo tan rápido como
lo hacía.

—Y eso que no tenía miedo —dijo la cocinera.

—Mary, ven aquí.

Se oyó un portazo, el sonido de la campanilla y el señor Heelas, que bramaba como un toro:

—¡Cerrad las puertas, cerrad las ventanas, cerradlo todo! ¡Viene el hombre invisible! Inmediatamente, en la casa, se oyeron gritos y pasos que iban en todas direcciones. Él mismo cerró las ventanas que daban a la terraza. Mientras lo hacía, aparecieron la cabeza, los hombros y una rodilla de Kemp por el borde de la valla del jardín. Un momento después, Kemp se había echado encima de la esparraguera del jardín y corría por la cancha de tenis en dirección a la casa.

—No puede entrar aquí —le dijo el señor Heelas corriendo los cerrojos—. ¡Siento mucho que lo esté persiguiendo, pero aquí no puede entrar!

Kemp pegó su rostro aterrorizado al cristal, llamó y después empezó a sacudir frenéticamente el ventanal. Entonces, al ver que sus esfuerzos eran inútiles, atravesó la terraza, dio la vuelta por uno de sus lados y empezó a golpear con el puño la puerta lateral. Después, giró por la parte delantera de la casa y salió corriendo por la colina. El señor Heelas, que estaba viendo todo por la ventana, completamente aterrorizado, apenas pudo observar cómo Kemp desaparecía, antes de que viera cómo estaban pisando sus espárragos unos pies invisibles. El señor Heelas subió disparado al piso de arriba y ya no pudo ver el resto de la persecución, pero oyó cómo la verja del jardín se cerraba de un portazo.

Al llegar a la carretera, el doctor Kemp, naturalmente, tomó la dirección del pueblo y, de esta forma, él mismo protagonizó la carrera que sólo cuatro días antes había observado con ojos tan críticos. Corría bastante bien, para no ser un hombre acostumbrado a ello, y aunque estaba pálido y sudoroso, no perdía la serenidad. Daba grandes zancadas y, cada vez que se encontraba con algún trozo en mal estado o con piedras o un trozo de cristal que brillaba con el reflejo del Sol, saltaba por encima y dejaba que los pies invisibles y desnudos que lo estaban persiguiendo los salvaran como pudieran.

Por primera vez en su vida, Kemp se dio cuenta de lo larga y solitaria que era la carretera de la colina, y que las primeras casas de la ciudad, que quedaban a los pies de la colina, estaban increíblemente lejos. Pensó que nunca había existido una forma más lenta y dolorosa de desplazarse que corriendo. Todas aquellas casas lúgubres que dormían bajo el Sol de la tarde, parecían cerradas y aseguradas; sin duda lo habían hecho siguiendo sus propias órdenes. Pero, en cualquier caso, ¡deberían haber echado un vistazo de vez en cuando ante una eventualidad de este tipo! Ahora, la ciudad se iba acercando y el mar había desaparecido de su vista detrás de ella. Empezaba a ver gente que se movía allí abajo. Un tranvía llegaba en ese momento al pie de la colina. Un poco más allá, estaba la comisaría de policía. ¿Seguía escuchando pasos detrás de él? Había que hacer un último esfuerzo.

La gente del pueblo se le quedaba mirando; una o dos personas salieron corriendo y empezó a notar que le faltaba la respiración. Tenía el tranvía bastante cerca, y la posada estaba cerrando sus puertas. Detrás del tranvía había unos postes y unos montones de grava. Debía tratarse de las obras del alcantarillado. A Kemp se le pasó por la cabeza subir al tranvía en marcha y cerrar las puertas, pero decidió dirigirse a la comisaría. Un momento después, pasaba por delante de la puerta del Jolly Cricketers y llegaba al final de la calle. Había varias personas a su alrededor. El conductor del tranvía y su ayudante, asombrados por la prisa que llevaba, se quedaron mirándolo, sin atender a los caballos del tranvía. Un poco más allá, aparecieron los rostros sorprendidos de los peones camineros, encima de los montones de grava.

Aflojó un poco el paso y, entonces, pudo oír las rápidas pisadas de su perseguidor, y volvió a forzarlo de nuevo.

—¡El hombre invisible! —gritó a los peones camineros con un débil gesto indicativo, y por una repentina inspiración, saltó por encima de la zanja, dejando, de esta manera, a un grupo de hombres, entre él y su perseguidor. Después, abandonando la idea de dirigirse a la comisaría, se metió por una calleja lateral, empujó la carreta de un vendedor de verduras y dudó durante unas décimas de segundo, en la puerta de una pastelería, hasta que decidió entrar por una bocacalle que daba a la calle principal. Dos o tres niños estaban jugando y, cuando lo vieron aparecer, salieron corriendo y gritando. Acto seguido, las madres, nerviosas, salieron a las puertas y ventanas. Volvió a salir de nuevo a la calle principal, a unos trescientos metros del final del tranvía, e inmediatamente se dio cuenta de que la gente había echado a correr gritando.

Miró colina arriba. Apenas a unos doce pasos de él, corría un peón caminero enorme, soltando maldiciones y dando golpes con una pala. Detrás de él, venía el conductor del tranvía con los puños cerrados. Más arriba, otras personas seguían a estas dos, dando golpes en el aire y gritando. Hombres y mujeres corrían cuesta abajo, en dirección a la ciudad, y pudo ver claramente a un hombre que salía de su establecimiento con un bastón en la mano.

—¡Repártanse, repártanse! —gritó alguien.

Entonces, de repente, Kemp se dio cuenta de que se habían cambiado los términos de la persecución. Se paró, miró a su alrededor, y gritó:

—¡Está por aquí cerca! ¡Formen una línea...!

En ese momento le dieron un golpe detrás del oído y, tambaleándose, intentó darse la vuelta para mirar a su enemigo invisible. Apenas pudo conseguir mantenerse en pie y dio un manotazo, en vano, al aire. Después le dieron un golpe en la mandíbula y cayó al suelo. Un momento después, una rodilla le oprimía el diafragma y un par de hábiles manos (una era más débil que la otra) le agarraban por la garganta; él las cogió por las muñecas, oyó el grito de dolor que daba su asaltante, y poco después, la pala del peón caminero cortaba el aire por encima de él, para ir a dar sobre algo, con todo su peso. Sintió que una gota húmeda le caía en la cara. La presión de su garganta cedió repentinamente y, con gran esfuerzo, se liberó, agarró un hombro desnudo, y se quedó mirando hacia arriba. Sujetó, luego, los codos invisibles muy cerca del suelo.

—¡Lo tengo! —gritó Kemp—. ¡Socorro! ¡Ayúdenme! ¡Lo tengo aquí abajo! ¡Agárrenlo por los pies!

Al instante, todo el mundo se dirigió al lugar donde se estaba desarrollando la lucha; un extranjero que hubiese llegado a aquella calle, habría pensado que se trataba de una forma excepcionalmente salvaje de jugar al "rugby". No se oyó ningún grito después del que diera Kemp, sólo se oían puñetazos, patadas y el ruido de una pesada respiración.

Después, con un enorme esfuerzo, el hombre invisible se liberó de un par de personas que lo estaban atacando y se puso de rodillas. Kemp se agarró a él como un perro a su presa, y una docena de manos empezaron a coger, golpear y arañar al hombre invisible. El conductor del tranvía lo agarró por el cuello y los hombros y lo forzó hacia atrás.

El grupo de hombres se volvió a echar al suelo y le pisotearon. Algunos, me temo, que le golpearon salvajemente. De repente, se oyó un grito salvaje:

—¡Piedad! ¡Piedad! —chilló Kemp, con voz apagada, y todas aquellas figuras se echaron atrás—. ¡Os digo que está herido, apartaos!

Tuvo lugar una breve lucha por dejar espacio libre, y aquel círculo de ojos ansiosos vieron al doctor Kemp arrodillado, en el aire, al parecer, agarrando unos brazos invisibles. Detrás de él, un policía sujetaba unos tobillos invisibles también.

—No lo dejen escapar —gritó el peón caminero, cogiendo la pala manchada de sangre—. Está fingiendo.

—No está fingiendo —dijo el doctor, levantando un poco la rodilla—; yo lo sujetaré—.Tenía la cara magullada y se le estaba poniendo roja; hablaba pesadamente, porque tenía un labio partido. Le soltó un brazo y pareció que le tocaba la cara—. Tiene la boca completamente mojada —dijo, y prosiguió—: ¡Dios mío!

De pronto se puso de pie y volvió a arrodillarse al lado del hombre invisible. Todo el mundo se empujaba y llegaban nuevos espectadores que aumentaban la presión de todo el grupo. Ahora, la gente estaba empezando a salir fuera de sus casas. Las puertas del Jolly Cricketers se abrieron de par en par. Nadie se atrevía a hablar.

Kemp empezó a palpar aquello y parecía que estaba tocando el aire.

—No respira —dijo, y siguió—: No le late el corazón y en su costado..., ¡oh!

De repente, una vieja que miraba la escena por debajo del brazo del peón caminero, gritó:

—¡Mirad allí! —Y señaló con el dedo.

Y, mirando hacia donde ella señalaba, todos vieron, débil y transparente, como si fuera de cristal, que se distinguían perfectamente las venas, las arterias, los huesos y los nervios, la silueta de una mano flácida e inerte. A medida que la miraban, parecía adquirir un color más oscuro y parecía volverse opaca.

—¡Mirad! —dijo el policía—. Los pies también están empezando a distinguírsele.

Y así, lentamente, empezando por las manos y los pies, y siguiendo por otros miembros, hasta los puntos vitales del cuerpo, aquel cambio tan extraño continuaba su proceso. Era como la lenta propagación del veneno. Primero se empezaron a distinguir los nervios, blancos y delgados, dibujando el entorno confuso y grisáceo de un miembro, después, los huesos, que parecían de cristal, y las arterias; luego, la carne y la piel; todo ello como una bruma, al principio, pero después, rápidamente, denso y opaco. En ese momento se podía ver el pecho aplastado y los hombros y las facciones de la cara, completamente destrozadas. Cuando, finalmente, aquella multitud hizo sitio a Kemp para que pudiera ponerse de pie, allí yacía, desnudo y digno de compasión, en el suelo, el cuerpo magullado de un joven de unos treinta años. Tenía el cabello y la barba blancos, pero no blancos por la edad, sino del color blanco de los albinos; sus ojos parecían granates. Tenía las manos apretadas y en su expresión se confundía la ira con el desaliento.

—¡Tapadle el rostro! —dijo un hombre—. ¡Por el amor de Dios, tapad ese rostro!—. Y tres niños que habían logrado abrirse paso entre la multitud fueron obligados a volver sobre sus pasos y salir del grupo.

Alguien trajo una sábana del Jolly Cricketers, y una vez cubierto, lo metieron en esa misma casa.

Epílogo

Así termina la historia del extraño y diabólico experimento del hombre invisible. Si quieres saber algo más de él, tienes que ir a una pequeña posada cerca de Port Stowe y hablar con el dueño. El emblema de la posada es un letrero que sólo tiene dibujados un sombrero y unas botas, y cuyo nombre es el título de este libro. El posadero es un hombre bajito y corpulento, con una nariz grande y redonda, el pelo erizado y una cara que se pone colorada alguna que otra vez. Bebe mucho y él te contará muchas cosas de las que le ocurrieron después de aquello, y de cómo los jueces intentaron despojarlo del tesoro que tenía en su poder.

—Cuando se dieron cuenta de que no podían probar el dinero que tenía —decía— ¡que me aspen si no intentaron acusarme de buscador de tesoros! ¿Tengo yo aspecto de buscador de tesoros? Luego, un caballero me dijo que me daría una guinea por noche si contaba la historia en el Empire Music Hall, sólo por contarla con mis propias palabras.

Y, si quieres interrumpir la ola de recuerdos de repente, puedes hacerlo preguntándole si, en el relato, no aparecían tres manuscritos. Él reconocerá que los había y te dirá que todo el mundo cree que él los tiene, pero no es así.

—El hombre invisible se los llevó para esconderlos, mientras yo corría hacia Port Stowe. Ese señor Kemp metió en la cabeza de la gente la idea de que yo los tenía.

Luego se quedará pensativo, te mirará de reojo, secará los vasos, nervioso, y saldrá del bar.

Es soltero, siempre lo fue, y en la casa no hay mujeres. Por fuera lleva botones, como se espera de él, pero si hablamos de objetos privados, como los tirantes, por ejemplo, aún se pone unas cuerdas. Lleva la posada sin el menor espíritu de empresa, pero con el mayor decoro. Es lento de reflejos y un gran pensador. En el pueblo tiene fama de sensato y de tener una respetable parsimonia, y sus conocimientos sobre las carreteras del sur de Inglaterra sobrepasan a los de Cobbett.

Los domingos por la mañana, todos los domingos del año por la mañana, cuando se encierra en su mundo, y todas las noches después de las diez, se encierra en un salón de la posada con un vaso de ginebra con un poco de agua; entonces, deja el vaso en una mesa, echa la llave y examina las persianas e, incluso, mira debajo de la mesa. Después, cuando se cerciora de que está solo, abre el armario, saca una caja que también abre, y de ésta, otra y, de la última, saca tres libros, encuadernados en cuero marrón, y los coloca con toda solemnidad en la mesa. Las cubiertas están desgastadas y teñidas de un verde parduzco, pues una vez estuvieron metidas en una zanja, y algunas páginas no se pueden leer, porque lo borró todo el agua sucia. El posadero, entonces, se sienta en un sillón, llena una pipa, larga y de barro, contemplando mientras tanto los libros. Después, acerca uno y empieza a estudiarlo, pasando las páginas una y otra vez. Frunce el ceño y mueve los labios.

—Equis, un dos pequeño en el aire, una cruz y más tonterías. ¡Dios mío! ¡Qué cabeza tenía! Luego se relaja y se echa hacia atrás y mira, entre el humo, las cosas que son invisibles para otros ojos.

— Están llenos de secretos — dice —, ¡de maravillosos secretos! El día
que sepa lo que quieren decir... ¡Dios mío! Desde luego, no haré lo que él
hizo; yo sólo... ¡bien! —. Y chupa su pipa.

Así se queda dormido, pensando en el sueño constante y maravilloso de su vida. Y, aunque Kemp los ha buscado sin cesar y Adye ha
preguntado por ellos a todo el mundo, ningún ser humano, excepto el
posadero, sabe dónde están los libros. Esos libros que contienen el secreto de la invisibilidad y una docena más de otros raros secretos. Y nadie
sabrá nada de ellos hasta que él se muera.

La guerra
de los mundos
(1898)

Libro primero
La invasión

¿Quién vive en esos Mundos si están habitados?
¿Somos nosotros o ellos los amos del Universo?
¿Y por qué han de estar hechas las cosas sólo para el hombre?

Johannes Kepler (1571-1630)
(Citado en *Anatomía de la melancolía* — Burton)

1
La víspera de la guerra

Finalizando el siglo XIX, nadie hubiera imaginado que los asuntos humanos fueran objeto de pausada y atenta observación por parte de seres extraterrestres de elevada inteligencia. Que mientras los hombres permanecían absortos en sus actividades eran estudiados con la minuciosa exhaustividad del científico, que microscopio en mano, dedica su atención mas concentrada a las efímeras criaturas que nacen, crecen, se reproducen y mueren en el ínfimo espacio ocupado por una gota de agua.

Ajenos a ello, la raza humana circulaba por el planeta, ocupada en sus labores, segura de reinar de modo pleno sobre su habitat. Quizás, en su ámbito, bajo la lente del microscopio, los microbios actúen de similar manera. Así, nadie supuso que mundos más antiguos del espacio pudieran ser amenazas para la existencia terrena. Y si se pensó en ellos, fue tan solo para desechar la posibilidad de que hubiera vida en ellos.

Es extraño rememorar ahora lo que se suponía en aquellos días lejanos. A lo sumo, los terráqueos imaginaban que Marte podría estar habitado por seres de inferior inteligencia a la humana, dispuestos a recibir de buen grado una expedición enviada desde la Tierra. Mientras tanto, allende los abismos espaciales, seres que con relación a nosotros, son lo que nuestra inteligencia lo es con relación a los animales. Intelectos ricos, fríos e impiadosos, observaban nuestro planeta con la mirada ansiosa del conquistador mientras preparaban con lentitud y certeza los planes para lograr su objetivo. Y al nacer el siglo XX la terrible realidad destruyó nuestra ilusión.

El planeta Marte gira en torno al Sol a una distancia media de doscientos veinticinco millones de kilómetros, la luz y el calor que recibe de él equivale exactamente a una mitad de la que disfruta nuestro planeta. Si la hipótesis acerca de las nebulosas iniciales posee cierto grado de verdad Marte es un cuerpo celeste más viejo que el que habitamos y la vida debió surgir en él antes que la Tierra solidificase. Como su masa es tan solo una séptima parte de la terrestre, su enfriamiento ha de haber sido más rápido hasta alcanzar la temperatura que favorece el surgimiento de vida. Posee aire y agua y todo lo necesario para ello.

Sin embargo, siendo la especie humana tan vana y segura de sí, hasta fines del siglo XIX no hubo escritor alguno que expresara la posibilidad que la vida inteligente, de haberla, pudo crecer y desarrollarse allí, sin guardar proporciones humanas. Sólo un escaso número de personas tenía conocimiento que Marte es más longevo que la Tierra, posee menor masa y traza su órbita a mayor distancia del Sol, con lo que resultaba adecuado y lógico suponer que el planeta se hallase no sólo más alejado del punto de inicio de la vida, sino también mucho más cerca de su fin.

El inevitable enfriamiento que un día alcanzará a la Tierra es un proceso ya avanzado en Marte. Las condiciones en su superficie son poco menos que un misterio, pero sabemos que, en su región ecuatorial, la temperatura del mediodía apenas alcanza la de nuestros más terribles inviernos.

Su atmósfera es más tenue que la terrestre y los océanos se han reducido notoriamente ya que no cubren más de un tercio de la superficie, y al ritmo de sus prolongadas estaciones, gigantescas masas de hielo y de nieve se acumulan y funden en los polos inundando recurrentemente las zonas templadas. Tal estado de agotamiento, para los terráqueos un fenómeno lejano en el tiempo, es para los marcianos, de vital urgencia.

Bajo la presión de la necesidad su inteligencia se avivó, y se desarrollaron notablemente sus facultades al tiempo que se endurecía su espíritu. En su observación a través del espacio, munidos de instrumentos de compleja tecnología creados por una intelecto de tal dimensión que apenas si podemos imaginar, veían a una distancia próxima —cincuenta y cinco millones de kilómetros hacia el Sol—, un astro que los esperanzaba, nuestro planeta.

Más cálido, de nutrida vegetación verde y aguas azules, con una atmósfera fértil y generosa, y mirando a través de las nubes densas, veían amplias y pobladas comarcas y mares surcados por navíos.

Los seres que habitamos esta tierra, debemos ser, para ellos, extraños y míseros como lo son para nosotros los monos y lémures. Los científicos han descubierto que la vida es una incesante lucha por la supervivencia, y parece ser que también tal cosa es sostenida en Marte.

Hallándose su mundo en avanzado estado de enfriamiento, mientras la Tierra, en cambio, está aún henchida de vida, que ellos consideran inferior. De allí que infirieran que sólo disponen de un medio para escapar a la extinción inexorable y éste es el de conquistar un planeta más próximo al Sol.

Antes de juzgarlos con excesiva severidad, recordemos las devastaciones llevadas a cabo por nuestra raza, no sólo de especies animales, como el bisonte y el lobo, sino de grupos humanos considerados inferiores. Los tasmanios, a pesar de su pertenencia a la especie humana, fueron masacrados por entero en menos de medio siglo tras una cruenta guerra de exterminio encabezada por europeos inmigrantes. ¿Cuál fue nuestra piedad, entonces, para levantar luego hipócritas voces airadas porque los marcianos hicieron la guerra con igual espíritu?

Los marcianos calcularon su aterrizaje con extraordinaria exactitud —sus conocimientos matemáticos eran muy superiores a los nuestros— llevando sus preparativos de una manera perfecta. De permitirlo nuestros instrumentos, se habría podido, tiempo antes del final del siglo XIX, detectar signos de próximas perturbaciones. Hombres como Schiaparelli observaron el planeta rojo —que durante siglos ha sido la estrella de la guerra—, sin lograr interpretar las fluctuaciones aparentes de los fenómenos, que registraba con exactitud. Ese lapso de tiempo fue bien aprovechado por los marcianos para preparar su asalto contando con la sorpresa en su favor.

Durante la oposición observada en 1894 se detectó un gran fulgor en la zona iluminada del disco, al principio en el observatorio de Lick y luego por Perrotin, en Niza, y después distintos astrónomos. Los lectores ingleses se enteraron de la noticia el 2 de agosto ya que salió publicado en *Nature*.

He supuesto que el inusitado fenómeno tuvo por causa el disparo de un enorme cañón, en un no menos enorme agujero cavado en la superficie del planeta y al que utilizaron para enviar los proyectiles que atravesaron el espacio impactando en la Tierra. En las posteriores oposiciones se observaron signos particulares a los que no se halló explicación alguna, próximas al lugar en que se había producido el intenso fulgor previo.

Pasaron seis años desde que tal cataclismo cayera sobre nosotros. Cuando el planeta Marte se hallaba próximo a la oposición, Lavelle, de Java, hizo vibrar súbitamente los transmisores de las comunicaciones astronómicas con la singular noticia que había sucedido una inmensa explosión incandescente en el planeta. El hecho sucedió hacia medianoche y el espectroscopio indicó la existencia de una masa de gases inflamados, en su mayoría hidrógeno, que avanzaba a enorme velocidad en inequívoca dirección hacia la Tierra. La ígnea exhalación se esfumó repentinamente un cuarto de hora después, hacia la medianoche. Lavelle, profundamente impresionado por lo que estaba registrando dijo "que era algo así como un descomunal alud de llamas arrojados brusca y violentamente del planeta tal como los gases del estallido se precipitan por la boca de un cañón".

El concepto era sumamente apropiado del fenómeno que había sucedido. Pero en las columnas de los diarios del día siguiente no hubo mención alguna al hecho, salvo por una escueta nota en el *Daily Telegraph*, con lo que el mundo ignoró uno de los más graves peligros que amenazaron jamás a la raza humana.

Quizás yo no hubiese sabido de la erupción de no haber encontrado a Ogilvy, el famoso astrónomo, en Ottershaw. Éste se hallaba muy entusiasmado con la noticia, y fue en el paroxismo de su emoción que me invitó esa noche a observar el planeta rojo.

No obstante la vertiginosa sucesión de acontecimientos acaecidos desde entonces, puedo recordar con adecuada precisión lo sucedido: el observatorio silencioso y en penumbras; la linterna lanzando un débil resplandor sobre un rincón del piso; el sonido programado de la maquinaria del telescopio; la delgada abertura de la cúpula y su cauce oblongo por el que se veían las estrellas, me fascinaban.

Ogilvy iba de un lado a otro; y aun sin verlo sentía su presencia. A través de la lente un círculo azul profundo con la esfera del planeta en el centro del campo visual. Pequeñísimo y de un intenso brillo. Calmo y casi insignificante, atravesado por finas bandas transversales, su circunferencia algo achatada hacia la zona de los polos se lo veía minúsculo, como cabeza de alfiler dotada de gran brillo. Aparentemente sacudido por un leve temblor, este se debía, en realidad, a las vibraciones del movimiento de relojería que guiaba la posición del telescopio.

Al observarlo, el lejano planeta daba la impresión que incrementaba su tamaño, o lo disminuía, avanzaba o retrocedía. Pero eran mis ojos, fatigados por el esfuerzo los que engendraban la ilusión. Orbitando a sesenta millones de kilómetros en la profundidad del espacio se hacía difícil concebir la enorme vastedad del vacío en el que se desplaza el polvo del universo.

A su lado se veían tres puntos de luz correspondientes a otras tantas estrellas ubicadas a una distancia infinitamente lejana en medio del vacío. Es sabido el efecto que en una fría noche estrellada produce tal oscuridad. Vista a través de la lente del telescopio es aún más profunda. Para mí invisible, desde que era tan lejana e ínfima. Avanzando rauda y sostenidamente a través de inimaginable distancia, dejando atrás en cada segundo miles de kilómetros, se acercaba el objeto que nos enviaban y que portaría tantas desdichas, devastación y muerte sobre nuestro planeta. No hubiera podido pensar ni nadie en el mundo mientras observaba el espacio que se desataría sobre nosotros tal calamidad.

Esa noche, hubo otro estallido de gas en la superficie de Marte que sucedió en el instante en el que el cronómetro del observatorio marcaba la medianoche; una claridad rojiza se encendió en la periferia del planeta. Luego hubo una fantástica prolongación de los contornos. Cuando se lo dije a Ogilvy, éste se apuró a ocupar mi posición ante el telescopio. Era una noche calurosa y sentía sed. Avancé torpemente tanteando el camino en medio de la oscuridad hasta la mesita en la que había un sifón, mientras Ogilvy emitía exclamaciones de entusiasmo al descubrir el haz del estallido en ruta hacia la Tierra.

Veinticuatro horas después, otro proyectil lanzado desde Marte, avanzaba en su marcha hacia la Tierra. Recuerdo que me senté, viendo manchas verdes y encarnadas danzando sin control delante de mis ojos. Ansiaba algo de luz, para fumar en calma, sin sospechar el significado del estallido que se prolongó por un minuto y lo que significaría en poco tiempo para mí. Ogilvy prosiguió con su observación hasta la una; después tomamos la linterna para regresar. En la oscuridad de las casas de Ottershaw y de Chertsey, dormían plácidamente centenares de personas.

Ogilvy conjeturaba abundantemente acerca de las condiciones en el planeta Marte burlándose de la concepción vulgar según la cual había en él habitantes que intentarían comunicarse con la Tierra mediante la emisión de señales. Su opinión era que se trataba de una nutrida lluvia de meteoritos bombardeando la superficie de Marte, o bien que se estaba produciendo un formidable estallido volcánico. Me habló de la escasa verosimilitud de la tesis que la evolución orgánica tomara similar dirección en planetas cercanos sosteniendo que las posibilidades de existencia de vida similar a la humana en el planeta Marte eran de uno en un millón.

Esa noche, y la siguiente, hacia las doce, centenares de observadores vieron la descomunal llamarada y el fenómeno se repitió durante diez noches sucesivas. ¿Por qué se interrumpieron los estallidos tras el décimo de ellos? Nadie en la Tierra pensó en buscar una explicación a esto. Tal vez la formidable emisión de gases causara graves perjuicios a los marcianos. Como aquellas densas nubes de humo o polvo, visibles desde la Tierra gracias a los poderosos telescopios, pequeñas manchas grisáceas que se expandían y que, enturbiando la limpidez de la atmósfera del planeta, deformaron sus rasgos tan conocidos.

Finalmente los periódicos hablaron de las perturbaciones publicando artículos y crónicas de divulgación acerca del sistema volcánico del planeta Marte. Así, el periódico humorístico *Punch* aprovechó el tema para hacer una de sus acostumbradas caricaturas políticas. Al margen de toda sospecha, los proyectiles lanzados por los marcianos surcaban el espacio en dirección a la Tierra a fantástica velocidad por segundo, a través del abismo, cada vez más cercanos a su inexorable destino.

Suena asombroso que con semejante peligro pendiendo sobre nuestras cabezas permaneciéramos ocupados en estrechos intereses. Me viene a la memoria el patético entusiasmo con que Markhan se empeñó en obtener nuevas fotografías del planeta para el periódico ilustrado que dirigía por aquellos días. Un sector mayoritario de la gente de estos tiempos, sabe de la abundancia y el espíritu de empresa que anima a los periódicos del siglo XIX.

En lo que a mí concierne, me hallaba empeñado en aprender a andar en bicicleta, y ocupado en una serie de artículos en los que se teorizaba acerca del probable desenvolvimiento de las ideas morales en consonancia con los progresos de la civilización.

Una noche (cuando el primer proyectil se encontraba a 15 millones de kilómetros de su impacto en la Tierra), salí de paseo con mi esposa. Era una noche clara; hablando a mi mujer de los signos del zodiaco señalé hacia Marte, un punto brillante ascendiendo hacia el cenit y al que en ese momento apuntaban los telescopios del mundo. El tiempo era caluroso y algunos excursionistas que volvían de Chertsey o de Isleworth entonaban improvisadas canciones. Las ventanas altas de las casas se llenaban de luz en el momento que los vecinos se acostaban. Algo distante, se oía el sonido de los trenes al cambiar de vía, chirrido que la distancia atenuaba hasta convertirlo en rústica melodía. Mi esposa advirtió el colorido resplandor de los semáforos recortados en la inmensidad del cielo. El mundo estaba pleno de seguridad y calma.

2
La estrella fugaz

El primer meteoro impactó avanzada la noche. Se lo vio, temprano en la mañana, atravesar raudamente el cielo de Winchester, dejando a su paso una línea ardiente en dirección Este. Centenares de personas que lo avistaron deben haber supuesto que se trataba de una común estrella fugaz. Albín lo describió trazando una verdosa estela que resplandeció por unos pocos segundos. Denning, la mayor autoridad en materia de meteoritos, determinó que la altura en su primera aparición era de entre ciento cuarenta a ciento sesenta kilómetros en dirección Este.

Cuando sucedió tal cosa yo me hallaba en casa, escribiendo; y aunque las ventanas apuntaban a Ottershaw y estaban abiertas las celosías —habitualmente me place contemplar el cielo nocturno— no observé detalles del fenómeno cuando el más extraño de los cuerpos celestes venido del espacio a la Tierra, debió caer mientras estaba sentado allí, lo hubiera visto con sólo levantar la vista en el momento en que penetró la atmósfera. Algunos de los que presenciaron su raudo vuelo dijeron que produjo una suerte de penetrante silbido al hacerlo. Absorto como estaba, nada oí. Su paso sobre Berkshire, Surrey y Middlesex fue advertido por muchas personas que supusieron se trataba de un meteoro común. Esa noche nadie se interesó por ubicar en la superficie terrestre la masa venida del espacio.

En las primeras horas de la mañana, Ogilvy, que había presenciado la caída, persuadido que un meteorito se hallaba en algún lugar del campo circundante, entre Horsell, Ottershaw y Woking, inició una caminata con el objeto de hallarlo. Y en efecto lo logró, poco después de la aurora, en los alrededores de los arenales.

El brutal impacto del proyectil había abierto un foso de grandes dimensiones. Masas de arena y guijarros habían sido arrojadas en todas direcciones, sobre las retamas y los matorrales, y había montículos visibles a un par de kilómetros de distancia. Del lado Este los campos eran presa de un incendio y una humareda azul se elevaba en la aurora.

El objeto venido del espacio exterior yacía enterrado en la arena bajo los pinos, que, al impactar, había destrozado. La parte visible tenía la forma de un enorme cilindro, cubierto por una costra, con los extremos suavizados por una densa incrustación escamosa de opaco color pardo. Tendría de diámetro entre veinticinco y treinta metros.

Ogilvy se acercó, sorprendido por su enorme tamaño, y aún por su forma tan sofisticada ya que los meteoritos suelen tener cierta irregular esfericidad. Sin embargo, no fue posible realizar un reconocimiento minucioso pues aún conservaba una alta temperatura que se generó al atravesar las capas de la atmósfera. Con los pocos datos de que disponía se arriesgó a atribuir al enfriamiento desigual en su superficie ciertos sonidos fuertes que parecían venir del interior del cilindro, pues en ningún momento pensó que aquella masa podía ser hueca.

De pie ante el foso que el proyectil cavara en su caída, consideraba su singular aspecto, extrañado ante una conformación y color insólitos, pensando vagamente que esto evidenciaba que no era casual la llegada del objeto. Era una mañana serena, y el sol, emergiendo por sobre los pinares de Weybridge, comenzaba a hacer sentir su cálida presencia. No recordaba haber escuchado el canto de los pájaros en la mañana; no soplaba brisa y sólo eran audibles los casi imperceptibles crujidos del cilindro. Estaba solo en la vastedad del campo.

De improviso, al observar que algunas incrustaciones que cubrían el meteorito se desprendían del borde circular superior y caían en trozos sobre la arena, sintió temor. Un trozo se separó en ese momento produciendo un ruido metálico que conmovió su entereza.

Durante un instante no logró comprender qué significaba tal cosa y a pesar del calor excesivo, descendió al foso, acercándose al meteoro para observarlo en detalle. Todavía pensaba que el enfriamiento gradual explicaba lo sucedido, pero lo disuadió ver que los trozos sólo se separaban en un extremo del cilindro.

Entonces pudo ver que el extremo circular giraba con lentitud sobre la superficie. Se trataba de un movimiento apenas perceptible que capturó súbitamente al hallar que una mancha oscura, que rato antes había visto cerca de él, estaba, instantes después, en el otro extremo de la circunferencia. Pero, aún así, apenas comprendió lo que esto significaba, hasta que tras oír un chirrido sordo observó que la marca avanzaba una pulgada o algo más. Bruscamente supo de qué se trataba. ¡El cilindro era una máquina hueca, y lo que giraba sobre sí misma sólo podía ser una tapa! ¡Y algo —alguien— la hacía girar desde adentro!

—¡Cielos! exclamó, sobresaltado Ogilvy—, dentro hay hombres. ¡Y estarán semiquemados por el calor del que intentan escapar!

Su cabeza era un torbellino moviéndose a enorme velocidad, de pronto asoció el hecho a la explosión observada en la superficie de Marte.

Pensar en las criaturas aprisionadas en el interior del cilindro ardiente le resultó tan insoportable que olvidando el intenso calor que se desprendía de él avanzó con la intención de ayudar a abrirlo. Afortunadamente para él la radiación lo detuvo antes de dañar sus manos con el metal, aún incandescente. Dudó un momento, después volvió sobre sus pasos, y tras escalar los montículos que rodeaban al cilindro corrió en dirección a Woking.

Era alrededor de las seis de la mañana. Encontró un carretero en el camino y trató de hacerle comprender lo sucedido; pero su relato y su aspecto resultaron tan poco creíbles —su sombrero había caído en el foso— que el hombre siguió su camino sin prestarle atención. Idéntica suerte corrió con quien en ese momento abría la fonda de Puente Horsell.

El posadero supuso que se trataba de un demente escapado de un Hospicio, y trató, sin lograrlo, de encerrarlo en la taberna. Ogilvy, viendo el cariz que tomaban las cosas buscó serenarse y al ver al periodista Henderson en su jardín, lo llamó a través del muro y logró explicar lo que había sucedido.

—¡Henderson! —gritó—, ¿vio usted anoche la estrella fugaz?

—¡Sí!, ¿y qué? —preguntó Henderson.

—Está allá, en el parque de Horsell, en este momento.

—¡Demonios! —dijo Henderson—, ¡un meteorito en el campo! ¡Magnífico!

—Pero no es un meteorito sino un cilindro, ¡un cilindro artificial, amigo mío! ¡Y en su interior algo se mueve y produce ruidos!

Henderson se irguió, con la pala en la mano.

—¿Cómo dice? —preguntó—. Ya que era un poco sordo.

Ogilvy le contó lo que había visto. Henderson parecía no comprender. Después clavó la pala en la tierra, se colocó la chaqueta y fue hacia el camino. Ambos enfilaron hacia el campo y rato después llegaron al cilindro. Pero ya no se oían ruidos dentro de él y una estrecha circunferencia metálica y brillante se podía ver en el espacio entre la tapa y el cuerpo del cilindro. El aire a su alrededor escapaba produciendo un leve silbido.

Entonces escucharon para luego dar unos golpes con un bastón sobre la pared, y al no recibir respuesta alguna dedujeron de ello que quienes se hallaban dentro debían haber muerto o habían sufrido un desmayo.

A Ogilvy y Henderson les era imposible actuar. Y después de lanzar gritos de consuelo y promesas volvieron en busca de ayuda. Henderson fue rápidamente a la estación para telegrafiar la noticia a Londres. Los artículos periodísticos habían preparado el terreno para que se admitiera una situación semejante a la que estaba sucediendo.

Hacia las ocho, un grupo de muchachos y desocupados iba en camino a la campiña para ver "a los hombres muertos que vinieron de Marte". De tal forma se veía el hecho. Esto lo oí de boca del muchacho que, a las nueve menos cuarto me vendió el periódico. Tal versión me produjo asombro y, sin perder tiempo, fui hacia los arenales, atravesando el puente de Ottershaw.

3
En el parque de Horsell

Al llegar a la campiña había unas veinte personas alrededor del enorme foso en que se había incrustado el cilindro. Ya he descrito la conformación de la colosal masa. El pasto y la arena mostraban las señas de la tremenda explosión. La caída había producido una llamarada súbita. Ni Ogilvy ni Henderson se hallaban allí.

Cuatro o cinco muchachos, acomodados en el borde del foso, se divertían —hasta que lo impedí— arrojando piedras contra el cilindro. Cuando frustré su tonta diversión, jugaron en medio de un grupo de curiosos.

En el grupo de personas mayores había dos ciclistas, un jardinero, al que solía emplear, una muchacha con un niño en sus brazos, Gregg el carnicero y su hijo, y dos o tres personas que tenían la costumbre de vagabundear por la estación ferroviaria. Los comentarios eran escasos; por entonces la gente de pueblo en Inglaterra carecía de ideas claras sobre fenómenos astronómicos. La mayor parte de ellos observaba pacíficamente la tapa que permanecía como la habían visto por última vez Ogilvy y Henderson. Me imagino que esperaban hallar una masa de cuerpos carbonizados y se sentían defraudados ante la vista del objeto.

Durante el tiempo que permanecí allí hubo cierto movimiento de personas, que iban y venían. Cuando descendí al foso me pareció sentir bajo mis pies un débil movimiento. La tapa había dejado de rotar.

Sólo cuando me encontré muy cerca fue evidente para mí la extraña conformación de aquel objeto. En un primer momento no resultaba más desconcertante que un coche volcado o un árbol caído sobre el camino. Más que con ninguna cosa conocida, aquello se podía confundir con un gasómetro consumido por la herrumbre, semihundido en la tierra. Era necesaria cierta formación científica para comprender que las escamas grises que la recubrían no provenían de una oxidación ordinaria, y que el metal, de color blanco amarillento, con ese brillo en la ranura que unía el cilindro con la tapa, tenía una tonalidad desconocida en la Tierra. La palabra "extraterrestre" no significaba mucho para la mayoría de quienes observaban al objeto.

Desde ese momento fue indudable para mí que el objeto había venido de Marte, pero me parecía altamente improbable que se alojase en su interior alguna criatura viviente. Suponía que era un mecanismo automático el que había accionado la tapa. A pesar de la afirmación en contrario de Ogilvy, creía en la posibilidad de la existencia de vida inteligente en Marte.

Dejé vagar mi imaginación a su antojo sopesando la posibilidad de hallar un manuscrito en el interior del cilindro pensando en las dificultades que ocasionaría su traducción, o la existencia de monedas, modelos o representaciones de todo tipo que podría llegar a contener. Pero, el objeto era de tamaño excesivamente grande para satisfacer tan solo ese propósito. Estaba impaciente por ver que contenía en su interior. Regresé a Maybury hacia las once, pensando que nada sucedería. Tenía dificultades para continuar imaginando posibilidades acerca del cilindro.

Hacia la tarde, el aspecto de la campiña había cambiado. Las primeras ediciones de los periódicos vespertinos sorprendieron a Londres con enormes títulos:

"¡Mensaje proveniente de Marte!"
"¡Espectacular noticia!!!"

Por otra parte, el telegrama enviado por Ogilvy a la Oficina Central Meteorológica conmocionó los observatorios de toda Gran Bretaña.

En el camino se veía, junto a los arenales, una media docena de coches de alquiler de la estación de Woking, un *cabriolet* venido de Chobham, un elegante *landó* y junto a éstos, gran número de bicicletas. Una gran cantidad de personas, desafiando el calor, llegó a pie desde Woking y de Chertsey, de modo que teníamos allí una verdadera muchedumbre, incluidas algunas hermosas damas vestidas con elegancia.

El calor era asfixiante. En el cielo no se veía una nube ni soplaba la más tenue brisa y por única protección sólo se tenía la escasa sombra que proyectaban unos pocos pinos dispersos. El incendio en los pastos había sido sofocado, pero mirando hacia Ottershaw la llanura entera se veía ennegrecida, cubierta de cenizas de las que aún escapaban breves columnas de humo.

Un oportunista vendedor de refrescos había enviado a su hijo con una carretilla a ofrecer frutas y botellas de cerveza.

Los bordes del foso estaban ocupados por media docena de personas. Henderson, Ogilvy y un hombre rubio de gran estatura —que luego supe— se trataba de Stent, astrónomo del Observatorio Real, dirigían a algunos obreros con palas y picos. Stent, de pie sobre el cilindro que ya habría enfriado, daba órdenes con voz clara y aguda. El rostro algo congestionado transpiraba abundantemente y parecía estar furioso por alguna razón desconocida.

Gran parte de la estructura cilíndrica estaba al descubierto, aunque la base permanecía bajo la tierra. No bien Ogilvy me vio entre la multitud, hizo señas para que bajase y luego me pidió que buscara a lord Hilton.

Dijo que la muchedumbre, que crecía de momento a momento, sobre todo los muchachos, eran una seria dificultad para continuar cavando y se hacía necesaria una barrera para mantener a distancia adecuada a la gente.

También me informó que esporádicamente, se escuchaban débiles movimientos dentro del cilindro, pero que los obreros debieron renunciar al intento de desenroscar la tapa pues carecía de asidero. Las paredes podían ser de gran espesor y tal vez los sonidos atenuados que se escuchaban indicaran algún tipo de actividad en su interior.

Me alegró atender su pedido, pues de tal manera fui espectador privilegiado a salvo del límite impuesto a la muchedumbre.

No hallé a lord Hilton en su casa, pero me enteré que arribaría en el tren de las seis. Como eran las cinco y cuarto, volví a mi casa a tomar el té y luego fui a la estación para recibirlo.

4

El cilindro se abre

El sol estaba en el ocaso cuando llegué a la campiña. Algunos grupos dispersos apuraban el paso viniendo de Woking, y algunas personas retornaban a sus hogares. La multitud agrupada en las cercanías del foso había crecido, destacando la negrura en torno. Se oyeron voces, y de pronto se produjo algo así como un forcejeo junto a la boca del foso. Me sentí invadido por ideas extrañas y al acercarme oí la voz de Stent dando una orden perentoria:

—¡Retrocedan..., atrás..., atrás!

Un muchacho corrió hacia mí y dijo al pasar:

—¡Se mueve...! ¡Eso se abre...! ¡Se destornilla por sí mismo...! Yo me voy..., me voy por sí acaso...

Seguí mi camino, había allí al menos doscientas o trescientas personas empujándose las unas a las otras y entre ellas algunas mujeres no eran las menos activas.

—¡Cayó dentro del pozo! —exclamó alguien.

—¡Atrás, atrás! —ordenaban otras voces.

La multitud se mecía como las olas, y tuve que abrirme paso a codazos para pasar entre las abigarradas filas. Todo ese gentío se veía exaltado. Escuché un murmullo particular que venía del interior del foso.

—Ayúdenos a mantener a distancia a estos imbéciles —gritó Ogilvy—. No sabemos que pueda contener esta maldita cosa.

Vi un joven, dependiente de una farmacia de Woking, intentando escapar del foso al que lo había empujado la muchedumbre.

El extremo del cilindro continuaba destornillándose desde dentro. Ya se veían unos cincuenta centímetros de tornillo; recibí un empujón y casi caigo sobre el cilindro. En el instante en que me volví la tapa cayó con gran estrépito. Atajé con mi codo a la persona que se hallaba detrás y miré con ansiedad. Por un momento, no logré ver la cavidad circular a mis pies. Como si el sol diera de lleno en mis ojos.

Me parece que los presentes esperaban que apareciera un hombre, un ser algo diferente a los terrestres, pero hombre al fin, en su conformación. Yo también suponía tal cosa, pero al mirar atentamente, percibí algo que se desplazaba en la sombra —con movimientos torpes y dubitativos—, al cabo se destacaron un par de discos luminosos en lugar de ojos. Luego, algo semejante a una diminuta serpiente gris, del grosor de un bastón, se extendió desde una masa replegada, retorciéndose en el aire a mi lado, y a este tentáculo siguió otro, y otro...

Un estremecimiento recorrió mi cuerpo. Detrás de mí, una mujer lanzó un grito histérico. Me volví á medias, sin apartar los ojos del cilindro. Dos nuevos tentáculos surgían de él. Desesperado, me abrí paso a empujones y codazos. El horror ocupaba ahora el espacio sobre aquellas caras llenas de asombro un momento antes. El lugar se llenó de gritos y exclamaciones de pánico. La muchedumbre aterrada retrocedía. El dependiente se mantenía erguido con gran esfuerzo sobre el filo del foso.

De repente vi que había quedado solo. La gente huía y Stent con ellos. Miré hacia el cilindro y un incontrolable terror hizo presa de mí sin poder ejecutar un movimiento, los ojos fijos en el foso.

Una masa redonda de color grisáceo del tamaño de un oso, salía torpemente de dentro del cilindro.

El impacto de la luz plena sobre él produjo reflejos pálidos como si se tratara de cuero mojado. De en medio de una masa de irregular esfericidad dos ojos enormes me miraban con fijeza y parecían pertenecer a un rostro: bajo ellos había una boca cuyos bordes sin labios se agitaban permanentemente dejando escapar una repugnante saliva. El cuerpo se agitaba con un jadeo compulsivo. Un apéndice semejante a un fofo y largo tentáculo se adhirió al borde del cilindro mientras otro se balanceaba en el aire.

Aquellos que no vieron nunca de cerca un marciano, difícilmente pueden imaginar lo horroroso de su aspecto, su boca en forma de "V" y el labio superior puntiagudo; la ausencia de frente y de mentón bajo el labio inferior, el perpetuo temblequeo de la boca, los viscosos tentáculos; la dificultosa respiración de sus pulmones en una atmósfera demasiado densa para ellos; sus desplazamientos torpes por efectos de la mayor gravedad terrestre, y por sobre todo la intensidad de sus enormes ojos, todo eso produjo en mí la sensación de estar ante algo nauseabundo.

Resultaba por demás desagradable su piel viscosa y oscura y algo amedrentaba en la torpe seguridad de su lento desplazamiento. Me sentí sobrepasado por la repugnancia y el espanto.

Desapareció tan bruscamente como había aparecido. Tambaleándose sobre el borde del cilindro con un ruido como el que haría al desplazarse una gran masa de cuero. Le oí lanzar un grito ronco e inmediatamente apareció moviéndose en la espesa sombra de la abertura otra criatura similar.

El terror dejó de paralizarme. Giré, y en agitada carrera fui hacia el primer grupo de árboles que había allí cerca. Pero lo hice en sentido algo oblicuo pues a cada momento miraba hacia atrás sin poder apartar mi vista de semejantes monstruos.

Entre algunos añosos pinos y escondido tras unas zarzas me detuve jadeante, ansioso por observar lo que sucedería. La porción del campo en torno al foso estaba cubierta por gente que, como yo, contemplaba aterrorizada, aquellas criaturas.

Sin salir de la conmoción en que me hallaba, vi al borde del montículo un objeto negro y esférico que se movía. Era la cabeza del repartidor de farmacia caído en el foso que a la luz del ocaso se veía como un punto oscuro. En su esfuerzo llegó a asomar el hombro y una rodilla, para caer otra vez, con lo que sólo fue visible su cabeza, de pronto desapareció en el interior y me pareció oír un débil grito.

Un impulso irracional me empujó a acudir en su ayuda, pero fue más fuerte mi pánico que mi voluntad.

Entonces todo fue invisible, tanto en lo profundo de la fosa, como en los montículos de arena que levantó el cilindro en su caída. De venir alguien por el camino de Chobham o Woking se habría sentido fuertemente impresionado al ver un centenar de personas, formando un gran círculo irregular, escondidas en las zanjas, o detrás de matorrales, comunicándose a través de exclamaciones breves y rápidas manteniendo la mirada medrosa puesta en los montículos de arena.

La carretilla con provisiones, quedó sobre el pasto calcinado, y en el destrozado camino había una hilera de vehículos abandonados, con los caballos inquietos pateando el suelo.

5
El rayo ardiente

Una suerte de fascinación me paralizó tras ver a los marcianos saliendo del cilindro que utilizaran para atravesar el espacio. Por eso fue que permanecí en el lugar hundidas mis rodillas en el pasto, los ojos atentos a cualquier cosa que sucediera en el perímetro del montículo que los ocultaba. La curiosidad y el temor más intensos pujaban en mi interior.

Sin decidirme definitivamente a enfilar hacia el agujero, me atenazaba el deseo de observar lo que sucedía. Me adelanté, trazando una gran curva, para ubicar puntos en los que me sintiera protegido en permanente observación de los montículos de arena que ocultaban a los recién llegados visitantes. Por un momento, algo que parecía un látigo de largas tiras negras cruzó velozmente ante el sol, que se sumergía en la noche, para desaparecer inmediatamente tras lo cual una suerte de fino tallo elevó una a una sus articulaciones hasta que en el extremo de ellas giró súbitamente un disco de movimiento irregular. ¿Qué estaba sucediendo en el foso?

La parte gruesa de los espectadores se dividió en dos grupos. Uno, del lado de Woking, y el restante, en dirección de Chobham; los perturbaba idéntico conflicto y confusión. A mi alrededor se hallaban algunas personas. Pasé ante uno de mis vecinos, cuyo nombre ignoraba, quien me detuvo. Pero no creía que fuera momento adecuado para una conversación.

— ¡Qué horribles bestias! —dijo—. ¡Dios mío, qué horribles! Y lo repitió varias veces.

—¿Vio caer a alguien en el foso? —le pregunté.

Pero no respondió; permanecimos silenciosos y alertas por un instante reconfortados, tal vez, en nuestra mutua compañía. Entonces modifiqué mi posición, y me ubiqué en un pliegue del terreno con la ventaja de disponer de una elevación de aproximadamente dos metros. Cuando giré buscando con la mirada a mi accidental compañero éste huía rumbo a Woking.

El poniente se hizo crepúsculo antes que llegara alguna novedad. La multitud, a lo lejos en dirección a Woking parecía crecer y de allí llegaba un confuso rumor. El pequeño grupo hacia el lado de Chobham se dispersó. En el pozo no había movimiento alguno.

Paulatinamente la gente recobraba su coraje; supongo que en ello incidió el arribo de curiosos con nuevos bríos que acudían desde Woking. De todas maneras un pausado movimiento comenzó en la campiña a medida que la calma de la noche cayó en torno al cilindro.

Formas oscuras, en grupos de a dos y tres, avanzaban, deteniéndose de tanto en tanto para observar, iniciando otra vez su marcha con lo que una creciente fila de irregular contorno rodeaba el lugar donde me encontraba. Por mi parte, también me encontré yendo hacia el cilindro.

En ese momento vi algunos cocheros y conductores, conduciendo temerariamente los vehículos a través de las canteras, y oí el ruido de carros y el chirrido de ruedas. El muchacho se llevaba la carretilla con provisiones. A unos treinta metros del foso, avanzaba un pequeño grupo. El que los encabezaba enarbolaba una bandera blanca.

Era una delegación. A toda marcha se había reunido un consejo, y ya que los marcianos eran seres inteligentes más allá de su repulsiva conformación, habían resuelto hacerles saber de la manera más amigable posible y a través de señales, que los terráqueos éramos, también, una raza inteligente.

La bandera ondeaba al viento, y el grupo avanzaba en desorden a derecha e izquierda. A demasiada distancia como para reconocer a nadie, supe más tarde que Ogilvy, Stent y Henderson, con otras personas, habían hecho un intento por comunicarse seguidos a discreta distancia por algunos otros como vagas formas oscuras que iban en su persecución.

De improviso se vio un brusco e intenso haz de luz, y una verdosa e ígnea humareda surgió del foso. Tres fogonazos que, uno tras otro, se desvanecieron en el silencio de la noche.

El humo —tal vez fuese más adecuado decir la llamarada— era tan brillante, que el cielo de un azul profundo a esa hora y el campo, sombrío y brumoso con sus altos pinos del lado de Chertsey, se oscurecieron bruscamente al elevarse los chispazos para quedar en tinieblas cuando cesaron. Simultáneamente se percibió un sonido similar a un silbido.

Al otro extremo del foso, el grupo de personas portando la bandera blanca se detuvo a la vista del fenómeno, apenas un puñado de pequeñas figuras erguidas sobre el oscuro suelo. Cuando el humo verde se elevó, sus rostros se tiñeron de un verde pálido que se desvaneció al hacerlo el humo.

Lentamente el silbido se convirtió en prolongado y monótono zumbido y un objeto de estructura combada surgió del foso lanzando algo parecido a un rayo luminoso siseante e irregular.

Lenguas ardientes y flamígeras cayeron sobre el grupo de hombres dispersos. El invisible haz impactaba en ellos produciendo una blanca llama que los hacía entrar bruscamente en combustión.

Los vi tambalearse como estatuas que se desmoronan iluminados por el resplandor del fuego que los consumía; los que le seguían huían, aterrados y en completo desorden.

Paralizado sin comprender que la muerte atacaba uno por uno a los miembros del pequeño grupo lejano, sólo tenía la impresión de estar ante algo extraño, un concentrado haz de luz sin sonido que abatía a quien alcanzaba. Los pinos ardían al contacto del rayo invisible y las zarzas crepitaban con un sordo rumor. A lo lejos, hacia Knaphill, se veía el súbito fulgor de los árboles al inflamarse, las cercas y las casas de madera ardían violentamente.

Con rapidez regular y mortífera la espada llameante describía una curva, trazando la muerte a su alrededor. Por el rastro que iba dejando sobre las zarzas en combustión advertí que venía en mi dirección, pero dominado por el pánico y la sorpresa no podía moverme.

Oí el sonido del fuego al extenderse entre los árboles y el breve relincho de dolor de un caballo que cesó en un segundo. Una extremidad invisible y candente se hallaba sobre los matorrales, en el espacio entre los marcianos y yo; a todo lo largo de una extensa línea curva, ya fuera de los arenales, el suelo humeaba resquebrajándose. A lo lejos, algo cayó con un estrépito, en el lugar donde el camino que va a la estación de Woking penetra en el parque. Allí se interrumpieron silbido y zumbido, y el objeto negro parecido a una cúpula se introdujo lentamente en el foso hasta desaparecer.

Todo sucedió con total rapidez que permanecí inmóvil y deslumbrado por los relámpagos de luz. De haber sido completado el círculo en torno a la campiña seguramente me hubiera alcanzado sin que pudiera reaccionar a tiempo. Al detenerse pude sobrevivir rodeado por la noche más sombría y hostil.

La llanura había sido ganada por tinieblas oscuras, excepto en los espacios en que los caminos que la atravesaban se extendían pálidos y grises, bajo el intenso cielo azul de la noche. Todo se veía triste y desierto. Las estrellas, una a una, surgían sobre mi cabeza, y ya en el ocaso el cielo aún conservaba un brillo algo pálido y verdoso. Las copas de los pinos y los techos de Horsell se recortaban oscuros en la espectral claridad.

Los marcianos y sus máquinas eran invisibles salvo el delgado mástil sobre el cual se movía sin cesar el espejo en irregular movimiento. Restos de chamuscados matorrales y árboles humeaban y ardían todavía. Las casas, hacia el lado de la estación de Woking, ardían en la paz de la noche.

Salvo eso y de mi estado de sorpresa, nada había cambiado. El pequeño grupo que acompañaba la bandera blanca había sido destruido; la calma de la noche, apenas, si había sido turbada, según me pareció.

Estaba sólo y sin ayuda en medio de la campiña. De improviso, el miedo hizo presa de mí, me volví con un esfuerzo e inicié una carrera vacilante en medio de la soledad.

No había nada de racional en lo que sentía dentro de mí. Sí un terror que lindaba en pánico. Y no sólo de los marcianos, sino hasta de la oscuridad y silencio a mi alrededor. El abatimiento me había afectado tan profundamente que, en mi carrera, lloraba en silencio como un niño desamparado. Una vez que volví la espalda, ya no me atreví a mirar hacia atrás.

Recuerdo la fuerte impresión que tuve de que estaban jugando conmigo. Suponía que en el instante que estuviera a punto de salvarme, la muerte —tan misteriosa y repentina como el rayo— asomaría su cabeza por el cilindro para aniquilarme sin miramientos.

6
El rayo ardiente en el camino Chobham

Que los marcianos dieran muerte a lo que estuviera en la trayectoria del rayo tan rápida y silenciosamente, aún es motivo de asombro e intriga. Algunos suponen que lograron, de alguna manera desconocida, generar calor intenso en el interior de una cámara aislada. Tan formidable energía la proyectan en un rayo paralelo, dirigido a los objetos que deseen, usando un espejo parabólico cuya composición se ignora, a la manera que el espejo parabólico de un faro refracta un rayo de luz. Pero esas conjeturas no fueron demostradas.

Sea cual fuere la técnica aplicada, lo cierto es que lo esencial consiste en un rayo de calor invisible, en lugar de luz. A su solo contacto los objetos entran en combustión, el plomo se derrite como el hielo, el hierro se ablanda, el cristal estalla, y el agua se evapora inmediatamente.

Esa noche, alrededor de cuarenta personas quedaron tendidas en torno al foso, irreconocibles y carbonizadas y hasta bien entrada la mañana la campiña ardió, desierta, desde Horsell hasta Maybury.

La noticia de la masacre probablemente llegó al mismo tiempo a Chobham, Woking y Ottershaw. En Woking los negocios estaban cerrados cuando se produjo el trágico suceso, y numerosas personas, comerciantes y empleados, atraídos por las historias que oyeron contar, atravesaron el puente de Horsell para avanzar por el camino de las alamedas que se adentra en la campiña. Muchachos y muchachas tomaron como pretexto para dar paseos en pareja, coqueteando a su antojo. Imaginémonos el rumor de voces a todo lo largo de la carretera, durante ese crepúsculo.

Por lo visto hasta allí, sólo un pequeño grupo de gente supo en Woking que el cilindro se había abierto, no obstante que el pobre Henderson envió a través de un mensajero en bicicleta un telegrama urgente para un periódico vespertino donde informaba en detalle de lo sucedido.

Los curiosos acudían en grupos de a dos y de a tres y encontraban en la campiña grupos de personas que conversaban animadamente mientras observaban el espejo giratorio por sobre las canteras arenosas. En instantes, similar interés se apoderaba de quienes llegaban.

Hacia las ocho y media ya podía decirse que había alrededor de trescientas personas en el sitio, eso sin tomar en cuenta a aquellas que se habían alejado del camino para estar más próximos a los marcianos.

Junto a ellos, tres agentes de policía, uno a caballo, hacían lo posible, de acuerdo a las instrucciones dadas por Stent, para contener a la muchedumbre impidiéndole una excesiva cercanía con el cilindro, lo que provocaba protestas de algunas personas excitables y escasamente reflexivas, para las que siempre habrá oportunidad de ruido y escándalo en cualquier aglomeración.

Ogilvy y Stent, temiendo un encontronazo, telegrafiaron desde Horsell a las fuerzas militares, tan pronto los marcianos asomaron, para pedir el auxilio de una compañía de soldados que protegiera de cualquier intento de violencia a los seres extraterrestres. Tras tomar tal recaudo emprendieron la infortunada tarea de parlamentar, intentando entablar una amistosa relación con ellos. La descripción de su muerte tomada de versiones orales de algunos miembros de la muchedumbre resulta adecuadamente similar a mis impresiones: hubo, indudablemente, tres bocanadas de humo verde, un seco zumbido y el posterior rayo aniquilador.

La multitud permaneció a salvo por una afortunada circunstancia. Un montículo de arena cubierto de malezas se interpuso en el trayecto parte inferior del rayo, poniéndolos a cubierto. Si el espejo parabólico hubiera estado elevado algunos metros más, nadie hubiera sobrevivido al calor para relatar lo sucedido. Así pudieron observar desde una posición favorable el ataque de los letales haces de luz, los hombres que caían fulminados, y esa suerte de garra invisible a cuyo solo contacto vieron las zarzas arder mientras avanzaba hacia ellos en las sombras. Y escucharon, empavorecidos, un estridente crepitar. El rayo oscilaba sobre sus cabezas, devastando las copas de las hayas al costado del camino. Los ladrillos estallaron, los vidrios se hicieron añicos, la madera de las ventanas ardió y el techo de una casa a la orilla del camino se derrumbó como si fuera paja.

Acorralada entre la horrible estridencia y el lívido resplandor de los árboles en llamas, la muchedumbre, presa del terror, vaciló un momento. Chispas y restos carbonizados caían sobre el camino, sombreros y trajes ardían. Desde la pradera, se elevó un clamor generalizado.

Entre gritos y llamamientos, el policía a caballo llegó al galope hasta el aterrorizado grupo humano. Llevaba las manos en su cabeza y gemía de dolor.

—¡Ahí vienen! —gritó una vieja, y esto inició el desbande general. Se empujaban intentando alcanzar cuanto antes el camino de Woking en la más completa confusión como rebaño de corderos sin control.

En el lugar en que la carretera se estrechaba y estaba más oscura, la multitud entabló una lucha desesperada por sobrevivir aplastando a su paso a quien no pudiera defenderse de aquel alud. No todos escaparon: tres personas —dos mujeres y un niño— fueron magulladas, pisoteadas y luego abandonadas a su suerte en medio del terror y la penumbra.

7
Cómo llegué a casa

No recuerdo detalle alguno de mi escape, de no ser las violentas embestidas que di contra los árboles en mi apresurada carrera y las innumerables caídas en los matorrales. Un terror invisible que se podía percibir en el aire quedó como resultado del paso de los marcianos. La flamígera espada de muerte parecía permanecer expectante en cada rincón de la campiña sosteniéndose sobre mi cabeza antes del golpe final que acabaría con todo. Cuando llegué al camino entre la carretera y Horsell corrí desesperadamente.

Era imposible dar un paso; agotado como estaba consecuencia del estallido incontrolable de las emociones y el violento impulso de la carrera, me desplomé sin fuerzas al costado del camino, allí en un extremo del puente sobre el canal, junto a la fábrica de gas. Permanecí largo rato tendido.

Luego me senté. Anonadado, no podía recordar claramente cómo había llegado allí ni controlar el terror que me invadía. No tenía sombrero, el cuello estaba desabrochado y hasta ese momento sólo había para mí tres elementos reales: la inmensa grandiosidad de la noche, el espacio y la naturaleza, una intensa debilidad y angustia y la cercana proximidad de la muerte.

Sentía que algo había cambiado, que el punto de vista se había modificado brutalmente. No hubo transición apreciable en la percepción del fenómeno. Empezaba a reconocerme: sin duda era el de siempre, el ciudadano respetuoso y prudente. La campiña silenciosa y las llamas devorando todo lo que se pusiera en su camino se veían como un sueño hasta el punto de preguntarme si todo eso había sucedido.

Subí la empinada cuesta del puente con paso inseguro, músculos y nervios carentes de fuerza. Me balanceé como si estuviera borracho. Una cabeza emergió del parapeto y un obrero con la canasta, se adelantó. Tras él un niño. Al pasar a mi lado me saludó. Intenté hablar con él pero no pude, retribuyendo su saludo con un vago murmullo y atravesé el puente.

En ese instante pasaba el tren que iba a Londres, una larga oruga de ventanas iluminadas. Algunos grupos dialogaban tras una barrera de la avenida de casas llamada Terraza Oriental. ¡Todo tan familiar! ¡Y lo que dejé detrás de mí era aterrador y fantástico! Tales cosas me parecían ahora imposibles.

Tal vez sea yo un hombre con estados de ánimo excepcionales. No sé hasta donde lo sucedido es una experiencia común. A menudo experimento una fuerte sensación de alejarme de mí mismo y del mundo que me rodea, parece que observo ubicado en algún lugar lejano, por fuera del tiempo y el espacio. Tal sentimiento me dominaba como nunca esa noche.

Pero me inquietaba saber de lo absurdo y desconcertante de la serenidad del entorno, y de la muerte fulminante que acechaba a sólo a tres kilómetros de allí. Las luces eléctricas estaban encendidas, y escuché los sonidos de los hombres en plena tarea en la usina de gas. Me detuve ante un grupo de ellos.

—¿Qué noticias vienen de la campiña? —pregunté.

Había allí dos hombres y una mujer.

—¿Qué? —dijo uno de los hombres, volviéndose.

—¿Qué noticias hay del campo comunal? —repetí.

—¿No viene usted de allí? —me preguntaron ambos hombres.

—Parece que los que vuelven de allí vienen un poco alterados —dijo la mujer inclinándose sobre la barrera—. ¿Qué sucederá allí? —preguntó.

—¿No tienen noticias de los marcianos? ¿No les han informado de los seres venidos de otro planeta? —pregunté.

—¿Marte? —preguntó uno de los hombres.

—¡Oh, sí! ¡Claro que estamos enterados! ¡Gracias! —dijo la mujer—. Y los tres rompieron a reír.

Me sentí ridículo y humillado. Sin lograrlo, intenté reiterar el relato de lo que había visto. Ante las incoherencias que farfullé rieron a más no poder.

—¡Pronto sabrán más de lo que desearían! —les grité, y seguí mi camino.

Tenía un aspecto tan salvaje y desgreñado que mi esposa, al verme, se alarmó. Ante su asombro entré, me senté, bebí un vaso de vino y cuando sentí algo más calmo mi espíritu, le relaté los acontecimientos de que había sido testigo. La comida, fría, estaba servida y quedó sobre la mesa sin que la tocásemos, abstraídos en el relato de la historia que hice a mi esposa.

—Hay algo que reconforta —dije, en un intento por atenuar los temores despertados en mi esposa— y es que son las criaturas tan torpes como nunca haya visto. Podrán moverse en el foso y matar a quien se les acerque, pero no lograrán salir de él... ¡De todos modos, qué horribles seres!

—¡Mantén la calma, mi querido! —dijo mi esposa, frunciendo el entrecejo mientras colocaba afectuosamente su mano sobre la mía.

—¡El pobre Ogilvy! —exclamé—. ¡De sólo pensar que está muerto me siento mal...!

Al menos a mi esposa no le resultó disparatado mi relato. Cuando vi lo pálida que estaba me detuve.

—Pueden alcanzarnos aquí —repetía, dominada por el impacto de lo que escuchó.

— Se mueven con gran dificultad —le repetí.

Traté de insuflarle y de insuflarme a mí mismo algo de valor, remarcando lo que me dijera Ogilvy acerca de la dificultad paralizante con que se toparían los marcianos para permanecer en la Tierra. Y le destaqué la notoria dificultad de adaptar sus estructuras anatómicas a la gravedad terrestre. Como la Tierra, posee una atracción gravitatoria que triplica la de la superficie marciana, el ser marciano vería que su fuerza muscular sufre una brutal mengua pues su peso sería el equivalente de tres veces el suyo en Marte como si su cuerpo entero fuera una tremenda masa de plomo.

Tal fue, en principio, la opinión generalizada. El siguiente día, el *Times* y el *Daily Telegraph*, entre otros, adjudicaron a tal punto enorme importancia, sin considerar como tampoco yo lo había hecho, dos influencias benéficas que eran por demás obvias.

La atmósfera terrestre, ahora lo sabemos, contiene una mayor cantidad de oxígeno y menor de argón que la de Marte, sea cual fuere la explicación que se dé a ello.

El efecto tonificante del oxígeno en la estructura de los marcianos indudablemente agregó un elemento que disminuía el efecto del aumento de peso. En segundo lugar, ignorábamos que a la potencia mecánica de los marcianos compensaba la disminución de su actividad muscular.

Por entonces no pensé en tales hechos; en mi equivocada reflexión, desprecié las capacidades de los invasores. La confianza que sobrevino tras satisfacer mi apetito y la urgente necesidad de serenar a mi esposa me devolvieron el valor sin ser plenamente consciente de tal error y confié en que nos hallábamos a salvo.

—Incurrieron en un acto estúpido —aseguraba yo con el vaso de vino en mi mano—. Son peligrosos, ya que sin duda el miedo los trastorna. Quizás no calculaban encontrarse con seres vivos, y menos aún, inteligentes. De empeorar la situación bastará con disparar una granada al interior del pozo y acabaremos con ellos.

La sobreexcitación que sucedió a los acontecimientos incrementó mi capacidad de percepción. Todavía recuerdo con notable fidelidad los detalles de esa comida.

El dulce rostro de mi esposa lleno de ansiedad vuelto hacia mí, los reflejos de la pantalla rosa sobre ella, el mantel blanco, la platería y la cristalería, el vino color púrpura en mi vaso... Tal cúmulo de detalles permanecieron en mi recuerdo con persistente intensidad.

A los postres me detuve. El gusto de las nueces se mezclaba con el sabor del cigarrillo, cuando yo lamentaba la imprudencia de Ogilvy, y la mezquina visión y pusilanimidad de los marcianos.

De la misma manera que algún pichón en la isla Mauricio podría, desde la estrecha visión de su nido, observar las circunstancias mientras hablando de la llegada de un navío en busca de provisiones animales, comentaría:

—¡Mañana acabaremos con ellos a picotazos, querida!

Aunque no lo supiera esa sería la última comida civilizada en el transcurso de los días por venir que serían largos, extraños y terribles.

8
Viernes por la noche

En mi opinión, de todos los hechos sorprendentes de ese viernes, el más extraordinario fue el encadenamiento de costumbres cotidianas, triviales de nuestro orden social; articulados con el comienzo de una serie de acontecimientos que derribarían tal orden.

Si la noche del viernes, mediante el auxilio de un compás, se hubiera trazado una circunferencia de cinco millas de radio alrededor de las canteras de Woking, raramente podría encontrarse dentro de ella un ser humano conmovido en sus emociones o hábitos por la llegada de los marcianos a no ser por algún pariente de Stent, los tres ciclistas o aquellos que vinieron desde Londres y sus cuerpos yacían en la campiña víctimas del rayo parabólico.

Y aún cuando muchos oyeran hablar del cilindro y ellos mismos hicieran comentarios sobre el tema lo cierto es que el caso no produjo la conmoción que, pongamos por caso, hubiera provocado un ultimátum dado a Alemania.

En Londres, el telegrama del infortunado Henderson en el que narraba la apertura gradual de la tapa del proyectil, fue recibido esa noche como una noticia caprichosa y el diario de la noche al que fue dirigido, telegrafió solicitando una aclaración del texto y al no obtener respuesta y sin preguntarse el porqué de tal silencio decidió detener una edición especial sobre el hecho.

Dentro del círculo de cinco millas, la mayoría permaneció indiferente. Ya señalé yo la actitud de hombres y mujeres a quienes les transmití la terrible noticia. En todo el distrito, la actividad era la de todos los días. Los hombres atendían sus huertas tras el trabajo diario; madres y nodrizas llevaban los niños a sus camas; los jóvenes caminaban por las sendas en actitud romántica. Los estudiosos se ocupaban de sus libros. Pero en las calles del pueblo se escuchaba un murmullo inusual; un nuevo y absorbente motivo de conversación en las tabernas: aquí y allá un mensajero o acaso un testigo de los últimos sucesos provocaba algún revuelo con gritos, idas y vueltas pero, en general, reinaba la rutina habitual: trabajar, comer, beber y dormir... Como si en el espacio no existiera Marte. Así eran las cosas también en Woking, Horsell y Chobham.

En la estación de Woking, los trenes se detenían en una parada de rutina y partían mientras otros permanecían en las vías de escape, los viajeros descendiendo o en la espera. La actividad se desenvolvía al ritmo de costumbre. Un muchacho del lugar voceaba periódicos con noticias de la tarde en los andenes. El sonido de los trenes y el silbido penetrante de las locomotoras, se confundían con sus gritos anunciando "el arribo a la Tierra de habitantes de Marte".

Hacia las nueve, algunos grupos invadieron la estación portando las inauditas novedades, sin causar gran impresión como si sólo se hubiera tratado de un grupo de ebrios. La gente en viaje a Londres observaba con atención a través de las ventanas, intentando percibir algo en las tinieblas exteriores; pero sólo veía algunas chispas elevarse ondulando hacia Horsell, para desaparecer inmediatamente acompañadas del rojizo fulgor de una estrecha voluta de humo que se recortaba contra el telón del cielo con lo que concluían que la cosa no revestía mayor gravedad que el de algún fuego declarado en los matorrales.

Sólo en los confines de la campiña podía verse cierto desorden. En el límite del lado de Woking ardían algunas construcciones. En las casas de los pueblos linderos a la campiña, las luces permanecieron encendidas. Sus pobladores velaron hasta el amanecer.

Una multitud ávida de información que se renovaba sin cesar se rezagó en los puentes de Chobham y Horsell. Algunos de sus integrantes —como luego se comprobó— se adelantaron en medio de las tinieblas para internarse en el foso. Pero nunca volvieron.

A intervalos de tiempo un haz de luz potente como los focos de un buque de guerra rastreaba la campiña acompañado casi de inmediato por el mortífero disparo del rayo en medio de la inmensa extensión silenciosa y desolada. Los cuerpos carbonizados permanecieron allí la noche y el día siguiente. Un grupo de personas aseguró haber escuchado un golpeteo metálico viniendo del cilindro.

Tal era la situación hacia el viernes por la noche. En el corazón de la campiña, hundido en la corteza de nuestro planeta descansaba el cilindro. Lo rodeaba la campiña silenciosa, con fuego en alguno de sus puntos, algunas siluetas opacas, apenas visibles, yaciendo retorcidas aquí y allá. De trecho en trecho se veía arder un árbol o zarza. Más allá, una frontera de actividad, tras la que aún no se habían extendido las llamas.

El curso de la vida proseguía como lo hiciera siempre en el mundo ignorante de lo que sucedía. El ardor de la lucha que pronto agitaría hasta el paroxismo nervios, arterias y cerebros era aún una fuerza en latencia.

Durante toda la noche los marcianos desarrollaron una ingente actividad. Incansables y sin que los venciera el sueño, trabajaron aprestando su maquinaria. Cada tanto una bocanada de humo verdoso se elevaba hacia el cielo plagado de estrellas como indicio de esa actividad.

A las once, un batallón de Infantería atravesó Horsell y desplegó sus líneas en los bordes de la campiña. Luego, otro batallón llegado del lado de Chobham ocupó el ala Norte. Varios oficiales de cuarteles cercanos habían arribado durante el día para explorar el terreno, y se dijo que uno de ellos, el mayor Eden, había desaparecido.

El coronel que comandaba el regimiento fue hasta el puente de Chobham, hacia la medianoche y dialogó con la multitud para dejar en claro que las autoridades militares encaraban el problema seriamente. A esa hora, tal como lo anunciaron los periódicos al día siguiente, un escuadrón de húsares, dos ametralladoras y alrededor de 400 hombres del regimiento de Cardigan, salían de Aldershot hacia el foso. Poco después de medianoche, la multitud que ocupaba por completo el camino de Chertsey a Woking vio caer una brillante estrella sobre un bosque de pinos, en dirección noroeste. El meteorito despidió una luz verdosa y resplandores como breves relámpagos en noche de verano. ¡El segundo cilindro había tocado tierra!

9
Comienza la lucha

Recuerdo la jornada del sábado como un día de tregua e incertidumbre. Lo recuerdo también, pesado y sofocante, con bruscas alteraciones del barómetro, según me dijeron después. Había dormido poco, velando el sueño de mi esposa. Me levanté temprano, bajé al jardín antes del desayuno prestando atención a los sonidos del ambiente. De la campiña sólo llegaba el canto de una alondra.

El lechero vino a la hora habitual. Al oír el sonido de su carrito me dirigí a la verja para recabar de él alguna novedad sucedida durante mi sueño. Me dijo que en el transcurso de la noche los marcianos fueron rodeados por tropas y que se aguardaba la llegada de varios cañones. El sonido de un tren que cruzaba Woking fue tranquilizador y familiar.

—Se tratará de no provocar muertes —dijo el lechero— si esto no resulta dificultoso.

Mi vecino arreglaba su jardín, aproveché para dialogar con él, mi vecino opinó que las tropas estaban en condiciones de destruir o capturar a los marcianos ese mismo día. Después fui a desayunar, aquella mañana no ocurrió nada excepcional.

—Es una verdadera lástima que se muestren hostiles —dijo—. Sería interesante obtener detalles sobre la vida en otro planeta; llegaríamos a aprender mucho.

Después se acercó a la cerca para ofrecerme un puñado de fresas, mientras hablaba del incendio de los pinares, del otro lado de las praderas de Byfleet.

—Aseguran —dijo— que allí impactó otra de esas endiabladas maquinarias, la segunda. Ya tenían suficiente con una de ellas. Este asunto les va a costar una buena cantidad de dinero a las compañías de seguros cuando todo retorne a la normalidad.

Al decir eso, rió con ganas.

—Los bosques aún arden —continuó, señalando una densa nube de humo—. Y el suelo continuará haciéndolo por largo tiempo dado el espeso manto de hierbas y la dureza de los pinos.

Luego, en tono de severa gravedad deslizó algunas reflexiones acerca del "pobre Ogilvy".

Finalizado el desayuno decidí no trabajar y bajé hasta la campiña. En el puente del ferrocarril había un grupo de soldados —creo que del cuerpo de ingenieros—, llevando pequeñas gorras rojas sucias y desabrochadas, con lo que se veían sus camisas azules, pantalones oscuros y botas que llegaban a la pantorrilla.

Me dijeron que nadie podía atravesar el canal. En el camino detrás del puente uno de los hombres del regimiento de Cardigan hacía de centinela. Dialogué un momento con los soldados hablándoles de lo que había averiguado de los marcianos la noche anterior. Ninguno de ellos los había divisado hasta entonces por lo que tenían al respecto ideas vagas, de manera que me vi sometido a un asedio de preguntas.

Dijeron desconocer la finalidad de ese movimiento de tropas; al principio supusieron que había un motín en el cuartel de la Guardia Montada. El simple zapador del cuerpo de ingenieros siempre dispone de mejor información que el soldado de línea, y se pusieron a discutir, no sin inteligencia, las condiciones de la posible batalla. Les describí el Rayo Ardiente y ellos argumentaron entre sí al respecto.

—Desplazarse en silencio lo más cerca que nos permitan, buscando de guarecerse, caer sobre ellos por sorpresa, es lo más conveniente —señaló uno.

—Olvida eso —replicó otro—. ¿Dónde encontrarás protección contra las descargas de su endemoniado Rayo Ardiente? ¿Te expondrás a que te cocinen? Lo único posible es acercarse hasta donde el terreno lo permita, y luego cavar una trinchera. Eso nos protegerá.

—¡Buen medio el de las trincheras! Éste no habla de otra cosa que no sea de trincheras. No es hombre sino conejo.

—¿De modo que carecen de pescuezo? —me preguntó un muchacho moreno que hasta allí había permanecido en silencio cuidando el tiraje de su pipa.

Repetí la descripción que les había hecho.

—Entonces tienen tentáculos como pulpos—dijo—. Dicen que pescan a los hombres. ¡Sí que está bueno! ¡Tendremos que combatir contra peces!

—No es un crimen matar bestias así —destacó el primero que había hablado.

—¿Por qué no bombardean sin más a esos repugnantes animales y acaban con esto de una buena vez? —preguntó el hombre moreno—. No sabemos lo que son capaces de hacer.

—¿Y dónde están los obuses? —interrogó el primero—. ¡No hay tiempo que perder! —opinó—, ¡deberíamos atacar ya mismo!

La discusión continuó en ese tono. Después de un tiempo, fui hacia la estación en busca de cuanto periódico de la mañana pudiera hallar.

No fatigaré al lector con una descripción minuciosa de la larga mañana y una tarde aún más larga. No logré echar una ojeada en detalle sobre la campiña, pues hasta los campanarios de las iglesias de Horsell y de Chobham tenían custodia militar. Los soldados a quienes hice preguntas al respecto nada sabían; los oficiales se mostraban misteriosos y preocupados. La gente del pueblo se había tranquilizado, se sentía segura con la presencia de fuerzas militares. Marshall, el cigarrero, me dijo que su hijo era uno de los que murieron en torno al cilindro. Los soldados forzaron a los vecinos en las afueras de Horsell a dejar sus viviendas.

Hacia las dos volví a casa para almorzar. Fatigado, ya que el día era por demás caluroso y pesado, tomé una ducha fría para refrescarme. Alrededor de las cuatro y media volví a la estación en busca de los periódicos vespertinos, pues los matutinos informaban un cúmulo de inexactitudes acerca de la muerte de Stent, Henderson, Ogilvy y los otros. Pero no encontré en ellos nada que no supiese.

Los marcianos no permitían que se observara su actividad. Muy atareados en su agujero, del que escapaba un permanente sonido de martilleo y una extensa cortina de humo, eso hacía suponer con casi total certeza que se aprestaban para la batalla inminente.

"Los intentos de comunicarse con ellos fueron varios", tal era el titular que exhibían en su primera plana todos los diarios.

Un zapador me contó que las tentativas las realizaba un hombre agitando una bandera en el interior de una grieta. Los marcianos le prestaban la atención que los humanos concedemos a los mugidos de una vaca.

Debo decir que la presencia de tropas y los preparativos para el combate me mantenían en estado de excitación. En mi imaginación me volví beligerante e infringí a los invasores aplastantes derrotas; retornaban a mi memoria los sueños de batallas y heroísmos de la niñez e imaginaba que la batalla sería desigual para los marcianos, impotentes dentro de su agujero.

Aproximadamente hacia las tres sonaron varios cañonazos a intervalos regulares en dirección a Chertsey o Addlestone. El pinar incendiado, en el que impactara el segundo cilindro, era bombardeado buscando destruir el objeto antes que los marcianos tomaran la iniciativa. Sin embargo, sólo después de las cinco llegó a Chobham una pieza de campaña y fue apostada en el lugar de impacto del primer cilindro.

A las seis de la tarde tomaba el té con mi esposa en la galería, mientras hablaba apasionadamente de la batalla que se avecinaba, cuando oímos el sordo sonido de una detonación viniendo de la campiña y luego una sucesión de explosiones. A poca distancia de nosotros, un violento y sonoro estrépito conmovió el suelo. Me precipité al jardín y desde allí vi las copas de los árboles, en los alrededores del Colegio Oriental envueltas en llamas y humo y el campanario de la capilla que se desplomaba a tierra.

La cúpula ya no estaba y el techo del colegio parecía haber recibido el feroz impacto de una bomba de cien toneladas. Una de las chimeneas de la casa crujió, como si sobre ella hubiera dado una bala de cañón, voló hecha astillas y los fragmentos cayeron sobre las tejas amontonándose en el macizo de flores, bajo la ventana de mi escritorio.

Mi esposa y yo quedamos paralizados. Entonces comprendí que el montículo de la colina de Maybury estaba al alcance de los marcianos. El colegio había sido barrido y no era obstáculo.

Tomé a mi esposa de un brazo y, sin contemplaciones, la llevé hasta la carretera. Luego corrí en busca de la muchacha de servicio y prometí que le traería un baúl que reclamaba insistentemente.

—Es peligroso permanecer aquí —le dije.

En ese instante se oyó nuevamente el cañoneo sobre la campiña.

—¿Pero adónde nos refugiaremos? —preguntaba mi esposa presa del terror.

Estuve perplejo un instante; luego recordé que mis primos vivían en Leatherhead.

—¡A Leatherhead! —grité en medio del estrépito que volvía.

Ella miró hacia la base de la colina. La gente abandonaba sus casas.

—Pero ¿cómo vamos a llegar allá? —preguntó ella.

Sobre el camino, un pelotón de húsares marchaba al galope por debajo del puente de ferrocarril; algunos entraron en el patio del Colegio Oriental; otros bajaron de sus monturas y recorrieron las casas. El cielo brillaba a través del humo que se elevaba de los árboles, rojo de sangre expandiéndose sobre las casas con lúgubre e irreal claridad.

—No te muevas, que aquí estarás a salvo —dije a mi esposa, y corrí hacia el hotel del "Perro Manchado", pues sabía que el hotelero disponía de un caballo y un sulky. Lo hice con todas mis fuerzas, sabiendo que, en un rato, en esa pendiente de la colina todo el mundo echaría a andar en completo pánico. El hotelero detrás de su mostrador, ignoraba lo que estaba ocurriendo a poca distancia. Hablaba con un hombre que me daba la espalda.

—Es suyo por una libra —le decía—, pero no tengo a nadie que lo lleve.

—¡Le doy dos libras! —le dije por sobre el hombro de la persona.

—¿Qué?

—Y antes de medianoche se lo devuelvo —concluí.

—¡Demonios! —gritó el hotelero—, ¿cuál es el apuro? Estoy vendiendo una pierna de cerdo. ¿Dos libras y me la devuelve? ¿Qué es lo que sucede aquí?

Le expliqué, entonces, que debía partir de inmediato, y me aseguré, así, el alquiler del sulky. En ese momento, el hotelero no pensaba ni remotamente en abandonar su establecimiento. Me las ingenié para disponer del vehículo rápidamente, lo conduje a mano a través del camino, y luego, tras dejarlo al cuidado de mi esposa y la muchacha, entré en la casa y empaqueté algunos objetos de valor.

Las hayas cercanas ardían y de las empalizadas de las huertas se elevaban rojas lenguas de fuego. Ocupado en ese menester, llegó uno de los húsares a pie. Iba de casa en casa, advirtiendo a la gente del peligro e instándole a que se alejara de allí cuanto antes. Pasó ante mí cuando salía arrastrando mis tesoros envueltos en un mantel.

—¿Qué novedades hay? —le grité.

Con sus ojos fuera de órbita, vociferó algo así como "salen del pozo", y salió disparado hacia la puerta de la casa en la cima de la barranca. Un brusco torbellino de humo que cubría la carretera lo ocultó un momento. Corrí a la puerta de mi vecino, y golpeé, me convencí que había partido con su esposa, seguramente hacia Londres y que la casa permanecía cerrada hasta su vuelta.

Volví a mi casa, para cumplir con la promesa de alcanzarle su baúl a la muchacha y lo llevé fuera, colocándolo junto a su dueña en la parte trasera del coche. Después salté al pescante, junto a mi esposa, y tomé las riendas. En segundos escapamos al humo y el ruido y descendimos a toda velocidad por la barranca opuesta de la colina de Maybury, en dirección a Old Woking.

Frente a nosotros se extendía un bucólico paisaje soleado con campos de trigo a ambos lados del camino y el albergue de Maybury con su enseña agitada por el viento. El coche del médico nos precedía y estaba al pie de la colina. Volví la cabeza para dar un ultimo vistazo a lo que dejaba atrás. Densas columnas de humo, atravesadas por rojas lenguas de fuego, se movían en el aire proyectando sombras en la copa de los árboles, hacia el Este. La humareda se extendía hasta los bosques de abetos de Byfleet en el Este y Woking en el Oeste. La carretera era un hervidero de gente que corría precipitadamente tras nosotros. Algo debilitado pero todavía audible con claridad través del pesado aire, se oía el retumbo de un cañón, que se interrumpió de pronto, y las esporádicas descargas de fusiles. Por lo visto los marcianos devastaban todo lo que quedaba al alcance del mortífero Rayo.

No soy muy bueno conduciendo, y tuve que concentrar toda mi atención en el camino.

Cuando me volví nuevamente, la siguiente colina ocultaba por completo la humareda. Di un latigazo al caballo y aflojé las riendas para azuzarlo, hasta que Woking y Send quedaron entre nosotros y el campo de batalla. En el cruce de esos pueblos alcancé el sulky del médico.

10
En la tormenta

Leatherhead se halla aproximadamente a veinte kilómetros de Maybury. El aire estaba impregnado de un fuerte aroma a heno; a lo largo de las fértiles praderas, más allá y a cada lado de Pyrford, las hayas se revestían de la nota suave y alegre de las rosas silvestres en flor.

El cañoneo que estalló cuando descendíamos por la carretera de Maybury, cesó de pronto con la brusquedad con que comenzara. El crepúsculo era calmo. Hacia las nueve entramos sin tropiezos a Leatherhead. Le di un descanso de una hora al caballo, tiempo que utilicé para cenar con mis primos y confiarles a mi esposa.

Ella había permanecido en silencio durante el viaje como si la asaltaran malos presagios. Y aunque me esforcé en tranquilizarla, insistiendo en el hecho de que los marcianos no podrían escapar del foso por su enorme peso y cuanto más lograrían deslizarse unos pocos pasos fuera del cilindro, mi esposa me respondía con monosílabos.

De no ser por mi compromiso con el hotelero, sé que me hubiera suplicado permanecer junto a ella esa noche en Leatherhead. ¡Debí haberlo hecho! Cuando nos separamos estaba pálida y demudada.

Por mi parte ese día permanecí excitado con esa fiebre guerrera que puede apoderarse de las comunidades más civilizadas. En realidad no me disgustaba regresar esa noche a Maybury. Hasta temí que el estruendo de fusilería que escuché fuese el último indicio del aniquilamiento de los marcianos. Diré, para ilustrar como me sentía, que sentí un fuerte deseo de presenciar ese momento triunfal.

Eran aproximadamente las once cuando inicié la marcha. La noche era muy oscura; al abandonar la recámara iluminada, me pareció aún más; el calor permaneció tan pesado como durante el día. En lo alto las nubes circulaban con rapidez pero no había brisa que agitase los arbustos del lugar. La muchacha de servicio encendió las dos linternas. Afortunadamente, el camino era harto conocido para mí.

Mi esposa, de pie en el luminoso círculo del umbral me siguió con la mirada hasta que me senté en el coche.

Me sentí algo deprimido por los temores de mi esposa, hasta que de pronto los marcianos absorbieron otra vez mis pensamientos. Por entonces ignoraba el resultado de la batalla nocturna y no sabía cuáles habían sido las circunstancias que precipitaron el conflicto.

Al atravesar Ockham —pues en lugar de volver por Send y el Antiguo Woking, tomé dicha ruta— vi en el horizonte, hacia el Oeste, resplandores de color rojo intenso, que en la medida que me acercaba ascendían en el cielo. Una terrible tempestad venía en mi dirección y las densas nubes se confundían con las masas de negro y rojizo humo.

La calle central de Ripley se veía desierta y salvo por una o dos ventanas iluminadas, el pueblo no mostraba signo alguno de vida. A pesar de eso, por poco provoco un accidente en un recodo del camino de Pyrford, donde, de espaldas a mí, había un grupo de gente.

Cuando pasé no me dijeron nada, y por tanto, no supe si conocían los hechos que se producían más allá de las colinas, si las casas estaban desiertas y vacías, si la gente dormía tranquilamente en ellas o si, aterrados, observaban los fulgores nocturnos.

Desde Ripley hasta llegar a Pyrford debí atravesar un pequeño valle, desde el cual advertí el resplandor del incendio. Al llegar a lo alto de la cuesta, después de dejar atrás la iglesia de Pyrford, se repitieron los reflejos. La silueta de los árboles se agigantaba con los primeros estallidos de la tempestad. La medianoche sonó en un campanario a mis espaldas; vi la oscura silueta de la colina. Maybury con sus cimas de techos y de árboles, se destacó negra y rotunda contra el enrojecido cielo.

Un fulgor verdoso iluminó el camino ante mí, dejando entrever a lo lejos los bosques de Addlestone. Vi las nubes desgarradas por un haz de llamaradas verdes que iluminaron brevemente la confusión para después caer en medio del campo, a mi izquierda. ¡Era el tercer proyectil que caía!

Inmediatamente después de la caída, despidiendo un enceguecedor color violeta, estalló en el cielo el primer relámpago y el extenso retumbo del trueno pasó por sobre mi cabeza. El caballo mordió el freno y se encabritó.

Descendimos a tremenda velocidad la pendiente hasta el pie de la colina de Maybury. Una vez desatada la tempestad los relámpagos se sucedieron con pasmosa celeridad; los truenos, ininterrumpidos, producían horribles crujidos como generados por una descomunal maquinaria eléctrica y no por una tormenta. Los centelleos deslumbraban y las ráfagas de fino granizo azotaban mi rostro con fuerza.

Y aunque no veía otra cosa que el camino, atrajo mi atención un enorme objeto que venía en la dirección en que me encontraba descendiendo por la barranca de Maybury. Me pareció ver el techo empapado de una casa, pero en un relámpago posterior comprobé que la supuesta casa ejecutaba un extraño movimiento de rotación. Pensé que se trataba de una confusión de los sentidos, ya que de tanto en tanto perturbaban mi visión una confusión de tinieblas y fulgores espasmódicos. Hasta que, la roja mole del Orfelinato en la cumbre de la colina, las frondosas copas de los pinos y el confuso objeto se vieron nítidos y brillantes.

¿Cómo describir semejante espectáculo? Un gigantesco trípode, alto como varias casas superpuestas pasaba sobre los árboles aplastándolos en su marcha; una construcción de metal brillante, avanzaba con terrible ímpetu; un manojo de cables de acero articulados, colgaban a los lados y el ruidoso tumulto de su marcha se entremezclaba con los estruendos de la tempestad.

Un relámpago lo iluminó a pleno dibujando nítidamente su contorno. En equilibrio sobre uno de sus apéndices, otros dos suspendidos en el aire, desaparecían volviendo a aparecer casi al instante, en cada zancada cien metros más próximo. ¡Imaginen un taburete de tres patas que, girando sobre sí mismo se apoya sucesivamente en cada uno de ellos y avanza sin descanso!

Esa fue la primera impresión que tuve a la luz de sucesivos relámpagos. Pero en lugar de un simple taburete, debe imaginarse una formidable estructura mecánica apoyada en un trípode móvil.

Los árboles del bosque que tenía delante cedían a la enorme presión del monstruoso artefacto como cañas apartadas por un hombre que se abre camino a través de ellas. Los vi arrancados de raíz y arrojados al suelo, cuando apareció otro trípode, como si fuera a lanzarse a toda velocidad sobre mí.

El caballo enfilaba directamente a su encuentro. La visión del otro artefacto trastornó mi razón. Sin perder tiempo en mirar detenidamente tiré de las riendas bruscamente para que el caballo virase a la derecha.

En una fracción de segundo el coche voló por sobre la pobre bestia y las varas se quebraron con estrépito arrojándome en una zanja con agua.

Salí de allí apresuradamente y me refugié tras la maleza. El caballo estaba inmovilizado — ¡el pobre animal se había partido el espinazo! — y a cada estallido de un relámpago veía la oscura masa del coche volcado y las ruedas girando lentamente por el impulso de la caída. La colosal maquinaria pasó junto a mí dando grandes zancadas, para subir la colina rumbo a Pyrford.

Visto tan de cerca, el objeto resultaba incomparablemente raro, pues la suya no era una marcha ciega. Lo era, sin duda por su andar mecánico, los sonidos que emitía y sus largos tentáculos flexibles y relucientes — uno de ellos aferraba el tronco de un pino — balanceándose con estrépito alrededor del extraño cuerpo.

Sus pasos eran calculados, iba eligiendo el camino donde avanzar; la suerte de sombrero de bronce en lo alto se movía en todas las direcciones a semejanza de una cabeza que observa lo que sucede a su alrededor. Tras la masa central había un enorme artefacto de metal blancuzco similar a un cesto de pescador. Vi cómo escapaban bocanadas de humo verdosos de los espacios entre sus miembros cuando pasó a mi lado. En pocos pasos había cubierto una gran distancia, desapareciendo de mi vista.

Al pasar junto a mí el gigante metálico lanzó un ensordecedor aullido que ahogó el retumbar del trueno. "¡Alú! ¡Alú!"... A media milla se unió a su compañero y ambos se inclinaron sobre algún objeto que no alcanzaba a divisar. Pero éste no podía ser otro que el tercero de los diez cilindros que, después supe, habían lanzado desde Marte.

Por unos minutos permanecí bajo la lluvia observando a la luz de los relámpagos los seres de metal, que se movían como altas torres lejanas por sobre las alamedas. Sus líneas se volvían confusas o más nítidas y definidas según la violencia de la granizada que se descargó en ese momento. Cuando cesaban los relámpagos desaparecían en la oscuridad.

En poco tiempo estuve empapado en granizo y agua fangosa y pasaron algunos minutos antes que me recuperara de mi asombro para refugiarme en un declive del terreno pues había cobrado conciencia del peligro que corría.

No muy lejos de allí había una choza de madera en medio de un huerto de patatas; algo agachado y aprovechando el menor abrigo, pude llegar hasta allí. Golpeé la puerta inútilmente — por si hubiera alguien en el interior — y al cabo de un momento desistí; siguiendo el trayecto de una zanja, logré llegar hasta el bosque sin ser visto por las máquinas marcianas.

Más protegido ahora, proseguí mi camino en dirección a mi casa, temblando de frío por la mojadura. Tratando de hallar la senda atravesé una maraña de troncos. El bosque estaba oscuro. Los relámpagos eran, ahora, menos frecuentes. El granizo caía en gruesas descargas por entre el ramaje.

De tener noción en tal momento de lo que estaba viendo, habría intentado encontrar de inmediato el camino por el lado de Byfleet hacia Chobham, y a través de ese rodeo reunirme con mi esposa en Leatherhead.

Pero el confuso devenir de los acontecimientos y el deplorable estado físico en que me encontraba me confundían. No sólo estaba golpeado, deprimido y empapado hasta los huesos sino también enceguecido por la tormenta.

Dominado por la confusa idea de volver a casa esto operó como móvil sobre mi ánimo. Me tambaleé entre los árboles; fui a dar a un foso, mis rodillas golpearon contra las estacas, y al fin me zambullí en el camino que baja desde College Arms.

En la oscuridad, alguien tropezó conmigo y me hizo perder el equilibrio. Dando un salto, lanzó un grito de terror y se echó a correr con todas sus fuerzas antes de recobrarme y poder hablarle. Era tal la violencia de la tormenta en ese sitio, que debí subir la colina con enorme dificultad y sólo pude avanzar a mayor velocidad refugiándome contra la empalizada.

En lo alto de la colina tropecé contra una masa blanda. La luz de un relámpago me permitió ver unas ropas negras y un par de botas. Antes de poder apreciar claramente qué posición ocupaba su poseedor la oscuridad había vuelto. Inmóvil a la espera de un nuevo relámpago, cuando este se produjo, vi un corpulento hombre, la cabeza reclinada sobre su cuerpo yaciendo junto a la empalizada, como si una fuerza lo hubiese arrojado con violencia contra ella.

Sobreponiéndome a la desazón de quien jamás ha sentido el contacto de un cadáver, me incliné y le di vuelta para comprobar si su corazón latía. Al parecer, las vértebras de su cuello estaban rotas. El estallido de un relámpago me permitió distinguir sus rasgos. Sentí un estremecimiento. Era el hotelero del "Perro Manchado", al que alquilara el *sulky*.

Pasé con cuidado sobre él y seguí mi camino por el lado de la comisaría y de College Arms para volver a casa. Aunque todavía ascendían desde la campiña densas volutas de humo, castigadas por el cuantioso granizo, nada ardía ya en los bordes de la colina.

Tanto como me permitía ver el destello de los relámpagos, descubrí en pie las casas a mi alrededor. En College Arms se veía un enorme objeto oscuro en medio de la carretera.

En el extremo del camino, hacia el puente de Maybury, se oían voces y sonidos de pasos, pero no tuve el valor de llamar o acercarme para saber de qué se trataba. Al llegar a casa, abrí y volví a cerrar la puerta con doble vuelta de llave, tropecé al pie de la escalera y me senté en un peldaño. Mi imaginación se agitaba ante el recuerdo del rápido paso de los monstruos metálicos y la imagen del cadáver contra la empalizada. Me acurruqué al pie de la escalera, de espaldas contra la pared, tiritaba a causa del intenso frío.

11
Mirando desde la ventana

Mis emociones más intensas se alimentan a sí mismas. En un momento estaba helado y empapado y pequeños charcos de agua se formaban a mi alrededor sobre la alfombra de la escalera. Me levanté como un autómata, fui al comedor para beber un trago de *whisky*, después cambié mis ropas.

Tras eso, subí al gabinete de trabajo, aunque sin saber bien para qué. La ventana se abría por sobre los árboles y la vía del ferrocarril, dejando ver la campiña de Horsell. Había quedado abierta en el momento en que partimos. El rellano permanecía en sombras, y, en contraste con el paisaje que se veía a través de la ventana, toda la habitación estaba a oscuras. Me detuve en el umbral de la puerta.

La tormenta amainaba. Las torres del Colegio Oriental y los abetos de sus alrededores ya no existían y a lo lejos, enmarcada en vivos reflejos rojos, era visible la campiña, hacia el lado de las canteras de arena. Contrastando con la viva luminosidad, enormes formas negras, caprichosas y grotescas, se movían con violencia aquí y allá como si en esa dirección ardiera en llamas la comarca entera. Podía observar un extenso flanco de la colina que ardía, grandes llamaradas se agitaban entre las ráfagas de viento en disminución.

De tiempo en tiempo, una columna de humo venida del cercano incendio atravesaba el perímetro de la ventana ocultando la silueta de los marcianos. No podía distinguir con claridad lo que hacían, ni sus formas, ni identificar los objetos que manipulaban en una actividad por demás febril. Tampoco ver el lugar donde se originó el incendio cuyos reflejos danzaban sobre el muro y el cielo raso. Un olor acre y resinoso saturaba la atmósfera.

Cerré la puerta con suavidad y me deslicé hasta la ventana sin un ruido. A medida que me acercaba, la visión se hacía más amplia hasta que en un extremo vi las casas situadas más allá de la estación de Woking y, en el otro, los bosques carbonizados cerca de Byfleet.

Las llamas se podían ver hacia el declive de la colina del ferrocarril, cerca del puente y la mayoría de las casas que bordeaban la ruta de Maybury, como los caminos que conducían a la estación, estaban en ruinas.

Intrigado por las llamas sobre la vía me detuve a observarlas. Había allí un cúmulo oscuro que resplandecía intensamente y hacia la derecha, una fila de formas oblongas. Deduje, con angustia, que eran los restos de un convoy, su parte delantera destrozada y presa de las llamas, y sus últimos vagones aún sobre los rieles. Como manchas negras en medio de esos focos de luz, las casas, el tren y la comarca incendiada hacia Chobham, había enormes extensiones de campiña, interrumpida por espacios de cultivos humeantes despidiendo un brillo tenue. Resultaba un espectáculo extraño tal extensión cubierta por las llamas, como hornos de una fábrica de vidrio en la noche.

No vi el menor trazo de seres vivientes, aunque concentré toda mi atención en hallarlos. Luego se destacaron contra la claridad de la estación de Woking un número de formas negras cruzando rápidamente la línea, una tras otra.

¡Ese caos bajo las llamas era el pequeño mundo en el que había transcurrido mi calma existencia por años! Ignorante de lo que había sucedido en las últimas horas, un instante de reflexión me permitió inferir qué relación ligaba a estos colosos mecánicos a los seres insolentes y macizos que emergieron del interior del cilindro venido del espacio.

Dominado por una extraña y fría curiosidad tal como si no corriera peligro alguno acomodé mi sillón contra la ventana para observar particularmente las canteras y las tres enormes siluetas que se movían visibles en medio de la claridad que generaban las llamas.

Me pregunté qué podrían ser. ¿Tal vez mecanismos inteligentes? Tal cosa —lo sabía— era imposible. ¿Habría un marciano en el interior de ellos controlando y dirigiendo cada paso, disponiendo de la maquinaria como el cerebro humano gobierna y dirige el cuerpo? Imaginaba una comparación entre esas "cosas" con las máquinas humanas; me pregunté, por primera vez en mi vida, qué idea podría tener un animal de nuestras locomotoras o nuestros acorazados. La tormenta limpió el cielo, y por sobre la humareda del campo en llamas, Marte, apenas un punto brillante en el cielo, descendía hacia el Oeste. Fue entonces que entró un soldado al jardín. Oí un ligero ruido junto a la empalizada que me sacó del letargo en que me había sumergido, miré, y, en mi confusión advertí vagamente su presencia cuando escalaba la tapia. Al ver un ser humano se esfumó mi sopor y me asomé rápidamente a la ventana.

— ¡Pssst! —dije del modo más suave que pude. La sorpresa lo detuvo, cuando estaba montado a horcajadas sobre la tapia. Luego bajó, para atravesar el jardín en dirección a una esquina de la casa; avanzaba agachado y con extrema precaución.

— ¿Quién anda ahí? —preguntó, también con voz apenas audible, erguido bajo la ventana mientras miraba hacia arriba.

— ¿Adónde va? —pregunté.

— ¡Ni yo lo sé! —respondió.

— ¿Quiere ocultarse?

— ¡Naturalmente!

— Entre aquí, entonces —le dije.

Después de bajar para abrir, volví a cerrar con llave. No veía su rostro. No llevaba gorra y tenía la chaqueta abierta.

— ¡Dios santo! ¡Dios...! —dijo al entrar.

— ¿Qué ha sucedido? —le pregunté.

— Lo más horrible —respondió.

A pesar de la penumbra vi que un gesto de desesperación se pintaba en su rostro.

— ¡Barrieron con nosotros de un solo golpe! —repitió lo dicho varias veces.

Me acompañó al comedor con paso de autómata, tal era su desconcierto.

— Tome —le dije, sirviéndole un abundante vaso de *whisky*.

Después de beberlo se sentó a la mesa en un gesto brusco y tomando su cabeza entre las manos lloró como un niño, sacudido por una intensa crisis, mientras yo permanecí a su lado olvidado de mi acceso de pena.

Demoró un largo rato en recobrar la calma necesaria para responder a mis preguntas, y cuando lo hizo fue de un modo por demás confuso y fragmentado. Dijo que tenía a su cargo una pieza de artillería que no entró en combate hasta las siete; por entonces el cañoneo era nutrido en la campiña, y una primera tropa de marcianos avanzaba con lentitud parapetada tras un escudo metálico.

Poco después el escudo se elevó sobre sus tres patas. Era la primera de las máquinas que había observado. La pieza de artillería que el soldado guiaba había sido ubicada cerca de Horsell a fin de controlar los arenales, y su llegada bastó para desencadenar la batalla.

Ante el retroceso de los artilleros de la vanguardia, su cabalgadura dio con su pata en un hoyo, arrojándolo a un pozo. Al tiempo que estallaba la pieza, saltaba la cureña, incendiándose todo a su alrededor con lo que terminó tendido debajo de una pila de cadáveres chamuscados de hombres y caballos.

—Allí fui a dar, y me quedé quieto —me dijo—, aplastado bajo el peso del caballo, y sin entender lo que estaba ocurriendo. Nos habían barrido de un golpe, único y devastador. Y el olor, ¡Dios mío!, ¡carne humana y de caballo asadas! Al caer el caballo golpeó mis riñones y debí permanecer allí hasta que el dolor cesó Un instante antes hubiéramos creído estar en pleno desfile. Y luego, ¡zas!, ¡bam, bim, bum! ¡Aniquilados de un golpe! —repetía.

Permaneció un largo rato bajo el caballo muerto, mirando hacia la campiña. Los húsares habían intentado una carga contra el cilindro abriéndose en abanico, pero los destruyeron en un segundo. En ese momento el monstruo se irguió sobre sus piernas y recorrió la campiña intentando dar caza a unos pocos fugitivos, mientras la especie de capuchón se movía de un lado al otro, como si se tratara de la cabeza de un hombre. Tenía una especie de maza en una compleja caja mecánica, a cuyo alrededor brillaban verdes llamaradas y de una suerte de embudo adaptado al mecanismo despedía los haces de Rayo Ardiente.

En el transcurso de unos pocos minutos, según juzgó el soldado, no quedaba un solo ser viviente en la campiña y toda zarza y árbol que no había sido arrasado, estaba en llamas. Como los húsares permanecieron en el camino, más allá de un recodo del terreno, no vio qué les sucedía. Sólo oyó por un tiempo el tableteo de las ametralladoras hasta que callaron de pronto.

El gigante no atacó la estación de Woking, con las casas que lo rodeaban hasta que toda resistencia hubo cesado. Después disparó con el Rayo Ardiente llenando el lugar de ruinas llameantes. Por fin el monstruo interrumpió el Rayo y dando una vuelta completa fue en dirección al bosque de abetos calcinados en las cercanías donde cayó el segundo cilindro. Cuando se alejaba, un nuevo titán centellante brotó del agujero, listo para el combate.

El segundo monstruo siguió al primero, y el artillero optó por huir, internándose a través de las cenizas de los matorrales hacia Horsell. Llegó sano y salvo hasta la zanja que bordeaba la ruta, y así logró escapar hasta Woking. A partir de allí, su relato era interrumpido permanentemente por exclamaciones.

—¡El sitio era inabordable! ¡Los pocos que sobrevivieron habían enloquecido por las quemaduras!

El incendio lo forzó a dar un rodeo por lo que debió ocultarse entre los escombros de un muro derruido cuando uno de los gigantes marcianos retrocedía. Le vio perseguir a un hombre, levantarlo con uno de sus tentáculos de acero y estrellar su cabeza contra un tronco.

Hacia la caída de la noche, el artillero emprendió una arriesgada carrera y alcanzó los andenes de la estación. Desde allí avanzó furtivamente a lo largo de la vía, en dirección a Maybury, acercándose a Londres, en la esperanza de quedar a salvo del peligro. Había gran cantidad de gente refugiada en fosos y sótanos.

La mayor parte de los sobrevivientes logró huir hacia Woking y Send. La sed lo atormentaba hasta que, a poca distancia del puente de ferrocarril encontró una tubería rota manando gran cantidad de agua que se derramaba sobre el camino.

Tal el relato que hizo de manera fragmentaria. Poco a poco se serenó hablándome de tales cosas, intentando describir con exactitud lo que había visto. Desde mediodía no comía. Así lo confesó al finalizar su relato. Afortunadamente encontré un trozo de pan y cordero que llevé al comedor.

No encendimos luces temiendo llamar la atención de los marcianos y así nuestras manos no daban en el blanco en su búsqueda del pan y la carne.

Lentamente los objetos que nos rodeaban comenzaron a destacarse vagamente en la penumbra. Los arbustos quebrados y los rosales truncos del otro lado de la ventana tenían otro aspecto. Parecía que un ejército o una manada de animales hubiese diezmado el jardín, destrozando todo. Ahora veía mejor al soldado, ennegrecido y macilento, como seguramente debía estarlo yo.

Cuando terminamos de comer, subimos a tientas hasta mi estudio, y pude observar por la ventana lo que había sucedido. En una noche, el rayo marciano había arrasado el valle convirtiéndolo en ruinas.

Los incendios eran ahora menos intensos y las columnas de humo reemplazaban a las llamas, pero los restos calcinados de casas y árboles derribados que la oscuridad de la noche me había impedido ver se destacaban ahora desnudos y pavorosos a la luz de la aurora naciente.

Sólo de trecho en trecho, algún objeto quedó a salvo de la catástrofe: una señal blanca sobre la vía del ferrocarril, un invernadero en medio de los escombros calcinados.

Nunca en la historia de las guerras, hubo tan impiadosa y completa destrucción. Emitiendo fulgores a la luz de las llamas que se elevaban hacia el oriente, tres de los colosos metálicos se mantenían alrededor del primer foso. Sus cabezas giraban sin detenerse como observando la destrucción que causaran.

De tanto en tanto, escapes de vapor de un vivo color verde ascendían hacia el cielo y se esfumaban en la atmósfera. Mucho más allá, mirando hacia Chobham se veían columnas de llamas que con los primeros resplandores del día fueron humo rojizo.

12
Lo que vi de la destrucción de
Weybridge y Shepperton

Al llegar el alba, nos alejamos de la ventana desde la que observamos a los marcianos y descendimos con cautela a la planta baja.

El artillero convino conmigo que la casa no era el sitio adecuado para permanecer. Dijo que se proponía partir hacia Londres para reincorporarse a su batería. Por mi parte yo me proponía volver inmediatamente a Leatherhead; impresionado por la potencia de fuego de la maquinaria marciana había resuelto llevar a mi esposa a Newhaven para luego abandonar el país con ella, pues sabía que los alrededores de Londres serían teatro inevitable de una batalla descomunal antes de que las criaturas marcianas pudieran ser derrotadas.

Sin embargo, el tercer cilindro, con sus colosales guardianes, se interponía entre nosotros y Leatherhead. De estar solo, me hubiese arriesgado a intentar pasar pese a todo. El artillero me convenció de la inconveniencia de tal cosa cuando me dijo:

—Si tiene una esposa como la suya no hay razón que valga para dejarla viuda.

Por fin acepté en acompañarlo, ocultándonos en el bosque para dirigirnos hacia el Norte, hasta Chobham, antes de seguir nuestros respectivos caminos. Desde allí, debía dar un largo rodeo a través de Epsom para llegar a Leatherhead.

Hubiese iniciado la marcha sin demoras, pero mi compañero que tenía más experiencia en estas cosas quiso registrar la casa hasta hacerse de un frasco en el que cargó *whisky* y llenamos nuestros bolsillos con paquetes de pan y trozos de carne.

Salimos de la casa y corrimos por el camino por el que había transitado la noche anterior. Las casas parecían desiertas. En el trayecto, vimos un grupo de tres cadáveres carbonizados por la acción del Rayo. Por todos lados una confusión de objetos que la gente había dejado caer: un reloj, una zapatilla, una cuchara de plata y otros objetos de valor. En el recodo del camino que va al correo, un coche sin caballo, cargado de muebles y de baúles, había volcado con una rueda rota. Un pequeño cofre con la tapa saltada, había sido arrojado sobre los despojos.

Salvo la casa del orfanato que aún ardía, las de ese lado no habían sufrido daño. El Rayo en su recorrido mortal sólo había volado sus chimeneas. A pesar de eso, salvo el soldado y yo no parecía haber quedado un solo ser vivo en Maybury. Sus pobladores habían huido en su mayoría por el lado de Old Woking —camino que tomé para ir a Leatherhead— o estaban ocultos por allí.

Continuamos nuestro camino pasando nuevamente junto al cadáver del hombre vestido de negro, el granizo de la noche anterior lo había empapado. Luego entramos en el bosque al pie de la colina. Así alcanzamos la vía del tren, sin hallar a nadie. Al otro extremo de la línea, los bosques eran restos chamuscados. La mayoría de los árboles había caído a tierra. Solo unos pocos quedaban de pie, grises y desolados, con su follaje chamuscado.

Del lado que veníamos, el fuego sólo había quemado los árboles más próximos, sin provocar grandes daños. Árboles derribados y descortezados se amontonaban en un claro del bosque, junto a una sierra a vapor y una montaña de aserrín. Sin duda el fuego marciano había interrumpido el trabajo de los leñadores. Cerca de allí había una barraca de madera, desierta, y troncos cortados.

No soplaba viento y reinaba una rara calma esa mañana. Hasta los pájaros callaban. En nuestra precipitada marcha hablábamos en voz baja con el artillero lanzando de tanto en tanto una mirada de través a todo. Nos detuvimos un par de veces para escuchar.

Encontramos el camino después de un tiempo. Entonces oímos ruido de cascos, y vimos a través de los troncos tres jinetes que avanzaban con lentitud hacia Woking. A nuestro llamado se detuvieron mientras a todo correr íbamos hacia ellos. Eran un teniente y dos soldados del Octavo de Húsares, provistos de un instrumento similar a un teodolito. El artillero dijo que era un heliógrafo.

—Ustedes son las únicas personas que encontramos esta mañana por aquí —dijo el teniente—. ¿Qué pasa por estos lados?

Su voz y su mirada eran inquietas. Los soldados tras él, nos observaban con curiosidad. El artillero saltó de la barranca al camino y se cuadró militarmente.

—Destruyeron mi cañón anoche, teniente. Debí esconderme, y ahora intento unirme a mi batería. A un kilómetro de aquí, por este camino, creo que verán a los marcianos.

—¿Cómo demonios son? —preguntó el teniente.

—Gigantes protegidos por un blindaje, mi teniente. Deben tener treinta metros de alto, tres piernas y su cuerpo de aluminio, con su cabeza enfundada en una especie de capuchón.

—¡Vamos! ¡Vamos! ¡Eso es pura fantasía! —dijo el teniente.

—Ya los verá mi teniente. Y dicho esto, el artillero inició una detallada descripción del Rayo Ardiente. En medio de su relato, el teniente lo interrumpió para dirigirse a mí, en la barranca, al borde del camino.

—¿Usted vio la misma cosa? —preguntó.

—Lo que dice el artillero es exacto —contesté.

—Está bien. Mi deber me obliga a verificarlo. Oiga —le dijo al artillero— nos han destacado aquí para ordenar a la gente que abandone el lugar. Usted haría bien en narrar lo que vio al general de brigada Marvin. Está en Weybridge. ¿Conoce el camino?

—Lo conozco yo —intervine.

Hizo virar al caballo del lado de donde llegamos.

—¿Dirían ustedes a media milla? —inquirió.

—Sí —respondí señalando las copas de los árboles hacia el Sur.

Me agradeció y siguió la marcha. No lo volvimos a ver.

Más adelante, un grupo de tres mujeres y dos niños se ocupaban en sacar muebles y bultos de una casa de labrador cargando una carretilla con mugrientos bultos y un mísero mobiliario. Demasiado ocupados para hablarnos pasamos de largo ante ellos.

A la salida del bosque, cerca de la estación de Byfleet, encontramos un sitio calmo y apacible bajo el sol matinal. A salvo del Rayo calórico, de no ser por el silencio de algunas casas abandonadas, la agitación precipitada en otras y los grupos de soldados acampados en el puente del ferrocarril vigilando hacia Woking, ese domingo hubiera parecido como cualquier otro.

Varios coches y carros pasaron chirriando por el camino que va a Addlestone y de pronto vimos, tras el vallado de un campo, seis enormes cañones en medio de la pradera colocados a intervalos regulares apuntando hacia Woking. Los furgones de artillería estaban a distancia reglamentaria y los artilleros junto a sus piezas como listos para una inspección.

—Esto marcha —dije—. Por lo menos harán blanco una vez.

El artillero titubeante en un costado del vallado dijo:

—¡Por piedad vámonos de aquí!

Hacia el lado de Weybridge, en la entrada del puente había varios soldados en traje de batalla, levantando una barricada para proteger los cañones. El artillero dijo:

—¡Son arcos y flechas contra el Rayo! —comentó el artillero—. ¡Aún no han visto al demonio!

Los oficiales que no estaban ocupados observaban el horizonte por sobre las copas de los árboles hacia el Sudoeste, y los soldados interrumpían cada tanto su labor y miraban en la misma dirección.

Había una enorme conmoción en Byfleet. Los vecinos cargaban envoltorios mientras una veintena de húsares, algunos de ellos a pie, les urgían a apresurarse. Tres o cuatro camiones de la alcaldía, un viejo ómnibus y otros vehículos se alineaban en la calle del pueblo para cargarlos con todo aquello que se considerara indispensable o valioso. Mucha gente vestía ropa dominguera, y a ésta los soldados no podían convencer de lo grave de la situación. Un viejecito colmado de arrugas con un gran baúl y una veintena de macetas con orquídeas dirigía violentos reproches al sargento que no quería ocuparse de sus pertenencias. Me detuve tomándolo del brazo.

—¿Usted sabe lo que avanza hacia nosotros desde allá? —le dije, señalando los bosques de abetos que ocultaban a los marcianos de nuestra vista.

—¿Qué dice? —inquirió, girando su cabeza—. ¡Vea, no quiere comprender cuál es el valor de mis orquídeas!

—¡La muerte! ¡Viene la muerte...! ¿Me entiende?

Dándole tiempo a entender la noticia, si era posible, fui tras el artillero.

Al llegar a la esquina miré atrás. El sargento había dejado solo al pobre viejo, que de pie junto al baúl sobre el que colocaba las plantas, miraba con estúpida expresión hacia los árboles.

En Weybridge, nadie supo decirnos la ubicación del cuartel general. Jamás vi confusión similar. Todo tipo de vehículos en una insólita mezcla de medios de transporte y de bestias de tiro. Los ricos del lugar, en traje de paseo, con sus mujeres vestidas elegantemente, se apuraban a hacer los bultos ayudados por los vagabundos de los alrededores, en tanto los muchachos, con gran alegría, celebraban el inesperado cambio de sus rutinarias diversiones dominicales. En medio de ellos, el pastor de la parroquia celebraba un valeroso servicio matinal en tanto el estrépito de la campana intentaba sobreponerse a la batahola y al tumulto que invadió el pueblo.

Sentado con el artillero junto a la fuente atacamos las provisiones que llevábamos en nuestros bolsillos haciendo un almuerzo reconfortante. Patrullas de Granaderos con uniformes blancos, invitaban a la gente a retirarse cuanto antes, o buscar refugio en los sótanos apenas comenzado el cañoneo.

Al atravesar el puente del ferrocarril vimos una multitud de número creciente que se había reunido en la estación y sus alrededores, y en los andenes un caos de baúles, valijas, y bultos incontables. Creo que el movimiento de los trenes se había detenido para hacer lugar al transporte de las tropas y cañones. Después supe que se había desatado una lucha feroz para intentar acceder a trenes especiales que se organizaron más tarde.

Estuvimos hasta el mediodía en Weybridge, hora en que nos encontrábamos en el sitio en las cercanías de la esclusa de Shepperton allí donde el río Wey se une al Támesis. Parte de nuestro tiempo se fue en dar ayuda a dos viejecitas para que cargaran su coche.

El Wey se abre en tres brazos en su desembocadura habiendo una gran cantidad de barcas de alquiler y, además, una balsa que cruza el río. Del lado de Shepperton había una posada con terraza al frente, y más allá la torre de la iglesia que después fue reemplazada por un campanario, se elevaba por encima de los árboles.

Una muchedumbre de fugitivos forcejeaba nerviosa y excitada. Y aunque no los dominaba el pánico, el número de personas superaba largamente el que las barcas hubieran podido transportar. Algunos se tambaleaban bajo el peso de los fardos que cargaban. Una pareja se adelantó con una puerta sobre la que colocaron lo que pudieron rescatar de sus objetos domésticos. Un hombre nos dijo que vería de ponerse a salvo abordando el tren en la estación de Shepperton.

Se oían gritos en todas partes. Algunos hacían bromas sobre la situación. La idea que parecían tener sobre los marcianos consistía en que no debían ser otra cosa que una suerte de seres similares a los humanos con tan formidable poder que devastarían el pueblo, pero luego serían inexorablemente derrotados por nuestras fuerzas. De tanto en tanto la gente miraba con impaciencia, hacia más allá del Wey en las praderas de Chertsey, pero allí todo parecía estar en calma.

A orillas del Támesis, salvo en el sitio en que los barcos atracaban, no había turbación alguna, lo que contrastaba con la costa del Surrey. Tras poner pie en tierra, la gente enfilaba por un estrecho camino. Sólo un viaje realizó el lanchón. En el patio de la posada tres o cuatro soldados observaban a los fugitivos, haciéndoles burlas sin prestarles ayuda. Siendo domingo la posada había cerrado sus puertas.

— ¿Qué significa esto? —preguntaba un lanchero.

— ¡Cierra la boca, animal! —gritaba un hombre a un perro que no cesaba de ladrar.

Se oyó, esta vez en dirección de Chertsey, el seco estampido de un cañonazo.

La batalla comenzaba. Inmediatamente, baterías ocultas tras los árboles en la otra orilla del río, a nuestra derecha, vomitaron su munición en series regulares. Una mujer se desmayó y hubo un estremecimiento en la multitud ante la batalla cercana a la que aún no podíamos ver. No se veía mas que un grupo de vacas paciendo indiferentes en la pradera entre los sauces bajo el cálido sol.

— Nuestros soldados los detendrán —dijo una mujer sin que su voz expresara certeza.

Sobre los árboles se elevó una especie de bruma. Después densas nubes de humo oscurecieron el cielo en segundos. El suelo se conmovió a nuestros pies, y una explosión pavorosa se expandió a través de la atmósfera haciendo añicos los vidrios de las casas cercanas.

La guerra de los mundos 253

—¡Allá se los ve! —gritó un hombre de suéter azul—. ¡Allá! ¿Los ven? ¡Allá!

Una tras otra, viniendo desde lo lejos como moles crecientes, aparecieron dos, tres, cuatro máquinas marcianas a través de los prados que iban hasta Chertsey. Con un movimiento bamboleante enfilaban hacia el río. A la distancia parecían como pequeñas formas encapuchadas.

Después, en dirección oblicua a nosotros, apareció una quinta máquina. Las parcelas de blindaje brillaban al refractar la luz del sol cuando avanzaron sobre las piezas de artillería. El más lejano hacia la izquierda, levantaba a gran altura lo que desde nuestra perspectiva se veía como una enorme caja. El mortífero Rayo Ardiente, que vi en acción el viernes por la noche, brotó de la caja y apuntando en dirección a Chertsey la arrasó en segundos.

A la vista de las mortíferas criaturas metálicas, la muchedumbre apretujada en las orillas, fue presa del terror. Ni una palabra, ni un grito turbó el silencio que sobrevino al terrible hecho. Luego se oyó un murmullo, empujones y el chapoteo en el agua. Un hombre, soltó el baúl que cargaba en su espalda y chocó conmigo al no hacer pie, mientras una mujer me empujaba para abrirse camino y salir despedida a toda carrera. Bajo el impulso de la multitud, retrocedí, pero pude reflexionar. Pensé en el Rayo. Era conveniente sumergirse en el agua.

—¡Al agua! ¡Todo el mundo al agua! —grité, sin que mi reclamo encontrara el menor eco.

Avanzando en la dirección del marciano que se acercaba, entré al agua. Algunos hombres hicieron lo mismo. Una barca colmada de personas por poco zozobra al volver a la costa en el momento en que pasaba. Bajo mis pies las piedras eran fangosas y resbaladizas y tan escaso el nivel de las aguas, que debí avanzar un trecho largo antes que el agua llegase a mi cintura. Las salpicaduras de los botes que lanzaban precipitadamente al agua sonaban en mis oídos como una tormenta. La gente iba hacia las orillas apresuradamente.

De momento los marcianos no prestaban atención a aquella gente corriendo en todas direcciones de la misma manera que un hombre que arrasó casualmente con su pie un hormiguero no lo hace ante el desbande de las hormigas. Al sacar la cabeza del agua, casi sofocado, el marciano observaba con atención las baterías que disparaban aún a través del río y al avanzar bajó y apagó lo que debía ser la fuente del Rayo.

Un minuto más tarde el marciano había alcanzado el río y con un único tranco quedó en mitad de la corriente. Las articulaciones de los pies se plegaron para llegar a la orilla opuesta, pero en ese momento, a la entrada de la aldea de Shepperton, los cañones, disimulados en el extremo del pueblo, dispararon al unísono.

Las detonaciones próximas e inesperadas me estremecieron. El monstruo preparaba el estuche generador del Rayo cuando a unos pocos metros sobre su cabeza estalló el primer obús.

Lancé un grito. Había olvidado los otros cuatro gigantes: mi atención la monopolizaba la atenta observación de este marciano. Dos obuses estallaron en el aire muy próximos al cuerpo del monstruo, en el momento que un cuarto obús impactaba en su cabeza sin que pudiera evitarlo. La capucha metálica estalló volando en fragmentos brillantes con trozos de una pulpa rojiza que debía ser carne.

—¡Impacto directo! ¡Blanco! —grité, en mezcla de exclamación y alarido.

La gente que estaba cerca de mí en el agua respondía a mis gritos. En ese instante de efímera exaltación casi abandono mi refugio.

La máquina decapitada se bamboleó como si estuviera ebria, pero no se desplomó. Recobró el equilibrio como por milagro pero ya sin rumbo determinado y con el estuche del Rayo en posición rígida enfiló a toda velocidad hacia Shepperton. La inteligencia viva, el marciano de carne y sangre que ocupaba el control de la máquina, yacía muerto en su interior y la máquina era sólo un mero ensamble de complejos mecanismos sin control alguno.

Incapacitado para guiarse, avanzó en línea recta y ciega hacia la torre de la iglesia de Shepperton, demoliéndola como lo haría una catapulta y fue al suelo de lado, tropezando y hundiéndose en el río con formidable estruendo.

Una violenta explosión conmovió la tierra y una tromba de agua lanzó a considerable altura una confusa masa de barro y trozos de metal envuelta en una nube de vapor. Cuando el estuche del Rayo alcanzó el líquido, éste entró en ebullición. Un enorme oleaje, como lava de barro hirviente alcanzó el codo del río remontando la corriente. La gente intentaba alcanzar las orillas. Se oían sus gritos por sobre el tremendo ruido que produjo el derrumbe del marciano.

Hipnotizado por lo sucedido olvidé el intenso calor como si me hubiera abandonado el instinto de conservación. Chapaleé en las aguas tumultuosas, abriéndome paso entre la gente, hasta que logré ver lo que sucedía en el otro brazo del río. Media docena de botes volcados eran movidos con violencia por la brusca marejada. Sacudido por la fuerte corriente, el marciano, con su estructura atravesada de extremo a extremo a todo lo ancho del río yacía sumergido.

De sus restos escapaban enormes chorros de vapor y a través de sus espasmos pude ver, en forma intermitente a sus piernas batiendo el torrente y lanzando al aire grandes masas de agua y espuma fangosas. Los tentáculos se movían y golpeaban como brazos.

De no ser por la visible inutilidad de esos movimientos podía haberse supuesto que se trataba de una bestia herida debatiéndose en las olas. Un abundante torrente de fluido color rojizo manaba de la máquina ruidosamente.

Mi atención fue atraída por un penetrante alarido como el que produce la sirena de una fábrica.

Arrodillado en el agua, cerca del camino, un hombre me llamó en voz baja señalando algo con su dedo. A mis espaldas vi otros marcianos avanzando con poderosas brazadas a través del río desde Chertsey. Los cañones dispararon sin dar en el blanco.

Me zambullí conteniendo la respiración. Nadando debajo del agua intenté huir lo más lejos que se pudiera. En el río todo era confusión Y la temperatura aumentaba segundo a segundo.

Saqué del agua la cabeza para llenar los pulmones de aire y apartar el cabello que cubría mis ojos. El abundante vapor se elevaba formando un remolino de bruma que impedía ver a los marcianos. La confusión era ensordecedora.

Las descomunales figuras grises deformadas por efecto de la niebla habían pasado junto a mí. Dos de las máquinas marcianas se inclinaron sobre los restos de su compañero.

Las otras dos de pie, una a doscientos metros de distancia de donde me encontraba. La otra en las cercanías de Laleham. Todas ellas movían con violencia los generadores del Rayo y barrían con él los alrededores.

El alboroto era general y se mezclaba el estrépito que hacían los marcianos con los crujidos de las casas que se precipitaban al suelo, los árboles en llamas, vallados y galpones incendiados; el crepitar del fuego.

Una humareda oscura ascendía y se unía al vapor que venía del río mientras el Rayo se balanceaba sobre Weybridge, sus huellas se marcaban en los bruscos fulgores incandescentes a los que acompañaba llamas de fantasmagóricos contornos.

Permanecí en el agua a punto de ebullición durante largo tiempo, asombrado y temiendo quedar allí para siempre. A través de la densa nube de vapor y humo vi a la gente que se salía del agua, usando pies y manos para apartar cañas y hierbas, como ranas que atraviesan a toda velocidad los sitios sin protección, o corriendo aterrorizadas en todas direcciones.

De improviso la pálida luz del Rayo llegó hasta mí. Los edificios se hundían en la tierra destrozados al sólo contacto de las lenguas ígneas. Los árboles se incendiaban con un sonido que recordaba un gemido. Se agitó por todos lados a lo largo del camino, abrasando a los fugitivos; descendió a lo largo de la orilla a pocos metros del lugar en que estuve, atravesó el río apuntando a Shepperton; a su contacto se elevó una columna de vapor. Yo huí hacia la orilla.

En ese momento pasó por sobre mi cuerpo el oleaje de agua casi en ebullición. Quemado y casi ciego lancé un grito de dolor y a punto de perder el conocimiento avancé hasta la orilla a través de la masa hirviente. De haber dado un paso equivocado hubiera sido el fin. Caí, agotado, ante la vista de marcianos, sobre una extensa playa, en la confluencia del Wey y el Támesis. Sólo restaba morir.

Permaneció en mi memoria el vago recuerdo de un marciano cuyo pie se posó a metros de mi cabeza, mientras se hundía en la arena lanzándola en todas direcciones para luego continuar avanzando. Hubo un largo momento de suspenso, y luego la silueta de cuatro de aquellos monstruos metálicos portando los restos del compañero muerto que, en medio de las nubes de vapor se alejaron en un movimiento sin fin a lo largo del agua y las praderas.

Entonces, poco a poco comprendí que había escapado por una combinación de circunstancias fortuitas.

13
Cómo me encontré al vicario

Tras la despiadada lección sobre el poder de su armamento los marcianos retornaron a su primitiva posición en el parque de Horsell, y en su apuro, dificultada su marcha por la atención prestada a los restos de su compañero, desdeñaron, sin duda, terminar con una víctima sin importancia como yo.

De haber continuado su camino abandonando al compañero caído se habrían adelantado al anuncio de su proximidad, pues en ese momento entre ellos y Londres sólo se interponían algunas baterías de campaña. Su arribo había sido repentino y letal como el terremoto que aniquiló Lisboa hace ya un siglo.

Pero sin duda no había urgencia en ellos. Uno a uno los cilindros cubrían su trayecto interplanetario y cada veinticuatro horas recibían refuerzos. Las autoridades militares y navales habiendo comprobado la potencia de su enemigo se aprestaron a la defensa con energía febril. Se desplegaban sin descanso nuevas piezas de artillería hasta que antes de llegar la noche, en cada bosque y aldea en las colinas de los alrededores de Richmond y de Kingston se disimulaban negras y amenazantes bocas de fuego. En la desolada porción —en total treinta kilómetros cuadrados— que rodeaba el campamento marciano, sobre la campiña de Horsell, a través de ruinas y escombros, de calcinadas y humeantes arboledas se movían valerosos grupos de avanzada provistos de heliógrafos, capaces de advertir a los artilleros la cercanía del enemigo.

Pero los marcianos sabían ahora de nuestras armas potentes, mientras los humanos no se aventuraron a transponer la milla de distancia alrededor de los cilindros.

Parece que una parte de la tarde transcurrió, para los gigantes, transportando material de los otros dos cilindros —el segundo, caído en los potreros de Addlestone, y el tercero en Pyrford— al foso original de Horsell. Manteniendo su vigilancia sobre una enorme extensión de matorrales chamuscados y edificios destruidos uno de ellos permaneció como centinela, mientras el resto abandonó sus máquinas guerreras para desaparecer dentro del foso. Trabajaron arduamente hasta antes de la llegada de la noche. Una gruesa columna de humo verde era visible desde las colinas de Merrow y aun desde Banstead y Epsom Downs.

En el momento que los marcianos aprestaban sus máquinas a mis espaldas. Ante mí los humanos alistaban sus medios para la defensa, yo enfilé hacia Londres abrumado por la pena y con enorme fatiga atravesé la llanura y la humareda de la devastada Weybridge.

Pequeña y lejana una barca abandonada se movía bajo el impulso de la corriente; dejé casi todas mis ropas chamuscadas y cuando la barca pasó ante mí la abordé. De esta manera logré alejarme de la catástrofe. Aunque la embarcación carecía de remos logré avanzar, poniendo rumbo hacia Halliford y Walton. Como se entenderá fácilmente volvía la vista a mis espaldas a cada momento. Seguí río abajo pues pensé que si los gigantes aparecían, el agua sería una excelente vía de escape.

El agua, que tras la caída del cilindro marciano había elevado considerablemente su temperatura, descendía rodeada de nubes de vapor, así que en el trayecto de más de un kilómetro, me resultó casi imposible reconocer detalles de la ribera.

A pesar de eso pude entrever en un momento una fila de formas negras que huían de Weybridge atravesando los prados.

Halliford estaba desierto, y varias casas en la ribera habían ardido. Era un espectáculo por demás extraño observar la comarca tan calma y desolada bajo el cielo, con tantas nubes de humo y lenguas de fuego ascendiendo en la atmósfera de la tarde. No había visto nunca un incendio sin la compañía de la muchedumbre fastidiosa. Algo más lejos, los cañaverales secos se consumían y humeaban, cómo una vasta línea de fuego que avanzaba a través de las chozas de un alfalfar.

Dolorido y fatigado en medio del intenso calor que reverberaba en la superficie del agua, me dejé arrastrar a la deriva. Pero pronto volvieron mis temores y empujé la barca. El sol abrasaba mi espalda. Por fin, a la vista el puente de Walton en un recodo del río, empujado por la fiebre y la debilidad me detuve en la orilla izquierda, cayendo inmóvil sobre el pasto. Imaginé que serían las cuatro o cinco de la tarde. Después de un tiempo me incorporé. Caminé medio kilómetro sin hallar ser viviente alguno hasta que me tendí de nuevo a la sombra de un árbol.

Creo que pronuncié en voz alta frases incoherentes en ese momento. La sed me acosaba y lamenté amargamente no haber bebido mayor cantidad de agua. Entonces —curiosamente— sentí irritación hacia mi esposa, aunque sin lograr saber el motivo. El acuciante deseo de llegar a Leatherhead me atormentaba.

No recuerdo el arribo del vicario, pues debo haber estado adormecido. De pronto lo vi, sentado, con las mangas de su camisa sucias de humo, y con su afeitado rostro, vuelto hacia el cielo, donde sus ojos parecían seguir un vacilante resplandor que danzaba entre las espesas nubes del poniente.

Me senté, y con el ruido que hice, él me miró con ansiedad.

—¿Tiene usted agua? —le pregunté.

Sacudió la cabeza negativamente.

—Desde hace una hora, usted no hace más que pedirla —dijo.

Nos miramos en silencio por un momento. Es que debo haberle parecido un ser extraño, vestido como estaba con un pantalón empapado y calcetines, la piel de la espalda enrojecida y la cara negra de humo.

En la cara del vicario parecía verse la simplicidad de su pensamiento; el cabello rubio y encrespado caía sobre la estrecha frente. Sus ojos eran grandes, de un azul pálido e inexpresivo, incapaces de mirar de frente. Habló con frases inarticuladas, sin prestarme demasiada atención, los ojos expresaban su extravío.

—¿Qué significa esto? —interrogó—. ¿Qué significa?

Asombrado, lo miré sin responderle.

Me tendió una delgada y blanca mano y siguió hablando en tono quejoso.

—¿Por qué se permite esto? ¿Qué pecados cometimos? El servicio de la mañana había concluido y yo caminaba para aclarar mis pensamientos, cuando sucedió la devastación.¡Fuego! ¡Terremoto y muerte! ¡Cómo en Sodoma y Gomorra! Nuestra obra destruida... ¡Toda ella! ¡Toda...! ¿Qué son esos marcianos?

—¿Quiénes somos nosotros...? —le respondí, con un carraspeo.

Con sus manos sobre las rodillas volvió a mirarme por medio minuto sin decir palabra alguna.

—Paseaba por el camino buscando aclarar mis ideas —repitió— cuando... ¡sobrevino la devastación y la muerte!

Hizo silencio nuevamente, la cabeza apoyada en sus rodillas. De pronto, cambió su actitud y moviendo su mano dijo:

—¡Nuestra obra..., nuestras reuniones piadosas! ¿Qué hemos hecho? ¿Qué faltas cometió Weybridge? ¡Todo perdido, destruido! ¡Hasta la iglesia...! Sólo tres años que la habíamos restaurado. ¡Destruida! ¡Aplastada...! ¿Por qué?

Tras otra pausa, estalló hablando como demente:

—¡El humo de su incendio se eleva por siempre jamás! —gritó.

De sus ojos brotaban llamas mientras su dedo flaco señalaba a Weybridge.

Recién allí comprendí la magnitud de lo sucedido. La tragedia de la que fui espectador. Se trataba de un fugitivo de Weybridge el que por lo visto tenía alterada su razón.

—¿Estamos lejos de Sunbury? —le pregunté con la mayor naturalidad que pude lograr.

—¿Adónde llegaremos? —prosiguió el vicario—. ¿Por todos lados hay criaturas así? ¿Es que el Señor les ha dado libertad sobre la Tierra?

—¿Estamos a mucha distancia de Sunbury, señor vicario? —pregunté nuevamente.

—Esta mañana oficiaba yo en mi iglesia y ahora...

—Los tiempos son así —le dije—, interrumpiéndolo con brusquedad. Debemos mantener la cabeza fría. Aún tenemos esperanzas.

—¿Esperanzas?

—Sí, si quiere llamarlas así aún frente a la catástrofe... Y desgrané mi punto de vista acerca de la situación. Escuchó en silencio, pero a medida que hablaba, el interés de su mirada se esfumó y el desvarío se apoderó otra vez de él. Apartando sus ojos de mí dijo:

—Es el principio del fin. El grande y pavoroso día del Señor... ¡el día de la ira! ¡Aquel en que los hombres rueguen inútilmente a rocas y montañas que se desplomen sobre ellos y los sepulten ocultándolos a los ojos de Dios, que está sentado en el Trono!

Dejando de lado el razonamiento me incorporé y volviéndome hacia el vicario, puse mi mano sobre su hombro.

Callamos por un rato.

—Compórtese como un hombre —dije—. El miedo lo ha invadido y cegado. ¿Qué sentido tendrá la religión si en el momento de la calamidad no nos sirve de socorro? Piense en los daños que terremotos, inundaciones, guerras y erupciones volcánicas hicieron a la Tierra desde siempre. ¿Por qué razón? ¿Por qué pretende que Dios excluya a Weybridge? Él no es agente de seguros.

Por un rato estuvimos callados.

—¿Pero... cómo huiremos de ellos? —me preguntó, amedrentado—. Son invulnerables y crueles...

—Probablemente no haya nada de eso —repuse—. En tanto más tremendo sea su poder más reflexivos y astutos deberemos ser nosotros. Acaban de matar uno de ellos allá, no hace más de tres horas.

—¡Muerto! —dijo, paseando su mirada en torno suyo—. ¿Pero acaso pueden ser muertos los enviados del Señor?

—Yo mismo lo vi —continué diciéndole—. Sólo hemos tenido la desgracia de encontrarnos en el corazón de la batalla. Eso es todo.

—¿Qué es esa pequeña luz que se mueve en el cielo? —preguntó, sobresaltado.

Le expliqué que se trataba de la señal de un heliógrafo.

—Este es el momento más difícil de la lucha, por muy calmo que nos parezca y estamos en el centro de las actividades de guerra. Esa luz en el cielo anuncia la tempestad que se avecina. Allá lejos, acampan los marcianos, y del lado de Londres, donde las colinas se elevan hacia Richmond y Kingston y las arboledas pueden ocultarlos, se cavaron trincheras plagadas de baterías. Los marcianos vendrán pronto por aquí ...

Cuando dije eso, me interrumpió dando un salto:

—¡Escuche! —dijo.

Hacia las colinas de la ribera opuesta, se oyó el estampido lejano de un cañón confundido con el eco de gritos.

Después todo volvió a estar calmo. Un escarabajo zumbaba sobre la alameda cercana. Hacia el Oeste, una pálida luna, dejaba ver en lo alto, sobre las humaredas de Weybridge y de Shepperton.

—Deberemos continuar hacia el Norte —dije.

14
En Londres

Cuando los marcianos atacaron Woking, mi hermano menor residía en Londres. Estudiaba medicina, y ocupado en la preparación de un examen, no supo de la llegada hasta la mañana del sábado.

Ese día los periódicos matutinos publicaron, además de extensos artículos sobre el planeta Marte, posibilidades de vida en otros planetas y otros temas similares, un telegrama redactado en estilo por demás vago y muy conciso; por eso mismo, resultó más llamativo.

Los marcianos —decían los diarios— habían matado gran número de personas con una suerte de sofisticado cañón de tiro rápido. El telegrama concluía así: "Tan poderosos como parecen ser, los marcianos aún no han salido del foso en que cayeron tras el impacto del proyectil, y parecen incapacitados para hacerlo. Esto probablemente se deba al efecto de gravedad, mucho más poderosa sobre la superficie de la Tierra". Los editorialistas se explayaban a gusto sobre el tema con palabras tranquilizadoras.

Los estudiantes que ese día concurrieron como mi hermano al curso de biología, se interesaron de sobremanera en tales novedades, pero las calles estaban tranquilas sin que se advirtiera en ellas señal alguna de inquietud.

Los periódicos de esa tarde publicaron breves noticias bajo títulos enormes, señalando sólo algún que otro movimiento de tropas en los bordes de la campiña y el incendio de un pinar entre Woking y Weybridge.

Pero hacia las ocho, la *Saint Jame's Gazette* anunciaba en una edición extra el fin de las comunicaciones telegráficas, adjudicando el hecho a la caída de pinos en llamas sobre los hilos. Esa noche —que fue la de mi fuga a Leatherhead y mi retorno— nada más se supo sobre la batalla.

Mi hermano no se sintió inquieto por nosotros. Se enteró, por los diarios, que el cilindro cayó a tres kilómetros de mi casa; decidió entonces, pasar la noche con nosotros, con la intención, según dijo, de ver de cerca a tan extraños seres antes que los aniquilaran. Hacia las cuatro —envió un telegrama que no llegó a destino— y concurrió por la tarde a un concierto.

Hacia el anochecer del sábado se desató en Londres un violento temporal. Mi hermano debió dirigirse en coche a la estación. En el andén de partida del tren de las doce, le informaron, tras larga espera, que como había ocurrido un accidente, los trenes no llegaban esa noche hasta Woking. No pudieron explicarle cuál era el accidente ocurrido; en realidad, las autoridades carecían de información precisa.

Era escaso el movimiento en la estación, pues los jefes de turno, no pudiendo imaginar otro accidente que un descarrilamiento entre Byfleet y el ramal de Woking, desviaban hacia Virginia Water o Guildford los trenes que habitualmente iban a Woking. Además, les preocupaban los arreglos exigidos por los cambios de recorrido de los trenes de excursión hacia Southampton y Portsmouth, organizados por una Sociedad Recreativa. Un reportero nocturno, confundió a mi hermano con un ingeniero ferroviario por su parecido y lo detuvo buscando obtener información. Muy poca gente, excepto algunos altos jefes del ferrocarril, encontraba alguna relación entre el supuesto accidente con la presencia marciana.

En otro relato de los mismos acontecimientos he leído que el domingo por la mañana decía: "Londres entero quedó conmocionado por las noticias de Woking".

A decir verdad, nada justificaba la exagerada crónica. La mayoría de la población londinense no se enteró de la presencia marciana hasta el pánico del lunes por la mañana. Los que se enteraron les llevó algún tiempo comprender el sentido pleno de las noticias del domingo. Además, la mayoría de los londinenses no lee habitualmente los periódicos ese día.

La certeza de la seguridad personal está tan arraigada en el hombre medio inglés, y las informaciones espectaculares son tan comunes en los periódicos, que se pudo leer sin conmoción alguna noticias de este tipo.

"Ayer, hacia las siete de la tarde, los marcianos emergieron del cilindro y avanzaron, protegidos por un blindaje metálico, destruyendo por completo la estación de Woking y casas aledañas aniquilando un batallón entero del regimiento de Cardigan. Se carece de detalles. Las ametralladoras Maxims fueron ineficaces contra las armaduras marcianas. Los cañones de campaña fueron destruidos. Algunos destacamentos de húsares cruzaron al galope por Chertsey. Los marcianos avanzan con lentitud hacia Chertsey o Windsor. Hay ansiedad en todo el Oeste de Surrey, y se cavan trincheras a toda velocidad para impedir el avance sobre Londres".

Así anunció el *Sunday Sun* lo sucedido. En el *Referee*, un artículo comparaba lo sucedido con la fuga de las fieras de un circo en una aldea.

En Londres nadie podía hablar con certeza de la naturaleza de los marcianos y sus corazas protectoras subsistiendo la idea obstinada de que necesariamente debían ser torpes y lentos: "arrastrándose, reptando penosamente como reptiles bajo el influjo de una mayor gravedad" eran palabras que se reiteraban en prácticamente todas las primeras informaciones. Ni uno solo de aquellos telegramas fue redactado por un testigo ocular.

Los periódicos del domingo lanzaron distintas ediciones a medida que llegaban las noticias, y algunos sin aguardar siquiera que eso sucediera. En realidad no hubo un anuncio sensato hasta que, hacia el fin de la tarde, las autoridades dieron información oficial indicando en su boletín tan solo que los habitantes de Walton, de Weybridge y todo el distrito, huían en desbandada hacia Londres. Eso era todo.

Mi hermano fue al servicio religioso matutino en la capilla del Foundling Hospital sin saber lo que había sucedido la tarde anterior. Allí escuchó alusiones a la invasión y una plegaria por la paz.

A la salida adquirió el *Referee*. Las noticias le alarmaron y fue a la estación de Waterloo buscando información acerca de sí habían sido

restauradas las comunicaciones. Los ómnibus, coches, ciclistas y numerosos transeúntes ataviados con los mejores trajes, permanecían
indiferentes a las noticias voceadas por vendedores de diarios. Los que
mostraban interés por ellas, o sentían alarma, pensaban en quienes vivían en el sitio de la catástrofe.

En la estación se enteró que esta vez se había interrumpido el servicio en las líneas de Windsor y Chertsey. Por informes que le dieron los
empleados supo que esa mañana los jefes de las estaciones de Byfleet y
de Chertsey habían telegrafiado noticias extraordinarias y que la transmisión se cortó de improviso.

Las referencias que obtuvo resultaron en extremo plagadas de
imprecisiones.

—Creemos que han de estar combatiendo hacia el lado de Weybridge
—fue todo lo que pudieron decirle.

A esa hora el servicio de trenes acusaba un marcado desorden y así
gran número de personas en espera de la llegada de algún tren que debía llegar desde los condados del Sudoeste, se apiñaba en los andenes.
Un hombre de pelo cano se acercó a mi hermano protestando amargamente por el accionar negligente de la compañía.

—Deberíamos hacer un reclamo en común. Es necesario que todos
presenten un reclamo —afirmaba.

Después llegaron dos trenes desde Richmond, Putney y Kingston,
llevando a bordo gente que había partido con el propósito de pasar su
día remando y se encontró con las esclusas cerradas y pánico en el ambiente. Un elegante viajero con chaqueta de franela azul y pantalón
blanco, le dio una alarmante información a mi hermano.

—Una masa humana atraviesa Kingston en coches y vehículos de
todo tipo, atestados de baúles y bultos con sus objetos más valiosos
—dijo—. Vienen de Molesey, Weybridge y Walton diciendo que los cañones retumban en Chertsey —¡un cañoneo infernal!— y que algunos
soldados de caballería les dijeron que huyeran de inmediato pues se
aproximaban los marcianos. En la estación de Hampton Court, he oído
el cañoneo y en principio imaginé que serían truenos. ¿Qué puede significar todo esto? Los marcianos no pueden salir de su pozo, ¿no es verdad?

Mi hermano no podía darle información alguna.

Después percibió que la sensación de peligro se había apoderado de
los viajeros de la red suburbana y que los excursionistas domingueros
retornaban de las villas del sudoeste —Barnes, Wimbledon, Richmond
Park, Kew y demás— en horas no habituales; pero estos sólo hablaban
de confusos rumores que escucharon en el curso del viaje.

El personal de la estación parecía estar de insoportable humor.

Alrededor de las cinco, la muchedumbre, que crecía en número en los alrededores de la estación, fue presa de violenta excitación al ver que se abría una línea de comunicación, casi invariablemente cerrada, que une las redes del Sudeste con las del Sudoeste y que la atravesaba un convoy cargado de artillería de gran calibre además de numerosos vagones atiborrados de tropa. Era la artillería que venía de Wolwich y de Chatham para proteger Kingston. Hubo un cruce de bromas entre público y tropa.

— ¡Se los van a comer crudos!

— ¡Somos los domadores de bestias feroces!

Y otras frases por el estilo.

Después de esto, un piquete de policía despejó los andenes con lo que mi hermano se encontró de nuevo en la calle.

Las campanas tocaban la hora de vísperas y una banda del Ejército de Salvación descendió entonando salmos por el camino de Waterloo. Algunos grupos observaban la espuma negruzca que en forma de islotes, empujaba la corriente. Era el crepúsculo. La Torre del Reloj y el Parlamento se destacaban contra un cielo apacible de tonalidades oro, atravesado por extensas bandas purpúreas de nubes. Algunos decían haber visto un cadáver flotando en las aguas. Un hombre, que pretendía ser soldado de la reserva, le confió a mi hermano haber visto el parpadeo de heliógrafos hacia el Oeste.

En la calle Wellington mi hermano tropezó con dos muchachos que venían de la calle Fleet, portando los diarios húmedos aún y con títulos espectaculares.

— ¡Espantosa catástrofe! — gritaban casi al unísono, corriendo a través de la calle—. ¡Descomunal batalla en Weybridge! ¡Detalles completos! ¡Los marcianos detenidos! ¡Londres peligra!... Para conseguir su ejemplar debió abonar seis peniques.

Fue entonces, cuando se forjó en él una acabada idea del inmenso poder de la maquinaria marciana y del horror que provocaban. Se convenció que no eran tan solo un puñado de pequeñas y soberbias criaturas, sino que poseían inteligencia, conducían complejos aparatos mecánicos, se desplazaban con gran rapidez y ni los más poderosos cañones terrestres los detenían.

En la crónica se les describía como "máquinas de gran semejanza con arañas gigantescas, de alrededor de treinta metros de altura, que alcanzaban la velocidad de un tren expreso y con la capacidad de lanzar un mortífero y fulminante rayo de calor potentísimo".

Las baterías, en especial la artillería de campaña, se habían camuflado en alrededores de la campiña de Horsell y especialmente entre los distritos de Woking y Londres. Cinco de las máquinas marcianas avanzaron hacia el Támesis, y una de ellas fue dañada por el nutrido fuego de la artillería. Respecto a las restantes, los obuses no las alcanzaron y las baterías fueron destruidas por los Rayos. Se habló de enormes pérdida humanas, aunque el tono general del telegrama sonaba optimista.

Los marcianos no eran indestructibles y se habían replegado en el triángulo de cilindros, alrededor de Woking. Los exploradores, munidos de heliógrafos, avanzaban sobre ellos en una tarea de vigilancia permanente. Los cañones eran transportados a marcha forzada desde Windsor, Portsmouth, Aldershot, Woolwich, y aún del Norte; entre otros, llegaban de Woolwich cañones de noventa y cinco toneladas, de enorme alcance habiendo en posición o dispuestos como lo permitió el tiempo disponible ciento dieciséis en total para defender Londres. Nunca había habido en Inglaterra concentración tan rápida y enorme de material bélico.

Todo cilindro nuevo que cayese a tierra podía ser destruido con explosivos, que se transportaban a toda velocidad. Sin duda —agregaba la información— la situación es lo más insólita y grave, pero se exhortaba al público a evitar escenas de pánico y mantenerse en calma. Sin duda la maquinaria marciana era temible y desconcertante pero se trataba de una veintena enfrentada a millones de seres humanos.

Teniendo en cuenta la dimensión de los cilindros las autoridades dedujeron que no podían contener más de cinco "arañas" cada uno de ellos, a lo sumo un total de quince, de los que había que restar, al menos, una que había sido destruida, tal vez alguna más. En su momento se advertiría al público la inminencia del peligro; en tanto, eran tomadas serias prevenciones para proteger a los habitantes bajo amenaza en los suburbios del sudoeste. De esta manera, con la reiterada seguridad que Londres estaba suficientemente protegida y la promesa de que las autoridades podían enfrentar el peligro, finalizaba la proclama.

Todo esto impreso en letras grandes, aún húmedo el papel, pues no había habido tiempo de agregar comentario alguno. Resultaba notable, dice mi hermano, cómo se había alterado el armado del periódico para propalar rápidamente la noticia.

En toda la calle Wellington se veía personas leyendo periódicos. De pronto el Strand fue invadido por una confusión de voces lanzada por un ejército de vendedores de diarios. La gente descendía apresuradamente de los ómnibus para comprar su ejemplar hasta que la noticia conmocionó a todos y la apatía se esfumó.

Una tienda que vendía mapas y globos terráqueos en el Strand, abrió, y un hombre enfundado en su traje dominguero y de guantes amarillos, se apuraba a pegar en los cristales mapas de Surrey.

Yendo por el Strand hacia Trafalgar Square, periódico en mano, mi hermano pudo ver algunos fugitivos arribando desde Surrey. En un vehículo semejante al que usan los hortelanos, un hombre con su esposa, dos hijos y algunos muebles, venían del puente de Westminster. A continuación de ellos en un gran carretón de heno venían acomodadas cinco o seis personas de respetable aspecto, con valijas y paquetes. El aspecto de todos ellos era huraño. Su apariencia contrastaba notoriamente con los bien ataviados pasajeros que subían en los buses. Algunas personas asomaban sus cabezas para observarlos con curiosidad.

Se detuvieron en la plaza, sin saber qué dirección tomar, para, al fin, torcer a la derecha rumbo al Strand. Instantes después llegó un hombre con ropas de trabajo, montado en una antigua bicicleta, con la rueda delantera más pequeña. Se lo veía sucio, el rostro pálido y cubierto de polvo.

Mi hermano enfiló hacia la estación Victoria y en su trayecto se topó con otros refugiados a los que observaba con atención llevado por la expectativa de reconocerme entre ellos. Así advirtió que un número inusual de policías controlaba el tránsito. Algunos fugitivos dialogaban brevemente con los ocupantes de autobuses. Uno de ellos describía a los marcianos a los que aseguraba haber visto:

—Son como calderas sobre enormes zancos y corren a mayor velocidad que un hombre —decía—. La mayoría de ellos se veían excitados por la aventura vivida. Más allá de Victoria las tabernas estaban repletas de recién llegados. Las noticias se comentaban en cada esquina con gran animación hablándose de los inesperados visitantes del espacio. Hacia la noche su número fue acrecentándose hasta que las calles atestadas se parecían, como dijera mi hermano, a la gran avenida Epsom, el día del Derby. Hizo preguntas a varios fugitivos, sin recibir otra cosa que respuestas incoherentes.

No pudo obtener noticias de Woking; sólo el testimonio de un hombre le aseguró que Woking fue arrasado la noche anterior.

—Vengo de Byfleet —relató— muy temprano por la mañana llegó un ciclista para advertirnos, puerta a puerta, que era mejor que huyéramos. Luego llegaron los soldados. Intentamos informarnos de lo que estaba sucediendo pero sólo vimos densas nubes de humo sin que de ese sitio viniera nadie que nos proporcionara información clara. Poco después se escuchó el cañoneo en dirección de Chertsey y vimos venir mucha gente de Weybridge. Entonces cerré mi casa y me marché del lugar.

Por entonces ya la muchedumbre había comenzado a expresar profunda irritación hacia las autoridades, considerándolas ineficaces para evitar el trastorno que le ocasionaban los invasores.

Alrededor de las ocho se oyó en todo el Sur de Londres los ecos de un sordo cañoneo. Mi hermano no llegó a percibirlo en las calles principales pues el bullicio de la circulación y el tránsito eran mayores, pero cuando llegó al otro lado del río y caminó por calles apartadas y silenciosas lo escuchó claramente.

De Westminster a su casa, cercana a Regent's Park, volvió caminando alrededor de las dos. Ya lo preocupaba el no saber de nosotros y lo inquietaba la enorme dimensión de la catástrofe. Su pensamiento, como el mío en la víspera, iba dirigido a cuestiones de índole militar. Pensó en los cañones expectantes en la espera de abrir fuego y en la región repentinamente evacuada e intentó imaginar "las calderas sostenidas sobre tres zancos" de treinta metros de altura.

Varios vehículos transportando fugitivos pasaron por la calle Oxford y por el camino Marylebone; pero la noticia se propagaba con tal lentitud que en las veredas de Regent's Street y por el camino de Portland aún se podía ver a los paseantes del domingo sin preocuparse demasiado, salvo en uno que otro grupo aislado. En los alrededores de Regent's Park las parejas deambulaban en gran número como era habitual.

El atardecer era caluroso y calmo, tal vez algo pesado; de a ratos se oía el tronar de algún cañón y a medianoche, una suerte de haz de relámpagos veraniegos iluminaron el cielo, hacia el Sur.

Mi hermano leyó repetidas veces el periódico con el temor de que yo hubiese sido víctima de alguna desgracia. Sin poder estarse quieto después de la cena salió otra vez a la calle y vagó sin rumbo. Vuelto a su casa tras la caminata inútil, trató inútilmente de controlar su ansiedad revisando resúmenes para el examen. Fue a la cama algo después de las doce y durmió hasta que los llamadores de la puerta repicaron, sacudidos con violencia.

Había rumor de pasos presurosos en la calle, redobles de tambor y el sonido de las campanas lo sacaron de las pesadillas que lo atormentaban en la madrugada del lunes. Vio en el techo el reflejo de intensos resplandores rojizos y por un momento permaneció inmóvil y sorprendido. Se preguntó si es que había llegado el día o si la gente había enloquecido de miedo. Cuando salió del lecho corrió para mirar por la ventana, al abrir los postigos, el sonido de estos se prolongó por todos los pisos. Las cabezas de los moradores, adormilados aparecieron en todas las ventanas.

—¡Vienen! —gritaba un policía golpeando el llamador de una puerta—. ¡Los marcianos se acercan! —y se abalanzaba sobre la puerta contigua repitiendo el mensaje.

De los cuarteles de la calle Albany vino un sonido de clarines y tambores, mientras los campanarios de las iglesias de Londres insistían en interrumpir el sueño de la gente con su insistente redoblar. Hubo un sucesivo rumor de puertas que se abrían casi simultáneamente, y una incontable cantidad de ventanas en las casas de enfrente que se iluminaron.

Por el extremo de la calle venía a toda velocidad un coche cerrado, sonando una sirena que, a medida que se acercaba se hacía más estridente hasta que al alejarse lentamente en la distancia se apagó. Detrás lo siguieron algunos *cabs*, vanguardia de una extensa procesión de rápidos vehículos, que en su mayoría enfilaban a la estación de Chalk Farm, de donde partirían los trenes especiales de la compañía del noroeste, evitando la pendiente que va a Euston.

Mi hermano, estupefacto, observó por un tiempo a los policías que golpeaban las puertas transmitiendo la incomprensible noticia. Detrás de él se abrió la puerta de su habitación, y el vecino que vivía en el mismo piso entró, cubierto con sólo camisa y pantalón, en pantuflas, los tirantes sueltos, los cabellos en completo desorden.

— ¿Qué demonios pasa? ¿Un incendio? — preguntó—. ¡Vaya escándalo del infierno!

Ambos asomaron sus cabezas por la ventana cuanto les fue posible, tratando de escuchar lo que los policías gritaban. Gran cantidad de gente llegaba de las casas laterales para formar grupos que hablaban animadamente en las esquinas.

— ¿Pero qué es lo que sucede? — preguntaba el vecino.

Mi hermano le dio respuestas vagas mientras se vestía, yendo a la ventana toda vez que se calzaba una prenda, ansioso de no perder detalle del movimiento que se veía afuera. Al rato, los vendedores de periódico aparecieron gritando desaforados:

— ¡Londres en peligro! — decían—. ¡Las líneas de defensa de Kingston y de Richmond cayeron! ¡Innumerables muertes en el valle del Támesis!

En los primeros pisos de las casas vecinas. En las terrazas del parque, en las restantes cien calles de la zona de Marylebone, en el distrito de Westbourne Park y en St. Pancras, en el Oeste y el Norte, en Kilburn, St. John's Wood y Hampstead, en el Este en Shoreditch, Highbury, Haggerston y Hoxton, es decir en todo el perímetro de Londres —yendo de Ealing hasta East Ham— la gente frotaba sus ojos y abría las ventanas para saber de lo ocurrido haciendo preguntas al azar y vistiéndose lo más rápido que podían cuando surcaba las calles un soplo de la tempestad de miedo y horror que se desencadenaría.

Londres, que había ido a la cama la noche del domingo abotagado e inerte, despertó en las primeras horas del lunes estremecido por la cercanía del peligro.

Como desde la ventana no lograba saber con certeza qué sucedía, bajó a la calle cuando en el cielo se encendían las primeras luces del amanecer. Era cada vez más numerosa la gente que huía ya fuera a pie o en vehículos.

— ¡El Humo Negro! —gritaban—. ¡El Humo Negro!

El terror descontrolado y unánime era inevitable. Mi hermano, dubitativo en el umbral de la puerta, llamó a un vendedor de diarios para hacerse de un ejemplar. El hombre siguió su carrera desenfrenada vendiendo periódicos a un chelín... Grotesca combinación de especulación y pánico.

Había en el periódico un boletín del comandante en jefe anunciando la catástrofe que mi hermano leyó ávidamente:

"Los marcianos utilizaron cohetes para esparcir enormes nubes de oscuro vapor tóxico. Muertos los artilleros de nuestras baterías, destruyeron Richmond, Kingston y Wimbledon y ahora avanzan lentamente hacia Londres, destruyendo todo lo que hallan en su camino. No podemos detenerlos. El Humo Negro nos fuerza a una retirada inmediata".

No era necesario que agregara más. La población entera de una urbe de seis millones de habitantes se movía como un enorme cuerpo desarticulado. Escapando, en masa hacia el Norte.

— ¡El Humo Negro! —decían voces incontables—. ¡Fuego!

El sonido de las campanas se hizo enloquecedor. Un coche volcó, entre gritos y juramentos, tras chocar con el pilón de la ochava. En el interior de las casas se movían incesantemente luces de color lívido, y algunos coches aún tenían encendidos sus faroles. Indiferente a todo el amanecer avanzaba, claro y apacible.

Mi hermano oyó rumor de pasos en las habitaciones. La dueña de la casa vino a la puerta, envuelta en una bata y un chal. Su marido la seguía, protestando.

Al darse cuenta de la gravedad de la situación mi hermano subió precipitadamente a su habitación, recogió todo el dinero de que disponía —unas diez libras en total— y salió a la calle a toda prisa.

15

Lo que pasó en Surrey

Cuando el vicario, fuera de sí, hablaba incoherentemente bajo la sombra del seto en las praderas bajas de Halliford; mi hermano observaba el arribo incesante de los fugitivos por el puente de Westminster y los marcianos reiniciaban su ofensiva.

Se puede asegurar, ordenando detalles de los contradictorios relatos que se contaron, que el grueso del contingente marciano, ocupado en nuevos aprestos, permaneció en los alrededores de las canteras de Horsell hasta las nueve de la noche, haciendo su trabajo a toda marcha y generando densas nubes de humo verdoso.

Pero sin duda alguna, tres partieron hacia las ocho y avanzaron con extrema lentitud y precaución, cruzando Byfleet y Pyrford, hasta Ripley y Weybridge, hallándose de espaldas al poniente, a la vista de las baterías ya listas para la batalla.

No avanzaban en grupo, sino separados, pero en evidente coordinación lograda por medio de la emisión de silbidos semejantes a las sirenas de los navíos con señales en escala ascendente y descendente.

Dichos sonidos y el cañoneo sobre Ripley y St. George's Hill fue lo que oímos desde Halliford. Los artilleros de Ripley, voluntarios y novatos, que jamás debieron ser ubicados en posición tan riesgosa, efectuaron una descarga en desorden, demasiado pronta y obviamente ineficaz, entraron en desbande a pie y a caballo, a través de la desierta aldea. El marciano pasó sin inmutarse por sobre los cañones, sin siquiera usar el Rayo y, ganándoles la delantera alcanzó las baterías de Painshill Park y las destrozó sin esfuerzo.

Las tropas de St. George's Hill tenían una conducción más eficaz, o tal vez eran más corajudos. Disimulados en el corazón de un bosque de pinos, el marciano no imaginó que allí hubiera enemigos. Apuntando sus baterías con tanta serenidad y esmero como si se tratara de una maniobra, abrieron fuego con alcance de alrededor de mil metros.

Los obuses estallaron en seguidilla mortal alrededor de la máquina marciana que dio algunos pasos vacilantes y se desplomó con estrépito. Un grito unánime de júbilo fue emitido por los artilleros, que sin amedrentarse, volvieron a cargar las piezas. El marciano tocado emitió un largo silbido para que al instante otra máquina respondiera al llamado observando por sobre los árboles, hacia el Sur.

Posiblemente una de las patas del trípode fue dañada por la descarga. La segunda de ellas pasó sobre el marciano en tierra mientras sus dos compañeros enfocaban el Rayo sobre la batería. Las cargas de pólvora estallaron, las llamas alcanzaron los pinos del contorno y sólo uno o dos de los artilleros, protegidos tras la cima de la colina, consiguieron escapar.

Luego las tres máquinas se detuvieron para deliberar. Cuentan los exploradores que los observaban que estuvieron quietos durante una media hora.

El marciano caído se deslizó trabajosamente fuera de la coraza metálica que lo protegía —pequeño ser de color oscuro, a lo lejos se veía como una mancha de herrumbre en movimiento—, para aparentemente, ponerse a reparar la máquina averiada. Se supone que hacia las nueve concluyó, pues su capucha volvió a asomar por encima de los árboles.

Minutos después de las nueve, a los tres primeros se sumaron otros cuatro marcianos portando un gran tubo negro. A cada uno de los tres le entregaron uno similar, y los siete gigantes se ubicaron de manera equidistante, formando una línea curva que atravesaba St. George's Hill, Weybridge y el pueblo de Send, al Sudoeste de Ripley.

No bien iniciaron su marcha, una salva de cohetes, estalló sobre las colinas como advertencia para las baterías de Ditton y de Esher. Cuatro de las máquinas de combate atravesaron el río, y dos de ellas, su negra silueta destacándose en el cielo occidental, aparecieron ante nosotros cuando enfilábamos, exhaustos, hacia la ruta que va al Norte, en las afueras de Halliford. Avanzaban envueltos en la bruma que cubría los campos hasta un tercio de la altura de las máquinas.

Al verlos, el vicario emitió un grito apagado y echó a correr; como sabía que era inútil intentar huir a campo traviesa pues quedaríamos a la vista de los marcianos, me arrojé a un costado del camino para deslizarme entre zarzas y ortigas, hasta llegar al fondo de la zanja que bordea el camino. El vicario volvió la cabeza, vio lo que estaba haciendo y se unió a mi carrera.

Al detener su marcha los marcianos, el que se hallaba cerca de nosotros miraba en dirección a Sumbury; el más lejano era una mancha gris de vaga definición en dirección a la estrella vespertina, hacia Staines.

Los silbidos que emitían cesaron. Sin un sonido, tomaron posiciones en una vasta curva, de una línea de varios kilómetros de extensión. Desde la invención de la pólvora jamás batalla alguna se había iniciado en medio de tanto silencio.

Desde nuestra perspectiva, como seguramente para los que desde Ripley hubieran podido examinar la situación, los marcianos parecían dominar la tenebrosa noche, bajo la pobre luz de un tenue cuarto de Luna, las estrellas, los postreros reflejos del crepúsculo y el resplandor lejano de los incendios en St. Georges Hill y los bosques de Painshill.

Pero, en todos los puntos de la línea de ataque, los cañones aguardaban pacientemente en Staines, en Hounslow, en Ditton, en Esher, en Ockam, tras los cerros y bosques al Sur del río, al Norte de las fértiles praderas, fuera en la aldea o tras un grupo de árboles.

Las bengalas estallaron en la oscuridad y se apagaron generando febril ansiedad en quienes aprontaban las baterías. Apenas avanzaran los marcianos hasta estar a tiro aquellas siluetas en acecho se entregarían al fragor del combate y los cañones tronarían incansablemente.

Sin duda, lo que dominaba el pensamiento de aquellos hombres —así como a mí—, era la enigmática cuestión de lo que imaginarían acerca de nosotros los marcianos. ¿Entenderían que enfrentaban a una comunidad de millones de individuos organizados, disciplinados, unidos en una obra común? ¿O veían el surgir de las llamas, el brusco vuelo de los obuses, el cerco a su campamento como nosotros podríamos suponer, ante una colmena alborotada, un furioso ataque de las abejas? ¿Soñaban que podían exterminarnos?

Un centenar de interrogantes similares acudían a mi imaginación observando el plan de combate. En lo profundo me tranquilizaba saber la magnitud de las fuerzas que esperaban a los marcianos, en la ruta a Londres. ¿Había fosos y trampas? ¿Los polvorines del Hounslow serían un cepo? ¿Se atreverían los londinenses a convertir su ciudad en un nuevo y enorme Moscú en llamas? ¿La defenderían hasta el fin?

Tras la interminable espera en la que permanecimos agazapados en el foso, escuchamos el estruendo lejano de una detonación. Después otro algo más cerca y otro y otro. Tras eso el marciano más próximo tomó el tubo y lo descargó como un cañón. Un ruido sordo hizo temblar el suelo. El marciano que estaba cerca de Staines respondió. No hubo llamas ni humo; sólo el sonido de una pesada detonación.

Las sucesivas descargas me alteraron de tal manera que, olvidado de mi seguridad y las manos dañadas me alcé sobre el foso para ver qué sucedía en dirección de Sumbury. En ese momento hubo otra detonación, y un proyectil pasó por sobre mi cabeza, hacia Hounslow.

Esperé ver al menos llamas, humo, algún indicio de su caída. Pero sólo vi el cielo azul y profundo, una estrella solitaria, y la niebla a mis pies. No hubo en respuesta estallido ni explosión. Sólo silencio... Los minutos se hicieron interminables.

—¿Qué sucede? —preguntó el vicario, a mi lado.

—¡Sólo Dios ha de saberlo! —respondí.

Un murciélago pasó a nuestro lado y desapareció. Escuchamos un tumulto repentino que cesó al instante. Miré hacia el marciano y lo vi dirigiéndose a la derecha, bordeando el río, en veloz y bamboleante marcha.

Yo esperaba oír el inicio del fuego contra él desde una batería oculta; pero nada turbó la calma de la noche. La silueta del marciano se perdía en la lejanía, hasta que la bruma y la noche lo ocultaron definitivamente.

En un impulso trepamos algo más arriba. Una forma oscura se divisaba hacia Sumbury, una colina cónica se había alzado de pronto; en la otra orilla, hacia Walton, vimos algo similar. Al descender parecían crecer como si se expandieran.

Por repentina inspiración, miré hacia el Norte advirtiendo que una tercera de las nubes negras se elevaba allí también.

Hubo, luego, una repentina calma. Más lejos, hacia el Sudoeste, se oía el llamado de los marcianos con sus sirenas, haciendo más notorio el silencio; después hubo nuevas y lejanas explosiones de sus tubos que conmovían la atmósfera. ¡Pero la artillería terrestre no respondía! ¡Hubo un silencio de muerte!

Fue más tarde que comprendí el significado de aquellos siniestros "conos" que se agrupaban bajo la luz del crepúsculo. Cada marciano operaba como explorador y obedeciendo a una señal descargó, por medio del tubo en forma de cañón un enorme obús sobre todo grupo de árboles, de casas y cualquier posible abrigo de cañones que se hallara ante él. Algunos de ellos sólo lanzaron uno de sus proyectiles; otros, dos, como el que vimos nosotros; según supe más tarde, el de Ripley descargó al menos cinco, uno tras otro.

Éstos, al contacto con el suelo se rompían —sin estallar— liberando una enorme cantidad de gas negro, que se expandía hacia el cielo formando una nube oscura, en forma de colina que cubría la región circundante. Contactar el vapor e aspirarlo ocasionaba la muerte de toda forma de vida.

Era un gas de tremenda densidad a tal punto que en lugar de evaporarse y ascender a la atmósfera se diluía en las capas inferiores cayendo en forma más líquida que gaseosa, y penetraba en fosos, en valles, a todo lo largo de las corrientes de agua, como el gas carbónico que filtra por las fisuras de las rocas volcánicas. En los lugares donde entraba en contacto con el agua, originaba algún tipo de reacción química.

La superficie se cubría inmediatamente de una hez de polvo que se hundía lentamente. Esta espuma era insoluble, y resulta paradójico que produciendo la liberación del gas un efecto inmediato, se pudiera beber sin riesgos el agua de donde se le había extraído.

El vapor no se diluía, tal como lo hacen los gases. Se desplazaba en nubes compactas casi como un elemento sólido, y descendía lentamente por las laderas resistiendo el empuje del viento; se combinaba con gran lentitud con la bruma y humedad de la atmósfera cayendo al suelo convertido en polvo. De no ser por un elemento desconocido con un grupo de cuatro líneas del lado azul del espectro, ignoramos totalmente los componentes de semejante sustancia.

El humo negro se compactaba a nivel del suelo, antes de su conversión en polvo; por tal razón a unos cincuenta pies de altura, en techos, y pisos más elevados de casas y en los árboles más altos, se podía evitar su efecto letal, cosa que se comprobó esa noche en Street Cobham y en Ditton.

El primer hombre que se libró de asfixiarse, hizo un relato acerca de lo extrañas que eran esas volutas y repliegues contando cómo, desde lo alto del campanario de la iglesia, vio surgir lentamente la silueta de las casas como apariciones surgiendo de entre la oscura confusión del humo. Permaneció allí día y medio, exhausto por el hambre y la sed y abrasado por el Sol, viendo a sus pies la tierra bajo el cielo azul, y contra el fondo de las lejanas colinas, una extensión cubierta como por un raro terciopelo negro, de la que sobresalían los tejados rojos y el verde de la copa de los árboles; y más tarde arbustos, matorrales, portones y muros.

Esto ocurría en Street Cobham. Allí el humo negro permanecía hasta que se hundió en el suelo. Habitualmente y tan pronto como había cumplido su objetivo, los marcianos barrían sus restos de la atmósfera utilizando chorros de vapor.

Tal cosa hicieron con las lomas de vapor que se extendían a nuestro alrededor, cosa que observamos favorecidos por la luz de las estrellas, desde la ventana de una casa vacía en Upper Halliford, adonde nos habíamos refugiado. Desde allí veíamos asimismo los reflectores en las colinas de Richmond y Kingston, rastreando hacia todas las latitudes; hacia las once, los cristales vibraban con las detonaciones de grandes piezas de artillería ubicadas en aquellas alturas.

El cañoneo continuó a intervalos regulares durante un cuarto de hora. Lanzaban sus proyectiles contra los esquivos blancos marcianos, en Hampton y Ditton; después los pálidos haces de los reflectores se apagaron y en su lugar se vieron vivos fulgores de tono rojizo.

El cuarto cilindro —meteoro de color verde brillante— impactó en Bushey Park. Antes de abrir fuego la artillería en las colinas de Richmond y de Kingston, se oyó un intenso y lejano cañoneo, hacia el Sudoeste. Posiblemente se trataba de baterías disparadas al azar agotando su munición antes que el Humo Negro se precipitase sobre los artilleros.

De esta manera con frialdad y metódicamente, al igual que los hombres cuando fumigan un avispero, los marcianos extendieron su letal vapor por toda la región y avanzaron hacia Londres.

Los extremos de la línea se abrían lentamente y pronto llegaron a ocupar, desde Hanwell hasta Coombe y Malden. Durante la noche avanzaron operando sus tubos de muerte. Ni una vez, desde que el marciano de St. George's Hill fue derribado, estuvieron al alcance de la artillería. En todo lugar en que suponían la presencia de cañones ocultos enviaban un proyectil con el vapor mortífero y cuando las baterías eran visibles las hacían volar con el Rayo.

A media noche los árboles en llamas de los cerros de Richmond Park y los incendios de Kingston Hill, dejaron ver una masa de Humo Negro cubriendo el valle del Támesis que se extendía hasta donde abarcaba la vista.

En medio de la confusión de este mar de tinta dos marcianos derramaban sus chorros de vapor para limpiar el terreno.

Parecía como si los marcianos preservaran los Rayos Ardientes, fuera porque sólo dispusieran de una limitada provisión de materia para producirlos, o porque no quisieron destruir el país, sino amedrentar y aniquilar toda oposición. Y por cierto que lo lograron. La noche del domingo cesó la resistencia organizada en su contra.

Tras eso no hubo tropa que se atreviera a enfrentarlos de tan inútil que hubiera sido hacerlo. La tripulación de los torpederos y acorazados que ascendieron por el Támesis con sus cañones de tiro rápido, rehusó detenerse, amotinándose y poniendo rumbo al mar. Como única operación aquella noche se prepararon minas y fosos, con frenética energía.

¿Pueden imaginarse aquellas baterías de Esher que vigilaban ansiosas en el crepúsculo? Ni uno solo de los hombres que las servían volvió. Podemos suponer la escena: los oficiales atentos, las piezas prontas, las municiones apiladas al alcance de la mano y los grupos de civiles en el punto más cercano que les permitieron, todo teniendo como marco la plácida noche. Más allá, las ambulancias con los heridos que sufrieron quemaduras en Weybridge. Después la seca detonación del arma marciana y el proyectil surcando el aire por sobre árboles y casas, antes de estallar en los campos aledaños.

Podemos también imaginar el repentino redoble de atención, las espesas volutas de tiniebla tóxica moviéndose a ras del suelo como si la oscuridad del crepúsculo se corporizara en la siniestra nube que envolvía a sus víctimas; a hombres y caballos huyendo entre gritos y relinchos desesperados y al fin cayendo alcanzados por el humo negro.

Los gritos de terror; los cañones abandonados en la fuga frenética, los hombres que en su agonía se retorcían con desesperación. Y luego..., ¡noche y muerte!, la densa e impenetrable oscuridad, nada más que una masa silenciosa de gas que oculta los muertos.

Antes de la llegada del amanecer, el gas se derramó por las calles de Richmond, y en un último esfuerzo, el gobierno en pleno desbande advirtió a los habitantes de Londres que era necesario escapar de la capital.

16
El éxodo de los londinenses

De tal manera se explica el terror que, como una ola incontenible, pasó por la más grande ciudad europea, enloqueciéndola, al amanecer del lunes. Enormes grupos de personas huyendo presa del terror se incrementaban sin interrupción hasta concurrir en salvaje tumulto hacia las grandes estaciones ferroviarias. O en las orillas del Támesis, luchando salvajemente por hallar sitio en los barcos. O avanzando por los caminos, hacia el Norte y el Este.

A las diez de la mañana, la policía estaba desbordada y sus cuadros en total desorden. Hacia el mediodía, la administración de las líneas ferroviarias en completo trastorno perdió toda capacidad y eficacia. La compleja organización en que se sustentaba entraba en caos al derrumbarse el aparato gubernamental.

Las líneas al Norte del Támesis y la red sudeste albergaban una multitud pujando desesperadamente por encontrar un sitio como fuera en los vagones. A las tres, un gran grupo de gente fue pisoteada y aplastada en la estación de Bishopsgate. A metros de las estaciones de la calle Liverpool hubo un tiroteo, y la gente caía, cuando los policías enviados para mantener el orden, abrumados y fuera de sí por la fatiga y la inutilidad de sus esfuerzos, comenzaron a dar golpes a quienes debían proteger.

Pasaban las horas, los maquinistas y fogoneros se negaron a regresar los trenes a Londres. El empuje de la muchedumbre empavorecida arrastró a todos, en tropel cada vez más numeroso, lejos de las estaciones y a lo largo de las carreteras que iban hacia el Norte.

A mediodía se detectó la presencia de una máquina marciana en Barnes. Una nube de vapor negro que se esparcía lentamente, seguía el curso del Támesis e invadía las praderas de Lambeth cerrando toda posibilidad de retirada a través de los puentes. Otra cayó sobre Ealing y un grupo de fugitivos quedó cercado en Castle Hill, a salvo del gas, pero interrumpida su fuga.

Tras una lucha inútil para lograr espacio en Chalk Farm, en uno de los trenes que iban hacia el Noroeste —era tan grande la multitud, que para que las locomotoras pudieran abastecerse de carbón en los depósitos, fue necesario una docena de hombres robustos para impedir que la multitud aplastara al maquinista contra las calderas—, mi hermano salió por el camino de Chalk Farm, avanzando por entre un gran número de vehículos que se agolpaban en esa vía, con la fortuna de hallarse en la primera fila cuando se iniciaba el saqueo de una tienda de bicicletas. La llanta delantera de la máquina que pudo arrebatar se desgarró al atravesar los cristales rotos pero logró huir sin más daño que unos pocos rasguños en su mano.

Impedido de subir por la cuesta de Haverstok Hill, atravesada por vehículos volcados, se internó en camino a Belsize. Así logró apartarse del caos general, y bordeando el camino de Edgware llegó hacia las siete a esta población, fatigado y hambriento, pero con buena ventaja sobre la muchedumbre en marcha.

A todo lo largo del camino, la gente curiosa y asombrada salía a la puerta de sus casas. Varios ciclistas, algunos jinetes y dos automóviles se adelantaron a él.

A unos kilómetros de Edgware, una de las ruedas se dañó, quedando inutilizada la máquina. La abandonó en una cuneta avanzando a pie hasta el pueblo.

En la calle principal las tiendas estaban entreabiertas y la gente se reunía en las calles, en puertas o ventanas, observando llenos de asombro la llegada de la larga procesión de fugitivos. Mi hermano consiguió alimentos en una hostería.

Permaneció en el pueblo algún tiempo, sin saber qué decisión tomar. El número de fugitivos crecía pareciendo dispuestos, como él, a quedarse allí. Se carecía de noticias recientes acerca de los invasores.

El camino estaba totalmente ocupado, aunque no obstruido. La mayoría de los fugitivos eran ciclistas; mas, rato después, pasaron a toda velocidad automóviles, *cabs* y coches de todo tipo. El polvo flotaba en espesas nubes a lo largo del camino a St. Albans.

Quizá con la inconsciente intención de dirigirse a Chelmsford, donde residían unos amigos, mi hermano se internó en una calmo caminito en dirección al Este. Pronto alcanzó una barrera y tras franquearla, tomó por una senda que torcía al noroeste. Por allí casi no había fugitivos, y en un camino transversal, cercano a High Barnet, se encontró con dos mujeres en peligro que, desde entonces, serían compañeras de viaje.

Alertado por los gritos que proferían estas mujeres aceleró la marcha. En un recodo del camino, dos hombres querían arrebatarle su carricoche, mientras un tercero sujetaba con esfuerzo al asustado caballo. Una de ellas, pequeña y vestida de blanco, no hacía más que gritar, en tanto la otra, esbelta y de piel morena, azotaba con el látigo a quien intentaba asirla por su brazo.

Mi hermano, respondiendo a los pedidos de socorro, se lanzó a la lucha. Uno de los hombres lo enfrentó y mi hermano entendió, por la expresión de su adversario, que la lucha era inevitable y, experto boxeador como es, lo tumbó junto a la rueda del coche.

Enseguida le aplicó un tremendo puntapié. Tomó por el cuello al que sujetaba el brazo de la joven. Entonces oyó ruido de cascos y un latigazo le castigó el rostro, mientras el hombre a quien aferraba escapaba de sus manos, huyendo apresuradamente por el camino.

Aturdido, se encontró nuevamente ante quien sujetaba el caballo viendo que el coche se alejaba bamboleándose con violencia con las dos mujeres volviendo su rostro atrás.

Su adversario, hombre robusto, amagó un golpe, pero él lo detuvo con un puñetazo que dio de lleno en su rostro. Viendo que quedaba solo lo esquivó y corrió tras el coche, mi hermano lo siguió, en tanto que el que había huido volvió alentado por la fuga de mi hermano.

Algo más adelante éste resbaló y cayó; el que lo seguía se fue de bruces encima de él. Al levantarse, tuvo de nuevo frente a sí a los asaltantes.

No hubiera podido vencerlos si la valerosa mujer no acude en su ayuda. Portando un revólver, que tenía debajo del asiento abrió fuego desde unos metros de distancia y casi le da a mi hermano. Uno de los asaltantes se largó a correr y su compañero lo siguió, insultándolo por su cobardía. Ambos se detuvieron en el sitio en que había quedado el tercer sujeto.

—¡Tome esto! —dijo la joven, entregándole el revólver.

—Vuelva al coche —le sugirió él, enjugando la sangre que manaba de su labio herido.

Sin agregar una palabra —ambos jadeaban—, retornaron al sitio en el que la mujer vestida de blanco intentaba apaciguar al caballo. Los ladrones, derrotados, se alejaron.

—Me sentaré aquí, si lo permiten —dijo mi hermano instalándose en el asiento delantero.

La joven lo miraba de reojo.

—Deme las riendas —dijo—, golpeando con el látigo las ancas del caballo. Un momento más tarde, una curva del camino los ocultó de la vista de los asaltantes.

Así, de manera totalmente inesperada, mi hermano se encontró exhausto, su boca sangrando, una mejilla magullada y los nudillos lastimados, acompañado por aquellas mujeres, sobre un vehículo con rumbo desconocido.

Supo que una de ellas era esposa y la otra hermana menor de un médico de Stanmore, quien, de regreso en la madrugada de casa de un enfermo, fue informado de la invasión marciana en una estación del camino. Volvió a su casa a toda prisa y despertó a las dos mujeres. Luego empaquetaron algunas provisiones y colocaron bajo el asiento del coche el revólver —por suerte para mi hermano—, diciéndoles que fueran hasta Edgware para abordar algún tren. Permaneciendo él en el lugar para alertar a los vecinos, prometió alcanzarlas, según dijo, a las cuatro y media de la mañana, pero eran las nueve y aún no había aparecido y como la creciente afluencia de fugitivos les impedía permanecer en la aldea se habían internado en ese camino lateral.

Tal el relato que le hicieron a mi hermano de manera entrecortada hasta detenerse otra vez en los alrededores de New Barnet. Una vez allí se comprometió a permanecer con ellas hasta que decidieran que harían o, hasta el arribo del médico, y para inspirarles confianza les aseguró ser un excelente tirador cuando nunca había disparado un revólver.

Hicieron campamento al lado del camino permitiendo que el caballo comiera pasto a sus anchas. Mi hermano contó detalles de su huída de Londres y todo cuanto sabía sobre los marcianos y sus actividades. El Sol ascendía en el cielo; cuando cesó la conversación el malestar les invadió dominando su pensamiento los presentimientos más sombríos.

Pasaron viajeros, de los que mi hermano recabó cuantas noticias pudo. Las frases entrecortadas con que respondían incrementaron su impresión de que un gran desastre se había abatido sobre la especie humana, persuadiéndolo de la necesidad de emprender la fuga sin demora remarcando esto ante sus compañeras para que comprendieran la urgencia de hacerlo.

—Tenemos dinero —comentó la joven, y se detuvo vacilante. Al cruzar la mirada con mi hermano, la vacilación desapareció.

—Yo también lo tengo —agrego él.

Ellas dijeron poseer treinta libras esterlinas de oro, además de un cheque de cinco mil libras, asegurando que de tal manera podrían abordar un tren en St. Albans o en New Barnet. Mi hermano les dijo que tal vez no les fuese posible hacerlo ya que los londinenses habían asaltado los trenes y las invitó a tomar hasta Harwich atravesando el condado de Essex, para salir del país.

La señora Elphinstone —ese era el nombre de la mujer que vestía de blanco— se resistió a ellos obstinada en aguardar allí la llegada de su esposo; su cuñada, más calma y reflexiva, aprobó el plan de mi hermano con lo que se dirigieron hacia Barnet para intentar atravesar la gran carretera del Norte, con mi hermano caminando junto al caballo, para evitar se fatigara.

Con el paso de las horas, el calor se volvió intolerable; la espesa y blanquecina arena quemaba los pies y confundía la visión de modo que avanzaron con enorme lentitud. Los setos estaban cubiertos de polvo, y al acercarse a Barnet oyeron un murmullo cada vez más claro.

Empezaron a encontrar más fugitivos en su camino. Casi todos ellos marchaban con la mirada fija, murmurando palabras confusas, agotados por la fatiga, sus vestiduras sucias y destrozadas. Un hombre en traje de etiqueta pasó junto a ellos, a pie, hablaba solo y al volver la cabeza lo vieron, agitados sus cabellos, la mano crispada amenazando enemigos invisibles con su brazo en alto. Calmado el acceso de ira, siguió su camino sin levantar su cabeza, ni mirar atrás.

Al llegar al cruce, hacia el Sur de Barnet, vieron acercarse, a través de los campos, a una mujer con un niño en brazos y otros dos tomados de sus faldas. Luego un hombre con vestimentas negras y sucias, con un bastón en una mano y en la otra una valija. En el sitio en que el camino se une con la carretera, apareció un cochecito tirado por un sudoroso caballo negro, conducido por un joven de mirada hosca con su sombrero hongo cubierto de polvo. Junto a él, viajaban apretujadas en el vehículo, tres jovencitas, probablemente obreras y una pareja de niños.

—¿Es este el camino a Edgware? —preguntó el conductor, que estaba muy pálido.

Cuando mi hermano le indicó doblar a la izquierda, castigó al caballo forzándolo a reanudar el trote sin agradecer la información.

Mi hermano percibió en ese momento una humareda o niebla gris pálida entre las casas, delante de ellos. La señora Elphinstone gritó cuando vio las llamaradas que se movían por sobre las casas, contra el cielo. El rumor se confundía en una confusa mezcla de voces, crujir de ruedas, chirridos de carromatos y piafar de caballos. El camino torcía bruscamente a cincuenta metros del cruce.

—¡Dios mío! —dijo la señora Elphinstone—, ¿dónde nos lleva usted?

Mi hermano se detuvo.

La gran carretera era una marejada de seres humanos lanzados hacia el Norte en apretada fila. Una densa y luminosa nube de polvo bajo los rayos solares, cubría las cosas con un velo gris y confuso. La nube se renovaba por el andar de la enorme masa de caballos, hombres, mujeres, y el rodar de vehículos de todo tipo.

Innumerables voces exigían:

—¡Avancen! ¡Avancen! —gritaban las voces—. ¡Abran paso!

Intentando llegar al sitio en que camino y carretera se cruzan, los envolvía el humo acre de un incendio, la muchedumbre emitía un grito unánime y el polvo era sofocante y ardiente. Una casa de campo ardía a poca distancia, lanzando al camino columnas de Humo Negro.

Pasaron dos hombres, luego una pobre mujer sollozando que cargaba un pesado bulto; un perrito extraviado daba vueltas alrededor del coche, alerta, la lengua fuera de la boca, huyó, lastimero, ante un gesto amenazador de mi hermano.

Lo que se podía ver, en dirección a Londres, era a la gente que se apretujaba contra las paredes de las casas al costado del camino con un vaivén frenético. Las cabezas, negras, las formas indefinibles se veían más claras cuando pasaban ante el muro del frente en apurado desfile; para perder su individualidad al alejarse la multitud, desvaneciéndose en medio de la nube de polvo.

—¡Avancen! ¡Avancen! —exigían las voces—. ¡Hagan sitio! ¡Paso! Las manos de unos sobre las espaldas de los que los precedían.

Mi hermano se quedó parado junto al caballo; luego de manera irresistible avanzó paso a paso por el camino.

Edgware era pura confusión y caos. Chalk Farm un tumulto indescriptible, era la desbandada precipitada de todo un pueblo. Es difícil hacerse una idea de la revuelta. Las personas pasaban sin interrupción y se alejaban volviendo la espalda al grupo en medio del camino. En las orillas se atropellaban los peatones acosados por los vehículos, empujándose y yendo a dar a las cunetas.

Los carros y coches se apretujaban estorbándose, dejando poco espacio para los impacientase que aprovechaban el menor espacio para lanzarse hacia delante, obligando a los peatones a apretarse contra bardas y alambradas.

— ¡Adelante! ¡Adelante! —era el clamor repetido—. ¡Adelante! ¡Que se acercan!

En uno de los coches viajaba un ciego con el uniforme del Ejército de Salvación, gesticulando con sus manos y gritando: ¡Eternidad! ¡Eternidad! La voz era ronca y poderosa, de modo que se oyó durante largo tiempo, aún después de perderse en la nube de polvo. Muchos de los ocupantes de los vehículos hostigaban a los caballos al tiempo que reñían con los cocheros vecinos. Algunos permanecían inmóviles, las miradas fijas y el aspecto mísero; otros, torturados por la sed, mordían sus puños o yacían en el fondo de sus carruajes agobiados por la situación. Los caballos tenían sus ojos inyectados en sangre y de los frenos manaba espuma.

Había numerosos coches de plaza, carros, camiones, un carruaje de correos, un colector de basura, un enorme carro para fardos atestado de personas. Un carromato cervecero pasó con sus dos ruedas salpicadas de sangre haciendo un tremendo ruido.

— ¡Avancen! ¡Dejen espacio! —exigían las voces con impaciencia.

— ¡Eternidad! ¡Eternidad! —repetía la voz del ciego.

Las mujeres, triste y huraño el rostro, circulaban entre la multitud con sus niños dando gritos. Algunas bien vestidas, cubiertos de polvo los bellos vestidos, sus lágrimas surcando el rostro con fuertes marcas de agotamiento. Junto a ellas, había grupos de hombres, algunos intentando socorrerlas, amenazadores y adustos, otros. A sus lados avanzaban algunos vagabundos con signos de agotamiento vestidos con jirones y harapos, insolente la mirada y su palabra procaz, emitiendo insultos y groserías. Vigorosos obreros se abrían paso a empujones. Algunos hombres desaliñados, que al parecer eran empleados de comercio, un soldado herido, hombres con uniforme ferroviario y una pobre mujer cubierta tan sólo de un mantón sobre su camisa de dormir... ¡Todo esto vio mi hermano pasar!

No obstante la diversa composición, la multitud tenía rasgos comunes: el dolor y la consternación en su rostro. El espanto que los dominaba. El tumulto tras una riña entre gente que intentaba trepar a un carruaje les hizo apurar el paso a los que marchaban, y un hombre, tan grande era su temor y tan quebrado estaba que sus rodillas no le respondían, sintió renovadas sus energías. El calor y el polvo agobiaban a la multitud. Todos tenían la piel reseca, agrietados los labios, magullados los pies, la sed y el cansancio los torturaba. Entre los gritos se escuchaban disputas, reproches, gemidos. Las voces eran roncas y tenues. Por sobre esto no cesaba el canto monótono de:

—¡Avancen! ¡Sitio! ¡Llegan los marcianos!

Ningún fugitivo se detenía o apartaba, sin embargo, de la marejada. El camino desembocaba oblicuamente en la gran carretera por un estrecho paso, con la apariencia ilusoria de venir en dirección de Londres. En la confluencia se empujaba la ola de los más débiles que expulsados de la corriente humana se detenían un momento para tomar un respiro antes de pujar por ingresar. A cierta distancia, un hombre estaba tendido en el suelo, su pierna envuelta en trapos sanguinolentos, mientras dos compañeros se inclinaban sobre él para prestarle ayuda. Al menos el hombre contaba con el consuelo de tener amigos solidarios.

Un viejecito, de bigote gris vestido con levita negra, grasienta, se acercó rengueando y tras sentarse, se sacó la bota y la media ensangrentados, y después de quitar el guijarro que lo dañara seguía su marcha dando saltos cortos; luego, una niñita sola, se dejó caer llorando en el camino, junto a mi hermano.

—¡Ya no puedo caminar! ¡Ya no puedo caminar!

Mi hermano tomándola en brazos le habló tiernamente y la llevó donde estaba la señora Elphinstone. Apenas se acercó, la niña calló, como si esto la hubiera aterrado.

—¡Ellen! —de entre la muchedumbre surgió una voz llorosa de mujer—. ¡Ellen! —Y la niña fue a sus brazos precipitadamente con otro grito—: ¡Mamá!

—¡Ya vienen! —decía la gente con angustia que iba en aumento.

—¡Cuidado, ahí! —gritaba un cochero en el momento que un coche cerrado se internaba en el estrecho camino. La gente se apartaba a empujones para librarse del caballo. Mi hermano hizo retroceder al caballo hasta el seto y el coche pasó, deteniéndose un poco más lejos del recodo. Era un carruaje particular, con vara para dos caballos pero sólo llevaba enganchado uno.

Mi hermano vio a través del polvo suspendido en el aire unos hombres portando una camilla blanca a la que depositaban suavemente bajo la sombra del seto.

Uno de ellos volvió a la carrera.

—¿Hay agua aquí? —preguntó ansioso—. Es Lord Garrick. Necesita beber. Agoniza.

—¡Lord Garrick! —dijo mi hermano—. ¿El Presidente de la Corte?

—¿Dónde hay agua? —repitió el otro.

—Quizás haya en alguna de esas casas —dijo mi hermano—, nosotros no tenemos y no me atrevo a dejar abandonada a mi gente.

El hombre trató de abrirse paso a través de la multitud para alcanzar la casa más cercana.

—¡Avancen! —decían los fugitivos, rechazándolo—. ¡Vienen los marcianos! ¡Avancen!

En ese momento mi hermano vio un hombre barbudo y con rasgos de ave de rapiña protegiendo un saquito que se desgarró, en el momento en que lo observaba, cayendo de él un puñado de libras esterlinas. Las monedas rodaron escurriéndose a los pies de hombres y caballos. El anciano observó con mirada idiota el oro desparramado, hasta que la vara de un *cab* lo golpeó en su hombro, derribándolo lo que le hizo lanzar un grito cuando la rueda de un camión rozó su cráneo.

—¡Adelante! —gritaban todos a su alrededor—. ¡Dejen espacio!

No bien se alejó el coche, se arrojó sobre las monedas, recogiéndolas a puñados para echarlas en los bolsillos. Al intentar erguirse, un caballo se encabritó, derribándole.

—¡Deténganse! —exclamó mi hermano, apartando a una mujer mientas intentaba aferrar las riendas. En el intento sonó un grito bajo el coche y la rueda pasó por sobre el cuerpo del pobre hombre de barba. El cochero castigó con su látigo a mi hermano que se lanzó hacia él.

El griterío era ensordecedor. El hombre se movía sobre el oro desparramado entre el polvo, imposibilitado de erguirse. La rueda le había roto la espina dorsal y sus piernas estaban inertes y sin respuesta. Mi hermano se acercó para ordenar apartarse al cochero que venía detrás. Un hombre montado en un caballo negro se acercó a prestar ayudar.

—Apártelo del camino... —dijo el jinete.

Mi hermano quiso arrastrar el herido hasta el borde del camino, tomándolo de su cuello pero, el obstinado viejo no quería dejar su oro y lanzaba miradas enardecidas a su salvador apartando su brazo con el puño cargado de monedas.

—¡Paso! ¡Paso! —gritaba un coro de voces furiosas—. ¡Llegan los marcianos!

Entonces se oyó un crujido; la vara de un carruaje chocó contra el coche que mantenía sujeto el jinete. Mi hermano vio que el hombre con las monedas de oro, torcía con violento movimiento su cuello y mordía el puño que lo sostenía.

Después hubo otro choque: el caballo del jinete cayó a un lado junto al del coche. Los cascos rozaron el pie de mi hermano. Entonces dejó al herido y dio un salto atrás. La cólera se volvió terror en el rostro del infortunado hombre que yacía en el suelo. Mi hermano dejó de verlo empujado por la turba hasta más allá del inicio del camino, debiendo luchar con toda su fuerza para volver a su sitio.

La señora Elphinstone cubría los ojos con sus manos. Un niño miraba, sus ojos dilatados, un objeto polvoriento, negruzco e inmóvil, destrozado bajo las ruedas.

—¡Vámonos de aquí! —exclamó—. ¡No podemos atravesar este infierno!

Se alejaron entonces, unos cientos de metros en la dirección en que habían venido. El moribundo Lord, pálido, el rostro bañado en sudor, yacía en un foso a la orilla del camino. Las mujeres silenciosas, acurrucadas en el asiento y temblorosas. Poco después mi hermano se detuvo. La señora Elphinstone lucía pálida y su cuñada lloraba desconsoladamente. Mi hermano se sentía espantado y perplejo. No bien iniciada la retirada comprendió que urgía atravesar el torrente de fugitivos. Entonces se volvió hacia la señora Elphinstone para decirle:

—Es necesario pasar por ahí—. Y volvió con el caballo sobre los pasos dados.

Por una vez más en ese día la joven dio prueba de su entereza. Para abrirse camino mi hermano se mezcló con la muchedumbre, deteniendo el caballo de un *cab* que impedía el paso, mientras ella conducía. Un carromato que pasaba los enganchó, arrancando una tabla del coche.

La corriente los atrapó, lanzándolos hacia delante; mi hermano, con el rostro y las manos enrojecidas por las marcas de latigazos que le asestara el cochero; saltó junto la joven y tomó las riendas.

—Apunte con el revólver al cochero que nos sigue; si nos empuja demasiado. ¡No..., mejor apunte al caballo! —le ordenó dándole el arma aguardando la oportunidad de acercarse al costado derecho del camino. Pero dentro del tremendo tumulto pareció perder toda voluntad y formó parte de esa caravana interminable.

Llevados por la marea de fugitivos, atravesaron Chipping Barnet, llegando un kilómetro fuera del pueblo, antes de lograr abrirse paso hasta el lado opuesto del camino en medio de un estrépito y confusión inenarrables. Pero ya en el pueblo y fuera de él la carretera estaba surcada por múltiples bifurcaciones, lo que contribuyó a menguar la presión de la muchedumbre.

Fueron hacia el Este, por un camino a través de Hadley. A ambos lados, y en distintos sitios a lo largo del camino había una multitud bebiendo en el arroyo, algunas personas se trababan en lucha para llegar hasta el agua.

Desde lo alto de una colina cercana a East Barnet, observaron dos trenes que avanzaban a marcha lenta uno detrás del otro, sin señales, yendo hacia el Norte, tan atestados de gente que las había trepadas en las carboneras.

Mi hermano supuso que venían de las afueras de Londres, ya que a esas horas el desenfrenado terror de la muchedumbre que se apretujaba en las estaciones terminales del ferrocarril las habría inutilizado.

Hicieron alto cerca de allí durante el resto de la tarde pues las emociones de la jornada los habían dejado exhaustos. Sentían hambre y aunque a la tarde refrescó nadie se atrevió a dormir.

Al anochecer cerca del lugar en que descansaban, vieron pasar gran número de personas huyendo de peligros desconocidos. Lo hacían en la dirección de donde había venido mi hermano.

17
La valentía del "Hijo del Trueno"

Si los marcianos hubieran pensado sólo en destruir, desde el lunes estuvieron en condiciones de aniquilar a la población entera de Londres en el momento que ésta huía lentamente hacia los condados vecinos. Enloquecidas muchedumbres se precipitaban en desorden no sólo por el camino de Barnet, sino por Edgware y Waltham Abbey y a lo largo de los que iban al Este, hacia Southend y Shoeburyness y por el Sur del Támesis, hacia Deal y Broadstairs.

Si aquella mañana de junio alguien hubiera sobrevolado Londres, en globo, habría visto los caminos surcados por multitudes de desesperados fugitivos, presas del terror y el cansancio extremos. Jamás antes en la historia humana se había movilizado ni habían sufrido tales horrores tal número de hombres.

Las hordas de hunos y godos que conformaron los ejércitos más vastos que asolaron Asia, hubieran sido una mota insignificante perdida en tamaño desborde humano. Aquello no era sino una fuga demencial aterradora y terrible, sin orden ni objetivo racional; una masa desconsolada y sin guía de seis millones de seres indefensos y sin alimentos que echó a andar como una gigantesca procesión de dementes. Era el principio del fin de la civilización, el aniquilamiento de la especie humana.

Nuestro imaginario navegante hubiera visto la inmensa, interminable red de calles; las iglesias, escuelas, plazas, jardines —todos ellos vacías de gente, abandonados—. Como un mapa gigantesco toda la zona Sur era una mancha negra. Era como si en ese mapa, una pluma descomunal hubiera dejado caer una tremenda gota de tinta. Incesante, persistente, cada mancha particular crecía, se extendía, se ramificaba en todas direcciones, estrechándose a veces entre elevaciones del terreno o descendía rápidamente por la pendiente de algún valle, a la manera que una mancha de tinta se extiende absorbida por el papel secante.

Tras los montes que se elevan al Sur del río, las relucientes máquinas marcianas circulaban por todos lados, lanzando pausada y sistemáticamente sus nubes tóxicas sobre esa zona del país, barriéndolas después con chorros de vapor una vez cumplida su misión. Su objetivo, ya lo dijimos, no era la destrucción sino la de lograr la total desmoralización que volviera imposible toda resistencia.

Volaron cuanto polvorín hallaron en su camino, cortaron líneas telegráficas y en muchos lugares destruyeron vías férreas como si su intención fuera cortar músculos y tendones de la maquinaria humana. No parecían apresurados por ampliar el campo de sus operaciones y durante ese día no se los vio en la parte central de Londres.

Es posible que muchos habitantes de Londres murieran en sus casas asfixiados por las emanaciones del Humo Negro.

Hacia el mediodía, el puerto de Londres presentaba un espectáculo dantesco. Vaporcitos y embarcaciones de todo tipo mantuvieron alta la presión de sus calderas mientras los fugitivos ofrecían ingentes sumas de dinero. Se dijo que muchos de los que intentaban llegar nadando a las embarcaciones fueron golpeados con los remos muriendo ahogados.

Hacia la una, los restos de una nube de gas negro cruzó entre los arcos del puente de Blackfriards. Eso convirtió el Puerto en el teatro de una enloquecida confusión, choques y encarnizadas batallas. Por un momento un número incalculable de botes y barcas se apretujaron contra un arco del puente de la Torre, mientras los marineros se defendían de los que les asaltaban, cuando muchos llegaron a descender a lo largo de los pilares de los puentes.

Una hora más tarde se vio un marciano detrás de la Torre del Reloj desapareciendo casi enseguida. Por entonces sólo flotaban restos de embarcaciones cerca de Limehouse.

Más tarde hablaré de la caída del quinto cilindro. El sexto cayó sobre Wimbledon, mi hermano, que velaba cerca de las mujeres que dormían, pudo ver la lejana estela verde por sobre las colinas.

El martes siguieron su marcha por el campo en dirección a Colchester, decididos a embarcarse. Para entonces se había confirmado la noticia que los marcianos se adueñaron de Londres y se les había visto en Highgate y, según numerosas versiones en Neasdon. Mi hermano sólo los avistó el día siguiente por la mañana.

Ese día, las multitudes sintieron la necesidad de alimentos. A medida que el hambre crecía, se respetaba en menor medida el derecho de propiedad. Los granjeros defendían con armas sus cosechas, establos y graneros. Mucha gente, al igual que mi hermano, convergía hacia el Este y había algunos desesperados que volvieron a Londres buscando alimentos. Sobre todo, pobladores de pueblitos vecinos del Norte, que sólo habían oído vaguedades acerca de los efectos del Humo Negro. Mi hermano averiguó que la mitad de los miembros del gobierno se reunieron en Birmingham y que se había hecho acopio de grandes cantidades de explosivos para tender un cordón de minas automáticas en los condados del centro.

También supo que la compañía ferroviaria Midland Railway había logrado reemplazantes para suplir a quienes huyeron en el primer día de pánico y que desde St. Albans hacia el Norte corrían los trenes, cooperando a la descongestión de quienes habían huido de Londres. En Chipping Ongar se colocó un aviso anunciando que el contenido de enormes almacenes y depósitos de harina en las ciudades del Norte se distribuiría entre los hambrientos. Pero ni esta noticia lo convenció de abandonar el plan de salvación que habían trazado, los tres prosiguieron, durante todo el día, su marcha hacia el Este. La distribución de pan quedó en promesa y esto le sucedió a todos los necesitados.

Aquella noche impactó la séptima estrella sobre Primrose Hill. La señorita Elphinstone permanecía despierta pues se turnaban con mi hermano en la vigilia, y fue ella quien observó el fenómeno.

El miércoles, los tres fugitivos, después de pasar la noche en un campo de trigo todavía verde, llegaron a Chelmsford. Allí, un grupo de habitantes que se llamaba a sí mismo "Comité de Abastecimiento Público" confiscó el caballo, como provisión, sin dar nada en cambio, salvo la exigua promesa de un mendrugo al día siguiente. Corría el rumor que los marcianos llegaron hasta Epping y se hablaba de la destrucción de los polvorines de Waltham Abbey tras vanas tentativas de volar a los invasores.

En las torres de las iglesias había vigías que vigilaban la llegada de los marcianos. Mi hermano eligió proseguir hacia la costa inmediatamente, antes que aguardar la improbable llegada de alimentos a pesar que el hambre los atormentaba. Así, hacia el mediodía atravesaron Tillingham, que de no ser por algunos furtivos saqueadores, estaba desierto y silencioso. Más allá de Tillingham hallaron una salida al mar y una sorprendente multitud de embarcaciones de todo tipo.

Esto se debía a que, imposibilitados de ascender por el Támesis, los buques se dirigieron hacia la costa del condado de Essex, a Harwich, Walton, Clacton y luego a Foulness y Shoebury para embarcar a la gente. Todos los buques se disponían en un gran semicírculo cuyos extremos se acercaban perdiéndose en la neblina en dirección al Naze.

Cercano a la orilla pululaba un grupo de buques pesqueros de todos los países: ingleses, escoceses, franceses, holandeses, suecos; lanchas de vapor del Támesis, yates, buques de motor eléctrico, buques de mayor tonelaje; carboneros; bonitos navíos mercantes, transportes de ganado, de petróleo, buques de pasajeros, cargueros, trasatlánticos de las líneas de Southampton y Hamburgo y, a todo lo largo de la costa, del otro extremo del canal de Blackwater, mi hermano vio gran número de embarcaciones que se extendía casi hasta Maldon regateando con la gente en la playa.

Unas dos millas mar adentro estaba un barco de guerra. Era el acorazado "Hijo del Trueno", único navío de guerra visible. Pero en la vasta superficie del mar una tortuosa nube de humo negruzco señalaba la presencia lejana de otros navíos de la escuadra del Canal de la Mancha, listos para entrar en acción con sus máquinas a toda presión, cubriendo el estuario del Támesis. Habían estado allí, alertas e impotentes, durante el victorioso accionar marciano.

La señora Elphinstone, ante la vista del mar, se desesperó. Nunca había salido de Inglaterra y sostenía preferir la muerte antes que vivir sola y sin amigos en tierra extranjera, y tonterías parecidas. La pobre mujer imaginaba, con seguridad que franceses y marcianos eran semejantes. Durante el viaje de los dos últimos días la pobre mujer se veía cada vez más nerviosa y deprimida, dominada por la idea obsesiva de volver a Stanmore, donde suponía que habría de encontrar a su esposo George...

Con grandes esfuerzos la convencieron que bajara a la playa, donde mi hermano, trabajosamente, pudo llamar la atención de un vaporcito que salía del Támesis. Desde allí le enviaron un bote que los trasladó a bordo con el desembolso de treinta y seis libras esterlinas en total. El vaporcito ponía proa a Ostende.

Hacia las dos mi hermano, después de pagar su pasaje, se ubicó en el puente de mando del vapor, sano y salvo, con las mujeres que las circunstancias le habían confiado en custodia. A bordo había alimentos a precios exorbitantes por lo que comieron ubicados en un banco de proa.

La nave transportaba unos cuarenta pasajeros. Muchos de ellos emplearon sus últimos peniques en comprar los pasajes, pero el capitán se mantuvo hasta las cinco de la tarde en el canal de Blackwater embarcando tal cantidad de pasajeros que el puente se ocupó al punto que resultaba dificultoso moverse por allí. Y habría aguardado más tiempo aún de no haberse oído el estruendo de un cañoneo en dirección al Sur. Como respondiendo, el acorazado disparó un cañonazo e izó una serie de pabellones y señales con sus chimeneas vomitando espesas nubes de humo.

Algunos pasajeros opinaban que el cañoneo procedía del lado de Shoeburyness siendo notorio que las detonaciones sonaban cada vez más cerca. Hacia el lejano Sudeste se veían los mástiles de tres acorazados a la deriva sobre la línea del horizonte cubiertos por oscuras nubes de humo.

La atención de mi hermano se dirigía al cañoneo lejano cuyos ecos venían del Sur y creyó ver una columna de humo ascendiendo entre la niebla. El vapor se dirigía a toda velocidad hacia el Este del grupo de embarcaciones que se esfumaba entre la bruma de las costas bajas de Essex, cuando apareció, pequeña en la distancia, una máquina marciana que avanzaba por la costa y que parecía venir de Foulness.

Al verlo, el capitán, dominado por el miedo y la cólera, maldijo en voz alta por haberse demorado, y hasta el buque pareció contagiado de ese terror.

Todos a bordo, sobre cubierta o en las bordas, observaban la forma lejana, de mayor altura que árboles y campanarios, avanzando con entera libertad y como imitando el paso de los terráqueos.

Por primera vez mi hermano estaba viendo un marciano. Con más asombro que miedo siguió la trayectoria del titán que se lanzó en persecución de las embarcaciones hundiéndose más y más en las aguas a medida que aquellas se alejaban de la costa a todo vapor.

Más allá del canal de Crouch, apareció otro de ellos dando grandes zancadas, y luego un tercero. Los tres avanzaban hacia el mar como si su intención fuera cortar la retirada a las embarcaciones que huían por entre Foulness y el Naze.

No obstante su esfuerzo y de que sus maquinarias funcionaban al máximo, el vaporcito de ruedas se desplazaba con exasperante lentitud ante la persecución de las máquinas marcianas.

Hacia el noroeste, mi hermano vio como la masa de navíos y embarcaciones emprendían la huida. Un buque pasó detrás de una barca y otro viró poniendo proa hacia alta mar. Los vapores de alto porte tocaban sus sirenas lanzando nubes de humo; los veleros disponían sus velas y los botecitos de vapor pasaban por entre los grandes buques.

Fascinado en la contemplación de aquel espectáculo y el peligro que venía desde la izquierda, no vio lo que ocurría en alta mar. Un viraje brusco que hizo el vapor, ante el paso de una embarcación, lo arrojó del banco en que estaba parado. Todo era gritos a su alrededor. El vapor hizo otro brusco movimiento y volvió a caer, debiendo apoyarse sobre sus manos.

A estribor, a menos de cien metros del buque que se balanceaba violentamente en las aguas, una hoja de acero, como reja de arado, hendía las aguas lanzando olas de espuma sobre el vaporcito y levan tándolo, tanto que por momentos sus ruedas giraban en el aire.

Mi hermano quedó cegado por una lluvia de espuma. Al abrir los ojos, el monstruo había pasado, avanzando a gran velocidad hacia tierra. Enormes torres de acero se levantaban sobre su estructura. Dos chimeneas lanzaban al aire su soplo de humo y de fuego. El "Hijo del Trueno" se lanzaba a toda máquina en auxilio de los buques amenazados.

Aferrado a la borda para mantener el equilibrio en medio del balanceo, mi hermano vio a los marcianos tan dentro en las aguas que su triple soporte estaba sumergido totalmente. Empequeñecidos y vistos en perspectiva, se los veía menos temibles que el acorazado en cuyas olas se movía penosamente el vaporcito.

Los marcianos parecían observar asombrados su nuevo antagonista. Quizá el "Hijo del Trueno" era visto por ellos como monstruo de su talla. Con sus cañones en silencio, el acorazado avanzó a todo vapor sobre ellos y seguramente, fue por esta actitud temeraria que pudo hallarse tan próximo al enemigo. Los marcianos parecían no tener claro qué hacer. Hubiera bastado un tiro de cañón para que el Rayo Ardiente enviara al fondo del mar al acorazado.

La nave avanzó a tal velocidad que en poco tiempo estuvo en mitad del camino entre el vaporcito y los marcianos, oscura masa que se empequeñecía recortada en la baja y uniforme costa de Essex.

De pronto, el marciano de la delantera arrojó un proyectil asfixiante. Apuntó hacia babor, y el obús, trazando una estela negruzca, cayó más lejos, en el mar, despidiendo un torrente de humo negro que no alcanzó al acorazado. Los que observaban la escena en el puente del vaporcito, creyeron que el acorazado había alcanzado a los marcianos, porque tenían el sol a su frente y estaban cerca de la superficie de las aguas. Vieron que los marcianos se separaban y retrocedían hacia la orilla, hasta que uno de ellos levantó el generador del Rayo apuntando en ángulo recto hacia el mar. A su contacto las olas fueron chorros de vapor hirviente. El Rayo debía pasar por las planchas acorazadas del buque de guerra como un hierro al rojo atraviesa un papel.

Un resplandor surgió a través del vapor de agua que se elevaba. El marciano vaciló como si sus bases hubieran sido tocadas y al tiempo que caía, una enorme masa de agua y vapor se proyectaba en el aire a gran altura. Los cañones del "Hijo del Trueno" dispararon a un ritmo infernal. El impacto de un proyectil lanzó agua en torrentes cerca del vaporcito, y otro cayó entre los buques que huían hacia el Norte y una lancha voló hecha astillas.

Nadie dio importancia a semejante desastre. Viendo que no caía el marciano, el capitán lanzaba aullidos entrecortados cuando un grito unánime brotó de la garganta de todos los pasajeros en la popa. Después, otra exclamación porque el bravo acorazado avanzaba lanzando fuego de sus chimeneas.

El "Hijo del Trueno" no había sido averiado definitivamente; el timón estaba indemne y sus máquinas funcionaban a pleno. Avanzaba en línea recta hacia el segundo marciano cuando lo impactó el Rayo. Tras una violenta detonación que provocó llamaradas volaron torres y chimeneas. La violencia de la explosión conmovió al marciano, cuando el noble buque, ya un despojo en llamas, arrastrado por el impulso de la enorme velocidad, le daba de lleno derribándolo como muñeco de cartón. Mi hermano lanzó un grito. No se veía otra cosa que un enorme chorro de vapor hirviente.

—¡Dos! —gritó el capitán.

Todos lanzaron exclamaciones. El mismo vaporcito parecía sacudido de un extremo a otro con una alegría frenética y comunicativa que invadió a todas las embarcaciones en ruta hacia alta mar.

Durante largo tiempo la masa del acorazado cubrió al tercer marciano y la costa.

Las ruedas del vaporcito batían las aguas con regularidad, alejándose del lugar del combate hasta que se interpuso una nube de humo negro y ya no se vio más al acorazado, ni al tercer marciano.

El vaporcito siguió su marcha, alejándose de la costa oculta por una nube opaca de niebla formada por vapor de agua y humo negro confundido en torbellinos de extrañas formas. La marea de fugitivos se dispersaba hacia el Nordeste.

Numerosas embarcaciones, a toda vela, se colaban entre los acorazados y el vaporcito. Al cabo de un rato, y antes que llegara la nube negra, los buques de guerra tomaron dirección al Norte, luego viraron hacia el Sur desapareciendo en medio de la noche que caía. Las costas eran líneas imprecisas apretadas entre las nubes bajas en torno al Sol poniente.

En medio del eco de detonaciones de artillería se dibujaban sombras negras en movimiento. Todos se acercaron a la borda para ver qué ocurría, pero era imposible hacerlo ya que las nubes negras se extendían lentamente. El barco siguió avanzando a toda máquina.

El Sol se hundió en las grisáceas nubes, el cielo tomó un color rojizo y se oscureció, cuando la estrella vespertina comenzó a titilar en la penumbra. Era noche.

El capitán lanzó un grito alzando su brazo hacia la lejanía. Mi hermano miró con interés. Sobre el horizonte, un objeto ascendía en el cielo, rápida y oblicuamente, por encima de las nubes de occidente: el objeto, chato, ancho y grande, describió una extensa curva que se fue empequeñeciendo poco a poco y se hundió suave y lentamente en el cielo, desvaneciéndose en el misterio de la noche. Al desaparecer podría decirse que llovían tinieblas.

Libro segundo

La Tierra en poder de los marcianos

1
Escondidos

Reanudaré el relato de mis aventuras donde lo abandoné, o sea, en el momento en que el vicario y yo entramos en una casa abandonada de Halliford para ocultarnos, con la esperanza de escapar del humo negro. Pasamos allí la noche del domingo y el día siguiente —el día del pánico—, separados del resto del mundo, como habitando una islita con aire puro, rodeado por un círculo de vapor asfixiante. Sólo podíamos estar en la espera en angustiosa inactividad y así fue por dos largos días.

Al pensar en mi esposa, me ganaba la ansiedad. La imaginaba sollozando en Leatherhead, rodeada del peligro y considerándome muerto. Me paseaba por la casa, sollozando de rabia ante la idea de estar separado de ella, atormentado por lo que podía ocurrirle en mi ausencia. Sabía que mi primo era un hombre valiente capaz de afrontar cualquier circunstancia adversa; pero carecía de reflejos rápidos y le faltaba decisión para actuar sobre la marcha. Y ahora no era necesario arrojo sino prudencia y reflexión.

Mi consuelo venía del hecho de saber que los marcianos avanzaban hacia Londres, dejando detrás Leatherhead. Todos esos temores excitaban mi ánimo. Me sentía fatigado e irritado por las recurrentes quejas del vicario. Su desesperación centrada en sí mismo me impacientaba. Luego de recriminarlo sin lograr efecto alguno decidí mantenerme alejado de él en una habitación con globos, bancos, mesas, cuadernos y libros; algo como un aula. Cuando quiso reunirse conmigo, subí a los altos de la casa y me encerré en la buhardilla para estar a solas con mis preocupaciones.

Durante ese día y la mañana siguiente, permanecimos cercados por el humo. El domingo por la noche percibimos indicios de que la casa vecina estaba habitada: un rostro tras una ventana, luces que se movían, el golpe de una puerta al cerrarse. Nunca supe quiénes eran ni qué fue de ellos. Al siguiente día no los vimos.

El humo negro descendió flotando hacia el río durante la mañana del lunes, cada vez más cerca de nosotros y desapareció, sin llegar más acá del límite de la cuneta del camino próximo a la casa donde nos ocultábamos.

Ese mediodía apareció un marciano en la campiña, barriendo la atmósfera con un chorro de vapor que silbaba contra las paredes, rompía vidrios al tocarlos y quemó las manos del vicario cuando éste abandonaba precipitadamcntc la sala.

Cuando nos deslizamos fuera de los cuartos empapados y echamos un vistazo al exterior, se hubiera dicho que una tormenta de hollín había asolado la comarca. Mirando en dirección al río, nos sorprendió ver extraños tonos rojos que se mezclaban con las manchas negras de las praderas quemadas.

No advertimos el cambio operado en nuestra situación pensando que estábamos a salvo del humo negro. Posteriormente en la certeza de que ya no estábamos cercados, decidí que podíamos marcharnos, y sentí deseos de entrar en actividad. El vicario insistía en su delirio.

—¡Aquí estamos a salvo! —exclamaba—. ¡A salvo!, ¡a salvo!

Resolví abandonarlo. ¡Por qué no lo hice antes! Con más experiencia y aprovechando la lección del artillero, busqué provisión de comida y bebida. Conseguí aceite y trapos que servirían de venda para las quemaduras; tomé un sombrero y una camisa de franela que había en uno de los dormitorios. Cuando el vicario comprendió que iba a abandonarlo, dio un salto para acompañarme. Y en plena calma, hacia las cinco de la tarde, según calculé, nos pusimos en marcha hacia Sunbury por el ennegrecido camino.

En el transcurso de nuestra marcha, así como en Sunbury, hallamos cadáveres de caballos y hombres yaciendo en horribles contorsiones, carretas volcadas y maletas diseminadas, cubiertos por una densa capa de polvo negro. La mortaja de ceniza me recordó cuanto había leído sobre el final de Pompeya.

Deprimido ante la vista de tales dolorosos espectáculos llegamos a Hampton y allí hallamos alivio en el espacio verde a salvo de la nube mortal. Cruzamos el parque de Bushey, con gamos y ciervos paciendo a la sombra de los castaños; a cierta distancia, algunos hombres y mujeres —primeras personas con las que nos encontrábamos— apuraban el paso en dirección a Hampton. Así llegamos a Twickenham.

Más allá de Ham y de Petershaw, los bosques aún ardían. Twickenham no había sufrido ni el Rayo Ardiente ni el Humo Negro, y allí permanecía mucha gente, pero nadie nos dio noticias. Los vecinos aprovechaban la tregua, tal como hicimos nosotros, para desplazarse de región.

Me pareció que gran cantidad de casas aún eran ocupadas por sus empavorecidos habitantes, que no se atrevían a huir. A lo largo del camino había señales del apurado desbande. Recuerdo tres bicicletas destrozadas y aplastadas bajo las ruedas de los vehículos. Llegamos a Richmond, cerca de las ocho y media, con cierta precipitación, pues el lugar estaba muy expuesto.

Vi que la corriente del río arrastraba distintas masas rojas. Sin saber qué eran, imaginé algo horrible. En la orilla del Surrey, el polvo negro se posaba sobre los cadáveres —que cerca de la estación se amontonaban en gran cantidad—; pero hasta llegar a los alrededores de Barnes no vimos marciano alguno.

A lo lejos, por entre el oscuro paisaje, un grupo de tres personas descendía con gran prisa por un camino que iba al río. El resto se veía desierto. En lo alto de la colina, las casas de Richmond ardían, pero en las afueras de la ciudad no había señal de humo negro.

Cuando nos aproximábamos a Kew, vimos correr varias personas y la parte superior de una máquina marciana apareció por sobre las casas, a cien metros de distancia de nosotros. La presencia cercana del peligro nos paralizó, ya que si el marciano hubiese mirado en torno suyo, éramos hombres muertos.

Nos echamos a un lado, buscando refugio en el interior de una bodega, llorando en silencio y sin movernos.

La idea de llegar a Leatherhead no me abandonaba, y por la noche salí a la calle. Atravesé una plantación de arbustos siguiendo un sendero a lo largo de una casona en pie, y así fui a dar al camino de Kew. El vicario, quien había quedado detrás, me alcanzó a la carrera.

Aquella, la segunda salida, fue la locura más grande que haya intentado jamás, pues los marcianos nos rodeaban. Apenas se me unió el vicario, vimos una máquina marciana, tal vez otra, en las praderas en dirección a Kew Lodge. Cuatro o cinco pequeñas formas huían delante de ella perseguidas por los marcianos.

En tres pasos, la máquina alcanzó a los desdichados, que se desbandaron. Sin hacer uso del Rayo Ardiente para destruirlos los recogió uno a uno, introduciéndolos en un gran recipiente metálico que se veía en su parte trasera.

Entonces pensé que los marcianos bien podían tener otro objetivo que no fuera el de destruir a la especie humana. Quedamos aterrados un instante. Después, escalamos apresuradamente la verja de un jardín, y caímos en una zanja y allí nos quedamos hasta que la noche llegó, sin atrevernos a susurrar palabra.

Serían alrededor de las once cuando juntamos valor y reanudamos la marcha y moviéndonos en silencio a lo largo de las alamedas y plantaciones, escrutamos las tinieblas, temiendo que los marcianos surgieran en torno nuestro en cualquier momento.

Atravesamos un sitio quemado y ennegrecido, casi frío y plagado de cenizas, conteniendo cuerpos humanos horriblemente calcinados junto a restos de caballos, tras una fila de cañones y furgones de artillería destruidos.

Sheen parecía haber quedado indemne, pero se veía desierto y silencioso. No encontramos cadáveres, y la noche era muy oscura para ver claro en las calles transversales. Mi compañero no demoró en quejarse, estaba fatigado y sediento. Decidimos entonces, explorar una las casas del lugar.

La primera en que entramos, tras forcejear unos minutos para abrir la ventana, era una pequeña casa apartada, y no encontré otro alimento que algo de queso enmohecido. Pero había agua, que bebimos, y pude proveerme de un hacha que me sería útil en un próximo escalamiento.

Atravesamos la carretera en el punto en que se bifurca para ir a Mortlake. Allí había una casa blanca rodeada de un jardín tapiado; encontramos comida en una alacena: dos panes, un trozo de carne cruda y medio jamón. Doy una lista tan detallada pues debimos subsistir con esas provisiones durante la quincena siguiente. En el fondo de un estante había botellas de cerveza, dos bolsas de frijoles, y unas lechugas; la despensa daba a una especie de lavadero, de depósito, en el que se amontonaba leña y un aparador, dentro del que hallamos una docena de botellas de vino tinto, sopas, pescado en conserva y dos latas con galletas.

Fuimos a la cocina y nos sentamos en la oscuridad —temíamos encender un fósforo— comimos pan y jamón y bebimos cerveza. El vicario, medroso e inquieto aún, sostenía, lo que me sorprendió, que debíamos ponernos en marcha nuevamente; insistí en que reparase fuerzas comiendo algo; cuando ocurrió el hecho por el cual íbamos a permanecer prisioneros.

—Creo que aún no es medianoche —dije.

No había acabado de hablar, cuando nos cegó un vivo resplandor de luz verdosa. Los objetos en la cocina se iluminaron con claridad, para oscurecerse enseguida.

Hubo un estrépito formidable. Enseguida, un estremecimiento de vidrios rotos, crujidos y caída de mampostería: el cielo raso cayó sobre nosotros, quebrándose en fragmentos. Fui arrojado contra la puerta del horno y luego al suelo, quedando aturdido por mucho tiempo, según me dijo después el vicario; cuando recobré el conocimiento la oscuridad persistía y mi compañero me aplicaba compresas; advertí entonces que su rostro estaba bañado en la sangre de una herida de su frente.

Pasó un tiempo antes de poder recordar lo sucedido. Después los hechos sucedidos fluyeron a mi mente y sentí dolor.

—¿Se siente mejor? —preguntó el vicario.

Haciendo un esfuerzo logré responderle y traté de incorporarme.

—No se mueva —me ordenó—, el piso está cubierto por astillas de loza y cristales. No va a poder moverse sin ruido y creo que "ellos" están fuera.

Por un momento guardamos silencio, conteniendo la respiración. Todo estaba mortalmente calmo. De cuando en cuando trozos de yeso o ladrillos, caía a nuestro alrededor con fuerte ruido.

Afuera, muy cerca nuestro, se oía un intermitente chirrido metálico.

—¿Oye usted? —preguntó el vicario al reiterarse el ruido.

—Sí; pero ¿qué es?

—¡Un marciano! —dijo el vicario, asustado.

Volví a prestar atención.

—¡No suena como el Rayo Ardiente! —repuse suponiendo que una de las máquinas marcianas había tropezado con la casa como aquella que arrasó la torre de la Iglesia de Shepperton.

La situación nos resultaba tan extraña que por tres o cuatro horas, hasta que amaneció, apenas si hicimos un movimiento. La luz se filtró no por la ventana, que permaneció en sombras, sino por una abertura triangular que había entre un tirante y una pila de escombro sobre la pared del fondo. Por primera vez vimos el interior de la cocina.

La ventana cedió, empujada por un alud de tierra que, cubriendo la mesa en que almorzamos, alcanzaba nuestros pies. Afuera, el suelo había sido violentado al punto que una montaña de tierra se amontonaba contra la casa a gran altura. En el marco de la ventana había un trozo de canaleta arrancado en el momento del impacto.

El piso estaba cubierto de restos de elementos destrozados; el extremo de la cocina, había sido literalmente aplastado, y como la luz del día entraba por allí, era evidente que gran parte de la casa se había derrumbado.

Contrastaba con las ruinas un aparador impecable de color verde pálido —por entonces de moda— que había salido indemne del impacto guardando cierto número de utensilios de cobre y estaño; el papel pintado imitaba mayólicas azules y blancas y un par de litografías colgaban del muro, sobre el horno.

Cuando el día se hizo claro distinguimos a través de la brecha en la pared, a un marciano de guardia junto al cilindro aún refulgente.

Al verlo, retrocedimos reptando para huir de la claridad de la cocina hacia la penumbra del lavadero.

Allí tuve una visión clara de lo sucedido.

—El quinto cilindro —dije casi para mis adentros—, el quinto cilindro enviado de Marte dio sobre la casa y la aplastó.

El vicario permaneció en silencio algunos segundos y después dijo:

—¡El Señor tenga piedad de nosotros!

Y comenzó a lloriquear.

Sólo el sonido de sus sollozos era audible en el lavadero. Por mi parte, apenas si me atrevía a respirar. Permanecí sentado, los ojos fijos en la tenue claridad que enmarcaba la puerta de la cocina. Sólo veía el rostro del vicario, un óvalo, su cuello y puños. Afuera se oía un martilleo metálico; después un grito y tras un breve silencio, un silbido semejante al de la maquinaria de vapor.

Esos ruidos misteriosos prosiguieron de manera intermitente, y parecían volverse más frecuentes a medida que el tiempo pasaba. Sacudidas y vibraciones violentas que hacían temblar todo a nuestro alrededor, haciendo resonar la vajilla en la despensa.

Después el resplandor cesó y el fantástico cuadro de la puerta se perdió en las tinieblas; permanecimos acurrucados largas horas, en silencio y temblorosos, hasta que el sueño nos venció.

Desperté hambriento. Por entonces debía haber transcurrido la mayor parte del día. El hambre imperiosa me obligó a moverme. Le dije al vicario que trataría de hallar comida, y a tientas fui hacia la alacena.

No me respondió, pero tan pronto comencé a comer, el ruido que hice lo decidió a desentumecerse y se acercó a mí arrastrándose.

2
Lo que vimos desde las ruinas

Después de comer volvimos al lavadero, y debo haberme quedado dormido nuevamente, pues al despertar de improviso, estaba solo. Las sacudidas proseguían con fastidiosa persistencia. Llamé al vicario en voz baja varias veces y finalmente fui a la cocina extremando los cuidados.

Aún era de día y lo vi en el otro extremo de la habitación, apoyado contra la abertura triangular, el torso inclinado, de manera que su cabeza no se veía.

Oí ruidos que me recordaron la maquinaria en las fábricas. Todo se sacudía al influjo de persistentes vibraciones. A través de la abertura en la pared vi la copa de un árbol teñido de oro, el azul del cielo crepuscular y calmo.

Durante un minuto permanecí mirando al vicario, y luego me adelanté con extrema precaución, sorteando los restos de vajilla que cubrían el piso.

Toqué la pierna del vicario, éste se conmovió con tal violencia que un trozo de pared se desprendió cayendo con estrépito. Temiendo que lanzara un grito lo tomé del brazo y permanecimos inmóviles por un largo rato.

Después volví la cabeza para ver qué quedaba de nuestro refugio. Al desprenderse el yeso se abrió una hendidura vertical en los escombros. Acercándome con cuidado a una viga vi a través de la brecha los restos de la carretera suburbana de la víspera. ¡El cambio que vi era sobrecogedor!

El quinto cilindro cayó en el centro de la casa que visitáramos antes. Aplastado por el choque, el edificio había desaparecido. El cilindro estaba enterrado por debajo de los cimientos, en un agujero más enorme que el que vi en Woking.

Por todas direcciones enormes montones de tierra cubrían gran parte de la superficie de las casas vecinas. Aquella donde nos encontrábamos había caído hacia atrás; la fachada, aún en la planta baja, había sido destruida.

Por puro azar, la cocina y el lavadero se habían escapado a la destrucción enterrados bajo los escombros: nos rodeaban toneladas de tierra, salvo del lado del cilindro encontrándonos pues, en el borde del gran agujero circular que los marcianos cavaban. Los sonidos sordos y regulares que oíamos, venían de detrás de nosotros. De tiempo en tiempo, un brillante vapor gris ascendía velando la abertura del escondrijo.

En el centro del agujero, el cilindro estaba abierto; en el opuesto, entre la tierra, los guijarros y arbustos dañados, una de las máquinas de combate marciana, sin su ocupante, permanecía rígida y enorme, recortándose su silueta contra el cielo nocturno.

Mi atención fue absorbida por un centelleante mecanismo que accionaba en el fondo de la excavación, y por los que guarnecían la tapa y al parecer reforzaban las paredes del cilindro. A medida que eran tomados por las pinzas todos esos objetos eran colocados sobre una parte plana.

El movimiento de la máquina era tan veloz, complejo y sincrónico, que pese a los reflejos metálicos que emitía no creí en una primera visión que se tratase de un mecanismo.

Las armas que los seres humanos utilizan pueden estar sincronizadas a la perfección, pero nada podía compararse con esta maravilla. A los que no han visto esas máquinas y sólo pueden guiarse por las inexactas fantasías de los dibujantes o las pobres descripciones de testigos oculares, les será difícil tener cabal idea de la impresión de hallarse ante organismos vivientes.

Tengo presente las ilustraciones de folletos que intentaban presentar un relato fiel de la guerra. Sin duda, el artista había hecho un esbozo apresurado de las máquinas de combate y a ello se reducía su conocimiento de la mecánica marciana. Había representado trípodes rígidos, sin flexibilidad de movimientos, provocando un efecto falso. El folleto con tales informes logró gran difusión y lo menciono con el sólo objeto de alertar al lector sobre tales equívocos. El diseño no tenía más en común con los marcianos que vi en acción, que aquello que pudiera tener un muñeco de cartón respecto a un ser vivo. A mi juicio, el folleto hubiera sido más exacto sin dibujos.

Como dije, la máquina de pinzas no produjo en mí la impresión de un mecanismo, sino de una criatura semejante a un cangrejo de piel brillosa. Supuse que se trataba de un marciano controlando las extremidades mediante los largos tentáculos, resultando algo así como el equivalente del cerebro de un cangrejo. Entonces advertí que su caparazón de color gris pardo, brilloso, con aspecto de cuero tenía una notoria diferencia con el de los otros seres que lo rodeaban, y me di cuenta de la verdadera naturaleza del hábil obrero.

Tras ese descubrimiento, los marcianos atrajeron mi atención. Conservaba de ellos una impresión pasajera y las náuseas que me produjeron esta vez no perturbaron la observación. Estaba bien oculto e inmóvil sin necesidad alguna de moverme.

Estas criaturas horribles poseían un cuerpo esférico con una gran cabeza de alrededor de un metro veinte de diámetro, dotada de una cara. Ésta carecía de nariz —al parecer los marcianos no poseen olfato—, y tenía dos enormes ojos de mirada sombría, bajo los cuales se abría un pico cartilaginoso. Detrás de esa cabeza, o cuerpo —no sé bien qué término emplear— había una superficie casi transparente que funcionaba como oreja, aunque en la atmósfera terrestre tan densa para ellos, debió serles inútil.

En torno a la boca, dieciséis tentáculos delgados, como y semejantes a látigos, dispuestos en dos haces de ocho cada uno. Más tarde el profesor Stowes, renombrado anatomista, llamó a esos haces, "manos".

La primera vez que los vi, los marcianos, intentaban sostenerse sobre dichas manos, resultándoles esto imposible a causa de la diferencia de peso provocada por la gravedad terrestre. Se supone que en su planeta de origen se mueven sobre ellos con entera facilidad.

Su anatomía interna, como lo confirmó la disección, era sencilla. La parte central de su estructura era el cerebro, encargado de enviar órdenes a ojos, oreja y tentáculos táctiles a través de una compleja red nerviosa.

Sus pulmones tenían una intrincada estructura. Junto a ellos se abría la boca y se hallaban corazón y vasos. La fatiga que les provocaba la gravedad y la mayor densidad de la atmósfera terrestre era evidente en sus torpes desplazamientos.

El conjunto de órganos de un marciano se reducía a esto. Por extraño que parezca, todo el aparato digestivo, que ocupa la mayor parte del cuerpo humano, no existía en ellos. Como si sólo fueran una enorme cabeza. Carentes de tubo digestivo, no comían ni digerían. En su lugar usaban la sangre fresca de otras criaturas vivientes para inyectarla en sus venas. Los he visto en medio de esa operación y lo mencionaré llegado el momento. Aunque confesaré que no podría describir en detalle una operación tan repugnante cuya vista no pude tolerar hasta su finalización. Bastará con que diga que tras extraer la sangre a un ser viviente —un ser humano— ella se trasvasaba a sus venas mediante el uso de una minúscula jeringa.

Sin duda alguna ante este procedimiento, sentiremos una intensa repulsión, sin dejar de reflexionar acerca del también repugnante carácter que nuestros hábitos carnívoros tendrían a los ojos de un conejo dotado de inteligencia.

Si se piensa en la pérdida de tiempo y energía que ocasiona la necesidad de comer y la posterior digestión, se comprenderán las ventajas fisiológicas de tal forma de alimentación. Nuestros cuerpos están ocupados en gran parte por glándulas, arterias y órganos, ocupados sin cesar, en convertir en sangre un heterogéneo alimento. Las funciones digestivas y su efecto sobre el sistema nervioso debilitan nuestra fuerza y atormentan el espíritu. Los hombres son felices o desdichados según su hígado o glándulas gástricas funcionen adecuadamente. Los marcianos tienen la ventaja de no padecer los efectos de esas fluctuaciones orgánicas que afectan sentimientos y emociones.

La preferencia por los humanos como fuente de nutrición, se explica en parte por la naturaleza de los seres que transportaron como provisiones de viaje. Esos seres, a juzgar por los despojos que quedaron en poder de los humanos eran bípedos, con un esqueleto siliciloso sin consistencia —casi idéntico al de las esponjas— y de débil musculatura; su tamaño llegaba a los seis pies de altura, con una cabeza esférica y erguida, ojos anchos en órbitas duras. Los marcianos debían haber traído dos o tres de esas bestias en sus cilindros, las cuales fueron muertas probablemente antes de su llegada a la Tierra. Por otra parte, el sencillo esfuerzo para ponerse de pie en el suelo de nuestro planeta les hubiera quebrado sus huesos.

Para completar esta descripción agregaré detalles que, aunque se volvieron notorios una vez terminada la guerra, permiten tener una idea más adecuada de la morfología de los invasores.

Su fisiología se diferenciaba notablemente de la nuestra en tres aspectos. Sus órganos no reposaban al modo que no lo hace nunca el músculo cardíaco humano. Careciendo de la perentoria necesidad de revitalizar un complejo mecanismo muscular, no les era necesario dormir. No debían experimentar fatiga o al menos para ellos era mínima. Y aunque nunca lograron desplazarse sobre la superficie de la tierra sin grandes esfuerzos, su actividad fue constante. Trabajaban veinticuatro horas al día como quizá ocurre con las hormigas. Por asombroso que suene, carecían de sexo, con lo que ignoraban las violentas emociones que provoca tal diferencia en los humanos. Durante la batalla se halló un pequeño marciano adherido a su progenitor como un pimpollo, a la manera que brotan los bulbos de los lirios.

En especies terrestres evolucionadas tal método de generación ha desaparecido, pero seguramente resultó ser el primitivo. Entre algunos seres de orden inferior en la escala zoológica ambos procesos aún coexisten, con predominio del sexual. En el planeta Marte sucede a la inversa.

Es interesante recordar que un escritor de reputación, tiempo antes de la invasión marciana pronosticó en el devenir del desarrollo humano la aparición de una estructura sin mayores diferencias con la constitución anatómica de los marcianos. Tal pronóstico fue publicado en noviembre o diciembre de 1893, por un periódico que se llamaba *Pall Mall Budget*, lo que motivó la aparición de una caricatura en la revista cómica *Punch*. El escritor explicaba, en tono burlón, que el indetenible avance de la mecánica determinaría, con el tiempo, la desaparición de las extremidades; que el perfeccionamiento de la química acabaría con el proceso de digestión; que ciertas partes, como la cabellera, el extremo de la nariz, dientes, orejas y mentón, dejarían de jugar rol alguno en la estructura del cuerpo humano, provocando la selección natural su disminución progresiva en el futuro manteniendo el cerebro como una necesidad central. Y sólo otra parte del cuerpo mantenía probabilidades de subsistir: la mano, "elemento de información y acción del cerebro".

Muchas verdades fueron dichas irónicamente, y ahora vemos en los marcianos, la realización de esta atrofia de la parte más animal del organismo en favor de la inteligencia.

A mi juicio, es factible que los marcianos desciendan de seres similares a los humanos, tras la gradual evolución de cerebro y manos en detrimento del resto del cuerpo. Las manos mutaron, así en dos grupos de tentáculos. Con un cuerpo liberado de las más animales necesidades, el cerebro devendría en un instrumento más lúcido al no estar sometido al violento sustrato emocional humano.

El último elemento por el que el sistema vital de esas criaturas se diferenciaba del humano podía ser visto como un detalle sin importancia.

Los microorganismos terrestres, origen de enfermedades y padecimientos, no existían en Marte, fuera porque el ambiente marciano no permitió su aparición o porque ya la ciencia marciana los extinguió en el pasado. Centenares de dolencias, fiebres y contagios de la biología humana, tuberculosis, cáncer, tumores, y otras patologías, jamás formaron parte de su entorno.

Y ya que hablo de las diferencias entre la vida de Marte y la terrestre, diré algo acerca de las conjeturas hechas sobre las hierbas rojas. Al parecer el reino vegetal marciano, tiene un intenso tinte rojo-sangre. Al menos las semillas que intencionada o accidentalmente trajeron los marcianos, dieron nacimiento a brotes rojizos. Pero sólo el vegetal bautizado popularmente como Hierba Roja, compitió por un espacio con la vegetación terrestre. El resto de las variedades tuvieron una existencia frágil y efímera y pocos las vieron crecer y robustecerse.

Por cierto tiempo, la Hierba Roja creció con vigor y exuberancia sorprendentes. Al tercer o cuarto día de mi encierro, cubrió bordes y alrededores del agujero y sus tallos, similares a los cactos, formaron una franja carmín en torno de nuestra improvisada ventana. Después la encontré en toda la comarca y sobre todo en las cercanías donde hubiera una corriente de agua.

Los marcianos poseían una suerte de órgano auditivo, un único tímpano redondo, ubicado detrás de su cabeza-cuerpo, y dos ojos, cuyo alcance se asemejaba al humano, excepto en que, de acuerdo a las teorías de Philips, el azul y el violeta lo veían como negro. Se supone que el medio de comunicación usado eran sonidos y movimientos de sus tentáculos. Así lo afirma el folleto (escrito con evidente precipitación por quien no fue testigo ocular de los movimientos marcianos) al que ya aludí y que fue hasta ahora principal fuente de información respecto a ellos.

Ahora bien, ningún sobreviviente al ataque marciano dispuso de una perspectiva mejor que la que tuve para observarlos en acción —sin que esto signifique enorgullecerme de un hecho accidental— de manera que puedo afirmar que los observé varias veces desde las cercanías, viendo cuatro, cinco y, hasta seis de ellos, ejecutando en labor coordinada las operaciones más complejas sin hacer el menor gesto ni sonido. Sus gritos los proferían en el instante previo a su merienda; carecía de modulación y me temo que no contenía significación alguna sino que se trataba de una expiración obligada, previa a la succión. Tengo un rudimentario conocimiento de la psicología y estoy persuadido que los marcianos intercambiaban ideas de cerebro a cerebro. Adquirí esta certeza no obstante mis dudas y fuertes prevenciones contra tal hipótesis. Previo a la invasión marciana, como tal vez recuerde algún lector refuté vehementemente la posibilidad de transmisión telepática del pensamiento.

Los marcianos no usaban vestimentas. Su concepto acerca del decoro y los ornamentos externos eran, por supuesto, diferentes de las humanas. Estos singulares seres no sólo eran menos sensibles que nosotros a los cambios de temperatura, sino que los fenómenos atmosféricos no parecían afectar su salud. Si bien no llevaban vestidos, agregados artificiales a los recursos de su organismo le otorgaban notoria superioridad sobre el hombre. Nosotros, con nuestros vehículos, nuestras máquinas Lilienthal de planear por el aire, nuestros fusiles y cañones, nos encontramos en el comienzo de un proceso evolutivo a cuyo término llegaron ya los marcianos.

Mutados en simples cerebros, que utilizan cuerpos diversos, según lo necesiten del mismo modo que los humanos vestimos trajes y tomamos una bicicleta para desplazarnos o usamos un paraguas si es que llueve.

Quizá nada sea más sorprendente para nosotros que la ausencia de la "rueda" en sus maquinarias, rasgo dominante de todo mecanismo terráqueo. De todo lo que dejaron en la Tierra, nada indica el uso de la rueda, y menos aún en sus aparatos de locomoción.

En ese sentido es curioso comprobar que, aún entre nosotros, la naturaleza ha desdeñado la rueda, dando preferencia a otros medios. No sólo la desconocían los marcianos —lo que resulta increíble— o no la empleaban, sino que tampoco usaban en sus máquinas el eje fijo o el móvil de movimientos circulares en un único plano. Las uniones de sus mecanismos utilizaban un complejo sistema de correderas, articulado sobre pequeños cojinetes. Ya que nos detenemos en tales detalles, agregaremos que las palancas, muy largas, eran, en la mayoría de los casos, accionadas por una suerte de tendones en el interior de una funda elástica. Si a través de ellos se hacía circular una corriente eléctrica, estos se compactaban y unían estrechamente. De tal forma se lograba un curioso paralelismo con los movimientos animales, que en ellos resultaban sorprendentes, y para el observador humano, desconcertantes.

Cuando realizaron la descarga de una máquina en el cilindro, pude ver que abundaban tendones de esta índole; con mayor movilidad que los marcianos ya que estos yacían más allá, jadeantes a pleno sol. Sus tentáculos eran agitados en vano y moviéndose con gran dificultad después de la extensa travesía por el espacio.

Observaba sus torpes desplazamientos deteniéndome en cada detalle de su forma cuando el vicario me recordó su presencia, tirando violentamente de mi brazo. Volví la cabeza para encontrarme con su rostro ceñudo y labios apretados pero por demás elocuentes. También quería mirar por una hendidura que sólo permitía uno a la vez interrumpiendo por un momento mis observaciones.

Cuando volví a mi puesto de observación, la máquina había armado un sinfín de piezas sacadas del cilindro y el aparato que construía adquiría una forma similar a la suya. Más abajo, a la izquierda, veía ahora un pequeño mecanismo que lanzaba chorros de vapor verde girando en torno del agujero para agrandar la abertura, cavando, extrayendo y amontonando tierra, con método y discernimiento.

Esa era la causa de los golpes regulares y el martilleo incesante que había hecho vibrar nuestro refugio. En su acción emitía un incesante silbido. Por lo que vi, la máquina ejecutaba los movimientos sin control marciano alguno.

3
Los días de encierro

La llegada de una segunda máquina de guerra nos obligó a abandonar nuestro observatorio y refugiarnos en el lavadero, temiendo que desde la altura el marciano descubriera nuestro escondite. Allí estábamos al abrigo de ser descubiertos, ya que a los ojos deslumbrados por el sol, nuestro refugio debía verse como un agujero oscuro; pero al menor movimiento de aproximación, volvíamos rápidamente al lavadero, con el corazón acongojado.

Pero a pesar del peligro, nuestra curiosidad no se alteró. Recuerdo, no sin asombro, que a pesar del enorme riesgo de morir de hambre o algo aún más terrible, disputábamos ásperamente el dudoso privilegio de poder observar lo que sucedía fuera. Atravesábamos la cocina, apresurados y temerosos de hacer ruido, a golpes y empujones, sin percibir que nos hallábamos a un paso de la muerte.

Pensábamos y obrábamos de modos opuestos; esa incompatibilidad se acentuaba dado el peligro y aislamiento en que nos hallábamos.

En Halliford había crecido en mí una violenta aversión hacia los aspavientos, las exclamaciones inútiles y la estúpida rigidez de criterio del vicario. Sus interminables monólogos, dichos entre dientes, iban contra los esfuerzos que hacía yo para reflexionar y elaborar un plan de fuga, por momentos, el vicario, me llevaba a un estado de completa exasperación. Se comportaba como mujer histérica, sin el menor control de sus emociones; lloraba durante horas, creo que ese niño mimado por la vida supuso hasta el fin que esas lágrimas tendrían algún grado de eficacia.

Debí permanecer sentado en la penumbra, sin apartar mi atención de él. Comía en exceso, mientras me hartaba de intentar hacerle entender que nuestra única probabilidad de salvación consistía en permanecer en la casa hasta que los marcianos concluyesen la construcción del cilindro y como esa espera podía ser larga, corríamos el riesgo de carecer de una provisión adecuada de víveres. Comía y bebía de manera arrebatada y dormía poco.

Con el paso de los días, su negligencia incrementaba en tal forma el peligro que corríamos, que tuve que recurrir a amenazas y al fin a los golpes. Eso lo llamó a sosiego por un tiempo. Pero era de esas débiles criaturas, dada a ardides taimados, que no se atreven a mirar de frente ni a Dios ni al hombre, y mucho menos se enfrentan a sí mismos, almas carentes de entereza, timoratas, anémicas y despreciables.

Es altamente desagradable para mí recordar esto y relatarlo, pero lo hago para que mi narración sea lo más fiel posible a los hechos. Aquellos que no supieron de los sombríos y terribles aspectos de ese momento, condenarían tal vez mi brutalidad, mi furor en la tragedia final, pues saben de lo que no debería ser hecho ni aún por un hombre atormentado. Los que se vieron obligados a circular entre las tinieblas, y descendieron al fondo mismo de los infiernos serán seguramente más comprensivos y tolerantes conmigo.

Mientras reñíamos en nuestro refugio, en voz baja, en oscuro contrapunto de murmullos, arrancándonos de la mano comida y bebida, torciéndonos los brazos y golpeándonos; afuera, bajo el feroz sol de junio continuaba la maravilla extraordinaria de esa actividad desconocida para nosotros de los marcianos del foso. Pero volvamos a las primeras impresiones.

Después de un largo lapso de tiempo me asomé nuevamente al ventanuco comprobando que los recién llegados habían recibido el refuerzo de los ocupantes de tres máquinas de combate. Estos últimos portaban algunos aparatos desconocidos, dispuestos en serie alrededor del cilindro. La segunda máquina había sido armada y manipulaba uno de los aparatos que trajo una de las grandes máquinas. Era un objeto de forma semejante a la de los tarros de leche de gran tamaño. Por sobre él se movía un recipiente en forma de pera del que manaba un polvo blanco que caía debajo de un tanque circular.

El movimiento oscilatorio se lo imprimía a ese objeto uno de los tentáculos de la máquina automática. Provisto de dos apéndices espatulados la máquina extraía arcilla, que arrojaba en el recipiente superior, mientras con otro brazo abría una puerta y, de la parte media de la máquina expulsaba escorias ardientes. Otro tentáculo metálico empujaba el polvo a través de una canaleta ondulada hacia un receptor oculto a mi vista tras el montículo. Del receptor invisible ascendía un fino hilo de humo verde.

Luego la máquina, con tenue tintineo musical, desprendió un tentáculo, y lo que parecía una pinza, se extendió hasta desaparecer tras el montículo de arcilla. Un segundo después levantaba una brillante barra de aluminio para colocarla al borde del foso, sobre una pila. Entre el amanecer y el momento en que se ocultó el sol, el hábil mecanismo debió fabricar más de un centenar de barras similares. Sin otra materia prima que arcilla y el polvo azulino.

Era notable observar el contraste entre los rápidos y complejos movimientos de estas máquinas y la torpeza de quienes las comandaban. Por días enteros mantuve mi duda acerca de quién de ellos era una máquina y quién un ser vivo.

El vicario estaba en el puesto de observación cuando los primeros prisioneros humanos llegaron al cilindro. Sentado cerca de él yo escuchaba con atención. Cuando hizo un movimiento brusco para retroceder creyendo que habíamos sido descubiertos me invadió el miedo. El vicario se deslizó entre los escombros y se agazapó a mi lado gesticulando; por un momento compartí su espanto. Comprendiendo que me cedía la ubicación del observatorio y recuperado el coraje por obra de la intensa curiosidad que me dominaba, me incorporé pasando sobre él y miré.

Al principio no vi nada que fundase tanto terror. Avanzada la noche, las estrellas brillaban tenuemente, pero el agujero estaba iluminado por la luz que emitían las llamas verdes de la máquina ocupada en fabricar las barras de aluminio. La escena era un cuadro pleno de fulgores verdes y sombras vagas lo que resultaba fatigoso para la vista. Por encima de ello y sin prestar atención a lo que sucedía, volaban los murciélagos.

No se veía marciano alguno y el montículo de polvo verde había crecido tanto que los ocultaba; en el otro extremo del agujero había una máquina de combate, su trípode plegado, levemente inclinada. Entonces, por sobre la batahola de las máquinas, escuché algo así como un susurro de voces humanas, lo que me pareció imposible, y si lo pensé fue para disuadirme enseguida.

Observé detenidamente la máquina de combate, para asegurarme que la capucha en su parte superior albergaba un marciano. Al elevarse las llamas verdes pude ver el reflejo de su lubricado caparazón y el brillo de sus ojos. Luego oí un grito y vi un tentáculo que se desplazaba por sobre la máquina, hasta una pequeña jaula que sobresalía detrás de ella. Atrapado por el tentáculo algo se resistía desesperadamente destacándose su silueta imprecisa contra el fondo del cielo, y en el momento en que descendía, vi, a la verde claridad de la llama, que se trataba de un hombre robusto y bien vestido; que pocos días antes se movía tranquilamente por el mundo. Vi un intenso terror en sus ojos y el fulgor de la llama en sus gemelos y en la cadena del reloj. Transportado tras el montículo, durante un rato no se oyó ruido alguno. Después hubo gritos humanos desesperados y el gozoso ulular de los marcianos.

Me puse de pie tapando mis oídos para no oír y me refugié en el lavadero. El vicario, acurrucado y silencioso, su cabeza entre las manos, alzó los ojos, y sintiéndose abandonado, comenzó a gritar y se acercó a mí a la carrera.

Ocultos en el lavadero, consumidos por el horror y la fascinación de observar por la brecha, durante la noche traté inútilmente, sabiendo de la necesidad urgente de ello, de elaborar un plan de fuga; al segundo día me era imposible razonar adecuadamente acerca de nuestra situación.

El vicario era incapaz de dar una opinión razonable; alterada su capacidad de reflexión por el intenso terror que lo dominaba no estaba en condiciones ni de acompañar un primer impulso. Había descendido al nivel de un animal. Sin embargo, resolví acabar con esto y en la medida que analizaba los hechos con mayor frialdad, comprendí que por terrible que fuera nuestra situación, no había por qué desesperar.

La probabilidad más favorable era que los marcianos hicieran de su foso un campamento transitorio, y aun si lo conservaran, seguramente no creerían necesario permanecer en él y podría presentársenos así, la oportunidad de huir en dirección opuesta. La mortal posibilidad de ser vistos por una máquina de combate en posición de centinela, me detuvo. Por otra parte, hubiera debido hacer en soledad todo el trabajo. El vicario no podía prestar ayuda alguna.

De no fallar mi memoria, creo que durante el tercer día presencié el asesinato de un ser humano. Fue la única ocasión en que vi a un marciano alimentarse. Tras esa horrible experiencia, evité apostarme en la abertura durante un día. Iba al lavadero, quitaba la puerta cavando con mi hachuela horas enteras intentando hacer un agujero de un par de pies de profundidad, pero cuando la tierra amontonada contra la casa se desmoronó ruidosamente detuve mi labor sin atreverme a continuarla. Perdido el valor permanecí en el suelo largo tiempo, sin siquiera un movimiento. Después de esto abandoné la idea de escapar cavando una trinchera.

Desde un principio el poder de los marcianos me produjo tal impresión, que deseché tan sólo la esperanza de librarnos de ellos como resultado del combate. Pero hacia la cuarta o quinta noche escuché repetidamente explosiones como las que producen las grandes piezas de artillería.

La noche estaba avanzada y la luna tenía un vivo fulgor. Los marcianos habían trasladado la máquina excavadora a un destino desconocido alejándose del lugar, sin dejar allí más que una máquina de combate en lo alto de la barranca opuesta y una máquina automática a la que no podía ver, trabajando en un rincón del foso cercano a nuestra brecha.

Salvo por el centelleo de la máquina y el reflejo de la luna, el foso estaba en penumbras y no se oía otro sonido que el tintineo musical de la máquina.

La noche era hermosa, las estrellas brillaban con intensidad, la luna reinaba en el cielo. El ladrido de un perro me predispuso a escuchar. Se oyeron claramente sordas detonaciones, como de poderosos cañones abriendo fuego; conté seis disparos. Tras un largo intervalo otros seis, eso fue todo.

4
La muerte del vicario

El sexto día ocupé de nuevo nuestro puesto de observación. Esta vez solo. El vicario, en lugar de permanecer junto a mí como de costumbre y disputarme la posición había ido al lavadero.

En ese momento tuve una sospecha. Atravesé la cocina con rapidez y en la oscuridad; oí que estaba bebiendo. Al estirar el brazo mis dedos atraparon una botella de vino.

Hubo una lucha que duró instantes en medio de la oscuridad. La botella fue al suelo y se quebró. Solté al vicario y me levanté. Inmóviles, fuera de sí, nos amenazábamos en voz baja.

Al fin me ubiqué entre él y los víveres, diciéndole que había resuelto establecer una rígida disciplina. Dividí las provisiones en raciones para diez días. Y ese día no le permití comer. Por la tarde intentó apoderarse de una ración; adormecido, desperté en ese momento.

Por todo un día permanecimos frente a frente conmigo agotado pero decidido, él lloriqueando y quejándose de su hambre. Sé que aquello duró más de un día con su noche, pero para entonces lo viví como un tiempo que se prolongó de modo interminable.

Nuestra incompatibilidad se manifestó al extremo de acabar en manifiesto conflicto. Durante dos días disputamos en voz baja, discutiendo en ásperos términos. A veces debía golpearlo; otras intentaba convencerlo de buena forma. Hasta busqué disuadirlo cediéndole nuestra última botella de vino, pues habiendo una bomba, en último caso disponía de agua.

Nada sirvió: ni las maneras civilizadas ni la violencia. Inaccesible a cualquier razón, se negaba a cesar en sus intentos de hacerse de raciones mayores insistiendo en sus ruidosos desatinos; no guardaba en absoluto las elementales precauciones para hacer tolerable el encierro.

Lentamente comprendí que su inteligencia había sufrido un completo deterioro. Su estado era el un demente.

Según vagos recuerdos que tengo, pienso que por entonces yo también desvariaba a veces. Toda vez que dormía me asaltaban terribles pesadillas. Creo que la debilidad y locura del vicario sirvieron para que me obligara a luchar por conservar mi cordura.

Al octavo día el vicario hablaba a gritos sin que hubiera forma de calmarlo.

— ¿Es justicia, oh, Dios? — repetía sin cesar —. ¿Es justicia? ¡Que el castigo caiga sobre mí y los míos! ¿Acaso no te escuchamos? ¡Por todos lados había pobres y enfermos, se les humillaba y yo permanecí ignorándolo! ¡Prediqué una locura que todos aceptaban! ¡Dios, cuanta locura!, cuando debí levantarme, aunque se me reservara la muerte, y exhortar al mundo a arrepentirse... ¡al arrepentimiento!... ¡Los opresores de pobres y desdichados!... ¡El vino del Señor!...

Después volvía a abalanzarse sobre los víveres que yo mantenía fuera de su alcance, y me rogaba, me suplicaba bañado en llanto para terminar lanzándome amenazas. Los gritos eran desaforados, y lo invité a calmarse. Allí encontró que ese era un medio para imponerse. Amenazó con aumentar el tono de sus gritos, hasta atraer la atención de los marcianos.

Por un momento me asustó, pero la menor concesión que le hubiera hecho disminuiría enormemente nuestras probabilidades de escapar. Jugando por entero lo desafié a que gritara aún más, sin tener la certeza que eso lo haría razonar. Pero ese día se contuvo. Siguió alzando el tono con absoluta negligencia durante el octavo y noveno días y lanzando amenazas y súplicas, entre torrente de frases que expresaban un estúpido y parcial arrepentimiento por descuidar el servicio del Señor. Sentí piedad. Concluyó por dormirse pero después reincidió con más ardor, gritando de tal manera que tuve que hacerlo callar.

— ¡Quédese quieto! ¡Cállese! — le ordené.

Se arrodilló. Hasta entonces había permanecido acurrucado en las tinieblas, cerca de la batería de cocina.

— ¡Hace mucho tiempo que estoy quieto! — vociferó, en un tono que debió ser escuchado en el cilindro —. ¡Ahora debo llevar mi testimonio! ¡Maldita sea esta ciudad infiel! ¡Maldición! ¡Desgracia! ¡Maldición! ¡Ay de los habitantes de la Tierra que no oyen las voces de la trompeta! ...

— ¡Calle! ¡Por amor de Dios! — le dije de pie, aterrorizado por la idea de que los marcianos escucharan.

—¡No! —gritó con todas sus fuerzas, levantándose y extendiendo su brazo—. ¡Debo hablar! ¡La palabra del Señor sale por mi boca!

En tres pasos alcanzó la puerta de la cocina.

—Debo prestar testimonio. Salgo. Mucho demoré ya.

Extendí el brazo para tomar un cuchillo de cocina colgado en la pared y fui tras él trastornado por el miedo. Antes de que llegara al centro de la cocina me coloqué a su lado. Por un postrer sentido de humanidad, le golpeé con el mango. Cayó hacia delante y quedó en el suelo. Tropecé con él y quedé jadeante.

Entonces oí un ruido que venía de fuera. Enormes trozos de pared se desprendían, desmoronándose, y la abertura en el muro quedó obstruida. Advertí, a través del agujero, la parte inferior de una máquina automática avanzando. Una de sus pinzas se movía entre los escombros. Después apareció otra tanteando entre las vigas desplomadas. Petrificado, vi, a través de una placa de vidrio situada en el borde superior de una pinza, el rostro —si puede llamársele así— y los grandes y sombríos ojos de un marciano intentando observar a través de las tinieblas. Un largo tentáculo metálico zigzagueó en el interior del agujero tanteando los objetos.

Me volví, tropezando con el cuerpo del vicario para detenerme en la puerta del lavadero. El tentáculo avanzaba un metro o dos dentro de la pieza, moviéndose bruscamente en todos los sentidos. Por un instante su avance lento e irregular me fascinó. Di un grito débil y ronco, y fui al fondo del lavadero, presa de un temblor compulsivo y sin fuerzas para mantenerme en pie. Abrí la puerta de la carbonera y permanecí en las sombras, observando el umbral tenuemente iluminado de la cocina en escucha atenta y nerviosa. ¿Había sido visto por el marciano? ¿Qué sucedería ahora?

Detrás de la puerta, había algo que se movía en todos los sentidos impactando de tanto en tanto contra los tabiques reanudando sus movimientos mientras emitía un leve sonido metálico, como el de un manojo de llaves que se agita.

Un cuerpo —¡sabía cuál!— fue arrastrado sobre el embaldosado de la cocina hasta pasarlo por la abertura. Atraído por esto salí para echar una ojeada a la cocina. A la luz de la claridad externa, el marciano examinaba la cabeza del vicario. Pensé que dado al golpe que le apliqué, deduciría mi presencia por la marca que tenía.

Volví a la carbonera, cerré la puerta amontonando sobre mi cuerpo en la oscuridad todo el carbón y los leños que pude alcanzar, con el menor ruido posible. El cuerpo rígido por el temor, escuchaba atentamente para saber si el marciano había introducido sus tentáculos por la abertura.

El tintineo metálico volvió a oírse cada vez más cercano, como si hubiera llegado al lavadero. Conservé la esperanza de que el tentáculo no fuera suficientemente largo para alcanzarme; pasó rozando levemente la puerta del sótano en lo que resultó para mí, un siglo de espera insoportable. Después oí un ruido en el pestillo. ¡Había encontrado la puerta! ¡El marciano podía accionar una cerradura!

Tras unos pocos forcejeos se abrió la puerta.

Desde las tinieblas advertí el objeto, semejante a una trompa de elefante, moviéndose a mi lado, tanteando y examinando la pared, el carbón, los leños, el piso como un grueso gusano oscuro, balanceando de lado a lado la cabeza ciega.

En un momento tocó el talón de mi bota. A punto de gritar mordí mi puño para contenerme. Durante un momento, no hizo ningún movimiento. Pensé que se había alejado hasta que, con un brusco golpe de resorte, atrapó algo — ¡imaginé que a mí!— y pareció querer salir de la carbonera. No pude verlo bien, pero aparentemente había tomado un trozo de carbón para examinarlo.

Aproveché el instante de respiro para cambiar de posición, pues estaba entumecido, y escuché. Oré por una oportunidad de escapar al peligro.

El lento y claro sonido se acercaba a mí. Lo hizo lentamente raspando las paredes y chocando contra los muebles.

Casi sin respirar, dudando aún, vi que la puerta de la carbonera recibía un vigoroso empujón y se cerraba. El tentáculo entró en la alacena; cayeron cajas de alimentos, una botella se hizo añicos. Luego tropezó con violencia contra la puerta. Después el silencio y una espera sin fin.

¿Se habría ido?

Al fin me convencí que así era.

Y aunque no volvió al lavadero, permanecí durante el décimo día tapado casi enteramente bajo los leños y el carbón en medio de las tinieblas, sin atreverme siquiera a deslizarme fuera para beber agua, sediento como estaba.

Sólo al día siguiente, el undécimo, me animé a salir de mi refugio.

5

El silencio

Antes de ir a la alacena, mi intención fue la de cerrar la puerta de comunicación entre la cocina y el lavadero. Pero la alacena estaba vacía y en ella no había un mendrugo. Seguramente el marciano se las había llevado consigo el día anterior. Sentí una enorme desesperación al saberlo. No ingerí alimento ni el undécimo ni duodécimo día.

Mi boca y garganta estaban secas, mis fuerzas se debilitaban. Permanecí inmóvil en la oscuridad del lavadero, en estado de completo abatimiento sin pensar en otra cosa que no fuera comer. Pensé que estaba sordo pues no oía los sonidos habituales ni me sentía con fuerzas suficientes para deslizarme sin hacer ruido.

El duodécimo día estaba tan dolorida mi garganta, que a riesgo de despertar la atención de los marcianos intenté poner en movimiento la ruidosa bomba sobre la pileta de lavar, y pude extraer dos vasos de agua negruzca y fangosa, los que, sin embargo, me refrescaron y me sentí animado al comprobar que los marcianos no habían escuchado el ruido.

En esos días de aturdimiento e indecisión, pensé mucho en el vicario y la forma en como murió.

El decimotercer día bebí aún un poco de agua. Estaba adormecido y soñaba con alimentos y disparatados planes de escape. Veía horribles fantasmas, y se repetía la escena en la que dieron muerte al vicario; abotagado o despierto, la sed abrasadora me impulsaba a beber agua sin interrupción. La claridad en la antecocina viraba del gris al rojo. Trastornada mi imaginación creí que la luz tenía el color de la sangre.

El decimocuarto día fui a la cocina y descubrí, sorprendido, que los brotes de Hierba Roja cubrían la abertura del muro, volviendo la semiclaridad del refugio en penumbra escarlata.

En las últimas horas de la mañana del decimoquinto día venían desde la cocina una serie de ruidos extraños. Presté atención creyendo reconocer la respiración jadeante de un perro. Tras andar unos pasos vi su hocico entre los tallos rojos. Esto me sorprendió. Al percibir mi presencia el perro ladró.

Pensé que de lograr atraerlo a la cocina sin ruidos, podría matarlo para usarlo como alimento. De todas formas era necesario hacerlo para evitar que con sus ladridos y desplazamientos acabara despertando la atención de los marcianos. Me acerqué a él gateando y traté de atraerlo llamándolo con suavidad pero apartó rápidamente la cabeza y escapó de mí.

Escuché atentamente un largo rato para convencerme que no había marcianos en la fosa. Sólo se escuchaba un batir de alas acompañado de graznidos.

Permanecí un tiempo largo en la abertura, sin atreverme a separar los tallos rojos que la ocultaban. Una o dos veces oí el sonido de las patas de un perro que se desplazaba sobre la arena por encima de mí; algunos graznidos, y luego silencio. Al fin, animado por esto, miré...

De no ser por una bandada de cuervos que disputaba entre sí los restos de cadáveres de aquellos a los que los marcianos dejaran sin sangre, no había en el foso un ser viviente. Miré en todas direcciones sin creer lo que veía. No había una sola máquina marciana. Salvo los enormes montículos de polvo gris azulado en un rincón, barras de aluminio en otro, los cuervos y esqueletos, aquel era un agujero circular excavado en la arena.

Me deslicé con lentitud fuera del refugio atravesando la Hierba Roja y me paré sobre una montaña de cascotes. Miré en todas direcciones sin descubrir la presencia marciana. La arena cedía bajo mis pies, pero algo más allá los escombros formaban una construcción a través de la cual se podía llegar al extremo de las ruinas.

Ante la posibilidad cierta de evasión temblé de emoción. Y aunque vacilé un instante después trepé sobre las ruinas bajo las que había permanecido tanto tiempo. Para cerciorarme definitivamente eché otra ojeada a mi alrededor.

No vi marcianos. Cuando atravesé por última vez, a plena luz del día, aquella zona del pueblo de Sheen, vi un camino rodeado de hermosas casas blancas y rojas con bellos jardines. Ahora pisaba una montaña de guijarros, tierra y ladrillos destrozados, cubierta de plantas rojas similares a cactus que llegaban a mis rodillas. Los árboles que permanecían en pie eran troncos sin vida, una mera forma muerta. Una enorme cantidad de filamentos rojos abrazaban los troncos.

Las casas se habían derrumbado. Los muros de muchas de ellas se elevaban hasta el segundo piso y no tenían ventanas. Las puertas estaban destrozadas. La Hierba Roja crecía en las habitaciones sin techo.

A mis pies se hallaba el gran foso en el que los cuervos disputaban los restos abandonados por los marcianos. Pájaros de distinto tipo volaban en las ruinas. A la distancia distinguí un gato esmirriado, que huía arrastrándose a lo largo de la pared; pero no había señal de presencia humana en parte alguna.

Con el recuerdo aún vívido del encierro, el día me trajo la bendición de su maravillosa claridad. La brisa suave movía la Hierba Roja. ¡Qué increíble maravilla respirar aire puro otra vez!

6
El trabajo de quince días

Permanecí de pie, sin fuerzas sobre un montículo, sin preocuparme por mi seguridad. Durante mi obligada permanencia en el escondite había perdido la noción de lo que sucedía en el mundo y no esperaba hallar tan terrible espectáculo. Supuse que vería Sheen en ruinas... y ahora contemplaba una comarca semejante al paisaje fantástico de otro planeta.

Me dominó una violenta emoción y tuve el sentimiento de los animales indefensos sobre los que se ejerce el dominio humano como un conejo que, en busca de su refugio, se topase con una cuadrilla de peones camineros destruyéndolo.

Esto me angustió y de pronto tuve la certeza de haber dejado de pertenecer a la raza de los dominadores para pasar a ser un animal más entre animales, sometido a la voluntad marciana. Nuestro destino acompañaría al de las bestias. De aquí en más deberíamos mantenernos al acecho permanentemente y ocultarnos; el imperio del hombre y su reinado eran cosa del pasado.

La aterradora idea se alejó de mí prontamente. El hambre me urgía tras el largo y terrible ayuno no permitiéndome cavilaciones. Del otro lado del foso, detrás de un muro cubierto por plantas rojas, había una porción del jardín que no había sido invadido. Esta presencia de vida terrestre me alentó con lo que me adelanté a través de la Hierba Roja, enterrado hasta las rodillas y por momentos hasta el cuello. Las hierbas eran tan espesas como para servirme de escondite donde estar a salvo. La pared tenía seis pies de altura y en el primer intento de escalarla comprobé que me resultaría imposible. Tuve que rodearla, hasta llegar a una saliente rocosa desde donde pude trepar dejándome descolgar en el jardín adonde esperaba llegar.

Descubrí cebollas, bulbos de gladiolos, y zanahorias apenas maduras; recogí todo, y saltando una pared derruida seguí mi camino hacia Kew, entre arbustos escarlata y carmesí como una ruta de sangre.

Me proponía hallar comida más sustanciosa huyendo hasta donde mis fuerzas lo permitieran, lo más lejos que fuera posible de esa región maldita que nada tenía de terrestre.

Mas allá hallé un espacio donde aún crecía el césped y descubrí algunos hongos, que devoré, pero de tan escasos no logré otra cosa que exacerbar aún más el hambre. En medio de la pradera había una capa de agua poco profunda y fangosa movida por una débil corriente. Al principio creí encontrar, en medio del rigor del verano caluroso y seco, prados cubiertos por el agua, pero ello obedecía a la exuberancia tropical de la Hierba Roja.

El hallazgo de un curso de agua en su camino robustecía estas plantas haciéndoles tomar exuberantes dimensiones poseedoras como eran de una monstruosa fecundidad.

Las semillas caían en generosa cantidad sobre las aguas del Wey y del Támesis, favoreciendo esto la rápida germinación de sus enormes brotes con rapidez inaudita con lo que no demoraron mucho tiempo en obstruir el curso de los ríos, que desbordaban.

En Putney el puente fue cubierto por completo bajo la masa de un colosal entrelazamiento de vegetación marciana y en Richmond las aguas se extendían formando una capa extensísima y de baja profundidad en las praderas de Hampton y Twickenham. A medida que se desbordaban, la Hierba acompañaba las aguas por lo que los pueblos en ruinas del valle del Támesis permanecieron sumergidos cierto tiempo en un pantano rojo, por cuyas orillas caminaba, ocultando gran parte de la destrucción causada por los marcianos.

La Hierba Roja sucumbió más tarde, tan velozmente como había crecido. Una enfermedad infecciosa originada en la acción de ciertas bacterias atacó las plantas extraterrestres. Debido a la selección natural, las plantas terrestres poseen anticuerpos que ofrecen resistencia a las enfermedades microbianas y no perecen sino tras larga lucha.

La Hierba Roja se descompuso con la celeridad de un cuerpo muerto. Sus tallos tomaron un color blanquecino y se marchitaron rápidamente, volviéndose frágiles y quebradizos, deshaciéndose al menor roce. Las aguas, que estimularon su desarrollo, arrastraron los últimos vestigios hacia el mar...

Mi primer cuidado fue calmar la sed. Después de beber copiosamente, en un impulso, mastiqué algunos trozos de Hierba Roja. Los tallos tenían un desagradable sabor metálico. Como el nivel del agua era bajo, avancé sin peligro. La Hierba Roja obstaculizaba algo mi marcha y como la profundidad se acentuaba a medida que me acercaba al río, volví sobre mis pasos para retomar el camino de Mortlake.

Seguí la carretera guiándome por las villas en ruinas, cercas y faroles que encontraba en el camino; así dejé atrás las zonas inundadas y luego de ascender por la colina de Rochampton, me encontré en las tierras Putney.

El paisaje era diferente; ya no extraño y excepcional, sino familiar, pero en cierta forma se veía alterado. Algunos sitios parecían haber sido víctimas de un huracán. Unos metros más allá atravesé un espacio apacible y sin señales de perturbación. Las casas tenían sus celosías bajas y las puertas cerradas, como si sus moradores durmiesen o se hubieran ausentado por el momento.

La Hierba Roja ya no abundaba. Los árboles a lo largo de la carretera no estaban cubiertos por la exótica planta. Busqué algunas frutas para comer, pero fue inútil. Exploré una o dos casas pero habían sido saqueadas.

Pasé el resto del día descansando entre los arbustos. Me sentía demasiado fatigado para proseguir el camino.

En ese tiempo no vi persona alguna, ni el menor signo de presencia marciana. Y a pesar de los gestos amigables que hice a dos perros hambrientos con los que tropecé éstos huyeron apresuradamente. Cerca de Rochampton encontré dos esqueletos humanos.

En el bosquecito próximo al sitio había huesos quebrados, y dispersos, de gatos, conejos y una cabeza de carnero. Intenté roerlos, pero no pude saciar mi hambre.

Tras la puesta del sol avancé dificultosamente por la carretera que va a Putney, donde el Rayo Ardiente había hecho su terrible obra. Más allá de Rochampton, recogí patatas apenas maduras, para aplacar el hambre. Desde allí podía ver a Putney y el río. A la luz del atardecer el paisaje se veía desolado: los árboles eran ruinas chamuscadas. Al pie de la colina el río desbordaba y grandes capas de agua estaban teñidas del color de la hierba marciana cubierto todo por un manto de silencio. Cuando pensé con cuánta rapidez se produjo el terrible cambio me sentí lleno de desesperación.

Por un momento temí que la humanidad hubiera sido exterminada y que yo era, de pie en aquel jardín, el único humano sobreviviente. En la cima de Putney Hill vi otro esqueleto, con sus brazos arrancados.

A medida que avanzaba en mi camino me ganaba la certeza que en ese rincón del mundo de no ser por algunos pocos como yo, la raza humana había sido aniquilada. Los marcianos, pensé, siguieron su camino, abandonando la desolada comarca, para buscar alimento en otro sitio. Acaso estuviesen destruyendo Berlín o París, o tal vez avanzaran hacia el Norte...

7
El hombre de Putney Hill

Pasé la noche en el mesón de la cuesta de Putney. Por primera vez desde que dejé Leatherhead, dormí entre sábanas. No describiré las dificultades que tuve para entrar a esa casa a través de una ventana; fue una tarea inútil —pues luego descubrí que la puerta de entrada estaba cerrada sin llave— ni tampoco la búsqueda por las habitaciones de algo de alimento, hasta que perdida toda esperanza, descubrí una corteza de pan roída por ratones y dos latas de piña en conserva. La casa había sido saqueada.

En el desayunador había panecillos y sandwiches olvidados. Los sandwiches estaban descompuestos, pero los panecillos aplacaron mi hambre y con ellos llené los bolsillos.

No encendí lámparas temeroso de alertar a algún marciano que requisara en la noche esa zona de Londres. Antes de aclimatarme a la oscuridad fui de ventana en ventana intentando percibir en la oscuridad algún indicio de su presencia. Dormí poco. Una vez en la cama, reflexioné, ordenando las ideas, cosa que no recordaba haber hecho desde la última disputa con el vicario.

Desde entonces, pasé por una sucesión de difusos estados emocionales, una suerte de receptividad idiota. Durante esa noche, mi cerebro, tonificado por la alimentación ganó claridad y eso me permitió reflexionar.

Una terna de pensamientos venían a mi mente en sucesión: la muerte del vicario, las vandálicas acciones de los marcianos y la suerte corrida por mi esposa. El primero de ellos no dejó en mí sentimiento alguno de horror o culpa. Sabía que entonces fui conducido, inexorablemente a asestarle un golpe, juguete, como era, de una serie de incidentes y circunstancias que conducían a tal resultado. No permanecieron los detalles pero la simple evocación me deprimió.

En el silencio de la noche, con esa sensación de una divina presencia que hace presa de nosotros en momentos de calma y tinieblas, soportaba incólume el examen de conciencia, la expiación que debía tolerar por un instante de ira y enloquecimiento.

Recordé desde el principio el tono que tomó nuestra relación desde el momento que lo encontré acurrucado junto a mí, señalando con su dedo extendido las llamas y humareda que se elevaban de las ruinas de Weybridge.

Fuimos incapaces de entendernos y apoyarnos mutuamente; la suerte no quiso que eso sucediera. De haber podido prever lo que ocurriría, lo habría abandonado en Halliford. Pero como no me fue dado saberlo, no me culpo de nada, desde que mi actitud careció de premeditación. Hablo de tales hechos como lo hago de todo el resto de esta historia, así como sucedieron. Ante la ausencia de testigos, pude no narrarlas, pero lo he hecho a fin que el lector elabore su juicio en libertad.

Librado trabajosamente de la imagen de aquel cadáver, pensé en los marcianos y en el destino de mi esposa. En cuanto a los marcianos carecía de datos y no podía sino imaginar lo sucedido; de mi esposa, también carecía de información. La vigilia se hizo una tortura para mí. Me erguí en el lecho, intentando penetrar las tinieblas, rogué que si había muerto el Rayo la hubiera tocado dándole muerte sin sufrir. Desde la noche de mi regreso de Leatherhead no había rezado.

En momentos de desesperación elevé suplicas, invocaciones fetichistas, formulando ruegos como los paganos hacen conjuros. Pero esta vez oraba con seriedad, implorando fervientemente a la divinidad, de frente a las tinieblas. Noche extraña y más aún por el hecho de que al despuntar la aurora, tras abstraerme con la divinidad, me deslicé fuera como ratón que sale de su cueva, sintiendo ser un animal inferior, tan perseguido como el roedor. Un animal que podía ser acosado y muerto.

Tal vez los marcianos apelaran a Dios con la misma confianza. De seguro, si no extraemos enseñanza alguna de esta guerra, al menos nos inducirá a ser piadosos con esos seres desprovistos de raciocinio que sufren la dominación humana.

Era un día magnífico, la aurora resplandecía hacia oriente, el cielo, pleno de nubes doradas, se cubría de reflejos rosados. En el camino que va desde la colina de Putney hasta Wimbledon, se veían vestigios conmovedores, restos de la derrota que comenzó en la noche del domingo, y empujó hacia Londres a los habitantes de la comarca.

Había un carrito de dos ruedas, con el nombre de Tomás Lobb, verdulero de New Malden; una de las ruedas estaba destrozada y una caja de metal yacía abandonada a su lado; también un sombrero de paja aplastado en el barro seco, y en lo alto de la cuesta de West Hill una serie de vidrios rotos manchados con sangre, junto al bebedero de piedra destrozado.

Sin un plan definido, mis movimientos eran cada vez más vacilantes. Mantenía la idea de ir a Leatherhead, convencido, sin embargo, que, según todas las probabilidades, mi esposa no debía hallarse allí pues, si la muerte no los hubiese sorprendido imprevistamente, debió huir con mis primos a la primera alarma. Imaginé que al menos podría llegar a saber en qué dirección habían huido los habitantes de Surrey. Sólo sabía que ansiaba desesperadamente hallar a mi esposa. Mi corazón penaba con su ausencia y la de los seres humanos, pero no veía claro cuáles serían los medios de encontrarla, y experimentaba los efectos de la prolongada soledad.

Después de pasar a través de un monte talado de árboles y zarzas, alcancé el parque de Wimbledon. Praderas enormes se extendían ante mis ojos.

El espacio aún sombrío se aclaraba en algunos puntos por la presencia de retamas. No vi Hierba Roja. Mientras rondaba entre los arbustos, sin decidir si me atrevería a salir al descubierto, se levantó el sol, inundando todo de luz y vida.

En un pliegue de terreno pantanoso, entre los árboles, había una multitud de renacuajos; me detuve ante ellos. Su obstinación en sobrevivir fue para mí una lección de voluntad.

Entonces tuve la extraña sensación de ser observado. Me volví bruscamente y vi en la espesura una figura agazapada. La figura se irguió, era un hombre armado de un cuchillo. Me acerqué lentamente mientras él me miró, silencioso e inmóvil.

Al aproximarme noté sus ropas tan desgarradas y sucias como las mías. Se diría que había atravesado una cloaca. El cabello, oscuro y largo, caía sobre sus ojos; el rostro tostado y sucio, sus facciones eran tan macilentas que al principio no lo reconocí. Una cuchillada reciente cruzaba la parte inferior de su rostro.

—¡Alto! —gritó cuando estuve a unos diez metros de él.

Me detuve de inmediato.

—¿De dónde viene? —preguntó, su voz era ronca.

Reflexioné, observándolo atentamente.

—De Mortlake —contesté—. Estuve enterrado cerca del foso que cavaron los marcianos junto a un cilindro y logré escapar.

—Aquí no hay alimentos —dijo—. El terreno me pertenece, y toda la colina hasta el río, de allá hasta Clapham, y de aquí a la entrada de las tierras comunales. Hay alimento sólo para una persona. ¿Hacia dónde va usted?

—No sé... —contesté con lentitud—. Permanecí bajo las ruinas de una casa por trece o catorce días. Ignoro qué ha sucedido desde entonces.

Me escuchaba con tono de duda; de súbito se sobresaltó. Su expresión sufrió un cambio.

—No deseo permanecer aquí —dije—. Debo ir a Leatherhead para encontrar a mi esposa.

—Es usted entonces... —dijo tendiéndome la mano—. ¿...Quién vivía en Woking? ¿Así que no lo mataron en Weybridge?

Lo reconocí en el mismo momento.

—¡Usted es el artillero que se ocultó en mi jardín!

—¡Vaya suerte! —dijo—. Somos afortunados.

Acepté la mano que me tendía.

—Yo —continuó—, me oculté en una zanja de desagüe. Pero parece que no han matado a todo el mundo. Cuando partieron, escapé hacia Walton viajando a campo traviesa... Pero..., hace de eso sólo dos semanas... y usted ahora tiene los cabellos cubiertos de canas...

Repentinamente lanzó una mirada atrás.

—Es sólo una corneja —agregó—. En estos tiempos se aprende a reconocer la sombra de los pájaros en vuelo. Estamos muy al descubierto. Vayamos a conversar bajo los arbustos.

—¿Ha visto a los marcianos? —inquirí—. Desde que abandoné la cueva...

—Fueron hacia el otro extremo de Londres —me dijo—. Imagino que acamparon por allá. Por la noche, hacia el lado de Hampstead, se ve el reflejo de sus luces como el resplandor de una gran ciudad. Se les ve moverse en medio de la luz. De día no son visibles. En verdad, hace días que no dan señales de vida.

Contó con sus dedos y dijo:

—Cinco días. Sí... He visto dos que atravesaban Hammersmith cargando un objeto enorme. Y anteanoche... —hizo una pausa y agregó con voz más baja— entre reflejos, vi un objeto ascender muy alto en el cielo. Creo que lograron construir una máquina voladora y ensayan con ella.

Eso me sorprendió.

—¡Ensayando un vuelo!

—Sí —repuso— ¡vuelan!... —e hizo un movimiento de resignación con la cabeza. —De momento nos aliviará su partida. Además —dijo volviéndose hacia mí—, ¿qué mal ve usted en que terminen con la especie humana? Acepto eso. Hemos sido derrotados en toda la línea.

Lo miré sin salir de mi asombro. Podrá parecer extraño pero aún no había cobrado conciencia de la magnitud de la catástrofe, volviéndose ésta evidente tras las palabras de mi interlocutor. Aún conservaba una vaga esperanza que se desvaneció.

Repitió las palabras que expresaban una definitiva convicción.

—¡Nos han vencido!

Y continuó:

—Es asunto terminado. No han perdido más que "uno", sólo "uno". Aterrizaron en buenas condiciones y las más potentes armas de que dispone el mundo no los inquietan. Nos aplastaron. La muerte del que perdieron en Weybridge fue sólo un accidente. Además, sólo han combatido las avanzadas. Continúan llegando... Esas estrellas verdes —aunque hace cinco o seis días que no veo ninguna— aterrizan una a una, noche tras noche. ¡Nada se puede hacer para detenerlos!... Estamos derrotados, vencidos, aplastados...

No respondí. Sentado con la vista fija y la mirada vaga, buscaba inútilmente un argumento, aunque más no fuera falaz y contradictorio para oponer a sus contundentes razones.

—No es una guerra —siguió el artillero—. No lo ha sido nunca, del modo que nunca hubo guerra entre hombres y hormigas.

Bruscamente vinieron a mi memoria detalles de la noche que pasé en el observatorio.

—Es como hombres contra hormigas —insistió—. Las hormigas construyen ciudades y galerías en un sitio cualquiera; viven, guerrean y hacen revoluciones, hasta el instante en que los hombres se cruzan en su camino y las aplastan con el pie. Tal nuestra situación: somos hormigas, con una salvedad...

— ¿Cuál? — le urgí.

— De que somos hormigas comestibles. Durante un tiempo permanecimos en silencio, fuertemente impresionados. Después pregunté:

— ¿Y qué harán con nosotros?

— Eso me he estado preguntando — repuso—. Después de lo de Weybridge, fui hacia el Sur, sin salir de mi sorpresa. Yo no temo el combate. Enfrenté la muerte de cerca una o dos veces; soy soldado, y con seguridad que la muerte no es otra cosa que eso. Sólo quien mantiene la sangre fría puede salvarse. Cuando vi que todo el mundo huía hacia el Sur me dije: "Así pronto escasearán las provisiones", y enfilé en sentido opuesto. Seguí a los marcianos como los gorriones al hombre. Por allá — dijo, agitando el brazo hacia el horizonte— mueren de hambre por cientos y se matan los unos a los otros.

Al percibir la expresión de angustia en mi rostro, se interrumpió.

— A no dudarlo — continuó—, los que tenían dinero lograron cruzar a Francia.

Pareció titubear y disculparse, pero al cruzar con mi mirada, continuó:

— Aquí no hay carencia de provisiones. Los almacenes tienen vinos, conservas, aguas minerales. Cañerías y conductos de agua están vacíos. Le dije sólo lo que pienso respecto de nuestros enemigos: debemos actuar contra seres inteligentes que cuentan con nosotros para servirles de alimento. Al principio van a destruir todo: buques, máquinas, ciudades, todo lo que está organizado. Pero todo eso tendrá fin. Si tuviésemos el tamaño de hormigas, podríamos librarnos fácilmente; pero no siendo así, ¿cómo oponernos a ellos? Es un hecho indiscutible, ¿cierto?

Asentí.

— Pues bien, sigamos adelante. Ahora nos atrapan con facilidad. Un marciano sólo debe recorrer unos kilómetros para encontrarse con una muchedumbre en huida. Un día vi en Wandsworth uno de ellos que demolía las casas y buscaba entre las ruinas. Pero no continuarán con esto. No bien hayan silenciado nuestra artillería, ferrocarriles y buques, cuando hayan concluido con los que todavía resisten, nos cazarán como ganado, de manera sistemática, seleccionando los mejores como alimento y creando reservas en jaulas y corrales. ¡Dios! ¡Todavía no han comenzado con nosotros!, ¿me entiende?

— ¿Que aún no han empezado? — exclamé.

—Pues no. Cuanto ha sucedido hasta aquí es porque no nos mantuvimos quietos, nos ocupamos de molestarlos con cañones y demás tonterías. Se produjo la desbandada, cuando hubiera sido menos peligroso quedarse en nuestras casas. Aún no desean ocuparse de nosotros. Fabrican aquellos elementos que no les fue posible traer, acondicionándolos para los que vendrán mas tarde. Quizá por eso no cae ningún cilindro de momento o por temor a chocar con los que cayeron. En lugar de correr a ciegas, vociferando, e intentar hacerlos volar con dinamita, deberíamos adaptarnos al nuevo estado de cosas. Esto es lo que opino. No estará de acuerdo con lo que el hombre ambiciona para la especie, pero se ajusta a los hechos, y según estos principios rijo mis actos. Las ciudades, las naciones, la civilización, el progreso..., todo eso llegó a su fin. La farsa fue representada. Hemos sido derrotados.

—Pero si es así, ¿de qué sirve vivir?

Durante unos segundos el artillero me miró con fijeza.

—Es evidente —repuso—. Por miles de años no habrá ni conciertos, ni salones de pintura, ni grandes banquetes en los restaurantes. Si usted habla de las diversiones, me temo que ya no abundarán. Si posee modales delicados, si le repugna ensartar la carne con cuchillo, por ejemplo, o si le es chocante que se pronuncien incorrectamente las palabras, deberá olvidarse de todo eso, pues en esta situación carece de la menor utilidad.

—¿Usted quiere decir que...?

—Digo que los hombres de mi tipo vivirán para preservar la especie... Le aseguro que estoy decidido a vivir, y si no me equivoco, también a usted le obligarán a mostrar lo que vale y será como yo. No podrán exterminarnos a todos y no tengo la intención de permitir que me atrapen, no quiero ser criado, alimentado y cebado como pavo de Navidad. ¡Imagine el placer de permitir que nos devoren esos reptiles!

—Pero usted no afirmará que...

—Sí, hombre, sí. Mis planes están trazados; he resuelto la dificultad. La humanidad ha sido vencida. Nada sabemos y en lo sucesivo tendremos que aprender todo. Mientras tanto, será necesario vivir y defender nuestra libertad, ¿comprende? Eso es lo que debemos hacer.

Lo miré, impresionado por sus enérgicas palabras.

—¡Dios mío! ¡Habla usted como un hombre! —dije, estrechándole la mano con fuerza.

—Bien pensado, ¿no es así? —me dijo con los ojos llenos de orgullo.

—Prosiga —le urgí.

—De modo que aquellos que escapen a la muerte deberán prepararse. Por mi parte, lo hago. Comprenda bien esto: no todos estamos en condiciones de comportarnos como bestias, y eso es lo que ocurrirá. Por eso lo recibí con reservas. Tenía mis dudas: usted es flaco y alto. Además, no lo reconocí e ignoraba que usted hubiese atravesado una terrible experiencia. La gente que habitaba estas casas y esos infelices empleaditos de las afueras no valen mucho. Carecen de fuerza y valor, ideas o grandes deseos, y dígame si un hombre de tales características hará algo que no sea temblar y esconderse.

Los he visto por centenares, arrastrándose cada mañana rumbo al trabajo, con su almuerzo bajo el brazo, corriendo apresurados para alcanzar los trenes, temerosos de volver si no llegaban a tiempo; agotados por la fatiga tras labores cuyo sentido no se preocupaban por conocer y por la noche, volvían a sus hogares temerosos de no llegar a tiempo esta vez para cenar, sin asomarse a las calles tras hacerlo por temor, durmiendo con mujeres con las que se casaban, no porque las amaran, sino porque les aportaban algo más de dinero, asegurándose una mezquina existencia que garantizaba la seguridad de sus miserables vidas, guardando en cajas secretas algunos centavos, temerosos de alguna enfermedad o accidente imprevistos.

¡Y los domingos a la iglesia!, para ahogar el miedo al Más Allá, ¡como si el infierno alojara conejos! Para esta gente los marcianos serán una bendición: jaulas amplias, alimento abundante, crianza solícita, y esto sin preocupaciones... Luego de unas semanas a través de los campos, al sentir el vientre vacío se dejarán atrapar de muy buena gana. En poco tiempo estarán satisfechos y se preguntarán con asombro cómo se las arreglaba la gente en la Tierra antes de la llegada de marcianos.

Y los borrachos y los holgazanes..., ¡los veo desde aquí! Sí; ¡los veo...! —exclamó con una suerte de disfrute—. Dispondrán de calma y religión. Muchas cosas estaban delante de mis narices y sólo ahora las comprendo claramente. Hay tal cantidad de gente, gorda, estúpida, que aceptará los hechos como sean; otra se atormentará con la idea que el mundo no funciona adecuadamente y es necesario hacer algo.

—Ahora bien, toda vez que los hechos exigen acción y mucha gente siente la necesidad de participar, los débiles y aquellos que se debilitan de tanto reflexionar, acaban aceptando una religión abúlica, piadosa y profundamente espiritual, y se someten a la persecución pues dicen que es la voluntad del Señor. Usted ya lo habrá observado. Así, la energía necesaria para afrontar los hechos deviene terror y sumisión. Las jaulas en las que los encierren arderán en salmos y cánticos piadosos y los menos simples se darán al... erotismo. Así le llaman ustedes, ¿no es cierto?

Se detuvo un instante para agregar:

—Con seguridad los marcianos tendrán sus favoritos entre ellos: quizá instruyan a algunos de ellos y hasta se apiaden de la suerte de un pobre niño mimado que deberían usar como alimento. Quizás adiestren a algunos hombres selectos para la caza de humanos.

—No —exclamé—, eso no es posible. Ningún ser humano...

—¿Para qué insistir con esto? —dijo el artillero—. Muchos, créame, lo harían a gusto. Es tonto sostener lo contrario.

Cedí a su argumentación.

—Si se atreven conmigo —dijo—. ¡Dios! ¡Si se atreven! —y se entregó a una sombría meditación.

Yo también pensaba en tales cosas y no hallaba argumentos para refutarle. Antes de la invasión, nadie que me conociese hubiera dudado de mi capacidad intelectual —yo un conocido escritor de temas filosóficos y él un soldado común—, sin embargo, este hombre resumió rápidamente la situación cuando apenas empezaba a entenderla...

—¿Qué hará? —le pregunté—. ¿Cuáles son sus planes?

Dudó antes de responder y al fin dijo:

—¡Y bien! ¿Qué haremos? Será necesario generar un comportamiento que le permita al hombre sobrevivir, reproducirse y procurarse seguridad para criar a sus descendientes. Aguarde y le diré con claridad lo que creo debe hacerse. Todos aquellos a los que los marcianos domestiquen, en poco tiempo serán como los animales de esa condición. Después de unas generaciones engordarán y se verán hermosos, poseerán sangre enriquecida y un cerebro de idiota, es decir, nada que posea valor.

El peligro que acecha a los que preserven su libertad es el de descender al salvajismo, mutando en una suerte de rata salvaje de gran talla... Deberemos sobrellevar una vida subterránea, ¿comprende? He pensado en las cloacas como refugio. Quienes no las conocen las verán como algo horrible; bajo el pavimento de Londres se extienden muchos kilómetros de galerías. Unos días de lluvia intensa en la ciudad abandonada bastarían para convertirlas en agradables moradas. Los canales principales son amplios y aseados como para conformar a los más exigentes. Además, están los sótanos, bóvedas y almacenes subterráneos, que se comunicarán con las cloacas mediante conductos no muy difíciles de construir; y los túneles y vías subterráneas del Metro y ferrocarriles. ¿Qué opina de esto? ¿Comienza a verlo? Formaremos un núcleo de hombres fuertes e inteligentes, sin el estorbo de incapaces. ¡Los débiles, fuera...!

—Por eso me amenazó en un comienzo.

—No, hombre,... era para iniciar la charla...

—Continúe...

—Aquellos que sean admitidos deberán obedecer. Necesitaremos mujeres fuertes e inteligentes, madres con capacidad de educadoras. No damas bellas, coquetas y sentimentales, ni lánguidas miradas. No necesitamos incapaces, ni estúpidos. De pronto la vida es de nuevo real. Los inútiles, los que estorban, los malhechores, perecerán. Deberán morir, sí; morir de buen grado. Después de todo, hay deslealtad en esa obstinación por vivir cuando esto perjudica a la especie humana, máxime cuando aún se puede ser dichoso.

Morir no es cosa tan terrible como se dice; es el temor lo que hace pavorosa a la muerte.

Nos reuniremos en esos sitios. Londres será nuestro distrito y campamento. Hasta podríamos organizar vigilancia con el fin de disfrutar al aire libre, jugando críquet, por ejemplo, cuando los marcianos se hallen lejos.

Sólo de tal forma sobrevivirá la humanidad, ¿no le parece?, ¿no es posible esto? Pero salvar la raza no significa nada, pues sólo se trataría de convertirse en ratas. Lo fundamental es conservar el saber e incrementarlo. Aquí las personas como usted serán útiles. Hay libros, máquinas. Buscaremos sitios protegidos, ocultos y reuniremos todos los libros que podamos; nada de tonterías, novelas o poesía, sólo libros acerca de ideas y ciencia. Podría hacerse una visita al British Museum para acarrear libros de esa índole. Deberíamos mantener nuestros conocimientos científicos y enriquecerlos. Observaremos a los marcianos. Algunos de los nuestros lo harán, cuando todo esté organizado; yo lo haría. A fin de observarlos de cerca, deberíamos permitir que nos atraparan. Pero lo importante será no hostigarlos; no robar nada. Si se les encuentra, eludir el combate. Demostrarles que no albergamos intenciones hostiles. Ellos son seres inteligentes y no tienen carencias. Por eso evitarán acorralarnos y nos considerarán inofensivos.

El artillero calló y puso su bronceada mano sobre mi brazo.

—Después de todo —prosiguió—, acaso no debamos esperar mucho, hasta que... Imagine esto: cuatro o cinco de sus máquinas de combate en acción, disparando el Rayo a diestra y siniestra pero sin marcianos. Imagine usted, en vez de marcianos dentro de las máquinas, a hombres que han aprendido a operarlas. ¿Por qué no habré de ver algo como esto, hombres así...? ¡Figúrese poder manejar esos aparatos con el Rayo lanzado a discreción, y pasearse dentro de él! ¿Qué importaría, después de tal acto de heroísmo, que a uno lo destrocen? El asombro de los marcianos no tendría límite. ¿Los imagina usted? Puedo imaginarlos corriendo, tratando de llegar a sus máquinas para contraatacar. Pero sus máquinas estarían desmontadas por nuestra acción. Y en el momento en que recurrieran a ellas, el Rayo actuaría en su contra y el hombre reconquistaría su lugar en la Tierra.

La audaz imaginación del artillero y su tono seguro y valeroso se hicieron eco en mi ánimo por cierto tiempo. Admitía, sin titubeos, sus cálculos respecto al destino de la raza humana y la posibilidad cierta de concretar sus valerosos planes.

Conversamos durante buena parte de la mañana, y luego de salir del escondite y escrutar el horizonte para prever el retorno de los marcianos fuimos a toda prisa a la casa de Putney Hill, donde tenía su refugio.

Instalado en uno de los sótanos, cuando vi el trabajo que hizo en una semana, un boquete de apenas diez metros, a través del cual intentaba llegar a una importante galería de cloacas, tuve un indicio del abismo que separaba los sueños de su enorme voluntad. Yo hubiera podido hacer eso en un día; sin embargo, tuve suficiente fe como para colaborar con él en la excavación durante el resto de la mañana y parte de la tarde.

Disponíamos de una carretilla y amontonábamos la tierra junto a la hornilla de la cocina. Reparábamos fuerzas con alguna lata de conservas y bebiendo vino. Después del desalentador efecto de todo lo ocurrido, experimentaba gran alivio integrado a aquella labor. Examiné sus planes y aunque surgieron dudas y objeciones, proseguí el trabajo, pues era placentero para mí accionar con un determinado objeto. Pero poco a poco comencé a pensar en la distancia que nos separaba de la cloaca y las probabilidades que había de llegar hasta allí. Me sorprendió pensar por qué razón excavábamos aquel túnel cuando resultaba sencillo introducirnos por alguna de las cloacas cavando desde allí una galería que llegase hasta la casa. Me pareció que el escondite no era el más adecuado y que para acceder a él era necesario un fatigoso e inútil rodeo del túnel imaginado. Pensaba en esto cuando el artillero apoyado en su pala me dijo:

—¡Esto es trabajar! ¿Qué le parece si descansamos un momento? Creo que es tiempo de hacer un reconocimiento desde el techo.

Opiné que debíamos continuar el trabajo y, luego de vacilar, tomó de nuevo la pala. Algo se me ocurrió y me detuve: también él dejó de trabajar.

—¿Por qué se paseaba esta mañana por las tierras comunales, en lugar de estar aquí? —le pregunté.

—Tomaba algo de aire, y volvía aquí. En la noche se está seguro.

—Pero... ¿y su trabajo?

—¡Oh, no se puede trabajar siempre! —dijo.

Esto fue suficiente para juzgar al ocasional compañero. Titubeó, siempre apoyado en la pala.

—Deberíamos hacer un reconocimiento ya —dijo—, porque de acercarse alguien percibiría el sonido de las herramientas y nos tomaría por sorpresa.

Como no quería discutir subí con él y desde la escalera de acceso al techo observamos los contornos. No se veían marcianos por ningún lado y nos aventuramos sobre las tejas, deslizándonos hasta la pared que nos protegía.

Los árboles ocultaban una gran porción de Putney, pero veíamos, más allá del río, el movimiento de la Hierba Roja y las partes bajas de Lambeth cubiertas por el agua. La variedad trepadora de la Hierba Roja abrazaba los árboles que rodeaban el viejo palacio, y sus ramas se extendían muertas y descarnadas, cargadas de hojas secas en medio de la maraña.

Era curioso ver cómo aquellas dos especies de vegetales requerían de agua para propagarse. Los cítisos, rosales y otras plantas crecían verdes, brillantes, en medio de macizos de hortensias. Más allá de Kensington, una espesa humareda se elevaba en medio del crepúsculo azulado, impidiendo ver las colinas del Norte.

El artillero habló de la clase de gente que quedaba en Londres.

—Una noche de la semana pasada —dijo—, algunos locos restablecieron la luz eléctrica en Regent Street y el Circus. Pronto se apretujó allí una muchedumbre de harapientos borrachos y hombres y mujeres que bailaron, vociferando hasta la aurora. Me contó esto alguien que lo presenció. Al llegar el día, una máquina marciana de combate, erguida en la sombra, los observaba con curiosidad. Sin duda estaba allí desde hacía tiempo. Avanzó capturando un centenar de personas ebrias o demasiado aterrorizadas para escapar. ¡Incidente burlesco y trágico de un tiempo alterado, que ningún historiador podrá narrar fielmente!

Por medio de preguntas intencionadas lo hice hablar de sus proyectos. El entusiasmo se apoderó de él, y expuso con tanta vehemencia y locuacidad su plan para capturar una máquina de combate que llegué a aceptar lo que decía.

Empezaba a penetrar la verdadera índole de su arrojo y ahora comprendía por qué sostenía que los procedimientos debían llevarse a cabo con extrema cautela. Además, ya no habló de apoderarse personalmente de la gran máquina, y de servirse de ella para acabar con los marcianos.

Volvimos al sótano sin parecer dispuestos a continuar nuestro trabajo y, cuando me propuse preparar la comida, acepté inmediatamente. De pronto se mostró generoso; finalizada la comida, salió, volviendo rato después con unos excelentes cigarros. Encendimos uno cada uno. Su optimismo se encendió de nuevo. Consideró mi llegada un augurio de buena suerte.

—En el sótano vecino hay champaña —dijo.

—Este borgoña nos permitirá continuar nuestro trabajo —le respondí.

—De ninguna manera Usted es mi huésped. ¡Santo Dios!, tenemos por delante una gran labor. Concedámonos algo de reposo para acumular energías. ¡Mire estas ampollas!

Con su idea de concederme una tregua, insistió en que jugáramos una partida de naipes. Me enseñó diversos juegos, y luego de repartirnos Londres, adjudicándose él la orilla izquierda y dejándome la derecha, jugábamos cada barrio. Por ridículo que suene esto a un lector cuerdo, el hecho sucedió así, y lo que es más sorprendente, es que ese juego y otros me parecieron interesantes. ¡Sorprendente condición la del hombre! La especie amenazada de exterminación, o de espantosa degradación.

Sin otra perspectiva ante nosotros que la de una horrible muerte podíamos, sin embargo, sentados tranquilamente, bebiendo y fumando, distraernos con la suerte de unos trozos de cartulina pintada, bromeando con placer.

Enseguida me enseñó a jugar póquer, y luego gané tres largas partidas de ajedrez. Cuando llegó la noche, nuestro optimismo era tan grande que nos arriesgamos a encender una lámpara.

Tras la interminable sesión de juegos cenamos, y el artillero acabó la champaña. Continuamos fumando cigarros, pero ya no había rastros del valeroso hombre que iba a dedicar sus fuerzas a rescatar la especie humana del desastre al que había escuchado la mañana de ese mismo día.

Su optimismo persistía pero ahora era más calmo y reflexivo. Recuerdo que propuso, en discurso incoherente, beber a mi salud. Tomé un cigarro y fui a los pisos superiores para intentar observar los verdes resplandores de que me había hablado.

Ya arriba, miré hacia el valle de Londres. Las tinieblas cubrían las colinas del Norte; las llamas que ascendían desde Kensington enrojecían el cielo y, de tanto en tanto, una llamarada amarillenta crecía y se desvanecía en la noche azul. El resto de la inmensa ciudad estaba a oscuras.

Entonces, vislumbré una claridad extraña cerca de mí, una suerte de fluorescencia, de pálido violeta purpúreo, que el viento de la noche conmovía. Por un momento no supe que era lo que la causaba, hasta que descubrí que debía ser la Hierba Roja.

Al darme cuenta se despertó mi curiosidad, que sólo permanecía dormida, recuperé el sentido de la proporción de las cosas. Mis ojos buscaron en el cielo el planeta Marte, que resplandecía rojo y claro al Oeste. Luego miré las tinieblas que cubrían Hampstead y Highgate.

Atormentado el espíritu por las emociones, permanecí en el techo largo rato. Recordaba mis cambiantes estados de ánimo, desde la necesidad de orar que sentí la noche anterior, hasta esta transcurrida en un tonto juego de naipes. Me sentí lleno de remordimientos y arrojé lejos el cigarro, en un simbólico gesto de destrucción.

Mi locura cobró un perfil monstruoso y desmesurado. Creí había traicionado a mi esposa y a la especie. Decidí abandonar al soñador de quimeras, a su glotonería, e ir a Londres. Allá, me decía, tendré posibilidades de saber qué hacen los marcianos y qué suerte corren mis semejantes. Todavía estaba acostado en la azotea, cuando la luna se elevó en el cielo.

8
Londres muerta

Después de dejar al artillero, bajé la cuesta y, tomando por la calle High, crucé el puente de Lambeth. Estaba casi intransitable por los tupidos follajes de Hierba Roja, que comenzaban a blanquear, atacados por la peste que los destruiría.

Cerca de la estación de Putney encontré un hombre en el suelo. Estaba vivo, totalmente cubierto de polvo negro como un deshollinador, y además ebrio, al punto de no poder tenerse en pie ni hablar con claridad. No obtuve de él otra cosa que injurias y amenazas por lo que seguí mi camino.

Por todas partes había una capa de polvo negro, que al llegar al Fulham se volvió muy espesa. Una calma inquietante reinaba en las calles. En una panadería encontré un pan duro, ácido y mohoso, pero aún comestible. Del lado de Walham Green había desaparecido el polvo negro y pasé ante un grupo de casas en llamas. El ruido de las llamas fue música para mí, en medio de tanto silencio. Seguí hacia Brompton, y volví a deprimirme por el silencio ominoso.

No había caminado mucho cuando vi nuevamente el manto de polvo negro, cubriendo los cadáveres en las calles. Conté doce de ellos a lo largo de la calle principal. Debían estar allí desde varios días atrás. Por eso no me detuve.

El polvo negro desdibujaba el contorno de las formas inertes. Algunos habían sido devorados parcialmente por los perros. En los lugares donde el polvo negro llegó, había tiendas cerradas, casas silenciosas, persianas bajas. La calma recordaba un domingo de la City. En ciertos sitios los saqueadores dejaron huellas de sus tropelías, junto a los almacenes de comestibles y tabernas. La vidriera de una joyería había sido rota, pero el ladrón sin duda se vio sorprendido pues algunas cadenas de oro y un reloj habían caído en la acera. No los toqué. Algo más lejos, una andrajosa mujer yacía en un umbral; una de sus manos, laxa, estaba herida malamente y la sangre manchaba los harapos. El contenido de una botella de champaña rota había formado un charco a su alrededor. Parecía dormitar. Pero estaba muerta.

Cuanto más avanzaba hacia el centro de Londres, más profundo se hacía el silencio. No temía la muerte, como la espera de acontecimientos futuros que se mantenían en exasperante suspenso. En cualquier momento los invasores, que arrasaron los suburbios del noroeste de la metrópoli y destruido Ealing y Kilburn se lanzarían sobre aquellas casas convirtiéndolas en ruinas humeantes.

En las calles de South Kensington no había cadáveres ni polvo negro. No lejos de allí escuché una suerte de aullido que llegó hasta mí en forma casi imperceptible al comienzo. Era un sollozo alternado en dos notas: u... i... uuu... iii ... Cuando crucé las calles que iban hacia el Norte, las notas fueron cada vez más agudas, a pesar que el grupo de casas y edificios parecían amortiguarlas y deformarlas. Cuando llegué a la calle Exhibition las oí en toda su amplitud. Me detuve, mirando hacia Kensington Gardens, preguntándome qué sería aquel raro y lejano quejido. Imaginé que la enorme masa de edificios había hallado una voz que expresara su soledad.

—¡Auu... iii! ... ¡Auu... iii!.. ¡uuu... iii!. —gemía la voz sobrehumana y el aullido se desplazaba en oleadas sonoras corriendo por la larga calle bañada de Sol, entre los altos edificios.

Viré a la izquierda, en dirección a las rejas que cierran Hyde Park. Estuve tentado a entrar en el Museo de Historia Natural y subir hasta las torres, desde donde podría observar lo que ocurría en el parque. Pero resolví quedarme donde estaba ya que allí era más fácil encontrar refugio, y me interné en Exhibition. Las confortables mansiones que bordean la amplia vía estaban abandonadas y silenciosas, y el eco de mis pasos sonaba fuertemente. En un extremo de la calle, cerca de la verja de entrada al parque había un ómnibus volcado y un caballo con su osamenta descarnada. Me detuve un instante y luego proseguí hasta el puente de Serpentine. La voz era más intensa y cercana.

—¡Auu. iii! ... ¡Uuu... iii! ... ¡Auu... iii!. —gemía, y según me pareció, venía de las cercanías de Regent's Park. Su tono doloroso impactó sobre mi ánimo, y la sobreexcitación que me había sostenido hasta entonces, se interrumpió. El lamento me sobrecogió. Descubrí que me sentía agotado, los pies doloridos, atormentado nuevamente por la sed y el hambre.

Debía ser mediodía pasado. ¿Por qué razón vagaba solo por las calles de una ciudad muerta? ¿Por qué conservaba la vida cuando Londres entero cubierto por un negro sudario, iba a ser inhumado? La soledad se volvió insoportable. El recuerdo de los amigos que había olvidado desde años irrumpió en mi memoria. Pensé en el veneno que almacenaban las farmacias y en los licores en las bodegas de tabernas. Recordé a los otros dos seres uno borracho, la otra muerta que parecían compartir la ciudad conmigo.

Atravesando el Arco de Mármol alcancé calle Oxford. Otra vez polvo negro y cadáveres. Un hedor pestilente venía de los respiraderos en los sótanos de algunas casas. En la extensa caminata, el calor exarcebó mi sed. Tras una búsqueda, entré en una taberna donde hallé comida y bebida. Después de comer me sentí fatigado y entré en un saloncito vecino a la sala común. Allí había un sofá donde me tendí, quedándome dormido.

Cuando desperté, el sombrío quejido sonaba aún en mis oídos. La noche caía. Me proveí de panecillos y queso y crucé las plazas silenciosas, rodeadas de palacios, hasta la calle Baker y llegué al fin a Regent's Park.

Desde el extremo de Baker, por sobre los árboles y a lo lejos, vi la cúpula de una máquina marciana. El lamento parecía venir de allí. Pero no sentí terror. Verla en ese sitio me parecía natural. Permanecí observándola y no la vi hacer ningún movimiento. Rígida y erecta continuaba emitiendo el aullido sin que yo pudiera comprender el sentido de esto.

El permanente aullido: ¡Auu... iii!. ¡Uuu... iii! ... ¡Uuu..., me turbaba. Demasiado fatigado para espantarme, lo que sentí, antes que temor era una intensidad curiosidad por conocer la razón del monótono grito.

Avancé a lo largo de Park Road dando un largo rodeo hasta ver la máquina, inmóvil y aullante. Después oí un coro de ladridos y vi venir hacia mí un perro que con su boca aferraba un trozo de carne descompuesta perseguido por otros animales hambrientos. Al verme hizo un brusco viraje para evitarme, temeroso de un nuevo competidor. A medida que se perdían a lo lejos, escuché cada vez con más claridad el prolongado gemido.

A mitad del camino hacia la estación de Saint-John's Wood, encontré los restos de una máquina marciana. En principio supuse que alguna casa se había derrumbado cayendo en medio de la calle, pero al trepar las ruinas, vi, sobresaltado, que el monstruo mecánico había caído entre los destrozos que causara, sus pinzas quebradas y torcidas, su parte delantera abollada como si se hubiese estrellado contra la casa siendo aplastada bajo el derrumbe; pensé que el mecanismo había quedado fuera del alcance del marciano que la comandaba. Escalar las ruinas para observarlo de cerca era peligroso. Desde donde me encontraba, vi que unos perros lo habían desgarrado a dentelladas.

Sorprendido y maravillado seguí mi camino a Primrose Hill. Por entre un claro del follaje, percibí la silueta de otro marciano, de pie y silencioso, en las cercanías del Jardín Zoológico.

Algo más allá de los restos de la máquina, mis pies se enredaron en la Hierba Roja. El canal Regent´s era una masa esponjosa de vegetales bermejo oscuro. Los aullidos cesaron de improviso, en el momento en que cruzaba el puente.

Las altas casas a mi alrededor se veían imprecisas y vagas. Los árboles del parque tenían un tono oscuro. En todas partes la Hierba Roja cubría las ruinas, retrocediendo y entrecruzándose como para sumergirse dentro de ellas. La noche me rodeaba. Mientras escuché el quejido la soledad y la desolación fueron tolerables; con él, Londres debía tener algo de vida aún, y esa ficción me sostuvo. Al cesar sentí la presencia de la muerte a mi alrededor.

Como si la ciudad me mirara con ojos de espectro las ventanas me parecían órbitas en cráneos, y mi imaginación engendra enemigos silentes. El terror, el horror por mi temeridad, me invadieron. La calle se oscureció como si la hubiera cubierto una súbita oleada de alquitrán y en el centro de ella percibí vagamente una silueta retorcida sobre sí misma. No pude continuar. Doblé en Saint John's Wood y corrí en dirección a Kilburn, lejos de esa insoportable calma. Huyendo de la oscuridad y el silencio, me oculté, hasta pasada la medianoche, en un quiosco de la estación de Harrow Road. Antes que llegara el amanecer recobré el valor. Las estrellas titilaban en el cielo cuando reanudé el camino hacia Regent's Park.

Perdido en el caos de calles, al fin di con la cuesta de Primrose Hill. En lo alto de la colina, erguido contra el fondo de estrellas que se apagaban, un marciano permanecía erecto e inmóvil como los otros que había visto. Impulsado por la insensata voluntad de acabar con todo aquello me acerqué sin tomar precauciones hacia la posición del marciano. En la claridad creciente del amanecer una multitud de cuervos se agrupaba revoloteando alrededor de la cúpula de la máquina. Mi corazón latía con violencia creciente. Eché a correr por el camino.

Atravesé a toda velocidad la maraña de Hierba Roja que obstruía la terraza de St. Edmond's Terrace, sumergiendo mi cuerpo en un profundo charco de agua que escapaba de los depósitos de distribución, y, antes de que el sol apareciera en la línea del horizonte llegué a la pradera. En lo alto de la colina se habían removido grandes porciones de tierra formando un formidable reducto —aquélla era la más grande y la última fortaleza marciana—. Detrás de esas trincheras una fina columna de humo ascendía hacia el cielo. La silueta de un perro hambriento cruzó raudamente la línea del horizonte.

Ya no sentía temor, sólo una demencial exaltación, mientras subía a toda carrera la colina para llegar al monstruo inmóvil. Los cuervos desgarraban a picotazos unos jirones oscuros y blandos fuera de la plataforma.

Subí el terraplén, y de pie en la cima, miré el interior del enorme reducto. En un amplio espacio en desorden yacían los gigantescos mecanismos, entre montañas de materiales y restos de formas extrañas. Esparcidos aquí y allá, en el interior de sus máquinas de guerra, o en las máquinas automáticas, detenidas ahora, una docena de ellos, rígidos y alineados, estaban los marcianos...¡todos muertos!

Ultimados por los bacilos terrestres generadores de contagios y putrefacción, contra los que carecía de defensa su organismo. Habían derrotado a los hombres para ser vencidos por los microscópicos seres que Dios en su infinita sabiduría, esparció sobre la tierra.

Tal el resultado que hubiéramos podido anticipar si el terror no nos hubiese cegado. Los gérmenes infecciosos han hecho pagar, desde un comienzo, su tributo a la especie humana. Desde nuestros antepasados, desde la aparición misma de la vida sobre la superficie del planeta, debido a la selección natural, nuestra especie desarrolló desde entonces anticuerpos. El espécimen humano no es vencido por estos gérmenes, sino tras largo combate, y contra muchos de ellos goza de inmunidad.

Pero en Marte no existen bacterias, y en cuanto los invasores llegaron, tan pronto absorbieron alimentos terrestres, nuestros minúsculos aliados iniciaron su labor de destrucción.

Cuando los examiné ya estaban condenados, muriendo y corrompiéndose. Era inevitable. El hombre pagó al precio de millones de muertes su adaptación a las condiciones del medio ambiente terrestre; le pertenece contra la irrupción de cualquier intruso; le pertenece, pues el hombre no ha vivido ni muerto en vano.

Los marcianos, alrededor de cincuenta, yacían esparcidos en la enorme fosa, sorprendidos por la muerte en circunstancia que debió parecerles incomprensible.

Nadie supuso por entonces la causa de su muerte. Sólo sabíamos de los marcianos que su presencia fue mortífera para los hombres y que ahora habían muerto... Por un instante imaginé que la destrucción de Senaquerib se había reiterado, que Dios, arrepentido, envió el Ángel de la Muerte para que los destruyera en medio de la noche...

Permanecí de pie, observando la excavación. Cuando el Sol iluminó el mundo, mi corazón dio un salto. La fosa estaba oscura. Las máquinas marcianas de potencia y complejidad tan sorprendente, con sus formas tortuosas y raras, se veían siniestras y aún amenazadoras en el paso de la tiniebla a la luz. Una jauría de perros disputaba en torno de los cadáveres, entre las sombras, allá en lo profundo de la cavidad. En el otro borde del foso, la enorme y extraña silueta de la máquina voladora que experimentaban en nuestra atmósfera más densa, cuando la enfermedad y la muerte los detuvo.

Los graznidos me hicieron levantar la cabeza. Miré hacia la inmensa máquina guerrera, que ya no combatiría más, y vi los restos de carne bermeja adherida a los asientos de las máquinas inmóviles. En la parte inferior de la cuesta cubierta por una bandada de cuervos en plena rapiña, los dos gigantes que había visto en la víspera descansaban como los sorprendiera la muerte. El que emitía gritos y llamamientos estaba allí. Posiblemente fue el último en morir, y su gemido se prolongó hasta que se agotara la fuerza que movía su máquina. Los ahora inofensivos trípodes metálicos brillaban intensamente a la luz del amanecer...

Alrededor del foso, rescatada de la definitiva destrucción, la gran metrópoli. Los que no habían visto Londres sino tras el velo de sus brumas, difícilmente imaginen la claridad y belleza que manaba de aquel desierto silencioso.

Hacia el Este, por sobre las ennegrecidas ruinas de Albert Terrace y la aguja quebrada de la iglesia, el sol se veía deslumbrante, en un cielo claro cuando algún ventanal reflejaba sus rayos en la enorme extensión de edificios. Los andenes y grandes oficinas circulares de la estación de Chalk, los espacios cruzados antes por vías negras y brillantes, ahora enrojecidos por el enmohecimiento tras quince días de inactividad recibía a pleno la luz del sol. En ello percibí un poco del misterio inefable de lo bello.

Hacia el Norte, se hallaban Kilburn y Hampstead, con su multitud de casas; al Oeste, la gran ciudad estaba aún cubierta por la sombra, y hacia el Sur, más allá del campamento marciano, vi los fértiles prados de Regent's Park, el Langham Hotel, la cúpula del Albert Hall, el Instituto Imperial y los grandes edificios de Brompton Road se dibujaban con nitidez, mientras las ruinas de Westminster surgían en medio de una leve niebla. Más allá estaban las azules colinas de Surrey y las torres del Palacio de Cristal como luminosas agujas de plata. La masa de St. Paul's era una mancha oscura en el cielo, y en la parte occidental de la cúpula vi un enorme boquete. A la vista de esa extensión de casas, tiendas, iglesias, silenciosa y abandonada meditaba sobre las esperanzas y esfuerzos realizados por miles de existencias que se requirieron para construir aquel arrecife humano, y sabiendo que bien pudo haber sido destruido definitivamente sentí un arrebato emocional y lloré.

El horror había llegado a su fin y ahora sería el tiempo de la reconstrucción. La gente que sobrevivía en las provincias —sin líderes, sin ley, sin alimentos, como rebaño sin pastor— y aquellos miles que huyeran por mar, emprenderían el regreso; la pulsación de la vida, potente y activa, volvería a latir en las calles hoy desiertas y cubriría las plazas abandonadas.

Por devastadora que hubiese sido la destrucción, el destructor había sido detenido. Las montañas de escombro, las chamuscadas estructuras de las casas, tan sombrías fuera de los sitios cubiertos de césped y soleados de la colina, pronto se vería cubierta por el sonido de martillos y las palas.

Pensando en tal cosa, extendí las manos hacia el cielo y di gracias a Dios. "En un año —me dije—, en un año..." Después, con irresistible fuerza, pensé en mi esposa, en la vida de esperanza y ternura que había concluido para siempre...

9
Los escombros

Esta será la parte extraña de mi narración. Recuerdo claramente cada detalle de cuanto hice ese día, hasta el momento en que, de pie en el extremo de Primrose Hill lloré agradeciendo al cielo. Tras eso, hay un largo lapso oscuro en mi memoria... No recuerdo lo sucedido en los tres días siguientes. Luego supe que no fui el primero en descubrir la derrota de los marcianos. Muchos otros vagabundos lo habían hecho la noche anterior.

El primero —un hombre— fue a Saint Martin's-le-Grand, y logró telegrafiar a París. Desde allí, la noticia recorrió jubilosamente el mundo. Un sinfín de ciudades espantadas por la guerra se volcaron a las calles en alegres manifestaciones. Ya se conocía la buena nueva en Dublín, Edimburgo, Manchester, Birmingham, cuando yo estaba parado en la barranca examinando el foso.

Hombres embargados por un llanto de indecible alegría, cantaban, interrumpiendo su labor para estrechar las manos y lanzar vivas, iban rumbo a Londres. Las campanas, que callaron por quince días, proclamaban la nueva en toda Inglaterra. Por las carreteras se comunicaba la inesperada liberación a la gente que rodaba a la ventura en total desamparo. ¡Y los alimentos! Por el Canal de la Mancha, el mar de Irlanda, el Atlántico fluía trigo, pan y carne en ayuda nuestra. Los navíos del mundo entero parecían haber puesto proa a Londres.

De todo eso no conservo recuerdo alguno. Errante en medio de la ciudad, vagué por sus calles, acosado de un acceso momentáneo de locura. Cuando recobré la razón, me hallé entre buena gente que se había ocupado de mí. Durante tres días deambulé sin rumbo fijo a través de las calles de Saint John's Wood. Después me dijeron que lo hice repitiendo frases incoherentes como:

— ¡El último hombre con vida! ¡Hurra! ¡El último hombre...!

Aún acuciados por sus urgencias esa gente me dio asilo protegiéndome de mi propia desesperación y locura. Parece ser que en ese ínterin les conté mi historia en fragmentos incoherentes. Cuando recobré la cordura, me contaron con suma precaución lo que habían averiguado acerca de la suerte corrida por los pobladores de Leatherhead.

Transcurridos dos días de mi encierro, la ciudad y sus habitantes fue aniquilada por un marciano, que la destrozó de extremo a extremo, sin que hubiera provocación, tal como un niño que, por el capricho de hacer alarde de su fuerza, aplasta un hormiguero con su pie.

Sin familia ni hogar, aquellas gentes fueron gentiles conmigo. Solo y triste como me hallaba me soportaron con indulgencia. Los cuatro días que sucedieron a mi curación permanecí con ellos. Durante ese tiempo sentí el deseo cada vez más intenso, de ver, aunque sólo fuese un instante, lo que restara de mi humilde existencia pasada, que tan brillante y feliz fue para mí.

Como era un deseo sin esperanza, una urgente necesidad de alimentar mi espíritu con mi tristeza, estas personas hicieron lo posible para disuadirme. Pero sin poder resistir ese impulso, les prometí que volvería y, lo confieso, me separé de ellos con lágrimas en los ojos para recorrer las calles que días atrás había visto sombrías y desiertas. Ahora estaban llenas de gente que retornaba; en algunos sitios ya había negocios abiertos, y vi una fuente de beber ya funcionando. Recuerdo lo hermoso que parecía el día cuando inicié mi melancólica marcha hacia mi casita en Woking. Y la innumerable masa de gente estaba atareada en mil ocupaciones, se hacía difícil creer que una enorme porción de la población había sido muerta.

Vi rostros pálidos en la mayoría de las personas. Los hombres tenían el cabello largo y enmarañado. Sus ojos eran grandes y brillantes, y en su mayoría iban vestidos aún con ropas harapientas. Era visible un júbilo y energía exultantes, e incluso una feroz resolución. Salvo la expresión de los rostros, Londres parecía una ciudad habitada por mendigos y vagabundos. El pan que nos enviara Francia era distribuido en total confusión. Los escasos caballos que se veían mostraban el marcado relieve de sus costillas. Agentes contratados de hosco aspecto portando un brazalete blanco, se apostaban en las esquinas. No advertí el destrozo hecho por los marcianos hasta llegar a Wellington Street; allí era visible la Hierba Roja trepando por pilares y arcadas del puente de Waterloo.

En el extremo del puente un gran trozo de papel aparecía fijado a un palo, entre la masa de Hierba Roja. Era un afiche del primer diario que reanudaba la publicación, el *Daily Mail*. Compré un ejemplar con un chelín que encontré en mi bolsillo. La mayor parte del diario estaba en blanco y el editor se divirtió llenando la última página con una colección de avisos fantásticos. El resto contenía una serie de impresiones y emociones personales redactadas deprisa, pues el servicio de información no había sido reorganizado.

Nada era nuevo, salvo que en sólo una semana el análisis de las máquinas marcianas había arrojado resultados extraordinarios. Entre otras cosas, se decía —lo que en ese momento no creí— que se había descubierto el "secreto del vuelo".

En la estación de Waterloo había trenes que llevaban gratis a quienes que viajaban de retorno a sus casas. La primera oleada de pasajeros había pasado ya. En el tren, afortunadamente para mí no había demasiados pasajeros, pues no estaba con ánimo de iniciar conversación ocasional alguna. Me instalé en un compartimiento solitario y de brazos cruzados observé por la ventanilla el terrible espectáculo que dejó el combate desigual con los marcianos. Al salir de la estación, el tren correteó por una vía provisional. A cada lado se veían las casas convertidas en ruinas oscuras.

En el empalme de Clapham Junction, Londres estaba cubierto por una espesa capa de polvo del Humo Negro, a pesar de que los últimos días había llovido copiosamente. Parte de la vía había sido destruida y cientos de obreros —empleados sin trabajo y dependientes de comercio— trabajaban junto a los peones ferroviarios con lo que entramos en un riel provisional colocado a toda prisa.

A todo lo largo de la línea, el aspecto de la región era de desolación. Wimbledon había sufrido muchos destrozos, Walton era la menos dañada, dado que sus bosques no fueron presa de las llamas. El Wandle, el Mole y todos los otros arroyos eran enmarañadas masas de Hierba Roja. Los densos bosques de Surrey resultaron demasiado secos para las extrañas plantas marcianas.

Después de pasar la estación de Wimbledon se veía la montaña de tierra removida por el impacto del sexto cilindro. Muchas personas curioseaban allí y las tropas del cuerpo de zapadores trabajaban en el interior. La brisa matutina hacía ondear un pabellón inglés. Por todos lados los sembradíos se veían cubiertos de vegetación escarlata en una combinación de tintes lívidos, surcados de sombras púrpura, desagradables a la vista. La mirada se dirigía aliviada de las ásperas arenas rojizas y el sombrío rojo vegetal hacia el suave verde azulado de las colinas del Este.

En Woking estaba en reparación la línea. Debí descender en Byfleet y tomar el camino de Maybury, atravesando el sitio en que el artillero y yo habláramos con los húsares.

Después vi la campiña en la que me topé con un marciano en medio de la tormenta. Movido por la curiosidad, hice un rodeo para buscar, entre la maraña de Hierba Roja, el sulky volcado. Estaba allí, junto a la blanca osamenta del caballo dispersa y roída. Permanecí un rato contemplando los restos.

Seguí la marcha a través del pinar, abriéndome paso por entre la Hierba Roja, que en algunas partes me llegaba hasta el cuello. El cadáver del hotelero del "Perro Manchado" no estaba en el lugar donde lo había visto. Supuse que fue sepultado. Volví a mi casa, pasando por el College Arms, llegando así a mi aldea. Un hombre, de pie junto a la puerta de su casa, me saludó llamándome por mi nombre, cuando pasé frente a él.

Con leve esperanza, que se disipó prontamente, miré hacia mi casa. La puerta había sido violentada y no cerraba. Al acercarme se abrió lentamente.

De pronto se cerró de un golpe. Las cortinas de mi escritorio se movían por la corriente de aire de la ventana abierta por la que el artillero y yo observamos el amanecer. No había sido cerrada desde entonces. La masa de arbustos aplastados permanecían en el estado en que se encontraban semanas atrás. Entré al vestíbulo y comprobé que la casa estaba desierta. El eco se escuchó en los pasillos vacíos. La escalera tenía una mancha en el sitio en que, empapado por la lluvia, me dejé caer la noche de la catástrofe.

Al subir, vi los rastros de barro de nuestros pasos. Los seguí hasta mi escritorio; bajo el pisapapeles, estaban las hojas del manuscrito que interrumpí la tarde en que cayó el cilindro. Releí la disertación inconclusa. Era un artículo sobre "El desarrollo de las ideas morales y el progreso de la civilización". La última frase decía proféticamente: "Podemos esperar que en el lapso de doscientos años..."

Mi trabajo se detenía allí; recordé la incapacidad para prestar atención en esa mañana, hacía ya un mes. Y el gusto con que interrumpí mi tarea para recibir el *Daily Chronicle* de manos del vendedor; recordé haberme adelantado a recibirlo, alcanzando la verja del jardín, y escuchar con sorpresa su rara historia de "hombres venidos de Marte".

En el comedor encontré, según los dejamos con el artillero, la pierna de carnero y el pan, en estado de descomposición y una botella de cerveza caída. Mi hogar estaba desierto. Entonces comprendí todo la fragilidad de la esperanza que acaricié por tanto tiempo. Algo sucedió en ese momento.

—Es inútil —decía la voz que escuché, sorprendido—; la casa está vacía desde hace más de diez días. No debes atormentarte así. Eres la única sobreviviente. Me sacudió el estupor. ¿Es que pensaba en voz alta? Me volví. A mis espaldas, la ventana continuaba abierta. Me acerqué y miré al exterior. Allí asombrados y temerosos, vi a primo y a mi esposa; lívida y ahogada en llanto, ella emitió un grito ahogado.

—Vine... —dijo—. Sabía... Sabía que...

Llevándose la mano a la garganta, titubeó tambaleándose. Fui hacia ella rápidamente y la tomé en mis brazos...

10
Epílogo

Al concluir mi relato, lamento no haber podido contribuir de una manera aún más eficaz a esclarecer cuestiones que permanecen poco claras, prosiguiendo su discusión. Con una salvedad que se puede hacer, mi especialidad es la filosofía especulativa. Y mis conocimientos de fisiología son reducidos, se limitan a la lectura de uno o dos libros. Pero arriesgaría decir que las hipótesis de Cárver explicando la brusca extinción de los marcianos son lo suficientemente probables para considerárselas como demostradas, y he adoptado tal parecer a lo largo de mi relato.

Sea como fuese, en los cadáveres marcianos sometidos a examen no fueron hallados otros bacilos que aquellos pertenecientes a especies terráqueas. El hecho de que no sepultaran los cadáveres, y que perpetraban matanzas con absoluta indiferencia por sus consecuencias, demuestran su ignorancia de los peligros de la putrefacción. Aunque, parece muy terminante, no constituye en manera alguna un argumento categórico e irrefutable.

Tampoco conocemos la composición del Humo Negro que los marcianos usaron provocando efectos tan letales y el generador del Rayo Ardiente sigue siendo un misterio. Las catástrofes que se produjeron en las investigaciones hechas en los laboratorios de Ealing y de South Kensington, han desanimado a los expertos, quienes ya no se atreven a repetirlas. El análisis espectral del Humo Negro denuncia, sin error posible, la presencia de un elemento desconocido, que produce un grupo brillante de tres rayas en la gama del verde; y tal vez ese elemento se combine con el argón formando un compuesto de efecto inmediato y mortal sobre el torrente sanguíneo. Al lector común, para quien fue escrito este relato, no pueden interesarle especulaciones tan dificultosas de ser comprobadas. Imposibilitados de examinar la espuma pardusca que descendía por el Támesis tras la destrucción de Shepperton, ya no habrá ocasión de hacerlo.

He expuesto los resultados del examen anatómico de los cadáveres marcianos. Examen acotado, dado que fue hecho con restos destrozados por los perros. Todos han visto el magnífico ejemplar, casi completo, conservado en alcohol en el Museo de Historia Natural, o los incontables dibujos y reproducciones que se hicieron; fuera de eso, el interés por su fisiología y estructura es puramente científico.

Algo de más grave y de universal interés es la posibilidad de que los marcianos lancen un nuevo ataque sobre la Tierra. Mi opinión es que no se ha concedido adecuada atención a tal aspecto del problema. De momento Marte permanece en conjunción, pero considero, que toda vez que se halle en oposición deberíamos estar alertas para abortar nuevas tentativas. Creo que será posible determinar la exacta posición del cañón desde el cual enviaron sus proyectiles estableciendo vigilancia permanente en esa zona del planeta, alertas ante la amenaza de una futura invasión.

En tal caso podría usarse dinamita u otro explosivo debería volar el cilindro antes de que enfríe lo suficiente para permitir la salida de los marcianos al exterior, o si no, acabar con ellos a cañonazos apenas se destornillaran la tapa. Me parece que ante el fracaso de su ataque por sorpresa, carecen de esa ventaja. Posiblemente ellos lo vean de igual manera.

Lessing ha dado claras razones para fundamentar su hipótesis de que los marcianos quizás hayan descendido en Venus. Venus y Marte estaban hace siete meses en línea con el Sol, es decir, que desde la óptica de un observador en el planeta Venus, Marte se halla en oposición. Poco después se vio sobre el hemisferio oscuro de Venus un trazo sinuoso y luminoso, y casi al mismo tiempo un rasgo débil y opaco, de sinuosidad parecida, rastreada en una fotografía de Marte. Hay que ver los dibujos que se hicieron de esos signos, para apreciar sus caracteres singularmente idénticos.

Haya o no otra invasión, los hechos nos empujan a modificar por completo nuestras aseveraciones sobre el futuro de la humanidad. Hemos aprendido que nuestro planeta ya no es la morada segura e inviolable del Hombre; nunca podremos anticipar los bienes, o los males invisibles, que pueden llegarnos súbitamente desde el espacio.

Posiblemente, dentro del destino general del universo, la invasión sea de utilidad para el hombre; nos ha despojado de esa serena y confiada fe en el futuro que es la más segura fuente de decadencia. Los inestimables dones a la ciencia, contribuyeron a adelantar la concepción del bienestar común para toda la humanidad.

No sería de extrañar que los marcianos hayan observado a través del espacio la suerte que corrieron sus pioneros, y que, de resultas de tan dura lección, hayan encontrado en el planeta Venus una colonia más segura. De todos modos, durante muchos años continuaremos vigilando a Marte y la ominosa trayectoria de las estrellas fugaces.

No sería exagerado afirmar que el maravilloso desarrollo del saber humano se ha ampliado considerablemente, como resultado de los sucesos pasados. Antes del impacto del primer cilindro, existía la convicción general de que no había vida alguna en la inmensidad del espacio, que no fuera en la mezquina superficie de nuestro planeta.

Ahora vemos más allá. Si los marcianos alcanzaron Venus, podemos suponer que también esto le sea posible a los hombres. Cuando el inevitable enfriamiento del Sol vuelva la Tierra inhabitable, como sucederá alguna vez, bien pudiera ser que la vida que se inició aquí continúe allá en el planeta hermano. ¿Nos veremos obligados a conquistarlo?

Vaga y prodigiosa es la visión de la vida que evoco, yendo desde el pequeño lugar del sistema solar, para llegar a todos los rincones del espacio sideral. Pero es un sueño muy remoto. Por otra parte, la derrota marciana tal vez sea sólo una corta tregua. Tal vez a ellos, y no a nosotros, les esté destinado el futuro. Confieso que la angustia y los peligros de aquellos momentos dejaron en mi espíritu la huella de una permanente sensación de duda e inseguridad.

Sentado en mi estudio, escribiendo estas líneas a la luz de la lámpara, veo otra vez el valle ante mi ventana, incendiado y devastado y siento como si la casa estuviera desierta. Cuando circulo por la carretera de Byfleet por donde pasan los vehículos de los visitantes. Un carnicero con su carro, un obrero en bicicleta, niños camino a la escuela, y de pronto todo se vuelve vago e irreal, y siento que huyo acompañado por el artillero, bajo un silencio amenazador y el aire que quema.

Por la noche veo el Humo Negro oscurecidas las calles bajo su mortaja. Cadáveres deformes destrozados por los perros se levantan en mi camino y me insultan enfurecidos, fantasmas del pasado que retornan para atormentarme. Despierto entonces, helado y amedrentado, en la penumbra de mi cuarto. Cuando voy a Londres me confundo entre las muchedumbres de la calle Fleet y el Strand; camino por las calles que vi silenciosas y desiertas. Entonces acuden a mi memoria las sombras de la ciudad devastada. Me parece extraño, tal como hice en la víspera del día que escribí este capítulo final, ascender a la cumbre de Primrose Hill, y desde allí ver a la enorme cantidad de edificios, difusos y azulados, a través del humo y la niebla, bajo el oscuro cielo. Y descubrir a la gente que pasea por las alamedas de un lado a otro, entre los macizos de flores. Observo a los curiosos que se acercan a la máquina marciana que todavía se encuentra allí. Escucho la algarabía de los niños en sus juegos.

Y recuerdo la vez que lo vi todo con claridad y en detalle, harapiento y silencioso, en el amanecer de aquel último día de gloria...

Y lo más extraño es tomar de nuevo la pequeña mano de mi esposa entre las mías, y pensar inquieto en ese tiempo en que ambos creímos que no volveríamos a vernos.

¡Los marcianos invaden la Tierra!

En mayo de 1938, millones de norteamericanos fueron presa del terror; una emisora de radio transmitió noticias que sobrecogieron sus ánimos: los marcianos habían invadido la Tierra y estaban aniquilando el planeta, abrasando pueblos, reduciendo a escombros ciudades enteras y exterminando todo tipo de fuerzas que osaban hacerles frente. El fin del mundo parecía haber llegado. Durante ocho horas la emisora voceó angustiosamente el parte de guerra de aquella invasión y miles y miles de radioescuchas desalojaron a toda prisa sus hogares intentando distanciarse por todos los medios de aquella amenaza. La policía hubo de trabajar lo suyo para convencer a los asustados ciudadanos, que bloqueaban en su fuga caminos y carreteras, de que habían sido víctimas de un engaño. Ningún marciano de enorme cabeza había bajado a visitarnos. Aquella emisora que sembró el terror estaba retransmitiendo un espacio sobre ese tema. El talento de un joven director de programas especiales, Orson Welles, y el poder de las palabras fueron las causas de aquel pánico colectivo que ha pasado a la historia. Si gran parte del mérito de que aquella ficción se hiciese realidad corresponde a quien la puso en antena. No menores merecimientos recaen en el creador de la idea original y autor de la novela *La guerra de los mundos*, que fue la base del programa. Su nombre era el de Herbert George Wells, escritor de aquella historia cuyas palabras invadieron el mundo.

Esta novela se encuadra dentro del género de la ciencia-ficción junto con *La máquina del tiempo*, *El hombre invisible* o *La visita maravillosa*. En todas ellas parecen coexistir los dos impulsos básicos de la personalidad de su autor: un temperamento esencialmente artístico y una educación o formación científica.

Representan, por tanto, la expresión estética del conflicto interior que él mismo reconocía al escribir: "Soy de temperamento egoísta y romántico; intelectualmente, convencido de que todo lo egoísta y lo romántico debe acabar".

El tema de la novela parece que le fue proporcionado por el comentario de su hermano Frank, que se preguntó qué pasaría si en el apacible escenario de la comarca de Surrey cayeran habitantes de otros planetas. Si bien el asunto o argumento de la novela es la historia de la destructiva invasión de unos marcianos que aterrizan en el Sur de Inglaterra, el tema central, el núcleo conceptual que sintetiza la trama sería la "seguridad ficticia y la fatua vanidad" que caracteriza a la humanidad autosatisfecha.

En este sentido, *La guerra de los mundos* es una denuncia de nuestro mundo. "Pero el hombre es tan vano, tanto le ciega su vanidad, que ningún escritor antes del fin del siglo XIX expresó el pensamiento de que allá lejos la vida intelectual. En caso de existir, se hubiere desarrollado muy por encima del humano nivel", se lee en sus primeras páginas, y el mismo talante de forma más rotunda aparece el epílogo: "Es posible, en los amplios designios del Universo, que no deje al fin de beneficiarnos la invasión marciana; se nos ha arrancado esa confianza tranquila en el porvenir, que es la fuente más segura de degeneración".

Con *La guerra de los mundos*, se inaugura la larga serie de novelas sobre extraterrestres. Es difícil explicar a qué se debe el ansia que nos despierta la duda sobre la existencia de habitantes en otros planetas. Quizá la humanidad siente el deseo de no encontrarse sola en la inmensidad del Universo.

La guerra de los mundos es precursora de todos los libros, películas o reportajes que actualmente proliferan sobre el tema. Su gran virtud no reside en que Wells se anticipase con el Humo Negro a la guerra química o los gases asfixiantes, o que el Rayo Ardiente se haya identificado con el moderno rayo láser. Su grandeza, dejando aparte su portentosa imaginación, proviene de que Wells supo, mirando a las estrellas, conocer mejor la condición humana.

Los primeros
hombres en la Luna

I

El señor Bedford se encuentra con el señor Cavor en Lympne

Ahora que escribo aquí, sentado entre las sombras de los emparrados bajo el cielo azul de la Italia Meridional, me acuerdo, no sin alguna sorpresa, de que mi participación en las asombrosas aventuras del señor Cavor fue, al fin y al cabo, resultado de una mera casualidad. Lo mismo podía haberle sucedido a cualquier otro. Caí en esas cosas en un momento en que me consideraba libre de la más leve posibilidad de perturbaciones en mi vida. Había ido a Lympne, porque me lo había figurado como el lugar del mundo en que sucedieran menos acontecimientos. "¡Aquí, de todos modos — me decía —, encontraré tranquilidad y podré trabajar en calma".

Y de allí ha salido este libro, tan diametral es la diferencia entre el destino y los pequeños planes de los hombres.

Me parece que debo hacer mención, en estas líneas, de la suerte extremadamente mala que acababa de tener en algunos negocios. Rodeado como estoy ahora de todas las comodidades que da la fortuna, hay cierto lujo en esta confesión que hago de mi pobreza de entonces. Puedo hasta confesar que, en determinada proporción, mis desastres eran atribuibles a mis propios actos. Tal vez haya asuntos para los cuales tenga yo alguna capacidad, pero la dirección de operaciones mercantiles no figura entre ellos. En aquella época era aún joven: hoy lo soy todavía en años, pero las cosas que me han sucedido han desterrado de mi mente algo de la juventud. Si en su reemplazo han dejado o no un poco de sabiduría, es cuestión más dudosa.

Casi no es necesario entrar en detalles sobre las especulaciones que me desterraron a Lympne, lugar del condado de Kent. Hoy en día, aun en los negocios, hay una fuerte dosis de aventura. Me arriesgué, y como esas cosas terminan invariablemente por una buena cantidad de dar y tomar, a mí me tocó por último el tener que dar... bastante contra mi voluntad. Aun después de haberme despojado de todo, un atrabiliario acreedor se esmeró en mostrárseme adverso; por último llegué a la conclusión de que no me, quedaba otro recurso que escribir un drama, a no ser que me decidiera a vegetar penosamente con lo que ganara en algún miserable empleo. Sé que nada de lo que el hombre pueda hacer fuera de los negocios legítimos, encierra tantas promesas como las piezas de teatro; tan lo creía así, que desde tiempo atrás me acostumbré a considerar ese drama no escrito, como sustancial reserva para los días tormentosos. Y la tormenta había llegado.

Pronto descubrí que el escribir un drama era un asunto más largo que lo que me figuraba (al principio había calculado hacerlo en diez días), y para buscar un *pied-á-terre* en qué elaborarlo, fui a Lympne.

Consideré como una fortuna el conseguir aquella casita. La alquilé con trato de conservarla tres años si quería; la proveí de unos pocos muebles, y al mismo tiempo que escribía, era mi propio cocinero. Mi manera de ejercer este ministerio habría arrancado severos reproches a un *cordon bleu* profesional: tenía una cafetera, una cacerola para huevos, otra para patatas y una sartén para salchichas y tocino. Con estos utensilios fabricaba la base de mi sustento. Para lo demás, contaba con un barril de dieciocho galones siempre lleno de cerveza, y con los servicios de un puntual panadero que me visitaba todos los días. Aquello no era, quizás darse las comodidades de Sybaris, pero peores días he pasado en mi vida.

Lympne es, ciertamente, el lugar apropiado para quien desee la soledad. Está en la parte cenagosa de Kent, y mi casita se alzaba en la cumbre de un montículo que en otros tiempos había sido un peñasco rodeado por las aguas: desde ella se veía el mar, por sobre los pantanos de Rornney. Cuando llueve mucho, el lugar es casi inaccesible, y he oído decir que el cartero tenía a veces que hacer largos trechos de su camino con el agua a los tobillos. Yo no le vi nunca hacerlo, pero me imagino perfectamente su figura.

Los pocos" cottages" y casas que forman la aldea tienen delante de las puertas una especie de felpudo de mimbres, para que la persona que llegue de fuera se limpie el calzado, lo que da una idea de la calidad del suelo en ese distrito. Dudo que hubiera allí la menor traza de población, si el lugar no fuera un recuerdo ya borroso de cosas muertas para siempre. Aquel fue el gran puerto de Inglaterra en la época de los romanos. Portus Lemanus; y ahora el mar está a cuatro millas de distancia. Al pie de la empinada colina hay una cantidad de pedruscos y trozos de albañilería romana y de ese punto arranca la vieja calle Watling, como una flecha hacia el Norte. Yo solía pararme en la cumbre y pensar en todo aquello: galeras y legiones, cautivos y oficiales, mujeres y mercaderes, especuladores como yo; todo el hormigueo y tumulto que entraba y salía incesantemente de la bahía. Y ahora, apenas algunos trozos de piedra en una costa cubierta de césped, uno o dos carneros… ¡y yo! Y donde había estado el puerto, quedaban los terrenos pantanosos que se extendían en una ancha curva hasta el distante Dungeness, interrumpidos aquí y allá por grupos de árboles y por las torres de las iglesias de las viejas poblaciones medioevales que siguen a Lemanus por el camino de la extinción.

Esa vista de la ciénaga era, realmente, una de las más hermosas que yo había tenido ante los ojos. Supongo que Dungeness estaba a quince millas de distancia: aparecía como una balsa en el mar, y más lejos hacia el Oeste, se elevaban los montes de Hastings bajo el Sol poniente. A veces aparecían cercanos y claros, otras veces, se esfumaban y parecían bajos, y otras, la niebla los hacía perderse completamente de vista. Y la llanura de arena se veía por todas partes cruzada y cortada por zanjas y canales.

La ventana junto a la cual trabajaba yo, miraba por sobre el horizonte de dicha cresta, y por aquella ventana fue por donde mis ojos distinguieron la primera vez a Cavor. Sucedió esto en un momento en que luchaba con el escenario de mi drama, contrayendo mi mente a tan ímprobo trabajo, y lo más natural era que en tales condiciones un hombre de semejante figura atrajera mi atención.

El Sol se había puesto, el cielo estaba límpido, de color verde amarillo, y sobre ese fondo apareció, negra, la singular figura.

Era un hombrecillo de baja estatura, redondo de cuerpo, flaco de piernas, con algo de inquieto en sus movimientos, y se le había ocurrido envolver su extraordinaria inteligencia con una gorra de "cricket", un sobretodo, pantalón corto y medías de ciclista. Ignoro por qué lo haría, pues nunca iba en bicicleta ni jugaba cricket; tal concurrencia fortuita de prendas de vestir se había presentado, no sé cómo. Gesticulaba y movía las manos y los brazos, sacudía la cabeza y soplaba. Soplaba como algo eléctrico. Nunca había oído soplar así. Y de rato en rato se limpiaba el pecho con un ruido, el más extraordinario.

Había llovido ese día, y su espasmódico andar se acentuaba por lo muy resbaladizo que estaba el suelo. Exactamente al llegar al punto en que se interponía entre mis ojos y el Sol, se detuvo, sacó el reloj, y vaciló. Después, con una especie de movimiento convulsivo, se dio vuelta y se retiró dando muestras de estar de prisa, sin gesticular, sino a zancadas largas que mostraban el tamaño relativamente grande de sus pies: recuerdo que el barro adherido a su calzado lo aumentaba grotescamente.

Esto ocurrió el primer día de mi residencia en Lympne, cuando mi energía de dramaturgo estaba en su apogeo, y consideré el incidente sólo como una distracción fastidiosa, como un desperdicio da cinco minutos. Volví a mi escenario; pero, cuando al día siguiente la aparición se repitió con precisión notable, y otra vez al otro día y, en una palabra, cada tarde que no llovía, la concentración de mi mente en el escenario llegó a ser un esfuerzo considerable. "¡Mal haya el hombre! —me decía—. Se creería que estudia para *marionette*"; y durante varias tardes lo maldije con todas mis ganas.

Después, al fastidio sucedieron en mí el asombro y la curiosidad. ¿Por qué, al fin y al cabo, haría eso aquel hombre? A los catorce días ya no pude contenerme, y tan pronto como el sujeto apareció, abrí la puerta-ventana, crucé la terraza y me dirigí al punto en que invariablemente se detenía.

Cuando llegué, había sacado ya el reloj. Tenía una cara ancha y rubicunda, con unos ojos pardos rojizos: hasta entonces no le había visto sino contra la luz.

—Un momento, señor —le dije, cuando se daba vuelta.

Él me miró.

—¿Un momento? —dijo—, con mucho gusto. O si desea usted hablarme más detenidamente, y no le pido a usted demasiado (el tiempo de usted ha de ser precioso), ¿le molestaría a usted acompañarme?

—Nada de eso —le contesté, colocándome a su lado.

—Mis costumbres son regulares; mi tiempo para la sociedad... limitado.

—¿Ésta es, supongo, la hora de usted para hacer ejercicio?

—Ésta es. Vengo aquí para gozar de la puesta de Sol.

—Y no goza usted de ella.

—¿Señor?

—Nunca la mira usted.

—¿Nunca la miro?

—No. Le he observado a usted trece tardes, y ni una vez ha mirado usted la puesta del Sol... ni una.

El hombre arrugó el entrecejo, como alguien que tropieza con un problema.

—Pues... gozo de la luz del Sol... de la atmósfera... camino por esta senda, entro por esa empalizada... —sacudió la cabeza hacia un lado por sobre el hombro— y doy la vuelta.

—No hay tal cosa. Nunca ha estado usted allí; todo eso es palabrería. No hay camino para entrar. Esta tarde, por ejemplo...

—¡Oh, esta tarde! Déjeme usted recordar. ¡Ah! Acababa de mirar el reloj, vi que había estado afuera exactamente tres minutos más que la precisa media hora, me dije que no tenía tiempo de dar el paseo, me volví...

—Siempre hace usted lo mismo.

Me miró, reflexionó.

—Quizá sea como usted dice... ahora pienso en ello... Pero, ¿de qué quería usted hablarme?

—¡Cómo!... ¡De eso!

—¿De eso?

—Sí. ¿Por qué hace usted eso? Todas las tardes viene usted haciendo un ruido...

—¿Haciendo un ruido?

—Así.

E imité su soplido.

Me miró, y era evidente que el soplido despertaba desagrado en él.

—¿Yo hago *eso*? —preguntó.

—Todas las tardes de Dios.

—No tenía idea de ello.

Se detuvo de golpe, me miró.

—¿Será posible —dijo— que me haya criado una costumbre?

—Pues... así lo parece. ¿No cree usted?

Se tiró hacia abajo el labio inferior con el dedo pulgar y el índice, y contempló un montón de barro a sus pies.

—Mi mente está muy ocupada —dijo—. ¿Y quiere usted saber *por qué*? Pues bien, señor, puedo asegurarle a usted que no solamente no sé por qué hago esas cosas, sino que ni siquiera sabía que las hiciera. Ahora que pienso, veo que, es cierto lo que usted decía: *nunca* he pasado de este sitio... ¿Y estas cosas le fastidian a usted?

Sin que me diera cuenta del por qué, algo comenzaba a inclinarme a aquel hombre.

—*Fastidiarme,* no –dije—: pero... ¡imagínese que estuviera usted escribiendo un drama!

—No lo podría.

—Bueno: cualquier cosa que exija concentración.

—¡Ah! Por supuesto...

Y siguió meditando. Su cara adquirió una expresión de desaliento tan grande, que me sentí aún más inclinado hacia él. Al fin y al cabo, hay algo de agresión en preguntar a un hombre a quien no se conoce, por qué sopla en un camino público.

—Vea usted —dijo—: es un hábito.

—¡Oh! Lo reconozco.

—Tengo que desprenderme de él.

—No lo haga usted si le contraría. De todos modos yo no tenía qué hacer... me he tomado una libertad demasiado grande.

—De ninguna manera, señor, de ninguna manera. Debo a usted un gran servicio. Tengo que precaverme contra esas cosas. En lo sucesivo lo haré. ¿Puedo molestar a usted... una vez más? ¿Ese ruido?...

—Una cosa así —le contesté—: Zuzuú, zuzuú. Pero realmente, no sé...

—Quedo muy agradecido. La verdad es que... lo sé ... estoy volviéndome distraído hasta lo absurdo. Usted tiene razón, señor, mucha razón. Cierto, le debo a usted un gran favor. Pero eso acabará. Y ahora, señor, le he hecho a usted venir mucho más lejos de lo que debería.

—Espero que mi impertinencia...

—No hay tal cosa, señor; no hay tal cosa.

Nos miramos un momento. Lo saludé con el sombrero y le di las buenas noches: él me contestó convulsivamente, y así nos separamos.

Cuando llegué a la empalizada, me volví, y le miré alejarse. Su actitud había sufrido un notable cambio: parecía que cojeaba, iba todo encogido. Ese contraste con sus gesticulaciones y resoplidos de antes me parecieron patéticos, por absurdo que parezca. Le contemplé hasta que se hubo perdido de vista. Después, lamentando con toda sinceridad no haberme abstenido de mezclarme en lo que no me importaba, volví a mi casa y a mi drama.

Al día siguiente no le vi, ni al otro. Pero estaba muy presente en mi memoria, y se me había ocurrido la idea de que, como personaje cómico-sentimental, podría serme muy útil para el desarrollo de mi obra. Al tercer día se presentó a visitarme.

Durante largo rato me perdí en conjeturas sobre lo que podía haberle llevado a mi presencia. Inició conversaciones sin importancia de la manera más formal, hasta que, bruscamente, entró en materia: quería comprarme mi casita.

—Vea usted —me dijo—; no le hago el menor reproche, pero usted ha destruido un hábito mío, y eso me desorganiza mi plan de vida cotidiana. Hace años, años, que paso por aquí todos los días. Sin duda he tarareado o soplado diariamente... ¡Usted ha hecho imposible todo eso!

Le insinué que podía tomar otra dirección en sus paseos.

—No, no hay otra dirección: ésta es la única. Ya he averiguado. Y ahora, todas las tardes, a las cuatro... me encuentro sin saber qué hacer.

—Pero, querido señor mío: si eso es para usted tan importante...

—Es de importancia vital. Vea usted, yo soy un investigador. Estoy empeñado en una averiguación científica. Vivo... —hizo una pausa y pareció reflexionar—, exactamente allí —añadió, y con el dedo señaló bruscamente, con gran peligro para uno de mis ojos—: en la casa de chimeneas blancas que ve usted por encima de los árboles. Y mis circunstancias son anormales… anormales. Estoy en vísperas de completar una de las más importantes demostraciones… puedo asegurarlo a usted, *una de las más importantes demostraciones* que se hayan hecho hasta ahora. Eso requiere constante meditación, constante libertad mental, y actividad. ¡Y la tarde era mi hora de más brillo! En la tarde bullían en mi mente las ideas nuevas, nuevos puntos de vista.

—Pero, ¿por qué no continúa usted sus paseos por acá?

—La cuestión sería ahora diferente. Yo pensaría más en mí que en otra cosa, pensaría que usted, escribiendo su drama, me miraría irritado, en vez de pensar en mi obra… ¡No! Es necesario que me seda usted su casa.

Yo medité. Naturalmente, necesitaba reflexionar a fondo sobre el asunto antes de adoptar una decisión definitiva. En aquella época, por regla general, yo estaba siempre dispuesto para los negocios, y el de vender era uno que me atraía siempre; pero en primer lugar, la casita no era mía, y aun en caso de que se la vendiera a un buen precio, tal vez tropezaría con inconvenientes para la entrega de la mercancía si su verdadero propietario olfateaba el negocio; y en segundo lugar, todavía…, todavía no me habían levantado la sentencia de quiebra… El asunto era visiblemente de los que requieren ser manejados con delicadeza. Por otra parte, la posibilidad de que mi visitante anduviera en busca de algún invento valioso, me interesaba. Se me ocurrió que me agradaría conocer algo más de su investigación, no con intenciones aviesas, sino sencillamente porque el saberlo sería un alivio para un dramaturgo atareado. Y eché la sonda.

El hombre se mostró muy dispuesto a informarme, y tanto, que la conversación, una vez empezada, se convirtió en un monólogo. Hablaba como quien se sabe las cosas de memoria porque las ha discutido consigo mismo muchas veces. Habló por cerca de una hora, y debo confesar que se me hizo algo pesado el escucharle. Pero, a través de toda la conferencia, aparecía el tonito de la satisfacción que uno siente cuando da a conocer su propia obra. En aquella primera conversación, alcancé a vislumbrar muy poco de la sustancia de sus trabajos. La mitad de sus palabras eran tecnicismos enteramente extraños para mí, e ilustró uno o dos puntos con lo que se complacía en llamar matemáticas elementales, trazando cifras en un sobre con un lápiz-tinta, en una forma que hacía difícil hasta aparentar que se le entendía. "Sí" —le decía yo—. "¡Sí, continúe usted!" Sin embargo, comprendí lo suficiente para convencerme de que no tenía en mi presencia a un maniático que jugara a los descubrimientos. No obstante su aspecto de loco, había en sus razonamientos una fuerza que desterraba luego esa idea. Fuera lo que fuera, su obra tenía posibilidades mecánicas. Me habló de un taller en que trabajaba, y de tres ayudantes de diferentes oficios, pero adiestrados por él para sus trabajos. Y todos sabemos que del laboratorio de experimentos a la oficina de patentes no hay más que un paso. Me invitó a ver todas aquellas cosas.

Yo acepté inmediatamente, y tuve el cuidado de subrayar mi aceptación más adelante con una o dos observaciones. La proposición de traspaso de la casa quedó, muy acertadamente, en suspenso.

Por último, se levantó para retirarse, pidiendo disculpa por lo largo de su visita: hablar sobre sus trabajos era, me dijo, un placer de que gozaba muy pocas veces; no encontraba a menudo un oyente tan inteligente como yo; sus relaciones con hombres profesionales en ciencias eran muy escasas.

—¡Hay tanta pequeñez! —explicó—, ¡tanta intriga! Y realmente, cuando uno tiene una idea... una idea nueva, fertilizadora... No deseo ser poco benévolo, pero...

Yo soy hombre que creo en los impulsos. En ese instante hice a mi interlocutor una proposición quizás atrevida; pero debe recordarse que hacía catorce días que me hallaba solo en Lympne, escribiendo un drama, y mi pesar por la pérdida que le había hecho sufrir en sus hábitos me mortificaba aún.

—¿Por qué —le dije—, no se haría usted de esto un nuevo hábito, en reemplazo del que yo le he echado a perder? Por lo menos... hasta que podamos arreglarnos sobre la casa. Lo que desea usted, es volver y revolver sus planes en la cabeza; lo ha hecho usted siempre durante su paseo de la tarde. Desgraciadamente, eso se acabó... ahora ya no le es posible a usted volver las cosas a su antiguo estado; pero, ¿por qué no habría usted de venir y hablarme de sus trabajos, emplearme como una especie de pared contra la cual podría arrojar usted sus ideas para recogerlas otra vez? Es un hecho que yo no sé lo suficiente de los proyectos de usted para robarle su idea... y no tengo relación con ningún hombre de ciencia.

Me detuve: él reflexionaba. Evidentemente, la proposición lo atraía.

—Pero temo que sea demasiada molestia para usted —dijo.

—¿Cree usted que no podré comprender?

—¡Oh, no! Pero tecnicismos...

—Sea, como sea, hoy me ha interesado usted inmensamente.

—Claro está que eso sería para mí una gran ayuda. Nada le aclara a uno tanto las ideas como explicarlas. Hasta ahora...

—Mi estimado señor, no diga usted más.

—Pero, ¿puede usted realmente disponer de tiempo?

—No hay descanso comparable al cambio de ocupación —dije, convencidísimo.

El asunto estaba arreglado. Ya en las gradas de mi terraza se dio vuelta.

—Le soy deudor, caballero, por un gran favor que me ha hecho —dijo.

Yo dejé escapar un sonido interrogador.

—Me ha curado usted de ese ridículo hábito de soplar —explicó.

Creo que le contesté, que me alegraba de haberle servido en algo, y se marchó.

El curso de ideas que nuestra conversación había reanudado, debió reasumir inmediatamente su ordinaria vía, pues los brazos de mi visitante empezaron a agitarse como antes, y la brisa me trajo el débil eco del zuzuú...

¡Qué diantre! Al fin y al cabo, aquél no era asunto mío.

Volvió al día siguiente, y al otro día, y me dio dos conferencias sobre Física; con mutua satisfacción. Hablaba con una expresión que denotaba extrema lucidez, de "éter y tubos, de fuerza", y "gravitación potencial", y cosas, como esas, y yo sentado en la otra silla de tijera, le decía: "Sí", "Adelante", "Sigo lo que usted me explica", para hacerle continuar.

El tema era tremendamente difícil, pero no creo que llegara a sospechar hasta qué extremo no le entendía. Había momentos en que dudaba de si estaba empleando bien mi tiempo, pero de todos modos descansaba de mi engorroso drama. De vez en cuando algo brillaba un momento con claridad ante mi mente, pero sólo para desvanecerse precisamente cuando creía tenerlo seguro. A veces, mi atención decaía totalmente, dejaba de escucharle, y me ponía a contemplarle y a preguntarme si, en resumen, no sería mejor utilizarle como figura central de un buen sainete y dejar perder todo lo hecho ya del drama. Y luego, al acaso, volvía a entender fragmentos de lo que me decía.

En la primera oportunidad fui a ver su casa. Era espaciosa y en la clase y disposición de los muebles se notaba negligencia; no había más personas para el servicio que sus tres ayudantes, y su alimentación y demás detalles de su vida estaban caracterizados por una filosófica sencillez. Bebía sólo agua, era vegetariano, y en todo aquello estaba sujeto a una disciplina lógica. Pero la vista a sus materiales de trabajo ponía fin a muchas dudas: aquello parecía en verdad un taller y un laboratorio, desde el sótano hasta las bohardillas; era asombroso encontrar un lugar como aquel en una aldea extraviada. Las habitaciones del piso de abajo contenían bancos y aparatos; el horno y todo el local de la panadería se habían convertido en respetables hornallas, el sótano estaba ocupado por unos dinamos, y en el jardín había un gasómetro. Me lo enseñó con toda la confiada verbosidad de un hombre que ha vivido solo durante mucho tiempo. Su anterior aislamiento le hacía desbordarse en un exceso de confianza, y yo tuve la buena suerte de ser el recipiente de ella.

Los tres ayudantes eran buenos ejemplares de la clase de "hombres útiles" de la cual procedían, conscientes aunque ininteligentes, vigorosos, atentos y de buena voluntad. Uno de ellos, Spargus, que tenía a su cargo la cocina y todo el trabajo en metales, había sido marinero; el segundo, Gibbs, era un carpintero ensamblador, y el tercero, había sido jardinero a ratos y entonces ocupaba el puesto de ayudante general. Los tres no eran otra cosa que peones; todo el trabajo que requería inteligencia lo hacía Cavor. La ignorancia de los tres sobre lo que éste hacia era la más profunda, aun comparada con la confusa impresión que yo tenía de ello.

Ahora, hablemos de la naturaleza de esas investigaciones. Aquí, desgraciadamente, encuentro una grave dificultad. Yo no soy entendido en ciencias, y si fuera a exponer en el lenguaje altamente científico del señor Cavor el objetivo a que tendían sus experimentos, temo que no sólo confundiría al lector, sino también que me confundiría yo, y es casi seguro que diría algún disparate, conquistándome las burlas de todos los estudiantes del país enterados de los progresos de las matemáticas físicas. Creo, por lo tanto, que lo mejor que puedo hacer, es presentar mis impresiones en mi propio lenguaje inexacto, sin tentativa alguna de vestirme con ropajes de conocimientos que no tengo por qué tener.

El objeto de la investigación del señor Cavor, era una sustancia que fuera "opaca" —empleaba además otra palabra que he olvidado, pero "opaca" expresa la idea— a "todas las formas de la energía radiante". "Energía radiante", me explicó, era cualquier cosa como la luz y el calor, o como los rayos Röntgen de que se habló tanto hace un año o algo así, o como las ondas eléctricas de Marconi, o como la gravitación. Todas esas cosas, decía, *irradian* de centros y obran sobre los cuerpos a la distancia, de donde viene el término "energía radiante". Pero casi todas las sustancias son opacas a una forma u otra de la energía radiante. El vidrio, por ejemplo, es transparente a la luz, pero lo es mucho menos al calor, por lo cual se le emplea como pantalla; y el alumbre es transparente a la luz, pero detiene completamente el calor. Por otro lado, una solución de yodina en carbón bisulfido, detiene completamente la luz, pero es bastante transparente al calor: ocultará una luz de la vista de usted, pero permitirá que llegue hasta usted todo su calor. Los metales son no solamente opacos a la luz y el calor, sino también a la energía eléctrica, la cual pasa tanto a través de la solución de yodina como del vidrio, casi como si no los encontrara en su camino. Y así sucesivamente.

Prosigo. Todas las sustancias conocidas son "transparentes" a la gravitación. Puede usted emplear pantallas de varias clases para impedir que llegue a un punto la luz, o el calor, o la influencia eléctrica del Sol, o el calor de la Tierra; puede usted impedir, con hojas de metal, que los rayos Marconi lleguen a tal o cual cosa, pero nada puede cortar la atracción gravitativa del Sol o la atracción gravitativa de la Tierra. Pues bien, ¿por qué no ha de haber algo que sirva para eso? Cavor no se explicaba que no existiera tal sustancia, y yo, ciertamente, no podía decírselo: nunca hasta entonces había pensado en semejante asunto. Me demostró, mediante cálculos escritos en papel y que lord Kelvin, sin duda, o el profesor Lodge o el profesor Karl Pearson, o cualquiera de esos grandes hombres de ciencia habría entendido, pero que a mí me reducían sencillamente a una impotencia de gusano, que no sólo era posible la existencia de tal sustancia, sino que, además, ésta servía para llenar ciertas condiciones de la vida. Aquello fue una sorprendente serie de razonamientos, que entonces me causó mucha admiración y me instruyó mucho, pero que ahora me sería imposible reproducir. "Sí" —decía yo a todo—; "¡sí, continúe usted!" Baste para nuestra historia, saber que Cavor creía ser capaz de fabricar esa posible sustancia opaca a la gravitación, con una complicada liga de metales y algo nuevo —un nuevo elemento, me imagino— llamado, según creo, *hélium,* que le habían enviado de Londres en tarros de hierro, herméticamente cerrados. Ha habido dudas sobre este punto, pero yo estoy casi cierto de que era *hélium* lo que le enviaban en tarros de hierro. Era algo muy gaseoso y tenue.

Si yo hubiera pensado en tomar apuntes...

Pero, dígame, ¿cómo había de prever entonces la necesidad de tomar apuntes?

Cualquier persona con un ápice de imaginación comprenderá los extraordinarios alcances de tal sustancia, y participará un poco de la emoción que sentí cuando esa comprensión surgió para mí del laberinto de frases abstrusas con que Cavor se expresaba. ¡Cómica escena para un teatro; cierto! Algún tiempo transcurrió antes de que me fuera dado creer que había interpretado correctamente lo que me decía, y tuve especial cuidado en no hacerle preguntas que le hubieran permitido medir la profundidad del pozo de ignorancia en que echaba su cotidiana explicación; pero nadie que lea esta historia comprenderá completamente mi estado de espíritu en aquellos días, porque de mi narración insuficiente, será imposible extraer la fuerza de mi convicción de que aquella sorprendente sustancia iba a ser fabricada.

No recuerdo haber dedicado a mi drama una hora de trabajo consecutivo a partir de mi primera visita a su casa. Mi imaginación tenía ya otras cosas en qué ocuparse. Parecía no haber límites para los alcances de la tal sustancia: cualquiera que fuese el objeto a que me imaginara aplicarla, llegaba a milagros y revoluciones. Por ejemplo, si alguien necesitaba alzar un peso, por enorme que fuera, con sólo poner una hoja de esa sustancia debajo, podría levantarlo como se levanta una paja. Mi primer impulso natural, fue aplicar el principio a los cañones y acorazados y a todos los materiales y métodos de guerra, y de eso pasé a la navegación mercante, a la locomoción, a la construcción de casas, a todas las formas concebibles de la industria humana. La casualidad que me había conducido a la misma cuna de los nuevos tiempos —el descubrimiento marcaría una época, seguramente—, era de esas casualidades que se presentan una vez en mil años. La cosa se desarrollaba, se extendía, se extendía...

Entre otras de sus consecuencias, conté mi redención de los negocios. Vi ya formada una compañía principal y compañías secundarias, patentes a la derecha, patentes a la izquierda, sindicatos y *trusts,* privilegios y concesiones, que brotaban y se esparcían, hasta que una vasta, estupenda compañía Cavorita, manejaba y gobernaba el mundo.

¡Y yo pertenecía a ella!

Sin vacilar adopté mi línea de conducta. Sabía que mis pies no estaban habituados a ese terreno, pero cuando es necesario, sé saltar por encima de los obstáculos.

—Tenemos en nuestras manos la cosa decididamente más grande que haya sido inventada —dije y subrayé el *tenemos*—. Si usted no quiere admitirme en el negocio, tendrá que rechazarme a tiros. Desde mañana vendré para servirle de cuarto peón.

Cavor pareció sorprendido de mi entusiasmo, pero sin muestras de sospechas ni hostilidad. Más bien manifestó que se consideraba demasiado favorecido.

Me miró con expresión de duda.

—¿Entonces usted piensa realmente?... —dijo—. ¡Y su drama! ¿En qué queda su drama?

—¡Se ha desvanecido! —exclamé—. ¿No ve usted, mi señor y amigo, lo que me ha caído en las manos? ¿No ve usted lo que va usted a hacer?

Aquélla era una nueva escaramuza retórica, pero positivamente, ¡el hombre no había pensado en eso! Al principio no pude creerlo. ¡No había tenido ni el más remoto germen de tal idea! El asombroso hombrecito había trabajado constantemente con fines puramente teóricos. Cuando decía que su investigación era "la más importante" que el mundo había visto, quería decir sencillamente que ponía en claro tales y cuales teorías, que resolvía éste o el otro punto hasta entonces dudoso: no se había preocupado más de las aplicaciones de la materia que iba a hacer, que si se hubiera tratado de una máquina para hacer cañones. ¡Era una sustancia de existencia posible, y él iba a hacerla! *Voilá tout,* como dicen los franceses.

¡Lo que decía después… era infantil! Si hacía la sustancia, ésta pasaría a la posteridad con el nombre de Cavorina o Cavorita, y a él se le discerniría un título, y su retrato aparecería en *La Nature,* como el de un hombre de ciencia, y todo por ese estilo. ¡Y su vista no iba más allá! Si la casualidad no me hubiera llevado allí, el hombre habría dejado caer esa bomba en el mundo con la misma sencillez que si hubiera descubierto una nueva especie de mosquitos. Y la cosa habría quedado allí, desdeñada o sólo apreciada a medias, como otros descubrimientos de no pequeña importancia que hombres de ciencia distraídos han regalado al Universo. Cuando me di cuenta de esto, yo fui quien hizo el gasto de palabras y Cavor el que decía: "Continúe usted". Me paré de un salto, me puse a pasear por la habitación, gesticulando como un mozo de veinte años. Traté de hacerle comprender sus deberes y responsabilidades en el asunto, nuestros deberes y responsabilidades. Le aseguré que podíamos adquirir suficientes riquezas para poner en práctica cualquier clase de revolución social que imagináramos; que podíamos poseer y mandar al mundo entero. Le hablé de compañía y patentes, y de las garantías para procedimientos secretos. Todo esto parecía tomarle tan de sorpresa, como sus matemáticas me habían tomado a mí. Una expresión de perplejidad apareció en su carita rubicunda, y de su boca salió un balbuceo sobre su indiferencia por las riquezas; pero yo puse todo esto a un lado: tenía que ser rico, y sus balbuceos de nada servían. Le di a entender la clase de hombre que era yo, que había tenido tan considerable experiencia en los negocios. No le dije entonces, que pesaba sobre mí una sentencia de quiebra, porque ésta era temporal; pero creo que concilié mi evidente pobreza con mis pretensiones de conocimiento financiero. Y de la manera más insensible, en la forma en que esa clase de proyectos crecen, surgió entre nosotros un convenio para el monopolio de la Cavorita; él haría la mercancía y yo haría la *réclame.*

Yo me pegaba como una sanguijuela al "nosotros": "usted" y "yo" no existían para mí.

Su idea, era que las ganancias de que yo le hablaba las dedicáramos a nuevas investigaciones, pero eso, por supuesto, era asunto que tendríamos que arreglar más tarde.

—¡Está bien! ¡Está bien! —le gritaba yo.

La cuestión era, y yo insistía en ello, fabricar la "cosa".

—¡Somos dueños de una sustancia! —continué, siempre a gritos—, de que ninguna casa, ni fabrica, ni fortaleza, ni buque, se atreverá a carecer; una sustancia más universalmente aplicable aún, que una medicina patentada! ¡No hay uno solo de sus aspectos, uno de sus mil usos posibles que no nos haga ricos, Cavor; hasta más allá de los sueños de la avaricia

—¡Cierto! —dijo—. Ya empiezo a ver. Es extraño cómo adquiere uno nuevos puntos de vista al hablar de las cosas.

—¡Y la suerte ha querido que hable usted con el hombre más a propósito para el caso!

—Supongo —dijo—, que nadie es absolutamente adverso a las riquezas enormes. Pero convengamos en que hay un punto oscuro...

Se interrumpió. Yo lo miré atento.

—¿Es también posible, sabe usted, que después de todo, no seamos capaces de hacerla? Puede ser una de esas cosas teóricamente posibles, pero absurdas en la práctica, o cuando la hagamos, puede presentarse algún pequeño obstáculo...

—Venceremos el obstáculo cuando se presente —fue mi respuesta.

II
La primera fabricación de Cavorita

Pero los temores de Cavor con respecto a la posibilidad de hacer la Cavorita eran infundados: ¡el 14 de octubre de 1899, aquel hombre hizo la increíble sustancia!

Lo singular, fue que resultó hecha por accidente cuando Cavor menos la esperaba. Había fundido juntos varios metales y otras cosas diversas —¡ojalá supiera yo ahora los detalles!— y pensaba tener la mezcla en el fuego una semana, para dejarla después enfriarse lentamente. A menos que se hubiera equivocado en sus cálculos, el último periodo de la combinación sería cuando la mezcla cayera a una temperatura de 60 grados Fahrenheit. Pero sucedió que, sin que Cavor lo supiera, la disensión había nacido entre los hombres encargados de atender al horno. Gibbs, que había estado primero encargado de ello, trató repentinamente de descargarse sobre el hombre que había sido jardinero, alegando que el carbón era materia del suelo, pues de él se le extraía, y que por lo tanto, no podía entrar en la jurisdicción de un ensamblador; pero el hombre que había sido jardinero, argüía que el carbón era una sustancia metálica o de categoría mineral, con la que no tenía que hacer sino en sus funciones de cocinero. Y Spargus insistió en que Gibbs hiciera de foguista, toda vez que era carpintero y el carbón era madera fósil. La consecuencia, fue que Gibbs cesó de llenar la hornilla, y nadie lo hizo en lugar suyo, y Cavor estaba demasiado preocupado por ciertos problemas interesantes relativos a una máquina de volar sistema Cavorita (desdeñando la resistencia del aire y un punto o dos más) para notar que algo andaba mal. Y el prematuro nacimiento de su invención ocurrió precisamente cuando atravesaba el terreno que separaba su casa de la mía, para tomar té conmigo y conversar, como todas las tardes.

Recuerdo el momento con extremada precisión. El agua hervía y todo estaba preparado, y el son de su "zuzuú" me había hecho salir a la terraza. Su siempre agitado cuerpecito se destacaba negro sobre la otoñal puesta de Sol, y a la derecha, las chimeneas de su casa se elevaban sobre un grupo de árboles bañados por los rayos horizontales, dorados y tibios. Más lejos se alzaban los montes de Wealden, vagos y azules, y a la izquierda se extendía la nublada ciénaga, espaciosa y serena. ¡Y entonces!

Las chimeneas se alargaron hacia el cielo, convertidas cada una, al estirarse, en un rosario de ladrillos, y el techo y una miscelánea de muebles la siguieron. Después, rápidamente hasta alcanzarlos, surgió una llama enorme y blanca. Los árboles situados en torno del edificio se cimbraron y crujieron, y se rompieron en pedazos que saltaron hacia la llamarada. Un estampido de trueno me aturdió, hasta el extremo de dejarme sordo de un oído por toda la vida, y en todo mi derredor, los vidrios de las ventanas cayeron hechos añicos.

Di tres pasos de la terraza a la casa de Cavor, y en eso estaba cuando me alcanzó el viento.

Instantáneamente, los faldones de mi jaquette subieron hasta cubrirme la cabeza, y empecé a avanzar hacia Cavor a grandes saltos y rebotes, bastante contra mi voluntad. En el mismo momento, el descubridor se levantó del suelo, y voló —es la palabra— por el aire rugiente. Vi a uno de los jarrones de mi chimenea tocar el suelo a seis yardas de mí, dar un salto de unos veinte pies, y así precipitarse en grandes brincos hacia el foco del huracán. Cavor, blandiendo los brazos y las piernas, cayó otra vez, rodó por el suelo repetidamente, se esforzó en vano por pararse, y el viento lo levantó y lo llevó adelante con enorme velocidad, hasta hacerle desaparecer por fin entre los árboles deshechos, destrozados, que yacían en derredor de su casa.

Una masa de humo y cenizas, y un cuadro de una sustancia azulada brillante, se elevó hacia el cenit. Un ancho trozo de palizada pasó volando a mi lado, se inclinó de canto hacia abajo, tocó el suelo, y cayó de plano. En ese momento la crisis iba ya en descenso. La conmoción aérea disminuyó rápidamente hasta no ser más que un fuerte ventarrón, y pude darme ya cuenta de que respiraba y tenía pies. Inclinándome contra el viento conseguí detenerme, y pude reunir las fuerzas que aún me quedaban.

En tan pocos instantes, la faz entera del mundo había cambiado. La tranquila puesta de Sol se había desvanecido; el cielo estaba cubierto de gruesos nubarrones, y en la Tierra todo se aplastaba, se cimbraba bajo el huracán. Volví los ojos para ver si mi casita estaba, en términos generales, todavía en pie, y luego eché a andar, tambaleándome hacia adelante, en dirección a los árboles entre los cuales había desaparecido Cavor y a través de cuyas altas y deshojadas copas, brillaban las llamas de su incendiada casa. Penetré en las breñas, lanzándome de un árbol a otro, y colgándome de ellos y durante un rato, le busqué en vano. Por fin, en medio de un montón de ramas rotas y pedazos de empalizada que se habían aglomerado contra la tapia del jardín, distinguí algo que se movía. Corrí hacia ello, pero antes de que hubiera llegado, un objeto de color oscuro se separó del montón, se alzó sobre un par de piernas lodosas, y alargó dos manos lánguidas y ensangrentadas. Algunos fragmentos desgarrados de ropas colgaban del centro del bulto y el viento los agitaba violentamente.

Pasó un momento antes que yo pudiera reconocer lo que había en aquel paquete de barro: después vi que era Cavor, envuelto en el lodo sobre el cual había rodado. Echó el cuerpo hacia adelante, contra el viento, restregándose los ojos y la boca para limpiarlos de lodo.

Extendió un brazo que era puro barro, y dio un vacilante paso en mi dirección. Sus facciones se agitaban de emoción y hacían que el barro que las cubría se resquebrajara y cayera en motitas. Su aspecto era el de una persona tan deteriorada e inspiraba tanta compasión, que por lo mismo, sus palabras me causaron profundo asombro.

—¡Felicíteme usted! —balbuceó—. ¡Felicíteme usted!

—¿Felicitarle? ¡Santo cielo! ¿Por qué?

—La he hecho.

—La ha *hecho* usted. ¿Qué diantre ha causado esta explosión?

Una ráfaga de viento se llevó lejos sus palabras. Comprendí que decía que no había habido explosión alguna. El viento me precipitó hacia él, nuestros cuerpos chocaron, y nos quedamos agarrados el uno al otro.

—Procuremos volver a mi casa —vociferé a su oído: él no me oyó, y gritó algo de "tres mártires... ciencia", y también algo de "no muy bueno". En ese momento, hablaba bajo la impresión de que sus tres ayudantes habían perecido en el ciclón. Por fortuna el temor era injustificado: apenas salió Cavor para mi casa, los tres se habían encaminado hacia la taberna de Lympne, a discutir la cuestión de los hornos con la ayuda de algunos tragos.

Repetí mi invitación para que fuéramos a mi casa, y esta vez entendió. Nos aferramos el uno al brazo del otro, echamos a andar, y por fin conseguimos ponernos bajo el poco de techo que me había quedado. Durante un rato, permanecimos sentados cada uno en un sillón, silenciosos y jadeantes. Todos los vidrios de las ventanas estaban rotos, y los muebles pequeños y demás objetos de poco peso estaban en gran desorden, pero no se notaba ningún daño irremediable. Felizmente, la puerta de la cocina resistió a la presión, de modo que todas mis provisiones y utensilios habían sobrevivido. El fogón de petróleo ardía todavía, y puse en él agua otra vez para el té. Hechos esos preparativos, volví al lado de Cavor para oír sus explicaciones.

—Bastante exacto —insistió— muy exacto. La he hecho. Todo ha salido bien.

—¡Pero! —protestó—. ¡Salido bien! ¡Cómo! ¡En veinte millas a la redonda no debe haber un vidrio sano, ni una empalizada, ni un techo que no haya sufrido daños!

—¡Todo ha salido bien, realmente! Por supuesto, que no preví este pequeño contratiempo: mi mente estaba preocupada con otro problema, y soy propenso a descuidarme de unas complicaciones secundarias. Pero todo ha salido bien.

—¡Mi querido señor! —exclamé—. ¿No ve usted que ha causado daños por valor de miles de libras?

—Por esa parte, me entrego a la discreción de usted. No soy hombre práctico, por supuesto; pero, ¿no le parece a usted que la gente creerá que ha sido un ciclón?

—Pero la explosión…

—No ha habido explosión. La cosa es perfectamente sencilla, y lo único que hay es que, como ha dicho, soy propenso a descuidar esas pequeñeces… Ha sido el "zuzuú" que usted conoce, en mayor escala. Inadvertidamente hice la sustancia, la Cavorita, en una hoja delgada, ancha…

Hizo una pausa.

—¿Usted está bien al corriente de que esa materia es opaca a la gravitación, que impide a las cosas gravitar unas hacia otras?

—Sí —contesté—. ¿Y?

—Bueno. Apenas llegó a una temperatura de 60 grados Fahrenheit, y el procedimiento de su fabricación quedó completo, el aire de encima, las partes de techo, cielo raro y piso que había sobre ella, cesaron de tener peso. ¿Supongo que usted sabe —todo el mundo sabe hoy esas cosas corrientemente— que el aire tiene *peso*, que ejerce presión sobre todo lo que está en la superficie de la Tierra, que ejerce esa presión en todas direcciones, a una presión de 14° libras por pulgada cuadrada?

—Conozco eso —le dije—. Siga usted.

—Yo también lo conozco —observó— pero eso le demostrará a usted lo inútil que es el conocimiento mientras no se le aplica. Como decía, el caso de cesación se ha presentado en nuestra Cavorita: el aire cesó de ejercer allí la menor presión, y el aire que estaba en derredor, pero no encima de la Cavorita, ejercía una presión de 14° libras por pulgada cuadrada sobre ese aire repentinamente desprovisto de peso. ¡Ah!, ¡ya empieza usted a ver! El aire que rodeaba a la Cavorita empujó al que estaba encima de ella con irresistible fuerza, lo expelió hacia arriba violentamente; el aire que se precipitó a ocupar el lugar del que así había sido expulsado, perdió inmediatamente su peso, cesó de ejercer toda presión, siguió el mismo camino; todo ese airé, se abrió paso rompiendo el ciclo raso y el techo... Ya se forma usted una idea — prosiguió —: el aire sin peso formó una especie de surtidor atmosférico, algo como una chimenea en la atmósfera; y si la Cavorita misma no hubiera sido puesta así en libertad y chupada por esa chimenea, ¿se le ocurre a usted lo que habría sucedido?

Yo reflexioné.

— Supongo — dije — que el aire estaría ahora mismo precipitándose y precipitándose hacia arriba por sobre esa infernal materia.

— Precisamente — contestó —. ¡Un enorme surtidor!

— ¡Qué formaría un colosal tifón! ¡Santo Cielo! ¡Qué! ¡Habría usted expulsado toda la atmósfera de la Tierra! ¡Habría usted dejado el mundo sin aire! ¡Y eso habría sido la muerte de todo el género humano! ¡Ese pequeño trozo de la mezcla!

— No habríamos desprovisto, exactamente, de aire respirable al espacio — dijo Cavor —; pero, en el hecho, la cosa habría sido... igualmente mala. Habríamos desnudado de aire al mundo, como uno pela una banana, y habríamos lanzado el aire a miles de millas. Después, el aire habría vuelto a caer, por supuesto, ¡pero a un mundo asfixiado! Desde nuestro punto de vista esto es, apenas, un poco mejor que si no hubiera vuelto nunca!

Yo lo miré, sorprendido; pero mi asombro era demasiado grande para darme cuenta de cómo habían quedado reducidas a la nada todas mis esperanzas.

— ¿Qué piensa usted hacer ahora? — le pregunté.

— En primer lugar, si puedo conseguir que me presten una trulla de jardinero, voy a quitarme algo de este barro en que estoy empaquetado; y después, si puedo servirme de las comodidades domésticas de usted, tomaré un baño. Hecho esto, conversaremos más a nuestras anchas. Sería prudente, me parece — añadió poniéndome en el brazo una lodosa mano — que el asunto no saliera de entre nosotros dos. Sé que he causado grandes daños; probablemente algunas casas, aquí y allá en la comarca han quedado en ruinas. Es evidente que yo no podría pagar los perjuicios que he ocasionado, y si se hace pública la causa real de esos destrozos, lo único que resultará de tal publicidad, será que la gente se enfurezca y estorbe mi obra. Uno no lo puede prever todo, ¿sabe usted? y yo no puedo consentir un momento en agregar el peso de cálculos prácticos a mi teorización. Más tarde, estando ya usted conmigo,

ayudado yo por su talento práctico, cuando la Cavorita haya sido lanzada —*lanzada* es la palabra, ¿no?— y haya dado todos los resultados que
usted predice, podremos arreglar en forma las cosas con la gente perju-
dicada. Pero ahora… ahora no. Si nosotros no damos otra explicación, la
gente, en el estado actual de la ciencia meteorológica, tan inseguro, lo
atribuirá todo a un ciclón. Puede hasta haber una suscripción pública, y
en ese caso, como mi casa se ha derrumbado y ardido, recibiría yo una
considerable parte de la compensación, lo cual sería en extremo útil para
la prosecución de nuestras investigaciones ; pero si se sabe que *yo* he
causado el mal, no habrá suscripción pública, y todos los perjudicados
perderán con eso. El hecho, para mí, es que ya no volveré a tener la
oportunidad de trabajar en paz. Mis tres ayudantes pueden o no haber
perecido: ése es un detalle. Si han muerto, la pérdida no es muy grande,
pues eran más celosos que hábiles, y este prematuro acontecimiento debe
tener por origen el descuido de los tres en su deber de cuidar la hornilla.
Si no han perecido, dudo que tengan inteligencia suficiente para explicar el asunto: ellos también aceptarán la historia del ciclón. Y si durante
la temporal inhabitabilidad de mi casa puedo alojarme en uno de los
cuartos que usted no ocupa aquí…

Hizo una pausa y me miró.

"Un hombre de tales alcances —pensé—, no es un huésped ordinario que uno puede alojar así como así".

—Quizá —dije en seguida, parándome—, lo mejor será que empecemos por buscar la llana.

Y eché a andar hacia los desparramados restos de la cabaña del
jardín.

Después, mientras tomaba su baño, yo reflexioné a solas, y medí la
cuestión por entero. Claro estaba, que la compañía del señor Cavor tenía
inconvenientes que yo no había previsto. Su distracción, que acababa de
estar a pique de despoblar el globo terráqueo, podía en cualquier momento tener por resultado, algún nuevo trastorno. Por otra parte, yo era
joven, mis negocios estaban en miserable estado, y mi situación de ánimo era exactamente la más propicia para intentar atrevidas aventuras…,
con tal de que al final de ellas hubiera algo bueno. Yo había resuelto ya
para mí, que por lo menos, la mitad de ese aspecto del negocio sería mía.
Por fortuna, tenía mi casita, como he explicado ya, alquilada por tres
años sin responsabilidad en cuanto a las reparaciones que hubiera
que hacer, y mis muebles, o los objetos que con tal nombre existían dentro, habían sido comprados aprisa, no los había pagado aún, pero los
había asegurado ya. Parientes, no tenía ninguno. Al cabo de mis reflexiones, decidí continuar en compañía de Cavor hasta ver el fin del asunto.

A la verdad, el aspecto de las cosas había cambiado muchísimo. Yo
no dudaba ya de los grandes alcances de la sustancia, pero empecé a

abrigar dudas en cuanto a su aplicación a las cureñas de cañón y a la fabricación de calzado.

Inmediatamente empezamos los trabajos de reconstrucción de su laboratorio, y procedimos a nuevos experimentos. Cavor hablaba más de acuerdo, que antes con mis ideas, cuando llegamos a la cuestión de cómo haríamos otra vez la sustancia.

—Por supuesto que tenemos que hacerla nuevamente —dijo, con una especie de alegría que no esperaba de él—; por supuesto que tenemos que hacerla. Hemos sufrido un grave contratiempo, pero ello nos ha servido para dejar a un lado la teoría, del todo y para siempre. Si podemos evitar de alguna manera el destrozo de este "planetita" en que vivimos, lo evitaremos; pero... ¡ha de haber riesgos! Ha de haber: en los trabajos experimentales los hay siempre. Y en este punto, usted, como hombre práctico, *tiene* que entrar en acción. Por mi parte, me parece que podríamos quizá hacer la capa muy delgada y ponerla de canto hacia arriba. Sin embargo, no sé todavía si será así: tengo una vaga percepción de otro método que ahora me sería muy difícil de explicar. Lo curioso, es que la solución se me ocurrió cuando, envuelto en lodo, iba rodando, empujado por el viento. La aventura era para mí más que dudosa. Y, sin embargo, tuve la convicción mental de que lo que pensaba en ese instante, y no otra cosa, era lo que debía haber ejecutado.

A pesar de mi ayuda, persistían las dificultades para encontrar la fórmula, y mientras tanto, nos ocupamos de restablecer el laboratorio. Mucho hubo que hacer antes de que fuera indispensable decidir la exacta forma y método de nuestra segunda tentativa. Nuestro único contratiempo, fue la huelga de los tres trabajadores que se oponían a mi entrada en funciones como capataz; pero el asunto quedó resuelto al cabo de dos días de negociaciones.

III
La construcción de la esfera

Me acuerdo con perfecta claridad de la ocasión en que Cavor me habló de su idea de la "esfera". Antes había tenido ya intuiciones al respecto, pero esa vez parecían haberle asaltado con la velocidad del rayo. Volvíamos juntos a casa, a tomar el té, y en el camino se puso a tararear. De repente gritó:

—¡Eso es! ¡Eso la completa! ¡Una especie de celosía de las que se enrollan!

—¿Completa, qué? —pregunté.

—¡Espacio... cualquier parte! ¡La Luna!

—¿Qué quiere usted decir?

—¿Quiero decir? ¡Cómo!... ¡Que debe ser una esfera! ¡Eso es lo que quiero decir!

Vi que aquello estaba fuera de mi alcance, y durante un rato le dejé hablar a su manera. Entonces, no tenía yo ni sombra de una idea de su intento; pero después de tomar té, me lo explicó.

—La cosa es así —dijo—. La última vez, puse esa sustancia que suprime la gravitación dentro de un tanque chato con una tapa encima, que la mantenía encerrada. Apenas se hubo enfriado y terminó su fabricación, sobrevino el gran desborde: nada de lo que estaba encima tuvo el menor peso; el aire se elevó como lanzado por una poderosa bomba, la casa se fue tras del aire, y si la misma sustancia no hubiera seguido al resto, no sé lo que habría sucedido. Pero, suponga usted que la sustancia está suelta, en libertad de elevarse.

—¡Se elevará en el acto!

—Exactamente. Con no mayor trastorno que el que causaría el disparo de un gran cañón.

—Pero, ¿de qué puede servir eso?

—¡Yo subiré con ella!

Dejé en la mesa mi taza de té, y lo miré espantado.

—Imagínese usted una esfera —me explicó—, suficientemente grande para contener dos personas con sus equipajes. La haremos de acero, forrada de grueso vidrio; contendrá una buena provisión de aire solidificado, alimentos condensados, agua, aparatos de destilación, y lo demás, y por defuera, y hasta donde sea posible. Sobre el acero de la armazón, llevará una capa, una capa de...

—¿Cavorita?

—Sí.

—Pero, ¿cómo entraría usted en la esfera?

—Cuando la primera fabricación de morcilla surgió un problema semejante...

—Sí, lo sé; pero, ¿cómo entrará usted?

—La cosa es perfectamente fácil. Todo lo que se necesita, es un agujero que se pueda cerrar herméticamente. Ese punto, por supuesto, presentará pequeñas complicaciones; habrá que tener una válvula para desalojar algunas cosas, si es necesario, sin mucha pérdida de aire.

—¿Cómo en el *Viaje a la Luna*, de Julio Verne?

Pero Cavor no era lector de fantasías.

—Ya empiezo a ver —dijo, lentamente—. Podríamos entrar y ajustar la tapa desde adentro, mientras la Cavorita estuviera caliente, y tan pronto como se enfriara, sería refractaria a la gravitación, y entonces volaríamos, en tangente…

—Partiríamos en línea recta —le interrumpí bruscamente—. ¿Qué habría para impedir que la esfera viajara en línea recta por el espacio, eternamente? —añadí—. Después, no tenemos seguridad de salir en ningún punto y sí lo hiciéramos, ¿cómo regresaríamos?

—En eso mismo he pensado —dijo Cavor—; eso era lo que quería decir cuando hablé de que el invento estaba concluido. La esfera interior, de vidrio, debe ser hermética y, salvo el hueco de entrada, continua, y la esfera de acero puede ser hecha en secciones, cada sección capaz de enrollarse, como una celosía metálica. Se las podrá hacer funcionar fácilmente por medio de resortes que las abrirán o cerrarán, movidos por la electricidad, conducida por hilos de platino pasados a través del vidrio. Todo esto es mera cuestión de detalle. Así pues, ya ve usted que, encima de la capa espesa de hierro, la Cavorita, en la parte exterior de la esfera, estará en forma de celosías o ventanas, como usted quiera llamarla. Bueno, cuando todas esas ventanas o celosías estén cerradas, ni la luz, ni el calor, ni la gravitación, ninguna energía radiante penetrará al interior de la esfera, y ésta volará a través del espacio, en línea recta, como usted dice. Pero, ¡abra usted una ventana, imagínese usted las ventanas abiertas! Entonces, cualquier cuerpo pesado que por casualidad esté en esa dirección, nos atraerá.

Yo meditaba, callado.

—¿Ve usted? —me preguntó.

—¡Oh! Sí, *veo.*

—El hecho, es que podremos viajar por el espacio todo el tiempo que queramos, y ser atraídos por esto o aquello…

—¡Oh, sí! *Eso* está bastante claro. Pero…

—¿Qué?

—¡No veo con exactitud por qué habríamos de hacerlo… Se trataría únicamente de dar un salto fuera del mundo y volver.

—¡Seguramente! Por ejemplo, podríamos ir a la Luna…

—¿Y cuando estuviéramos allí? ¿Qué encontraríamos?

—¡Veríamos!… ¡Oh! Piense usted en la cantidad de nuevos conocimientos que adquiriríamos…

—¿Hay aire en la Luna?

—Puede haberlo.

—La idea es hermosa —repuse—; pero, con todo, me hace el efecto de algo demasiado vasto. ¡A la Luna! Yo hubiera preferido comenzar por cosas más pequeñas.

—Ésas están fuera de cuestión, por la dificultad del aire.

—¿Por qué no aplicar la idea de las celosías propulsoras, celosías de Cavorita encerrada en fuertes cajas de acero para levantar pesos?

—No serviría para eso —insistió—. Al fin y al cabo, salir al espacio exterior no es empresa mucho peor, en el caso de ser mala, que una expedición al polo. Y hay hombres que se enrolan en las expediciones polares.

—No hombres de negocios; y además, a los que van se les paga para que vayan al polo, y si algo malo les pasa, luego... salen expediciones de socorro; pero lo que usted propone, sería dispararnos al espacio por nada.

—Supongamos que después veamos el provecho.

—No habrá más remedio que suponerlo. Cuando mucho... puede que después pudiéramos escribir un libro... —contesté.

—No tengo duda de que allá hay minerales —dijo Cavor.

—¿Por ejemplo?

—¡Oh!, azufre, hierro, tal vez oro; probablemente nuevos elementos...

—¿Y lo que costará traerlos? —objeté—. Usted *sabe* que no es un hombre práctico: la Luna está a un cuarto de millón de millas de la Tierra.

—Me parece que no costaría mucho acarrear cualquier peso hasta cualquier punto, si lo pusiera usted dentro de una caja de Cavorita.

—No había pensado en ello. ¿Libre de gastos sobre la cabeza misma del comprador, eh?

Y hablamos como si tuviéramos que limitarnos a la Luna.

—¿Dice usted?...

—Allí está Marte... atmósfera clara, nuevos horizontes, excelentes condiciones de ligereza. Sería muy agradable ir allá.

—¿Hay aire en Marte?

—¡Oh, sí!

—Parece que se preparará usted a emplearlo como sanatórium. A propósito, ¿a qué distancia está Marte?

—Actualmente, a doscientos millones de millas —contestó Cavor, vivamente—, y para ir, pasa usted cerca del Sol.

Mi imaginación comenzaba otra vez a dejarse llevar.

—Al fin y al cabo —dije—, en esas cosas hay algo. Hay el viaje...

Una extraordinaria faz del asunto asaltó mi mente. De improviso vi, como en una visión, el sistema solar entero recorrido por líneas de navegación aérea "Cavoritas" y por esferas de *luxe*. "Derechos de prioridad" —eran las palabras que flotaban en mi mente; derechos planetarios de prioridad. Recordé el antiguo monopolio español del oro de América. Ya no se trataba de que fuera este planeta o el otro; todos los planetas entraban en cuenta.

Miré la rubicunda cara de Cavor, y mi imaginación, de golpe, empezó a dar saltos y a danzar. Me paré, me puse a pasearme de arriba a abajo: mi lengua se desató.

—¡Ya empiezo a comprender! —dije—, ¡ya empiezo a entrar en ello!

Mi transición de la duda al entusiasmo, parecía haberse hecho de un solo salto.

—¡Pero eso es tremendo! —grité—. ¡Es imperial! ¡Nunca he llegado a soñar nada tan grande!

Una vez desaparecido el hielo de mi oposición, la sobreexcitación contenida de Cavor se dio libre curso. También él se paró y empezó a pasearse; también él gesticuló y gritó. Nuestros movimientos y palabras eran los de dos hombres inspirados: *estábamos* inspirados.

—Todo lo arreglaremos —dijo, en respuesta a no sé qué dificultad de detalle que yo oponía—. ¡Pronto lo arreglaremos todo! Esta misma noche empezaremos los dibujos para las fundiciones.

—¡Los empezaremos ahora mismo! —repliqué—, y juntos nos precipitamos al laboratorio a poner, acto continuo, manos a la obra.

Durante la noche entera estuve como un niño en un país de hadas. El alba nos encontró todavía en la labor, y la luz eléctrica siguió brillando, sin hacer caso del día. Me acuerdo exactamente de lo que parecían aquellos dibujos —yo sombreaba y pasaba tinta en lo que Cavor dibujaba. Cada uno mostraba en sus manchas y borrones, la prisa con que había sido hecho, pero todos eran maravillosamente correctos.

Impartimos las órdenes necesarias para las celosías y marcos de acero que necesitábamos, según los cálculos de aquella noche de trabajo, y la esfera de vidrio estuvo dibujada una semana después. Abandonamos enteramente nuestras conversaciones de la tarde y nuestros rutinarios hábitos: trabajábamos y dormíamos, y comíamos cuando ya no podíamos trabajar más, de hambre y de cansancio. Nuestro entusiasmo contagió a los tres peones, aunque ninguno de ellos tenía la menor idea del objeto a que la esfera estaba destinada. En esos días, Gibbs cesó de andar como acostumbraba e iba por todas partes, aun por nuestras habitaciones, en una especie de carrera gimnástica.

Y la esfera tomaba forma. Pasaron diciembre, enero —invertí un día, escoba en mano, en abrir una senda en la nieve, de mi casita al laboratorio—, febrero y marzo. A fines de marzo, la conclusión de la obra estaba ya a la vista. En enero, había llegado un carro tirado por caballos y en él una enorme caja. Ya teníamos lista nuestra esfera de grueso vidrio, en posición bajo la grúa que habíamos erigido para alzarla y ponerla dentro de la cubierta de acero. Todas las barras y celosías de la cubierta de acero —la cual no era, en realidad, de forma esférica, sino poliédrica, con una celosía enrolladiza en cada cara— habían llegado en febrero, y la mitad de abajo estaba ya ajustada. En marzo, la Cavorita estaba a medio hacer, la parte metálica había pasado dos de los periodos de su fabricación, y ya habíamos adherido una buena mitad de ella en las barras y celosías de acero. Era asombroso, cuán estrictamente nos ceñíamos a las líneas de la primera inspiración de Cavor al poner en práctica el proyecto. Cuando el ajustamiento de las piezas de la esfera hubo terminado, Cavor propuso que quitáramos el grosero techo del laboratorio provisional en que hacíamos la obra, y construyéramos un horno: con eso, el último periodo de la fabricación de Cavorita, en el que la pasta se calienta hasta adquirir un color rojo oscuro dentro de una corriente de hélium, se efectuaría cuando ya la sustancia estuviese adherida a la esfera.

Y después, tuvimos que disentir, adoptar decisiones acerca de las provisiones que llevaríamos: alimentos conservados, esencias concentradas, cilindros de acero llenos de oxígeno, un mecanismo para sacar el ácido carbónico y los residuos del aire, y para restablecer el oxígeno mediante el peróxido de sodio (condensadores de agua y todo lo demás). Parece que viera aún todo aquel montón de cosas en un rincón: latas, rollos, cajas, un espectáculo convincente.

Eran días aquellos de labor febril, en los que apenas quedaba tiempo para pensar. Pero un día, cuando estábamos cerca ya del fin, un extraño malhumor se apoderó de mí. Había estado enladrillando el horno durante toda la mañana y me senté al lado del mismo horno, completamente desalentado. Todo me parecía oscuro e increíble.

—Pero oiga, usted, Cavor —dije—; al fin y al cabo, ¿para qué hacemos todo esto?

Cavor se sonrió.

—Ahora hay que seguir adelante.

—¡A la Luna! —reflexioné—. Pero, ¿qué espera usted encontrar allá? Yo creía que la Luna era un mundo muerto...

Cavor se encogió de hombros.

—¿Qué espera usted encontrar?

—Ya lo veremos.

—¿Lo *veremos*? —dije yo, y me quedé mirando delante de mí.

—Está usted cansado —observó—. Lo mejor que podría usted hacer ahora, es dar un paseo.

—No —contesté, obstinadamente—. Voy a terminar de poner estos ladrillos.

Y lo hice; y con eso me gané una noche de insomnio.

No creo haber pasado nunca una noche semejante. Antes de arruinarme en los negocios, había pasado malos ratos; pero las peores noches de entonces eran dulces sueños en comparación con aquella, dolorosa o interminable vigilia. De improviso me encontraba en la más enorme perplejidad sobre la empresa que íbamos a acometer.

Ningún recuerdo tengo de haber pensado antes de esa noche, en todos los riesgos que íbamos a correr; pero entonces acudieron a mí como la legión de espectros que una vez puso sitio a Praga, y me rodearon. Lo extraño de lo que íbamos a hacer, su carácter ajeno a cuanto se puede idear en la Tierra, me abrumaba. Me sentía como un hombre que se despierta de sueños placenteros para encontrarse rodeado de las cosas más horribles. Tendido en mi cama, con los ojos abiertos cuan grandes eran, veía la esfera, y ésta parecía adelgazarse y atenuarse... y Cavor era cada vez un ser menos real, más fantástico, y toda la empresa cada vez más loca.

Me levanté de la cama y eché a andar por el cuarto. Me senté delante de la ventana y contemplé la inmensidad del espacio. Entre las estrellas mediaba la oscuridad vacía, insondable. Trato de recordar los fragmentarios conocimientos de Astronomía que había adquirido en mis irregulares lecturas, pero todo aquello era demasiado vago para proporcionar idea alguna de las cosas que podíamos esperar. Por último, me volví a la cama y conseguí dormir unos momentos, más bien de pesadilla que de sueño, en los cuáles me sentía caer y caer eternamente en los abismos del cielo.

Durante el almuerzo asombré a Cavor, al decirle brevemente:

—No voy con usted en la esfera.

A todas sus protestas contesté con firme persistencia.

—La cosa es, demasiado loca —dije—, y no iré. La cosa es demasiado loca...

No fui más al laboratorio con él. Me quedé en mi casa un rato, y luego tomé mi bastón y salí a pasear solo, sin saber adónde.

La mañana era hermosísima: un viento tibio, un cielo azul oscuro, los primeros verdores de la primavera en la Tierra, y multitud de pájaros cantando. Hice mi "lunch" con carne, fiambre y cerveza en una pequeña taberna cerca de Elham, y asombré al propietario del establecimiento con esta observación, a propósito del tiempo:

—¡El hombre que abandona el mundo cuando hay días como éste, es un tonto!

—Eso es lo que yo digo cuando oigo hablar de ello —dijo el patrón—. Y en seguida supe por su boca que, por lo menos para una pobre alma, este mundo resultaba excesivo: un hombre se había cortado la garganta. Continué mi camino con una nueva complicación en mis ideas.

En la tarde eché una agradable siesta en un asoleado recodo, y reanudé la marcha, refrescado ya.

Llegué a una posada de cómodo aspecto, cerca de Canterbury. Los vidrios y las baldosas brillaban, y la propietaria era una vieja muy aseada que se captó mis simpatías. Noté que aún me quedaba en el bolsillo lo necesario para pagar mi alojamiento, y decidí pasar la noche en la posada. La señora era muy comunicativa, y entre otras muchas cosas, me hizo saber que nunca había estado en Londres.

—Canterbury es el lugar más lejano a que haya llegado en mi vida —dijo—. No soy una de esas jovencitas de Londres que van y vienen por todas partes.

—¿Le gustaría a usted un viaje a la Luna? —exclamé.

—Nunca he comprendido que la gente suba en globo —me contestó, evidentemente bajo la impresión de que la excursión que yo le proponía era ya bastante común— y yo no iría en ninguno ... no, por nada del mundo.

Esto me divirtió, pues era realmente gracioso. Después de cenar me senté en un banco al lado de la puerta de la posada, y charlé con dos trabajadores acerca de la fabricación de ladrillos, sobre automóviles y sobra las cigarras del año anterior... Y en el firmamento, una media Luna, alzándose azul y vaga como un distante Alpe, iba a ocultarse por el Oeste, por donde había desaparecido el Sol.

Al día siguiente volví al lado de Cavor.

—Me voy con usted —le dije—. He estado ligeramente indispuesto... pero ya pasó

Ésa fue la única vez que abrigué alguna seria duda sobre nuestra empresa. ¡Nerviosidad pura! Después, trabajé menos aprisa, y todos los días hice ejercicio durante una hora. Y, por fin, salvo la obra del calor que continuaba en el horno, nuestros preparativos terminaron...

IV

Dentro de la esfera

—¡Adentro! —dijo Cavor.

Yo estaba sentado en el borde del agujero de entrada, y miraba el lóbrego interior de la esfera... Nos hallábamos los dos solos. Era al caer de la tarde, el Sol se había puesto, y la calma del crepúsculo lo invadía todo.

Pasé hacia adentro la otra pierna, y me deslicé por el suave vidrio hasta el fondo de la esfera: una vez allí, alcé las manos para recibir las latas de conservas y otros bultos que me pasaba Cavor. El aire interior estaba tibio: el termómetro se mantenía en 80 grados (F.) como no habíamos de perder nada de ese calor por radiación, estábamos vestidos con delgados trajes de franela y zapatillas. Sin embargo, llevábamos un paquete de gruesas ropas de lana y varias tupidas frazadas, para precavernos de algún posible trastorno. Siguiendo las instrucciones de Cavor, dejé los bultos, los cilindros de oxígeno y demás cosas, sueltos, a mis pies, y al poco rato estaba todo adentro. Cavor anduvo por sobre la cubierta de vidrio no techada durante un momento, viendo si no habíamos olvidado algo; después se deslizó hasta donde yo estaba. Noté que llevaba algo en la mano.

—¿Qué tiene usted ahí? —le pregunté.

—¿Ha traído usted algo para leer?

—¡Caramba! ¡No!

—Yo me olvidé de decírselo. No estamos tan seguros... el viaje puede durar... ¡podemos estar semanas en el aire!

—Pero...

—Y estaremos dentro de esta esfera flotante, sin la menor ocupación.

—¡Ojalá lo hubiera sabido yo!

Cavor sacó la cabeza por la abertura.

—¡Mire usted! —dijo—. ¡Allí tenemos algo!

—¿Hay tiempo?

—Una hora.

Salí de la esfera: lo que Cavor había visto era un número de *Tit-Bits* que uno de los peones debía haber dejado allí. Más lejos, en un rincón, distinguí un pedazo del *Lloyd's News*. Volví apresuradamente a la esfera con todo aquello.

—¿Pero, qué es lo que usted ha traído? —le pregunté.

Tomé el libro que tenía en la mano, y leí: *Obras de William Shakespeare*.

Un ligero rubor asomó a su rostro.

—Mi educación ha sido tan puramente científica... —dijo, con acento de excusa.

—¿Nunca lo ha leído usted?

—Nunca.

—Es un gran regalo intelectual —dije.

Tal es lo que uno debe decir, aunque en el hecho, yo tampoco había leído mucho a Shakespeare. Dudo de que sean numerosas las personas que lo han leído.

Ayudé a Cavor a atornillar la cubierta de vidrio de la entrada y hecho esto, empujó un resorte para cerrar la correspondiente celosía exterior. Nos quedamos en tinieblas.

Durante un rato, no hablamos ni el uno ni el otro. Aunque nuestra caja no era refractaria al sonido, reinaba en ella el mayor silencio. De repente, noté que no había nada de qué agarrarse cuando ocurriera el sacudimiento de la partida, y me di cuenta de que no había ni una silla, lo que era mucha incomodidad.

—¿Por qué no tenemos sillas? —pregunté.

—Eso está arreglado —contestó Cavor—. No las necesitaremos.

—¿Por qué no?

—Usted lo verá —fue su réplica, en el tono de quien no desea hablar más.

Yo volví a callarme. Bruscamente me había acometido la idea, clara y vívida, de que era una tontería mía la de meterme en esa esfera. "Y ahora —me pregunté—, ¿será demasiado tarde para retirarme?" El mundo exterior de la esfera, yo lo sabía, sería frío y por demás inhospitalario para mí: durante semanas había estado viviendo del dinero de Cavor; pero, a pesar de todo, ¿sería tan frío como el infinito cero, tan inhospitalario como el vacío espacio? Si no hubiera sido por la apariencia de cobardía que habría tenido el acto, creo que aun en aquel momento, le habría exigido que me dejara salir; pero vacilé y vacilé, y mi temor y mi cólera crecían, y el tiempo pasó.

Sentí un ligero estremecimiento, un golpecito seco como si destaparan una botella de champaña en una habitación contigua, y un ruido débil, una especie de zumbido. Por un instante experimenté la sensación de una tensión enorme, una intuitiva convicción de que mis pies apretaban el suelo con una fuerza de inconmensurables toneladas. Aquello duró un tiempo infinitesimal, pero bastó para impulsarme a la acción.

—¡Cavor! —grité en la oscuridad—. Mis nervios se rompen... Creo que no...

Me detuve: él no contestó.

—¡Váyase usted al diablo! —gritó—. ¡Soy un mentecato! ¡Qué tengo que hacer aquí! No voy, Cavor: la cosa es demasiado arriesgada. Voy a salir de la esfera...

—No puede... —me contestó.

—¿No puedo? ¡Ya lo veremos!

No me dio respuesta alguna durante unos diez segundos.

—Ya es demasiado tarde para reñir, Bedford —me dijo después. Ese pequeño sacudimiento fue la partida. Ya estamos en viaje, volando con tanta velocidad, como una bala en el abismo del espacio.

—Yo... —dije... Y luego no supe cómo continuar.

Estuve un rato como aturdido: nada tenía que decir. Me hallaba como si antes no hubiera oído hablar nunca de la idea de marcharnos del mundo. Luego noté un indescriptible cambio en mis sensaciones corporales. Era una impresión de ligereza, de irrealidad. Junto con ello, una rara sensación en la cabeza, casi un efecto apopléjico, y un retumbar de los vasos sanguíneos de los oídos. Ninguna de esas sensaciones disminuyó con el transcurso del tiempo, pero al fin llegué a acostumbrarme tanto a ellas, que ya no me causaron la menor molestia.

Oí un crujido, y de una pequeña lámpara empañada brotó la luz.

Vi la cara de Cavor, tan blanca, como sabía que estaba la mía. Nos miramos uno a otro en silencio. La transparente negrura del vidrio en que estaba apoyado de espaldas, lo hacía aparecer como flotando en el vacío.

—Bueno: nuestra suerte está echada —dije, por último.

—Sí —contestó él—, está echada. ¡No se mueva usted! —exclamó, al verme iniciar un ademán—. Deje usted sus músculos en completa flojedad... como si estuviera usted en la cama. Estamos en un pequeño Universo enteramente nuestro. ¡Mire usted todo eso!

Señalaba las cajas y atados que habían quedado sueltos sobre las frazadas, en el fondo de la esfera. Mi asombro fue grande, al ver que flotaban casi a un pie de distancia de la pared esférica. Después vi, por la sombra de Cavor, que éste no seguía recostado en el vidrio. Alargué la mano detrás de mí, y me hallé también suspendido en el espacio, separado del vidrio.

No grité ni gesticulé, pero el miedo me embargó. Aquello era como sentirse agarrado y suspendido por algo... por algo ignoto... El simple contacto de mi mano con el vidrio me imprimía un rápido movimiento.

Comprendí lo que había pasado, pero eso no me impidió asustarme; estábamos aislados de toda gravitación exterior. Sólo la atracción de los objetos que contenía la esfera tenía efecto. En consecuencia, todo lo que no estaba fijo en el vidrio, caía —lentamente, por el poco peso que todos los cuerpos tenían allí— hacia el centro de gravedad de nuestro pequeño mundo, al centro de nuestra esfera.

—Tenemos que darnos vuelta —dijo Cavor—, y flotar espalda con espalda, dejando las cosas entre el uno y el otro.

Era la más extraña sensación que se puede concebir, aquello de flotar blandamente en el espacio: al principio, de veras, horriblemente rara, y cuando el horror pasó, no del todo desagradable, puesto que proporcionaba tal reposo, que lo más aproximado que encuentro en la Tierra, es lo de estar acostado en un lecho de plumas, muy espeso y blando. Pero ¡cuánta liberalidad, qué desprendimiento, qué indiferencia! Nunca había entrado en mis cálculos nada semejante. Había esperado sentir en la partida, un violento sacudimiento, una vertiginosa sensación de velocidad. En vez de eso, sentía... como si me faltara el cuerpo. No era el principio de un viaje; era el principio de un sueño.

V
El viaje a la Luna

En seguida, Cavor apagó la luz, diciendo que no había demasiada fuerza acumulada, y que la que teníamos, debía economizarse para leer. Durante un rato, no sé si largo o corto, no hubo dentro de la esfera más que una lobreguez profunda.

Una cuestión surgía de aquel vacío:

—¿Hacia qué punto vamos? —pregunté—. ¿Cuál es nuestra dirección?

—Nos alejamos de la Tierra en tangente, y como la Luna está cerca de su tercer cuarto, vamos de todos modos hacia ella. Voy a abrir una celosía…

Un chasquido… y la cubierta exterior de una de las ventanas se abrió. El espacio estaba tan negro, como la oscuridad misma del interior de la esfera, pero un número infinito de estrellas marcaba la forma de la ventana abierta.

Los que sólo han visto desde la tierra el cielo estrellado, no pueden imaginarse la apariencia que tiene cuando ha desaparecido el velo vago, medio luminoso de nuestro aire. Las estrellas que vemos de la Tierra son apenas unas cuantas que consiguen penetrar en nuestra tupida atmósfera. ¡Por fin me era dado comprender lo infinito del Universo!

Sin duda nos esperaban cosas más extrañas aún; pero ese firmamento sin aire, cubierto como de un polvo de estrellas, es de todos mis recuerdos de esos días el último que se desvanecerá.

La ventanita desapareció con un chasquido; otra, a su lado, se abrió de golpe y se cerró en seguida, y luego una tercera, y durante un momento tuve que cerrar los ojos para protegerlos del deslumbrante esplendor de la Luna menguante.

Cuando volví a abrir los ojos, tuve, por un rato, que mirar a Cavor y los objetos iluminados de blanco que me rodeaban antes de volver la vista a aquel pálido fulgor.

Cavor abrió cuatro ventanas para que la gravitación de la Luna pudiera obrar sobre todas las sustancias que había dentro de la esfera. De repente, notó que ya no iba flotando libremente en el espacio, sino que mis pies reposaban en el vidrio, en la dirección de la Luna. Las frazadas y las cajas de provisiones se aglomeraban también lentamente sobre el vidrio, y un instante después reposaron completamente contra él, ocultando una parte de la vista. A mí me parecía, por supuesto, que miraba "abajo", cuando miraba a la Luna. En la Tierra, "abajo" significa hacia el suelo, en la dirección adonde caen las cosas, y "arriba", la opuesta dirección. Pero allí, el sentido de la gravitación era hacia la Luna, y todo me indicaba que la Tierra estaba "arriba". Por otra parte, cuando todas las celosías de Cavorita se hallaban cerradas, "abajo" era el centro de nuestra esfera, y "arriba", sus paredes exteriores.

Era también un caso bastante curioso, raro para habitantes de la Tierra, el de recibir la luz *de abajo*. En la Tierra, la luz cae de arriba, o llega oblicuamente, siempre de arriba a abajo; pero allí nos llegaba de abajo de nuestros pies y, para ver nuestras sombras, teníamos que mirar hacia arriba.

Al principio me dio una especie de vértigo el estar parado en nada, más que un vidrio, por grueso que éste fuera, y mirar abajo a la Luna, a través de cientos de miles de millas de espacio vacío; pero aquel malestar pasó pronto, y entonces: ¡qué esplendoroso espectáculo!

El lector podrá imaginárselo mejor, si se echa en el suelo en una calurosa noche de estío, alza los pies, y por entre ellos mira la Luna; pero por alguna razón, probablemente porque la ausencia de aire la hacía más luminosa, la Luna parecía ya considerablemente mayor que cuando se la ve desde la Tierra. Los más pequeños detalles de su superficie aparecían con minuciosa claridad; y como no la veíamos ya a través del aire, sus contornos eran brillantes y agudos, no había en torno suyo resplandor ni aureola, y el polvo de estrellas que cubría el firmamento llegaba hasta sus mismas orillas, y señalaba los contornos de su parte iluminada. Allí, parado, contemplando la Luna a mis pies, aquella idea de lo imposible que me había atormentado desde nuestra partida, volvió a acometerme con más fuerza que nunca.

—Cavor —dije—. Esto me produce una impresión rara. Los sindicatos que íbamos a formar, y todo eso de los minerales...

—¿Bueno y qué?...

—No los veo aquí.

—No —contestó Cavor—; pero pronto los verá usted.

—Supongo que nos volveremos como hemos venido. Sin embargo, me voy animando. Durante un momento he llegado casi a creer que nunca ha habido un mundo.

—Ese ejemplar del *Lloyd's News* puede ayudarle a usted a recordarlo.

Miré el papel un momento, y luego lo alcé hasta ponerlo al nivel de mi cara: entonces vi que podía leer cómodamente.

Mi mirada tropezó con la columna de los avisos pequeños: "Un caballero que dispone de dinero, prestaría dinero". Yo conocía a ese caballero. Después, un excéntrico quería vender una bicicleta rápida, "enteramente nueva, y que ha costado quince libras", por cinco libras; y una señora en malas circunstancias, deseaba deshacerse de unos cuchillos y tenedores para pescado, "un regalo de boda" con gran sacrificio. Sin duda, alguna alma simple estaría examinando aquellos cuchillos y tenedores, y otra corría triunfalmente en la bicicleta, y una tercera alma simple, consultaba, confiada y sincera, al benévolo caballero que disponía de dinero, mientras yo leía los avisos. Me eché a reír y dejé caer el periódico.

—¿Se nos ve de la Tierra? —pregunté.

—¿Por qué?

—He conocido a alguien... que se interesaba en la Astronomía, y se me ocurría que sería bastante curioso que ese... amigo... estuviera en este momento, por casualidad, mirando por un telescopio.

—Para vernos ahora, se necesitaría el telescopio más poderoso de la Tierra, y se nos vería como un punto apenas perceptible.

Durante un rato, contemplé en silencio la Luna.

—Es un mundo —dije—: uno lo comprende ahora infinitamente más que en la Tierra. Hay gente, quizás...

—¡Gente! —exclamó Cavor—. ¡No! Destierre usted esa idea. Considérese usted una especie de viajero ultra ártico, explorando los desolados campos del espacio.¡Mire usted!

Blandió la mano en dirección a la brillante blancura de abajo: ¡Un mundo muerto... muerto! Vastos volcanes apagados, desiertos de lava, montones de nieve o de ácido carbónico helado o de aire helado, y por todas partes despeñaderos, zanjas, y grietas y abismos. Nada sucede. Los hombres han observado este planeta sistemáticamente con telescopio, durante más de doscientos años: ¿qué cambios cree usted que han visto?

—Ninguno.

—Han notado dos derrumbamientos, la dudosa formación de una grieta, y un débil cambio periódico de color. Y eso es todo.

—Yo no sabía que se había notado siquiera eso.

—¡Oh, sí!, pero lo que es gente...

—A propósito —pregunté—, ¿de qué tamaño tendría que ser una cosa para que se la pudiera ver desde la Tierra con el telescopio mayor?

—Se podría ver una Iglesia de mediano tamaño, y seguramente se verían poblaciones y edificios, cualquiera cosa que fuera obra de hombres. Quizá haya insectos, algo parecido a las hormigas, por ejemplo, animales que puedan esconderse en profundas cuevas durante la noche lunar; o habrá alguna nueva especie de seres, sin paralelo en la Tierra. Eso es lo más probable que encontremos, si acaso encontramos algún signo de vida.

¡Piense usted en la diferencia de condiciones! La vida tendría que adaptarse en la Luna a un día tan largo, como catorce días terrestres, al fuego de un Sol sin nubes durante catorce días consecutivos, y después a una noche de igual extensión, cada vez más fría, bajo esas frías y brillantes estrellas. En esa noche debe hacer allí un frío estupendo, el frío extremo, el absoluto cero, 273 grados centígrados bajo el punto en que los termómetros marcan hielo en la Tierra. Cualquier ser viviente que haya, tiene que pasar por *ese invierno,* cada día más cruel.

Reflexionó.

—Podemos imaginarnos algo como unos gusanos —dijo—, que se alimenten de aire sólido, así como los gusanos terrestres tragan tierra; o monstruos paquidermos...

—A propósito —le interrumpí—, ¿por qué no, hemos traído un fusil?

No contestó a esta pregunta.

—No —concluyó— pronto lo sabremos todo. Cuando estemos allá, veremos.

Yo me acordé de otra cosa.

—Por supuesto que mis minerales estarán allí, ellos sí, de todos modos —dije—, cualesquiera que sean las condiciones de vida.

Cavor me dijo que deseaba alterar nuestra carrera algo, dejando a la Tierra atraernos por un momento: iba a abrir la ventana del Este durante treinta segundos. Me previno que eso me haría dar vueltas la cabeza, y me aconsejó que extendiera las manos hacia el vidrio para amortiguar mi caída. Hice lo que me decía, y apoyé los pies en los bultos de comestibles y cilindros de aire para impedir que me cayeran encima. En ese momento, con un chasquido, se abrió bruscamente la ventana; yo caí como un fardo, de cara y protegiéndome con las manos, y durante un momento, por entre mis negros y apartados dedos, vi a nuestra madre Tierra, un planeta en un firmamento que se extendía hacia abajo.

Estábamos todavía muy cerca —Cavor me dijo que la distancia era quizás unas ochocientas millas— y el enorme disco terrestre llenaba todo el cielo; pero ya se veía con claridad que el mundo era un globo. La parte del planeta que miraba hacia nosotros parecía vaga, confusa; pero, hacia el Oeste, las vastas sábanas grises del Atlántico, bajo la luz moribunda del día, brillaban como plata derretida. Creo que reconocí las costas de Francia, de España y del Sur de Inglaterra, cuyos contornos se dibujaban como nubes en el firmamento; luego, con otro chasquido, la ventana se volvió a cerrar, y me encontré en un estado de extraordinaria confusión, deslizándome lentamente por el suave vidrio.

Cuando las cosas recuperaron su posición en mi cerebro, me pareció completamente fuera de duda y cuestión, que la Luna estaba "abajo" y bajo mis pies, y que la Tierra estaba allá, en el nivel del horizonte; la Tierra que había estado "abajo" para mí y para mis semejantes desde el principio de la existencia.

Tan pequeño era el esfuerzo que teníamos que hacer, la anulación positiva de nuestro peso hacía tan fácil lo que nosotros teníamos que hacer, que durante cerca de seis horas transcurridas desde que habíamos partido, no se nos ocurrió la idea de tomar ningún refrigerio: seis horas era el tiempo señalado por el cronómetro de Cavor.

Y aun entonces, con muy poco quedé satisfecho. Cavor examinó el aparato de absorción del ácido carbónico y del agua, y lo declaró en condiciones satisfactorias: nuestro consumo de oxígeno había sido extraordinariamente pequeño. Y como nuestra conversación se había agotado por el momento y nada teníamos ya que hacer, nos entregamos al extraño sopor que nos había invadido: extendimos nuestras frazadas en el fondo de la esfera, para impedir lo más que fuese posible, que entrara la luz de la Luna. Nos dimos las buenas noches, y casi inmediatamente nos quedamos dormidos.

Y así —durmiendo y a veces hablando y leyendo un poco, y a veces comiendo, aunque sin apetito vivo pero en la mayor parte del tiempo en un deliquio, que no era estar despierto ni dormido, caímos y caímos, durante un espacio de tiempo que no tenía día ni noche, silenciosa, suave, rápidamente hacia abajo, hacia la Luna.

VI
La llegada a la Luna

Me acuerdo de cómo un día Cavor abrió repentinamente seis de nuestras ventanas y la luz me cegó, de tal modo, que prorrumpí en gritos. El área entera que abarcaba nuestra vista era una estupenda cimitarra de blanca luz de amanecer, con los bordes interrumpidos por manchas de oscuridad, la playa curva de una creciente marea negra, de la cual surgían picos y pináculos a la ardiente luz del Sol. Doy por hecho, que el lector ha visto cuadros o fotografías de la Luna, de modo que no necesito describir los aspectos generales del paisaje, aquellas espaciosas cadenas de montes, en forma de círculos, más vastos que cualquier montaña terrestre, con sus cumbres brillantes en el día, sus sombras anchas y profundas; las llanuras grises y desordenadas; las cordilleras, cerros y cráteres, pasando todo por fin de una refulgente iluminación a un común misterio de negrura. Por encima de aquel mundo, volábamos, apenas a unas cien millas de sus crestas y pináculos, y ya podíamos ver lo que ningún ojo terrestre podrá ver jamás: que bajo el esplendor del día, los agudos perfiles de las rocas y las grietas de las llanuras y los fondos de los cráteres se volvían grises y confusos bajo una neblina que se hacía más densa cada vez; lo blanco de sus iluminadas superficies se interrumpía con manchas y aberturas, y se volvía a interrumpir, y se hundía y desaparecía, y extraños tintes habanos y aceitunados nacían y se esparcían aquí y allá.

Pero de poco tiempo disponíamos para mirar eso, pues ya habíamos llegado al peligro real de nuestro viaje: teníamos que acercarnos aún más a la Luna, mientras rodábamos en torno suyo, acortar luego nuestro andar y espiar la oportunidad en que pudiéramos por fin atrevernos a caer sobre la superficie.

Para Cavor, el momento era de intensa atención; para mí, de ansiosa inactividad. Yo continuaba ignorando lo que iba a hacer; él saltaba por todo el interior de la esfera, de un punto a otro, con una agilidad que en la Tierra habría sido imposible.

Incesantemente, durante aquellas últimas horas tan decisivas, abría y cerraba las ventanas de Cavorita, hacía cálculos y consultaba su cronómetro a la luz de la lámpara empañada. Durante largo rato tuvimos todas nuestras ventanas cerradas, y nos cernimos silenciosamente en la oscuridad, rodando por el espacio.

Después, le sentí buscar a tientas los resortes de las celosías, y cuatro ventanas se abrieron bruscamente. Yo di un salto y me cubrí los ojos, lastimados y cegados por el desusado esplendor del Sol bajo nuestros pies. En seguida se cerraron otra vez las ventanas, dejando mi cerebro palpitante en una oscuridad que se agolpaba contra mis ojos. Y volví a flotar en un vasto y negro silencio.

Al poco rato, Cavor encendió la luz eléctrica, y me dijo que era necesario atar todos nuestros bultos de equipaje unos con otros, y envolverlos en las frazadas para protegerlos del choque de la caída. Así lo hicimos con las ventanas cerradas porque, de esa manera, todos los bultos se juntaban por sí mismos en el centro de la esfera. Aquélla también fue una extraña escena: los dos, flotando sueltos en aquel espacio esférico, y empaquetando y tirando de las cuerdas: ¡imagínense ustedes el cuadro, si pueden! Allí no había arriba ni abajo, y de cada esfuerzo resultaban inesperados movimientos: ya me sentía apretado contra el vidrio por la fuerza del puño de Cavor; ya pateaba desatentadamente en el vacío; ora la estrella de la luz eléctrica estaba sobre nuestras cabezas; ora se hallaba a nuestros pies; de repente, los pies de Cavor flotaban delante de mis ojos, y en el siguiente momento nos cruzábamos sin tocarnos. Pero por fin, todos nuestros bultos quedaron bien atados en un solo fardo envuelto en blandas frazadas: habíamos empleado en ello todas, salvo dos con agujeros en el medio que habíamos apartado para envolvernos en ellas.

En seguida, pues aquello no duró más que un instante, Cavor abrió una ventana del lado de la Luna, y vimos que caíamos hacia un enorme cráter central, en cuyo derredor se agrupaban en forma de cruz otros cráteres menores. Y entonces otra vez lanzó Cavor nuestra diminuta esfera con las ventanas abiertas, hacia el deslumbrador y quemante Sol. Creo que usaba la atracción del Sol como un freno.

—¡Cúbrase usted con una frazada! —gritó de repente, apartándose violentamente de mí.

Durante un momento no comprendí; pero luego tiré de una punta la frazada que tenía bajo mis pies, y me envolví con ella la cabeza, particularmente los ojos.

Bruscamente, Cavor cerró de nuevo las celosías, abrió otra, la cerró en el acto, y después empezó de repente a abrirlas todas, asegurándolas una por una dentro de sus cilindros de acero. Hubo un sacudimiento, y ambos rodamos y rodamos, chocando contra el vidrio de las paredes y contra el abultado fardo de nuestro equipaje, y agarrándonos el uno al otro; afuera, una sustancia blanca se aplastaba, como si nuestra esfera rodara por un monte de nieve…

Vuelta, golpe, vuelta, nos aferramos de cualquier cosa, golpe, vuelta, vuelta…

Un choque sordo, y me encontré medio sepultado bajo el fardo. Por un momento, inmovilidad y silencio. En seguida, oí a Cavor resoplar y gruñir, y el ruido de una celosía al correr por su ranura. Hice un esfuerzo, empujé a un lado nuestro envoltorio de frazadas y cajas, y surgí de abajo de todo aquello: nuestras abiertas ventanas no parecían otra cosa, que estrellas en un cielo oscuro, negro.

Cavor y yo estábamos vivos, y nuestra esfera yacía en la oscuridad producida por las paredes del gran cráter dentro del cual habíamos caído.

Nos quedamos sentados conteniendo la respiración, y palpando los chichones que teníamos por todo el cuerpo. No creo que ninguno de los dos hubiera previsto claramente el brusco trato que habíamos recibido. Penosamente, logré pararme.

—¡Y ahora —dije—, veamos el paisaje de la Luna! Pero…¡qué oscuridad tremenda, Cavor!

El vidrio estaba húmedo, y yo lo limpiaba con mi frazada, al decir esas palabras.

—Estamos como a media hora de la luz del día —contestó Cavor—. Tenemos que esperar.

Era imposible distinguir nada. Si la esfera hubiera sido de acero, sin la menor ventana, no habríamos estado menos privados de la vista de afuera. Con frotar el vidrio con la frazada, sólo conseguí calentar la parte frotada, y cuanto más rápidamente la restregaba, más pronto volvía a ponerse opaca con la humedad nuevamente condensada y con una creciente cantidad de pelos de la manta. La verdad, es que no debía haber hecho tal uso de mi frazada, pues en mis esfuerzos para limpiar el vidrio me resbaló por su húmeda superficie y me golpeé la espinilla en uno de los cilindros de oxígeno que asomaban de dentro del fardo.

Aquello era exasperante... era absurdo. Ya estábamos en la Luna, entre quién sabe qué maravillas, y todo lo que podíamos ver, era la pared gris y mojada de la bola dentro de la cual habíamos ido.

— ¡Mal haya el viaje! —exclamé— Para esto, bien podríamos habernos quedado en nuestras casas.

Y me dejé caer sobre el fardo. Tiritaba, y tuve que envolverme en la frazada.

De pronto, la humedad del vidrio se convirtió en cuadritos y vellones de nieve.

— ¿Puede usted alcanzar el botón del calentador eléctrico? —me dijo Cavor—. Sí... esa bola negra. Si no, vamos a helarnos.

No esperé a que lo dijera dos veces.

— Y ahora —pregunté—: ¿qué vamos a hacer?

— Esperar —fue su respuesta.

— ¿Esperar?

— Naturalmente. Tenemos que esperar hasta que nuestro aire se caliente y el vidrio se aclare. Nada podemos hacer hasta entonces. Aquí es de noche aún... tenemos que esperar a que nos llegue el día. Mientras tanto, ¿no siente usted hambre?

Durante un momento no le contesté, me quedé reflexionando. Después, de mala gana, aparté la mirada del problema oculto tras del blanco vidrio, y la fijé en el rostro de mi compañero.

— Sí —le dije—: tengo hambre. Y me siento enormemente desalentado; yo esperaba... no sé... qué esperaba, pero no era esto.

Llamé en mi ayuda toda mi filosofía, y envolviéndome en la frazada, me senté otra vez en el fardo y empecé mi primera comida en la Luna. No creo que la concluí..., me olvidé de comer. De repente, primero a trechos, luego rápidamente en largas fajas, se fue aclarando el vidrio, se descorrió el velo húmedo que ocultaba a nuestros ojos el mundo lunar.

Los dos contemplamos ansiosos el paisaje de la Luna.

VII

El Sol sale en la Luna

Lo primero que percibieron nuestros ojos, era la más desierta y desolada de las comarcas. Estábamos en un enorme anfiteatro, una vasta planicie circular, el fondo de un gigantesco cráter. Sus paredes rocallosas nos encerraban por todos lados.

Del Oeste, la luz del Sol, invisible para nosotros, caía sobre ellos, llegaba hasta el mismo fin de los abruptos montes, y mostraba un desordenado escarpamiento de rocas ásperas y grises, aquí y allá interrumpidas por abismos y por bancos de nieve.. Aquello se hallaba quizás, a unas doce millas de distancia, pero al principio ninguna atmósfera intermediaria disminuyó en lo mínimo la brillantez detallada con que todo aquello relumbraba ante nuestra vista. Las nevadas rocas se alzaban claras y radiantes sobre un fondo de estrellada negrura, que a nuestros ojos terrestres, parecía más bien una inmensa cortina de terciopelo negro que la inmensidad del firmamento.

El monte del Este apareció al principio como un simple borde sin estrellas de la estrellada cúpula.

Ningún albor rosado, ninguna palidez indecisa anunció el nacimiento del día. Sólo la corona, la luz zodiacal, una enorme aureola en forma de cono, luminosa, que se extendía hacia la rutilante estrella de la mañana, nos advirtió la inminente cercanía del Sol.

Toda la luz que nos rodeaba, nos venía por reflejo de los montes del Oeste, y nos hacía ver una extensa, ondulada llanura, fría y gris —un gris que se oscurecía hacia el Oriente, hasta convertirse en la absoluta lobreguez de la sombra de los montes. Innumerables cumbres grises y redondas fantásticas colinas, blancas oleadas de una sustancia nevosa, crestas que se sucedían unas a otras hasta la remota oscuridad, nos dieron la primera noción de la distancia a que se encontraba la pared del cráter. Aquellas colinas tenían el aspecto de la nieve, y al principio creí que fueran de nieve; pero no lo eran… ¡eran montes y más montes de aire helado!

Eso fue lo que vimos al principio, y luego, repentina y rápidamente, con asombro de nuestros ojos, apareció el día lunar.

Los rayos del Sol se habían deslizado hasta el pie de los montes, tocaban ya la base de las blancas moles, y sin detenerse, cual si llevaran calzadas las famosas botas de siete leguas, avanzaban velozmente hacia nosotros. La distante pared del cráter parecía deslizarse y estremecerse, y al contacto del Sol, ascendía del fondo un velo de vapor gris, subían unos torbellinos y bocanadas y trémulas coronas grises, más espesas, más anchas y más densas, hasta que por último, toda la llanura por el Oeste despidió vapor como un pañuelo mojado que se extiende delante del fuego, y los montes de aquel lado no aparecieron ya más, que como un lejano resplandor.

—Esto es aire —dijo Cavor—. Debe ser aire, pues si no lo fuera, no se levantaría así al simple contacto de los rayos del Sol. Y si es aire…

Miró hacia arriba, y:

—¡Vea usted! —exclamó.

—¿Qué? —pregunté.

—En el firmamento. Ya viene. Allá en la oscuridad..., un ligero tinte azul. ¡Vea usted! Las estrellas parecen más grandes. Y las pequeñas, y todas esas opacas nebulosidades que vimos en un espacio vacío... ¡se han ocultado!

Aprisa, sin detenerse, el día se acercaba. Las cumbres grises, una tras otra, se iban iluminando y adquiriendo una intensidad blanca y humeante. Por fin, hacia el Oeste del sitio en que estábamos, no quedó más que una masa de niebla ascendente, el tumultuoso avance y ascensión de un resplandor nebuloso. La distante pared del cráter se había alejado más y más, se había obscurecido y transformado a través de aquel torbellino, y por último, se había fundido, se había desvanecido a nuestra vista.

El vaporoso avance estaba cada vez más cerca de nosotros, se aproximaba con la velocidad de la sombra de una nube impulsada por el viento del Sudoeste. En derredor nuestro se alzó un leve, anticipado resplandor.

Cavor me apretó el brazo.

—¿Qué hay? —le pregunté.

—¡Mire usted! ¡El Sol sale! ¡El Sol!

Me hizo volver a un lado, y señaló la ceja del muro del Este que se destacaba sobre el firmamento, apenas un poco más claro que el resto de la montaña. Pero ya su línea se acentuaba con extrañas formas rojizas: lenguas de una llama bermeja que se alargaban y bailaban. Yo me imaginé que fueran espirales de vapor que, bañadas de luz, formaran esas ardientes lenguas sobre el fondo del cielo; pero, seguramente, lo que veía eran las prominencias solares, una corona de fuego que rodea el Sol y que nuestro velo atmosférico oculta para siempre a los ojos terrestres.

¡Y luego... el Sol!

Firme, inevitablemente, surgió una brillante línea, un delgado borde de intolerable refulgencia que tomó una forma circular, se convirtió en un arco, en un llameante cetro, y lanzó hacia nosotros un torrente de calor, como una flecha de fuego.

Aquello me hizo realmente el efecto de algo que me lastimara los ojos. Exhalé un grito, me di vuelta ciego, y saqué a tientas mi frazada de bajo el fardo.

Y con esa incandescencia nos llegó un sonido, el primer sonido de afuera que oíamos desde que abandonamos la Tierra, un silbar y crujir, el tormentoso arrastre de las aéreas vestiduras del día creciente. Y con la llegada del sonido y de la luz, la estera empezó a mecerse; ciegos y aturdidos, Cavor y yo, dando traspiés, chocábamos el uno con el otro. La esfera se tambaleó con más fuerza, y el silbido sonó más alto. Yo había cerrado los ojos por fuerza, y me desesperaba con torpes movimientos por cubrirme la cara con la frazada: en eso estaba, cuando el segundo vaivén de la esfera me hizo perder el equilibrio. Caí contra el fardo, y al abrir los ojos, alcancé a echar una rápida ojeada al aire que rodeaba nuestra cubierta de vidrio: el aire corría, hervía como nieve en la que se ha introducido un hierro candente. Lo que había sido aire sólido, se convirtió repentinamente con el contacto del Sol, en una pasta, en un lodo, en una fangosa licuación que silbaba en torbellinos de gas.

Sobrevino una sacudida de la esfera, aún más violenta, y nos agarramos el uno del otro. Un momento después, otra sacudida nos hizo rodar de nuevo; rodamos una y otra vez, yo estaba sin aliento. Erramos presa del día lunar; la Luna iba a enseñarnos, a nosotros, diminutos hombres, lo que era capaz de hacernos.

Lancé una segunda ojeada hacia las cosas de afuera: bocanadas de vapor, un lodo medio líquido, desprendido de todas partes, caía, se deslizaba. Nos quedamos a obscuras. Yo caí con las rodillas de Cavor sobre el pecho. Luego, le sentí separarse de mí como arrojado, y durante un rato me quedé tendido, sin aliento, con la mirada fija hacia arriba. Un enorme alud de aquella materia que se derretía había caído sobre nosotros, nos había sepultado y ya se fundía rápidamente, se alejaba hirviendo. Mis ojos vieron los borbotones que bailaban sobre el vidrio. Mis oídos percibieron unas débiles exclamaciones de Cavor.

Después, otro enorme alud nos arrastró y, con ruido sordo, nuestra esfera empezó a rodar por una pendiente, a rodar cada vez más rápidamente saltando grietas y rebotando en cumbres, más y más velozmente, hacia el Oeste, al ardiente e hirviente tumulto del día lunar.

Aferrados, el uno al otro, rodábamos nosotros adentro, dando contra este o el otro lado, con el fardo de nuestros equipajes saltando hacia nosotros, y golpeándonos. Nos soltábamos, nos volvíamos a agarrar, rodábamos otra vez aparte el uno del otro, nuestras cabezas chocaban, ¡y el Universo entero estallaba en ardientes dardos y estrellas! En la Tierra, nos habríamos aplastado el uno al otro una docena de veces; pero en la Luna, felizmente para nosotros, nuestro peso era sólo la sexta parte de lo que es en la Tierra, y cuando caíamos nos causábamos poco daño. Recuerdo una sensación de horrible malestar, algo como si los sesos se me voltearan dentro del cráneo, y después...

Sentí algo extraño en la cara, unas cosas delgadas me apretaban por detrás de las orejas. Luego descubrí que el brillo del paisaje que nos rodeaba, estaba mitigado por unos anteojos azules. Cavor se inclinaba hacia mí, y vi su rostro cerca del mío, con los ojos también protegidos por anteojos ahumados. Su respiración era agitada, y su labio sangraba por efecto de un golpe.

—¡Mejor! —me dijo, enjugándose la sangre con el dorso de la mano.

Durante un rato me pareció que todo se ladeaba; pero era sólo el efecto de mi aturdimiento. Noté que Cavor había cerrado alguna de las celosías de la cubierta exterior de la esfera para preservarme del fulgor directo del Sol. Me di cuenta de que todo en torno nuestro estaba en extremo brillante.

—¡Dios! —balbuceé—. ¿Qué veo?...

Alargué el cuello para ver: un resplandor enceguecedor brillaba afuera, completa transición de la lóbrega oscuridad de mis últimas impresiones.

—¿He estado sin sentido mucho tiempo? —le pregunté.

—No sé... el cronómetro está roto. Un buen rato... ¡Querido amigo! ¡Qué miedo he tenido!

Me quedé así, echado un rato, reflexionando. Vi que el rostro de Cavor conservaba aún señales de emoción. Transcurrieron unos momentos, y nada dije. Me pasé una mano escudriñadora por sobre las contusiones, y examiné la cara de mi amigo en busca de daños semejantes. El reverso de mi mano derecha había sufrido más que el resto de mi cuerpo: la piel había sido arrancada, una parte de la mano estaba en carne viva. En la frente me toqué varias lastimaduras que sangraban.

Cavor me puso en la mano un frasquito que contenía un poco del cordial —de su nombre no me acuerdo— que formaba parte de nuestras provisiones. Después de un rato, me sentí algo mejor. Empecé a estirar las piernas y los brazos, cuidadosamente. Pronto pude hablar.

—No hubiera sido bueno desembarcar —dije. Como si no hubiese mediado intervalo alguno en nuestra conversación.

—¡No, no hubiera sido bueno!

Cavor meditaba, con las manos colgando sobre sus rodillas. Echó una ojeada a través del vidrio, y luego me miró.

—¡Buen Dios! —dijo—. ¡No!

—¿Qué ha sucedido? —pregunté, al cabo de un momento—. ¿Hemos saltado a los trópicos?

—Ha sucedido lo que yo esperaba. El aire, se ha evaporado..., si es aire... Sea lo que fuere, se ha evaporado, y la superficie de la Luna aparece ahora. Yacemos en un banco de rocas de calidad terrestre. A trechos, se ve el suelo desnudo, una curiosa especie de suelo.

Cavor pensó que era innecesario entrar en explicaciones. Me ayudó a sentarme, y entonces pude ver con mis propios ojos.

VIII
Una mañana lunar

La cruda acentuación, el implacable blanco y negro del escenario, habían desaparecido completamente. El resplandor del Sol había adquirido un ligero tinte ambarino; las sombras de las alturas de la pared del cráter tenían un subido color purpúreo. Por el Este, una obscura masa de niebla se aferraba todavía a las rocas y se ocultaba del Sol, pero hacia el Oeste, el cielo estaba azul y claro. Yo empecé a darme cuenta de la duración de mi desmayo.

No estábamos ya en el vacío: se había formado una atmósfera en torno nuestro. Los contornos de las cosas habían adquirido mayor firmeza, eran más agudos y variados: salvo unas manchas de sustancia blanca que aparecían aquí y allá, sustancia que no era ya aire, sino nieve, el aspecto ártico del paisaje había desaparecido totalmente.

Por todas partes, anchos espacios de un terreno desnudo, quebrado y de un color moreno, se extendían bajo el fulgor del Sol. De trecho en trecho, al píe de los montículos de nieve se veían lagunas y pequeñas corrientes de agua, única cosa que se movía en aquel vasto desierto. El Sol inundaba las dos terceras partes superiores de nuestra esfera y elevaba nuestra temperatura a un verano riguroso; pero nuestros pies estaban aún en la sombra y la esfera yacía en un lecho de nieve.

Y esparcidos aquí y allá por la falda de la montaña, y acentuados por blancos y delgados hilos de nieve todavía dura, adherida a sus lados aún sumidos en la sombra, véanse unos como palos, palos secos y torcidos, del mismo color mohoso, que las rocas sobre las cuales yacían. ¡Palos! ¿En un mundo sin vida? Luego, cuando mi vista fue acostumbrándose más a la forma exterior de aquella sustancia, observé que casi toda esa superficie tenía un tejido fibroso, como la capa de agujas de color oscuro que se encuentra bajo la sombra de los pinos.

—¡Cavor! —dije.

—¿Qué?

—Éste puede ser ahora un mundo muerto... pero antes...

Una cosa atrajo mi atención. Entre aquellas agujas había descubierto una cantidad de objetos pequeños y redondos, y me pareció que uno de ellos se movía.

—Cavor —dije, en voz baja.

—¿Qué?

Pero no contesté en seguida.

Fijé en la cosa una mirada incrédula. Por un instante no pude dar crédito a mis ojos. Después, lancé un grito inarticulado y tomé del brazo a Cavor, señalando con el dedo: — ¡Mire usted! — exclamé por fin, recuperando el uso de la palabra—. ¡Allí! ¡Sí! ¡Y allá!

Sus ojos seguían la dirección indicada por mi dedo.

— ¿Eh? — decía.

¿Cómo describir lo que vi? Es una cosa tan insignificante el decirla ahora, pero entonces parecía tan maravillosa, tan conmovedora. He dicho ya que entre esa especie de palos estaban aquellos cuerpos redondos, aquellos cuerpecitos ovalados que podían haber pasado por menudos guijarros. Y de repente, primero uno, y luego otro, se habían movido, habían rodado y se habían rajado, y por entre la rajadura, cada uno de ellos mostraba una diminuta línea de color verde amarillento que avanzaba hacia afuera a encontrar el cálido aliento del nuevo Sol. Pasó un rato, y luego un tercer objeto redondo se movió y reventó.

— Es una semilla — dijo Cavor; y en seguida le oí murmurar, muy quedo: ¡*Vida!*

¡Vida! E inmediatamente nos invadió la idea de que nuestro largo viaje no había sido hecho en vano, que no habíamos ido a encontrarnos con un árido montón de minerales, sino con un mundo que vivía y se movía. Ambos mirábamos intensamente. Recuerdo que yo frotaba con la manga el vidrio delante de mí, temeroso del menor resto de humedad.

El cuadro era claro y vívido sólo en el centro del terreno: en todo lo demás, la curvatura del vidrio agrandaba y daba torcidas formas a las fibras muertas y a las semillas. ¡Pero lo que alcanzábamos a ver era bastante! Uno después de otro, en toda la parte en que daba el Sol, aquellos milagrosos cuerpecitos morenos reventaron y se quedaron abiertos, como vainas de semillas, como frutas agrietadas: abrían ansiosas bocas que bebían el calor y la luz arrojados a torrentes por el naciente Sol.

A cada momento se abrían nuevas cajas de semillas, y apenas lo hacían, su hinchado contenido se desbordaba por la abertura y pasaba al segundo periodo del crecimiento. Con seguridad plena, con rápido avance, las asombrosas semillas apuntaban una raicilla hacia la tierra, y un raro capullo, de forma redonda, al aire libre. En poco rato, toda la pendiente estuvo llena de minúsculas plantas que se erguían ufanas con el ardor del Sol.

No permanecieron erguidas mucho tiempo. Los capullos redondos se hincharon, se estiraron y se abrieron con un estremecimiento, y entonces quedó en descubierto una coronilla de puntitas agudas, y bajo de esta corona, se desparramó una frondosidad de hojitas delgadas, puntiagudas, de color oscuro, que se alargaron rápidamente; se alargaron visiblemente, allí, ante nuestros ojos. El movimiento era más lento que el de cualquier animal, más rápido que el de cualquier planta que yo hubiera visto antes. ¿Cómo podría explicar a ustedes cómo se efectuaba el crecimiento? Las puntas de las hojas crecían tan pronto, que las veíamos avanzar. La morena cubierta de la semilla se encogía y era absorbida con igual rapidez.

¿Alguna vez, en un día frío, ha tomado usted en su mano caliente un termómetro y observado la ascensión del pequeño hilo de mercurio por el tubo? Así crecían esas plantas de la Luna.

En pocos minutos, tal como los veíamos, los capullos de las más avanzadas de aquellas plantas se habían alargado y convertido en un tallo, y de éste salía ya una segunda serie de hojas; toda la inclinada planicie, que hasta poco antes parecía una muerta faja de tierra pedregosa, estaba ya cubierta de esa creciente hierba, de color aceitunado, formada por infinito número de espigas estremecidas por el vigor de su naciente vida.

Me volví a un lado y, ¡hola! En el borde superior de una roca situada al Este, aparecía un ribete igual: las plantitas habían crecido apenas un poco menos; estaban ladeadas, inclinadas, y su color oscuro resaltaba más sobre el enceguecedor fondo del fulgor solar. Y más allá de ese reborde, se alzaba el perfil de una planta alta, que extendía unas groseras ramas parecidas a las de un cactus, y se hinchaba visiblemente, se hinchaba como una vejiga que alguien llenara de aire.

En seguida, por el Este descubrí también otra forma semejante a aquella, que se alzaba de la hierba. Pero allí la luz caía sobre sus lisos costados, y me permitía ver que su color tenía un vivo tinte anaranjado. Crecía a vista de ojos; y si apartábamos éstos durante un minuto y la mirábamos de nuevo, su perfil había cambiado: sus ramas eran entonces obtusas, pesadas, hasta que, poco rato después, aparecía toda entera como un coral de varios pies de alto. Comparado con semejante crecimiento el del terrestre licoperdón, que a veces gana en diámetro un pie en una sola noche, sería un miserable paso de tortuga, pero hay que tener en cuenta que el licoperdón, al crecer, lucha contra la fuerza de atracción de la Tierra, que es seis veces mayor que la de la Luna. Más lejos, de zanjas y mesetas que habían estado ocultas a nuestros ojos, pero no al presuroso Sol por sobre cuchillos y promontorios de brillante roca, un tupido brote de esbelta, pero carnosa vegetación, se estiraba de un modo visible apresurándose, tumultuosamente, a aprovechar del breve día en que debía florecer, dar fruto, semillar otra vez y morir. Aquel crecimiento era como un milagro: así —bien puede imaginarse— se levantaron los árboles y las plantas en la creación, y cubrieron la desolación de la Tierra recién creada.

¡Imagináoslo! ¡Imaginaos ese amanecer! La resurrección del aire, helado, el despertar y la prisa del suelo, y luego aquel silencioso surgimiento de la vegetación, aquella extraterrestre ascensión de espigas y hojas. Concebid todo aquello alumbrado por un fulgor que haría parecer acuosa y débil la más intensa luz del Sol en la Tierra. Y, sin embargo, entre aquella naciente selva, en cualquier punto que se hallara aun en la sombra, se veía un banco de azulada nieve. Para darse, por último, una idea exacta de nuestra impresión completa, el lector debe recordar que todo lo veíamos a través de un espeso vidrio, curvo, que deformaba las cosas como las deforma un lente, precisas sólo en el centro del cuadro, y allí muy claras, pero hacia los bordes agrandadas y despojadas de realidad.

IX
Empezamos a escudriñar

Por el momento, cesamos de mirar, y nos volvimos el uno hacia el otro, con el mismo pensamiento, la misma pregunta en los ojos: para que esas plantas crecieran, allí debía haber aire, por muy atenuado que fuera, aire que nosotros también podríamos respirar.

—¿Abrimos la entrada? —pregunté.

—Sí —contestó Cavor—; así veremos si hay aire.

—Dentro de un momento —dije—, esas plantas serán tan altas como nosotros. Supongamos… supongamos, al fin y al cabo… ¿Es positiva nuestra teoría? ¿Cómo sabremos que eso es aire? Puede ser nitrógeno, hasta puede ser ácido carbónico.

—La prueba es fácil —me contestó Cavor, y se dispuso a hacerla.

Sacó del fardo un largo trozo de papel, lo arrugó, lo encendió, y lo arrojó precipitadamente por la válvula de la tapa de la entrada. Me incliné hacia adelante y seguí con la vista, a través del espeso vidrio, a la pequeña llama, cuya vida iba a probar tantas cosas.

Vi que el papel caía y se posaba ligeramente sobre la nieve. La roja llama que lo quemaba se desvaneció. Durante un momento pareció haberse extinguido completamente el fuego… pero a poco, vi una delgada lengua azul en la orilla del papel, que tembló, chisporroteó y se extendió.

Poco a poco todo el papel, salvo la parte que se hallaba en contacto inmediato con la nieve, ardió, retorciéndose y enviando hacia arriba una temblorosa y delgada columna de humo. Ya no cabía duda: la atmósfera de la Luna era oxígeno puro, o aire, y podía, por lo tanto, a menos que fuera demasiado tenue, sostener nuestras intrusas vidas. Podíamos salir de la esfera… ¡y vivir!

Me senté con las piernas puestas a uno y otro lado de la entrada, y me preparaba ya a destornillar la tapa, cuando Cavor me contuvo.

—Hay que tomar primero una pequeña precaución —me dijo.

Me explicó en seguida que, aunque afuera hubiese evidentemente una atmósfera oxigenada, podía ésta hallarse lo bastante enrarecida para causarnos graves perturbaciones: me recordó los mareos de montañas y las hemorragias que a menudo afligen a los aeronautas que ascienden con demasiada velocidad, y tardó un rato en la preparación de una nauseabunda bebida que insistió en hacerme compartir con él. Cuando la absorbí, me sentí un poco aturdido, pero no me causó otro efecto. Entonces, Cavor me permitió destornillar la tapa.

Al cabo de un momento, estaba ya tan flojo el tornillo de ajuste de la tapa de vidrio, anterior a la de acero, que el aire de la esfera, más denso que el del exterior, empezó a escaparse por la espiral del tornillo, silbando como silba el agua de una tetera antes de hervir.

Cavor apenas lo observó, me hizo desistir; aparecía evidente que la presión era afuera mucho menor que adentro: en qué proporción era menor, no teníamos medios de comprobarlo.

Me quedé sentado, agarrando el tornillo con ambas manos, listo para ajustarlo de nuevo si, a despecho de nuestra intensa esperanza, la atmósfera lunar resultaba al fin demasiado enrarecida para nosotros, y Cavor con un cilindro de oxígeno comprimido, se preparaba a restaurar la presión del interior de la esfera. Nos miramos uno a otro en silencio, y luego contemplamos la vegetación que se mecía y crecía afuera, visiblemente y sin ruido. Y el temeroso silbido continuaba sin interrupción.

Los vasos sanguíneos empezaron a palpitar en mis oídos, y el ruido de los movimientos de Cavor disminuyó. Noté cuán silencioso se volvía todo, por efecto del adelgazamiento del aire.

Al escaparse por el tornillo el aire interior, su humedad se condensaba en pequeños copos.

De repente sentí una peculiar falta de respiración —la cual duró, dicho sea de paso, todo el tiempo que estuvimos expuestos a la atmósfera exterior de la Luna—, y una desagradable sensación en los oídos, las uñas, y la parte posterior de la garganta, que pasó al cabo de un momento.

Pero en seguida, me acometieron un vértigo y náuseas que cambiaron bruscamente mis disposiciones de ánimo, haciéndome perder el valor. Di media vuelta al tornillo, y expliqué a Cavor rápidamente lo que me pasaba; pero me encontré con que era el más optimista de los dos. Me contestó con una voz que parecía extraordinariamente leve y remota, efecto de la delgadez del aire que conducía el sonido: me recomendó un trago de brandy, y me dio el ejemplo. Cuando hube tomado el brandy y me sentí mejor, volví a dar vuelta al tornillo hacia atrás. El zumbido de mis oídos creció, y a poco noté que el silbido del aire de la esfera al precipitarse hacia afuera, había cesado.

—¿Y...? —me preguntó Cavor, con una sombra de voz.

—¿Y...? —le contesté.

—¿Salimos?

Yo me pregunté mentalmente: ¿Esto es todo lo que tiene que decirme?

—Si puede usted soportarlo —continuó.

Por toda respuesta, continué en mi tarea de destornillar. Desprendí el vidrio circular, y lo puse cuidadosamente sobre el fardo. Un largo copo de nieve se precipitó adentro, y aquel aire tenue y extraño para nosotros, se volatizó al tomar posesión de nuestra esfera. Me arrodillé primero, después me senté al borde del hueco de entrada, y miré por encima de la esfera: debajo de ésta, a una yarda de mi cara, había una capa de nieve lunar protegida del Sol por la esfera misma.

Hubo un momento de silencio. Nuestros ojos se encontraron.

— ¿No tiene usted demasiada dificultad para respirar? —dijo Cavor.

—No —contesté—. Puedo soportarla.

Extendió el brazo, tomó su frazada, metió la cabeza por el agujero del centro, y se envolvió bien con toda la manta. En seguida, se sentó en el borde de la entrada y dejó caer los pies hacia afuera, hasta que quedaron a seis pulgadas de la nieve lunar. Vaciló un momento: después se lanzó adelante, salvó las seis pulgadas de distancia, y sus pies fueron los primeros pies humanos que pisaron el suelo de la Luna.

Dio unos pasos hacia adelante, y la curva del vidrio reflejó grotescamente su figura. Se detuvo, miró un momento a un lado y otro; luego se recogió, y saltó.

El vidrio lo desfiguraba todo, pero aún así me pareció que aquel salto había sido extremadamente grande. Un solo brinco lo había llevado a un punto remoto: parecía hallarse a veinte o treinta pies de distancia. Estaba parado allá arriba, en lo alto de una enorme roca y gesticulaba en mi dirección. Tal vez gritara, pero el sonido no llegaba a mis oídos. Mas, ¿cómo diablos había hecho aquello? Mi impresión era en ese momento, la de una persona que acaba de ver una nueva prueba de magia.

Todavía embargado por el asombro, me arrojé yo también fuera de la esfera. Me quedé parado un momento. Delante de mí, la nieve se había derretido, dejando una especie de canal. Di un paso, y salté.

Me encontré volando a través del espacio, vi que la roca en que Cavor estaba me salía al encuentro, me agarré a ella y quedé prendido de su borde, en un estado de infinito espanto. Quise reírme, y mi risa fue una dolorosa mueca. Me hallaba en una tremenda confusión. Cavor se inclinó hacia mí y, con voz que más parecía un silbido, me dijo que tuviera cuidado. Yo había olvidado que en la Luna, que tiene sólo una octava parte de la masa de la Tierra y un cuarto de su diámetro, mi peso era escasamente un sexto del que era en la Tierra. Y en aquel momento, los hechos se encargaban de recordármelo.

—Ahora estamos fuera de los lazos de la Madre Tierra —me dijo Cavor.

Con cauteloso esfuerzo me alcé hasta lo alto de la peña y, moviéndome tan cuidadosamente como un reumático, me paré al lado de Cavor, bajo el fulgor del Sol. La esfera yacía tras de nosotros, en su cama de nieve, a treinta pies de distancia.

En toda la extensión que los ojos podían abarcar por sobre el enorme desorden de rocas que formaban el suelo del cráter, veíamos la misma vegetación espinosa que nos rodeaba, nacía y crecía, interrumpida, aquí y allá por abultadas masas de forma de cactus, y líquenes rojos y purpurinos creciendo tan rápidamente, que parecían encaramarse por las rocas. El área entera del cráter, me pareció entonces un desierto igual hasta el mismo pie de la montaña que nos rodeaba.

La montaña aparecía desnuda de vegetación, salvo en su base, y de arriba a bajo sobresalían estribos, rellanos y plataformas que en aquellos momentos no llamaron mucho nuestra atención. Por todos lados llegaba a varias millas de distancia —y nosotros, al parecer, nos hallábamos en el centro del cráter— y la veíamos a través de una especie de neblina empujada por el viento. Efectivamente, ya había hasta viento en el tenue aire, viento rápido y al mismo tiempo débil que daba mucho frío, pero ejercía poca presión: soplaba, al parecer, en torno del cráter, desde la brumosa oscuridad de un lado, hasta el otro lado caliente e iluminado por el Sol. Era difícil ver por entre aquella niebla viajera, y la terrible intensidad del inmóvil Sol nos hacía poner las manos a guisa de pantalla sobre los ojos para poder mirar.

—Parece que está desierta —dijo Cavor—; absolutamente despoblada.

Miré otra vez en torno mío. Hasta entonces abrigaba una postrera esperanza en hallar alguna evidencia casi humana, ver alguna techumbre de casa, alguna fábrica o máquina; pero doquiera que se mirara, se extendían las desordenadas rocas, picos y crestas, y las puntiagudas espigas y los panzudos cactus que se hinchaban e hinchaban, negación terminante, según parecía, de tales esperanzas.

—Parece que esas plantas nacen y viven para sí mismas —dije—. No veo señal de otra cosa viviente.

—¡Ni insectos…, ni aves…, nada! Ningún rastro, ni un signo de vida animal. Si hubiera animales… ¿qué harían en la noche?… No; lo único que hay son esas plantas.

Volví a ponerme la mano como pantalla, y miré.

—Éste es un paisaje de sueño: esas cosas son menos semejantes a las plantas del suelo de la Tierra, que las que uno imagina entre las rocas del fondo del mar. ¡Mire usted eso, allá! Se le podría tomar por un lagarto convertido en planta. ¡Y este Sol de fuego!

—Todavía estamos en la frescura de la mañana —dijo Cavor.

Suspiró y miró en torno suyo.

—Éste no es un mundo para hombres —dijo—. Y, sin embargo, en cierto modo… atrae.

Permaneció en silencio un momento, y luego comenzó la canturía con que acompañaba sus meditaciones.

Un suave contacto en el pie me hizo estremecer: miré, y vi una delgada rama de lívido liquen que subía por sobre mi zapato. La rechacé de un puntapié, cayó hecha polvo, y cada fragmento recomenzó a crecer. Oí una aguda exclamación de Cavor, volví los ojos, y noté que una de las bayonetas de la legión de espigas le había pinchado.

Cavor vaciló, sus ojos escudriñaron la roca en torno nuestro. Un repentino resplandor rojo había inundado una desgarrada columna de peñascos: era un rojo extraordinario, un lívido carmesí.

—¡Mire usted! —dije, volviéndome.

Pero la sangre se me heló: ¡Cavor había desaparecido!

Durante un instante me quedé petrificado. Después di un paso rápido para mirar por el borde de la roca; pero, en mi sorpresa por su desaparición, olvidé una vez más que estábamos en la Luna. El impulso que di a mi pie para avanzar, me habría llevado, en la Tierra, a una yarda de distancia: en la Luna me llevó a seis yardas… o sea, cinco yardas más allá del borde. Por el momento, la cosa tenía algo de efecto de esas pesadillas en que uno cae y cae, pues al caer, en la Tierra, uno recorre dieciséis pies en el primer segundo, y en la Luna recorre dos, y sólo con la sexta parte de su peso real. Caí, o mejor dicho, brinqué hacia abajo, supongo que unas diez yardas. El tiempo me pareció bastante largo, unos cinco o seis segundos, según calculo ahora. Floté por el aire y caí como una pluma, hundiéndome hasta la rodilla en un charco de nieve derretida, formado en el fondo de una barranca de rocas de color gris azul, veteado de blanco.

Miré alrededor.

—¡Cavor! —grité; pero Cavor no estaba a la vista.

—¡Cavor! —grité más alto, y las rocas me devolvieron el eco.

Me volví enfurecido hacia las rocas y las escalé hasta su cúspide.

—¡Cavor! —grité.

Mi voz sonaba como el balido de un cordero perdido.

La esfera no estaba tampoco a la vista, y por un momento me oprimió el corazón un horrible desconsuelo.

Pero en seguida, vi a Cavor. Se reía y gesticulaba para llamarme la atención. Estaba en una pelada roca, a veinte o treinta yardas de distancia. Yo no podía oír su voz, pero sus ademanes me decían: "¡Salte!" Yo vacilé, pues la distancia parecía enorme; pero luego reflexioné que sería, seguramente, capaz de atravesar una distancia mayor que la saltada por Cavor.

Di un paso atrás, me recogí, y salté con todas mis fuerzas. Me pareció que me disparaba en el aire para no caer jamás...

Aquello fue horrible y delicioso; era estar despierto en una pesadilla al volar por los aires en semejante forma. Comprendí que mi salto había sido demasiado violento. Pasé por encima de la cabeza de Cavor, y noté gran confusión en las plantas de una especie de meseta y que se abrían para recibirme. Di un alarido de alarma, puse las manos delante, y estiré las piernas.

Caí en una abultada masa fangosa que reventó toda en torno mío, esparciendo a derecha o izquierda, atrás y delante, una cantidad de esporas anaranjadas y cubriéndome de un polvo del mismo color. Rodé por encima, acabando de molerlas, y por fin me quedé quieto, aunque agitado por una risa convulsiva que me quitaba la respiración.

La carita redonda de Cavor asomó por sobre las puntas de unas espigas. A gritos me preguntaba algo, pero yo no oí lo que me decía.

—¿Eh? —traté de gritar; pero no pude hacerlo por falta de respiración.

Entonces Cavor se me acercó, abriéndose paso entre los matorrales.

—¡Tenemos que ser precavidos! —dijo—. La Luna no nos guarda consideración, y dejará que nos hagamos tortilla.

Me ayudó a levantar.

—Se esforzó usted demasiado —dijo—, sacudiendo mis ropas con la mano para desembarazarlas de aquella cosa amarilla.

Permanecí quieto, jadeante, dejándole expulsar la jalea amarilla de mis rodillas y hombros, y darme una lección basada en mi infortunio.

—No nos hemos preocupado bastante de la Ley de Gravitación. Nuestros músculos están todavía muy poco habituados a este ambiente. Necesitamos ejercitarlos un poco, y lo haremos cuando usted haya recuperado el aliento.

Me extraje de la mano dos o tres pequeñas espinas, y me senté un rato en una peña saliente. Los músculos me palpitaban, y experimentaba el sentimiento de personal desilusión que invade, en la Tierra, al ciclista aprendiz cuando sufre la primer caída.

A Cavor se le ocurrió de improviso, que el aire frío del barranco, después de haber estado en el calor del Sol, podría darme fiebre. Trepamos, pues, las rocas, hasta hallarnos en el Sol. Aparte de pequeñas

contusiones y rasguños, la caída no me había causado daño, comprobado lo cual, nos pusimos, por indicación de Cavor, a buscar con la mirada
un lugar al que me fuera posible saltar otra vez, sin peligro y fácilmente.
Elegimos una meseta de roca, situada a unas diez yardas y separada de
nosotros por un bosquecillo de espigas de color aceitunado.

—¡Imagínese usted que la meseta está aquí! —me dijo Cavor, que
asumía la actitud de un maestro y me señaló un punto a unos cuatro
pies de las puntas de mis zapatos.

Salté, y caí bien, y debo confesar que sentí cierta satisfacción al ver
que Cavor se quedaba corto, un pie, más o menos, y probaba los pinchazos de las espinas.

—Hay que tener cuidado, ¿lo ve usted? —me dijo, arrancándose las
espinas, y con eso cesó de ser mi mentor para ser mi compañero de aprendizaje en el arte de la locomoción lunar.

Escogimos otro salto, más fácil aún, y después saltamos otra vez al
punto de partida, y del uno al otro varias veces, acostumbrando así nuestros músculos al nuevo ambiente. Nunca habría creído, a no haberlo
experimentado por mí mismo, que nuestra adaptación sería tan rápida:
en un tiempo verdaderamente muy corto, en menos de treinta saltos,
pudimos calcular el esfuerzo necesario para una distancia, casi con la
seguridad que habríamos tenido en la Tierra.

Y durante todo ese tiempo, las plantas lunares crecían en torno nuestro, a cada momento más altas, más tupidas y más enredadas, a cada
instante más gruesas y firmes; plantas espigosas, racimos verdes de cactus, plantas fungosas, carnosas, liquinosas de extrañas radiaciones y
sinuosas formas; pero estábamos tan absortos en nuestros saltos, que
durante un rato no observamos su incesante expansión.

Una extraordinaria exaltación se había apoderado de nosotros, creo
que, en parte, por nuestro sentimiento de libertad fuera del recinto de la
esfera, pero principalmente, sin duda, por la suavidad tenue del aire
que, estoy seguro de ello, contenía una proporción de oxígeno mucho
mayor que nuestra atmósfera terrestre. A despecho de las extrañas condiciones del medio en que nos encontrábamos, yo me sentía tan dispuesto
a las aventuras y a osarlo todo, como un muchacho que se ve por primera vez entre montañas, y no creo que a ninguno de los dos se nos ocurriera,
aunque nos hallábamos cara a cara con lo desconocido, sentir miedo en
demasía.

Un espíritu de empresa nos aguijoneaba. Escogimos un cerro
liquinoso, situado como a quince yardas de nosotros, y fuimos a posar-
nos limpiamente en su cumbre, el uno tras del otro.

—¡Bueno! —nos gritamos mutuamente.

—¡Bueno!

Y Cavor dio tres pasos y saltó hacia un tentador banco de nieve que quedaba a veinte o más yardas de nuestro cerro. Yo me quedé un momento inmóvil, divertido con el grotesco efecto de su ascendente figura, con su gorra sucia de críquet, sus cabellos tiesos, su cuerpecito redondo, sus brazos y sus piernas forradas en unos calzones cortos, encogidos y apretados, como agarrándose al espacio en aquel panorama lunar. Un acceso de risa se apoderó de mí, y en seguida me lancé tras de él… ¡Plum! Caí a su lado.

Dimos unos cuantos pasos de Gargantúa, saltamos dos o tres veces más, y nos sentamos por último en un recodo cubierto de liquen. Nos dolían los pulmones.

Durante un rato quedamos oprimiéndonos los costados y tratando de recuperar el aliento, el uno contemplando al otro. Cavor jadeó algo sobre "asombrosas sensaciones", y en ese momento me vino a la cabeza una idea, al principio no como un pensamiento particularmente aterrador, sino sólo como una pregunta que surgía naturalmente de nuestra situación.

—A propósito —dije—: ¿dónde está exactamente, la esfera?

Cavor me miró.

—¿Eh?

El significado completo de la cuestión invadió agudamente mi cerebro.

—¡Cavor! —grité poniéndole una mano en el brazo—: ¿dónde está la esfera?

X
Perdidos en la Luna

El rostro de Cavor expresó algo parecido al pánico.

Mi compañero se puso de pie y miró en torno suyo por la hierba que nos rodeaba, que en algunos puntos se alzaba casi a la altura de nuestras cabezas, estirándose rápidamente, en una fiebre de crecimiento. Se puso la mano en los labios con ademán de duda, y en seguida habló, pero con una repentina falta de seguridad:

—Creo —dijo lentamente—, que la dejamos allí…, por allá…

Señalaba con un dedo vacilante, que describía un arco al buscar el punto en que podía estar la esfera.

—No estoy seguro… —y su consternación aumentaba—. De todos modos no tenemos por qué tener miedo.

Y fijó los ojos en mí.

Yo también me había levantado. Los dos hacíamos ademanes sin sentido alguno, nuestros ojos escudriñaban la vegetación que crecía y se espesaba a nuestro derredor.

En todo lo que la vista abarcaba de las vertientes y mesetas bañadas de Sol, subían y subían las tiesas espigas, los hinchados cactus, los trepadores líquenes, y doquiera que continuaba la sombra, quedaba también la nieve. Al Norte, al Sur, al Este, al Oeste, se extendía una idéntica monotonía de formas extrañas para nosotros.

Y en algún lugar de por allí, sepultada en aquella enmarañada confusión, estaba nuestra esfera, nuestro hogar, nuestro único recurso, nuestra sola esperanza de escaparnos del fantástico desierto, lleno de efímera vida vegetal, a que tan inconsideradamente nos habíamos lanzado.

—Creo, pensándolo bien —dijo Cavor, señalando de improviso en una dirección—, que debe estar allí.

—¡No! —contesté—. Hemos venido a dar aquí haciendo una curva. ¡Vea usted! Ésa es la huella de mis pies: claro está, que la esfera debe hallarse mucho más al Este, mucho más. ¡No!, debe estar por allá.

—Yo *creo* —dijo Cavor—, que he tenido continuamente el Sol a la derecha.

—A mí *me parece* —repliqué— que a cada salto que daba, mi sombra volaba delante de mí.

Nos miramos uno a otro en los ojos. El área del cráter había llegado a ser enormemente vasta en nuestras imaginaciones, la creciente vegetación se había convertido ya en una selva impenetrable.

—¡Cielos! ¡Qué tontos hemos sido!

—Es evidente —contestó Cavor— que necesitamos encontrar la esfera, y pronto. El calor del Sol aumenta cada vez más, ya nos habría hecho caer desmayados, si no fuera por la sequedad de la atmósfera. Y… tengo hambre.

Yo lo miré con espanto. Hasta ese momento no había pensado en aquella faz de la cuestión, pero instantáneamente me asaltó la misma necesidad en la forma de un gran ahuecamiento del estómago.

—Sí —dije, con énfasis—; yo también tengo hambre.

Cavor se irguió con una expresión de enérgica decisión.

—Tenemos que encontrar la esfera —dijo.

Con tanta calma cuanta era posible, escudriñamos los interminables arrecifes y montículos que formaban el suelo del cráter, pensando ambos en silencio, nuestras probabilidades de encontrar la esfera antes de que nos vencieran el calor y el hambre.

—No puede estar a más de cincuenta yardas de aquí —dijo Cavor, con indecisos ademanes— se trata únicamente de buscar y buscar en este radio hasta hallarla.

—Eso es todo lo que podemos hacer —dije, pero sin el menor entusiasmo por la caza que íbamos a comenzar—. ¡Ojalá no crecieran tan rápidamente estas malditas espigas!

—Eso digo yo —replicó Cavor—; pero la esfera quedó sobre un montón de *nieve*.

Miré en torno, con la llana esperanza de reconocer algún picacho o grupo de rocas cerca del cual hubiera estado la esfera; pero por todas partes se veía la misma semejanza confusa, los mismos expansivos matorrales, los hinchados cactus, los blancos montones de nieve que segura e inevitablemente, se iban derritiendo. El Sol quemaba, nos abrumaba, y la debilidad producida por una hambre intempestiva, se mezclaba con nuestra infinita perplejidad. Y todavía estábamos allí, confundidos y perdidos entre aquellas cosas tan sin precedente en nuestra vida, cuando oímos por primera vez en la Luna un sonido diferente del movimiento de las crecientes plantas, del débil susurrar del viento, o de los ruidos que nosotros hacíamos.

¡Bum!… Bum!… ¡Bum!…

Aquel sonido se oía bajo nuestros pies, brotaba de la tierra. Nos parecía oír con los pies tanto como con los oídos. Su sorda repercusión llegaba amortiguada por la distancia, aumentada por la dura calidad de la sustancia intermediaria. No puedo imaginarme sonido alguno, que hubiera podido asombrarnos más, o cambiar más completamente la condición de las cosas que nos rodeaban, pues aquel ruido hondo, bajo y persistente, parecía no poder ser otra cosa que las campanadas de algún gigantesco reloj enterrado.

¡Bum!… ¡Bum!… ¡Bum!…

Sonido sugerente de tranquilos claustros, de noches de insomnio en grandes ciudades, de vigilias y de la hora esperada, de todo lo que es ordenado y metódico en la vida, resonando, impresionante y misterioso en aquel fantástico desierto. A la vista nada había cambiado: el triste mar de matorrales y cactus se mecía silenciosamente bajo el impulso del viento que llegaba sin interrupción y recto desde las distantes paredes del cráter; el firmamento tranquilo, oscuro, continuaba vacío sobre nuestras cabezas; el Sol se elevaba, ardiente, y por entre todo aquello, una advertencia, una amenaza, surgía junto con el enigmático sonido.

¡Bum!… ¡Bum!… ¡Bum!…

Ambos empezamos a dirigirnos preguntas el uno al otro, en voz débil, casi extinguida.

—¿Un reloj?

—¡Parece un reloj!

—¿Qué es?

—¿Qué puede ser?

—Contemos —propuso Cavor; pero era tarde, pues apenas hubo pronunciado esta palabra, el sonido cesó.

El silencio, el rítmico desconsuelo del silencio, fue para nosotros un nuevo choque. Durante un momento podíamos dudar de sí habíamos oído tal sonido, ¡y también de si no continuaba todavía! ¿Había oído yo algún sonido?

Sentí la presión de la mano de Cavor en el brazo, y oí su voz. Hablaba quedo, como si temiera despertar algo que estuviera dormido allí cerca.

—Mantengámonos juntos —murmuró—, y busquemos la esfera. Tenemos que volver a la esfera. Eso es lo primero en que debemos pensar.

—¿Por que lado iremos?

Mi pregunta le hizo vacilar. Una intensa persuasión de presencias, de cosas que no veíamos en torno nuestro, cerca de nosotros, dominaba en nuestros cerebros. ¿Qué podían ser esas cosas? ¿Dónde podían estar? ¿Era aquel árido desierto, alternativamente helado y calcinado, sólo la cubierta exterior, la máscara de algún mundo subterráneo? Y si así era, ¿qué clase de mundo sería aquel? ¿Qué clase de habitantes eran los que podían en ese mismo instante surgir a nuestro alrededor?

Y de repente, atravesando el doloroso silencio, tan vívido y repentino como un inesperado trueno, resonó un chasquido estrepitoso, como si se hubieran abierto de golpe unas grandes puertas de metal.

Aquel ruido detuvo nuestros pasos. Nos quedamos parados, jadeantes y abrumados. Cavor se deslizó hasta tocarme.

—¡No entiendo! —susurró junto a mi cara.

Blandía el brazo vagamente hacia el cielo, vaga sugestión de pensamientos aún más vagos.

—¡Un escondrijo! Si algo viene...

Miré en torno nuestro, y con un movimiento de cabeza asentí a lo que decía.

Echamos a andar, moviéndonos lentamente, con las más exageradas precauciones para no hacer ruido. Nos dirigimos a un bosquecillo espeso. Un estrépito como el de grandes martillos que golpearan en una caldera, nos hizo apresurar el paso.

—Arrastrémonos —susurró Cavor.

Las hojas más bajas de las plantas-bayonetas, ya cubiertas por la sombra de otras nuevas que habían brotado arriba, comenzaban a marchitarse y encogerse, lo que nos permitió abrimos paso por entre la tupida maleza sin sufrir ningún daño serio: un pinchazo en la cara o en el brazo no nos importaba. En el centro del bosquecillo me detuve, y miré jadeante la cara de Cavor.

—Subterráneo —murmuró éste—. Abajo.

—Pueden venir arriba.

—¡Tenemos que encontrar la esfera!

—Sí —dije yo—; pero, ¿cómo?

—Avancemos así, arrastrándonos, hasta que demos con ella.

—Pero, ¿y si no la hallamos?

—Nos mantendremos escondidos. Vemos que cosa es...

—No nos apartemos —dije.

Cavor reflexionaba.

—¿Por qué lado iremos?

—Confiémonos a la casualidad.

Escudriñamos con la vista por un lado y otro. Después, con mucha circunspección, empezamos a arrastramos a través de la selva recién formada, describiendo, tanto como podíamos trazarlo, un circuito; deteniéndonos a cada movimiento de una rama, a cada sonido, con la atención siempre fija en la esfera de la que tan tontamente habíamos salido. De rato en rato seguían llegando hasta nosotros, de abajo de la tierra, rumores de golpes, de choques, de sonidos mecánicos, extraños, inexplicables, y también de vez en cuando, creíamos oír algo, un débil arrastrar tumultuoso que nos llegaba por el aire. Atemorizados como estábamos, no intentamos siquiera buscar un punto culminante para desde allí observar lo que pasara en toda la superficie del cráter. El tiempo transcurría, y nada veíamos de los seres cuyos ruidos nos llegaban tan abundantes y persistentes, y a no haber sido por la debilidad que nos causaba el hambre y por la sed que nos secaba la garganta, aquella marcha a gatas en que estábamos empeñados, habría tenido el carácter de un sueño muy vívido, tan absolutamente ajeno a la realidad era. El único elemento con algo de real, eran los ruidos.

—¡Figuráoslo! En nuestro derredor, aquella selva de un país de sueños, con sus silenciosas hojas-bayonetas apuntando por sobre nuestras cabezas, y los líquenes silenciosos, animados, dorados a trechos por el Sol, bajo nuestras manos y rodillas, agitándose con el vigor de su crecimiento, como se agita una alfombra cuando el viento entra por debajo. De vez en cuando, uno de los hinchados capullos, abriéndose y extendiéndose al calor del Sol, parecía estallar sobre nosotros.

De rato en rato, alguna nueva forma, de color vivísimo, llenaba un espacio entre las hojas. Las células de que brotaban esas plantas no eran mayores que mi dedo pulgar, y parecían globitos de vidrio pintado. Y todas esas cosas estaban saturadas del implacable fulgor del Sol, nosotros las veíamos desde abajo sobre el fondo de un cielo azul negruzco, tachonado aún, no obstante el Sol, por unas cuantas estrellas. ¡Extraño,

todo extraño! Las nuevas formas y la materia de las piedras, eran extrañas. Todo era extraño: las sensaciones de nuestros cuerpos no tenían
precedente, cada movimiento terminaba en una sorpresa. La respiración salía reducida, adelgazada por la seca garganta; la sangre corría
por los vasos de los oídos en palpitante marea, tud, tud, tud...

Y de rato en rato nos llegaban ráfagas de estruendos, de martillazos,
el resonar de maquinarias en marcha, y por último, oímos... ¡mugidos
de grandes bestias!

XI
El pasto de la res lunar

Así, nosotros, pobres seres terrestres, perdidos en aquella selva lunar,
nos arrastrábamos aterrorizados al oír aquel nuevo y estupendo ruido;
huíamos a gatas desde mucho antes de que viéramos al primer selenita
o a la primera res lunar, aunque los bramidos de ésta, sus sonoros gruñi-
dos, se acercaban continuamente a nosotros. Huíamos arrastrándonos
por pedregosos barrancos, por nevadas faldas, por entre hongos que
reventaban como globos de papel al contacto de nuestra mano, y ver-
tían un líquido acuoso, y a ratos corríamos en cuatro pies por sobre un
pavimento perfecto, como una lisa plataforma de jugar a la pelota, siempre bajo la interminable maraña de la creciente hierba. Y nuestros ojos
buscaban incesablemente, cada vez con menos esperanza, nuestra abandonada esfera. El ruido producido por las reses, era a ratos un bramido
vasto, claro, parecido al de la vaca terrestre, otros ratos se elevaba a un
mugido que parecía denotar asombro y furor, y de nuevo volvía a oír un
rumor, como el que produce un animal corpulento al romper las malezas en su marcha por el bosque; se habría dicho que las invisibles bestias
tenían igual necesidad de bramar que de comer.

La primera vista que tuvimos de ellas fue ojeada transitoria, poco
propicia a la observación, pero no por ser incompleta nos perturbó menos. Cavor, que se arrastraba delante de mí, fue el primero en notar su
proximidad. Se detuvo de golpe, y con un ademán, hizo que yo también
me quedara inmóvil.

El estrépito de un romper y aplastar de hierbas y plantas avanzaba
directamente hacia nosotros, y de repente, cuando nos acercábamos el
uno al otro y tratábamos de calcular la distancia y dirección de
aquel ruido, oímos detrás de nosotros un aterrador mugido, tan cercano
y tan vehemente, que las puntas de las plantas-bayonetas se inclinaron
ante aquel soplo, y nosotros sentimos su calor y humedad. Nos volvimos, y pudimos ver por entre una multitud de espigas enmarañadas,

los lustrosos costados de la res y la larga línea de su lomo destacándose sobre el fondo del cielo.

Por supuesto, que para mí es ahora difícil decir todo lo que vi en ese momento, porque mis impresiones de entonces han sido corregidas por observaciones posteriores. La primera de todas las impresiones, fue el enorme tamaño de la bestia. La circunferencia de su cuerpo era de unos ochenta pies y su largo de doscientos quizás. Sus costados se levantaban y caían, bajo el impulso de su fatigosa respiración. Noté que su gigantesco y flojo cuerpo se extendía por el suelo, y que su piel era de un color blanco sucio, que se oscurecía hacia la parte superior del lomo. Pero de sus pies nada vimos. Creo que también alcanzamos a ver entonces, por lo menos, el perfil de la cabeza casi sin cerebro, con su cuello relleno de gordura, su puntiagudo omnívoro hocico, las pequeñas ventanas de la nariz, y sus ojos herméticamente cerrado (pues la res lunar cierra invariablemente los ojos en presencia del Sol). Pudimos igualmente ver unas vastas encías rojas, al abrirse la boca para balar y mugir nuevamente; una bocanada de su aliento nos envolvió, y después el monstruo se balanceó como un buque, avanzó como en una bordada, pegado al suelo, arrastrando su dura piel, volvió a balancearse, y así pasó entre corriendo y arrastrándose a nuestro lado, abriendo un surco de hierba aplastada: el denso entrelazamiento de las ramas le ocultó pronto de nuestra vista. Otra apareció más distante, y luego, otra, y después, como si fuera el pastor que condujera al pasto a aquellas animadas moles de carne, un selenita surgió momentáneamente a nuestra vista. Mi mano que reposaba en el pie de Cavor, lo apretó convulsivamente al ver esa aparición, y los dos nos quedamos inmóviles, mirando en la misma dirección, hasta mucho después que hubo pasado.

En contraste con las reses lunares, el selenita parecía un ser trivial, una simple hormiga, no mayor de cinco pies de alto. Iba vestido con ropas de una materia que parecía cuero, de modo que ninguna parte de su cuerpo estaba visible, circunstancia (la del traje) que, por supuesto, ignorábamos entonces. Se nos apareció, pues, como un compacto animal cerdoso, que tenía muchas de las condiciones de un complicado, insecto, con unos tentáculos que parecían látigos y un resonante brazo que surgía del reluciente y cilíndrico forro de su cuerpo. La forma de su cabeza estaba oculta por un enorme yelmo con muchas puntas —después descubrimos que estas puntas eran para aguijonear a las bestias reacias—, y un par de anteojos de vidrios ahumados, puestos muy a los lados, daban una apariencia de botón al aparato metálico que le cubría la cara. Sus brazos no se extendían más allá del forro del cuerpo, sus piernas eran cortas y, aunque envueltas en gruesas telas, parecían a nuestros terrestres ojos extraordinariamente delgadas. Los muslos eran muy cortos, las tibias muy largas, y los pies muy pequeños.

No obstante lo pesados que parecían sus vestidos, avanzaba, con unos pases que, desde el punto de vista terrestre, habrían sido enormes trancos, y su brazo resonante trabajaba mucho. La forma de su andar durante el instante en que pasó al alcance de nuestros ojos, denotaba prisa y algo de enojo, y poco después de haberle perdido de vista, oímos el bramido de la res convertirse bruscamente en un chillido agudo y corto, seguido por el fragor de su correr acelerado. Y gradualmente se alejó el bramido, hasta que cesó del todo, como si el animal hubiera llegado al buscado pasto.

Escuchamos. Durante un rato, el mundo lunar estuvo silencioso; pero pasaron algunos momentos antes de que reanudáramos nuestra peregrinación a gatas para descubrir la perdida esfera.

La segunda vez que vimos reses, se hallaban éstas a alguna distancia de nosotros, entre un montón de rocas. Las superficies menos verticales de las rocas estaban cubiertas de una planta verde manchada, que crecía en ramos densos, musgosos, en los cuales ramoneaban los animales. Al verlos, nos detuvimos en el borde de dos peñascos por entre los cuales nos arrastrábamos, los contemplamos, y miramos a un lado y otro, tratando de descubrir nuevamente a algún selenita. Los animales estaban echados sobre el pasto como estupendos fardos de una masa grasienta, y comían voraz, ruidosamente, con avidez gruñona. Parecían monstruos formados todos de gordura, corpulentos y pesados hasta el extremo de que, comparado con uno de ellos, el buey más gordo de Inglaterra parecería un modelo de agilidad. Sus hocicos glotones, el constante movimiento de sus mandíbulas, sus ojos cerrados, junto con el hambriento sonido de su masticación, producían un efecto de gozo animal, estimulante en grado singular para nuestros vacíos estómagos.

—¡Puercos! —dijo Cavor, con vehemencia inusitada—. ¡Puercos asquerosos!

Y después de lanzarles una mirada de colérica envidia, se arrastró por entre las malezas, alejándose hacia la derecha. Yo me quedé el tiempo suficiente para convencerme de que la manchada planta era inservible como alimento humano, y luego me arrastré tras de él, con una ramita de la misma planta entre los dientes.

En seguida, nos detuvo de nuevo la proximidad de un selenita, y aquella vez pudimos observarle mejor. Démonos cuenta, entonces, de que lo que cubría al selenita eran en realidad telas tejidas, y no una especie de cáscara de crustáceo. Se asemejaba bastante en su traje al primero que habíamos visto, salvo unas como puntas de tacos de billar que le salían del cuello. Estaba en un promontorio de roca, y movía la cabeza a un lado a otro, como si examinara el cráter. Nosotros nos quedamos echados y quietos, temerosos de llamar su atención si nos movíamos. Al cabo de un rato, descendió del promontorio y se alejó.

A poco nos encontramos con otro rebaño de reses que subían una cuesta, mugiendo, y después pasamos por un lugar lleno de ruidos, ruidos de una maquinaria en movimiento, como si allí, cerca de la superficie, hubiera un vasto taller. Y todavía nos envolvían esos ruidos, cuando llegamos a un gran espacio abierto, que tendría unas doscientas yardas de diámetro, y perfectamente plano. Excepción hecha de algunos líquenes que avanzaban de los lados, aquel espacio estaba desnudo, y su superficie polvorienta era de un color amarillento. Tenía miedo de cruzar aquel espacio, pero como presentaba menos obstáculos que la maleza para nuestra marcha a gatas, descendimos a él y empezamos con mucha cautela a deslizarnos por su orilla.

Durante cortos momentos cesaron los ruidos de abajo, y todo, salvo el débil movimiento de la creciente vegetación, quedó en completo silencio. Después, bruscamente, empezó un estruendo más fuerte, más activo, más cercano que ninguno de los que habíamos oído antes. Positivamente salía de abajo. Con movimiento instintivo nos aplastamos contra el suelo, lo más pegados a él que pudimos, y listos para saltar a la espesura cercana. Cada golpe y cada sacudida, parecía vibrar a través de nuestros cuerpos. Aquel golpear y sacudir creció más cada vez, y la irregular vibración aumentó hasta que la Luna entera parecía estremecerse y latir.

—Retirémonos —murmuró Cavor— y yo me di vuelta hacia los matorrales.

En aquel instante sonó un estrépito como un cañonazo, sucedió una cosa cuyo recuerdo me persigue hasta hoy mismo en mis sueños. Había vuelto la cabeza para ver la cara de Cavor, y al hacerlo, avancé la mano hacia adelante. ¡Y mi mano no encontró nada, se hundió de golpe en un agujero sin fondo!

Mi pecho dio contra algo duro, y me encontré con la barba en el borde de un insondable abismo que se había abierto repentinamente allí abajo, y con el brazo extendido, suelto en el vacío. Toda aquella área circular y plana no era más que una gigantesca tapa, que en aquel momento iba deslizándose de la enorme abertura que cubría, y entrando en una ranura preparada al efecto.

Si no hubiese sido por Cavor, creo que me hubiera quedado rígido, colgado en aquella orilla y mirando la oscuridad de aquel enorme pozo, hasta que por fin el borde de la ranura me hubiera empujado y lanzado al vacío. Pero Cavor no había recibido la impresión que a mí me paralizaba: cuando la tapa empezó a deslizarse, se hallaba a alguna distancia del borde, y en seguida, dándose cuenta del peligro que me amenazaba, me agarró de las piernas y me tiró hacia atrás. Me senté vivamente, me alejé del borde arrastrándome en cuatro pies, y cuando estuve a algunos pasos de distancia del abismo, me paré de un salto y corrí tras de Cavor, atravesando la resonante, palpitante hoja de metal, que parecía deslizarse con velocidad cada vez mayor, y los matorrales situados enfrente de mí se apartaban a un lado y otro cuando me metí entre ellos, tan fuerte era el viento que los impelía.

No en balde me había dado tanta prisa. La espalda de Cavor desaparecía entre el agitado bosque, y al saltar yo a la tierra firme, la monstruosa válvula acabó de cerrarse con un formidable golpe. Durante largo rato nos quedamos allí echados, temblorosos, sin osar acercamos al pozo.

Pero, al fin, con mucha cautela y poco a poco, nos deslizamos hasta un punto desde donde podíamos atisbar abajo. Los matorrales que nos rodeaban se mecían y crujían con la fuerza de una brisa que soplaba hacia adentro del abismo. Al principio, no pudimos ver más que unas paredes lisas y verticales, que se perdían por último en unas tinieblas impenetrables. Después, muy lentamente, distinguimos unas luces muy débiles y pequeñas que andaban de aquí para allá.

Por largo rato, aquel estupendo abismo de misterio embargó tanto nuestra atención, que hasta olvidamos nuestra esfera. A medida que nos fuimos acostumbrando a la oscuridad, pudimos observar unas formas muy pequeñas, vagas, que a ratos parecían desvanecerse, moviéndose de un lado a otro, por entre aquellos minúsculos puntos luminosos. Nosotros mirábamos, asombrados e incrédulos, y comprendíamos tan poco que no hallábamos qué decir. Nada podíamos distinguir que nos sirviera de clave respecto a las vagas formas que veíamos.

—¿Qué puede ser eso? —pregunté—, ¿qué puede ser?

—¡Fábricas!… Los obreros viven en esas cavernas durante la noche, y salen en el día.

—¡Cavor! —exclamé—: ¿Es posible que sean… que *eso*… eso que hemos visto, sea algo parecido… al hombre?

—*Eso* no era un hombre.

—¡No nos arriesguemos! No hagamos nada hasta que hayamos encontrado la esfera.

Cavor asintió con un gruñido y se sentó. Miró un momento en torno suyo, suspiró, e indicó una dirección. Reanudamos la marcha por entre el bosque. Durante un rato nos arrastramos resueltamente, pero después fuimos perdiendo vigor. De repente, entre unas grandes formas de un rojo desteñido, resonó ruido de carreras y gritos en torno nuestro; pero nada vimos. Traté de susurrar a Cavor que me iba a ser difícil continuar mucho tiempo sin comer, pero la boca se me había secado demasiado para permitirme hacerlo…

—Cavor —dije por fin—, necesito comer.

Mi amigo volvió hacia mí una cara llena de desaliento.

—Estamos en el caso de sacar fuerzas de flaqueza —dijo.

—Pero ya *no* puedo más —le contesté— ¡y mire usted mis labios!

—Yo tengo sed hace tiempo.

—¡Si todavía hubiera nieve!

—¡Toda se ha derretido! Pasamos del ártico a los trópicos con una velocidad de un grado por minuto...

Yo alcé la mano con desesperación.

—¡La esfera! —dijo Cavor—. No nos queda más recurso que la esfera.

Nos levantamos otra vez en cuatro pies, y empezamos a arrastramos de nuevo. Mi pensamiento divagaba exclusivamente sobre cosas líquidas, sobre la efervescencia y abundancia de las bebidas de verano: cerveza era lo que más particularmente ansiaba. Me perseguía la imagen de un barril de dieciocho galones que había quedado abandonado en la cueva de mi casita de Lympne. En seguida, pensaba en la contigua despensa, y especialmente en los pasteles de carne y riñones: carne tierna y muchos riñones, y entre una y otros, una salsa sabrosa, espesa. A cada instante, mi boca se abría dando hambrientos bostezos.

Llegamos a unos terrenos planos, cubiertos de unas cosas carnosas y rojas, monstruosos brotes coralinos: al empujarlos, se apartaban y rompían. Observé la calidad de las superficies rotas. La maldita cosa convidaba, ciertamente, a morder sus tejidas carnes. Luego, me pareció que olía bastante bien.

Recogí un pedazo y lo olí.

—Cavor —dije, con voz ronca y baja.

Mi compañero me miró con cara severa.

—No haga usted tal cosa —me dijo.

Yo solté el trozo de planta, y por un buen rato seguimos arrastrándonos entre aquellas atractivas carnosidades.

—Cavor —pregunté—: ¿por qué *no*?

—Veneno —le oí decir.

Pero no volvió la cabeza para decirlo.

Nos arrastramos un rato más, antes de que yo me decidiera.

—Voy a probarlo —dije.

Cavor hizo un tardío ademán para impedírmelo. Yo tenía ya la boca llena. Acurrucado, Cavor espiaba mi cara, con la suya contraída por la más singular expresión.

—Es bueno —dije.

—¡Oh, Señor! —exclamó.

Me miraba mascar, y la cara se le arrugaba, ya con expresión de deseo, ya de desaprobación, hasta que, de repente, sucumbió por fin al apetito, y empezó a arrancar enormes bocados.

Durante un buen rato, no hicimos otra cosa que comer.

Aquello no se diferenciaba mucho del hongo terrestre, pero sus tejidos eran más flojos, y al pasar por la garganta la calentaban. Al principio, sentimos sólo una satisfacción mecánica; después, la sangre empezó a circular con mayor calor en nuestras venas, una picazón nos palpitaba en los labios y en las puntas de los dedos, y por último, ideas nuevas y estrambóticas acudieron en tropel a nuestra mente.

— ¡Bueno! —exclamaba yo—. ¡Infernalmente bueno! ¡Qué refugio para nuestra población excedente! ¡Para nuestra pobre población sobrante!

Y arranqué otro gran puñado.

Me llenaba de una satisfacción curiosamente benévola, la idea de que en la Luna hubiese un alimento tan bueno. La disminución de mi hambre me hacía entrar en un irracional bienestar. El miedo, la inquietud en que había vivido hasta aquel momento, se desvanecieron completamente. Consideraba la Luna, no ya como un planeta del que deseara escapar a todo trance, sino como un posible refugio para los desheredados de la Tierra. Creo que olvidé a los selenitas, las reses lunares, la tapa metálica y todos los ruidos, y que los olvidé completamente, tan pronto como hube comido aquellos hongos.

Cavor contestó a la tercera repetición de mis ideas sobre la "población excedente", con idénticas palabras de aprobación. Yo sentía que la cabeza me daba vueltas, pero lo atribuí al estimulante efecto del alimento después de tan largo ayuno.

—Exc... lente descubr... miento el suyo, Cavor —dije—. No lo habr... ía creído.

—¿Qué que ... je usted de... cid? —preguntó Cavor —¿Descu br... ento de la Luna... no lo ha... ía quei... do usted antes?

Lo miré, pues me llamó la atención la repentina ronquera de su voz y lo estropajoso de su pronunciación. Me asaltó como un relámpago, la idea de que probablemente estaba embriagado por los hongos y que en sus divagaciones se imaginaba haber descubierto la Luna, cuando no la había descubierto: había llegado a ella, y nada más. Traté de ponerle una mano en el hombro y de explicarle esto, pero el caso era demasiado sutil para el estado en que se hallaba su cerebro, y yo, por mi parte, tropecé con inesperadas dificultades para expresarme. Después de una momentánea tentativa para entenderme —recuerdo que me preguntó si los hongos me habían puesto a mí los ojos tan semejantes a los del pescado como a él— emitió una observación personal suya.

—Nosotros somos —anunció con un solemne hipo— las criaturas de lo que comemos y bebemos.

Repitió esta sentencia, y como yo me hallaba en disposiciones de discutir, resolví entablar la disputa. Es probable que me apartara algo del punto; pero, de todos modos, Cavor no atendió debidamente mis palabras. Se levantó tan firmemente cuanto pudo, apoyándose con una mano en mi cabeza para no caerse, acto por demás irrespetuoso, y se puso a mirar a todas partes, completamente libre ya de todo temor de los habitantes de la Luna.

Procuré indicarle que aquello era peligroso, por alguna razón que no se me aparecía con mucha claridad; pero la palabra "peligroso" se mezcló, no sé como, con "indiscreto" y salió de mi boca más bien como "injurioso" que de otra manera, y yo, después de intentar desenredarlas, resumí mi argumentación dirigiéndome principalmente a los extraños, pero atentos brotes coralinos que me rodeaban. Comprendí que era necesario aclarar inmediatamente aquella confusión entre la Luna y una patata... y me extravié en un largo paréntesis sobre la importancia de la exactitud de la definición en los debates. E hice lo posible por ignorar el hecho de que mis sensaciones corporales no eran ya agradables.

De alguna manera que ya he olvidado, mi mente volvió a los proyectos de colonización:

—Tenemos que anexarnos la Luna —dije—. No hay que perder tiempo: ésta es una... parte de los dominios del hom... bre. Cavor... usted y yo somos... hic... unos... sátap... ¡quiero decir sátrapas! Un imperio en que César nunca... soñó. Se publicará en todos los perió... dicos: Cavorecia, Bedforecia... Bedforecia... hic... limitada. Quiero decir ¡ilimitada! ¡De hecho!

Yo estaba ebrio, no cabía duda. Me engolfé en una argumentación para poner en evidencia los infinitos beneficios que nuestra llegada produciría a la Luna; me enredé en una demostración, más bien difícil, de que la llegada de Colón había sido, al fin y al cabo, benéfica para América. De repente, noté que había olvidado la línea de argumentación que tenía la intención de seguir, y continué repitiendo; "lo mismo que Colón", para ganar tiempo.

Desde este instante, se hace confuso mi recuerdo del efecto de los abominables hongos. Tengo vaga idea de que ambos manifestamos nuestra intención de no soportar ninguna impertinencia de ningún insecto; que convinimos en que era un oprobio para los hombres ocultarse vergonzosamente cuando estaban en un simple satélite; que nos proveímos con enormes brazadas de hongos —no sé si para que nos sirvieran de proyectiles o para otra cosa—, y, sin hacer caso de los pinchazos de las espigas-bayonetas, emprendimos la marcha, en plena luz del Sol.

Debe haber sido casi inmediatamente, cuando nos encontramos con los selenitas. Eran seis, y caminaban uno tras otro por un sitio rocalloso, lanzando los más raros sones, especie de lamentos mezclados con silbidos. Los seis parecieron notar en el acto nuestra presencia, los seis se callaron y se quedaron inmóviles, como si fueran de piedra, con las caras vueltas hacia nosotros.

Durante un momento, mi embriaguez se desvaneció.

—¡Insectos! —dijo Cavor—. ¡Insectos! Y piensan que voy a arrastrarme ante ellos sobre mi estómago… ¡sobre mi estómago de vertebrado!

—Estómago —repitió, lentamente, como si mascara la indignidad del acto.

Después, bruscamente, con un grito de furor, dio tres largos trancos y brincó hacia ellos; pero brincó mal, dio una serie de saltos mortales, pasó por encima de ellos, y desapareció con enorme estruendo entre las ramas de los cactus.

Cómo recibirían los selenitas esta asombrosa, y en mi concepto poco digna irrupción de otro planeta, es cosa que no tengo medios de averiguar. Me parece acordarme de haber visto sus espaldas al correr los seis en todas direcciones; pero no estoy seguro de ello. Todos aquellos incidentes sucedidos antes de que el olvido total me invadiera, están vagos y débiles en mi mente. Sé que di un paso para seguir a Cavor, y que tropecé, y caí de cabeza entre las rocas. Estoy seguro también, de que en aquel momento me sentí repentina y agudamente enfermo. Me parece recordar una violenta lucha y que me empuñaban unas garras metálicas…

Mí recuerdo inmediato a ése, es el de que nos encontramos presos en una profundidad a no sé qué distancia de la superficie de la Luna: nos hallábamos en tinieblas, en medio de ruidos extraños, diversos. Nuestros cuerpos estaban cubiertos de rasguños y equimosis, y ambos sentíamos agudísimo dolor de cabeza.

XII
La cara del selenita

Yo me desperté acurrucado en una tumultuosa oscuridad. Durante largo rato no pude comprender dónde estaba ni cómo había llegado a una posición tan embarazosa. Pensé en el armario en que me encerraban a veces, en mi niñez, y luego en un dormitorio muy oscuro y ruidoso en que había estado enfermo un tiempo. Pero los ruidos que me rodeaban no eran semejantes a ninguno de los ya conocidos, y en el aire había un leve olor, parecido al de una caballeriza. Después imaginé que todavía estábamos haciendo la esfera, y que por alguna causa, yo había entrado en la cueva de Cavor; pero me acordé que habíamos terminado la esfera, y entonces me dije que todavía viajábamos por el espacio.

—Cavor —exclamé—: ¿no podríamos conseguir un poco de luz?
No obtuve respuesta.

—¡Cavor! —insistí.

Esta vez me contestó un gemido.

—¡Mi cabeza! —le oí decir—: ¡Mi cabeza!

Yo intenté apretarme con las manos la frente, que me dolía, y descubrí que estaban atadas juntas. Esto me causó viva impresión. Me llevó las manos a la boca, y sentí la fría suavidad del metal: estaban encadenadas. Quise separar las piernas, y me encontré con que estaban sujetas de la misma manera, y también que otra cadena, mucho más gruesa, atada a la cintura me sujetaba al suelo.

El espanto que sentí entonces superó a todos mis terrores de antes. Durante un rato, forcejeé silenciosamente con mis cadenas.

—¡Cavor! —grité en tono agudo—; ¿por qué estoy atado?, ¿por qué me ha atado usted de pies y manos?

—Yo no lo he atado a usted —me contestó—. Han sido los selenitas.

¡Los selenitas! Mi pensamiento estuvo fijo en aquello largo rato. Luego, empezaron a agolparse los recuerdos a mi cerebro: el desierto nevado, la licuación del aire, el brote de las plantas, nuestros extraños saltos, nuestra excursión a gatas por entre las rocas y la vegetación del cráter. Todo el desconsuelo de nuestra desesperada, correría tras la inhallable esfera me volvió a la memoria… y, por último, la gran tapa del abismo que se abría.

Después, me esforcé por seguir nuestros últimos actos hasta el trance en que nos hallábamos; pero aquella tensión hizo que mi dolor de cabeza llegara a ser intolerable. Mis recuerdos tropezaban con una infranqueable barrera, con un obstinado vacío.

—¡Cavor!

—¿Qué?

—¿Dónde estamos?

—¿Cómo puedo saberlo?

—¿Estamos muertos?

—¡Qué desatino!

—¡Nos tienen presos, entonces!

Su única respuesta fue un gruñido. Los últimos restos de la embriaguez parecían ponerle singularmente irritable.

—¿Qué piensa usted hacer?

—¿Cómo he de saber lo que haré?

—¡Oh, muy bien! —dije, y guardé silencio; pero poco después, salí nuevamente de mi estupor.

— ¡Oh, Dios! — grité —: ¡ojalá no hubiera usted soplado!

Nos sumimos otra vez en el silencio, escuchando la sorda confusión de ruidos que nos llenaban los oídos, como los amortiguados ecos de una calle o de una fábrica. Yo no podía explicarme aquello: mi pensamiento perseguía primero un ritmo y luego otro, e interrogaba en vano. Pero después de largo rato noté un elemento nuevo y más incisivo, que no se mezclaba con los demás, sino que se mantenía aparte, o por decirle así, se destacaba de aquel nebuloso fondo de sonidos. Era una serie de ruidos relativamente poco definidos, golpes y roces como los que hace un moscardón contra un vidrio o un pájaro en su jaula. Escuchábamos y tratábamos de ver, pero la oscuridad se extendía ante nuestros ojos como una cortina de terciopelo negro.

De repente, oímos otro ruido, algo como los sutiles movimientos de los resortes de una cerradura bien enaceitada, y en seguida, surgió delante de mí, colgando desde lo alto en la inmensidad negra, una delgada línea clara.

— ¡Mire usted! — murmuró Cavor, muy quedo.

— ¿Qué es?

— ¡No sé!

Miramos fijamente.

La delgada raya de claridad se convirtió en una faja, y cuanto más se ensanchaba más pálida era, hasta parecer una luz azulada que cayese sobre una blanqueada pared. Cesó de ser igual por sus dos lados: en uno de ellos se formó una honda endentadura. Volví la cara hacia Cavor, para hacerle observar aquello, y me sorprendí al ver una de sus orejas brillantemente iluminada..., y todo el resto de su persona en la sombra. Volví aún más la cabeza, tanto como me lo permitían mis cadenas, y:

— ¡Cavor! — exclamé —: ¡Allí detrás está!

Su oreja desapareció... ¡y en su lugar apareció un ojo!

De improviso, la rendija que dejaba penetrar la luz se ensanchó, y vimos que era una puerta que se abría: atrás, un fondo color de zafiro, y en el umbral, destacándose sobre aquel resplandor, una grotesca silueta.

Ambos hicimos esfuerzos para darnos vuelta, y cuando vimos que eran inútiles, nos quedamos sentados, mirando aquello por encima del hombro. Según mi primera impresión, lo que teníamos a la vista era un enorme cuadrúpedo con la cabeza baja. Después distinguí el cuerpo de un selenita, flaco, enjuto, con las piernas cortas y extremadamente secas, fajadas de arriba a abajo, y la cabeza metida entre los hombros. No tenía el yelmo ni el forro exterior del cuerpo que habíamos visto a los de afuera.

Tal como estaba allí, era un bulto negro de la cabeza a los pies; pero, instintivamente, nuestras imaginaciones proveyeron de facciones a su muy humana silueta. Yo, por lo menos, me lo describí algo jorobado, de frente espaciosa y facciones largas.

Dio tres pasos adelante y luego se detuvo un rato. Parecía no producir con sus movimientos el menor ruido. Después continuó avanzando: andaba como un pájaro, sus pies caían el uno delante del otro. Salió del rayo de luz que entraba por la puerta, y pareció desvanecerse completamente en la sombra.

Durante un momento, mis ojos lo buscaron donde no estaba, hasta que por fin lo distinguí, con la cara hacia nosotros, en plena luz. ¡Pero lo que no estaban, eran las facciones humanas que yo le había atribuido! La parte delantera de su cara era una hendidura, una grieta.

Por supuesto que debí esperarlo; pero el hecho es que no lo esperaba. La verdad me sobrecogió, y por un momento me abrumó. Aquello parecía no ser una cara, sino una marca, un horror, una deformidad que de un momento a otro quedaría borrada o explicada.

Era más bien, una celada con la visera baja... Pero no me es posible explicar semejante cosa. ¿Han visto ustedes la cara de un insecto, enormemente aumentada por el microscopio? No había allí nariz ni expresión, todo era terso y duro, o invariable, con ojos abotagados, puestos a un lado y otro: yo al ver la silueta, había creído que eran las orejas... He tratado de dibujar una de esas caras, pero no me ha sido posible conseguirlo. Lo único que puedo establecer, es su horrible falta de expresión o, mejor dicho, su horrible falta de cambio de expresión. Cada cabeza y cada cara que uno encuentra en la Tierra, varía de expresión a menudo, pero aquella parecía apuntada fijamente por una máquina.

Allí estaba *eso*, mirándonos fijamente.

Pero cuando digo que había en su cara una falta de cambio de expresión, no quiero decir que no hubiese en ella una especie de expresión fija, así como hay siempre una expresión fija en una espuerta de carbón, o en un tejadillo de chimenea, o en uno de esos tubos de ventilación que se alzan en las cubiertas de los vapores. Había una boca encorvada hacia abajo, como una boca humana en una cara que mira ferozmente.

El cuello en que estaba colocada la cabeza tenía tres coyunturas, casi como las de las patas del cangrejo. Las articulaciones de las piernas no estaban a la vista, porque las ocultaba la especie de vendaje ajustado a los miembros, y que era el único vestido que aquel ser llevaba.

En ese momento, lo único que embargaba mi mente, era la insensata imposibilidad de que semejante ser existiese. Supongo que él también estaba maravillado, y con más razón, quizá, que nosotros para asombrarse; pero había una diferencia, y era que el maldito individuo no lo demostraba. Nosotros sabíamos, por lo menos, lo que había producido aquel encuentro de incompatibles seres; pero imagínense ustedes lo que habría sido para unos decentes londinenses, por ejemplo, el hallar un día un par de cosas vivientes, tan grandes como los hombres y absolutamente distintos de cualquier otro animal terrestre, yendo y viniendo por entre los carneros de Hyde Park.

Para él, la sorpresa debe haber sido igual.

¡Háganse ustedes una idea de cómo estábamos nosotros! Atados de pies y manos, extenuados y sucios, con la barba de dos pulgadas de largo y la cara llena de rasguños y ensangrentada. A Cavor deben ustedes imaginárselo con su calzón corto (desgarrado en varias partes por las espigas-bayonetas), su camisa Jaeger y su vieja gorra de críquet, con los tiesos cabellos en desorden, y un mechón apuntando a cada uno de los puntos cardinales. En aquella luz azul, su cara no aparecía roja, sino muy morena; sus labios y la sangre ya seca que le manchaba las manos parecían negros. Yo estaba, si posible era, en peor condición que él, a causa de los hongos amarillos entre los cuales había saltado. Nuestros sacos se hallaban desabotonados, y nuestros zapatos, que a ambos habían sido quitados, yacían a nuestros pies. Y los dos estábamos sentados con las espaldas vueltas hacia la curiosa luz azulada, mirando a un monstruo tal, que solo Durero podría haberlo inventado.

Cavor rompió el silencio, empezó hablar, emitió unos sonidos roncos, y se limpió el pecho. Afuera, comenzó un terrible bramar, como si alguna res lunar estuviera furiosa. El bramido terminó en un alarido, y todo volvió al silencio.

Entonces el selenita se dio vuelta, avanzó por entre la sombra, se quedó parado un momento en el umbral con la cara hacia nuestro lado, luego cerró la puerta, y otra vez nos hallamos en el rumoroso misterio de la oscuridad en que nos habíamos despertado.

XIII
El señor Cavor hace algunas observaciones

Durante largo rato, ni él ni yo hablamos. Poner en orden todos los contratiempos que nos habíamos acarreado, me parecía fuera de mis alcances intelectuales.

—Estamos en su poder —dije, por fin.

—Por culpa de los hongos.

—Pues si no los hubiéramos comido, nos habríamos desmayado, habríamos muerto de hambre.

—Podríamos haber encontrado la esfera.

Yo perdí la calma ante su persistencia, y comencé a lanzar imprecaciones *in pectore*.

Los primeros hombres en la Luna 423

Por un rato, nos odiamos mutuamente en silencio. Yo tamborileaba con los dedos el suelo entre las rodillas, y restregaba uno con otro los eslabones de mis cadenas. Al cabo de un momento, me vi forzado a hablar otra vez.

—Sea como sea —pregunté humildemente—, ¿qué piensa usted de todo esto?

—Son criaturas racionales... capaces de hacer muchas cosas. Esas luces que vemos...

Se calló. Era evidente que no encontraba explicación para las luces.

Cuando volvió a hablar, fue para confesar la verdad.

—Al fin y al cabo, son más humanos que lo que teníamos derecho a esperar. Supongo...

Se detuvo. Aquellas pausas me irritaban.

—¿Qué?

—Supongo que, de todos modos... en cualquier planeta donde haya un animal inteligente, éste llevará su caja craneana arriba, y tendrá manos y, andará derecho...

Al llegar a este punto, se interrumpió para tomar otra dirección.

—Estamos muy adentro —dijo—; quiero decir... tal vez a un par de mil pies o más.

—¿Por qué?

—Porque hace más frío, y nuestras voces retumban mucho más. La delgadez del aire ha desaparecido totalmente, y con ella la incomodidad que sentíamos en nuestros oídos y la garganta.

Yo no lo había notado, pero entonces lo noté.

—El aire es más denso. Debemos estar a alguna profundidad... podríamos calcular hasta una milla... de la superficie de la Luna.

—Nunca pensamos que hubiera un mundo dentro de la Luna.

—No.

—¿Cómo habíamos de pensarlo?

—Podríamos haberlo supuesto. Lo que sucede es... que uno se acostumbra a un radio de ideas limitado.

Reflexionó un momento.

—Ahora —dijo—, nos parece obvio. ¡Por supuesto! La Luna debe ser enormemente cavernosa, tener una atmósfera interior, y en el centro de las cavernas un mar. Sabíamos que la Luna tenía una gravitación específica menor que la de la Tierra; sabíamos que afuera tenía poco aire y poca agua; sabíamos, también, que era un planeta hermano de la Tierra, y que era inadmisible la idea de que su composición fuera diferente de la de nuestro planeta. La deducción de que estaba agujereada, era tan clara como el día; y, sin embargo, nunca habíamos percibido todo esto como un hecho. Keplero por supuesto...

Su voz había adquirido el tono de la del hombre que, en una demostración, ha descubierto una hermosa fuente de razonamientos.

—Sí —dijo—; Keplero con sus "subvolcani" tenía razón, al fin y al cabo.

—Ojalá se hubiera usted tomado la molestia de descubrir eso antes de que viniéramos —dije.

Nada me contestó: silbaba suavemente para sí, mientras seguía el curso de sus pensamientos. La paciencia me iba faltando.

—¿Qué piensa usted que ha sido de nuestra esfera, por último? —le pregunté.

—Perdida —contestó, como alguien que contesta a una pregunta sin interés.

—¿Entre las plantas?

—A no ser que ellos la encuentren.

—¿Y entonces?

—¿Cómo puedo saber?

—¡Cavor! —exclamé—; ¡lindas se van poniendo las cosas para mi sindicato!

Él no me contestó.

—¡Buen Dios! —continué—. ¡Si uno no piensa en toda la molestia que nos hemos tomado para venir a dar a este pozo! ¿Para qué hemos venido? ¿Qué es lo que buscamos? ¿Qué era la Luna para nosotros, o nosotros para la Luna? Hemos querido demasiado; hemos avanzado demasiado. Debíamos haber emprendido primero cosas pequeñas. ¡Usted fue quien propuso venir a la Luna! ¡Esas celosías de Cavorita! Estoy cierto de que podíamos haberlas explotado en aplicaciones terrestres. De seguro. ¿Comprendió usted realmente lo que yo propuse? Un cilindro de acero...

—¡Tontería! —dijo Cavor.

La conversación cesó.

Durante un rato, Cavor se entregó a un monólogo entrecortado, sin mucha ayuda de mi parte.

—Si la encuentran —decía—, si la encuentran... ¿qué harán con ella? Ésta es una pregunta que pudiera ser la pregunta capital. De todos modos, no sabrán manejarla: si comprendieran esa clase de cosas, desde hace largo tiempo habrían ido a la Tierra. ¿Irían ahora? ¿Por qué no habrían de ir? Y si hubieran podido ir antes, aunque no hubieran ido, habrían enviado algo... No habrían de desperdiciar semejante posibilidad. ¡No!

Pero la examinarán. Se ve con claridad que son inteligentes o investigadores. La examinarán..., entrarán en ella... jugarán con las celosías... ¡Y a volar!... Lo que significará para nosotros la Luna, por todo el resto de nuestra vida. Extraños seres, extraños conocimientos...

—¡Lo que es por los extraños conocimientos!... —dije—; pero no pude continuar, porque las expresiones me faltaron.

—Oiga usted, Bedford —dijo Cavor—: Usted ha venido en mi expedición por su propia y libre voluntad.

—Usted me dijo: "llámelo usted, viaje de exploración".

—Siempre hay riesgo en las exploraciones.

—Especialmente, cuando uno va desarmado sin meditar antes sobre todas sus posibles fases.

—¡Yo estaba tan embebido en la esfera! El proyecto nos asaltó y nos arrastró.

—Me asaltó a mí, querrá usted decir.

—Me asaltó a mí también, tanto como a usted. ¿Cómo iba yo a pensar, cuando me puse a trabajar en física molecular, que la cosa iba a traerme aquí, ni a un lugar que se pareciera a éste?

—¡Así es la maldecida ciencia! —grité— la ciencia, que es el diablo en persona. Los sacerdotes y perseguidores de la Edad Media tenían razón y nosotros, los modernos, estábamos equivocados. Toca usted la ciencia, y ella le ofrece dones: pero apenas los toma usted, lo hace a usted pedazos, de alguna manera. Viejas pasiones y nuevas armas... ¡ahora le hace perder a usted sus sentimientos religiosos; luego, sus ideas sociales, y por último, le arroja a usted al desconsuelo y la ruina!

—¡Bueno, bueno! De nada serviría que se pusiera usted ahora a reñir conmigo. Estos seres, selenitas o como usted guste llamarles, nos han atado de pies y manos. Cualquiera que sea la disposición de ánimo con que quiera usted aceptar la situación, hay que aceptarla... Y la experiencia de lo que nos ha pasado demuestra que necesitamos toda nuestra sangre fría.

Hizo una pausa, como si esperara mi asentimiento; pero yo me callé, malhumorado.

—¡Maldita sea la ciencia! —dije.

—El problema es ahora: comunicación. Los ademanes temo que sean diferentes. El señalar, por ejemplo. Los únicos seres que señalan son el hombre y el mono.

El error era demasiado visible para mí.

—¡Casi todos los animales —exclamé— señalan con los ojos o con la nariz!

Cavor meditó acerca de ello.

—Cierto —dijo por fin—; y nosotros no. ¡Hay tales diferencias! ¡Tales diferencias! Podríamos... pero, ¿cómo me sería posible decirlo? Existe la palabra, los sonidos que ellos emiten, una especie de toque de flauta y de silbidos. No veo cómo vamos a imitar eso. ¿Será su modo de hablar? Pueden tener sentidos distintos de los nuestros, diferentes medios de comunicarse. Por supuesto: tienen un entendimiento y nosotros tenemos otro... debe haber algo de común entre ellos y nosotros. ¿Quién sabe hasta dónde es posible que lleguemos a entendernos?

—¡No! —exclamé—. Son cosas que están fuera de toda comparación con nosotros; la diferencia entre ellos y nosotros, es mayor que la que nos separa de los demás extraños animales de la Tierra. Son de diferente materia. Pero, ¿qué sacamos con hablar de esto?

Cavor reflexionó.

—Yo no pienso así —contestó—. Si tienen entendimiento, deben tener algo de común con nosotros, algo semejante... aun cuando se hayan desarrollado en otro planeta que el nuestro. Desde luego, si la cuestión no fuera más que de instinto..., si nosotros o ellos no fuéramos más que animales...

—Bueno, pero ellos ¿son animales?, ¿de qué clase? Más parecen hormigas paradas en dos patas que seres humanos y ¿quién ha llegado nunca a entenderse con las hormigas?

—Pero, ¿y esas máquinas?, ¿y esas ropas? ¡No, no estoy de acuerdo con usted, Bedford! La diferencia es grande...

—Es infranqueable.

—La semejanza nos servirá para salvarla. Recuerdo haber leído una vez un trabajo del difunto profesor Galton, sobre la posibilidad de la comunicación entre los planetas. Desgraciadamente, en aquel tiempo, no parecía probable que la teoría pudiera serme de ningún beneficio material, y temo no haberle prestado toda la atención que me habría acordado... si hubiera tenido en cuenta el actual estado de cosas. Sin embargo... veamos.

Su idea, era comenzar con aquellas amplias verdades que deben existir en todas las existencias mentales concebibles, y establecer una base con ellas: los grandes principios de geometría, para empezar. Proponía tomar algunas proposiciones principales de Euclides, y mostrar, por construcción, que su verdad nos era conocida: demostrar, por ejemplo, que los ángulos de la base de un triángulo isósceles eran iguales, y que si los lados visibles son iguales, los ángulos del otro lado de la base son también iguales; o que el cuadrado de la hipotenusa de un triángulo rectángulo, es igual a la suma de los cuadrados de los otros dos lados.

—Al demostrar nuestro conocimiento de esas cosas, demostraríamos nuestra posesión de una inteligencia racional... Ahora, supongamos que yo… que yo dibujara la figura geométrica con un dedo mojado, o aunque la trazara en el aire…

Se calló, y yo también, meditando sobre sus palabras.

Durante un rato, su tenaz esperanza de comunicación, de interpretación con aquellos estrambóticos seres, me dominó; pero después recuperé su imperio la colérica desesperación que era parte de mi fatiga y de mis penas físicas: con vivacidad nueva y repentina, vi la extraordinaria tontería de todo cuanto había hecho.

—¡Burro! —dije—. ¡Oh, burro, incalificable burro!… Parece que sólo existo para cometer torpezas … ¿Por qué diablos dejamos la esfera?… ¡Para dar saltos por los cráteres de la Luna, en busca de patentes y concesiones! … ¡Si hubiéramos tenido siquiera la sensatez de poner un pañuelo atado en un palo, que indicara el lugar en que quedaba la esfera!

Y callé furioso.

—Claro está —continuó Cavor, meditabundo— que son inteligentes. Podemos establecer hipótesis sobre ciertas cosas. Puesto que no nos han muerto en el acto, deben tener ideas de compasión. ¡Compasión! En todo caso, de moderación, quizá de sociedad. ¡Sí! Podemos entendernos. Y este departamento, y las ojeadas que nos ha echado el guardián … ¡y estas cadenas! Un alto grado de inteligencia…

—¡Pluguiera, al Cielo —grité—, que se nos hubiera ocurrido pensarlo dos veces antes de venir! Error sobre error: primero, mis malos negocios, y ahora, un mal negocio. Todo ha dependido de mi confianza en usted. ¿Por qué no me quedé escribiendo mi drama? De eso sí que era capaz. Ése era mi mundo y la vida para la cual estaba hecho. Ahora estaría ya terminando mi drama. Estoy cierto… de que era un buen drama. Ya tenía el escenario casi hecho. Y luego… ¡Imagíneselo usted! ¡Un salto a la Luna! Resultado… ¡que he tirado mi vida a la basura! La vieja de la posada de cerca de Canterbury era más sensata que yo…

Miré hacia arriba, y me interrumpí en mitad de la frase. La oscuridad había abierto paso nuevamente a la luz azulada: la puerta se abría, y varios silenciosos selenitas entraban en el cuarto. Me quedé callado y quieto, con la vista fija en sus impasibles y acartonadas caras.

Luego, de repente, mi sensación de desagradable extrañeza se convirtió en interés, pues vi que el primero y el segundo tenían en las manos unas tazas: existía, pues, por lo menos, una elemental necesidad que nuestras inteligencias y las suyas podían comprender en común. Las tazas eran de un metal que, como el de nuestras cadenas, tenía un color oscuro en aquella luz azulada: y ambas contenían una cantidad de trozos blanquizcos. Todo el sombrío dolor moral y las miserias físicas que me oprimían, se agolparon en un solo punto y tomaron la forma del hambre. Miré las tazas ávidamente y, aunque después, en mis sueños, me volvió a la mente esa circunstancia. En aquel momento me pareció cosa de poca monta el que los brazos que bajaban una de las tazas en mi dirección no terminaran en manos, sino en una especie de blanda pinza, como la extremidad de la trompa del elefante.

El contenido de la taza era flojo y de color habano claro: parecían trozos de algún batido frío, y despedían un débil olor de hongos. Por un pedazo de costillar de res lunar que vimos entonces allí, me inclino a creer que era carne de dicha res.

Mis manos estaban tan oprimidas por las cadenas, que apenas podían alcanzar a tocar la taza; pero al ver mis esfuerzos, dos de ellos aflojaron diestramente una de las vueltas de la cadena que me sujetaba la muñeca. Sus manos-tentáculos, eran suaves y frías.

Inmediatamente me llené la boca de aquel alimento: tenía la misma flojedad de tejido que todas las estructuras orgánicas parecen tener en la Luna, y su sabor era como el de una "gauffre" o merengue blando, pero de ninguna manera desagradable. Tomé otros dos bocados:

—¡Necesitaba comer!... —dije, sacando un pedazo más grande aún.

Durante un rato comimos con positiva ausencia de toda dignidad. Comimos y luego bebimos como vagabundos en una cocina caritativa. Nunca había estado antes, ni he estado después hambriento, hasta semejante extremo de voracidad, y a no ser por mi experiencia de aquel día, jamás hubiera podido creer que, a un cuarto de millón de millas de nuestro mundo, en la mayor perplejidad de alma posible, rodeados, vigilados, tocados por seres más grotescos y extrahumanos, que las peores criaturas de una pesadilla, me sería posible comer con tan absoluto olvido de todo. Ellos, parados en torno nuestro, nos observaban, y de vez en cuando emitían una especie de ligera risita, que supongo, era su manera de hablar. Ni siquiera me estremecí al sentir su contacto, y cuando el primer arranque de mi apetito se calmó, pude notar que también Cavor había estado comiendo con el mismo impúdico abandono.

XIV
Experimentos de comunicación

Cuando por fin hubimos concluido de comer, los selenitas volvieron a encadenarnos las manos juntas, y después desataron las cadenas que nos sujetaban los pies y las ajustaron de nuevo, en forma que nos diera mayor libertad de movimiento. En seguida, soltaron las cadenas que nos retenían por el cuerpo. Para hacer todo esto, tenían que manosearnos constantemente, y de rato en rato, una de las grotescas cabezas se acercaba a mi cara casi hasta tocarla, o un suave tentáculo me rozaba la cabeza o el cuello. No recuerdo que su proximidad me asustara ni me repugnara. Creo que nuestro incurable antropomorfismo nos hizo imaginarnos que dentro de aquellas máscaras crustáceas había cabezas humanas. Su piel, como todo lo demás, parecía azulada, pero era por la luz; era dura y lustrosa, como la del escarabajo, no suave o húmeda o peluda como sería la de un animal vertebrado. A lo largo de la cima de la cabeza, se les veía una baja cordillera de blanquizcas espinas que corrían de atrás a delante, y a cada lado otra hilera de espinas, mucho más grande, encorvada sobre los ojos. El selenita que me desató usaba la boca para ayudar a las manos.

—Parece que nos sueltan —dijo Cavor—. ¡Acuérdese usted de que estamos en la Luna! ¡No haga usted movimientos bruscos!

—¿Va usted a ensayar la geometría?

—Si tengo una oportunidad; pero, por supuesto, ellos pueden hacer primero alguna indicación.

Nos quedamos quietos. Los selenitas, una vez que hubieron terminado sus arreglos, se alinearon, apartados de nosotros y parecían mirarnos. Digo que "parecían" mirarnos, porque como tenían los ojos a los lados y no enfrente, uno tenía para determinar la dirección en que miraban, la misma dificultad que hay para saber hacia dónde miran un pez o una gallina. Conversaban con aflautados tonos que a mí me parecía imposible imitar o definir. La puerta situada detrás de nosotros se abrió de par en par, y mirando por sobre el hombro vi, más allá, un ancho espacio, alumbrado por una luz vaga, en el que aparecía, de pie, una multitud de selenitas.

—¿Quieren que imitemos esos sonidos? —pregunté a Cavor.

—No lo creo —contestó.

—Me parece que tratan de hacernos comprender algo.

—Yo nada puedo deducir de sus ademanes. ¿Se ha fijado usted en ese que agita la cabeza como un hombre que está molesto por un cuello ajustado?

—Agitemos nosotros también la cabeza.

Lo hicimos; pero como no produjera efecto, intentamos una imitación de los movimientos de los selenitas. Eso pareció interesarles, pues todos se pusieron a hacer el mismo movimiento. Pero tampoco aquello parecía conducir a nada, por lo cual desistimos al fin, lo mismo que ellos para dedicarse a una aflautada argumentación. Después, uno algo más bajo y grueso que los demás, con una boca particularmente ancha, se sentó de improviso al lado de Cavor, puso las manos y los pies en la misma posición en que estaban atados los de aquél, y en seguida, con un movimiento ágil, se levantó.

—¡Cavor! —grité—. ¡Quieren que nos pongamos de pie!

Cavor los miró, boquiabierto.

—¡Así es! —dijo.

Y jadeando y gruñendo mucho, porque nuestras manos, atadas juntas, no nos ayudaban, conseguimos levantarnos. Los selenitas se apartaron más ante nuestro jadeo de elefantes, y parecían charlar con mayor volubilidad. Tan pronto como estuvimos en pie, el selenita gordo se nos acercó, nos acarició a ambos la cara con sus tentáculos, y echó a andar en dirección a la puerta abierta. Aquello era también suficientemente claro, y lo seguimos. Entonces, vimos que cuatro de los selenitas parados en la puerta eran más altos que los otros, e iban vestidos de la misma manera que los que habíamos visto en el cráter, es decir, con yelmos redondos y puntiagudos y el cuerpo cubierto con unos forros o cajas cilíndricas; cada uno de los cuatro tenía una especie de lanza con la punta y la contera del mismo metal oscuro de que estaban hechas las tazas. Los cuatro se nos acercaron poniéndose uno a cada lado de nosotros dos, cuando pasamos de nuestra habitación a la caverna de la que entraba la luz.

No nos preocupamos en seguida de examinar la caverna. Nuestra atención estaba embargada por los movimientos y actitudes de los selenitas que teníamos más cerca, y por la necesidad de contener nuestros movimientos para no alarmarlos y alarmarnos nosotros mismos con algún paso excesivo. Delante de nosotros, iba el individuo bajo y grueso que había resuelto el problema de indicarnos que nos levantáramos: hacía ademanes que nos parecían, casi todos, inteligibles, y que eran invitaciones a seguirle. Su cara impasible se volvía de Cavor a mí, y de mí a Cavor con una rapidez que, visiblemente, denotaba interrogación. Por un rato, he dicho, aquello ocupó completamente nuestra atención.

Pero por fin el extenso lugar, teatro de nuestros movimientos, se impuso a nuestro examen. Allí estaba la prueba de que la fuente de una gran parte, por lo menos, del tumulto de ruidos que había llenado constantemente nuestros oídos desde el momento en que volvimos del sueño producido por los hongos, era una vasta maquinaria en movimiento, cuyas partes volantes y rodantes aparecían confusamente por entre los cuerpos de los selenitas que nos rodeaban. Y el conjunto de ruidos que poblaba el espacio, no era lo único que salía de aquel mecanismo, sino también la peculiar luz azul que irradiaba en todo el lugar. Habíamos considerado natural que una caverna subterránea estuviera alumbrada artificialmente, y aun entonces, a pesar de estar patente ante mis ojos el hecho, no me hice cargo de su importancia hasta que, poco después, nos volvimos a hallar en la oscuridad.

No puedo explicar el significado y estructura de aquel enorme aparato, porque ni Cavor ni yo llegamos a saber para qué ni cómo trabajaba. Una después de otra, grandes lanzas de metal surgían veloces de su centro hacia arriba, y sus cabezas recorrían un radio para mí parabólico; cada una dejaba caer una especie de brazo pendiente al alzarse hacia la cima de su carrera, y se hundía abajo en un cilindro vertical empujándolo hacia adelante. Y cuando se hundía cada uno de aquellos brazos, sonaba un golpe y luego un estruendo, y por arriba del cilindro vertical se desbordaba la sustancia incandescente que iluminaba el recinto, corría como corre la leche de la vasija en que hierve, y caía luminosa en un depósito de luz situado abajo. Era una fría luz azul, una especie de resplandor fosforescente, pero infinitamente más claro, y de los depósitos en que caía, corría por conductos a través de la caverna.

¡Tud!, ¡tud!, ¡tud! sonaban los avasalladores brazos de aquel ininteligible aparato, y la clara sustancia chillaba y se desbordaba. Al principio, la máquina me pareció de un tamaño racional y cercana a nosotros; pero luego vi cuán pequeños parecían los selenitas a su lado, y me di cuenta de toda la inmensidad de la caverna y de la máquina. Volví la vista del tremendo mecanismo a los selenitas con expresión de respeto; me detuve, y Cavor se paró también, y contempló la tonante máquina.

—¡Pero esto es estupendo! —dije—, ¿para qué podrá ser?

La cara de Cavor, iluminada de azul, estaba llena de inteligente respeto.

—¡No puedo estar soñando! —exclamó mi compañero—. Estos seres, seguramente... ¡Los hombres no podrían hacer una cosa como ésta! Mire usted esos brazos, ¿son varas de conexión?

El selenita gordo había avanzado algunos pasos sin que le siguiéramos. Volvió, y se paró entre nosotros y la gran máquina. Yo hice como que no le veía, pues comprendí que su idea era obligarnos a seguir adelante; pero él dio otra vez algunos pasos en la dirección en que deseaba lo siguiéramos, volvió, y nos sobó las caras para atraer nuestra atención.

Cavor y yo nos miramos.

—¿No podríamos hacerle ver que la máquina nos interesa? —dije.

—Sí —contestó Cavor—. Vamos a procurarlo.

Se volvió hacia nuestro guía, sonrió, señaló la máquina, y la señaló otra vez, y luego su cabeza, y después nuevamente la máquina.

Por un defecto de raciocinio, pareció imaginarse que algunas palabras de inglés adulterado podrían servir de ayuda a sus ademanes.

—Yo mirar mucho —dijo—; yo pensar mucho en ella. Sí.

El comportamiento de mi amigo pareció por un momento contener el deseo de los selenitas de continuar la marcha. Se miraron uno a otro, sus originales cabezas se movieron, sus aflautadas voces sonaron con mayor precipitación y más agudas. Después, uno de ellos, un animalón alto y flaco, con una especie de manteleta agregada al traje con que los demás estaban vestidos, alargó la trompa que tenía por brazo, tomó a Cavor por la cintura, y lo tiró suavemente para que siguiera a nuestro guía que echó a andar de nuevo.

Cavor se resistió.

—¡Podríamos empezar desde ahora a explicarnos! —dijo—. Tal vez piensan que somos animales, ¡una nueva clase de reses quizás! Es de capital importancia que mostremos inteligente interés hacia las cosas desde un principio.

Y empezó a sacudir la cabeza violentamente.

—No, no —dijo—: Yo no ir hasta dentro un minuto. Yo mirar.

—¿No existe algún punto geométrico que pudiera usted sacar a luz a propósito de la máquina? —le sugerí, mientras los selenitas entraban otra vez en conferencia.

—Puede ser que una parábola... —dijo.

¡Dio un aullido, y un salto de seis pies o tal vez más!

¡Uno de los cuatro que estaban armados se le acercó, y le dio un puntazo con aquella especie de lanza!

Yo me volví hacia el lancero que estaba detrás de mí, con un ademán veloz y amenazador: el selenita retrocedió. Mi movimiento, el aullido y el salto de Cavor, los habían asombrado a todos: era evidente. Todos retrocedieron precipitadamente, mirándonos con sus estúpidos e invariables ojos. Durante uno de esos momentos, que parecen una eternidad, Cavor y yo nos quedamos parados, en actitud de colérica protesta, y frente a nosotros, un semicírculo formado por aquellos extraños seres.

—¡Me pinchó! —dijo Cavor, con acento algo amedrentado.

—Ya lo vi —contesté.

Y luego, a los selenitas:

—¡Vayan ustedes al diablo! —les grité—. Nosotros no soportaremos estas cosas. ¿Por quién nos toman ustedes?

Miré rápidamente a derecha e izquierda. Allá lejos, a través del azul espacio desierto de la caverna, vi que corrían hacia nosotros muchos otros selenitas. La caverna se ensanchaba y se volvía más baja, y por todas partes se iba sumiendo en la oscuridad. Recuerdo que el techo parecía descender como vencido por el peso de las rocas que nos aprisionaban. No había por dónde escapar... Arriba, abajo, en todas direcciones, estaba lo desconocido, y frente a frente de nosotros, aquellos seres inhumanos con sus lanzas y sus incomprensibles ademanes, y nosotros éramos sólo dos, sin amparo ni ayuda.

XV
El puente vertiginoso

Aquella pausa hostil duró apenas un momento. Supongo que tanto nosotros como los selenitas reflexionamos rápidamente. Mi impresión más clara fue que no teníamos dónde apoyar las espaldas, y que estábamos expuestos a que nos rodearan y nos mataran. La abrumadora insensatez de nuestra presencia allí, pesaba sobre mí como un negro, enorme reproche. ¿Por qué me había embarcado en una expedición tan loca, tan opuesta a todo razonamiento humano?

Cavor se me acercó y me puso la mano en el brazo. Su cara pálida, aterrada, parecía el rostro de un cadáver en aquella luz azul.

—Nada podemos conseguir —me dijo—. Me he equivocado. No entienden. Tenemos que ir... a donde quieran llevarnos.

Yo le miré, y luego miré a los nuevos selenitas que acudían a ayudar a sus camaradas.

—Si tuviera libres las manos... —dije.

—De nada serviría —observó él, jadeante.

—No.

—Vamos.

Se dio vuelta, y echó a andar en la dirección que nos habían señalado.

Yo le seguí, procurando adoptar la expresión de una persona tan subyugada cuanto es posible, y palpando las cadenas que me sujetaban por las muñecas. La sangre me hervía. Nada más observé de la caverna, aunque parecía que invertíamos mucho tiempo en cruzarla, o si noté algo, lo olvidé en el acto. Mis pensamientos se concentraban, según creo, en mis cadenas y en los selenitas, y particularmente, en los que tenían en la cabeza un yelmo y en las manos una lanza. Al principio, anduvieron paralelamente con nosotros y a una distancia respetuosa; pero luego se les unieron otros tres, y entonces se acercaron más, hasta encontrarse al alcance del brazo. Yo me estremecía como un caballo espoleado, al verlos acercarse. El más chico y gordo iba al principio a nuestro flanco derecho, pero después se colocó otra vez delante.

¡De qué manera indeleble se ha grabado la imagen de aquel grupo en mi memoria! Veía delante de mí la espalda de Cavor y su cabeza inclinada, apoyada en el pecho, sus hombros caídos desconsoladamente y la cara agujereada de nuestro guía, perpetuamente vuelta hacia él; luego, los lanceros a cada lado, vigilantes y boquiabiertos, y un monocromo azul. Y al fin y al cabo, recuerdo otra cosa fuera de las puramente personales: que de repente se nos apareció una especie de canal a través del suelo de la caverna, corriendo a lo largo del camino de roca que seguíamos. Dicho canal estaba lleno de la misma materia azul claro, luminosa, que brotaba de la gran máquina. Anduve muy cerca de él, y puedo atestiguar que no irradiaba una partícula de calor. Despedía un brillo vivísimo, y sin embargo, no era ni más caliente ni más frío que otra cosa cualquiera de la caverna.

¡Clang!, ¡clang!, ¡clang! Pasamos exactamente por debajo de los retumbantes brazos de otra vasta máquina, y así llegamos por fin a un ancho túnel en el que podíamos oír hasta el ruido de nuestros pies descalzos y que, salvo el hilo de luz azul que llegaba de la derecha, carecía de toda iluminación. Las sombras formaban gigantescas caricaturas de nuestras formas y de los selenitas en el muro irregular y en el techo del túnel. De rato en rato, trozos de cristal sobresalientes de las paredes, chispeaban como brillantes; el túnel se ensanchaba, aquí y allá se convertía en una caverna de estalactitas, o de sus paredes surgían ramas que se perdían en la oscuridad.

Parece que anduvimos por el túnel largo rato. *Tricle, tricle,* murmuraba la luz al correr por el canal, muy suavemente, y nuestros pasos y sus ecos hacían un irregular *padle, padle.* Mi mente llegó a una conclusión sobre la cuestión de las cadenas: si pudiera sacarme una vuelta así, y luego deslizar la mano así...

Pero si me resolvía a hacerlo, poco a poco, ¿me verían los selenitas sacar la mano de la vuelta aflojada? Y si lo veían, ¿qué harían?

—Bedford —dijo Cavor—: esto va hacia abajo, va hacia abajo sin cesar.

Su observación me hizo salir de mi sombría preocupación.

—Si quisieran matarnos —agregó Cavor, retrocediendo para ponerse a mi lado—, no hay razón para que no lo hubieran hecho ya.

—No —asentí—; es cierto.

—Lo que sucede, es que no nos entienden —prosiguió Cavor—: creen que somos simplemente unos animales extraños, quizás una especie salvaje de ganado. Sólo cuando nos hayan observado mejor, empezarán a comprender que tenemos entendimiento...

—¿Cuándo trace usted los problemas geométricos? —pregunté.

—Puede ser que entonces.

Anduvimos en silencio durante un rato.

—Oiga usted —dijo de repente Cavor—: éstos deben ser selenitas de clase inferior.

—¡Los muy endemoniados animales! —exclamé yo, en tono airado, recorriendo con la mirada sus exasperantes fisonomías.

—Si soportamos lo que nos hagan...

—Tenemos que soportarlo —interrumpí.

—Puede haber otros menos estúpidos. Éste es apenas el límite exterior de su mundo, mundo que debe ir abajo y abajo, por cavernas, pasadizos, túneles, hasta llegar por fin al mar... a cientos de millas en el interior.

Sus palabras me hicieron pensar en la milla, o algo así, de roca y túnel que teníamos ya sobre nuestras cabezas. Aquello era como un peso que gravitara sobre mis hombros.

—Lejos del Sol y del aire —dijo Cavor—, hasta en una mina de media milla de profundidad, la atmósfera es irrespirable. Pero aquí no lo es... cualquiera que sea la causa: probablemente no se trata de otra cosa, que de... ¡ventilación! El aire debe soplar del lado oscuro de la Luna al lado iluminado por el Sol, y todo el ácido carbónico se precipitará allá y alimentará esas plantas. En lo alto de este túnel, por ejemplo, hay una brisa bastante activa. ¡Y qué mundo debe ser éste! Las pruebas que vemos en esa tapa, y en estas máquinas...

—Y en las lanzas —dije yo—. ¡No olvide usted las lanzas!

Durante un rato anduvo en silencio por delante de mí.

—Y esas lanzas —dijo.

—¿Qué?

—Al principio, me enojé: pero... tal vez fuera necesario que avanzáramos. Ellos tienen una piel diferente de la nuestra, y probablemente diferentes nervios. Pueden no entender nuestras objeciones... lo mismo que un habitante de Marte podría no comprender la costumbre que tenemos en la Tierra, de dar golpecitos en el hombro para llamar la atención.

—Lo mejor que pueden hacer, es no darme *golpecitos* a mí.

—En cuanto a la geometría, al fin y al cabo, su manera es también una manera de entender. Empiezan con los elementos de la vida y no del pensamiento: alimentos, fuerza y dolor, hieren en las bases fundamentales.

—De eso no hay duda —contesté.

Cavor se engolfó en una conferencia sobre el enorme y maravilloso mundo dentro del cual se nos conducía. Lentamente, comprendí por su tono, que no desesperaba del todo ante la perspectiva de ir aun más adentro de la madriguera extraña a la que daba el nombre de mundo. Su imaginación vagaba de las máquinas e inventos, a la exclusión de mil cosas obscuras que a mí me aturdían. Y no se trataba de ningún uso que deseara hacer de aquellas cosas: quería únicamente conocerlas.

—De todos modos —dijo—, ésta es una tremenda oportunidad, es el encuentro de dos mundos. ¿Qué vamos a ver? Piense usted en lo que habrá allí abajo.

—No hemos de ver mucho si la luz no es mejor —observé.

—Ésta es solamente la corteza externa. ¡Abajo… en esta proporción… debe haberlo todo. ¡Qué historia la que llevaremos a la Tierra!

—Los animales raros —dije—, se consolarán probablemente, así cuando los llevan al jardín zoológico… Además, nadie nos dice qué nos van a enseñar todas esas cosas.

—Cuando comprendan que poseemos un entendimiento racional, querrán saber lo que hay en la Tierra. Aun cuando no se inspiren en sentimientos de generosidad, nos enseñarán para aprender a su vez… ¡Y qué cosas deben saber! ¡Qué imprevistas cosas!

Prosiguió en sus cálculos sobre la posibilidad de que supieran cosas que él nunca habría considerado aprender en la Tierra… ¡Calcular así, cuando tenía aún fresca la herida del lanzazo en la piel!

He olvidado mucho de lo que dijo, porque me llamó la atención el hecho de que el túnel fuera ensanchándose cada vez más. Por el cambio de aire, parecía que saliéramos a un vasto espacio; pero no habíamos podido juzgar la extensión de éste, porque estaba oscuro. Nuestro arroyuelo de luz corría en un tortuoso hilo y se perdía más adelante.

Las paredes de roca habían desaparecido ya a ambos lados; lo único que quedaba a la vista era el camino que se extendía delante de nosotros, y el susurrante y apresurado arroyo de azul fosforescencia. La figura de Cavor y la del guía selenita marchaban a pocos pasos de mí: sus cabezas y sus piernas, por el lado del arroyo, estaban teñidas por la luz viva y azul, y el lado oscuro, no iluminado ya por el reflejo del arroyo en la pared del túnel, se destacaba confusamente de las tinieblas.

Y luego noté que nos acercábamos a algún barranco, pues el arroyuelo azul se hundía bruscamente perdiéndose de vista.

Un momento después, o por lo menos así nos pareció, habíamos llegado al borde. La luminosa corriente daba un rodeo, como si titubeara, y en seguida se precipitaba, iba a caer en una profundidad tan grande que el ruido producido por la caída no llegaba hasta nosotros. Y la oscuridad de donde así se escapaba, se volvía cada vez más negra, hasta llegar a la lobreguez casi absoluta, que apenas permitía ver una cosa como una plancha que se destacaba del borde del precipicio y se esfumaba y desaparecía antes de que alcanzáramos a ver su fin.

Durante un momento, Cavor y yo nos quedamos parados, tan cerca de la orilla cuanto nos atrevíamos a ponernos, contemplando la tenebrosa profundidad. De repente, nuestro guía me tiró del brazo.

Después de llamarme así la atención, se apartó de mí, avanzó hasta el principio de la plancha, y se paró en ella, volviendo la cabeza. Luego, cuando vio que seguíamos sus movimientos, echó a andar por aquel angosto puente, con tanta firmeza como si pisara en suelo firme. Por un momento, la forma de su cuerpo continuó visible, después se convirtió en una mancha azul, y por último, desapareció en la oscuridad.

Hubo una pausa.

—¡Seguramente!... —empezó a decir Cavor.

Uno de los otros selenitas, dio varios pasos por la plancha y volvió la cabeza para mirarnos con el mayor aplomo. Los otros, parados, estaban listos para seguirnos. La impasible cara de nuestro guía reapareció: regresaba a averiguar por qué no habíamos avanzado.

—Nosotros no podemos pasar por allí, a ningún precio —dije.

—Yo no podría dar ni tres pasos por esta tabla —dijo Cavor—, y eso aunque tuviera libres las manos.

Nos miramos mutuamente las caras desencajadas, con gran consternación.

—No deben saber lo que es el vértigo —dijo Cavor.

—Para nosotros es absolutamente imposible andar por esa plancha.

—No creo que ellos vean de la misma manera que nosotros. He estado observándolos. ¡Quién sabe si siquiera se dan cuenta de que, para nosotros, éstas son tinieblas completas! ¿Cómo podríamos hacérselo entender?

—No sé cómo, pero tenemos que hacérselo entender.

Creo que decíamos todo eso con una vaga media esperanza de que los selenitas pudieran comprendernos. Yo me daba exacta cuenta de que todo lo que se necesitaba era una explicación; pero luego cuando miré sus inexpresivas caras, me convencí de que no había explicación posible. Aquél era precisamente el momento en que nuestros puntos de semejanza con ellos iban a servir más bien a acentuar la diferencia que nos separaba en todo lo demás. De todos modos, yo no iba a pasar por aquella plancha; no, no pasaría. Rápidamente deshice mi mano afuera de la cadena que había ido aflojando en el camino, y extendí el brazo en la dirección opuesta. Yo era el que más cerca estaba del puente, y cuando me vieron hacerlo, dos de los selenitas me empujaron y me tiraron con suavidad hacia el puente.

Yo agité la cabeza violentamente.

—No voy —dije—. Inútil. Ustedes no entienden.

Otro selenita acudió a empujarme. Entre los tres me forzaron a avanzar un paso.

—¡Miren! —exclamé—. ¡Quédense quietos! Para ustedes será cosa muy fácil...

Di un salto, girando hacia atrás, y prorrumpí en maldiciones, pues uno de los selenitas armados me había punzado en la espalda con su lanza.

De una sacudida liberté mis manos de los pequeños tentáculos que las retenían, y me encaré con el lancero.

—¡Maldito diablo! —grité—. ¡Ya les había prevenido que tuvieran cuidado! ¿De qué palo o piedra crees que estoy hecho para que me metas en el cuerpo esa punta? ¡Si vuelves a tocarme!...

Por toda respuesta, el individuo me pinchó otra vez.

Oí la voz de Cavor, con tono de alarma y de súplica. Creo que aun entonces pensaba en transacciones con aquellos animales; pero la picazón del segundo aguijonazo pareció despertar alguna dormida reserva de energía dentro de mi ser. Instantáneamente, se quebró un eslabón de la cadena que me rodeaba el otro puño, y con él se rompieron todas las consideraciones que nos habían mantenido sumisos entre las manos de los señores selenitas. Durante aquel segundo, por lo menos, estuve loco de miedo y de ira al mismo tiempo. No reflexioné en las consecuencias, y empujé la mano hacia adelante, en línea recta a la cara del lancero. La cadena pendía de mi muñeca...

Entonces sobrevino una de las estupendas sorpresas de que el mundo lunar está lleno.

Mi mano encadenada pareció pasar de parte aparte, a través de aquel cuerpo. El selenita se aplastó como un huevo. Aquello fue como golpear en un merengue de superficie dura y líquido por dentro. La mano se hundió sin hallar tropiezo, y el flojo cuerpo fue por el aire hasta unas doce yardas más allá, a caer con un sordo, ¡flac!

Yo me quedé asombrado y río acababa de creer que algo viviente pudiera ser tan fofo. Durante un instante, casi me pareció que todo era un sueño.

Pero luego, recuperé la conciencia de las cosas reales o inminentes. Ni Cavor ni los otros selenitas parecían haber hecho nada desde el momento en que me di vuelta, hasta aquel en que el selenita muerto cayó en el suelo. Todos se mantenían apartados de nosotros, todos estaban alerta. Esa suspensión duró por lo menos hasta un segundo después de la caída del cadáver. Probablemente, todos reflexionaban. Me acuerdo de que yo, con mi mano medio retirada ya, trataba también de medir la situación.

—¿Y ahora? —clamaba mi cerebro—. ¿Y ahora?

¡De repente, en un momento, todos se movieron!

Yo comprendí que teníamos que soltarnos de nuestras cadenas, pero para ello, antes, era necesario que venciéramos a los selenitas. Me encaré con el grupo de los tres lanceros. En el instante, uno de ellos me arrojó su lanza; ésta pasó zumbando por sobre mi cabeza, y supongo que fue a perderse en el abismo que quedaba atrás de mí.

Salté directamente hacia él, mientras la lanza volaba atrás; él se volvió para correr al brincar yo, pero di encima de él, lo derribé, me resbalé sobre su aplastado cuerpo, y caí.

Rápidamente me senté, y por ambos lados vi las azuladas espaldas de los selenitas que se perdían en la oscuridad. Con un esfuerzo supremo abrí un eslabón, y deshice el nudo de la cadena que me estorbaba tanto en los tobillos, y me paré de un salto con la cadena en la mano. Otra lanza, arrojada como una jabalina, silbó a mi lado, y entonces me precipité hacia la oscuridad, por el lado de donde venía, pero no encontré al agresor. Después volví al lado de Cavor, que seguía parado en la luz del arroyo, junto al abismo, trabajando convulsivamente con sus cadenas.

—¡Venga usted! —le grité.

—¡Mis manos! —me contestó.

Luego, comprendiendo que no me atrevía a correr hacia él por el temor de que mis mal calculados pasos pudieran hacerme pasar el borde del abismo, se me acercó, jadeando, con las manos extendidas por delante.

En el acto, puse manos a sus cadenas para desatarlas.

—¿Dónde están? —balbuceó.

—Han huido, pero volverán. ¡Ahora nos arrojan cosas! ¿Por qué lado nos iremos?

—Por la luz. A ese túnel. ¿Eh?

—Sí —dije yo, y acabé de soltarle las manos.

Me arrodillé y empecé a trabajar en las cadenas que lo sujetaban por los tobillos. ¡Zac!, zumbó algo —no sé qué—, y cayó en el lívido arroyo, haciendo saltar numerosas gotas en nuestro derredor. Allá lejos, a nuestra derecha, empezaron unos silbidos y chillidos.

Acabó de sacarle la cadena de los pies, y se la di.

—¡Golpee usted con esto! —le dije; y sin esperar su respuesta, partí en largos saltos por el mismo camino que habíamos seguido a la ida. El ruido de los saltos de Cavor resonaba detrás de mí.

Corríamos a largos trancos; pero aquel modo de correr, como comprenderán ustedes, era una cosa enteramente distinta del de correr en la Tierra. En la Tierra, uno salta y casi instantáneamente toca otra vez el suelo, pero en la Luna, por causa de la atracción mucho menor de ese planeta, uno avanza a través del espacio durante varios segundos antes de caer en el suelo. Eso, no obstante, nuestra violenta rapidez, nos hacía el efecto de largas pausas, pausas en cada una de las cuales se podía contar hasta siete u ocho. Un rebote, y un vuelo por el aire. Toda clase de preguntas atormentaban mi mente, entre tanto: "¿Dónde están los selenitas? ¿Qué van a hacer? ¿Llegaremos nosotros a ese túnel? ¿Está muy atrás Cavor? ¿Lo alcanzarán y le cortarán el paso?" Y otro salto, otro rebote y de nuevo otro salto.

Vi a un selenita que corría delante de mí, pero no como nosotros corríamos, a saltos enormes, sino con el mismo movimiento de piernas con que un hombre corre en la Tierra; vi su cara que se volvía a mirar por encima del hombro, y le oí lanzar un alarido al echarse hacia un lado para perderse en la oscuridad. Creo que era nuestro guía, pero no estoy seguro de ello. Después, con otro largo salto, las paredes de la roca aparecieron a mi vista a ambos lados, y en dos brincos más me encontré en el túnel, acortando ya mis saltos por exigirlo lo bajo del techo. Me subí a una especie de meseta, allí esperé, y luego, ¡pluf!, ¡pluf!, ¡pluf!: apareció Cavor, rompiendo el torrente de luz azul a cada salto, y su sombra creció, hasta que llegó adonde yo estaba. Nos quedamos asidos el uno al otro. Por un momento, a lo menos, nos habíamos desprendido de nuestros captores y estábamos solos.

La rapidez de la carrera nos había dejado casi sin respiración. Hablábamos jadeantes, con frases entrecortadas.

—¿Qué vamos a hacer?

—Escondernos.

—¿Dónde?

—Arriba, en una de esas cavernas laterales.

—¿Y después?

—Pensaremos.

—Bueno… vamos.

Continuamos avanzando, y a poco llegamos a una caverna ancha, obscura. Cavor iba delante: titubeó, y luego eligió una negra boca que parecía prometer un buen escondite. Se dirigió a ella, pero luego volvió la cabeza.

—Está en tinieblas —dijo.

—Las piernas y los pies de usted nos iluminarán. Está usted, todo mojado con esa materia luminosa.

Pero…

Un tumulto de ruidos, y particularmente un sonido que parecía el golpear en un gong, que avanzaba hacia el túnel principal, llegó hasta nuestros oídos. Aquello era horriblemente sugerente de una tumultuosa persecución. Ambos echamos a correr adentro de la caverna lateral, y en la carrera, la irradiación de las piernas de Cavor alumbraba nuestro camino.

—Ha sido una fortuna —balbuceé— que nos quitaran los botines, pues si los tuviéramos, llenaríamos de ruido estas bóvedas.

Corrimos y corrimos, procurando dar pasos tan cortos, cuanto nos fuera posible, para no golpeamos la cabeza en el techo de la caverna. Al cabo de un rato, nos pareció que ganábamos terreno al estruendo.

Después se amortiguó, se hizo confuso, se disipó a lo lejos. Me detuve, miré atrás, y oí el ¡pad!, ¡pad!, de los pasos de Cavor que se acercaban. Luego, se detuvo él también.

—Bedford —susurró—: allá adelante hay una especie de luz.

Miré, y al principio nada pude ver. Después, noté que sus hombros y su cabeza se destacaban débilmente sobre una oscuridad menos negra. Vi también que esa atenuación de la oscuridad no era azul, como todas las otras luces del interior de la Luna, sino gris pálido, con una inclinación muy vaga al blanco, el color de la luz del día. Cavor observó todas esas diferencias, tanto o más pronto que yo, y creo que también a él le infundieron las mismas desbordantes esperanzas que a mí.

—Bedford —murmuró; su voz temblaba—: esa luz… es posible…

No se atrevió a decir cuál era su esperanza. Luego, hubo una pausa, y de improviso, conocí por el ruido de sus pies, que corría hacia aquel resplandor pálido. Yo lo seguí con el corazón palpitante.

XVI
Puntos de vista

La luz ganaba en fuerza a medida que avanzábamos. Al poco rato, era ya casi tan intensa, como la fosforescencia de las piernas de Cavor. Nuestro túnel se ensanchaba, se convertía en una caverna, y la nueva luz estaba en el extremo más lejano de ésta. De repente, observé algo que hizo palpitar mis crecientes esperanzas.

—¡Cavor! —exclamé—. ¡Viene de arriba! ¡Estoy seguro de que viene de arriba!

Cavor no me contestó, pero apresuró el paso.

Indiscutiblemente, aquella era una luz gris, una luz plateada.

Un momento después, estábamos debajo de ella. Se filtraba de arriba por una grieta en las paredes de la caverna, y al levantar yo la cabeza para mirarla, ¡drip!: una gruesa gota de agua me cayó en la cara. Di un salto, y me puse a un lado; ¡drip!, otra gota cayó con ruido bastante perceptible en la roca del suelo.

—¡Cavor! —dije—: ¡si uno de nosotros alza al otro, éste podrá alcanzar esa grieta!

—Yo voy a levantarlo a usted —me dijo, e *incontinenti* me izó como si levantara a un bebé.

Metí un brazo por la grieta, y exactamente en la parte adonde llegaban las puntas de mis dedos, encontré una pequeña rajadura en la que podía agarrarme. Vi entonces que la blanca luz era mucho más brillante. Me suspendí con dos dedos, casi sin esfuerzo, a pesar de que en la Tierra peso 168 libras, llegué a un punto saliente de las rocas aun más alto; y así entonces, metí los pies en la rajadura donde había tenido primero las manos. Me estiré hacia arriba y con los dedos escudriñé las rocas. La abertura iba ensanchándose a medida que subía.

—Es fácil de trepar —dije a Cavor—. ¿Podrá usted saltar hasta mi mano si alargo el brazo para abajo?

Me afirmé en los dos lados de aquel cañón, apoyé una rodilla y un pie en la rajadura, y extendí un brazo. No podía ver a Cavor, pero podía oír el rumor de sus movimientos al encogerse para saltar. Después, ¡zas!, se colgó de mi brazo... ¡y no pesaba más que un gato! Lo tiré hacia arriba hasta que tuvo una mano en la rajadura y pudo soltarme.

—¡Vaya! —exclamé—. ¡Cualquiera podría ser alpinista en la Luna!

Y más animosamente que antes, seguí trepando. Durante algunos minutos me arrastré cañón arriba, sin descanso, y después volví a mirar a lo alto. El cañón se abría gradualmente, y la luz iba haciéndose más viva. Pero...

¡Después de tanto esperarla, aquélla no era la luz del día! Al cabo de un momento, vi lo que era, y al verlo, poco faltó para que el desencanto me hiciera golpear la cabeza contra las rocas, pues lo que tenía ante mí, era sencillamente un espacio abierto, irregularmente inclinado, y por todo cuyo suelo ascendente se extendía un bosque de pequeños hongos en forma de botellas, todos brillando con aquella luz entre plateada y rosada. Por un momento contemplé su suave lustre, y después me puse a saltar de un lado y otro entre ellos. Arranqué una media docena, los arrojé contra las rocas, y luego me senté, riéndome amargamente, al aparecer a la vista la rubicunda cara de Cavor.

—Otra vez es la fosforescencia —le dije—. No necesitamos darnos prisa. Siéntese usted y descanse.

Y mientras él reflexionaba sobre nuestra desilusión, yo empecé a arrojar más de esas plantas por el cañón.

—Yo creía que fuese la luz del día —dijo.

—¡Luz del día! —exclamé—. ¡Luz del día, puesta de Sol, nubes y cielos tormentosos! ¿Volveremos a ver algún día semejantes cosas?

Al decir esto, me parecía que se alzaba a mi vista un cuadrito de nuestro mundo, pequeño, pero claro, iluminado como un paisaje italiano.

—El cielo que cambia, el mar que cambia, los montes y los verdes árboles, las aldeas y las ciudades brillantes de Sol. Piense usted en un techo mojado cuando el Sol se pone, Cavor. ¡Piense usted en las ventanas de nuestra casa que mira al Oeste.

No hubo respuesta de su parte.

—Aquí estamos enterrados en este salvaje mundo, que no es un mundo, que tiene un mar de tinta escondido en alma de abominable negrura allá abajo, y afuera, el día tórrido y la mortal noche helada. Y todas esas cosas que nos persiguen ahora, bestiales hombres de cuero... ¡Hombres-insectos escapados de una pesadilla! ¡Al fin y al cabo, ellos están en su derecho! ¿Qué tenemos nosotros que hacer aquí, por qué los aplastamos y perturbamos su mundo? Por todos los indicios que hemos visto, el planeta entero está en alarma y corre tras de nosotros. Dentro de un minuto podremos oír de nuevo sus chillidos y el estruendo de sus gongs. ¿Qué haremos entonces? ¿Qué haremos? ¡Aquí estamos en posición tan cómoda como la de un par de serpientes de la India que se hubieran escapado en pleno Londres!

Volví a mi tarea de destruir hongos. De improviso, vi algo que me hizo dar un grito.

—¡Cavor! —exclamé—. ¡Estas cadenas son de oro!

Cavor, sentado, meditaba profundamente con las mejillas apretadas entre las manos. Volvió la cabeza lentamente, me miró y, cuando repetí mis palabras, miró la cadena que le rodeaba la muñeca de la mano derecha.

—De oro son —dijo—: lo son.

El fugitivo interés que pudo inspirarle aquello, se desvaneció de su cara desde antes de que cesara de mirar la cadena. Titubeó un momento, y luego continuó su interrumpida meditación. Yo me quedé un rato asombrado de no haber conocido hasta entonces la materia de que las cadenas estaban hechas, pero después me acordé de la luz azul en que habíamos estado y que hacía perder completamente su color al metal. Y ese descubrimiento me sirvió también de punto de partida para una corriente de ideas que me llevó a campos anchurosos y lejanos. Me olvidé de que un momento antes había estado preguntando lo que hacíamos en la Luna. Soñaba con oro...

Cavor fue el primero que habló:

—Me parece que hay dos caminos abiertos ante nosotros.

¿Y son?

—O intentamos abrirnos paso —forzar el paso, si es necesario— al exterior y buscar otra vez la esfera hasta encontrarla o hasta que el frío de la noche llegue y nos mate; o si no...

Hizo una pausa.

—Sí —dije yo, pues sabía lo que seguía— podemos intentar una vez más establecer una especie de manera de entendernos con la gente de la Luna.

—Por mi parte, lo primero es lo mejor.

—Lo dudo.

—Yo no.

—Oiga usted —dijo Cavor—. No pienso que podemos juzgar a los selenitas por lo que hemos visto de ellos. Su mundo central, su mundo civilizado, debe estar lejos, abajo, en las cavernas más profundas cercanas a su mar. Esta región de la corteza en que nos encontramos es un distrito remoto, una región pastoril. En todo caso, ésa es mi interpretación. Los selenitas que hemos visto, pueden ser sólo los equivalentes de nuestros cuidadores de ganado y trabajadores de fábricas lejanas de las poblaciones. El uso de esas lanzas —probablemente para aguijonear a las reses—, la falta de imaginación que muestran al suponer que nosotros somos capaces de hacer exactamente lo que ellos hacen, su indiscutible brutalidad, todo parece indicar algo por ese estilo. Pero si nosotros soportáramos...

—Ninguno de los dos podría soportar por mucho tiempo una marcha por una plancha de seis pulgadas a través de un pozo sin fondo.

—No —dijo Cavor—: eso es verdad.

En seguida, descubrió un nuevo campo de posibilidades.

—Supongamos que nos situáramos en algún rincón donde pudiéramos defendernos de esos campesinos y de sus lanzas. Si, por ejemplo, consiguiéramos sostenernos durante una semana o algo así, es probable que la noticia de nuestra aparición se filtrara hacia abajo, hasta las partes más inteligentes y populosas...

—Si existen.

—Deben existir; si no ¿de dónde vienen esas tremendas máquinas?

—Eso es posible; pero es el peor de los términos del dilema.

—Podríamos escribir inscripciones en las paredes...

—¿Cómo sabemos que sus ojos verían la clase de señales que nosotros hiciéramos?

—Si las esculpimos...

—Eso es posible, por supuesto.

Yo tomé un nuevo hilo de ideas.

—Al fin y al cabo —dije—, no supongo que usted cree a los selenitas tan infinitamente más sabios que los hombres.

—Deben saber mucho más... o, por lo menos, una cantidad de cosas diferentes.

—Sí, pero... —dije vacilando—. Creo que usted convendrá fácilmente, Cavor, en que usted es un hombre más bien excepcional.

—¿Cómo?

—Pues, usted es... usted es un hombre más bien solitario: quiero decir que lo ha sido usted. No se ha casado usted.

—Nunca lo necesité tampoco.

—Se ha dedicado usted a adquirir conocimientos.

—Sí; una cierta curiosidad, es natural.

—Usted piensa así: ése es precisamente el punto. Usted piensa que todos los cerebros necesitan saber. Recuerdo que una vez, cuando le pregunté por qué hacía usted todas esas investigaciones, me dijo usted que quería ser miembro de la Sociedad Científica, y hacer que a la sustancia que iba usted a inventar se le llamara "Cavorita", y cosas de ese orden. Usted sabe perfectamente que no proseguía usted sus trabajos por eso, pero en aquel momento mi pregunta lo tomó por sorpresa, y creyó usted que debía tener algo que pareciera un motivo. En realidad, usted hacía sus investigaciones, porque tenía usted que hacerlas. Ésa es la inclinación natural de usted.

—Tal vez lo sea...

—En un millón de hombres, no hay uno que tenga tal inclinación. La mayoría de los hombres quieren... pues, varias cosas, pero ninguno quiere saber sólo por saber. Yo soy uno de ellos, lo sé perfectamente bien. Bueno, estos selenitas parecen ser una especie de seres trabajadores, atareados; pero ¿cómo sabe usted que ni aun el más inteligente de ellos se interesa por nosotros o por nuestro mundo? Creo que ni siquiera saben que nosotros tenemos un mundo. Nunca salen a la superficie en la noche: se helarían si lo hicieran. Probablemente, jamás han visto un cuerpo celeste, salvo el ardiente Sol. ¿Cómo han de saber que *hay* otro mundo? Y si lo saben, ¿qué puede eso importarles? Supongamos que hayan visto de vez en cuando algunas estrellas y hasta el disco de la Tierra: ¿Y qué significa eso? ¿Por qué la gente que vive "dentro" de un planeta se ha de molestar en observar esa clase de cosas? Los hombres no se habrían entregado a tales observaciones, a no ser por las estaciones y por la navegación. ¿Por qué la gente de la Luna?... Pero, supongamos que haya algunos filósofos como usted; ésos serán precisamente los selenitas que nunca oirán nada que se refiera a nuestra existencia. Imagínese usted, que un selenita hubiera caído en la Tierra cuando usted estaba en Lympne; usted habría sido el último en saber su llegada: usted nunca lee un periódico. Ya ve las probabilidades que tiene usted en su contra. Pues bien, por causa de esas probabilidades estamos aquí sentados, sin hacer nada, mientras vuela un tiempo precioso. Le digo a usted que hemos caído en una trampa. Hemos venido sin armas, hemos perdido nuestra esfera, no tenemos alimentos, nos hemos mostrado a los selenitas y los hemos hecho ver que somos unos animales extraños, fuertes, peligrosos, y a no ser que esos selenitas sean unos perfectos locos, deben estar ya todos en movimiento y nos perseguirán hasta encontrarnos, y cuando nos encuentren, tratarán de apoderarse de nosotros, si lo pueden, y de matarnos si no lo pueden, y allí acabará todo el asunto. Después de tomarnos, nos matarán probablemente, por causa de alguna desinteligencia. Después que nos hayan muerto, puede ser que discutan acerca de nuestros méritos, pero eso no nos divertirá mucho a nosotros.

—Siga usted.

—Por otro lado, aquí tropieza uno con el oro, como con el hierro en la Tierra. Si pudiéramos llevarnos un poco de este oro y encontrar nuestra esfera antes de que ellos nos alcanzaran, y marcharnos; entonces...

—¿Qué?

—Entonces, podríamos emprender las operaciones en un pie más sólido: regresaríamos en una esfera más grande, con cañones.

—¡Buen Dios! —exclamó Cavor, como si aquello le pareciera horrible.

Yo lancé otro hongo luminoso por el agujero.

—Oiga usted, Cavor —dije—: yo tengo de todas maneras el derecho de la mitad del voto en este asunto, y el caso en que estamos, es para un hombre práctico; yo soy un hombre práctico y usted no. Yo no voy a confiarme otra vez a los selenitas y a los diagramas geométricos, si puedo evitarlo... Y con esto lo he dicho todo. Volvamos a la Tierra, revelemos todo este secreto... o la mayor parte de él. Y después, volvamos aquí.

Cavor reflexionó.

—Cuando vine a la Luna —dijo—, debí haber venido solo.

—La cuestión previa ahora —le repliqué—, es ésta: ¿cómo volveremos a la esfera?

Durante un rato nos frotamos las rodillas en silencio. Después, Cavor pareció decidido a aceptar mis razones.

—Me parece —dijo—, que ante todo debemos informarnos. Claro está que, mientras el Sol dé en este lado de la Luna, el aire soplará a través de este planeta esponja, del lado oscuro hacia acá. En este lado, de todos modos, el aire debe dilatarse y afluir de las cavernas de la Luna al cráter... Muy bien, ¡aquí hay una corriente de aire!

—Sí, la hay.

—Y eso significa que éste no es un extremo muerto: en algún punto detrás de nosotros, esa abertura continúa hacia arriba. La corriente de aire se dirige a lo alto, y ése es el camino que nosotros tenemos que seguir. Si tratamos de encontrar y encontramos alguna especie de chimenea o cañón que debe haber por allí, no sólo saldremos de estos pasadizos por donde los selenitas nos buscan...

—¿Pero suponga usted que la chimenea sea muy angosta?

—Entonces, volveremos a bajar.

—¡Chit! —dije yo, bruscamente—. ¿Qué es, eso?

Escuchamos. Al principio oímos un confuso murmullo, pero luego llegó hasta nosotros el estruendo de un gong.

—Deben pensar que somos ganado —dije—, cuando quieren asustarnos así.

—Vienen por aquel pasadizo —dijo Cavor.

—Deben ser ellos.

—No pensarán en subir por el cañón. Pasarán de largo.

Escuché otra vez un rato.

—Esta vez —murmuré—, es probable que vengan con alguna clase de arma.

Luego, con un salto brusco, me levanté.

—¡Santos Cielos! ¡Cavor! —grité—. ¡Sí, subirán! Verán los hongos que he estado arrojando abajo. Y…

No concluí la frase. Me volví y por encima de las cabezas de los hongos brinqué a la extremidad superior de la cavidad. Vi que la bóveda se volvía hacia arriba y se convertía a su vez en un cañón estrecho que subía a una impenetrable oscuridad. Iba ya a trepar por el interior de ese tubo, cuando una feliz inspiración me hizo volver atrás.

—¿Qué hace usted? —me preguntó Cavor.

—¡Siga usted! —le dije.

Una vez entre los brillantes hongos, tomé dos de ellos, me puse uno en el bolsillo del pecho de mi saco de franela, de modo que, apuntando afuera, alumbrara nuestra ascensión, y volviendo al lado de Cavor, le di el otro. El ruido que hacían los selenitas había crecido tanto, que parecía que ya estuvieran debajo de la abertura. Pero quizá les sería difícil subir por ella o vacilarían, temerosos, de encontrar resistencia de nuestra parte. En todo caso, teníamos ya la fortificante conciencia de la enorme superioridad muscular que nos daba nuestro nacimiento en otro planeta. Un minuto después, trepaba yo con gigantesco vigor, detrás de los talones de Cavor, iluminados por la luz azul de los hongos.

XVII
El combate en la cueva de los carniceros

No sé cuánto trepamos antes de llegar al enrejado. Puede ser que sólo hubiéramos ascendido unos pocos centenares de pies, pero en aquellos momentos me parecía que nos habíamos izado, arrastrado, colgado y trepado por lo menos, a través de una milla de aquel cañón vertical. Siempre que recuerdo aquella ascensión, resuena en mi cabeza el pesado choque de nuestras cadenas de oro, que seguía todos nuestros movimientos. No tardé mucho en tener las rodillas y el dorso de las manos en carne viva, y una contusión en una mejilla. Después de un rato, la primera violencia de nuestros esfuerzos disminuyó, y nuestros movimientos fueron más deliberados y menos penosos. El ruido de nuestros perseguidores se había desvanecido totalmente. Parecía casi, contra todos nuestros temores, que los selenitas no hubieran sospechado nuestra fuga por la abertura, a pesar del elocuente montón de hongos rotos que debía haber al pie de ésta.

A ratos, el cañón se estrechaba tanto, que apenas podíamos deslizarnos por él, y otras veces, se ensanchaba en grandes cavidades ásperas, incrustadas de puntiagudos cristales o cubiertas de una capa de botones fungoides que despedían un pálido resplandor. A veces, se encorvaba en espiral, y otras, disminuía su gradiente, casi hasta extenderse en dirección horizontal. A cada rato oíamos el intermitente: ¡chirr!, ¡chirr!, de los hilos de agua que corrían a nuestro lado. Una o dos veces nos pareció que unas pequeñas cosas vivientes se arrastraban velozmente para escapar de nuestro alcance, pero nunca vimos lo que eran. Podrían muy bien haber sido animales venenosos, pero no nos hicieron daño alguno, y nosotros tampoco estábamos en situación de hacer caso de un ruido más o menos. Por fin, allá arriba, apareció de nuevo la azulada luz ya familiar para nosotros, y después vimos que pasaba a través de un enrejado que nos cerraba el camino.

Cuando notamos aquello, nos lo señalamos uno a otro, apenas con un leve murmullo, y adoptamos más y más precauciones para no hacer ruido en nuestra ascensión. A poco, ya estábamos debajo del enrejado, y pegando la cara a sus barras, pude ver una limitada porción de la caverna que se extendía al otro lado. Se veía que era un recinto espacioso, y que indudablemente estaba alumbrado por algún arroyo de la misma luz azul que habíamos visto brotar de la ruidosa maquinaria. Un intermitente chorro de agua, muy delgado, goteaba de rato en rato por entre las barras, cerca de mi cara.

Lo primero que procuré fue, naturalmente, ver lo que podía haber en el suelo de la caverna; pero el enrejado había sido puesto en una depresión del terreno, cuyo borde ocultaba de nuestros ojos todo el suelo. Nuestra burlada atención volvió entonces a fijarse en los varios sonidos que oíamos, y al cabo de un momento, mis ojos sorprendieron un número de vagas sombras que se movían en el confuso techo, allá, muy en lo alto.

Indiscutiblemente, en aquel espacio había varios selenitas, quizás en número considerable, pues hasta nosotros llegaban los sonidos de su lenguaje, y sordos ruidos, que yo tomé por sus pisadas. Se oía también una serie de sonidos regularmente repetidos: ¡chid!, ¡chid!, ¡chid!, que empezaban y cesaban, y que daban la idea de un cuchillo o machete que cortara alguna sustancia blanda. Después, resonó un choque como de cadenas, un silbido y un rumor estruendoso, como el de un carro arrastrado por sobre un lugar hueco; y otra vez empezó el ¡chid!, ¡chid!, ¡chid! Las sombras indicaban que unas formas se movían rápida y acompasadamente de acuerdo con aquel sonido regular, y descansaban cuando el sonido cesaba.

Cavor y yo juntamos nuestras cabezas y empezamos a discutir todo aquello en murmullos apagados.

—Están ocupados —dije— están ocupados en algo.

—Sí.

—No están buscándonos, ni piensan en nosotros.

—Tal vez no han oído hablar de nosotros.

—Los otros nos buscan allá abajo. Si apareciéramos repentinamente aquí…

Nos miramos uno a otro.

—Podría haber una probabilidad de parlamentar —dijo Cavor.

—No —contesté yo—: no tal, estamos…

Guardamos silencio, y así nos quedamos un rato, cada uno embargado por sus propios pensamientos.

¡Chid!, ¡chid!, ¡chid!, sonaban las herramientas, y las sombras se movían de un lado a otro.

Yo miré el enrejado.

—Es débil —dije—. Podríamos apartar dos barras y deslizarnos por entre ellas.

Poco tiempo perdimos en vagas discusiones. En seguida, tomé una de las barras con ambas manos, afirmé los pies contra la roca, colocándolos casi a la altura de mi cabeza, y en esa posición me apoyé en la barra. Ésta cedió tan fácilmente, que poco me faltó para caer. Me aseguré nuevamente en las rocas y empujé la barra adyacente en dirección opuesta. Después me saqué del bolsillo el hongo luminoso y lo deje caer abajo por la grieta.

—No haga usted nada precipitadamente —susurró Cavor, al ver que me introducía por la abertura que acababa de ensanchar. Al pasar por el enrejado, vi unos bultos que se movían, e inmediatamente me incliné para que el borde de la depresión en que el enrejado estaba puesto me ocultara de sus ojos. Echado y bien pegado al suelo, indiqué por señas a Cavor que él también se preparara a pasar. Un momento después, estábamos tendidos el uno al lado del otro, mirando por encima del borde, la caverna y a sus ocupantes.

La caverna era mucho mayor de lo que habíamos supuesto al verla por primera vez, y la mirábamos de abajo arriba, desde la parte más baja de su suelo inclinado. A medida que se alejaba de nosotros se ensanchaba, y el techo descendía y ocultaba totalmente la porción más lejana. Y tendidos en hilera a lo largo de su extensión mayor, hasta perderse por último en esa tremenda perspectiva, yacían unas abultadas formas, unos bultos grandes e incoloros con los cuales estaban atareados los selenitas. Al principio parecían unos grandes cilindros blancos, de vago volumen; después noté sus cabezas, con el hocico hacia nosotros, peladas y sin ojos, como cabezas de carnero en una carnicería, y entonces comprendí que los selenitas estaban descuartizando reses lunares: el cuadro se asemejaba mucho al de la tripulación de un barco ballenero en el acto de descuartizar una ballena atada a la cubierta. Cortaban la carne en tiras, y en algunos de los cuartos puestos más lejos; aparecían ya desnudas las blancas costillas. El ruido de sus machetes era ese ¡cid!, ¡cid! Un poco más lejos, una especie de pequeño tren tirado por cables y lleno de trozos de floja carne, corría hacia arriba por el inclinado suelo de la caverna. Aquella gran hilera de fardos enormes destinados a servir de alimento, nos dio una idea de la vasta población del mundo lunar, no bien habíamos comprendido cuál era la ocupación de los selenitas.

Al principio me pareció que éstos debían operar sobre plataformas sostenidas por gruesos bancos, y luego vi que las plataformas, sus bancos y los machetes tenían el mismo color que había visto a mis cadenas antes de que la luz pusiera en evidencia el que en realidad tenían. Un número de palancas bastante gruesas yacían por el suelo, y sin duda habían servido para volver de un lado a otro las reses muertas. Tenían quizá seis pies de largo y unas agarraderas bien dispuestas: armas que eran una tentación para quien supiera defenderse. La caverna entera estaba iluminada por tres arroyos transversales del azul fluido.

Durante un rato nos quedamos inmóviles, observando todo aquello en silencio.

—¡Bueno! —dijo Cavor, por fin.

Yo me adherí más al suelo y volví la cara hacia mi amigo. Se me había ocurrido una brillante idea.

—A no ser que hayan bajado esos cuerpos por un ascensor —dije— debemos estar más cerca de la superficie que lo que pensaba.

—¿Por qué?

—La res no salta, ni tampoco tiene alas.

Cavor echó nuevamente una ojeada por sobre el borde del hueco.

—Me pregunto, ahora… —empezó—. Lo cierto, es que en ningún momento nos hemos alejado mucho de la superficie.

Yo le hice callar con un fuerte apretón en el brazo: ¡había oído un ruido en la parte baja del cañón!

Nos acurrucamos cuanto pudimos, y nos quedamos tan quietos como si estuviéramos muertos, pero con todos los sentidos despiertos. No cabía duda de que algo subía lentamente por el tubo de piedra. Yo, sin hacer ruido, empuñé vigorosamente mi cadena, y esperé que apareciera aquello.

—Usted eche otra ojeada a los de los machetes —dije.

—Están en su tarea —me contestó Cavor.

Me afirmé, como arreglándome una especie de barricada en la abertura del enrejado... Oía ya con bastante claridad el suave jadeo de los selenitas que subían, el roce de sus manos contra las rocas, y el caer de la tierra que sus cuerpos desprendían.

Después, vi algo que se movía confusamente en las tinieblas de abajo del enrejado, pero no pude distinguir lo que era. Todo aquello pareció aquietarse por un momento, pero luego... ¡alerta! Yo me había parado de un salto, y dado un feroz golpe en la dirección de una cosa que había pasado velozmente junto a mí... Era la punta de una lanza. Después he reflexionado que su largo excesivo en la estrechez del cañón, debió impedir que la apuntaran bien para que llegara hasta mí. Como quiera que fuese, pasó el enrejado como la lengua de una serpiente, y tanteó, retrocedió y volvió a avanzar con violencia. Pero la segunda vez yo la empuñé y la arranqué de las manos del que la manejaba, no antes de que otra me hubiera amagado también, sin tocarme.

Lancé un grito de triunfo al sentir que el selenita, después de resistir un momento mi tirón soltaba la lanza, y acto continuo, me puse a lancear hacia abajo por entre las barras, a lo que me respondían de la oscuridad unos chillidos. Cavor, por su parte, había arrancado a las otras invisibles manos la otra lanza, daba saltos a mi lado, blandía el arma, y apuntaba lanzadas que no daban en el blanco...

¡Chang! ¡Chang! —resonó un gong desde abajo, y por entre la reja fue el sonido a esparcirse arriba. Luego, una hacha lanzada por el aire y que chocó en las rocas más allá de nosotros, me recordó a los carniceros de la caverna.

Me volví: todos avanzaban hacia nosotros, en orden de batalla, blandiendo sus hachas. Si antes no habían oído hablar de nosotros, debían haberse dado cuenta de la situación con increíble rapidez. Les contemplé un momento, lanza en mano.

—¡Guarde usted esa reja, Cavor! —grité, y me puse a vociferar para intimidarlos, y corrí a su encuentro. Dos de ellos me hicieron frente con sus machetes, pero los demás huyeron, acto continuo. Entonces los dos echaron a correr también, caverna arriba, con los puños apretados y la cabeza baja. ¡Nunca he visto a los hombres correr así!

Yo comprendí que la lanza que tenía no era un arma apropiada para mí; era delgada y flexible, y demasiado larga para manejarla con rapidez. Así pues, sólo perseguí a los selenitas hasta el lugar en que yacía la primera res muerta, y allí me detuve y recogí una de las palancas. La sentí agradablemente pesada, y suficiente para aplastar a cualquier número de selenitas. Arrojé lejos la lanza, y con la otra mano me apoderé de otra palanca. Así me sentía cinco veces mejor que con la lanza. Con ademán amenazador, blandí las dos palancas en la dirección de los selenitas que se habían detenido y formaban un pequeño grupo lejos, en la parte alta de la caverna, y volví al lado de Cavor.

Éste saltaba de un lado para el otro del enrejado, tirando estocadas con su lanza rota. La cosa iba bien por allí: aquello bastaría para impedir que los selenitas subieran... a lo menos por un tiempo. Volví los ojos a la caverna: ¿qué íbamos a hacer nosotros?

Estábamos ya, y en cierto modo, acorralados; pero los matarifes y carniceros de la caverna habían sido sorprendidos por nuestra presencia, probablemente estaban asustados, y no tenían armas propiamente dichas, pues sólo les servían de tales sus pequeños machetes. Y por ese lado era posible escapar. Sus rechonchos cuerpecitos —pues la mayor parte de ellos eran más bajos y gruesos que los pastores que habíamos encontrado primero— estaban desparramados por la parte alta del inclinado suelo, de una manera que significaba elocuentemente indecisión. Pero, así y todo, había que tener presente que eran una tremenda muchedumbre. Los selenitas que habían subido por el cañón, tenían unas lanzas infernalmente largas, y quizá se nos iban a presentar con otras sorpresas... Pero, ¡maldita disyuntiva! Si cargábamos contra los de la caverna, dejábamos el paso libre a los otros para que subieran y nos persiguieran, y si no cargábamos, los animalejos de la parte alta de la caverna recibirían probablemente refuerzos. Sólo el Cielo sabe qué tremendas máquinas de guerra: cañones, bombas terrestres, torpedos, podrían enviar para nuestra destrucción aquel mundo de abajo, más vasto, al cual no habíamos hecho hasta entonces otra cosa que pellizcar la epidermis. ¡De todo esto, resultaba claro que lo único que nos quedaba era cargar! Y más claro fue aún, cuando vi las piernas de muchos otros selenitas recién llegados que aparecían en lo alto de la caverna, corriendo hacia nosotros.

—¡Bedford! —gritó Cavor, y ¡zas!, de un salto se puso a medio camino entre la reja y el punto en que yo estaba.

—¡Vuelva usted allá! —le grité—. ¿Qué hace usted?...

—¡Han traído... una cosa como un cañón!

Y agitándose en el enrejado entre varias lanzas que avanzaban para su defensa, aparecieron la cabeza y los hombros de un selenita portador de un complicado aparato.

Yo me di cuenta de la completa incapacidad de Cavor para la lucha que teníamos que afrontar. Por un momento, vacilé. Después, me precipité hacia la máquina, blandiendo mis barras y gritando para aturdir al selenita. Éste apuntaba con su arma, apoyándola en el estómago. ¡Zizzt! Aquello no era un cañón: lanzó el proyectil, más bien, como un arco lanza una flecha, y me lo plantó en medio de un hombro.

No caí. Pero mi salto fue más corto que si no hubiera sido tocado por el proyectil. La sensación que me quedó en el hombro, me hizo creer que el proyectil me había golpeado de refilón; pero luego, mi mano izquierda tropezó con algo, y entonces noté que tenía una especie de jabalina metida en el hombro casi hasta la mitad. Un instante después caí con mi palanca en la mano derecha sobre el selenita, y le di un golpe de lleno. Golpear a los selenitas, era como golpear tallos secos con una maza de hierro. Se derrumbó... se hizo pedazos.

Solté una de las palancas, me saqué la jabalina del hombro, y empecé a dar puntazos con ella por entre la reja, hacia la oscuridad de abajo. A cada puntazo, respondían un alarido y una caída. Por último, les lancé la jabalina con toda mi fuerza, salté hacia arriba, recogí nuevamente la palanca y salí al encuentro de la multitud que ocupaba la parte alta de la caverna.

—¡Bedford! —gritó Cavor—. ¡Bedford! —al verme pasar a su lado como un rayo.

Aún me parece oír el ruido de las pisadas que me seguían.

Un paso, un salto...¡zas!... otro paso, otro salto... Cada salto parecía durar siglos. Y a cada uno, la cueva se ensanchaba ante mí, y el número de los selenitas aumentaba visiblemente. Al principio parecían correr todos como hormigas en un hormiguero removido; uno o dos machetes volaron en mi dirección; nuevas carreras; varios se desparramaban a los lados por entre la hilera de reses muertas: después aparecieron otros, armados de jabalinas, y luego otros más. La caverna iba oscureciéndose a medida que avanzaba en ella. ¡Flick!, algo voló por encima de mi cabeza. ¡Flick! Desde lo alto de uno de mis brincos, vi una jabalina clavarse y sacudirse en una de las reses muertas, a mi izquierda. Luego, al tocar tierra, otra cayó al suelo delante de mí y oí el remoto ¡Chuzz!, de la cosa que las disparaba. ¡Flick! ¡Flick! Durante un momento, aquello fue una lluvia.

Yo me detuve de golpe.

No me parece que en aquel momento tuvieran mis pensamientos mucha claridad. Me parece recordar que una especie de frase estereotipada recorría mi mente: "Zona de fuego, ¡buscar abrigo!" Sé que me precipité a un espacio entre dos reses muertas, y me quedé parado allí, jadeando rebosante de ira.

Busqué con los ojos a Cavor, y por un momento creí que hubiera desaparecido de aquel mundo. Después, surgió de la oscuridad entre la hilera de reses muertas y las rocas de la pared de la caverna: vi su carita, entre negra y azul, lustrosa de sudor y contraída por la emoción.

Decía algo, pero no puse atención en ello. Se me había ocurrido que podíamos avanzar cubriéndonos con las reses, de una en otra, hasta lo alto de la cueva para cargar en cuanto estuviéramos suficientemente cerca.

—¡Venga usted! —dije, y eché a andar delante.

—¡Bedford! —gritó Cavor; pero inútilmente.

Yo iba preocupado, mientras avanzábamos por el estrecho callejón que quedaba entre las reses y la pared de la caverna. Las rocas se encorvaban hacia adelante... los selenitas no podían atacarnos de frente. Aunque en aquel estrecho espacio no podíamos saltar, nuestra fuerza de hombres nacidos en la Tierra nos permitía avanzar con mucha mayor rapidez que los selenitas. Calculé lo que sucedería cuando llegáramos donde ellos estaban: una vez que nos tuvieran encima, serían tan formidables como una legión de escarabajos; pero lo primero con que nos recibirían, sería una descarga de flechas. Sin cesar de correr, me quité el saco de franela.

—¡Bedford! —jadeó Cavor, detrás de mí.

Yo volví los ojos.

—¿Qué? —pregunté.

Le vi señalar hacia arriba, por sobre las reses.

—¡Luz blanca! —dijo—. ¡Otra vez luz blanca!

Miré, y era como él decía, un débil velo blanco de luz asomaba en lo más lejano del techo de la caverna.

Aquello me pareció que duplicaba mis fuerzas.

—Manténgase usted junto a mí —dije.

Un selenita saltó precipitadamente de la oscuridad, lanzó un grito y huyó. Hice alto y detuve a Cavor con la mano. Colgué el saco de la punta de la palanca, di vuelta a la res siguiente, solté la palanca con la chaqueta, me hice ver, y retrocedí con rapidez.

—¡Chuz!... ¡Flick! —llegó una flecha. Estábamos muy cerca de los selenitas, y éstos, agrupados en muchedumbre, tenían a vanguardia una pequeña batería de sus máquinas disparadoras, apuntando hacia abajo de la cueva. Tres o cuatro flechas siguieron a la primera, y la descarga cesó en seguida.

Saqué la cabeza, y escapé de una flecha por el espesor de un cabello. Esta vez me atraje una docena o más de tiros, y oí que los selenitas gritaban tumultuosamente, al mismo tiempo que disparaban sus armas. Yo recogí la palanca con la chaqueta en la punta.

—¡Ahora! —dije, y levanté en alto la palanca.

¡Chuzz-zz-zz-zz!, ¡chuzz! En un instante mi chaqueta quedó convertida en una espesa barba de flechas, y otras tantas de éstas acribillaban las reses alrededor de nosotros. Rápidamente desprendí la palanca de la chaqueta —la que supongo, está aún en aquel punto de la Luna—, y me precipité hacia el enemigo.

Durante un minuto más o menos, aquello fue una matanza. Yo me sentía demasiado enfurecido para ser clemente, y los selenitas estaban probablemente demasiado asustados para pelear. Lo cierto, es que no me atacaron en forma alguna. Yo estaba sediento de sangre. Recuerdo que me metía entre aquellos insectos con yelmo, como un segador entre el pasto crecido segando y golpeando, primero a la derecha, después a la izquierda… ¡y aplastaba y aplastaba! A un lado y a otro saltaban pequeñas gotas. Mis pies tocaban cosas que se aplastaban y hundían, y se ponían resbaladizas. Algunas jabalinas volaban en torno mío: una me rozó la oreja, otra me hirió en el brazo y otra en la mejilla; pero esto, no lo supe hasta más tarde, cuando la sangre tuvo tiempo de correr, enfriarse y hacer que me sintiera mojado.

No sé lo que hizo Cavor. Durante un rato me pareció que el combate se había prolongado un siglo, y que era necesario que continuara siempre. Después, repentinamente, todo terminó, y lo único que vimos fue la parte posterior de las cabezas de los selenitas, que subían y bajaban, al correr sus dueños en todas direcciones… Yo parecía haber quedado totalmente indemne. Corrí algunos pasos hacia adelante, gritando, y luego me volví. Yo mismo estaba sorprendido de lo que hacía.

Corría en línea recta por entre ellos, a zancadas enormes. A todos los fui dejando atrás, y todos huían de aquí para allá tratando de esconderse.

Y sentí un enorme asombro y no poco orgullo ante la conclusión del gran combate en que me había tocado parte tan principal. Me parecía no que había descubierto la inesperada debilidad de los selenitas, sino una no menos inesperada fortaleza mía. Me eché a reír estúpidamente.¡Qué Luna tan fantástica!

Salté por sobre los aplastados cuerpos de los selenitas, que se retorcían, desparramados por la caverna, y me precipité tras de Cavor.

XVIII
En la luz del Sol

A poco vimos que delante de nosotros, la caverna daba a un espacio nebuloso, y un momento después nos encontramos en una especie de galería pendiente que entraba en un vasto espacio circular, un enorme pozo cilíndrico y vertical. En torno de aquel pozo, la galería inclinada corría sin parapeto ni protección alguna, daba una vuelta y media, y luego, se perdía, arriba, entre las rocas. Al ver aquello, acudió a mi memoria el recuerdo de las vueltas espirales del ferrocarril que atraviesa el San Gotardo. Todo allí era tremendamente grande. No me hago la ilusión de dar a ustedes una idea de las titánicas proporciones de todo aquel lugar, de su colosal efecto. Nuestros ojos siguieron el vasto declive de la pared del pozo, y arriba, muy lejos, vimos una abertura redonda tachonada de estrellas apenas perceptibles, y la mitad del borde bañado por el brillo enceguecedor del Sol. Al ver aquello, ambos lanzamos simultáneamente un grito.

—¡Vamos! —dije, echando a andar delante.

—Pero, ¿y aquí? —preguntó Cavor, y con mucho cuidado se acercó al borde de la galería.

Yo seguí su ejemplo, avancé el cuello, y miré hacia abajo, pero estaba deslumbrado por el fulgor de arriba, y no alcanzaba a ver más que la insondable oscuridad con manchas espectrales rojas y purpúreas, flotando en ella. Pero si no podía ver, podía oír. De aquella oscuridad salía un ruido, algo como el rumor colérico que se escucha aplicando el oído a una colmena, un ruido que se elevaba de aquel enorme hueco, quizá de cuatro millas bajo nuestros pies...

Durante un momento escuché; luego apreté mi palanca y avancé, y Cavor detrás de mí, por la galería.

—Ésta debe ser la cavidad que vimos desde arriba —dijo Cavor— la que cubría aquella tapa.

—Y allá abajo es donde vimos las luces.

—¡Las luces! —dijo—: sí... las luces del mundo que ya no veremos nunca.

—Ya volveremos —contesté: después, de haber escapado de tantos peligros, tenía la plena seguridad de que recuperaríamos la esfera.

No alcance a oír lo que me replicó Cavor.

—¿Eh? —dije.

—Nada —contestó; y continuamos nuestro camino en silencio.

Supongo que aquel camino inclinado lateral tenía cuatro o cinco millas de largo, contando con su curvatura, y que subía con una pendiente tal, que en la Tierra lo habría hecho casi impracticable, pero que en las condiciones lunares trepábamos fácilmente. Sólo vimos dos selenitas durante toda aquella parte de nuestra fuga, y apenas notaron nuestra presencia escaparon, a toda prisa. Claro estaba, que la noticia de nuestra fuerza y de nuestra violencia había llegado hasta ellos.

Nuestro camino hacia el exterior era inesperadamente llano. La galería espiral se estrechaba hasta convertirse en un empinado túnel ascendente, en cuyo suelo se veían abundantes huellas de reses, y tan recto y tan corto en proporción con su vasto arco, que no había en él parte alguna completamente obscura. Casi en seguida, comenzó a iluminarse todo; y luego, allá lejos y muy en lo alto, con un brillo que casi nos ofuscaba, apareció su abertura exterior, una cuesta de alpina gradiente, coronada por una cresta de plantas-bayonetas, altas y ya rotas y muertas, alzando sus descamadas siluetas hacia el Sol.

Y era cosa extraña que para nosotros, para los hombres a quienes poco antes parecía tan horrible aquella vegetación, su vista fuera entonces como la de la tierra natal para el desterrado que vuelve a ella al cabo de muchos años. Recibimos con agrado hasta el enrarecimiento del aire, que nos hizo jadear al correr, y nos quitó la gran facilidad que habíamos tenido para hablar y entendernos, a la cual reemplazó una dificultad sólo superable con muchos esfuerzos. Cuanto más se ensanchaba el círculo de Sol sobre nosotros, más se envolvía el túnel en un manto de insondables tinieblas. Al acercarnos a la vegetación, vimos las plantas-bayonetas, no ya con el menor tinte verde, sino renegridas, secas y duras, y la sombra de sus ramas superiores que se perdían de vista en lo alto, formaba una densa maraña sobre las resecas rocas. Y en la inmediata boca del túnel, había un ancho espacio hollado por el ir y venir de las reses.

Salimos por fin a aquel espacio, a una luz y un calor que nos hirieron, que ejercieron presión sobre nosotros. Atravesamos penosamente el área abierta, trepamos una cuesta por entre montones de ramas secas, y nos sentamos por último, extenuados, en un elevado sitio, bajo la sombra de una masa de resquebrajada lava. Aun en la sombra, la roca estaba caliente.

El aire era intensamente cálido, y sentíamos gran decaimiento físico; pero, así y todo, ya no estábamos en una pesadilla. Habíamos vuelto a nuestros dominios propios, al aire bajo las estrellas. Todo el miedo, el terror de nuestra fuga a través de los obscuros pasadizos y grietas de abajo, había desaparecido: él último combate nos había llenado de enorme confianza en nosotros mismos, en todo lo que concernía a nuestras relaciones con los selenitas. Volvimos la vista, casi con incredulidad, a la negra abertura de que acabábamos de salir. Allá abajo, en un azul resplandor que ya en nuestros recuerdos parecía próximo a la absoluta oscuridad, nos habíamos encontrado con unas cosas que parecían insensatas caricaturas de hombres, unos animalejos con yelmos, y habíamos andado temerosos ante ellos, y nos habíamos sometido a ellos hasta que por fin no pudimos someternos más. ¡Y los que no quedaban aplastados como cera, habían huido y se habían desvanecido como las creaciones de un sueño!

Me restregué los ojos, como si creyera haber soñado todo aquello por efecto de los hongos que habíamos comido: y al hacerlo, noté repentinamente que tenía ensangrentada la cara y que la camisa pegada a la piel en el hombro y en el brazo, me hacía doler las heridas cuando mis movimientos la despegaban algo.

—¡Malditos bichos! —dije, palpando mis heridas con mano investigadora; de improviso, la distante boca del túnel se convirtió para mí en un inmenso ojo que nos espiaba.

—¡Cavor! —dije—. ¿Qué van a hacer ahora? Y nosotros, ¿qué vamos a hacer?

Cavor meneó la cabeza, con los ojos fijos en el túnel.

—¿Cómo podemos saber lo que harán? —dijo.

—Eso depende —repliqué— de lo que piensen de nosotros, y no sé cómo podemos adivinarlo. Depende también de lo que tengan en reserva. Lo que usted ha dicho, Cavor, es cierto: hasta ahora no hemos tocado más que la simple corteza de este mundo. Pueden tener dentro toda clase de cosas. Y sólo con esos lanzaflechas nos podrían hacer bastante daño, si… Con todo, al fin y al cabo, aun en el caso de que no encontremos la esfera, tenemos probabilidades de vencer. Podemos sostenernos, y si nos alcanza la noche, volveremos dentro y pelearemos.

Miré en mi derredor con escudriñadores ojos. El carácter del escenario había variado completamente, por razón del enorme crecimiento y del subsecuente secamiento de la vegetación. La cresta en que nos habíamos sentado era alta y dominaba una ancha perspectiva del cráter: nuestros ojos veían por todas partes la aridez y sequedad del avanzado otoño de la tarde lunar. Una tras otra se alzaban largas cuestas y mesetas de color moreno, cubiertas de huellas en desorden, dejadas por las reses que habían pastado allí: y muy lejos, en el pleno ardor del Sol, un rebaño yacía desparramado, las reses permanecían tendidas perezosamente, cada una con una mancha de sombra a su lado, como carneros en la falda de un monte. Pero no se veía ni señales de selenitas. Si habían huido al surgir nosotros de los pasadizos interiores, o si acostumbraban retirarse después de llevar al pasto a sus animales, es cosa que no puedo adivinar. En aquel momento creí que fuera lo primero.

—Si pusiéramos fuego a todas estas hierbas secas —dije—, podríamos encontrar la esfera entre las cenizas.

Cavor pareció no oír. Con las manos sobre los ojos a guisa de pantalla, observaba las estrellas que no obstante la intensa luz del Sol, eran todavía numerosas y visibles en el firmamento.

—¿Cuánto tiempo cree usted que hemos estado aquí? —me preguntó por último.

—¿Estado dónde?

—En la Luna.

—Dos días, quizás.

—Cerca de diez. ¿Sabe usted? El Sol ha pasado su cenit, y cae hacia el Oeste. Dentro de cuatro días o menos, será noche.

—Pero… ¡si sólo hemos comido una vez!

—Lo sé;… pero, ¿y lo que dicen las estrellas?

—Pero, ¿por qué ha de parecer diferente el tiempo ahora que estamos en un planeta más pequeño?

—No sé; ¡pero es así!

—¿Cómo puede uno calcular el tiempo?

—El hambre… el cansancio… todo es diferente aquí. Todo es diferente. Me parecía que desde que salimos de la esfera no hubieran pasado más que unas horas… largas hora… a lo sumo.

—Diez días —dije yo—: eso nos hace… —Miré hacia arriba al Sol, un momento, y entonces vi que estaba en medio camino del cenit, al límite occidental del horizonte—. ¡Cuatro días! … Cavor: es necesario que no nos quedemos aquí sentados soñando. ¿Cómo cree usted que podemos empezar?

Me levanté.

—Debemos —continué— señalar un punto fijo que podamos reconocer después: podríamos izar una bandera o un pañuelo, o algo, y después dividir el terreno en porciones para reconocerlas una tras otra.

Cavor se levantó y se colocó a mi lado.

—Sí —dijo—: no nos queda otro recurso que buscar la esfera, nada más. Podemos encontrarla sin duda… Y si no…

—Seguiremos buscándola.

Cavor miró a un lado y otro, elevó los ojos al cielo y los bajó al túnel, y me sorprendió con un brusco ademán de impaciencia: —¡Oh! —dijo—. ¡Cuán locamente hemos obrado! ¡Habernos puesto en esta situación! ¡Piense usted en lo que podríamos haber hecho, en las cosas que todavía podríamos hacer!

—Todavía podemos hacer algo.

—Nunca lo que podríamos haber hecho. Aquí, bajo nuestros pies, hay un mundo. ¡Piense usted en lo que ese mundo debe ser! ¡Piense usted en aquella máquina, en la inmensa tapa y en el líquido luminoso! Y ésas eran, apenas, cosas remotas, situadas a gran distancia del centro; y los seres que hemos visto y con quienes hemos combatido, no son sino ignorantes campesinos, habitantes de la corteza lunar, pastores y peones medio semejantes a los brutos. Pero, ¡más abajo! … Cavernas bajo

cavernas, túneles, construcciones, caminos... Este mundo debe abrirse
más, cuanto más se avanza hacia el centro, y ser más vasto y populoso
cuanto más se descienda. Eso es seguro; por lo menos hasta llegar al mar
central que baña el corazón mismo de la Luna. ¡Imagínese usted sus
negras aguas, bajo las luces tenues! Eso, por supuesto, en el caso de que
los ojos de los selenitas necesiten luz. Figúrese usted las cascadas
tributarias que se precipitan hacia el centro para alimentar ese mar; piense
usted en las mareas, en su superficie y en sus oleajes y crecientes. Quizá
naveguen buques en él; quizás allí adentro haya grandes ciudades y
caminos, y sabiduría y orden que superen a todo cuanto nos enorgullece
a los hombres. Y podemos morir aquí encima, y no ver jamás a los amos
que... indudablemente... gobiernan todas esas cosas. Podemos helarnos y morir aquí, y el aire se helará y nos cubrirá, y después... ¡Después
tropezarán con nuestros cuerpos silenciosos y yertos, hallarán la esfera
que nosotros no podemos encontrar, y comprenderán por último, demasiado tarde, todo el pensamiento y el esfuerzo que habrán tenido aquí,
con nuestra muerte, un fin tan estéril!

Durante todo el discurso, su voz sonaba como la de alguien que
hablara por teléfono, débil y lejana.

—Pero, ¿y la oscuridad? —dije.

—Podríamos vencer esa dificultad.

—¿Cómo?

—No sé. ¿Cómo he de saberlo? ¡Podríamos llevar una antorcha, una
lámpara!... Y ellos..., podrían comprender.

Permaneció en silencio un momento, con las manos pendientes y
una expresión de ira en la cara, contemplando el desierto que parecía
desafiarnos. Después, con un ademán de renuncia, se volvió a mí, y
empezó a formular sus proposiciones para que procediéramos sistemáticamente a buscar la esfera.

—Podemos volver después —le dije.

Su mirada recorrió de nuevo el espacio.

—Lo primero que tenemos que hacer es volver a la Tierra —contestó.

—Podríamos traer lámparas portátiles y aparatos para descender, y
cien otras cosas necesarias.

—Sí —me contestó.

—Con el oro que llevemos, llevaremos también la seguridad de una
segunda expedición fructuosa.

Cavor contempló mis dos palancas de oro, y nada dijo durante un
rato. Parado, con las manos atrás, miraba toda la extensión del cráter.
Por fin, exhaló un suspiro, y habló: —Yo encontré la manera de venir
aquí, pero encontrar un camino no siempre es dominarlo. Si vuelvo a la

Tierra, ¿qué sucederá? No veo cómo podría conservar mi secreto siquiera un año... ni una parte de un año. Temprano o tarde se hará pública la cosa, aun cuando no sea más que porque otros hombres la descubran también; y entonces... gobiernos y pueblos lucharán por venir aquí; pelearán uno contra otro, y contra esta gente de la Luna, y mi descubrimiento sólo habrá servido para aumentar los odios y multiplicar las oportunidades de guerra. Dentro de poco tiempo, dentro de muy poco tiempo, si revelo mi secreto, este planeta se verá, hasta sus más profundas galerías, lleno de cadáveres humanos. Cualquier otra cosa podría dudarse; pero ésa es indiscutible... Nada indica que la Luna llegue a ser útil al hombre. ¿De qué puede servir la Luna a los hombres? ¿Qué han hecho éstos, aun de su propio planeta, sino un campo de batalla y un teatro de infinitas locuras? Con ser tan pequeño su mundo y tan corto su tiempo, el hombre tiene allá abajo, en su reducida vida, más que hacer que lo que puede realizar. ¡No! La ciencia ha trabajado demasiado en la fabricación de armas para ponerlas en manos de los locos. Ya es tiempo de que se detenga en esa obra, y yo, por mi parte, desearía que los hombres no descubrieran mi secreto hasta dentro de mil años.

—Hay muchos medios de guardar un secreto —dije.

Él me miró y se sonrió.

—Al fin y al cabo —agregó—: ¿para qué atormentarnos? Pocas son las probabilidades que tenemos de encontrar la esfera, y aquí adentro las cosas fermentan. Lo que nos hace pensar en el regreso a la Tierra, no es más que la costumbre humana de esperar hasta que llega la muerte. Apenas si estamos, todavía, en el principio de nuestras contrariedades. Hemos enseñado a los selenitas la violencia de que somos capaces, les hemos hecho saborear nuestras cualidades, y las perspectivas que tenemos ahora ante nosotros, son las de un tigre que se ha escapado en una ciudad y anda suelto después de haber dado muerte a un hombre. La noticia de nuestros actos, debe ir ahora corriendo hacia abajo, de galería en galería, hasta las partes centrales del planeta... Ningún ser inteligente nos dejará tomar la esfera y marcharnos después de lo que se nos ha visto hacer.

—Pero, con quedarnos aquí sentados, no mejoraremos nuestras perspectivas —dije.

Me puse nuevamente en pie, y él también, a mi lado.

—Lo que tenemos que hacer —dijo Cavor—, es separarnos. Ataremos un pañuelo en estas matas altas, asegurándolo bien, y tomándolo como centro, recorreremos el cráter. Usted irá por el Oeste, describiendo semicírculos a derecha o izquierda, siempre en la dirección del Poniente. Primero, avanzará usted con la sombra de su cuerpo a la derecha, hasta que la vea usted en ángulo recto con la dirección del pañuelo, y después, con su sombra a la izquierda. Yo haré lo mismo hacia el Oriente.

Escudriñaremos todas las grietas, todos los recodos de las rocas; haremos todo cuanto sea posible por encontrar mi esfera. Si vemos selenitas, nos esconderemos lo mejor que podamos. Si tenemos sed, la apagaremos con nieve, y si tenemos necesidad de comer, mataremos una res, si podemos, y comeremos su carne... cruda, y así continuaremos uno y otro nuestro camino.

—¿Y si uno u otro encuentra la esfera?

—El que la encuentre volverá aquí, adonde esté el pañuelo blanco, hará señales al otro y lo esperará.

—Y si ninguno...

Cavor alzó la mirada hacia el Sol.

—Seguiremos buscando hasta que la noche y el frío nos anonaden.

—¡Supongamos que los selenitas han encontrado la esfera y la han escondido!

Cavor se encogió de hombros.

—¿O si de repente nos hallamos en presencia de nuestros perseguidores?

A esto no me contestó tampoco.

—Debería usted llevar consigo una de nuestras palancas —le dije.

Meneó la cabeza, y apartando de mí la vista, contempló el vasto desierto.

—Partamos —dijo.

Pero pasó un momento, y Cavor no se movió: me miraba tímidamente, titubeaba.

—*Au revoir* —me dijo por fin.

Sentí una viva punzada en el corazón. Conmovido, iba ya a pedirle un apretón de manos —eso era lo único que se me ocurría en aquel instante—, cuando juntó los pies y se separó de mí dando un salto en dirección al Norte. Pareció volar blandamente como una hoja seca desprendida del árbol, cayó con suavidad y volvió a saltar. Yo me quedé parado un momento, mirándole; luego volví la cara al Oeste, de mala gana, me recogí, y con una sensación parecida a la de un hombre que salta adentro de un estanque de agua helada, elegí un punto adonde brincar, y una vez que lo elegí, me lancé a explorar mi solitaria mitad del mundo lunar. Caí algo torpemente entre las rocas, me puse de pie, miré en torno mío, trepé hasta un picacho, y de allí salté nuevamente. Cuando, en seguida, busqué a Cavor con la mirada, ya había desaparecido de mi vista, pero el pañuelo flotaba valientemente sobre el montículo blanco, en el ardiente Sol. E inmediatamente resolví no perder de vista el pañuelo, sucediera lo que sucediera.

XIX
El señor Bedford, solo

Al cabo de muy poco rato, me sentía como si siempre hubiera estado solo en la Luna. Busqué durante un tiempo con bastante tesón, pero el calor era aún muy grande, y la delgadez del aire pesaba como un fardo sobre mi pecho. Llegué a una especie de cuenca sombreada por altas y espesas arboledas que cubrían sus bordes, y bajo aquella sombra me senté a descansar y refrescarme. Mi intención era reposar sólo un ratito. Puso a mi lado las dos barras metálicas, y me senté, con la barba entre las manos.

Con una especie de incoloro interés, vi que las rocas de la cuenca, aquí y allá, en los puntos en que los rajados líquenes secos se habían caído y las dejaban en descubierto, estaban todas cruzadas de venas y manchas de oro; que de trecho en trecho, montoncillos de oro, redondos y arrugados, surgían de entre las piedras. ¿De qué servía ya todo aquello? Cierta languidez había tomado posesión de mi cuerpo y de mi mente. Ya no creí, ni por un instante, que pudiéramos encontrar la esfera en aquel vasto y árido desierto. Me parecía que no necesitaba hacer esfuerzo alguno hasta que llegaran los selenitas. Después, me dije que tenía que ejercitar mis fuerzas, obedeciendo a la irracional e imperativa ley que obliga a un hombre, ante todo, a conservar y defender su vida, aunque sólo tenga que preservarla para morir más dolorosamente poco después.

¿Para qué habíamos ido a la Luna?

Esto se me presentó como un problema perturbador. ¿Qué es ese espíritu del hombre que lo impulsa eternamente a abandonar la dicha y la seguridad de su persona, para buscar cosas nuevas, para exponerse al peligro, hasta para afrontar una relativa probabilidad de muerte? En mi cerebro surgía allá en la Luna, como cosa que debería haber sabido siempre, la idea de que el hombre no ha sido hecho únicamente para ir y venir con toda seguridad y comodidad, y para alimentarse bien y divertirse, sino que, además, si se le presenta la ocasión —no en palabras, sino en la forma de oportunidades—, debe mostrar que es *hombre,* y que lo sabe como cosa cierta. Allí sentado en medio del muro lunar, entre las cosas de otro mundo, recorrí con el pensamiento mi pasado. En la hipótesis de que iba a morir en la Luna como un ente inútil, no alcancé a vislumbrar siquiera para qué había servido mi vida. No obtuve luz alguna sobra ese punto, pero de todos modos, en aquellos momentos vi con más claridad que en cualquier circunstancia anterior, que lo que hacía no servía mis propósitos, que en toda mi vida no había, a decir verdad, servido con mis actos los fines que yo mismo me señalaba. En este punto cesé de reflexionar sobre por qué había ido a la Luna, y abarqué un campo más vasto. ¿Por qué había ido a la Tierra? ¿Por qué tenía vida?... Y me perdí por último en insondables meditaciones.

Mis pensamientos fueron haciéndose vagos y nebulosos, ya sin marcar direcciones definidas. No sentía desesperación ni amargura —imposible sería imaginarse tal cosa en la Luna—, pero me parece que estaba muy cansado. Y me dormí.

Aquel sueño me proporcionó un gran descanso, y mientras duró, el Sol se ponía y el calor disminuía. Cuando, por fin, me despertó un remoto clamoreo, me sentí otra vez activo y vigoroso. Me restregué los ojos y estiré los brazos. Me puse en pie —estaba algo entumecido—, y en el acto, me preparé para reanudar mi investigación. Me eché sobre cada hombro una de mis palancas de oro, y salí de la cuenca de las rocas veteadas de oro.

El Sol estaba seguramente más abajo, mucho más bajo que lo que había estado al dormirme; el aire mucho más frío. Esto me hizo comprender que había dormido largo rato. Me parecía que una leve faja de azul húmedo coronaba la cumbre occidental. Salté a una pequeña eminencia, y paseé la vista por el cráter.

No alcancé a notar señales de reses ni de selenitas, ni pude ver a Cavor, pero sí vi mi pañuelo, lejos, desplegado en lo alto del grupo de plantas secas. Miré en torno mío, y luego salté hacia adelante, a un punto desde donde se podía observar mejor. Avancé de allí en semicírculo, y regresé, trazando una curva aún mayor. La empresa era fatigosa y desalentadora. El aire estaba realmente mucho más fresco, y me parecía que la sombra se ensanchaba bajo la cumbre del Oeste. De rato en rato me detenía y escudriñaba el campo con la vista, pero no veía signo alguno de Cavor, ni de los selenitas, y todo me hacía creer que las reses habían sido llevadas nuevamente al interior, pues no alcanzaba a ver ni una. Mi deseo de ver a Cavor se hacía cada vez más ardiente.

La línea luminosa del Sol había descendido ya hasta no tener casi la extensión de su diámetro desde el límite del firmamento. Empezó a oprimirme la idea de que de un momento a otro, los selenitas correrían las tapas y cerrarían las válvulas, dejándonos afuera, en el inexorable hielo de la noche lunar. En mi opinión, había llegado y hasta pasado el momento de que Cavor abandonara su investigación y acudiera en mi busca para celebrar consejo. Había que adoptar una rápida decisión: una vez cerradas las válvulas, éramos hombres perdidos. Teníamos que entrar otra vez en la Luna, aunque al hacerlo nos descuartizaran. En mi mente surgía la visión de nuestra muerte de frío, y ya me parecía oír los golpes que daríamos, con nuestras últimas fuerzas, en la tapa del gran pozo.

A decir verdad, ya no pensé más en la esfera; pensé únicamente en hallar a Cavor. Estaba pensando la conveniencia de volver en seguida al lugar donde habíamos dejado el pañuelo, cuando, de repente...

¡Vi la esfera!

No fui tanto yo quien la encontré, como ella la que me encontró a mí. Estaba mucho más al Oeste del lugar adonde yo había llegado, y los oblicuos rayos del Sol poniente, reflejándose en sus vidrios, proclamaban su presencia con chispeantes tonos. Durante un momento, creí que aquello sería alguna nueva máquina de los selenitas, preparada contra nosotros; pero luego comprendí la verdad, y exhalando un grito ahogado, me dirigí hacia la esfera a grandes saltos. Calculé mal uno de mis brincos, caí en una profunda grieta, y al caer me torcí un tobillo; después continué cayendo casi a cada salto. Me hallaba en un estado de agitación histérica, temblando violentamente y casi sin poder respirar, antes de llegar hasta ella. Por lo menos, tres veces tuve que descansar, con los brazos pendientes a mis costados, y a pesar de la sequedad del aire tenía la cara empapada en sudor.

No pensé en otra cosa que en la esfera, hasta que llegué a ella; olvidé hasta mi inquietud por el paradero de Cavor. Mi último salto me hizo caer delante de ella, con las manos contra el vidrio, y en esa posición me quedé, jadeante y tratando en vano de gritar: "¡Cavor! ¡Aquí está la esfera!" Miré a través del grueso vidrio y me pareció que las cosas de adentro estaban revueltas. Cuando por fin, pude moverme, me icé un poco y metí la cabeza por el agujero de entrada: el tornillo ajustador estaba adentro, y pude ver que nada había sido tocado, que nada había sufrido daño alguno. La esfera yacía allí tal cual la habíamos dejado al saltar de ella a la nieve. Durante un rato permanecí enteramente ocupado en hacer y rehacer su inventario. En el momento de alzar una de las frazadas noté que estaba temblando violentamente; pero sentía un alivio inmenso al ver de nuevo aquel oscuro interior familiar. Me senté en medio de las cosas, empaqueté mis palancas de oro en el fardo, y comí algo, no tanto porque lo necesitara como porque la comida estaba allí. Entonces, se me ocurrió que era tiempo de salir y llamar por señales a Cavor.

¡Al fin y al cabo, todo iba bien! Todavía tendríamos tiempo de recoger unos trozos más de la mágica piedra que da el dominio sobre los hombres. No muy lejos de allí había oro fácil de extraer, y la esfera iría cargada de oro hasta la mitad, tan bien como si fuera vacía. Podríamos, pues, volver dueños de nosotros mismos y de nuestro mundo, ¡entonces!

Se me apareció una enorme visión de vastas y deslumbradoras perspectivas que me tuvieron soñando largo rato. ¿Qué monopolista, qué emperador podía compararse por un momento con los hombres que poseían la Luna?

Me levanté y volví a decirme que era hora de buscar a Cavor. Sin duda estaría escudriñando desesperadamente por el lado del Este.

Salté por fin fuera de la esfera y miré alrededor. Tan rápido como fue el brote de la vegetación, era también su muerte, y todo el aspecto de las rocas había cambiado: sin embargo, todavía era posible conocer la pendiente en que habían germinado las semillas y las masas rocallosas desde las cuales paseamos por primera vez nuestras miradas por el cráter; pero las puntiagudas plantas de la cuesta se alzaban entonces, renegridas y secas hasta 30 pies de altura, y proyectaban largas sombras que se extendían hasta perderse de vista, y las pequeñas semillas que sostenían sus ramas superiores estaban negras y maduras. Su formación había terminado, y se hallaban colgando, listas para caer y arrugarse bajo el aire helado apenas llegara la noche. Y los enormes cactus que se hincharon a nuestra vista, habían reventado ya y desparramado sus esporos a los cuatro vientos de la Luna. ¡Sorprendente rinconcito del Universo aquel… ¡el desembarcadero de los hombres! Algún día haría yo poner una inscripción, allí, exactamente, en medio del cráter. Se me ocurrió que si aquel abundante mundo interior conociera toda la importancia del momento, ¡a qué furioso tumulto se entregaría! Pero aún no podía ni soñar siquiera que pudiéramos volver, pues si lo sospechara, el cráter se vería seguramente agitado por una estruendosa persecución, en vez de hallarse tan quieto como un cementerio.

Miré a un lado y otro, en busca de algún sitio desde dónde hacer señales a Cavor, y vi el mismo trozo de roca a que él había saltado, todavía limpio y reluciente de Sol. Durante un momento, vacilé en ir hasta tan lejos de la esfera; pero luego, avergonzado de aquella vacilación, salté…

Desde la eminencia examiné otra vez el cráter. Allá lejos, en el extremo de la enorme sombra de mi cuerpo, el pañuelito blanco se movía sobre las plantas. Me pareció entonces que Cavor debía verme ya; pero yo no lo veía en parte alguna.

Me quedé esperando y mirando, con las manos a modo de pantallas sobre los ojos, con la esperanza de distinguirle de un momento a otro. Muy probablemente, permanecí así largo rato. Traté de gritar, pero la imposibilidad de hacerlo me recordó la tenuidad del aire. Di un indeciso paso atrás, hacia la esfera; pero un recóndito temor a los selenitas me hizo vacilar en hacer conocer mi paradero izando una de nuestras frazadas en las plantas cercanas. Volví a examinar el cráter con la vista.

Por todas partes presentaba un aspecto de completa vacuidad que me dio un escalofrío. Y todo estaba en silencio. Hasta los ruidos de los selenitas, en el mundo interior, habían cesado de llegar a la superficie. Todo estaba tan quieto como la muerte. Salvo el leve movimiento de las plantas cercanas al impulso de una pequeña brisa que iba levantándose, no se oía un sonido… ni la sombra de un sonido. Y no hacía ya calor; la brisa era hasta un poco fresca.

¡Diantre de Cavor!

Tomé aliento ampliamente, me puse las manos a ambos lados de la boca. "¡Cavor!", grité, y el sonido que salió de mis labios fue como la voz de un títere que gritara desde muy lejos.

Miré el pañuelo; miré detrás de mí, la creciente sombra de la cumbre occidental. Miré el Sol, defendiéndome los ojos con la mano: me pareció que casi visiblemente, descendía del firmamento.

Comprendí que tenía que proceder sin tardanza si quería salvar a Cavor, y partí en línea recta hacia el pañuelo. Estaba éste a un par de millas, cuestión de pocos cientos de saltos y pasos.

Ya he dicho que a uno le parecía estar colgado a cada uno de esos saltos lunares: cada vez que me hallaba así suspendido, buscaba con los ojos a Cavor, y me maravillaba que se hubiese ocultado. Pensaba sólo en que estaba oculto, como si aquella fuera la única probabilidad…

Di un postrer brinco, y me hallé en la depresión del suelo, debajo de nuestro pañuelo: un paso, y me paré en la eminencia desde la cual habíamos examinado juntos el cráter, con el pañuelo al alcance de la mano. Me enderecé cuanto pude, y escudriñé el terreno en mi derredor por entre las crecientes manchas de sombra. Lejos, en un largo declive, estaba la boca del túnel por donde habíamos huido, y mi sombra llegaba hasta ella, se estiraba hasta ella, la tocaba como un dedo de la noche.

Ni señas de Cavor, ni un sonido en toda aquella calma, a no ser el de las plantas agitadas por el viento; y las sombras crecían.

—¡Cay!… —empecé, y comprendí una vez más la inutilidad de la voz humana en aquel aire tenue.

Silencio, el silencio de la muerte.

De repente, mi vista se fijó en algo… en una cosa pequeña, que se hallaría a unas cincuenta yardas cuesta abajo, en medio de una capa de ramas retorcidas y rotas. ¿Qué era? Yo lo sabía y, no obstante, por algún motivo no alcanzaba a saberlo bien.

Me acerqué al objeto: era la gorrita de críquet que usaba Cavor.

Entonces vi que las ramas desparramadas en aquel sitio habían sido aplastadas, que las habían pisoteado. Vacilé, di un paso hacia adelante, y recogí la gorra.

Me quedé un momento con ella en la mano, contemplando el suelo hollado en torno mío. Algunas de las ramas estaban untadas de una materia obscura que no me atreví a tocar. A unas doce yardas más allá, la brisa, que iba arreciando, arrastró algo, algo pequeño y de un vívido color blanco.

Era un pedacito de papel, arrugado y compacto, como si alguien lo hubiera apretado en el puño, lo recogí, y vi en él manchas de sangre. Mi vista tropezó con unas débiles líneas trazadas con lápiz. Lo estiré, y vi que era una escritura desigual y entrecortada, que terminaba en una raya en forma de gancho.

Me senté a descifrar aquello.

"Estoy lastimado en la rodilla... creo que tengo destrozada la rótula, y no puedo correr ni arrastrarme", empezaba el escrito, con bastante claridad.

Después, menos legiblemente: "Me han perseguido durante largo rato, y ahora es sólo cuestión de... —la palabra "tiempo" parecía haber sido escrita en aquel lugar y luego borrada para reemplazarla con otra, que no era legible—, ...el que me tomen. En estos momentos recorren todo el cráter en mi busca". Después, la escritura se volvía convulsiva: "Desde aquí los oigo..." —alcancé a descifrar, y lo que le seguía era ilegible, hasta llegar a una pequeña línea bastante clara—, "...una clase de selenitas completamente distinta parece dirigirla ...

"El escrito volvía a convertirse en una confusión indescifrable.

"Tienen las cabezas metidas en cajas más grandes, y van vestidos, me parece, con delgadas placas de oro. El ruido que hacen es leve, y sus movimientos obedecen visiblemente a planes organizados...

"Y aunque estoy aquí, herido y desamparado, su presencia me inspira todavía alguna esperanza. (Ése era un rasgo propio, de Cavor). No han disparado contra mí sus almas, ni han tratado... lastimarme. Me propongo..."

De allí arrancaba la repentina raya de lápiz a través del papel, y en el dorso y en los bordes, descolorida ya, de un color castaño... ¡sangre!

Y mientras, parado en el mismo sitio, estupefacto y perplejo con aquella aterradora reliquia en la mano, no sabía qué pensar ni qué hacer, algo muy suave, muy suave, ligero y helado, me tocó la mano un momento y se desvaneció; luego, una segunda cosa, una manchita blanca, pasó a mi lado como una sombra leve; eran menudos copos de nieve, los primeros copos, los heraldos de la noche.

Alcé los ojos bruscamente; el cielo se había oscurecido casi hasta la lobreguez. En él brillaban, en una multitud que parecía agolparse cada vez más, las frías y curiosas estrellas. Volví los ojos al Este, y la luz de aquel friolento mundo tenía un matiz bronceado por su parte occidental: el Sol, despojado ya de la mitad de su calor y de su esplendor por un velo blanco que se hacía cada vez más denso, tocaba el borde del cráter, se hundía hasta perderse de vista, y todas las plantas y las rocas desmoronadas y resquebrajadas, elevaban en estupendo desorden sus negras sombras. En el gran lago de oscuridad que se extendía al Oeste, se hundía una vasta corona de neblina. Un frío viento estremecía todo el cráter. De improviso y en un momento, me vi envuelto por una ráfaga de copos de nieve, y todo en mi derredor quedó sumido en un color gris pálido...

Y entonces oí, al principio no alto y penetrante, sino débil y tenue como una voz de moribundo, pero después sonoro, como la otra vez al saludar el nuevo día, el mismo: ¡Bum! ¡Bum!... ¡Bum!... que tanto nos aterrara. Y bruscamente, la abierta boca del túnel por donde nos habíamos escapado, se cerró como un ojo y desapareció de mi vista.

Me había quedado solo, no cabe duda de ello: ¡solo afuera! Encima de mí, dentro de mí, en mi derredor, abrazándome cada vez más estrechamente, estaba lo Eterno, aquello que existía antes del principio y aquello que triunfará después del fin; el enorme vacío en que toda luz y toda vida, y todo ser, no es más que el débil y pasajero esplendor de una estrella errante; el frío, la calma, el silencio, la infinita y final noche del espacio.

—¡No! —grité. —¡¡No!! ¡Todavía no! ¡Espera! ¡Oh, espera!

Y convulso, frenético, temblando de frío y de terror, arrojé al suelo el arrugado papel, corrí a la cresta en busca de mis cosas, y en seguida, con toda la fuerza de voluntad de que era capaz, empecé a saltar hacia la señal que había dejado, tenue y distante ya, en el mismo borde de la sombra.

Salto, salto, salto, y cada salto parecía durar siete siglos. Por delante de mí, el pálido serpentino sector del Sol, se hundía y se hundía, y la creciente sombra corría a envolver la esfera antes de que yo lograse llegar a ella. Una vez, y luego otra, mi pie resbaló en la nieve al saltar, y mi salto resultó más corto; y otra vez caí entre unos matorrales que se rompieron y se desmenuzaron en trocitos pulverulentos, en nada; y otra vez caí mal y rodé de cabeza a una grieta, de la cual salí lastimado, ensangrentado, y confuso en cuanto a la dirección que debía seguir. Pero aquellos incidentes eran nada comparados con los intervalos, las espantosas pausas que hacía al encaminarme por el aire hacia aquella creciente marea de la noche.

—¿Llegaré? ¡Oh, Cielos! ¿Llegaré? —me repetía mil veces, hasta que estas palabras pasaron a ser una plegaria, una especie de letanía.

Llegué a la esfera cuando no me quedaba ni un minuto que perder. Ya se encontraba en la helada penumbra de la noche, ya la nieve estaba espesa encima de ella, y el frío me penetraba hasta la médula. Pero llegué —la nieve formaba ya un banco a sus lados— y me deslicé a su interior, con los copos danzando en torno mío, cuando volví las manos heladas para cerrar la válvula y ajustar su tornillo. Y luego, con los dedos ya helados y tiesos, me volví para hacer funcionar las celosías.

Mientras procuraba adivinar el manejo de las llaves —pues antes, nunca las había tocado—, pude ver confusamente a través del empañado vidrio los ardientes rayos rojos del Sol poniente, que bailaban y chispeaban por entre la tormenta de nieve, y las negras formas de las plantas que se abultaban, se inclinaban y se rompían bajo la nieve que iba acumulándose. Cada vez más espesa afluía la nieve, cada vez más negra parecía al espesarse contra la luz. ¿Qué iba a suceder si las llaves de las persianas se negaban a obedecerme?

De repente, algo crujió bajo mi mano, y en un segundo, la última visión del mundo lunar desapareció de mi vista... Me encontraba en el silencio y en la oscuridad de la esfera interplanetaria.

XX
El señor Bedford en el espacio infinito

Aquello era como si me hubiera muerto. Cierto: me imagino que un hombre muerto repentina y violentamente sentiría en el instante de morir, mucho de lo que yo sentí entonces. Primero, una vehemencia de vida agonizante y de temor; un momento después, oscuridad y quietud; ni luz, ni vida, ni Sol, ni Luna, ni estrellas... el vacío infinito. Aunque aquello era mi propia obra, aunque antes había experimentado ya idéntico efecto en compañía de Cavor, me sentía asombrado, aturdido y abrumado. Parecía que algo me llevara hacia arriba, dentro de una enorme oscuridad.

Mis dedos flotaban a corta distancia de las celosías; yo, todo entero, flotaba como si estuviera reducido a sólo el espíritu, hasta que, por fin, muy suavemente, con mucha delicadeza, fui a dar contra el fardo, la cadena de oro y las palancas que se habían movido también, para encontrarse conmigo en nuestro común centro de gravedad.

No sé cuánto duró aquello. En la esfera, por supuesto, más aún que en la Luna, nuestra terrestre noción del tiempo no tenía aplicación. Al sentir el contacto del fardo, me desperté como de un sueño profundo. Inmediatamente comprendí que si quería estar despierto y vivo, tenía que encender una luz o abrir una ventana para que mis ojos se ocuparan en algo. Y, por otra parte, tenía frío. Me aparté, pues, violentamente del fardo, me agarré a las delgadas cuerdas que colgaban junto al vidrio, me icé por ellas hasta que llegué al borde interior del agujero de salida y así pude orientarme en cuanto a las llaves de la luz y de las persianas. Di media vuelta, y deslizándome por junto al fardo, pero precaviéndome de una cosa grande y floja que flotaba suelta, alcancé con una mano las llaves. Lo primero que hice, fue encender la lamparita para ver qué era aquello con que tropezaba, y me encontré con que el viejo ejemplar del *Lloyd's News* se había deslizado del paquete y vagaba en el espacio. Aquello me devolvió de lo infinito a mis propias dimensiones, me hizo reír desaforadamente durante un rato, y me sugirió la idea de dejar salir de uno de los cilindros un poco de oxígeno. En seguida, hice funcionar la estufa hasta que se me quitó el frío, y después comí. Hecho esto, me puse a mover de la manera más torpe, las celosías de Cavorita, para ver si de algún modo podía formarme idea de cómo iba viajando la esfera.

Apenas abrí la primera ventana, tuve que cerrarla, y me quedé un rato flotando, ciego y aturdido por la fuerza de la luz del Sol que me había herido de lleno. Después de reflexionar un momento, me dirigí a las ventanas situadas en ángulo recto con aquélla, abrí una y esta segunda vez vi el enorme disco de la Luna y detrás el pequeño disco de la Tierra. Me asombró la gran distancia a que me encontraba ya de la Luna. Mis cálculos habían sido que no sólo sentiría poco o nada el "envión" que la atmósfera de la Tierra nos había dado cuando partimos de nuestro planeta, sino que la "separación" tangencial de la Luna, sería por lo menos veintiocho veces menor que la de la Tierra. Había esperado descubrirme, cerniéndome sobre nuestro cráter y en el borde de la noche, pero todo aquello no era ya más que una parte del perfil del blanco disco que llenaba el firmamento. ¿Y Cavor?

Cavor era ya infinitesimal.

Bajo el inspirador contacto del periódico flotante, volví a adquirir, por un rato, el sentido práctico. Se me apareció con claridad completa el único recurso que me quedaba: volver a la Tierra. Y también comprendí que, por lo pronto, me alejaba de ella. Cualquiera que hubiese sido la suerte de Cavor, yo era impotente para ayudarle. Allá quedaba, vivo o muerto, detrás del manto de aquella noche sin luz, y allí quedaría hasta que yo pudiera llamar en su protección a nuestros semejantes. Éste era en pocas palabras, el plan que llevaba en mi mente; volver a la Tierra, y entonces, según lo determinara una reflexión más madura, o mostrar la esfera y explicar sus detalles a algunas personas discretas y proceder de acuerdo con ellas, o si no, conservar mi secreto, vender mi oro, comprar armas y provisiones, buscar un ayudante y regresar con esos elementos para habérnoslas en iguales condiciones con la floja gente de la Luna, y una vez allí, salvar a Cavor o proveerme de una cantidad de oro, suficiente para fundar mis ulteriores planes sobre bases más firmes. Todo aquello era perfectamente claro y obvio, y por eso me consagré únicamente a meditar acerca de la manera más exacta de manejar la esfera para que volviese al mundo.

Por fin me dije, que tenía que dejarme caer nuevamente hacia la Luna, hasta acercármele lo más que me atreviera a hacerlo, en seguida cerrar mis ventanas, volar por junto a ella, y cuando la hubiera pasado, abrir las ventanas que quedaran al lado de la Tierra, dirigiéndome así a mi planeta. Resuelto el punto, yo ignoraba si por aquel medio llegaría a la Tierra o si no haría más que pasar por cerca de ella o flotar en su derredor, en una curva parabólica o de otra especie. Después, tuve una inspiración feliz y, abriendo ciertas ventanas por el lado de la Luna que había aparecido en el cielo enfrente de la Tierra, desvié el curso de la esfera hasta ponerla en dirección a la Tierra. Hasta aquel momento, había sido indudable para mí, que sin aquel expediente habría pasado y dejado atrás mi planeta natal. Mucho y de manera muy complicada pensé acerca de estos problemas, pues no soy matemático y ahora estoy persuadido de que lo que me permitió llegar a la Tierra fue mi buena suerte, mucho más que el fruto de mis reflexiones. Si entonces hubiera conocido, como conozco ahora, las probabilidades matemáticas que militaban en mi contra, dudo que me hubiera tomado siquiera la molestia de tocar las llaves de las celosías para hacer la menor tentativa. Una vez resuelto lo que consideraba necesario hacer, abrí todas las ventanas del lado de la Luna y la esfera se lanzó hacia abajo: el esfuerzo me levantó en el aire, y por un rato me quedé a algunos pies del suelo en la más grotesca postura. Esperé a que el disco creciera y creciera, atento a no pasar del punto en que debía apartarme de él para escapar a salvo: entonces cerraría las ventanas, pasaría al lado de la Luna con la velocidad que había llevado al apartarme de ella —si no me aplastaba contra ella misma—, y así seguiría hasta la Tierra.

Llegó el momento de hacerlo: cerré las ventanas, la vista de la Luna desapareció, y yo, en un estado mental singularmente libre de ansiedad o cualquier otro sentimiento de angustia, me senté para empezar mi viaje dentro de aquel átomo de materia en el infinito espacio, viaje que duraría hasta el choque definitivo de la esfera con la Tierra. La estufa había calentado agradablemente el interior, el oxígeno había renovado el aire, y salvo la leve congestión cerebral que me acompañó constantemente mientras estuve fuera de la Tierra, sentía un completo bienestar físico. Había apagado la luz para que no fuera a faltarme al fin, y me encontraba en una oscuridad apenas atenuada por el lustre de la Tierra y el brillo de las estrellas desparramadas debajo. Todo estaba tan absolutamente silencioso y quieto que, en verdad, podría haberme creído el único ser del Universo, y sin embargo, por más extraño que parezca, experimentaba más sensación de soledad o de miedo, que si hubiera estado acostado en mi cama, en la Tierra. Y esto parecerá más extraño aún, si se piensa en que, durante mis últimas horas en el cráter de la Luna, la sensación de mi soledad había sido una verdadera agonía.

Increíble parecerá, pero el intervalo de tiempo que pasé en el espacio no tiene proporción alguna con ningún otro intervalo de tiempo transcurrido en mi vida. A ratos me parecía que iba sentado a través de inconmensurables eternidades, como algún dios sobre una hoja de loto, y a ratos, que aquello no era más que la momentánea pausa de un salto de la Luna a la Tierra. En realidad, fueron algunas semanas, midiendo el tiempo con la medida terrestre; pero durante todo aquel tiempo, estuve exento de preocupaciones y de ansiedades, de hambre y de temor. Sentado, pensaba con extraña amplitud y libertad de espíritu, en todo lo que nos había sucedido, en mi vida entera, y en las secretas complicaciones de mi ser. Me parecía haber crecido, ser cada vez más grande, haber perdido toda noción de movimiento, hallarme flotando entre las estrellas, y siempre, en medio de todo aquello, el sentimiento de la pequeñez de la Tierra y de la infinita pequeñez de mi vida en la Tierra, se agitaba implícito en mis pensamientos.

No puedo pretender explicar las cosas que me pasaban por la mente, pues es indudable que las debe atribuir, directa o indirectamente, a las curiosas condiciones físicas en que yo vivía en aquellos momentos.

Las expongo aquí, tales como fueron, y sin comentario alguno. Su cualidad más prominente fue una persistente duda acerca de mi identidad: llegué a encontrarme, si puedo expresarme así, disgregado de Bedford; miraba a Bedford, de arriba a abajo, como a una cosa trivial, incidental, con la que me hallara casualmente en relación. Veía a Bedford en diferentes formas: como un asno o como cualquier otra pobre bestia, en vez de verle, como había acostumbrado considerarle hasta entonces, con orgullo, como una persona muy inteligente y en cierto modo superior. Le vi, no sólo como un asno, sino como el hijo de varias generaciones de asnos. Pasé en revista sus días de colegial, su adolescencia, y su primer encuentro con el amor —en mucha parte, así como pudieran seguirse los movimientos de una hormiga en la arena... Algo de ese periodo de lucidez—, cosa que lamento persiste aún en mí, y dudo de si llegare algún día a recuperar la plena satisfacción de mí mismo que me animaba en mis primeros años; pero entonces, la cosa nada tenía de dolorosa, porque me asistía la extraordinaria persuasión de que, en el hecho, yo no era ya Bedford ni ninguna otra persona, sino una mente que flotaba en la tranquila serenidad del espacio. ¿Por qué habían de molestarme las pequeñeces intelectuales de Bedford? Yo no era responsable de ellas, ni de él.

Durante un rato luché contra aquella ilusión realmente grotesca. Procuré llamar en mi ayuda el recuerdo de vívidos momentos o de tiernas o intensas emociones, pues sentía que con sólo recordar una genuina fracción de sentimiento, aquella creciente separación cesaría; pero no pude. Vi a Bedford corriendo por Chancery Lane, con el sombrero en la nuca y los faldones volando, *en roule* para su examen público. Le vi tropezando y rozándose con otros animalejos semejantes a él, y aun saludando a algunos en aquel hormigueo de gente. *¿Yo, ése?* Vi a Bedford aquella misma noche, en el salón de cierta dama, y su sombrero estaba en la mesa a su lado, y el sombrero necesitaba una buena cepillada, y él derramaba lágrimas. ¿Yo, ése? Le vi con la misma dama en varias actitudes y con diversas emociones: nunca había sentido una indiferencia tan grande en cuanto a aquello... Le vi llegar apresuradamente a Lympne para escribir un drama, y acercarse a Cavor y trabajar en la esfera, en mangas de camisa, y caminar hasta Canterbury, porque tenía miedo del viaje. ¿Yo? No podía creerlo.

Y hasta reflexionaba que todo aquello era una alucinación debida a mi soledad y al hecho de haber perdido todo peso y toda noción de resistencia. Procuré recuperar esa noción, golpeándome contra la esfera, pellizcándome las manos y apretándolas una con otra. Entre otras cosas que hice, encendí la luz, cacé el desgarrado ejemplar del Lloyd's, y leí otra vez sus avisos convincentemente realistas acerca de la bicicleta, del señor prestamista y de la dama en apuros que vendía sus tenedores y cucharas. No había duda de que "ésos" existían realmente, y entonces me dije: "Ése es tu mundo, tú eres Bedford, y ahora vas a vivir entre cosas como ésas todo el resto de tu vida". Pero las dudas que persistían en mi interior podían argüir todavía: "No eres tú quien está leyendo, es Bedford; pero tú no eres Bedford, bien lo sabes. En eso precisamente está el equívoco".

—¡Por vida! ... —grité—. Si no soy Bedford ¿quién soy?

Pero de aquella dirección no me venía luz, y las más extrañas fantasías afluían a mi cerebro, raras, remotas sospechas como sombras vistas desde muy lejos... ¿Saben ustedes que tengo idea de que realmente me encontraba algo fuera, no solamente del mundo, sino de todos los mundos, y de que aquel pobre Bedford era sólo una claraboya por la que yo miraba la vida?...

¡Bedford! Por mucho que renegara de él, estaba ligado con él de la manera más positiva, y sabía que, donde quiera que me hallara y cualquier cosa que yo fuera, tenía que sentir la vivacidad de sus deseos, participar de todas sus alegrías y penas hasta que su vida terminara. Y cuando muriera Bedford, ¿qué, ya?...

¡Basta de esa extraordinaria faz de mi aventura! Hablo de ella aquí, sólo para mostrar cómo mi aislamiento y mi apartamiento de ese planeta afectaron no solamente las funciones y sensaciones de todos los órganos del cuerpo, sino también la misma estructura mental, con extrañas e imprevistas perturbaciones. En la mayor parte de aquel extenso viaje por el espacio, estuve pensando en cosas tan inmateriales como ésas, disgregado de todo y apático, especie de megalómano nebuloso, colgado entre las estrellas y planetas en el vacío, y no sólo el mundo al cual regresaba, sino las cavernas de luz azul de los selenitas, sus caras-yelmos, sus gigantescas y maravillosas máquinas, y la suerte de Cavor, disminuían miserablemente dentro de aquel mundo, me parecían infinitamente minúsculas y completamente triviales.

Así seguí, hasta que por fin empecé a sentir la atracción de la Tierra en mi ser, llamándome otra vez a la vida que es real para los hombres. Y entonces, seguramente, fue apareciendo cada vez más claro para mí, que yo era el mismo Bedford, en persona, que volvía de maravillosas aventuras a este mundo, y con una vida que muy probablemente iba a perder en el momento mismo de terminar su viaje de regreso… Esto me hizo ponerme a meditar sobre la manera de caer en la Tierra.

XXI
El señor Bedford en Littlestone

La línea del vuelo de la esfera era casi paralela con la superficie cuando entré en las capas superiores del aire. La temperatura de la esfera empezó a elevarse en el acto, y yo comprendí que ésta era para mí una advertencia de que debía caer en el acto. Lejos, debajo de mí, en una semioscuridad que parecía hacerse a cada momento más obscura, se extendía un vasto espacio de mar. Abrí todas las ventanas que pude, y caí… del Sol brillante a una luz crepuscular, y de aquel crepúsculo a la noche. Más y más crecía la Tierra, y más y más crecía, tragándose las estrellas y el velo plateado translúcido, estrellado en que la esfera iba envuelta, la sombría capa que se abría para recibirme. Por fin, el mundo no me pareció ya esférico, sino plano, y después cóncavo. Ya no era un planeta en el firmamento, estaba en el mundo, en el mundo del hombre. Cerré todas las ventanas del lado de la Tierra, dejando apenas abierta una pulgada de una de ellas, y caí con decreciente velocidad. La inmensa superficie líquida, ya tan cerca, que yo alcanzaba a ver la fosforescencia de las olas, se precipitaba a mi encuentro. Cerré el último pedazo de ventana, y me senté, conteniendo el aliento y mordiéndome los puños, a esperar el choque…

La esfera golpeó el agua con un "¡plach!" tremendo: probablemente se hundió a muchas brazas de profundidad. Al sentir el choque, abrí de golpe las persianas de Cavorita. La esfera continuó su descenso, pero con lentitud a cada instante mayor, después sentí que el suelo ejercía presión en las plantas de mis pies, y así volví a la superficie como dentro de una boya. Por último, me hallé flotando sobre el mar: y mi viaje por el espacio había terminado.

La noche era oscura y nublada. Dos puntos amarillos, ninguno de los dos mayor que la cabeza de un alfiler, indicaban allá lejos el paso de un buque, y más cerca, iba y venía un resplandor rojo. Si la electricidad de mi lámpara no se hubiera agotado antes, aquella noche me habrían recogido. A pesar del abrumador cansancio que comenzaba a sentir, una sobreexcitación se apoderaba de mí, una febril impaciencia de que mi expedición terminara en seguida.

Pero por fin cesé de moverme de un lado a otro, y me senté con los puños en las rodillas, con los ojos fijos en la distante luz roja. La esfera iba a la deriva, se mecía, se mecía. Mi agitación pasó; comprendí que tenía que pasar una noche más en la esfera, sentí infinita pesadez y cansancio, y me quedé dormido.

Un cambio en mi rítmica moción me despertó. Miré a través del vidrio, y vi que la esfera se había varado en una extensa playa de arena. A gran distancia me parecía ver casas y árboles, y mar adentro, la silueta curva, vaga, de un buque, suspendida entre el mar y el cielo.

Me levanté, y di un traspié. Mi único deseo era salir de la esfera. El agujero de salida había quedado arriba: empecé a aflojar el tornillo, y abrí lentamente la tapa. Al fin, el aire empezó a silbar al entrar en la esfera, como había silbado al salir; pero esta vez no esperé hasta que la presión se hubiera equilibrado. Un momento después, tenía el peso de la ventana en mis manos y me encontraba plena, ampliamente bajo el viejo y familiar cielo de la Tierra.

El aire me golpeó con tanta fuerza en el pecho, que perdí el aliento. Dejé caer el tornillo de la tapa, lancé un grito, me llevé ambas manos al pecho, me senté. Durante un rato sentí un dolor agudo. Después, fui respirando poco a poco, y por fin pude levantarme y moverme otra vez.

Traté de pasar la cabeza por el agujero de entrada, y la esfera rodó: parecía que algo hubiera tirado hacia abajo mi cabeza, apenas apareció. Me retiré prontamente, pues de lo contrario habría ido a caer boca abajo en el agua. Después de bastantes esfuerzos y pruebas de equilibrio, conseguí deslizarme hasta la arena, sobre la cual las olas de la marea descendente iban y venían aún.

No intenté pararme: me pareció que si lo hacía, mi cuerpo se volvería instantáneamente de plomo. La Madre Tierra me tenía en sus manos... sin intervención de la Cavorita. Me quedé sentado, despreocupado del agua que venía a bañarme los pies.

Era el alba, un alba gris, algo brumosa, pero que mostraba aquí y allá una larga mancha de gris verdoso. A cierta distancia, había un buque fondeado, una pálida silueta de buque, con una luz amarilla. El agua llegaba rumorosa, en olas largas y huecas. Lejos, a la derecha, se extendía en curva la costa, una playa regular con pequeños barrancos, y por último, un faro, una boya de señales y una punta. En tierra se extendía un espacio plano, cubierto de arena, interrumpido a trechos por pequeñas lagunas, y terminaba más o menos a una milla de distancia, en unos terrenos bajos, cubiertos de vegetación baja. Por el Nordeste se veía un aislado balneario, una hilera de puntiagudas casas de alojamiento, las casas más altas que mis ojos alcanzaran a ver en la Tierra, oscuras marcas sobre el fondo cada vez más claro del cielo. Ignoro quiénes hayan sido los hombres extraños que han edificado esos montones verticales de madera y ladrillos, en un lugar en que sobra el espacio. Y allí están todavía, cual trozos de Brighton perdidos en el desierto.

Durante largo rato estuve allí sentado, bostezando y restregándome la cara. Por fin, hice un esfuerzo para levantarme: aquello fue como si levantara un gran peso. Me paré.

Clavé los ojos en las distantes casas. Por primera vez desde las angustias que el hambre nos había hecho pasar en el cráter, pensé en alimentos terrestres.

—Tocino —murmuré— huevo. Buenas tostadas y buen café... ¿Y cómo diantre voy a llevar todas estas cosas a Lympne?

Al mismo tiempo, me pregunté en qué lugar estaba: en una playa del Oeste, de todos modos, pues antes de caer, había alcanzado a ver esa parte de Europa.

Oí unos pasos que hacían crujir la arena, y un hombre de pequeña estatura y cara redonda, de expresión bonachona, vestido de franela, con una toalla de baño sobre los hombros y un traje de baño en el brazo, apareció en la playa. En el acto conocí que me hallaba en Inglaterra. El hombre fijaba los ojos en la esfera, y luego en mí, con visible interés. Así avanzó, sin quitarnos la vista. Confieso que mi aspecto era suficientemente salvaje: sucio, desaliñado, con las ropas desgarradas hasta un grado indescriptible; pero en aquel momento no pensé en ello.

El hombre se paró a unas veinte yardas de mí.

—¡Hola, hombre! —dijo, con acento de duda.

—¡Hola, usted! —contesté.

Entonces avanzó, tranquilizado por mi respuesta.

—¿Qué es eso? —preguntó.

—¿Puede usted decirme dónde estoy? —fue mi respuesta.

—¡Ésa es Littlestone! —dijo, señalando las casas—, y esa, Dungeness! ¿Acaba usted de desembarcar? ¿Qué cosa es esa en que ha venido usted? ¿Alguna máquina?

—Sí.

—¿Viene usted flotando de otra playa? ¿De un naufragio, o algo así? ¿Qué es eso?

Yo reflexioné rápidamente, tratando de juzgar al hombrecito por su apariencia a medida que se me acercaba.

—¡Por Júpiter! —dijo —¡Qué borrasca debe usted haber pasado! Yo lo creía un... Pues... ¿dónde naufragó usted? ¿Esa cosa es una especie de boya salvavidas?

Resolví adoptar, por lo pronto, aquella teoría, y contesté con vagas afirmaciones.

—Necesito ayuda —dije, con voz ronca—. Necesito sacar a la playa unas cosas… unas cosas que no puedo dejar tras de mí.

En ese momento, vi otros tres jóvenes de agradable aspecto, con toallas, calzones de baño y sombreros de paja, que se dirigían hacia mi lado por la playa de arena. ¡Ésa era, evidentemente, la sección madrugadora de los bañistas de Littlestone!

—¡Ayuda! —dijo el joven—. ¡Con mucho gusto! —y con movimientos de vaga actividad añadió: ¿Qué desea usted hacer?

Se volvió e hizo unos ademanes. Los otros tres jóvenes aceleraron el paso. Un minuto después, estaban en torno mío, colmándome de preguntas que yo no estaba dispuesto a contestar.

—Más tarde les diré todo —contesté—. Me muero de cansancio; estoy exhausto.

—Venga usted al hotel —me dijo el primero, el de pequeña estatura—. Nosotros le cuidaremos esa cosa.

Yo vacilé.

—No puedo —dije—. En esa esfera tengo dos grandes barras de oro.

Ellos se miraron uno a otro con incredulidad, y luego me miraron a mí con nuevas preguntas. Fui a la esfera, trepé hasta la boca, entré, volví a salir, y entonces aquellos señores tuvieron ante sus ojos las dos palancas de los selenitas y la cadena rota.

Si no hubiera estado tan horriblemente extenuado, me habría reído al verles: parecían gatos en derredor de un escarabajo. No sabían qué creer de aquello.

El hombrecito gordo se inclinó, levantó el extremo de una de las barras, y luego la dejó caer con un gruñido. Los otros hicieron en seguida lo mismo.

—¡Es plomo o es oro! —dijo uno.

—¡Oh! ¡Es oro! —agregó otro.

—Oro, no hay duda —afirmó el tercero.

Después, todos me miraron, y todos volvieron los ojos al buque fondeado.

—¡Diga usted! —gritó el hombrecito—. Pero, ¿de dónde trae usted esto?

Yo estaba demasiado cansado para sostener una mentira.

—¡Lo traje de la Luna!

Ellos se miraron uno a otro.

—¡Vean ustedes! —les dije entonces—. Ahora no voy a entrar en explicaciones. Ayúdenme a llevar estas cosas al hotel… Creo que, descansando en el camino a ratos, cada dos podrán llevar una barra, y yo voy a arrastrar esta cadena… y cuando haya comido les contaré algo.

—¿Y esa cosa?

—Allí no le pasará nada —dije—. De todos modos ¡por vida!… tiene que quedarse allí ahora. Si la marea viene, flotará perfectamente.

Y, en un estado de enorme asombro, aquellos hombres con la mayor obediencia, se echaron a cuestas mis tesoros. Yo, con las piernas que me pesaban como plomo, me puse a la cabeza de aquella especie de procesión en dirección al distante fragmento de balneario. A medio camino recibimos el refuerzo de dos niñitas que iban con sus palas a jugar y se acercaron atónitas, y más lejos apareció un muchachito flaco, que silbaba en tono penetrante. Iba, me acuerdo, montado en una bicicleta, y nos acompañó a una distancia de un centenar de yardas por nuestro flanco derecho, hasta que, supongo, nos abandonó como poco interesantes; montó otra vez en su bicicleta, y corrió por la arena de la playa en dirección a la esfera.

Yo miré atrás, observándole.

—No; ése no la tocará —dijo el joven grueso, en tono tranquilizador, y yo estaba dispuesto por demás a dejarme tranquilizar.

Al principio había en mi cerebro, algo del gris de la mañana, pero de repente el Sol se desprendió de las bajas nubes del horizonte, iluminó el mundo y convirtió el mar de plomo en chispeantes aguas. Mi espíritu se entonó. El sentimiento de la vasta importancia de las cosas que había hecho y de las que tenía aún que hacer, penetró en mi mente con el calor del Sol. El joven de adelante dio un traspié bajo el peso de mi oro, y yo solté una carcajada. Cuando ocupara mi lugar en el mundo: ¡qué asombro el de ese mundo!

También me habría divertido mucho, al ver los gestos del propietario del hotel de Littlestone, a no haber sido por mi insoportable fatiga: el hombre titubeaba entre mi oro, mis respetables acompañantes de un lado, y mi sucia apariencia de otro; pero por fin, me encontré una vez más en un cuarto de baño terrestre, con agua caliente para lavarme, y una muda de ropa, en extremo pequeña para mí, cierto, pero de todos modos limpia, que el amable hombrecito gordo me prestó. También me prestó una navaja, pero no tuve resolución ni para atacar siquiera las avanzadas de la enmarañada barba que me cubría la cara.

Me senté delante de un desayuno inglés y comí con una especie de lánguido apetito, un apetito que tenía ya varias semanas, muy decrépito, y me apresté a contestar a las preguntas de los cuatro jóvenes. Y les dije la verdad.

—Bueno —comencé—; puesto que ustedes se empeñan, les diré que traigo eso de la Luna.

—¿De la Luna?

—Sí: la Luna del cielo.

—Pero, ¿qué quiere usted decir?

—Lo que digo, ¡voto a!...

—¿Que acaba usted de llegar de la Luna?

—¡Exactamente! A través del espacio... en esa bola.

Y engullí un delicioso bocado de huevo. Al mismo tiempo, apunté mentalmente que cuando volviera en busca de Cavor llevaría una caja de huevos.

Fácil me era ver que no creían una palabra de lo que les decía, y que, evidentemente, me consideraban como el mentiroso más respetable que en su vida hubieran visto. Se miraron uno a otro, y luego concentraron en mí el fuego de sus ojos. Me imagino que esperaban encontrar una clave con respecto a mi persona en la manera como me servía sal, y parecían encontrar algo significativo en el modo como pimentaba los huevos. Aquellas mazas de oro, de tan extrañas formas, bajo cuyo peso se habían cimbrado, absorbían sus pensamientos. Allí estaban las barras delante de mí, cada una con un valor de miles de libras, y tan imposibles de robar como una casa o un terreno. Al mirar sus caras curiosas por encima de mi taza de café, me formé una idea del enorme laberinto de explicaciones en que habría tenido que meterme para hacerme comprensible otra vez.

—Usted no quiere decir, seriamente... —empezó el más joven, en el tono de alguien que habla a un niño obstinado.

—Hágame usted el favor de pasarme ese plato de tostadas —le dije, y con eso se calló completamente.

—Pero, oiga usted —empezó uno de los otros—. Yo digo que no podemos creer eso, ¿sabe usted?

—¿Ah? ¡Bueno! —contesté, y me encogí de hombros.

—No quiere decirnos la verdad —dijo el más joven haciéndose a un lado, y luego, con una apariencia de gran sangre fría—: ¿no se opone usted a que fume un cigarrillo?

Asentí con un cordial ademán, y continué mi desayuno. Dos de los otros se fueron a la ventana que quedaba más lejos de mí, y se pusieron a mirar afuera y a hablar en voz que yo no alcanzaba a oír.

En ese momento, me asaltó una idea.

—La marea —dije—, se acerca.

Hubo una pausa: ninguno se adelantaba a contestar.

—Ya está cerca del barco —dijo el hombrecito gordo.

—¡Bueno, no importa! —contesté—. Si flota, no irá lejos.

Decapité un tercer huevo, y empecé un pequeño discurso.

—Oigan ustedes —dije—. Tengan la bondad de no imaginarse que estoy chiflado ni que les digo mentiras irrespetuosas, ni nada por el estilo. Lo único hoy, es que estoy obligado a guardar cierta discreción y reserva. Comprendo perfectamente que el absurdo es de los más raros que puede haber, y que la imaginación de ustedes debe estar excitada. Puedo asegurar a ustedes que el momento en que se encuentran ahora, señala una época memorable. Pero ahora no puedo presentar a ustedes las cosas con mayor claridad..., es imposible. Les doy mi palabra de honor de que vengo de la Luna, y esto es todo lo que puedo decirles... Al mismo tiempo, estoy tremendamente agradecido con ustedes, ¿saben? Tremendamente, y deseo que mis actos no hayan ofendido en manera alguna a ninguno de ustedes.

—¡Oh! ¡Nada de eso! —dijo el más joven, con afabilidad—. Comprendemos perfectamente.

Y mirándome con fijeza, sin quitarme los ojos de encima, se echó hacia atrás en su silla, hasta que ésta casi se volteó, y luego recuperó su posición con algún trabajo.

—¡Ni una sombra de ofensa! —dijo el joven gordo—. ¡No se imagine usted eso!

Y todos se pararon, se dispersaron y anduvieron por el cuarto; encendieron cigarrillos, y trataron de mostrarse perfectamente amables y desinteresados, enteramente libres de la menor curiosidad con respecto a mí o a la esfera.

"De todos modos, no voy a quitar los ojos del buque que está allá" —oí que decía uno de ellos bajando la voz. Creo que con un poco más de resolución se habrían marchado todos en el acto y me habrían dejado solo.

Yo seguía comiendo el tercer huevo.

—El tiempo —observó de repente el hombre gordo— ha sido magnífico, ¿no? No sé que hayamos tenido otro verano tan...

"¡Fiiffti... uzz!"

Aquello parecía un tremendo cohete.

Y, por allá, en alguna parte, cayeron rotos los vidrios de una ventana.

—¿Qué es eso?

—¿No es?... —exclamó el hombrecito, y se precipitó a la ventana de la esquina.

Todos los otros corrieron a la misma ventana.

Yo, sentado, los miraba fijamente.

De improviso, me levanté de un salto, dejé caer el tercer huevo, y me abalancé también a la ventana. Una terrible presunción me había asaltado.

—¡Nada se ve ya! —gritó el hombrecito, y corrió hacia la puerta.

—¡Es ese muchacho! —vociferé, ronco de furor—. ¡Ese maldito muchacho!

Y volviéndome, empujé a un lado al sirviente que entraba con más tostadas para mí. Salí violentamente del hotel y me dirigí a escape a la pequeña explanada que se extendía delante de éste.

El mar, que había estado antes terso como mi espejo, se agitaba, arrugado por desordenadas crestas, y en todo el paraje en que la esfera había quedado, el agua subía y bajaba, como si acabara de hundirse allí un buque. Arriba, una nubecilla se precipitaba hacia el firmamento como un humo que empezaba a desvanecerse, y las tres o cuatro personas que estaban en la playa miraban con interrogadores ojos el punto de donde había partido el inesperado estallido. ¡Y eso era todo! Ruido de pisadas rápidas, el criado y los cuatro jóvenes vestidos de franela corrían detrás de mí. Gritos salían de las puertas y ventanas, y toda clase de personas alarmadas aparecieron a la vista… boquiabiertas.

Por un rato me quedé parado allí, demasiado abrumado por aquel nuevo suceso para pensar en las personas que me rodeaban.

—¡Cavor está allá! —dije—. ¡Allá arriba! Y nadie sabe ni jota de cómo se hace la Cavorita. ¡Buen Dios!

Sentía como si alguien me vertiera agua helada de una vasija inagotable, por detrás de la nuca. Las piernas se me aflojaron. Aquel maldito muchacho… ¡perdido en el inmenso espacio! ¡Yo, literalmente arruinado!, tenía, cierto, el oro que estaba en el comedor del restaurante… mi única fortuna en la Tierra; pero también tenía acreedores. ¡Cielos santos! ¿Cómo iba a poder desenredarme? El efecto general que aquello me produjo, fue el de una incomprensible confusión.

—¡Oigan ustedes! —dijo la voz del hombrecito detrás de mí—. ¡Oigan ustedes! ¿Saben?

Giré sobre mis talones, y vi unas veinte o treinta personas, un grupo muy variado, que me bombardeaban con sordas interrogaciones, con infinitas dudas y sospechas. El peso de sus miradas se me hizo intolerable, y así lo manifesté.

—¡No puedo! —grité—. No puedo decirles nada. No tengo ni fuerzas para hacerlo. Ustedes adivínenlo, y…¡váyanse al diablo!

Decía esto y gesticulaba convulsivamente. El hombrecito dio un paso atrás, como si lo hubiera amenazado. Yo di un salto por entre ellos, y entré a escape en el hotel. Me precipité al restaurante y toqué la campanilla, furiosamente.

Apenas entró el sirviente, lo empuñé.

—¿Oye usted? —le grité—. Llame usted a alguien que le ayude, y lleve esas barras a mi cuarto, ahora mismo.

El hombre no me entendió, y yo lo aturdí a gritos, lo sacudí. En la puerta apareció un viejecito, de cara asustada, y detrás de él dos de los jóvenes con trajes de franela. Avancé hacia ellos y les ordené que me ayudaran. Tan pronto como el oro estuvo en mi cuarto, me sentí más libre para reñir.

—Ahora, ¡afuera todos! —vociferé—. ¡Todos afuera, si no quieren ver a un hombre volverse loco delante de ustedes mismos!

Y al sirviente que titubeaba en el umbral, lo empujé por un hombro. Luego, apenas hube cerrado con llave la puerta detrás de ellos, me arranqué del cuerpo las ropas que me había prestado el hombrecito gordo, y me acosté. Y allí, en la cama, estuve jurando y revolviéndome largo rato, hasta que me fue pasando el furor.

Por último, me hallé con suficiente calma para bajar de la cama, tocar la campanilla, y pedir al criado que acudió con ojos desmesuradamente abiertos, una camisa de noche, de franela, un vaso de soda con whisky, y algunos buenos cigarros. Una vez en mi poder aquellas cosas, me encerré nuevamente con llave, y procedí con toda mi resolución, a afrontar la situación cara a cara.

El resultado neto del gran experimento se presentaba como un absoluto fracaso. Aquello era una derrota, y yo el único sobreviviente; un completo derrumbamiento, y lo que acababa de suceder, su final desastre. No me quedaba más recurso que salvarme, y conmigo salvar todo cuanto pudiera de los restos de nuestra ruina. Ese fatal golpe postrero había desvanecido todas mis vagas resoluciones de resurgimiento y de triunfo. Mi intención de volver a la Luna, de recoger a Cavor, o de todos modos de llevarme una esfera llena de oro, y después hacer analizar un trozo de Cavorita y así adueñarme del gran secreto… todas esas ideas se disiparon completamente.

¡Yo era el único sobreviviente: nada más quedaba!

Creo que la idea de meterme en cama ha sido una de las más felices que en mi vida he tenido cuando me he hallado en serias dificultades. Creo realmente que, de lo contrario, habría perdido la cabeza o hecho algo fatal, indiscreto, pero allí, encerrado y libre de toda interrupción, podía reflexionar sobre mi situación y todas sus ramificaciones, y hacer mis arreglos a mis anchas.

Por supuesto que lo que había pasado al muchacho, era para mí perfectamente claro: se había metido en la esfera, había empezado a mover las celosías, había cerrado las ventanas de Cavorita, y ¡arriba! Lo menos probable, era que hubiese atornillado la tapa del agujero de entrada, y aun cuando lo hubiera hecho, por una probabilidad de que volviera a la Tierra había mil en contra. Era lo más evidente que gravitaría en el centro de la esfera y allí se quedaría, y de esa manera cesaría de ser objeto de interés para la Tierra, por muy extraordinario que pudiera parecer a los habitantes de algún remoto barrio del espacio.

Pronto me convencí de esto, y en cuanto a la responsabilidad que pudiera tocarme en el asunto, cuanto más reflexionaba acerca de ella, más claro veía que, con sólo guardar silencio, no necesitaba preocuparme de ese punto. Si los afligidos padres venían a reclamar su hijo perdido, yo me limitaría a reclamar mi esfera perdida... o a preguntarles lo que querían decir. Al principio había tenido una visión de llorosos parientes y tutores, y toda clase de complicaciones, pero ya veía que sólo necesitaba mantener la boca cerrada para que nada de eso ocurriera. Y, de veras, que cuanto más seguía acostado, fumaba y pensaba, más evidente se me aparecía la sabiduría de la impenetrabilidad. Todo ciudadano británico tiene el derecho, con tal de que no infiera daño a nadie ni ofenda el decoro, de aparecer repentinamente donde le plazca, tan sucio y cubierto de harapos como le agrade, y con cualquier cantidad de oro virgen de que crea conveniente cargarse, y nadie tiene el derecho de estorbarle ni de detenerle en esa vía. Me formulé, al terminar mis meditaciones, netamente esas teorías, y las repetí como una especie de Magna Carta de mi libertad.

Una vez que hube establecido así las cosas por un lado, podía contemplar y examinar de manera semejante, ciertas otras en que apenas había osado pensar antes: verbigracia, las circunstancias de mi bancarrota. Ya entonces, contemplando el asunto tranquilamente y en libertad, podía ver si suprimía mi identidad, ocultando mi persona con la adopción temporal de algún nombre menos conocido que el mío, y si conservaba la barba que me había crecido en dos meses, los riesgos de que me molestara el despreciable acreedor a que ya he aludido eran seguramente muy pequeños. De allí a una línea de conducta bien definida, ya no faltaba más que el principio de ejecución.

Pedí recado de escribir y redacté una carta para el Banco de Nueva Romney —el más cercano, según me informó el sirviente—: decía al gerente que deseaba abrir una cuenta en su establecimiento, y le pedía que me enviara dos personas de confianza, debidamente provistas de documentos que certificaran su misión, que fueran al hotel para llevarle varios quintales de oro que me estorbaban. Firmé la carta "H. G. Wells", nombre que me pareció bastante decente. Hecho esto, busqué una guía de Folkestone, elegí la dirección de un sastre, y escribí a éste que me enviara un cortador a tomarme medida para un traje. Al mismo tiempo, encargué una maleta, una valija de tocador, camisas, sombreros y lo demás; y a un relojero le pedí me mandara un reloj. Expedidas esas cartas, almorcé tan bien, como se podía almorzar en el hotel, y me tendí a fumar, hasta que de acuerdo con mis instrucciones, dos empleados del banco debidamente acreditados llegaron, pesaron el oro y se lo llevaron, hecho lo cual me subí las frazadas hasta las orejas, para no oír si alguien golpeaba la puerta, y me puse lo más cómodamente a dormir.

Me dormí. Sin duda aquello era prosaico en el primer hombre que regresaba de la Luna, y presumo que el joven lector imaginativo encontrará una desilusión en mi manera de portarme; pero yo estaba horriblemente cansado y fastidiado, y ¡por Júpiter!: ¿qué otra cosa podía hacer? Positivamente, no había la más remota probabilidad de que se me creyera si me ponía a contar mi historia, y sólo el contarla me habría sometido a intolerables molestias.

Dormí, y cuando por fin desperté, estaba dispuesto a afrontar el mundo, como lo he estado siempre desde que llegué al uso de razón. Y con esa idea me vine a Italia, y es aquí donde estoy escribiendo este relato. Si el mundo no lo cree cierto, que lo tome como una invención: eso no me preocupa.

Y ahora que he terminado mi narración, me asombra el pensar cuán completamente hemos realizado nuestra aventura hasta el fin. Todos creen que Cavor era simplemente un experimentador científico no muy brillante, que hizo volar su casa de Lympne y voló con ella, y se explican el estampido que siguió a mi llegada a Littlestone como efecto de los experimentos con explosivos que se hacen en el establecimiento que el estado tiene en Lydd, a dos millas de allí. Debo declarar, que hasta ahora no he confesado mi parte en la desaparición de Tomasito Simmons, nombre del muchachito aquel.

Esa desaparición, quizás, será de difícil explicación para otros; pero en cuanto a mi aparición, andrajoso y con dos barras de indiscutible oro en la playa de Littlestone, corren varias ingeniosas versiones... de que yo no me preocupo. La gente dice que he mezclado todas esas cosas para evitar preguntas sobre el origen de mi fortuna: yo querría ver al hombre capaz de inventar una historia que pudiera soportar la crítica como este verídico relato de hechos. Pero si alguien se empeña en considerarlo como una fábula... ¡hágalo en buen hora!

He contado mi historia y ahora supongo que tendré que habérmelas nuevamente con todas las penalidades de esta vida terrestre. Hasta el hombre que ha estado en la Luna tiene que ganarse la vida, y por eso estoy aquí, en Amalfi, trazando el plan de la comedia que ya había esbozado antes de que Cavor invadiera mi mundo, y tratando de remendar mi vida de modo que vuelva a ser lo que era antes de mi encuentro con él. Tengo que confesar que me es difícil concentrar mi pensamiento en la comedia cuando la luz de la Luna entra en mi cuarto. Ahora hay Sol lleno, y anoche estuve afuera, en la pérgola, varias horas, contemplando la lustrosa circunferencia que esconde tanto en su seno. ¡Imagínese usted! Mesas y sillas y rejas y barras de oro. ¡Mal haya!... ¡Si fuera posible descubrir la Cavorita! Pero una casualidad como ésa no se presenta dos veces en la vida. Aquí estoy, un poco más desahogado que cuando llegué a Lympne, y eso es todo. Y Cavor se ha suicidado de una manera más complicada que la que nadie ha empleado hasta ahora. La historia termina, pues, de un modo tan definitivo y completo como un sueño. Se ajusta tan poco a las demás cosas de la vida; tanto de lo que hay en ella es tan literalmente extraño a toda experiencia humana. Nuestros saltos, nuestra alimentación, nuestra respiración en esos días en que no pensábamos — que, lo declaro, hay momentos en que, no obstante mi oro de la Luna, yo mismo creo más que a medias que todo no ha sido, sino un sueño.

(Aquí termina esta historia, tal como la escribió originalmente su autor; pero éste, después, ha recibido comunicaciones extraordinarias, que dan inesperado aspecto de convicción a su relato. Si hay que creer en esas comunicaciones, el señor Cavor está vivo en la Luna, y envía mensajes a la Tierra. Dejemos la palabra al señor Bedford).

<h1 style="text-align:center">XXII</h1>

La sorprendente comunicación del señor Wendigee

Cuando hube terminado el relato de mi vuelta a la Tierra, escribí "Fin"; tracé debajo un rasgo, y arrojé la pluma a un lado, convencido de que la historia de los *Primeros hombres en la Luna* quedaba terminada. No sólo había hecho aquello, sino que, además, había puesto mi manuscrito en manos de un agente literario, le había dado permiso para que lo vendiera, había visto ya aparecer la mayor parte en *The Strand Magazine*, y empezaba a trabajar nuevamente en el plan de la comedia que había comenzado en Lympne, antes de saber que la historia no había llegado todavía a su fin. De Amalfi me trasladé a Argel, y allí me alcanzó (de esto hace ahora unas seis semanas) una de las más asombrosas comunicaciones que en mí vida me ha tocado en suerte recibir. En pocas palabras, se me informaba de que el señor Julio Wendigee, un electricista holandés, que hacía experimentos con un aparato semejante al que el señor Tesla usa en Norteamérica, en la esperanza de descubrir algún método de comunicación con Marte, estaba recibiendo, día tras día, en fragmentos, un curioso mensaje que indisputablemente emanaba del señor Cavor.

Al principio, creí que era una broma bien urdida por alguien que había visto el manuscrito de mi narración. Contesté con enojo al señor Wendigee, pero él me replicó de manera que destruyó inmediatamente esa sospecha y me hizo acudir, en un estado de inconcebible sobreexcitación, de Argel al pequeño observatorio del San Gotardo, en que el sabio holandés hacía sus experimentos. En presencia de sus anotaciones y de sus aparatos —y sobre todo de los mensajes del señor Cavor que iban llegando—, mis últimas dudas se disiparon. En el acto resolví aceptar la proposición que el señor Wendigee me hizo de que me quedara con él, para ayudarle a recibir los mensajes diarios y tratar de enviar uno a la Luna.

Esos mensajes nos hacían saber que Cavor estaba no solamente vivo, sino además, libre, en medio de una casi inconcebible comunidad de aquellos hombres-hormigas, en la azul oscuridad de las cavernas lunares. Estaba cojo, a lo que parecía, pero por lo demás, gozaba de buena salud... de mejor salud, lo decía con toda claridad, que la que tenía ordinariamente en la Tierra: había sufrido de una fiebre, pero esto no había debilitado su organismo. ¡Cosa curiosa! Por el tenor de sus mensajes, parecía creerme muerto en el cráter de la Luna o perdido en la inmensidad del espacio.

El señor Wendigee empezó a recibir los mensajes de Cavor, cuando estaba ocupado en una investigación completamente ajena a ello. El lector se acordará, sin duda, de cierto movimiento de curiosidad con que empezó el siglo, suscitado por la noticia de que el señor Nicolás Tesla, célebre electricista norteamericano, había recibido un mensaje de Marte. Ese anuncio volvió a dirigir la atención pública hacia un hecho que desde largo tiempo atrás había sido familiar a los hombres de ciencia: que de alguna desconocida fuente del espacio, olas de trastornos electromagnéticos, en un todo semejantes a las por el señor Marconi para su telegrafía sin alambres, llegan constantemente a la Tierra. Además del señor Tesla, buen número de otros observadores han estado entregados al perfeccionamiento de aparatos para recibir e inscribir esas vibraciones, aunque pocos son los que irían hasta el extremo de considerarlas como mensajes de alguna oficina extraterrestre. Entre estos pocos, sin embargo, tenemos que contar al señor Wendigee. Desde 1898, se ha consagrado casi enteramente a este asunto, y como es hombre de abundantes medios de fortuna, ha erigido un observatorio en la falda del Monte Rosa, en una posición singularmente apropiada, bajo todos sus aspectos, para tales observaciones.

Mis alcances científicos —debo reconocerlo— no son grandes, pero en cuanto me dan facultades para juzgar estas cosas, me permiten afirmar que los aparatos del señor Wendigee para sorprender y anotar todos los trastornos en las condiciones electromagnéticas del espacio, son singularmente originales e ingeniosos. Y, por una feliz coincidencia de circunstancias, estaban instalados y en funciones dos meses antes de que Cavor hiciera la primera tentativa para comunicar sus noticias a la

Tierra: por lo tanto, tenemos fragmentos de su comunicación desde el principio. Pero, desgraciadamente, no son más que fragmentos, y lo más importante de todo cuando tenía que decir a la humanidad —sus instrucciones para la preparación de la Cavorita, si acaso alguna vez las transmitió— se ha perdido en el espacio, nunca llegó a los receptores. Nosotros, por nuestra parte, nunca conseguimos enviar una respuesta a Cavor, de modo que él no podía saber lo que habíamos recibido y lo que se había extraviado, ni seguramente ha sabido con certeza, que nadie en la Tierra tenía conocimiento de sus esfuerzos para hacer que su palabra llegara hasta nosotros. Y la persistencia que desplegó en enviarnos dieciocho largas descripciones de asuntos lunares —¡qué tal serían si las hubiéramos recibido completas!— muestra cuánto debe haberse vuelto su pensamiento hacia su planeta natal desde que salió de él hace dos años.

Ustedes se imaginarán la sorpresa que experimentaría el señor Wendigee, cuando descubrió sus disturbios electromagnéticos entrelazados con las frases en inglés, telegrafiados por Cavor. El señor Wendigee nada sabía de nuestra desalentada excursión a la Luna, y de repente... ¡le llegan del vacío unos mensajes en inglés!

No está de más, que el lector comprenda las condiciones en que parece que esos mensajes fueron expedidos. En algún punto de la Luna, Cavor tuvo seguramente a su disposición, durante unos días, una considerable cantidad de aparatos eléctricos, y es de creer que logró combinar —quizá furtivamente— una instalación transmisora del tipo Marconi, y operar en ella, en intervalos irregulares, a veces durante media hora más o menos, otras veces durante tres o cuatro horas seguidas. En esas ocasiones transmitía sus mensajes a la Tierra, sin tener en cuenta la circunstancia de que la posición de la Luna en relación con los diversos puntos de la superficie de la Tierra varía constantemente. Como una consecuencia de esto y de las necesarias imperfecciones de nuestros instrumentos de recepción, su comunicación va y viene en nuestras anotaciones, ya de una manera en extremo precisa, ya borrosa, ya se "desvanece" en forma misteriosa y por demás exasperante. A esto, hay que agregar que Cavor no era un operador experto: había olvidado en parte la clave usual en los telégrafos o nunca la había dominado completamente, y cuando se cansaba, omitía palabras o las deletreaba mal, de una manera realmente curiosa.

En todo habremos perdido probablemente una buena mitad de las comunicaciones que nos envió, y mucho de lo que llegó hasta nosotros está estropeado, interrumpido con frecuencia y parcialmente borrado. En el extracto que sigue, el lector debe hallarse preparado, pues, a encontrar una considerable cantidad de interrupciones, tropiezos y cambios de tema. El señor Wendigee y yo preparamos en colaboración, una edición completa y anotada de los mensajes de Cavor, y esperamos publicarla junto con una detallada descripción de los instrumentos empleados: el primer tomo, aparecerá en enero próximo. Ésa será la memoria completa y científica de que esto es sólo la primera trascripción popular: pero aquí presentamos, por lo menos, lo suficiente para completar la historia que he narrado, y para hacer conocer los perfiles generales de aquel otro mundo tan cercano, tan común con el nuestro, y, sin embargo, tan diverso de él.

XXIII
Extracto de los primeros seis mensajes recibidos del señor Cavor

Los dos primeros mensajes del señor Cavor pueden perfectamente ser reservados para el tomo, mucho más extenso que esta historia, pues se reducen a decir, con mayor brevedad y con cierta discrepancia en varios detalles, que no deja de ser interesante, pero que carece de importancia vital, los hechos referentes a la construcción de la esfera y a nuestra partida del mundo. En todo el curso de su relato, Cavor habla de mí como de un hombre muerto ya, pero con un curioso cambio de disposiciones a mi respecto, a medida que se acerca a nuestro desembarco en la Luna.

"El pobre Bedford", dice de mí, y "ese pobre joven", y se reprocha por haber inducido a un joven "en manera alguna preparado para tales aventuras", a abandonar un planeta "en el cual, indiscutiblemente, debía prosperar, porque para ello sí estaba preparado", y emprender un viaje tan precario. Yo, creo que Cavor da menos importancia de la que realmente tuvo, al papel que mis energías y mis aptitudes de hombre práctico y que representaron en la construcción de su teórica esfera. "Llegamos", dice, sin más pormenores de nuestro paso a través del espacio, como si hubiéramos hecho un vulgar viaje en ferrocarril.

Y en seguida, se vuelve cada vez más injusto para conmigo: injusto, cierto, hasta un extremo que yo no hubiera esperado de un hombre ejercitado en la investigación de la verdad. Después de hojear mi narración de esas cosas, ya conocida, tengo el derecho de afirmar insistentemente que yo he sido en todo más justo para Cavor, que lo que él lo ha sido conmigo. Nada he suprimido yo, poco he atenuado; y el… léase lo que dice: "Rápidamente fui notando que el carácter, completamente extraño de nuestras circunstancias, de la atmósfera que nos envolvía: —gran pérdida de peso, aire enrarecido pero intensamente oxigenado, consiguiente exageración de los resultados del esfuerzo muscular, rápido desarrollo de raras plantas brotadas de obscuros esporos, cielo lóbrego—

excitaba indebidamente a mi compañero. En la Luna, su carácter pareció transformarse; se volvió impulsivo, violento, pendenciero. A poco su locura de devorar ciertas gigantescas vesículas y la embriaguez que éstas le produjeron, causaron nuestra captura por los selenitas, antes de que hubiéramos tenido la menor oportunidad de observar debidamente su manera de ser..."

(Ustedes observarán que nada dice de cómo él también se hartó de las mismas "vesículas").

Y de ese punto, salta a decir que "llegamos con ellos a un paro difícil, y Bedford, interpretando mal algunos de sus ademanes" —¡lindos aquellos ademanes!— "se entregó a una violencia frenética: se precipitó furiosamente hacia ellos, mató a tres, y yo tuve forzosamente que huir con él después de tal atrocidad. A continuación, peleamos con un grupo que quería cortarnos la retirada, y dimos muerte a otros siete u ocho. Dice mucho de la tolerancia de estos seres el hecho de que al volver a capturarme no me hicieran pedazos en el instante. Nos abrimos paso hasta el exterior, y una vez en el cráter, nos separamos para tener más probabilidades de recuperar la esfera. Al poco rato de habernos separado, me encontré con un grupo de selenitas, a la cabeza del cual iban dos que eran curiosamente diferentes, aun en la forma, de todos los que hasta entonces habíamos visto; tenían la cabeza mucho más grande y el cuerpo más pequeño y mucho más envuelto en telas. Después de haber escapado de ellos durante un rato, caí en una grieta. El golpe me hizo una herida bastante profunda en la cabeza y me dislocó la choquezuela; al verme así debilitado y dolorido, decidí rendirme... si ellos consentían en aceptar mi rendición. La aceptaron, y notando mi lamentable condición, me condujeron al interior de la Luna. De Bedford nada he sabido, ni tampoco, por lo que puedo colegir, ningún selenita lo ha visto, ni ha oído la menor noticia suya. O la noche lo sorprendió, o lo que es más probable, encontró la esfera y deseando ganarme la delantera, partió en ella; únicamente, lo temo, para encontrarse con que no podía manejarla, y sufrir una agonía más lenta en el espacio.

Y, con esto, Cavor me deja a un lado y pasa a tópicos más interesantes. Me desagrada la idea de que se crea que aprovecho de mi situación de editor de su historia para comentarla en mi interés; pero me veo obligado a protestar aquí contra el giro que da a esos acontecimientos. Nada dice del angustioso mensaje que escribió en el papel que hallé manchado de sangre y en el que refería o trataba de referir, una historia muy diferente. Aquello de su digna rendición es una faz del asunto enteramente nueva, debo insistir en ello, que se le ocurrió cuando empezó a sentirse seguro entre la gente lunar, y en cuanto a lo de que yo quería "ganarle la delantera", estoy completamente dispuesto a dejar que el lector decida quién de los dos tiene razón, sirviéndose para ello de mi precedente relato. Sé que no soy un hombre modelo…, nunca he pretendido hacer creer que lo soy; pero, porque no soy modelo ¿he de ser lo *otro*?

Como quiera que sea, aquí terminan mis reparos. En adelante puedo ser editor de Cavor con ánimo sereno, porque ya no vuelve a mencionarme.

Parece que los selenitas que se apoderaron de él, lo llevaron a algún punto del interior por "un gran pozo", y en algo que describe como "una especie de globo". Nosotros hemos comprendido, al leer la parte más bien confusa en que habla del asunto, y por varias alusiones casuales y palabras sueltas esparcidas en otros mensajes posteriores, que ese "gran pozo" pertenece a un enorme sistema de pozos artificiales que van, de cada uno de los llamados "cráteres" lunares, hacia la parte central, penetrando hasta una profundidad de cerca de cien millas. Esos pozos se comunican entre ellos por unos túneles transversales, atraviesan profundas cavernas y se ensanchan en grandes recintos globulares; toda la sustancia lunar, hasta cien millas adentro es, positivamente, una simple esponja de rocas. "En parte —dice Cavor—, esta esponjosidad es natural; pero en mucho, es obra de la actividad industrial de los selenitas en tiempos pasados. Los enormes montes circulares formados con las rocas y tierra, procedentes de esas excavaciones, son lo que constituyen en torno de los túneles, los "volcanes", como los llaman los astrónomos terrestres, engañados por una falsa analogía".

Por ese pozo lo llevaron, en aquella "especie de globo", primero a una lobreguez completa y después a una región de fosforescencia continuamente creciente. Los despachos de Cavor denuncian en él una indiferencia por los detalles, sorprendente en un hombre de ciencia; pero nosotros suponemos que esa luz era debida a los torrentes y cascadas de agua —"que sin duda contenían algún organismo fosforescente"— y que corrían cada vez con mayor abundancia hacia abajo, al Mar Central. Y al descender, dice Cavor, "los selenitas se volvían luminosos". Por fin, debajo de él y lejos, vio un lago de fuego sin calor, que no era otra cosa que las aguas del Mar Central, que se arremolinaban, lucientes, en extraña agitación "como una luminosa leche azul en el momento en que hierve".

"Este mar lunar —dice Cavor más adelante—, no es un océano estancado: una marea solar lo empuja en perpetuo flujo en torno del eje lunar y ocurren extrañas tormentas, hervores y tumultos de sus aguas, y a veces hay fríos vientos y truenos que ascienden por las transitadas vías de esa especie de hormiguero que va hasta el exterior. El agua da luz sólo cuando está en movimiento; en sus raros periodos de calma, es negra. Generalmente, cuando uno las mira, ve las aguas alzarse y caer en una aceitosa superficie, y manchas y grandes capas de espuma lustrosa, burbujosa, se mezclan con la corriente lenta que despide un tenue brillo. Los selenitas navegan por sus cavernosos estrechos y lagunas en pequeños botes poco profundos, de forma parecida a la de las canoas, y antes de mi viaje a las galerías que dan acceso a la residencia del Gran Lunar, que es el Señor de la Luna, se me permitió hacer una breve excursión por esas aguas.

Las cavernas y pasadizos son naturalmente muy tortuosos. Gran parte de esas vías son únicamente conocidas por los más expertos pilotos de entre los pescadores, y con no poca frecuencia se pierden algunos selenitas para siempre entre sus laberintos. En sus más remotos rincones, según me han dicho, hay extraños animales, algunos de ellos terribles y peligrosos, a quienes toda la ciencia de la Luna ha sido incapaz de exterminar. Los más notables son el Rafa, inextricable masa de aferradores tentáculos que uno corta en pedazos sólo para multiplicarlo, y el Tzi, veloz fiera que nadie alcanza a ver, tan sutil y repentinamente cae sobre aquel a quien extermina…"

Después entra en una breve descripción: "Esa excursión me recordó lo que he leído de las Cuevas de los Mastodontes; si hubiera tenido una antorcha de luz amarilla en vez de la penetrante luz azul, y un remero de apariencia robusta, con un remo, en vez del selenita cara de canasta que manejaba la canoa con un mecanismo situado en la popa, podría haberme imaginado que de improviso había vuelto a la Tierra. Las rocas por entre las cuales íbamos eran muy variadas: a veces negras, a veces de un azul pálido venoso, y una vez brillaron y chispearon como si hubiéramos entrado en una mina de zafiro. Y abajo se veía a los fosforescentes peces pasar y desaparecer en la profundidad apenas menos fosforescente que ellos. Luego, de pronto, surgió un largo panorama azul por la tersa corriente de uno de los canales de tráfico, un desembarcadero, y más lejos la rápida visión de uno de los enormes pozos verticales, lleno de transeúntes.

En un vasto espacio cubierto de chispeantes estalactitas, pescaban unos botes. Nos acercamos al costado de uno de ellos, y vimos unos selenitas de largos brazos, que sacaban del agua la red. Eran unos insectos pequeños, jorobados, de brazos muy fuertes, piernas cortas y envueltas en telas, y con unas caras-máscaras llenas de sinuosidades. Cuando tiraban de la red, ésta me pareció la cosa más pesada que había visto en la Luna: los pesos que la hacían sumergirse eran indudablemente de oro. Se necesitó mucho rato para sacarla, pues en esas aguas los peces más grandes y apropiados para la alimentación, viven en las profundidades. Los peces que la red había aprisionado salieron como sale la Luna, a veces, en el cielo terrestre: con refulgencia azul, vigorosa.

Entre lo pescado, había una cosa con muchos tentáculos, de ojos malignos, y negra, que se agitaba ferozmente: los pescadores saludaron su aparición con gritos y murmullos, y en el acto la redujeron a pedazos, valiéndose de unas pequeñas hachas que manejaban con movimientos rápidos y nerviosos. Todos los miembros, separados ya, continuaron moviéndose y azotando el aire o el piso del bote de manera amenazadora. Más tarde, cuando caí enfermo de fiebre, soñaba una y otra vez con aquel animal agresivo y furioso que se alzaba tan vigoroso y activo de la profundidad de aquel mar desconocido. Ése ha sido el más móvil y maligno de todos los seres vivientes que hasta ahora he visto en este mundo del interior de la Luna...

La superficie de este mar debe estar a muy cerca de 200 millas (si no más) del nivel exterior de la Luna.

He sabido que todas las ciudades de la Luna están inmediatamente sobre el Mar Central, en espacios cavernosos y galerías artificiales como las que he descrito, y se comunican con el exterior por enormes pozos verticales que se abren invariablemente en los que los astrónomos terrestres llaman "cráteres" de la Luna. Las tapas que cierran esas aberturas, son como las que vimos en la correría que precedió nuestra captura.

Respecto a la condición de la parte menos central de la Luna, todavía no he llegado a un conocimiento muy preciso. Hay un enorme sistema de cavernas en las que se cobijan las reses durante la noche; y hay mataderos con todos los aparatos necesarios —en uno de ellos fue donde Bedford y yo combatimos con los carniceros selenitas—, y recientemente he visto globos cargados de carne que bajaban de la oscuridad de arriba. Hasta ahora, sé tanto de todo esto, cuanto podría saber un zulú que hubiera estado en Londres, el mismo tiempo que yo en la Luna, de lo concerniente a la provisión de cereales en el imperio británico. Es claro, sin embargo, que esos pozos o galerías verticales y la vegetación de la superficie deben representar un papel esencial en la ventilación y refrescamiento de la atmósfera de la Luna. En cierta ocasión, y particularmente en mi primera salida de mi prisión, un viento frío soplaba hacia abajo del pozo y después hubo una especie de *sirocco* hacia arriba, que coincidió con mi fiebre. Tengo que contar efectivamente, que al cabo de tres semanas caí enfermo, con una fiebre de especie indefinida y no obstante el sueño continuado a que me entregué y las píldoras de quinina que con muy feliz oportunidad había traído en mis bolsillos, quedé enfermo y en una gran depresión de espíritu, casi hasta los días en que me condujeron a la presencia del Gran Lunar, que es, lo repito, el Señor de la Luna.

—No me extenderé —añade Cavor— en lo referente a la miserable condición de espíritu en que me encontré en aquellos días de enfermedad—, ¡pero sí se extiende, con gran amplitud de detalles que omito aquí! Mi temperatura —concluye— se mantuvo anormalmente alta durante largo tiempo, y perdí todo deseo de tomar alimento. Tenía intervalos de estar despierto y tranquilo, y después dormía; las pesadillas atormentaban mi sueño, y en un periodo dado, recuerdo que estuve tan débil, que sentí la nostalgia de mi planeta y casi entré en un estado de histerismo. Sentía una ansiedad intolerable de ver algún color que interrumpiera la monotonía del eterno azul..."

En seguida, vuelve al tema de la atmósfera lunar, que circula como por una esponja. Varios astrónomos y físicos me dicen que todo lo que él refiere, está completamente de acuerdo con lo que se sabía ya de las condiciones de la Luna. Si los astrónomos terrestres —dice el señor Wendigee— hubieran tenido el coraje y la imaginación de llevar hasta el fin una inducción atrevida, podrían haber predicho casi todo lo que Cavor tiene que decir acerca de la estructura general de la Luna. Hoy ya saben con bastante certidumbre, que la Luna y la Tierra no son tanto un satélite y su astro primario, como dos hermanas, menor y mayor, salidas ambas de una masa, y por consiguiente, compuestas ambas de una misma materia.

Y desde que la densidad de la Luna alcanza sólo a tres quintas partes de la densidad de la Tierra, no puede haber otra explicación para esto, sino que la Luna está agujereada por un gran sistema de cavernas. Sir Jabez Flap, miembro de la Real Sociedad (uno de los más entretenidos exponentes del lado cómico de las estrellas), dice que: "no había necesidad de que nosotros hubiéramos ido a la Luna para descubrir tan fáciles inferencias". Y apoya su sarcasmo con una alusión a un queso de Gruyere; pero lo cierto, es que si el señor Flap sabía que la Luna era hueca, podía haberlo anunciado antes... Y si la Luna es hueca, la aparente ausencia de aire y agua en ella se explica, por supuesto, con bastante facilidad.

El mar está en el fondo de las cavernas, y el aire corre a través de la gran esponja de galerías, de acuerdo con simples leyes físicas. Las cavernas de la Luna, en conjunto, son lugares muy ventosos. A medida que la luz cálida del Sol avanza por la Luna, se calienta el aire en las galerías exteriores de ese lado, su presión crece, y se mezcla con el aire que se evapora de los cráteres (donde las plantas lo desembarazaron de su ácido carbónico), mientras la mayor parte afluye y se precipita por las galerías, para reemplazar al fugitivo aire del lado que empieza a enfriarse por haberlo dejado ya el Sol.

Hay, por lo tanto, una constante brisa hacia el Este, y una afluencia durante los días lunares hacia el exterior, por los pozos verticales, que se complica por la variada forma de las galerías y los ingeniosos mecanismos inventados por los selenitas...

XXIV
La historia natural de los selenitas

Los mensajes de Cavor, del sexto al decimosexto, están a cada paso interrumpidos, y abundan tanto en repeticiones, que casi no forman una narración seguida. Los publicaremos completos, por supuesto, en la memoria científica; pero aquí será mucho más conveniente limitarse a continuar con extractos y citas, como en el anterior capítulo. Hemos sometido cada palabra a un minucioso escrutinio crítico, y mis propios recuerdos e impresiones de las cosas lunares, aunque breves, han sido de inestimable ayuda para la interpretación de lo que sin ello habría sido de una oscuridad impenetrable. Naturalmente, como seres vivientes que somos, nuestro interés se concentra mucho más en la extraña comunidad de insectos lunares en que Cavor vive, según parece, como huésped colmado de honores, que en la simple condición física de aquel mundo.

Creo haber explicado ya que los selenitas que vi se parecen al hombre en que andan en dos pies y rectos, y que tienen cuatro miembros principales; y he comparado el aspecto general de sus cabezas y las coyunturas de sus miembros, con las de los insectos. He señalado también, la peculiar consecuencia de su gravitación menor en la Luna: debilidad y fragilidad. Cavor confirma mis observaciones sobre estos puntos: llama, a los selenitas "animales", aunque por supuesto, no entran en división alguna de la clasificación de las criaturas terrestres, y deja constancia de que "el tipo insecto de la anatomía nunca ha pasado en la Tierra, afortunadamente para los hombres, de un tamaño relativamente muy pequeño". Los mayores insectos terrestres, vivientes o ya extinguidos, no miden, en verdad, más de seis pulgadas de largo; "pero aquí, a causa de la menor gravitación de la Luna, un animal, sea insecto o vertebrado, parece que puede alcanzar dimensiones humanas y ultrahumanas".

No menciona a la hormiga, pero sus alusiones hacen que la hormiga aparezca de continuo ante mi mente, con su actividad incansable, con su inteligencia y organización social y con su estructura, particularmente por el hecho de que presentan, además de las dos formas —masculina y femenina, que casi todos los otros animales poseen—, una cantidad de otras criaturas asexuales, trabajadores, soldados, etc., diferentes una de otra en estructura, carácter, poder y empleo, y sin embargo, todos miembros de las mismas especies. Porque hay que notar, que los selenitas tienen gran variedad de formas. Desde luego, no solamente son por su tamaño, colosalmente más grandes que las hormigas, sino también, en opinión de Cavor, con respecto a la inteligencia, a la moralidad, a la sabiduría social, son colosalmente más grandes que los hombres. Y en vez de las cuatro o cinco diferentes formas de hormigas que el hombre conoce hasta ahora, las diversas formas de selenitas son casi innumerables. Ya he tratado de indicar la muy considerable diferencia que se observa entre los selenitas del centro y los de la corteza exterior con quienes la casualidad hizo encontrarme: sus diferencias de tamaño, color y forma eran ciertamente tan grandes, como las que separan a las razas de hombres más diversas; pero las diferencias que vi, quedan reducidas absolutamente a la nada en cuanto se las confronte con las que Cavor describe. Parece, efectivamente, que los selenitas exteriores que vi, eran los más de ellos, de un solo color y ocupación: pastores, matarifes, etc. Pero dentro de la Luna, cosa de que yo no tenía ni siquiera sospecha, parece que hay una cantidad de clases de selenitas: diferentes en formas, diferentes en poder y en apariencia, y que, sin embargo, no son diferentes especies de criaturas, sino diferentes formas de una especie. La Luna es, seguramente, algo como un vasto hormiguero; pero en vez de existir en éste sólo las cuatro o cinco clases de hormigas: trabajador, soldado, macho alado, reina y esclavo, hay varios cientos de diferentes clases de selenitas, y casi todas las gradaciones entre una clase y otra.

Debemos creer que Cavor descubrió esto con mucha rapidez. Deduzco de su narración (pues no puedo decir que ésta lo expone con claridad), que quienes lo capturaron, fueron los pastores bajo la dirección de los otros selenitas, que tienen más grandes las *cajas* cerebrales (¿cabezas?) y mucho más cortas las piernas. Al ver que no se decidía a andar, ni aun cuando lo punzaran con sus lanzas, lo condujeron a las lóbregas galerías interiores, cruzaron un puentecillo estrecho, algo como una tabla puesta de un lado a otro de una zanja, que quizá sea el mismo por el cual me negué yo a pasar, y lo pusieron en una cosa que al principio debe haberle parecido una especie de ascensor. Era un globo —que había estado absolutamente invisible para nosotros en las tinieblas—, y lo que yo había creído una simple tabla que se hundía en el vacío era, sin duda, el puentecillo para pasar al globo.

En éste descendieron hacia regiones interiores cada vez más iluminadas. Al principio bajaron en silencio —turbado, únicamente, por el cuchicheo de los selenitas—, y después entraron en un creciente ruido y movimiento. En poco tiempo, la profunda oscuridad había dado a los ojos de Cavor una sensibilidad tan grande, que a cada momento iba viendo algo más de las cosas que lo rodeaban, y por último, lo vago tomó forma.

"Figúrense ustedes un enorme espacio cilíndrico —dice Cavor en su séptimo mensaje— que tendrá hasta un cuarto de milla de ancho; muy tenuemente alumbrado al principio y después claro, con grandes plataformas extendidas en espirales que se pierden por fin hacia abajo, en una azul profundidad: y el espacio se iluminaba cada vez más, sin que fuera posible decir cómo ni por qué. Acuérdense ustedes de la cavidad por dónde pasa la escalera en espiral más ancha, o la que sirve para el ascensor más espacioso que hayan visto, y multipliquen sus dimensiones por ciento; imagínenselo ustedes en el crepúsculo, visto a través de un vidrio azul; imagínense verlo ustedes mismos así, pero imagínense también sentirse extraordinariamente ligeros, haberse desprendido de cuanta sensación de vértigo puede sentirse en la Tierra, y tendrán los primeros elementos de la impresión que entonces sentí.

En torno de aquella enorme cavidad, imagínense ustedes una ancha galería que se extiende en una espiral mucho más empinada que lo que sería creíble en la Tierra, y que forma un escarpado camino, sólo separado del abismo por un pequeño parapeto que se pierde en una perspectiva lejana, dos millas hacia abajo.

Alcé los ojos, y vi el mismo sujeto de la visión de abajo: parecía, por supuesto, que asomaba la cabeza para mirar dentro de un cono muy inclinado. El viento soplaba de arriba abajo y más arriba me parece que oí, debilitándose por momentos, el bramido de las reses recogidas nuevamente de los pastos del exterior. Y arriba y abajo, las galerías en espiral se veían sembradas de una muchedumbre desparramada, insectos pálidos, débilmente luminosos, que nos miraban o se entregaban con prisa a sus desconocidas ocupaciones.

No sé si fue ilusión mía, pero me pareció que un copo de nieve pasó rápidamente empujado por la helada brisa. Y luego, como otro copo de nieve, un pequeño hombre-insecto, prendido a un paracaídas, se deslizó cerca de nosotros, con mucha velocidad, hacia las regiones centrales de la Luna.

El selenita cabezudo que estaba sentado junto a mí, al verme mover la cabeza como alguien que ve, extendió su "mano" en forma de trompa, y señaló una especie de muelle que aparecía a la vista, abajo, muy lejos: un pequeño desembarcadero, o algo así, colgado en el vacío. A medida que nos acercábamos a aquel punto, nuestra velocidad disminuía, hasta que al llegar a su altura nos detuvimos. Alguien arrojó un cabo, pronto atado, y en seguida me encontré delante de una multitud de selenitas que se agolpaban a verme.

Aquella era una agrupación inconcebible: repentina, violentamente, se impuso a mi atención la gran variedad de tipos que existe entre aquellos seres de la Luna.

No había, a decir verdad, semejanza entre dos seres de aquella hormigueante muchedumbre. ¡Se diferenciaban en forma, se diferenciaban en tamaño! Algunos se inclinaban, se estiraban; otros corrían de un lado para otro, por entre las piernas de sus camaradas; algunos se retorcían y entrelazaban como serpientes. Todos ellos sugerían la grotesca e intranquilizadora idea de un insecto que de algún modo ha conseguido remedar a un ser humano; todos parecían presentar una increíble exageración de alguna determinada parte del cuerpo: éste tenía un vasto miembro anterior derecho, un enorme brazo antenal, o algo así; aquel parecía todo pierna, encaramado, tal como se le veía, en zancos; otro avanzaba un órgano de forma nasal al lado de un ojo agudamente escrutador, que le hacía aparecer sorprendentemente humano hasta que uno veía su boca exenta de expresión. Los fabricantes de juguetes hacen unos polichinelas con patas de langosta; así era aquel ser. La extraña y (fuera de la falta de mandíbulas y palpos) casi insectuna cabeza de aquellos selenitas, pasaba por transformaciones asombrosas; aquí era ancha y baja, allá alta y angosta; aquí, su vacía frente se prolongaba en cuernos y otras prominencias extrañas; en uno tenía patillas y parecía dividida, en otro tenía un grotesco perfil humano. Varias cajas craneanas se estiraban como vainas, hasta adquirir un largo enorme. Los ojos eran también de una extraña variedad, algunos bastante elefantinos, diminutos y vivos; otros, anchos pozos obscuros. Había asombrosas formas con cabezas reducidas a microscópicas proporciones y estupendos cuerpos, y fantásticas y tenues cosas, que parecían existir sólo como base para unos ojos vastos, rodeados de un círculo blanco, chispeantes. Y lo más extraño de todos, o a lo menos así me parecía por el momento, era que dos o tres de aquellos seres estrafalarios de un mundo subterráneo, de un mundo protegido del Sol o de la lluvia por innumerables millas de roca... ¡llevaban paraguas en sus tentaculares manos!, verdaderos paraguas de apariencia terrestre! Y en seguida, pensé en el hombre del paracaídas que había visto descender...

Aquella gente lunar se conducía exactamente como una muchedumbre humana en circunstancias semejantes: se empujaban y estrujaban mutuamente, el uno echaba a un lado al de más allá, hasta se subían uno sobre otro para verme. A cada momento aumentaban en número, y se agolpaban con más presión contra los discos de mis guardianes (Cavor no explica lo que esto significa); a cada momento nuevas formas se imponían a mi maravillada atención. Y, de repente, se me hizo señas de que entrara, y se me ayudó a entrar en una especie de litera que unos conductores dotados de fuertes brazos levantaron: así fui conducido por encima de aquella hirviente pesadilla, al alojamiento que se me había destinado en la Luna. Por todas partes me rodeaban ojos, caras, máscaras, tentáculos, un ruido sordo como el roce de alas de escarabajo, y una gran mezcla de balidos y chillidos que eran las voces de los selenitas..."

Por lo que sigue, comprendemos que lo llevaron a un "departamento hexagonal", y allí estuvo acompañado durante cierto tiempo. Después, se le dio mucha mayor libertad, hasta que gozó casi de tanta, como la de que puede gozarse en una ciudad civilizada de la Tierra. Parece que el misterioso ser, gobernante y amo de la Luna, designó a dos selenitas "de grandes cabezas para custodiarle y estudiarle, y para establecer con él la comunicación mental que fuera posible alcanzar", y por sorprendente e increíble que pueda parecer, aquellos dos seres, aquellos fantásticos hombres-insectos, aquellos seres de otro mundo, llegaron a comunicarse con Cavor por medio del lenguaje terrestre...

Cavor les da los nombres de Fi-u y Tsi-puff. Dice que Fi-u tenía de alto unos cinco pies, las piernas delgadas, cortas, como de dieciocho pulgadas de largo, y pequeños pies, de la común forma lunar. Sobre aquellas piernas se balanceaba un cuerpecito, palpitante con los latidos del corazón. Los brazos eran largos, flojos, con muchas coyunturas y terminaban en un puño tentacular; el cuello tenía también muchas coyunturas, como los de los demás, pero era excepcionalmente corto y grueso. "Su cabeza —dice Cavor, aludiendo sin duda a alguna anterior comunicación que se había extraviado—, es del corriente tipo lunar, pero extrañamente modificada: la boca tiene la usual hendidura sin expresión, pero es muy pequeña, y se abre hacia abajo y cara entera, propiamente dicha, está reducida al tamaño de una ancha nariz chata. A cada lado hay un ojo, semejante a los de la gallina".

"El resto de la cabeza forma un voluminoso globo, y la epidermis cueruda, gruesa, de los pastores de reses, se adelgaza hasta quedar reducida a una simple membrana, a través de la cual se ven claramente los movimientos de pulsación del cerebro. Fi-u es, en resumen, un ser con un cerebro tremendamente hipertrofiado y con lo demás de su organismo relativo y, podría decirse en sentido terrestre, absolutamente atrofiado".

En otro párrafo, Cavor compara a Fi-u, visto por detrás, con Atlas sosteniendo el mundo. Tsi-puff, según parece, era un insecto muy semejante a él, pero su "cara" se estiraba hasta ser de un largo considerable, y por hallarse la hipertrofia cerebral en otras regiones, su cabeza no era redonda, sino de forma de pera, con el pedúnculo hacia abajo. Después habla Cavor de los portadores de literas, seres con tremendos hombros y el resto del cuerpo flaco; de unos ujieres, que más debían parecer arañas, y de un encorvado lacayo, todos los cuales componían su servidumbre.

Fi-u y Tsi-puff, acometieron el problema del lenguaje de un modo bastante natural. Entraron en la celda hexagonal en que Cavor estaba encerrado, y empezaron a imitar todos los sonidos que éste emitía: el primero fue una tos. Cavor, por su parte, parece que comprendió su intención con gran prontitud, y comenzó a repetirles palabras y a indicarles su aplicación. El procedimiento continuó, probablemente siendo siempre el mismo: Fi-u escuchaba a Cavor, mirándolo durante un rato, luego, señalaba también, y repetía la palabra que había oído.

La primera palabra que dominó, fue "hombre", y la segunda, "lunestre", que Cavor, a lo que parece en la precipitación del momento, empleó, en vez de "selenita" para designar a la raza lunar. Tan pronto como Fi-u estaba seguro del significado de una palabra, la repetía a Tsi-puff, quien la recordaba infaliblemente. En la primera sesión llegaron a dominar más de cien palabras.

Después parece que llevaron a un artista para que los ayudara en su labor con dibujos y diagramas, porque los que hacía Cavor eran bastante imperfectos: era, dice Cavor, un ser con un brazo activo y un ojo escrutador, y dibujaba con increíble rapidez.

El undécimo mensaje es, indudablemente, sólo un fragmento de una comunicación más larga. Después de algunas frases entrecortadas que han llegado en forma ininteligible, continúa: "Pero sólo interesaría a los lingüistas, y me demoraría mucho, referir con detalles la serie de tentativas de conversaciones de que aquello fue comienzo, y por otra parte, temo que no me fuera posible presentar algo capaz de reproducir en su debido orden todos los avances y vueltas que dimos en nuestro afán de comprendernos mutuamente. En los verbos encontramos muy pronto el camino expedito, por lo menos en los verbos activos que pude expresar por medio de dibujos; algunos adjetivos fueron fáciles de explicar; pero cuando llegamos a los sustantivos abstractos, las preposiciones y a las formas de lenguaje figurado, por cuyo medio se expresa uno tan fácilmente en la Tierra, aquello fue como zambullir en el agua con un cinturón de corcho. Pero esas dificultades sólo fueron insuperables hasta la sexta lección, cuando se nos agregó un cuarto auxiliar, un ser con una cabeza enorme, de forma de *foot-ball*, cuyo "fuerte" era evidentemente la persecución de las analogías complicadas. Entró en actitud preocupada, tropezando con un banquito. Era necesario presentarle las dificultades que habían surgido con cierta cantidad de gritos, golpes y pinchazos, para que llegaran a su conocimiento; pero una vez que esto sucedía, su penetración era asombrosa. En cualquier momento en que se necesitara pensar con mayores alcances que los de Fi-u (los cuales eran, como he dicho ya, vastísimos), se solicitaban los servicios de la cabezuda persona, y ésta, invariablemente, transmitía sus conclusiones Tsi-puff, para que los recordara: Tsi-puff era siempre el arsenal de hechos. Y así continuamos adelantando".

"Largo me pareció, y sin embargo, fue breve —apenas unos días, el tiempo que pasó sin que pudiéramos hablar positivamente con aquellos insectos de la Luna. Al principio, como es lógico, nuestra conversación se limitó a un cambio de sonidos infinitamente fastidioso y exasperante; pero de una manera imperceptible llegamos a la comprensión, y a fuerza de paciencia me he puesto al alcance de los limitados medios de mis interlocutores. Fi-u, es quien tiene a su cargo todo lo que sea hablar, y habla con una gran suma de meditación previa: primero hace: Mm... mm..., y como ha llegado a posesionarse de un par de lugares comunes, por ejemplo: "Si puedo decirlo...", "Si usted me comprende.. ." —, los injerta a cada rato en el discurso.

Supongan ustedes que está explicando lo que es su artista; pues dirá: "Mm... mnm... él... si puedo decirlo..., dibuja. Come poco... bebe poco... dibuja. Ama dibujar. No otra cosa. Odia todos no dibujan como él. Enojado. Odia todos dibujan como el mejor. Odia mayoría gente. Odia todos no piensan todo mundo para dibujar. Enojado. Mm... Todas cosas significan nada para él; sólo dibujar. Usted gústale... Nueva cosa para dibujar. ¿Eh?... Éste (volviéndose a Tsi-puff) ama recordar palabras. Recuerda maravilloso, mejor nadie. Piensa no, dibuja no: recuerda. Dice (aquí acudió a su ayudante para que le proporcionara la palabra) historias..., todas cosas. Oye una vez, repítelo siempre".

"El espectáculo es mucho más maravilloso de lo que jamás soñé que me fuera dado ver y oír: pasmado me quedo al oír a estos extraordinarios animales —pues ni la familiaridad en que vivo con ellos atenúa ante mis ojos el antihumano efecto de su apariencia— cuchicheando continuamente una aproximación cada vez más cercana a un lenguaje terrestre coherente, formulando preguntas, dando respuestas. Me parece a ratos que tomo a la época de la niñez, en que me volvía todo oído para escuchar las fábulas en que pleiteaban la hormiga y la langosta, y la abeja hacia de juez".

Y mientras avanzaban esos ejercicios lingüísticos, parece que la reclusión de Cavor iba siendo menos rigurosa. El primer temor y desconfianza que nuestro desgraciado conflicto con los selenitas exteriores creó, se desvanece —dice Cavor— cada vez más, por la prudente racionalidad de cuanto hago... Ahora puedo ir y venir por donde me place, y en lo que se me sujeta lo hacen únicamente por mi bien. Así es como he podido llegar hasta este aparato y, ayudado por un feliz hallazgo entre los materiales acumulados en esta enorme cueva-depósito, arreglar lo necesario para el envío de mis mensajes. Hasta ahora no ha habido la menor tentativa para impedirme que lo haga, aunque he explicado con bastante claridad a Fi-u que estoy telegrafiando a la Tierra.

—¿Habla usted con otro? —me ha preguntado, observándome atentamente.

—Con otros.

—Otros... —ha repetido él —¡Oh, sí! ¿Hombres?

Y yo continué la transmisión de mi mensaje.

Cavor corregía continuamente sus primeras descripciones de los selenitas, siempre que nuevos hechos modificaban sus conclusiones anteriores; y esto nos hace advertir que no damos sin cierta reserva los extractos que van a leerse en seguida. Los tomamos de los mensajes noveno, decimotercero y decimosexto, y no obstante ser tan vagos y fragmentarios, presentan probablemente el cuadro más completo de la vida social de aquella extraña comunidad, que el género humano pueda esperar durante muchas generaciones.

"En la Luna —dice Cavor—, cada ciudadano conoce su posición: ha nacido para ella y la acabada disciplina de ejercicio, educación y cirugía a que se le sujeta, lo hace al fin tan completamente adecuado para ella, que ya no tiene ni ideas ni órganos para ningún objeto distinto.

¿Por qué habría de tenerlos? —preguntaría Fi-u.

Si, por ejemplo, un selenita está destinado a ser matemático, sus maestros intelectuales y físicos se consagran inmediatamente a formarlo para tal objeto. Ahogan toda incipiente disposición para otros fines, alientan sus tendencias matemáticas con perfecta habilidad psicológica. Su cerebro crece, o por lo menos, crecen las facultades matemáticas de su cerebro, y el resto de su persona crece solamente en cuanto es necesario para sostener la parte esencial de su ser.

Así llega, día en que, excepción hecha del sueño y la alimentación, su único deleite consiste en el ejercicio y despliegue de su facultad, lo único que le interesa es la aplicación de ésta, su única sociedad es la de otros especialistas de su mismo empleo. Su cerebro sigue creciendo sin cesar, se hace cada vez más grande, por lo menos, en sus partes concernientes a las matemáticas que se abultan continuamente, y parecen absorber toda la vida y el vigor del resto de su cuerpo. Sus miembros se encogen, el corazón y los órganos digestivos disminuyen, la cara de insecto queda oculta bajo sus abultados contornos. Su voz llega a ser un simple chillido para la emisión de fórmulas. Parece sordo a todo cuanto no sea problemas debidamente enunciados. La facultad de reír, salvo por el repentino descubrimiento de alguna paradoja, está perdida para él: su más honda emoción es la resolución de un cómputo nuevo. Y de esa manera realiza el objeto a que se le ha destinado.

Otro ejemplo: al selenita destinado a cuidar reses, se le induce desde sus primeros años a pensar en reses y a vivir con ellas, a complacerse en conocer las tendencias de las reses, a ejercitarse en seguirlas, domarlas y atenderlas. Se le enseña a ser activo y ágil, sus miembros se habitúan a las apretadas envolturas, sus ojos a los angulares contornos que constituyen la elegancia de los pastores lunares. Concluye por no tener interés en lo que pasa en la parte más honda de la Luna; mira a todos los selenitas que no están tan versados como él en lo que se refiere a las reses con indiferencia, con burla o con hostilidad. Sus pensamientos se concentran en los pastos para las reses, su dialecto es un acabado tecnicismo ganadero. Así también, tiene cariño a su trabajo, y cumple, felicísimo con ellas, las obligaciones que constituyen su razón de ser. Y lo mismo pasa con todas las clases y condiciones de selenitas: cada uno es una perfecta unidad en una máquina mundial…

Los seres de grandes cabezas a quienes tocan las labores intelectuales, forman algo como la aristocracia de esta extraña sociedad, y a la cabeza de ellos, quinta esencia de la Luna, está el maravilloso ganglio gigantesco, el Gran Lunar, ante cuya presencia debo comparecer en breve. El ilimitado desarrollo de los entendimientos en la clase mental, se ha hecho posible por la ausencia de todo cráneo huesoso en la anatomía lunar, que no tiene la extraña caja de hueso que se cierra en torno del cerebro del hombre, insistiendo imperiosamente, cuando el cerebro se desarrolla, en decir a éste: "hasta aquí y no más lejos", y empleando para ello todo su poder. Estos seres se resumen en tres clases principales, los cuales difieren grandemente, en influencia y en respeto: los administradores, uno de los cuales es Fi-u, selenitas de considerable iniciativa y movilidad, responsable cada uno de una determinada porción cúbica de la capacidad lunar; los expertos, como el pensador de cabeza en forma de *foot-ball*, a quienes se educa para ejecutar ciertas operaciones especiales; y los eruditos, que son los depositarios de todos los conocimientos. A esta última clase pertenece Tsi-puff, el primer profesor lunar de lenguas terrestres. Con respecto a estos últimos, cosa es digna de notar que el ilimitado crecimiento del cerebro lunar ha hecho innecesaria la invención de todas las ayudas mecánicas para el trabajo cerebral que han señalado la carrera del hombre: no hay libros, ni archivos de ninguna clase, ni bibliotecas o inscripciones. Todo el conocimiento está almacenado en cerebros susceptibles de ensancharse, como se ensancha el abdomen de las hormigas melíferas de Tejas, a medida que lo van llenando de miel. El Archivo Histórico, la Biblioteca Nacional Lunar, son colecciones de cerebros vivientes…

He notado que los administradores menos especializados, se interesan vivamente por mí cada vez que me encuentran: se apartan de mi camino, me miran y me dirigen preguntas a las cuales contesta Fi-u. Van y vienen, de un lado a otro, con una comitiva de portaliteras, lacayos, voceros portaparacaídas y demás servidores, grupos de aspecto curioso. Los expertos, o la mayor parte de ellos, no me hacen caso, como tampoco se hacen caso entre sí, o si notan mi presencia, es sólo para engolfarse en una verbosa exhibición de su peculiar habilidad. Los eruditos, casi siempre están arrobados en una impenetrable y apoplética complacencia, de la cual sólo puede despertarles una negación de su saber. Generalmente van guiados por pequeños cuidadores y lacayos, y a menudo se ve con ellos a unas diminutas criaturas, de apariencia vivaz, generalmente regordetas, que me inclino a creer son algo así como sus esposas; pero algunos de los más profundos sabios son ya demasiado voluminosos para poder moverse, y se les lleva de un lugar a otro en una especie de bateas hondas, cual movedizas gelatinas de conocimientos, que se captan mi más respetuoso asombro. Acabo, ahora mismo, de pasar junto a uno de ellos, al venir al lugar en que se me permite divertirme con estos juguetes eléctricos; era una cabeza vasta, pelada, temblorosa, calva y de piel delgada, que iba en su grotesca litera; las portaliteras llevaban la carga distribuidos adelante y atrás, y unos diseminadores de noticias de aspecto muy curioso, con caras que casi parecían trompetas, proclamaban la fama del sabio.

Ya he descrito las comitivas que acompañan a la mayor parte de los intelectuales: ujieres, portadores, lacayos, con sus extraños tentáculos y músculos o lo que sean, que reemplazan la abortiva potencia física de aquellos hipertrofiados cerebros. Casi siempre los acompañan también peones de carga; unos mensajeros extremadamente veloces, con piernas parecidas a las de las arañas y "manos" para sostener los paracaídas, y voceros con órganos vocales que bastarían para despertar a los muertos. Fuera de lo que forma la especialidad de sus inteligencias, esos subalternos son tan inertes e inservibles como las sombrillas en una vidriera; existen sólo en relación con las órdenes que tienen que obedecer, a los deberes que tienen que cumplir.

Sin embargo, he podido darme cuenta que la mayoría de los insectos que van y vienen por los caminos espirales, que ocupan los globos ascendentes y bajan por el aire, cerca de mí, aferrados a los ligeros paracaídas, pertenecen a la clase obrera. "Piezas de máquinas", en el hecho, algunos se hallan en completo estado natural; no poseen forma alguna de lenguaje; el tentáculo único del pastor de reses es reemplazado por uno o dos manojos de tres, cinco, o siete dedos para agarrar, levantar, guiar, y el resto de sus cuerpos no es más que el necesario apéndice subordinado a estas importantes partes. Algunos, que supongo manejan mecanismos para hacer sonar campanas, tienen enormes orejas, parecidas a las del conejo, exactamente detrás de los oídos; a otros que trabajan en delicadas operaciones químicas, les sobresale un vasto órgano olfativo; otros tienen pies con las coyunturas anquilosadas; y otros que se me han dicho, son sopladores en la fabricación del vidrio, parecen simples fuelles. Pero cada uno de estos selenitas comunes que he visto en su labor, está exquisitamente adaptado a las necesidades sociales para las que se le ha destinado. Las obras finas son hechas por artesanos afinados también, sorprendentemente enanos y delicados: los hay que podrían caber en la palma de la mano. Hay también una especie de selenita-motor, muy común, cuyo deber y único deleite consiste en servir de fuerza motriz para varias pequeñas aplicaciones. Y para mantener a todo el mundo selenita en orden y contener cualquier tendencia al error que pudiera mostrar alguna naturaleza extraviada, hay allí los más vigorosos seres musculares que he visto en la Luna, especie de agentes de policía lunar, que desde sus primeros años deben haber sido enseñados a mantener en perfecta obediencia a las cabezas hinchadas.

La fabricación de estas varias clases de operarios debe necesitar de un procedimiento muy curioso o interesante. Todavía estoy a obscuras a ese respecto; pero no hace mucho pasé al lado de un número de jóvenes selenitas encerrados en vasijas, de las que sólo sobresalían los miembros anteriores, se les comprimía allí para que fueran motores de una clase especial de máquinas. Al "brazo", preparado así con aquel sistema desarrollado de educación técnica, se le estimula con irritantes y se le alimenta mediante inyecciones; mientras al resto del cuerpo se le priva de toda alimentación. Si no he entendido mal la explicación que me dio Fi-u, esas curiosas criaturas dan, en los primeros tiempos, señales de sufrimientos causados por sus diversas posiciones encogidas, pero se habitúan fácilmente a su suerte. Para hacerme ver mejor las cosas, Fi-u me llevó a un lugar en que estaban en preparación unos mensajeros: la operación consistía en dar a sus piernas gran flexibilidad y hacer que fueran largas. Sé que lo que voy a decir no es lógico; pero estas ojeadas a los métodos educadores de los selenitas me han producido un efecto desagradable. Espero, sin embargo, que esto pase, y que me sea dado ver alguna faz más simpática de un orden social tan maravilloso. Aquella mano de aspecto lamentable que apuntaba afuera de la vasija, parecía dirigir algo como un desesperado llamamiento a probabilidades perdidas, y todavía me persigue su visión, aunque no se me oculta que, al fin y al cabo, ese procedimiento es todavía más humanitario que nuestros métodos terrestres de aguardar a que los niños lleguen al estado de seres humanos propiamente dicho, para entonces, y sólo entonces, convertirlos en máquinas...

También muy recientemente —creo que fue en la undécima o duodécima visita que hice a este aparato—, obtuve un curioso dato sobre la vida de dichos operarios. Iba con Fi-u y mis demás acompañantes, por un camino corto y poco frecuentado, en vez de bajar por la espiral y seguir por los malecones del Mar Central. De los tortuosos senderos de una galería larga y obscura, salimos a una vasta caverna, de techo bajo, saturada de un olor de tierra y alumbrada con bastante luz. Ésta salía de un tumultuoso brote de lívidas plantas fungoideas, algunas de ellas singularmente parecidas a nuestros hongos terrestres, pero tanto o más altas que un hombre.

—¿Lunestres comen esto? —pregunté a Fi-u.

—Sí, alimento.

—¡Por vida mía! —exclamé —¿Qué es esto?

Mi vista había tropezado con la forma de un selenita excepcionalmente grande y flaco que yacía inmóvil entre los tallos, con la cara contra el suelo. Nos detuvimos.

—¿Muerto? —pregunté—, pues todavía no he visto ni un muerto en la Luna, y tengo curiosidad de verlo.

—¡No! —exclamó Fi-u—. Ese... trabajador; no trabajo hacer. Bebe, poquito bebida; entonces... duerme... hasta que lo necesitamos. ¿De qué serviría despertarle, eh? No lo necesitamos andando ocioso.

—¡Allí hay otro! —grité.

Y luego vi que toda aquella extensa plantación de hongos estaba sembrada de postrados cuerpos adormecidos por un narcótico, hasta que la Luna tuviera necesidad de ellos. Los había por docenas, de todas clases. Dimos vuelta a algunos, y pude examinarlos con mayor minuciosidad que antes. Al acercarme a ellos, oía que respiraban fuertemente; pero no se despertaban. De uno me acuerdo con claridad completa: creo que me causó mayor impresión por algún fuego favorable de luz y por su actitud que era la de un cuerpo humano encogido. Sus miembros anteriores eran unos tentáculos largos, delicados —el sujeto pertenecía a alguna clase de manipuladores finos—, y la postura en que dormía indicaba un sufrimiento sumiso. No cabe duda de que yo cometía un error al interpretar su expresión de esa manera; pero así la interpreté. Y cuando Fi-u lo hizo rodar hasta la oscuridad, entre los lívidos tallos, experimenté otra vez una sensación claramente desagradable, por más que para mí, sólo se tratara de un insecto haciendo rodar a otro insecto.

Esto es, sencillamente, una aclaración del modo de adquirir hábitos de pensamiento y de sentimiento. Adormecer al trabajador que no se necesita y ponerlo a un lado es, seguramente, mejor que expulsarlo de la fábrica para que vaya a vagar por las calles. En toda comunidad social complicada, hay necesariamente una intermitencia en la ocupación de toda labor especial, y con el método empleado aquí, queda resuelto el problema de los brazos sin empleo. Sin embargo, tan poco racionales somos, aun cuando poseamos un cerebro científicamente educado que todavía me desagrada el recuerdo de aquellos cuerpos inertes entre aquellas quietas, luminosas arcadas de vegetación carnosa, y cuando tengo que andar en la misma dirección, evito ese camino, a pesar de los inconvenientes del otro, más largo, más ruidoso y más frecuentado.

Este otro camino me hace pasar por una caverna vastísima, sombría, muy transitada y llena de ruidos, y allí es donde veo —mirando hacia afuera por las aberturas hexagonales de una especie de muralla acribillada de agujeros como una colmena, o alineada atrás en un amplio espacio, o escogiendo los juguetes y amuletos hechos para darles gusto por acéfalos joyeros de delicados dedos que trabajan abajo, en unas casillas— a las madres del mundo lunar, a las abejas reinas, podría decirse, de la colmena. Son seres de aspecto noble, adornados fantásticamente y a veces de una manera bastante linda, apostura altiva y cabezas microscópicas, en las que casi todo es boca.

De la condición de los sexos en la Luna, del noviazgo y del matrimonio, de los nacimientos y demás particularidades de esta especie, poco he podido saber hasta ahora; pero dados los continuos progresos de Fi-u en la lengua inglesa, mi ignorancia desaparecerá sin duda rápidamente. Opino que, como en las hormigas y abejas, una gran mayoría de los individuos de esta comunidad pertenecen al sexo neutro. En la Tierra, en nuestras ciudades, hay ahora muchos que no llevan la vida de familia, que es la vida natural del hombre; pero aquí, como entre las hormigas, esto ha llegado a ser una condición normal de la raza, y la misión de repoblamiento, en la medida necesaria, recae sobre esta especial y en modo alguno numerosa clase de matronas, las madres del mundo lunar, anchos, corpulentos seres, bellamente adaptadas para llevar en su seno la larva selenita. Si no he comprendido mal una explicación de Fi-u, estas madres son completamente incapaces de querer siempre a los seres que dan a luz: periodos de locos mimos se alternan con raptos de agresiva violencia, y tan pronto como es posible, los párvulos, que son muy blandos y endebles y de color pálido, pasan a cargo de una variedad de hembras célibes, "trabajadoras" de nacimiento, pero que en algunos casos poseen cerebros de dimensiones casi masculinas".

Precisamente, en este punto, y por desgracia, se cortó el mensaje. Por más fragmentario y misterioso que en todas sus fases sea el asunto que constituye este capítulo, da, sin embargo, una impresión vaga, pero amplia, de un mundo completamente extraño y maravilloso, de un mundo con el cual debe prepararse el nuestro, sin pérdida de tiempo, a entrar en competencia. Este intermitente chorro de mensajes, este susurrar de una aguja receptora en la falda de una montaña, constituyen la primera advertencia de un cambio en las condiciones humanas, tal como la humanidad hubiera podido difícilmente imaginarlo hasta ahora. En aquel planeta hay nuevos elementos, nuevas aplicaciones, nuevas tradiciones, un abrumador alud de ideas nuevas, una extraña raza con la cual tendremos inevitablemente que luchar por el dominio… del oro, que es allí tan común, como aquí el hierro o la madera…

XXV
El Gran Lunar

El penúltimo mensaje describe, a trechos, con detalles aún más minuciosos, la entrevista de Cavor con el Gran Lunar, que es el gobernante y señor de la Luna. Parece que Cavor envió la mayor parte de este mensaje casi sin que lo molestaran, pero que en la parte final le interrumpieron. El último vino después de un intervalo de una semana.

El primero de los dos mensajes comienza así: "Por fin puedo reanudar este…", se hace ilegible durante un rato, y luego continúa en medias frases.

Las palabras que faltan a la siguiente frase son, probablemente, "la multitud". Poniéndolas al principio, se lee con bastante claridad lo que sigue: "... era más y más densa a medida que nos acercábamos al palacio del Gran Lunar — si puedo llamar palacio a una serie de excavaciones. Por todas partes, caras que me miraban: bocas abiertas y cuerudas, máscaras sin expresión, grandes ojos asomados por sobre tremendos tentáculos-narices, y ojos pequeños bajo monstruosas frentes aplastadas; más abajo, un segundo brote de animales menores se agitaba y chillaba, y grotescas cabezas en el extremo de cuellos sinuosos, como de ganso, de largas coyunturas, se asomaban por sobre los hombros y debajo de los brazos de los que formaban las primeras filas. Abriéndome calle, avanzaba un cordón de guardias impasibles, de cabezas-yelmos, que se nos habían unido al salir del barco en que llegamos por los canales del Mar Central. El artista-pulga de diminuto cerebro, se nos unió también, y en apretado grupo, un gran número de ágiles hormigas cargadoras trotaban agobiadas bajo la multitud de objetos que se habían creído necesarios para mi viaje. En la etapa final se me llevó una litera, hecha de un dúctil metal de color aparentemente oscuro, incrustado y entrelazado con barras de otro metal más claro. Y conmigo, avanzaba una larga y complicada procesión.

Por delante, a manera de heraldos, iban cuatro seres con caras-trompetas haciendo un devastador estruendo; después, unos ujieres encorvados, casi en forma de escarabajos, y a cada lado una colección de sabias cabezas, una especie de enciclopedia animada, que debía, según me explicó Fi-u, colocarse cerca del Gran Lunar para servirle de consulta. (No hay cosa en la ciencia lunar, no hay punto de vista ni método de pensamiento que no lleven en la cabeza aquellos seres maravillosos). Seguían guardias y portadores, y a continuación el gelatinoso cerebro de Fi-u, llevado también en una litera. Detrás de Fi-u, Tsi-puff, en una litera un poco menos importante, y en seguida yo, en litera más elegante que ninguna otra y rodeado por los servidores encargados de mis alimentos y bebidas. Más hombres-trompetas marchaban detrás, destrozando los oídos con un agudísimo griterío, seres a quienes podríamos dar el título de corresponsales especiales o historiógrafos, y a los cuales incumbía la tarea de observar y recordar todos los detalles de la trascendental entrevista. Gran número de servidores que llevaban y agitaban banderas y manojos de hongos olorosos y extraños símbolos, completaban la procesión. A ambos lados del camino se alineaban ujieres y otros funcionarios con caparazones que relucían como acero, y detrás de una y otra hilera, surgían las cabezas y tentáculos de la enorme muchedumbre.

Debo advertir, que todavía no me he acostumbrado, en manera alguna, al peculiar efecto de la apariencia de los selenitas, y que hallarme como un náufrago en aquel anchuroso mar de agitada entomología, nada tenía de agradable para mí. Por un instante sentí lo que me imagino que siente la gente cuando habla de "horrores". Ya me había sucedido lo mismo antes, en aquellas cavernas lunares, en las ocasiones en que me encontré sin armas y rodeado por una multitud de selenitas; pero la impresión nunca fue tan vívida. Tal sentimiento es, por supuesto, de lo más irracional que un hombre pueda abrigar, y espero dominarlo poco a poco; pero durante un momento, al avanzar por entre aquel inmenso hormiguero, tuve que agarrarme con todas mis fuerzas a la litera y llamar en mi ayuda toda mi voluntad para no lanzar un grito o hacer alguna otra manifestación de esa especie. Aquello duró quizá tres minutos: después volví a ser dueño de mí mismo.

Subimos la espiral de una vía vertical durante un rato, y en seguida pasamos a través de una serie de vastos "halls", con cúpulas y soberbiamente decorados. Las cercanías del Gran Lunar estaban evidentemente preparadas para dar viva impresión de su grandeza. Los halls —todos, por fortuna, suficientemente luminosos para mis terrestres ojos— constituían un bien dispuesto "crescendo" de espacio y decoración. El efecto de su progresivo tamaño, estaba realzado por la continua disminución de la luz y por una tenue nube de incienso que se iba haciendo más espesa a medida que avanzábamos. En las primeras, la luz vívida y clara, hacía que todo apareciera finito y concreto ante mis ojos; pero pronto me pareció que avanzaba continuamente hacia algo más extenso, más opaco y menos material.

Debo confesar que todo aquel esplendor me hizo considerarme miserable e indigno de él. No estaba afeitado ni lavado; no había llevado mis navajas de barba, y un enmarañado bigote me cubría la boca. En la Tierra, siempre me he sentido inclinado a desdeñar todo cuidado personal que no fuera el debido aseo; pero en las excepcionales circunstancias en que me encontraba allí, representando, como representaba a mi planeta y mi especie, y dependiendo, en gran parte, la importancia de la recepción que se me hiciera, de lo atractivo de mi apariencia, habría dado mucho por poder presentarme con algo un poco más artístico y majestuoso que aquellas marañas. Mi seguridad de que la Luna no tenía habitantes había sido tan grande, que ni por un momento se me había ocurrido tomar semejantes precauciones, y allí me encontraba, vestido con un saco de franela, calzón corto, medias de jugar golf, manchadas con todas las clases de suciedad que la Luna puede ofrecer, y zapatillas (a la del pie izquierdo se le había caído el tacón) por cuyos agujeros pasaba mi cabeza. (Claro está, que aún sigo vistiendo las mismas ropas). Las agudas cerdas que me habían brotado libremente en la cara, serán todo, menos un aditamento ventajoso para mis facciones; en una rodilla del calzón había un desgarrón no remendado, que se mostraba ostentosamente cada vez que me movía en la litera; mi media derecha, también persistía en abrirse junto al tobillo. Me hago completo cargo de la injusticia que mi aspecto hizo inferir a la humanidad, y si de alguna manera hubiese podido improvisar cualquier cosa nueva e imponente, lo habría hecho; pero nada tenía a mi alcance, y me limité a hacer lo que podía: dispuse los pliegues de mi frazada a manera de toga, y me mantuve tan erguido en mi asiento, cuanto el balanceo de la litera me lo permitía.

Imagínense ustedes el hall más grande en que hayan estado, cuidadosamente decorado con porcelana azul y blanco-azulada, iluminado con luz azul, sin que se supiera cómo, y llenándose de seres metálicos o de un blanco opaco, de una diversidad tan inconcebible, como la que ya he descrito someramente; imagínense que ese hall termina en una arquería abierta, que es todavía un hall mayor que el primero, y más allá otro más, y así sucesivamente. Al final del panorama, una escalinata como la de la Ara Coeli de Roma, que subía hasta perderse de vista: a medida que uno se acercaba a su base, aquellas gradas parecen ir más alto todavía. Por fin, me hallé bajo una amplísima arquería, y vi la cumbre de la escalinata, y en ella al Gran Lunar sobre su trono.

Estaba sentado en un resplandor de incandescente azul. Una nebulosa atmósfera llenaba el recinto de tal modo, que los muros parecían invisiblemente remotos. Esto le hacía aparecer como flotante en un vacío azul-negro. Al principio, parecía una nube pequeña, de cuyo seno brotara luz, llenando el glauco tronco: su caja cerebral debía tener varias yardas de diámetro. Por alguna razón que no puedo sondear, una cantidad de azules focos luminosos irradiaban atrás del trono, e inmediatamente detrás de él, se esparcía una aureola que le daba el aspecto de una estrella colosal y rara. En torno suyo, y pequeños y confusos en aquel resplandor, numerosos servidores lo sostenían y mantenían; después, en una relativa sombra y parados en ancho semicírculo, debajo, estaban sus auxiliares intelectuales, sus recordadores, computadores o investigadores, sus aduladores y criados, y todos los insectos distinguidos de la Corte de la Luna. Más abajo, de pie, los ujieres y mensajeros; después, en toda la extensión de los innumerables escalones del trono, guardias; y en la base, enorme, variada y confusa, una vasta multitud compuesta por los dignatarios menores de la Luna. Sus pies, al moverse, producían un murmullo como si rascaran el rocoso suelo, y el roce de unos cuerpos con otros hacía oír igualmente un sordo susurro.

Al entrar yo en el penúltimo hall, sonó la música y se expandió en una imperial magnificencia de sonidos, y los gritos de los anunciadores se extinguieron…

Entré en el último y mayor de los halls…

Mi procesión se abrió como un abanico. Mis ujieres y guardias se apartaron a derecha e izquierda, y las tres literas que nos llevaban a mí, a Fi-u y a Tsi-puff, avanzaron por el lustroso suelo hasta el pie de la gigantesca escalera. Entonces se dejó oír un vasto zumbido entrecortado, que se mezcló con la música. Los dos selenitas descendieron de sus literas, pero a mí se me advirtió que debía permanecer sentado, me imagino que como un honor especial. La música cesó, pero no el zumbido, y el simultáneo movimiento de diez mil ojos respetuosos, hizo que mi atención se dirigiera a la aureolada, suprema inteligencia que se cernía sobre nosotros.

Al principio, cuando dirigí la vista hacia el radiante fulgor, aquel quintaesencial cerebro me pareció algo como una vejiga opaca, sin facciones, a través de cuya superficie aparecían visibles, aunque tenues, las ondulantes líneas de las circunvoluciones. Luego, debajo de aquella enormidad, exactamente en el borde del trono, vi con sobresalto un par de minúsculos ojos de duende que miraban fijamente. Nada de cara, sólo ojos, que parecían mirar por un par de agujeros. Primero, no pude ver más que los dos ojitos fijos; después ya vi, debajo, el cuerpecito encogido y los miembros de insecto, enjutos y blancos. Los ojos me contemplaban con extraña intensidad, y la parte más baja del hinchado globo se hallaba arrugada. Unas manecitas-tentáculos, de aspecto frágil, casi inexistentes, mantenían aquella forma sobre el trono...

Aquello era grande; aquello, era lastimoso. Uno se olvidaba del hall y de la muchedumbre.

Los portalitera me subieron a saltos por la escalinata. Me parecía que la radiante y purpúrea caja cerebral que me miraba de allá arriba, se extendía sobre mí e iba adquiriendo un efecto más imponente cuanto más me le acercaba yo. Las hileras de ayudantes y servidores agrupadas en torno de su amo, parecían retroceder y borrarse dentro del resplandor. De repente, vi que unos servidores que apenas se destacaban sobre el brumoso fondo, estaban muy atareados en regar aquel gran cerebro con un refrescante chorro, y lo sobaban y sostenían. Yo, por mi parte, me aferraba a mi tambaleante litera, con los ojos fijos en el Gran Lunar, incapaz de dirigir siquiera una ojeada a los lados. Y por fin, cuando llegué a un pequeño rellano separado del supremo asiento por unos diez escalones apenas, el creciente esplendor de la música llegó a un tono altísimo y cesó, y a mí se me dejó aislado, desnudo, por decirlo así, en aquella inmensidad, bajo el fijo escrutinio de los ojos del Gran Lunar.

Examinaba el primer hombre quo veía en su vida...

Mis ojos descendieron por fin de su grandeza a las tenues figuras que se movían en la azul neblina en torno suyo, y después, recorriendo las gradas, a los miles de selenitas que se apiñaban expectantes abajo. Otra vez me sobrecogió un irracional horror... Y pasó.

Después de la pausa, vino la gran salutación. Me ayudaron a bajar de la litera, y allí, parado, indeciso, vi que dos funcionarios muy delgados me hacían con gravedad varios ademanes extraños y sin duda profundamente simbólicos. El grupo enciclopédico de los sabios que me había acompañado a la entrada del último hall, apareció dos escalones más arriba del sitio en que yo estaba, a mi izquierda y a mi derecha, prontos para atender a las necesidades del Gran Lunar, y el blanco cráneo de Fi-u se colocó más o menos entre el trono y yo, en posición que le permitiera comunicarse fácilmente con los dos, sin volver la espalda al Gran Lunar ni a mi. Tsi-puff se puso detrás de él. Unos ágiles ujieres se alinearon, volviéndose de soslayo hacia mí, pero dando plenamente la cara a la Presencia. Yo me senté a la turca, y Fi-u y Tsi-puff también se arrodillaron más arriba.

Hubo otra pausa. Los ojos de los cortesanos más próximos iban de mí al Gran Lunar y volvían a mí, y un cuchicheo y silbido de expectación pasó por la escondida multitud, y por último cesó...

El zumbido cesó también.

Por primera y última vez, hasta ahora, la Luna estuvo silenciosa.

Casi en seguida, oí un débil rumor: el Gran Lunar me dirigía la palabra. Aquello era como el roce de un dedo sobre un cristal.

Yo lo miré fijamente durante un rato y luego volví los ojos hacia el atento Fi-u. Me sentía entre aquellos blandos seres, ridículamente espeso, carnoso y sólido, con mi cara toda huesos y pelos negros. Volví a mirar al Gran Lunar. Había cesado de hablar: sus servidores estaban ocupados en algo. Por la lustrosa superficie del cráneo corría y brillaba un refrescante chorro.

Fi-u meditó durante un intervalo, consultó con Tsi-puff, y después empezó a murmurar su jerga inglesa, primero algo nerviosamente, lo que hizo que no le entendiera muy bien por lo pronto.

—Mm... el Gran Lunar... desea decir... desea decir... comprende usted es... mnrn... hombre... que usted es hombre del planeta Tierra. Desea decir que le da la bienvenida... y desea conocer... conocer, si puedo emplear esta palabra... el estado del mundo de usted y la razón por la cual ha venido usted a éste.

Hizo una pausa. Yo iba a contestarle, cuando continuó. Procedió a hilvanar frases cuyo curso no era muy claro, aunque me inclino a pensar que todas significaban cumplimientos. Me dijo que la Tierra era a la Luna, lo que el Sol era a la Tierra, y que los selenitas deseaban mucho saber lo concerniente a la Tierra y a los hombres. En seguida, me explicó, sin duda, como una cortesía también, la magnitud y el diámetro relativos de la Tierra y de la Luna, y el perpetuo interés y conjeturas con que los selenitas habían mirado a nuestro planeta.

Yo reflexioné con los ojos bajos, y opté por contestarle que también los hombres habían pensado siempre con interés en lo que podría existir en la Luna y la habían juzgado muerta, idea muy lejana de magnificencias tales, como las que me había sido dado ver aquel día.

El Gran Lunar, en prenda de reconocimiento, hizo que su proyector azul girara de una manera muy confusa, y por todo el gran hall corrió en cuchicheos y murmullos la repetición de lo que yo había dicho.

A continuación, procedió a hacer a Fi-u una cantidad de preguntas que eran ya más fáciles de contestar.

Había comprendido —explicó— que nosotros vivíamos en la superficie de la Tierra, que nuestro aire y nuestro mar estaban fuera del globo. Más aún: esta última parte, la sabía por las observaciones de sus especialistas astronómicos. Estaba muy ansioso de tener informaciones más detalladas de lo que él llamaba "extraordinario estado de cosas", pues la solidez de la Tierra le había hecho inclinarse siempre a considerarla inhabitable. Trató primero de cerciorarse de los extremos de temperatura a que los seres de la Tierra estaban expuestos, y le interesó vivamente mi descripción de las nubes y de las lluvias. Sus suposiciones hallaban apoyo, en el hecho de que la atmósfera lunar, en las galerías exteriores del lado de la noche, está a menudo muy nublada. Parecía maravillarse de que no encontráramos la luz del Sol demasiado intensa para nuestros ojos, y le interesó mi tentativa de explicarle que la luz del firmamento estaba atenuada hasta adquirir un color azulado por efecto de la refracción del aire, lo que dudo entendiera con claridad. Le expliqué, cómo el iris del ojo humano puede contraer la pupila y salvar su delicada estructura interna del exceso de luz del Sol, y se me permitió acercarme hasta pocos pies de distancia de la Presencia, para que pudiera ver esa estructura. Esto nos condujo a la comparación del ojo lunar y del terrestre: el primero, es no sólo excesivamente sensible a luces como las que los hombres pueden ver, sino que también puede "ver" el calor, y cada diferencia de temperatura dentro de la Luna es visible para los selenitas.

El iris era para el Gran Lunar un órgano completamente nuevo. Durante un rato se divirtió en lanzarme sus rayos a la cara y en observar cómo se contraían mis pupilas. La consecuencia de esto fue que me quedé deslumbrado y ciego durante un rato.

Pero a pesar de aquella incomodidad, encontré algo tranquilizador, gradual e insensiblemente en la racionalidad de nuestro cambio de preguntas y respuestas. Yo podía cerrar los ojos, pensar en lo que iba a contestar, y casi olvidarme de que el Gran Lunar no tenía cara…

Cuando hube descendido a ocupar nuevamente mi sitio, el Gran Lunar me preguntó, cómo nos abrigábamos del calor y de las tempestades, y yo le expuse las artes de construcción y amueblamiento. En este punto nos perdimos en *quid pro quos*, y en un desordenado cambio de observaciones, debido en gran parte, debo confesarlo, a la falta de precisión de mis palabras. Durante largo rato me fue muy difícil hacerle entender la naturaleza de una casa. A él y a sus servidores les parecía lo más ridículo del mundo que los hombres construyeran casas cuando podían descender a excavaciones; y sobrevino una nueva complicación con mi tentativa de explicarle que los hombres habían tenido al principio sus moradas en cuevas, y ahora ponían sus ferrocarriles y muchos establecimientos bajo la superficie. Creo que aquí me traicionó el deseo de exhibir mi suficiencia intelectual. También se formó un considerable enredo, por mi no menos imprudente tentativa de explicar lo que son nuestras minas. Abandonando por fin este asunto, sin que lo hubiéramos apurado, el Gran Lunar me preguntó qué hacíamos con el interior de nuestro globo.

Una especie de cuchicheos y susurros se propagó hasta los más remotos rincones de aquella gran asamblea cuando se llegó, por último, a saber que nosotros, los hombres, nada sabíamos, absolutamente, del contenido del planeta sobre el cual se habían sucedido desde tiempo inmemorial las generaciones de nuestros antepasados. Tres veces tuve que repetir, que de todas las cuatro mil millas de sustancia que hay entre la superficie y el centro de la Tierra, los hombres conocen sólo hasta la profundidad de una milla, y eso muy vagamente. El Gran Lunar hizo una pregunta que comprendí bien: ¿por qué había ido yo a la Luna, si apenas habíamos tocado aún la corteza de nuestro planeta? Pero no quiso darme en aquel momento la molestia de una explicación, pues por su parte estaba demasiado ansioso de perseguir los detalles de esa loca inversión de todas sus ideas.

Volvió a la cuestión de la temperatura, y yo traté de describir los perpetuos cambios del cielo, la nieve, las heladas y los huracanes.

—Pero cuando llega la noche —preguntó—, ¿no hace frío?

Le dije que hacía más frío que de día.

—¿Y no se hiela la atmósfera?

Le contesté que no; que nunca hacía tanto frío como para eso, porque nuestras noches eran muy cortas.

—¿Ni tampoco se liquida?

Iba ya a decir "No", pero se me ocurrió que una parte, por lo menos de nuestra atmósfera, el vapor de agua, se liquida a veces y forma rocío, y a veces se hiela y forma escarcha y nieve, proceso perfectamente análogo a la congelación de toda la atmósfera externa de la Luna durante su noche, que es más larga. Me expliqué con claridad sobre este punto, y de allí pasó el Gran Lunar a hablarme del sueño. La necesidad de dormir que nos viene con tanta regularidad, cada veinticuatro horas, resulta ser simplemente parte de nuestra modalidad terrestre: en la Luna, los selenitas descansan sólo de vez en cuando y al cabo de esfuerzos extraordinarios.

Después traté de describirle los suaves esplendores de una noche de verano, y de esto pasé a una descripción de los animales que rondan de noche y duermen de día; le hablé de leones y de tigres, y en este punto me pareció que toda explicación era insuficiente, pues en la Luna, salvo los animales que están dentro del agua, no hay uno que no esté completamente domesticado y sujeto a la voluntad del selenita, y así ha sido desde épocas inmemoriales. Hay monstruos acuáticos, pero no bestias feroces, y la idea de algún animal fuerte y grande que exista "fuera" durante la noche, es de difícil comprensión para los selenitas.

(Aquí, en un espacio de veinte palabras o tal vez más, el mensaje está demasiado incoherente para que sea posible transcribirlo).

El Gran Lunar habló con sus servidores, supongo que acerca de la extraña superficialidad e irracionalismo de los que viven en la superficie de un mundo, sujetos al capricho de las olas y los vientos, y de todas las variaciones de la intemperie, que no pueden ni unirse para dominar a las fieras que hacen presa de su especie, y que, sin embargo, se atreven a invadir otro planeta. Durante este intervalo, yo seguí sentado, pensando, y después, a pedido suyo, le hablé de las diferentes clases de hombres.

Me escudriñó en todas direcciones con sus preguntas.

—Y para todas las clases de trabajo tienen ustedes la misma calidad de hombres... Pero, ¿quién piensa?, ¿quién gobierna?

Le hice un esbozo del método democrático.

Cuando hube terminado esta explicación, ordenó que le vertieran sobre la cabeza el chorro refrescante, y luego me pidió que volviera a explicarle lo mismo, pues temía haber entendido mal.

—Hombres no hacen diferentes cosas, ¿entonces? —me preguntó Fi-u.

Yo convine en que algunos pensaban y otros eran funcionarios, algunos cazaban y otros eran mecánicos, artistas, o trabajadores en otros ramos especiales.

—Pero todos gobiernan —añadí.

—¿Y no tienen diferentes formas que los adapten a sus diferentes deberes?

—Ninguna diferencia visible hay —dije—, salvo quizás en las ropas. En los cerebros la hay tal vez, aunque pequeña —recapacité.

—Considerable debe ser la diversidad de cerebros —replicó el Gran Lunar.

Con el objeto de ponerme en armonía más estrecha con sus preconcepciones, le dije que su conjetura era fundada.

—Todo está escondido en el cerebro —expliqué—, y en él residen las diferencias. Quizá si se pudieran ver las mentes y las almas de los hombres, se notaría en ellos tanta variedad como entre los selenitas. Hay hombres altos y hombres pequeños; hombres que pueden alcanzar a gran distancia y hombres que pueden avanzar rápidamente; hombres ruidosos, con mente de trompeta, y hombres que pueden acordarse de las cosas sin pensar...

(Aquí hay tres palabras ininteligibles).

Me interrumpió para recordarme mis anteriores explicaciones.

—¿Pero no decía usted que todos los hombres gobiernan? —insistió.

—Hasta cierto límite —dije—; y temo que con la explicación que hice en seguida aumentara la confusión.

Entonces él puso la cuestión en su punto saliente.

—¿Quiere usted decir —preguntó—, que no hay Gran Terrestre?

Yo pensé en varias personas, pero concluí por asegurarle que no lo había. Le expliqué que los autócratas y emperadores que habíamos ensayado en la Tierra habían terminado, por lo general, en la embriaguez, en el vicio, en la violencia, y que la vasta o influyente porción de pobladores a que yo pertenecía, los anglosajones, no pensaban en repetir tales ensayos, al oír lo cual, el Gran Lunar manifestó mayor asombro aún.

—Pero, ¿cómo conservan ustedes, siquiera, la sabiduría que tienen? —preguntó.

Yo le expliqué cómo ayudábamos a nuestros limitados (aquí falta una palabra, que es probablemente "cerebros") con bibliotecas; le expliqué cómo aumentaba nuestra ciencia por la labor unida de innumerables hombres, y a eso no opuso otro comentario, que el de que evidentemente habíamos llegado a dominar muchas cosas, pues de otro modo no me habría sido posible llegar a la Luna. Con todo, el contraste era muy marcado. Con los conocimientos, los selenitas se engrandecían y cambiaban: la especie humana almacenaba sus conocimientos y continuaba en el estado de brutos... bien equipados. Dijo esto...

(Aquí llegamos a una parte del mensaje totalmente ininteligible).

Después, me hizo explicar cómo circulábamos por la Tierra, y me puse a describirle nuestros ferrocarriles y buques. Durante un rato no pudo entender, que sólo hacía cien años que empleábamos el vapor, pero cuando lo comprendió, se vio claramente que esto le causaba infinito asombro. (Debo citar, como un hecho singular, el de que los selenitas miden el tiempo por años, como nosotros en la Tierra, pero nada he podido saber de su sistema numeral. Esto, sin embargo, no importa, porque Fi-u comprende el nuestro). De allí pasé a decirle, que el género humano vive en ciudades desde hace sólo nueve o diez mil años, y que todavía no estamos unidos en una hermandad, sino bajo diferentes forma de gobierno. Esto asombró mucho al Gran Lunar, una vez que se lo hubimos explicado con claridad. Al principio, había creído que nos referíamos únicamente a áreas administrativas.

—Nuestros Estados e Imperios son aún los más imperfectos esbozos de lo que el orden será un día —dije; y esto mismo me hizo explicarle...

(En este punto, hay unas treinta o cuarenta palabras totalmente ilegibles).

Mucha impresión causó en el Gran Lunar, la tontería con que los hombres se aferran al mantenimiento de diversos idiomas:

—Quieren comunicarse, y sin embargo no comunicarse —dijo, y a continuación empezó a hacerme preguntas acerca de la guerra, y en esto nos pasamos largo rato.

Al principio se manifestó perplejo e incrédulo.

—¿Quiere esto decir —preguntó, para obtener una confirmación—, que ustedes corren por la superficie de su mundo, de un mundo cuyas riquezas apenas han comenzado ustedes a raspar—, matándose uno a otro para tener animales con qué alimentarse?

Le contesté que esa era la verdad desnuda.

Entonces, me pidió datos que le ayudaran a comprender.

—Pero, ¿no sufren daños en eso los bosques y las pobres ciudades? —preguntó—, y yo comprendí que la destrucción de propiedades y objetos útiles le impresionaba tanto como las matanzas—. Dígame usted más —añadió—: hágame usted ver dibujos. Yo no puedo concebir esas cosas.

Y entonces, durante un rato, aunque algo avergonzado, le referí la historia de la guerra terrestre.

Le describí las primeras órdenes y ceremonias de la guerra, las notificaciones y el ultimátum, el adiestramiento y conducción de tropas. Le di una idea de las maniobras, de las posiciones y de las batallas. Le expliqué los sitios y asaltos, el hambre y las penalidades que se sufrían en las trincheras, y los casos de centinelas muertos de frío bajo la nieve. Le hablé de las derrotas y las sorpresas, de las desesperadas resistencias mantenidas por débiles esperanzas, de la implacable persecución de los fugitivos, de los muertos sembrados en el campo de batalla. Le hablé también del pasado, de las invasiones y carnicerías, de los Hunos y de los Tártaros, y de las guerras de Mahoma y los Califas, y de las Cruzadas.

Y a medida que yo narraba y Fi-u traducía, los selenitas cuchicheaban y murmuraban con una emoción, que iba gradualmente ganando en intensidad.

Conté, que un acorazado podía arrojar un proyectil de una tonelada a una distancia de doce millas, y penetrar a través de una capa de hierro de 20 pulgadas de espesor, y que podíamos lanzar torpedos por debajo del agua. Describí un cañón Maxim en acción, y lo que ha sido, tal como yo la comprendo, la batalla de Colenso. El Gran Lunar no daba crédito a sus oídos, e interrumpió la traducción de mi relato para que yo mismo ratificara lo que había dicho. Lo que más dudas le inspiraba era mi descripción del gozo y las aclamaciones con que los hombres entraban en… ¿combate?

—¡Pero seguramente no hacen eso porque les agrade! —tradujo Fi-u.

Le aseguré que los hombres de mi raza consideraban una batalla, como el acto más glorioso de la vida, al oír lo cual, la asamblea entera dio muestras de sin igual asombro.

—Pero, ¿cuál es la utilidad de la guerra? —preguntó el Gran Lunar, persistiendo en su tema.

—¡Oh! En cuanto a su utilidad —dije yo—, ¡sirve para disminuir la población!

—Pero, ¿por qué habría de ser necesario…?

Hubo una pausa, el chorro refrescante inundó su frente, y otra vez se hizo oír su voz".

En este punto predominan repentinamente en el mensaje, unas ondulaciones sucesivas que ya habían aparecido como una complicación embarazosa en nuestro trabajo de descifrarlo, desde la parte en que Cavor describía el silencio que hubo antes del que el Gran Lunar hablara por primera vez. Esas ondulaciones son evidentemente resultado de radiaciones procedentes de una fuente lunar y su persistente aproximación a las señales alternadas de Cavor, sugiere la idea de algún operador que trata de introducirlas en el mensaje para hacerlo ininteligible. Al principio son pequeñas y regulares, lo que nos ha permitido, con algún cuidado, y perdiendo unas pocas palabras, desenredar el mensaje de Cavor; después son más anchas y más largas, y de improviso se vuelven irregulares, con una irregularidad que produce el efecto de un garabateo sobre una línea correctamente escrita. Por un largo espacio, nada se puede sacar de esos locos ziszás; luego, bruscamente, la interrupción cesa, deja algunas palabras en claro, y después vuelve a comenzar y continúa en todo el resto del mensaje, borrando completamente todo cuanto Cavor intentaba transmitir. El por qué —si en realidad se trata de una intervención deliberada— los selenitas prefirieron dejar a Cavor que transmitiera su mensaje en completa y feliz ignorancia de que se lo borraban en el camino, cuando estaba en su poder y era mucho más fácil y conveniente para ellos poner fin a su operación, es un problema que soy incapaz de resolver. Así parece que ha sucedido, y esto es todo lo que puedo decir. El último fragmento de su relato sobre su entrevista con el Gran Lunar, empieza en mitad de una frase: "… me interrogó muy minuciosamente acerca del secreto. En pocos momentos nos entendimos, y por fin llegué a poner en claro lo que ha sido para mí un motivo de sorpresa, desde que comprendí la amplitud de la ciencia de los selenitas, es decir, cómo no han descubierto también ellos la "Cavorita". Veo que la conocen como una sustancia teórica, pero que siempre la han considerado como una imposibilidad en la práctica, porque, por una razón u otra, en la Luna no hay hélium, y el hélium…"

A través de las últimas letras de la palabra hélium, se cruza nuevamente el zizás obliterador. Tomen ustedes nota de la palabra "secreto", pues en ella, y en ella sola, baso mi interpretación del último mensaje que Cavor ha enviado hasta ahora, mensaje que según creemos el señor Wendigee y yo, será también el último de su vida.

XXVI
El último mensaje que Cavor
envió a la Tierra

De esa manera tan poco satisfactoria, se extingue el penúltimo mensaje de Cavor. Me parece verle allá lejos, entre sus aparatos iluminados por la luz azul, telegrafiándonos con ahínco hasta el fin, completamente ignorante de la cortina de confusión que se extendía entre él y nosotros, por completo ignorante, también, de los peligros finales que desde entonces se cernían ya sobre su cabeza. Su desastrosa carencia del vulgar sentido común le había traicionado, literalmente. Había hablado de guerra, había hablado de toda la fuerza y de toda la irracional violencia de los hombres, de sus insaciables agresiones, de su incansable deseo de conflictos. Había llenado el mundo lunar con la impresión de lo que es nuestra raza, y después —me parece—, muy claro les dio a comprender que él era el único entre todos los hombres —por lo menos, hasta dentro de algún tiempo—, capaz de llegar a la Luna. La línea de conducta que su fría razón, tan distinta de la humana, dictaría a los selenitas, me parece bastante clara, y una sospecha, y en seguida, una comprensión repentina de su verdadera posición, deben haber asaltado por último a Cavor. Me lo imagino yendo de un lado a otro, con el remordimiento de su indiscreción, mayor a cada instante. El Gran Lunar deliberó algún tiempo, sin duda alguna, acerca de la situación, y durante todo ese tiempo

Cavor tuvo tanta libertad como antes. Nos imaginamos, sin embargo, qué obstáculos desconocidos les impidieran acercarse nuevamente al aparato electromagnético después del último mensaje que he copiado. Pasaron unos días, y nada recibimos. Quizá había sido recibido nuevamente en audiencia, y procuraba destruir sus anteriores declaraciones. ¿Quién puede tener la esperanza de adivinar cosas tan misteriosas?

Y de improviso, como un grito en medio de la noche, como un grito seguido de un silencio absoluto, llegó el último mensaje, el fragmento más breve, los principios interrumpidos de dos frases.

La primera decía: "He sido un loco al hacer saber al Gran Lunar..."

Siguió un intervalo, como de un minuto. Es de creer que algo de afuera llegó a interrumpirle: sin duda se apartó del instrumento, pasó un instante de terrible vacilación entre los grupos de aparatos, en aquella caverna alumbrada por la débil luz azul... y luego se precipitó nuevamente hacia él, lleno de una resolución que acudía demasiado tarde en su ayuda. Entonces, como transmitidas a toda prisa, nos llegaron estas palabras: "La Cavorita se hace de esta manera: tómese..."

Siguió una palabra, una palabra totalmente sin sentido. Hela aquí: "mil".

Y eso fue todo.

Puede que hiciera una precipitada tentativa para transmitir la palabra "inútil" cuando su suerte quedó decidida. Lo que sucedió en torno de aquel aparato, es cosa que no me sería posible conjeturar siquiera. Fuera lo que fuera, estoy convencido de que nunca volveremos a recibir un mensaje de la Luna. Por mi parte, un vívido sueño ha venido en mi ayuda: veo, casi con tanta claridad, como si hubiera presenciado el hecho, a mi Cavor alumbrado por la luz azul y todo desgreñado, luchando entre las garras de una multitud de selenitas-insectos, luchando cada vez más desesperadamente a medida que sus atacantes eran más numerosos, gritando, conjurándoles, quizá, por fin, hasta matando, y empujado gradualmente hacia atrás, paso tras paso, lejos de todo medio de comunicación con sus semejantes, hasta caer para siempre en lo desconocido, en las tinieblas, en aquel silencio que no tiene fin...

Cuentos

El nuevo acelerador

En verdad que si alguna vez un hombre encontró una guinea buscando un alfiler, ése fue mi buen amigo el profesor Gibberne. Yo había oído hablar ya de investigadores que sobrepasaban su objeto; pero nunca hasta el extremo que él lo ha conseguido. Esta vez, al menos, y sin exageración, Gibberne ha hecho un descubrimiento que revolucionará la vida humana.

Y esto le sucedió sencillamente buscando un estimulante nervioso de efecto general, para hacer recobrar a las personas debilitadas las energías necesarias en nuestros agitados días.

Yo he probado ya varias veces la droga, y lo único que puedo hacer es describir el efecto que me ha producido. Pronto resultará evidente que a todos aquellos que andan al acecho de nuevas sensaciones les están reservados experimentos sorprendentes.

El profesor Gibberne, como es sabido, es convecino mío en Folkestone. Si la memoria no me engaña, han aparecido retratos suyos, de diferentes edades, en el "Strand Magazine", creo que a fines del año 1899, pero no puedo comprobarlo, porque he prestado el libro a alguien que no me lo ha devuelto. Quizá recuerde el lector la alta frente y las negras cejas, singularmente tupidas que dan a su rostro un aire tan mefistofélico. Ocupa una de esas pequeñas y agradables casas aisladas, de estilo mixto, que dan un aspecto tan interesante al extremo occidental del camino alto de Sandgate. Su casa es la que tiene el tejado flamenco y el pórtico árabe, y en la pequeña habitación del mirador es donde trabaja cuando se encuentra aquí, y donde nos hemos reunido tantas tardes a fumar y conversar. Su conversación es animadísima, pero también le gusta hablarme acerca de sus trabajos. Es uno de esos hombres que encuentran una ayuda y un estimulante en la conversación, por lo que a mí me ha sido posible seguir la concepción del Nuevo Acelerador desde su origen. Desde luego, la mayor parte de sus trabajos experimentales no se verifican en Folkestone, sino en Gower Street, en el magnífico y flamante laboratorio continuo al hospital, laboratorio que él ha sido el primero en usar.

Como todo el mundo sabe o por lo menos todas las personas inteligentes, la especialidad en que Gibberne ha ganado una reputación tan grande como merece entre los fisiólogos ha sido en la acción de las medicinas sobre el sistema nervioso. Según me han dicho, no tiene rival en sus conocimientos sobre medicamentos soporíferos, sedantes y anestésicos. También es un químico bastante eminente, y creo que en la sutil y completa selva de los enigmas que se concentran en las células de los ganglios y en las fibras nerviosas ha abierto pequeños claros; ha logrado ciertas elucidaciones que, hasta que él juzgue oportuno publicar los resultados, seguirán siendo inaccesibles para los demás mortales. Y en estos últimos años se ha consagrado con especial asiduidad a la cuestión de los estimulantes nerviosos, en los que ya había obtenido grandes éxitos antes del descubrimiento del Nuevo Acelerador. La ciencia médica tiene que agradecerle, por lo menos, tres reconstituyentes distintos y absolutamente eficaces, de incomparable utilidad práctica. En los casos de agotamiento, la preparación conocida con el nombre de "Jarabe B de Gibberne" ha salvado ya más vidas, creo yo, que cualquier bote de salvamento de la costa.

—Pero ninguna de estas pequeñas cosas me deja todavía satisfecho —me dijo hace cerca de un año—. O bien, aumentan la energía central sin afectar a los nervios, o simplemente aumentan la energía disponible, aminorando la conductividad nerviosa, y todas ellas causan un efecto local y desigual. Una vivifica el corazón y las vísceras, y entorpece el cerebro; otra, obra sobre el cerebro a la manera del champaña, y no hace nada bueno para el plexo solar, y lo que yo quiero, y pretendo obtener, si es humanamente posible, es un estimulante que afecte todos los órganos, que vivifique durante cierto tiempo desde la coronilla hasta la punta de los pies, y que haga a uno dos o tres veces superior a los demás hombres. ¿Eh? Eso es lo que yo busco.

—Pero esa actividad fatigaría al hombre.

—No cabe duda. Y comería doble o triple, y así sucesivamente. Pero piense usted lo que eso significaría. Imagínese usted en posesión de un frasquito como éste —y alzó una botellita de cristal verde, con la que subrayó sus frases—, y que en este precioso frasquito se encuentra el poder de pensar con el doble de rapidez, de moverse con el doble de celeridad, de realizar un trabajo doble en un tiempo dado de lo que sería posible de cualquier otro modo.

—¿Pero, es posible conseguir una cosa así?

—Yo creo que sí. Si no lo es, he perdido el tiempo durante un año. Estas diversas preparaciones de los hipofosfitos, por ejemplo, parecen demostrar algo como eso. Aun si sólo se tratara de acelerar la vitalidad con un ciento por ciento esto lo conseguiría.

—Puede que sí —dije.

—Si usted fuera, por ejemplo, un gobernante que se encontrara ante una grave situación y tuviera que tomar una decisión urgente con los minutos contados. ¿Qué le parece...?

—Se podría suministrar una dosis al secretario particular —dije.

—Ganaría usted... la mitad del tiempo. O suponga usted, por ejemplo, que quiere acabar un libro.

—Por regla general —dije yo— suelo desear no haberlos empezado nunca.

—O un médico que quiere reflexionar rápidamente ante un caso mortal. O un abogado... o un hombre que quiere ser aprobado en un examen.

—Para esos hombres, valdría una guinea cada gota, o más —dije.

—También en un duelo —dijo Gibberne—, en donde todo depende de la rapidez en oprimir el gatillo.

—O en manejar la espada —añadí.

—Mire usted —dijo Gibberne —: Si lo consigo gracias a una droga de efecto general, esto no causará ningún daño, salvo que puede hacerlo envejecer más pronto en un grado infinitesimal. Y habrá vivido el doble que los demás.

—Oiga —dije, reflexionando—: ¿Sería eso leal en un duelo?

—Ésa es una cuestión que deberán resolver los padrinos —repuso Gibberne.

—¿Y realmente cree usted que eso es posible? —repetí, volviendo a preguntas específicas.

—Tan posible —repuso Gibberne, lanzando una mirada a algo que pasaba vibrando por delante de la ventana— como un autobús. A decir verdad...

Se detuvo, sonrió sagazmente y dio unos golpecitos en el borde de la mesa con el frasquito verde.

—Creo que conozco la droga... He obtenido ya algo prometedor, terminó.

La nerviosa sonrisa de su semblante traicionaba la verdad de su revelación. Gibberne hablaba raramente de sus trabajos experimentales a no ser que se hallara muy cerca del triunfo.

—Y puede ser..., puede ser..., no me sorprendería..., que la vitalidad resultara más que duplicada.

—Eso será una cosa enorme —aventuré.

—Será, en efecto, una cosa enorme—repitió él.

Pero, a pesar de todo, no creo que supiera por completo lo enorme que iba a ser aquello.

Recuerdo que después hablamos varias veces acerca de la droga. Gibberne la llamaba el Nuevo Acelerador, y cada vez hablaba de ella con más confianza. A veces hablaba nerviosamente de los resultados fisiológicos inesperados que podría producir su uso, y entonces se mostraba francamente mercantil, y teníamos largas y apasionadas discusiones sobre la manera de dar a la preparación un giro comercial.

—Es una cosa buena —decía Gibberne—, una cosa estupenda. Yo sé que voy a dotar al mundo de algo valioso, y creo que no deja de ser razonable esperar que el mundo la pague. La dignidad de la ciencia es una cosa muy bonita, pero de todos modos, me parece que debo reservarme el monopolio de la droga durante unos diez años, por ejemplo. No veo la razón de que todos los goces de la vida les estén reservados a los tratantes de jamones.

El interés que yo mismo sentía por la droga esperada no decayó, en verdad, con el tiempo. Siempre he tenido una rara propensión a la Metafísica. Siempre he sido aficionado a las paradojas sobre el espacio y el tiempo, y me parecía que, en realidad, Gibberne preparaba nada menos que la aceleración absoluta de la vida. Supóngase un hombre que se dosificara repetidamente con semejante preparación: Este hombre viviría, en efecto, una vida activa y única, pero sería adulto a los once años, de edad madura a los veinticinco, y a los treinta emprendería el camino de la decrepitud senil.

Hasta este punto se me figuraba que Gibberne sólo iba a procurar a todo el mundo el que tomara su droga exactamente lo mismo que lo que la Naturaleza ha procurado a los judíos y a los orientales, que son hombres a los quince años y ancianos a los cincuenta, y siempre más rápidos que nosotros en pensar y obrar. Siempre me ha maravillado la acción de las drogas; por medio de ellas se puede enloquecer a un hombre, calmarle, darle una fortaleza y una vivacidad increíbles, o convertirlo en un leño impotente, activar esta pasión o moderar aquella y ¡ahora venía a añadirse un nuevo milagro a este extraño arsenal de frascos que utilizan los médicos! Pero Gibberne estaba demasiado atento a los puntos técnicos para que penetrara mucho en mi aspecto de la cuestión.

Fue el siete o el ocho de agosto, cuando me dijo que la destilación que decidiría su fracaso o su éxito temporal se estaba verificando mientras nosotros hablábamos, y el día diez cuando me dijo que la operación estaba terminada y que el Nuevo Acelerador era una realidad palpable. Este día lo encontré cuando subía la cuesta de Sandgate, en dirección de Folkestone (creo que iba a cortarme el pelo); Gibberne vino a mi encuentro apresuradamente, y supongo que se dirigía a mi casa para comunicarme en el acto su éxito. Recuerdo que los ojos le brillaban de una manera insólita en la cara acalorada, y hasta noté la rápida celeridad de sus pasos.

—Es cosa hecha —gritó, agarrándome la mano y hablando muy de prisa—. Más que hecha. Venga a mi casa a verlo.

—¿De verdad? —¡De verdad! —gritó—. ¡Es increíble. Venga a verlo! —¿Pero produce... el doble?

—Más, mucho más. Me he espantado. Venga a ver la droga. ¡Pruébela! ¡Ensáyela! Es la droga más asombrosa del mundo. Me aferró el brazo, y marchando a un paso tal que me obligaba a ir corriendo, subió conmigo la cuesta, gritando sin cesar. Todo un ómnibus de excursionistas se volvió a mirarnos al unísono, a la manera que lo hacen los ocupantes de estos vehículos. Era uno de esos días calurosos y claros que tanto abundan en Folkestone; todos los colores brillaban de manera increíble, y todos los contornos se recortaban con rudeza. Hacía algo de aire, desde luego, pero no tanto como el que necesitaría para refrescarme y calmarme el sudor en aquellas condiciones. Jadeando, pedí misericordia.

—No andaré muy de prisa, ¿verdad? —exclamó Gibberne, reduciendo su paso a una marcha todavía rápida.

—¿Ha probado usted ya esa droga? —dije, soplando.

—No. A lo sumo una gota de agua que quedaba en un vaso que enjuagué para quitar las últimas huellas de la droga. Anoche sí la tomé, ¿sabe usted? Pero eso ya es cosa pasada.

—¿Y duplica la actividad? —pregunté yo al acercarme a la entrada de su casa, sudando de una manera lamentable.

—¡La multiplica mil veces, muchos miles de veces! —exclamó Gibberne con un gesto dramático, abriendo violentamente la ancha cancela de viejo roble tallado.

—¿Eh? —dije yo, siguiéndolo hacia la puerta.

—Ni siquiera sé cuántas veces la multiplica —dijo Gibberne con el llavín en la mano.

—¿Y usted...?

—Esto arroja toda clase de luces sobre la fisiología nerviosa; da a la teoría de la visión, una forma enteramente nueva... ¿Sabe Dios cuántos miles de veces? Ya lo veremos después. Lo importante ahora, es ensayar la droga.

—¿Ensayar la droga? —exclamé, mientras seguíamos el corredor.

—¡Claro! —dijo Gibberne, volviéndose hacia mí en su despacho—. ¡Ahí está, en ese frasco verde! ¡A no ser que tenga usted miedo!

Yo soy, por naturaleza, un hombre prudente, sólo intrépido en teoría. Tenía miedo, pero, por otra parte, me dominaba el amor propio.

—Hombre —dije, cavilando—, ¿dice usted que la ha probado?

—Sí; la he probado —repuso —, y no parece que me haya hecho daño, ¿verdad? Ni siquiera tengo mal color y, por el contrario, siento...

—Venga la poción —dije yo, sentándome —. Si la cosa sale mal, me ahorraré el cortarme el pelo, que es, a mi juicio, uno de los deberes más odiosos del hombre civilizado. ¿Cómo toma usted la mezcla?

—Con agua —repuso Gibberne, poniendo de golpe una botella encima de la mesa.

Se hallaba en pie, delante de su mesa, y me miraba a mí, que estaba sentado en el sillón; sus modales adquirieron de pronto cierta afectación de especialista.

—Es una droga singular, ¿sabe usted? —dijo.

Yo hice un gesto con la mano, y él continuó:

—Debo advertirle, en primer lugar, que en cuanto la haya usted bebido, cierre los ojos y no los abra hasta pasado un minuto o algo así, y eso, con mucha precaución. Se sigue viendo. El sentido de la vista depende de la duración de las vibraciones y no de una multitud de choques, pero si se tienen los ojos abiertos, la retina recibe una especie de sacudida, una desagradable confusión vertiginosa. Así que téngalos cerrados.

—Bueno; los cerraré.

—La segunda advertencia, es que no se mueva. No empiece usted a andar de un lado para otro, puede darse algún golpe. Recuerde que irá usted varios miles de veces más de prisa que nunca; el corazón, los pulmones, los músculos, el cerebro, todo funcionará con esa rapidez, y puede usted darse un buen golpe sin saber cómo. Usted no notará nada, ¿sabe usted? Se sentirá lo mismo que ahora. Lo único que le pasará es que parecerá que todo se mueve muchos miles de veces más despacio que antes. Por eso resulta la cosa tan rara.

—¡Dios mío! —dije yo—. ¿Y pretende usted...?

—Ya verá usted —dijo él, alzando un cuentagotas. Echó una mirada al material de la mesa, y añadió:

—Vasos, agua, todo está listo. No hay que tomar demasiado en el primer ensayo.

El cuentagotas absorbió el precioso contenido del frasco.

—No se olvide de lo que le he dicho —dijo Gibberne, vertiendo las gotas en un vaso de una manera misteriosa —. Permanezca sentado con los ojos herméticamente cerrados y en una inmovilidad absoluta durante dos minutos. Luego, me oirá usted hablar.

Añadió un dedo de agua a la pequeña dosis de cada vaso.

—A propósito —dijo—: No deje usted el vaso en la mesa. Téngalo en la mano, descansando ésta en la rodilla. Sí; eso es, Y ahora... Gibberne alzó su vaso.

—¡Por el Nuevo Acelerador! —dije yo.

—¡Por el Nuevo Acelerador! —repitió él.

Chocamos los vasos y bebimos, e instantáneamente cerré los ojos. Durante un intervalo indefinido permanecí en una especie de nirvana. Luego, oí decir a Gibberne que me despertara, me estremecí, y abrí los ojos. Gilbberne seguía en pie en el mismo sitio, y todavía tenía el vaso en la mano. La única diferencia era que éste estaba vacío.

—¿Qué? —dije yo.

—¿No nota nada de particular?

—Nada. Si acaso, una ligera sensación de alborozo. Nada más. —¿Y ruidos?

—Todo está tranquilo —dije—. ¡Por Júpiter, sí! Todo está tranquilo, salvo este tenue pat-pat, pat-pat, como el ruido de la lluvia al caer sobre objetos diferentes. ¿Qué es eso?

—Sonidos analizados —creo que me respondió, pero no estoy seguro.

Lanzó una mirada a la ventana, y exclamó:

—¿Ha visto usted alguna vez delante de una ventana una cortina tan inmóvil como ésa?

Seguí la dirección de su mirada y vi el extremo de la cortina, como si se hubiera quedado petrificada con una punta en el aire en el momento de ser agitada vivamente por el viento.

—No —dije yo—; es extraño.

—¿Y esto? —dijo Gibberne, abriendo la mano que tenía el vaso. Como es natural, yo me sobrecogí, esperando que el vaso se rompería contra el suelo. Pero, lejos de romperse, ni siquiera pareció moverse; se mantenía inmóvil en el aire

—En nuestras latitudes —dijo Gibberne—, un objeto que cae recorre, hablando en general, cinco metros en el primer segundo de su caída. Este vaso está cayendo ahora a razón de cinco metros por segundo. Lo que sucede, ¿sabe usted?, es que todavía no ha transcurrido una centésima de segundo. Esto puede darle una idea de la actividad vital que nos ha dado mi Acelerador.

Y empezó a pasar la mano por encima, por debajo y alrededor del vaso, que caía lentamente. Por último, lo cogió por el fondo, lo atrajo hacia sí y lo colocó con mucho cuidado sobre la mesa.

—¿Eh? —dijo riéndose.

—Esto me parece magnífico —dije yo, y empecé a levantarme del sillón con gran cautela.

Yo me encontraba perfectamente, muy ligero y a gusto, y lleno de absoluta confianza en mí mismo. Todo mi ser funcionaba muy de prisa.

Mi corazón, por ejemplo, latía mil veces por segundo, pero esto no me causaba el menor malestar. Miré por la ventana: Un ciclista inmóvil con la cabeza inclinada sobre los manubrios y una nube inerte de polvo tras la rueda posterior trataba de alcanzar a un ómnibus lanzado al galope, que no se movía. Yo me quedé con la boca abierta ante este espectáculo increíble.

—Gibberne —exclamé—, ¿cuánto tiempo durará esta maldita droga?

—¡Dios sabe! —repuso él—. La última vez que la tomé me acosté, y se me pasó durmiendo. Le aseguro que estaba asustado. En realidad, debió de durarme unos minutos, que me parecieron horas. Pero en poco rato creo que el efecto disminuye de una manera bastante súbita.

Yo estaba orgulloso de observar que no estaba asustado, debido, tal vez, a que éramos dos los expuestos.

—¿Por qué no salir a la calle? —pregunté yo. —¿Por qué no?

—La gente se fijará en nosotros.

—De ningún modo. ¡Gracias a Dios! Fíjese usted en que iremos mil veces más de prisa que el juego de manos más rápido que se haya hecho nunca. ¡Vamos! ¿Por dónde salimos? ¿Por la ventana o por la puerta?

Salimos por la ventana.

Seguramente, de todos los experimentos extraños que yo he hecho o imaginado nunca, o que he leído que habían hecho o imaginado otros, esta pequeña incursión que hice con Gibberne por el parque de Folkestone ha sido el más extraño y el más loco de todos.

Por la puerta del jardín salimos a la carretera, y allí hicimos un minucioso examen del tráfico inmovilizado. El remate de las ruedas y algunas de las patas de los caballos del ómnibus, así como la punta del látigo y la mandíbula inferior del cochero, que en ese preciso instante se puso a bostezar, se movían perceptiblemente, pero el resto del pesado vehículo parecía inmóvil y absolutamente silencioso, excepto un tenue ruido que salía de la garganta de un hombre. ¡Y este edificio petrificado estaba ocupado por un cochero, un guía y once viajeros! El efecto de esta inmovilidad mientras nosotros caminábamos, empezó por parecernos locamente extraño y acabó por ser desagradable.

Veíamos a personas como nosotros y, sin embargo, diferentes, petrificadas en actitudes descuidadas, sorprendidas a la mitad de un gesto. Una joven y un hombre se sonreían mutuamente, con una sonrisa oblicua que amenazaba hacerse eterna; una mujer con una pamela de amplias alas apoyaba el brazo en la barandilla del coche y contemplaba la casa de Gibberne con la impávida mirada de la eternidad; un hombre se acariciaba el bigote como una figura de cera, y otro extendía una mano lenta y rígida, con los dedos abiertos, hacia el sombrero, que se le escapaba. Nosotros los mirábamos, nos reíamos de ellos y les hacíamos muecas; luego nos inspiraron cierto desagrado, y dando media vuelta, atravesamos el camino por delante del ciclista dirigiéndonos al parque.

—¡Cielo santo! —exclamó de pronto Gibberne—. ¡Mire!

Delante de la punta de su dedo extendido, una abeja se deslizaba por el aire batiendo lentamente las alas y a la velocidad de un caracol excepcionalmente lento.

A poco llegamos al parque. Allí, el fenómeno resultaba todavía más absurdo. La banda estaba tocando en el quiosco, aunque el ruido que hacía era para nosotros como el de una quejumbrosa carraca, algo así como un prolongado suspiro, que tantas veces se convertía en un sonido análogo al del lento y apagado *tic-tac* de un reloj monstruoso. Personas petrificadas, rígidas, se hallaban en pie, y maniquíes extraños, silenciosos, de aire fatuo, permanecían en actitudes inestables, sorprendidos en la mitad de un paso durante su paseo por el césped. Yo pasé junto a un perrito de lanas suspendido en el aire al saltar, y contemplé el lento movimiento de sus patas al caer a tierra.

—¡Oh, mire usted! —exclamó Gibberne. Y nos detuvimos un instante ante un magnífico personaje vestido con un traje de franela blanca y rayas tenues, con zapatos blancos y sombrero panamá, que se volvía a guiñar el ojo a dos damas con vestidos claros que habían pasado a su lado. Un guiño, estudiado con el detenimiento que nosotros podíamos permitirnos, es una cosa muy poco atrayente. Pierde todo carácter de viva alegría, y se observa que el ojo que se guiña no se cierra por completo, y que bajo el párpado aparece el borde inferior del globo del ojo como una tenue línea blanca.

—¡Como el Cielo me conceda memoria —dije yo— nunca volveré a guiñar el ojo!

—Ni a sonreír —añadió Gibberne con la mirada fija en los dientes de las damas.

—Hace un calor infernal —dije yo—. Vayamos más despacio.

—¡Bah! ¡Sigamos! —dijo Gibberne.

Nos abrimos camino por entre las sillas de la avenida. Muchas de las personas sentadas en las sillas parecían bastante naturales en sus actitudes pasivas, pero la faz contorsionada de los músicos no era un espectáculo tranquilizador. Un hombre pequeño, de cara purpúrea, estaba petrificado a la mitad de una lucha violenta por doblar un periódico, a pesar del viento. Encontrábamos muchas pruebas de que todas las gentes desocupadas estaban expuestas a una brisa considerable, que, sin embargo, no existía por lo que a nuestras sensaciones se refería. Nos apartamos un poco de la muchedumbre y nos volvimos a contemplarla.

El espectáculo de toda aquella multitud convertida en un cuadro, con la rígida inmovilidad de figuras de cera, era una maravilla inconcebible.

Era absurdo, desde luego, pero me llenaba de un sentimiento exaltado, irracional, de superioridad. ¡Imaginaos qué portento! Todo lo que yo había dicho, pensado y hecho desde que la droga había empezado a actuar en mi organismo había sucedido, en relación con aquellas personas y con todo el mundo en general, en un abrir y cerrar de ojos.

—El Nuevo Acelerador... —empecé yo, pero Gibberne me interrumpió.

—Ahí está esa vieja infernal.

—¿Qué vieja?

—Una que vive junto a mi casa. Tiene un perro faldero que no hace más que ladrar. ¡Cielos! ¡La tentación es irresistible!

Gibberne tiene a veces arranques infantiles, impulsivos. Antes que yo pudiera discutir con él, arrancaba al infortunado animal de la existencia visible y corría velozmente con él hacia el barranco del parque. Era la cosa más extraordinaria. El pequeño animal no ladró, no se debatió ni dio la más ligera muestra de vitalidad. Se quedó completamente rígido, en una actitud de reposo soñoliento, mientras Gibberne lo llevaba cogido por el cuello. Era como si fuera corriendo con un perro de madera.

—¡Gibberne! —grité—. ¡Suéltelo!

Luego, dije alguna otra cosa y volví a gritarle:

—Gibberne, si sigue usted corriendo así, se le va a prender fuego la ropa —ya se le empezaba a chamuscar el pantalón.

Gibberne dejó caer la mano en el muslo y se quedó vacilando al borde del barranco.

—Gibberne —grité, corriendo tras él—. Suéltelo. ¡Este calor es excesivo! ¡Es debido a nuestra velocidad! ¡Corremos a tres o cuatro kilómetros por segundo! ... ¡Y el frotamiento del aire!...

—¿Qué? —dijo Gibberne, mirando al perro.

—El frotamiento del aire! —grité—. El frotamiento del aire. Vamos demasiado aprisa. Parecemos aerolitos. Es demasiado calor. ¡Gibberne! ¡Gibberne! Siento muchos pinchazos y estoy cubierto de sudor. Se ve que la gente se mueve ligeramente. ¡Creo que la droga se disipa! Suelte ese perro.

—¿Eh? —dijo él.

—La droga se disipa —repetí—. Nos estamos abrasando, y la droga se disipa. Yo estoy empapado de sudor.

Gibberne se quedó mirándome. Luego, miró a la banda, cuyo lento carraspeo empezaba en verdad a acelerarse. Luego, describiendo con el brazo una curva tremenda, arrojó a lo lejos al perro que se elevó dando vueltas, inanimado aún, y cayó, al fin, sobre las sombrillas de un grupo de damas que conversaban animadamente. Gibberne me cogió del codo.

—¡Por Júpiter! —exclamó—. Me parece que sí se disipa. Una especie de picor abrasador... sí. Ese hombre está moviendo el pañuelo de una manera perceptible. Debemos marcharnos de aquí rápidamente.

Pero no pudimos marcharnos con bastante rapidez. ¡Y quizá fuera una suerte! Pues, de lo contrario, hubiéramos corrido, y si hubiéramos corrido, creo que nos hubiésemos incendiado. ¡Es casi seguro que nos hubiésemos prendido fuego! Ni Gibberne ni yo habíamos pensado en eso, ¿sabe usted?... Pero antes que hubiéramos echado a correr, la acción de la droga había cesado. Fue cuestión de una ínfima fracción de segundo. El efecto del Nuevo Acelerador cesó como quien corre una cortina, se desvaneció durante el movimiento de una mano. Oí la voz de Gibberne muy alarmada:

—Siéntese —exclamó.

Yo me dejé caer en el césped, al borde del prado, abrasando el suelo. Todavía hay un trozo de hierba quemada en el sitio en que me senté. Al mismo tiempo, la paralización general pareció cesar; las vibraciones desarticuladas de la banda se unieron precipitadamente en una ráfaga de música; los paseantes pusieron el pie en el suelo y continuaron su camino; los papeles y las banderas empezaron a agitarse; las sonrisas se convirtieron en palabras; el personaje que había empezado el guiño lo terminó y prosiguió su camino satisfecho, y todas las personas sentadas se movieron y hablaron.

El mundo entero había vuelto a la vida y empezaba a marchar tan de prisa como nosotros o, mejor dicho, nosotros no íbamos ya más de prisa que el resto del mundo.

Era como la reducción de la velocidad de un tren al entrar en una estación. Durante uno o dos segundos, todo me pareció que daba vueltas, sentí una ligerísima náusea, y eso fue todo. ¡Y el perrito, que parecía haber quedado suspendido un momento en el aire cuando el brazo de Gibberne le imprimió su velocidad, cayó con súbita celeridad a través de la sombrilla de una dama!

Esto fue nuestra salvación. Excepto un anciano corpulento, que estaba sentado en una silla y que ciertamente se estremeció al vernos; luego, nos miró varias veces con gran desconfianza y me parece que acabé por decir algo a su enfermera acerca de nosotros, no creo que ni una sola persona se diera cuenta de nuestra súbita aparición. ¡Plop! Debimos llegar allí bruscamente. Casi en el acto dejamos de chamuscarnos, aunque la hierba que había debajo de mí desprendía un calor desagradable. La atención de todo el mundo (incluso la de la banda de la Asociación de Recreos, que por primera vez tocó desafinadamente) había sido atraída por el hecho pasmoso, y por el ruido todavía más pasmoso de los ladridos y la gritería que se originó de que un perro faldero gordo y respetable, que dormía tranquilamente del lado Este del quiosco de la música, había caído súbitamente a través de la sombrilla de una dama que se encontraba en el lado opuesto, llevando los pelos ligeramente chamuscados a causa de la extrema velocidad de su viaje a través del aire. ¡Y en estos días absurdos, en que todos tratamos de ser todo lo psíquicos, lo cándidos y lo supersticiosos que sea posible! La gente se levantó atropelladamente, tirando las sillas, y el guardia del parque acudió. Ignoro cómo se arreglaría la cuestión; estábamos demasiado deseosos de desligarnos del asunto y de rehuir las miradas del anciano de la silla para entretenernos en hacer minuciosas investigaciones. En cuanto estuvimos lo suficientemente fríos y nos recobramos de nuestro vértigo, nuestras náuseas y nuestra confusión de espíritu, nos levantamos, y bordeando la muchedumbre, dirigimos nuestros pasos por el camino del hotel de la metrópoli hacia la casa de Gibberne. Pero entre el tumulto oí muy distintamente al caballero que estaba sentado junto a la dama de la sombrilla rota, que dirigía amenazas e insultos injustificados a uno de los inspectores de las sillas.

—Si usted no ha tirado el perro —le decía—, ¿quién ha sido?

El súbito retorno del movimiento y del ruido familiar, y nuestra natural ansiedad acerca de nosotros mismos (nuestras ropas estaban todavía terriblemente calientes, y la parte delantera de los pantalones blancos de Gibberne estaba chamuscada y ennegrecida), me impidieron hacer sobre todas estas cosas las minuciosas observaciones que hubiera querido. En realidad, no hice ninguna observación de algún valor científico sobre este retorno. La abeja, desde luego, se había marchado. Busqué al ciclista con la mirada, pero ya se había perdido de vista cuando nosotros llegamos al camino alto de Sandgate, o quizá nos lo ocultaban los carruajes; sin embargo, el ómnibus de los viajeros, con todos sus ocupantes vivos y agitados ya, marchaba a buen paso cerca de la iglesia próxima.

Al entrar en la casa, observamos que el antepecho de la ventana por donde habíamos saltado al salir, estaba ligeramente chamuscado, que las huellas de nuestros pies en la grava del sendero eran de una profundidad insólita.

Éste fue mi primer experimento del Nuevo Acelerador. Prácticamente habíamos estado corriendo de un lado a otro, y diciendo y haciendo toda clase de cosas, en el espacio de uno o dos segundos de tiempo. Habíamos vivido media hora mientras la banda había tocado dos compases. Pero el efecto causado en nosotros fue que el mundo entero se había detenido, para que nosotros lo examináramos a gusto. Teniendo en cuenta todas las cosas, y particularmente nuestra temeridad al aventurarnos fuera de la casa, el experimento pudo muy bien haber sido mucho más desagradable de lo que fue. Demostró, sin duda, que Gibberne tiene mucho que aprender aun antes de que su preparación sea de fácil manejo, pero su viabilidad quedó demostrada ciertamente de una manera indiscutible.

Después de esta aventura, Gibberne ha ido sometiendo constantemente a control el uso de la droga, y varias veces, y sin ningún mal resultado, he tomado yo bajo su dirección dosis medidas; aunque he de confesar que no me he vuelto a aventurar a salir a la calle mientras me encuentro bajo su efecto. Puedo mencionar, por ejemplo, que esta historia ha sido escrita bajo su influencia, de un tirón y sin otra interrupción que la necesaria para tomar un poco de chocolate. La empecé a las seis y veinticinco, y en este momento mi reloj marca la media y un minuto. La comodidad de asegurarse una larga e ininterrumpida cantidad de trabajo en medio de un día lleno de compromisos, nunca podría elogiarse demasiado.

Gibberne está trabajando ahora en el manejo cuantitativo de su preparación, teniendo siempre en cuenta sus distintos efectos en tipos de diferente constitución. Luego, espera descubrir un Retardador para diluir la potencia actual, más bien excesiva, de su droga. El Retardador, como es natural, causará el efecto contrario al Acelerador. Empleado solo, permitirá al paciente convertir en unos segundos muchas horas de tiempo ordinario, y conservar así una inacción apática, una fría ausencia de vivacidad, en un ambiente muy agitado o irritante. Juntos, los dos descubrimientos, han de originar necesariamente una completa revolución en la vida civilizada; éste será el principio de nuestra liberación del Vestido del Tiempo, de que habla Garlyle. Mientras, este Acelerador nos permitirá concentrarnos con formidable potencia en un momento u ocasión que exija el máximo rendimiento de nuestro vigor y nuestros sentidos, el Retardador nos permitirá pasar con tranquilidad pasiva las horas de penalidad o de tedio. Quizá pecaré de optimista respecto al Retardador, que en realidad no ha sido descubierto aún, pero en cuanto al Acelerador, no hay ninguna duda posible. Su aparición en el mercado en forma cómoda, controlable y asimilable es cosa de unos meses. Se le podrá adquirir en todas las farmacias y droguerías, en pequeños frascos verdes, a un precio elevado, pero de ningún modo excesivo si se consideran sus extraordinarias cualidades. Se llamará "Acelerador Nervioso de Gibberne", y éste espera hallarse en condiciones de facilitarlo en tres distintas potencias: una de doscientos, otra de novecientos y otra de mil grados, y se distinguirán por etiquetas amarilla, rosa y blanca, respectivamente.

No hay duda de que su uso hace posible un gran número de cosas extraordinarias, pues, desde luego, pueden efectuarse impunemente los actos más notables y hasta quizá los más criminales, escurriéndose de este modo, por decirlo así, a través de los intersticios del tiempo. Como todas las preparaciones potentes, ésta sería susceptible de abuso.

No obstante, nosotros hemos discutido a fondo este aspecto de la cuestión, y hemos decidido que eso es puramente un problema de jurisprudencia médica completamente al margen de nuestra jurisdicción. Nosotros fabricaremos y venderemos el Acelerador, y en cuanto a las consecuencias..., ya veremos.

La floración de la extraña orquídea

La compra de orquídeas siempre conlleva cierto aire especulativo. Uno tiene delante el marchito pedazo de tejido marrón, y por lo demás debe fiarse de su criterio o del vendedor o de su buena suerte, según se inclinen sus gustos. La planta puede estar moribunda o muerta, o puede que sea una compra respetable, un valor justo a cambio de su dinero, o quizá —pues ha sucedido una y otra vez— lentamente se despliegue día tras día ante los encantados ojos del feliz comprador alguna nueva variedad, alguna nueva riqueza, una rara peculiaridad del *Labellum*, una sutil coloración o un mimetismo inesperado. El orgullo, la belleza y la ganancia florecen juntos en una delicada espiga verde y puede que incluso la inmortalidad. Porque el nuevo milagro de la naturaleza puede andar necesitado de un nuevo nombre específico, y ¿cuál tan conveniente como el de su descubridor? *¡Juangarcía!* Nombres peores se han puesto.

Fue quizá la esperanza de un descubrimiento feliz de ese género la que hizo a Wedderburn asistir con tanta asiduidad a esas subastas, esa esperanza y también, quizá, el hecho de que no tenía ninguna otra cosa más interesante qué hacer. Era un hombre tímido, solitario, bastante ineficaz, con ingresos suficientes como para mantener alejado el aguijón de la necesidad y sin la suficiente energía nerviosa que lo impulsara a buscar cualquier ocupación exigente. Podía haber coleccionado sellos, monedas o traducido a Horacio o encuadernado libros o descubierto alguna nueva especie de diatomeas. Pero de hecho cultivaba orquídeas y disponía de un pequeño pero ambicioso invernadero.

—Tengo la sensación —dijo tomando el café— de que hoy me va a suceder algo.

Hablaba, igual que se movía y pensaba, despacio.

—¡Oh!, no digas eso —dijo el ama de llaves, que era también prima lejana suya. Pues *suceder algo* era un eufemismo que para ella sólo significaba una cosa.

—No me has entendido bien. No quiero decir nada desagradable... aunque apenas si sé a lo que me refiero.

—Hoy —continuó después de una pausa— en casa de Peter van a vender un lote de plantas procedentes de las islas Andamán y las Indias. Me acercaré a ver lo que tienen. Quizás haga una buena compra sin saberlo, puede que sea eso.

Le pasó la taza para que se la llenara de café por segunda vez.

—¿Es eso lo que coleccionaba ese pobre joven del que me hablaste el otro día? —preguntó su prima mientras le llenaba la taza.

—Sí —respondió, y se quedó pensativo mientras sostenía un trozo de tostada.

—Nunca me pasa nada —observó al poco tiempo, empezando a pensar en voz alta—. Me pregunto por qué. A otros les pasan bastantes cosas. Ahí está Harvey. Sin ir más lejos, la pasada semana, el lunes encontró seis peniques, el miércoles todos sus pollos tenían la modorra, el viernes su prima volvió a casa desde Australia, y el sábado se rompió el tobillo. ¡Qué torbellino de emociones comparado conmigo!

—Por mi parte preferiría pasar de tanta excitación —dijo el ama de llaves—. No puede ser bueno para uno.

—Supongo que es molesto. Con todo... ya sabes, nunca me pasa nada. De niño nunca tuve ningún accidente. Siendo adolescente nunca me enamoré. Nunca me casé... Me pregunto qué se sentirá cuando te pasa algo, algo realmente notable.

—Ese coleccionista de orquídeas sólo tenía treinta y seis, veinte años más joven que yo, cuando murió. Se había casado dos veces y divorciado una. Había tenido malaria cuatro veces y una vez se fracturó el fémur. En una ocasión mató a un malayo y otra lo hirieron con un dardo envenenado. Finalmente lo mataron las sanguijuelas de la jungla. Debe de haber sido todo muy molesto, pero también debe de haber sido muy interesante, sabes, excepto quizá, las sanguijuelas.

—Estoy segura de que no fue bueno para él —dijo la señora con convicción.

—Puede que no.

Entonces, Wedderburn miró su reloj.

—Las ocho y veintitrés minutos. Voy a ir en el tren de las doce menos cuarto, así que hay mucho tiempo. Creo que me pondré la chaqueta de alpaca —hace bastante calor—, el sombrero gris de fieltro y los zapatos marrones. Supongo...

Miró por la ventana al cielo sereno y al soleado jardín, y después, nerviosamente, a la cara de su prima.

—Creo que sería mejor que llevaras el paraguas si vas a Londres —dijo con una voz que no admitía negativa—. A la vuelta tienes todo el trayecto desde la estación hasta aquí.

Cuando volvió se encontraba en un estado de suave excitación. Había hecho una compra. Era raro que lograra decidirse con la rapidez suficiente para comprar, pero esta vez lo había hecho.

—Hay Vandas —explicó—, un Dendrobio y algunas Palaeonophis.

Repasó las compras amorosamente al tiempo que tomaba la sopa. Estaban extendidas delante de él sobre el impoluto mantel y le estaba contando a su prima todo sobre ellas mientras se demoraba lentamente con la comida. Tenía la costumbre de revivir por la tarde todas sus visitas a Londres para entretenimiento propio y de ella.

—Sabía que hoy pasaría algo. Y he comprado todas esas cosas. Algunas, algunas de ellas, estoy seguro, ¿sabes?, de que algunas serán notables. No sé cómo, pero lo siento con tanta seguridad como si alguien me lo hubiera dicho. Ésta —apuntó a un marchito rizoma— no fue identificada. Quizá sea una Palaeonophis o puede que no. Quizá sea una especie nueva o incluso un género nuevo. Fue la última que recogió el pobre Batten.

—No me gusta su aspecto —dijo el ama de llaves—. Tiene una forma tan fea...

—Para mí que apenas si llega a tener forma alguna.

—No me gustan esas cosas que asoman —dijo el ama de llaves.

—Mañana estará fuera en una maceta.

—Parece —continuó el ama de llaves— una araña que se hace la muerta.

Wedderburn sonrió e inspeccionó la raíz ladeando la cabeza.

—Ciertamente no es que sea un bonito pedazo de material. Pero nunca se pueden juzgar estas cosas por su apariencia cuando están secas. Desde luego puede que termine siendo una orquídea muy hermosa. ¡Qué ocupado estaré mañana! Esta noche tengo que ver exactamente lo que hago con ellas y mañana me pondré a la obra.

—Encontraron al pobre Batten, que yacía muerto o moribundo en un manglar, no recuerdo cuál —continuó de nuevo al poco rato— con una de estas mismas orquídeas aplastadas bajo el cuerpo. Había estado enfermo durante algunos días con cierto tipo de fiebre nativa y supongo que se desmayó. Esos manglares son muy insalubres. Dicen que las sanguijuelas de la jungla le sacaron hasta la última gota de sangre. Puede que se trate de la mismísima planta que le costó la vida.

—Eso no mejora mi opinión de ella.

—Los hombres tienen que trabajar aunque las mujeres puedan llorar —sentenció Wedderburn con profunda gravedad.

—¡Mira que morir lejos de todas las comodidades en un pantano! ¡Anda que enfermar de fiebre con nada que tomar más que específicos y quinina, y nadie a tu lado más que horribles nativos! Dicen que los nativos de las islas Andaman son unos desgraciados de lo más repugnante, y de todas formas, a duras penas pueden ser buenos enfermeros sin haber tenido la preparación necesaria. ¡Y sólo para que la gente en Inglaterra disponga de orquídeas!

—No creo que fuera agradable, pero algunos hombres parecen disfrutar con ese tipo de cosas —continuó Wedderburn—. En todo caso los nativos de su grupo eran lo suficientemente civilizados para cuidar toda su colección hasta que su colega, que era un ornitólogo, volvió del interior, aunque no conocían la especie de orquídea y la habían dejado marchitarse. Eso hace a estas plantas más interesantes.

—Las hace repugnantes. A mí me daría miedo que tuvieran restos de malaria adheridos. ¡Y sólo pensar que un cuerpo muerto ha estado extendido sobre esa cosa tan fea! No había pensado en eso antes. ¡Se acabó! Te digo que no puedo comer ni un bocado más de la cena.

—Las quitaré de la mesa si te parece y las pondré en el hueco de la ventana. Allí las puedo ver igual.

Los días siguientes estuvo, desde luego, especialmente ocupado en el pequeño invernadero lleno de vapor yendo de acá para allá con carbón vegetal, trozos de teca, musgo y todos los demás misterios del cultivador de orquídeas. Pensaba que disfrutaba de un tiempo maravillosamente lleno de acontecimientos. Por la tarde hablaba de las nuevas orquídeas a los amigos y una y otra vez insistía en sus expectativas de algo extraño.

Varias de las Vandas y los Dendrobios fenecieron bajo sus cuidados, pero pronto la extraña orquídea empezó a dar señales de vida. Estaba encantado y tan pronto como lo descubrió, hizo que el ama de llaves abandonara la elaboración de mermelada para verlo de inmediato.

—Ése es un brote —explicó—, pronto habrá muchas hojas ahí, y esas cositas que salen por aquí son raicillas aéreas.

A mí me parecen deditos blancos que se asoman del tejido marrón —opinó el ama de llaves—. No me gustan.

—¿Por qué no?

—No lo sé. Parecen dedos que intentan agarrarte. Lo que me gusta, me gusta, y lo que no me gusta, no me gusta; no puedo remediarlo. —No lo sé seguro, pero creo que ninguna orquídea de las que conozco tiene raicillas aéreas exactamente como ésas. Desde luego, pueden ser imaginaciones mías. ¿Ves que están un poco aplanadas en el extremo?

—No me gustan —dijo el ama de llaves, temblando repentinamente y dándose la vuelta—. Sé que es estúpido por mi parte, y lo siento mucho, especialmente porque te gustan tanto. Pero no puedo por menos de pensar en ese cadáver.

—Pero puede que no fuera esa planta en particular. Eso no fue más que una suposición mía.

El ama de llaves se encogió de hombros.

—De todas maneras, no me gustan —concluyó.

Wedderburn se sintió un poco dolido por su aversión a la planta, pero eso no le impidió hablarle de las orquídeas en general y de ésta en particular siempre que le apeteció.

—Pasan cosas tan curiosas con las orquídeas —le contó un día—... hay tantas posibilidades de sorpresa. Darwin estudió su fertilización y mostró que toda la estructura de una flor de orquídea común estaba ideada para que las polillas pudieran llevar el polen de una planta a otra. Bueno, pues se conocen cantidades de orquídeas cuya flor no puede ser fertilizada de esa manera. Algunos Cypripediums, por ejemplo, no hay insecto conocido que pueda fertilizarlos, y a algunos jamás se les ha encontrado semilla.

—Entonces, ¿cómo forman las nuevas plantas?

—Con estolones y tubérculos y ese tipo de brotes. Eso tiene fácil explicación. El enigma está en ¿para qué sirven las flores?

—Es muy probable que mi orquídea sea algo extraordinario en ese sentido. Si es así lo estudiaré. A menudo he pensado en hacer investigaciones como Darwin. Pero hasta ahora no he encontrado tiempo o alguna otra cosa me lo ha impedido. ¡Me gustaría mucho que vinieras a verlas!

Pero ella respondió que en el invernadero de las orquídeas hacía tanto calor que le daba dolor de cabeza. Había visto la planta una vez más y las raicillas aéreas —algunas de ellas tenían ahora más de un pie de largas— desgraciadamente le habían recordado tentáculos que se alargaban para agarrar algo. Se metieron en sus sueños y crecían tras ella con una rapidez increíble. Así que había decidido con plena satisfacción no volver a ver la planta y Wedderburn tenía que admirar sus hojas en solitario. Tenían la forma ancha acostumbrada y eran de un verde profundo y lustroso con salpicaduras y puntos de rojo profundo en dirección a la base. No conocía ninguna otra hoja del todo igual. La planta estaba colocada en un banco bajo cerca del termómetro y muy cerca había un dispositivo por medio del cual un grifo goteaba sobre las tuberías de agua caliente y mantenía el ambiente lleno de vapor. Ahora se pasaba las tardes meditando con cierta regularidad sobre la floración ya próxima de la extraña planta.

Finalmente, tuvo lugar el gran acontecimiento. Tan pronto como entró en el pequeño invernadero supo que la espiga había eclosionado, aunque su gran Palaeonophis Lowii tapaba la esquina donde estaba su nuevo encanto. Había un olor nuevo en el aire, un perfume poderoso, de un intenso dulzor que dominaba a todos los demás de aquel pequeño invernadero abarrotado y lleno de vapor.

Nada más advertirlo se apresuró hasta la extraña orquídea, y, ¡oh, maravilla!, las verdes espigas trepadoras tenían ahora tres grandes manchas de flores de las que procedía la embriagadora dulzura. Se quedó parado ante ellas en un éxtasis de admiración.

Las flores eran blancas con vetas de dorado naranja en los pétalos; el pesado labellum estaba enrollado en una intrincada proyección y un maravilloso púrpura azulado se mezclaba allí con el oro. Vio de inmediato que se trataba de un género completamente nuevo. ¡Y la inaguantable fragrancia! ¡Qué calor hacía allí! Las flores se balanceaban ante sus ojos.

Miraría si la temperatura estaba bien. Dio un paso hacia el termómetro. De repente, todo le pareció vacilante. Los ladrillos del suelo bailaban arriba y abajo. Luego, las blancas flores, las hojas verdes detrás de ellas, todo el invernadero pareció extenderse por los costados y después curvarse hacia arriba.

A las cuatro y media su prima, siguiendo la invariable costumbre, hizo el té. Pero Wedderburn no vino a tomarlo.

—Está adorando a esa horrible orquídea —se dijo a sí misma y esperó diez minutos—. Se le debe de haber parado el reloj. Iré a llamarlo.

Fue directa al invernadero y, abriendo la puerta, voceó su nombre. No hubo respuesta. Observó que el aire estaba muy enrarecido y cargado de un intenso perfume. Luego, vio algo que yacía sobre los ladrillos entre las tuberías del agua caliente.

Durante un minuto quizá, se quedó inmóvil.

Él estaba tumbado con la cara hacia arriba a los pies de la extraña orquídea. Las raicillas aéreas como tentáculos ya no se balanceaban libremente en el aire sino que se habían apiñado todas juntas en una maraña de cuerdas grises, y se estiraban, tensas, con los extremos bien adheridos a su barbilla, cuello y manos.

No lo entendió. Después, vio que por debajo de uno de los exultantes tentáculos sobre la mejilla corría un hilillo de sangre.

Con un grito inarticulado corrió hacia él y trató de apartarlo de las ventosas semejantes a sanguijuelas. Rompió bruscamente dos de los tentáculos y de ellos goteó una savia roja.

Luego, el embriagador perfume de la flor hizo que le diera vueltas la cabeza. ¡Cómo se agarraban a él! Rasgó las duras cuerdas y él y la blanca florescencia flotaron a su alrededor. Sintió que se desmayaba, pero sabía que no podía permitírselo. Lo dejó, rápidamente abrió la puerta más próxima y, después de jadear un momento al aire libre, tuvo una brillante inspiración. Cogió una maceta y rompió las ventanas del extremo del invernadero. Luego, volvió a entrar. Tiró ahora con renovadas fuerzas del cuerpo inmóvil de Wedderburn y estrelló estrepitosamente contra el suelo la extraña orquídea. Ésta todavía se aferraba a su víctima con la más obstinada tenacidad. En un arrebato los arrastró hasta el aire libre.

Entonces, pensó en romper las raicillas chupadoras una a una y en un minuto lo había liberado y lo arrastraba lejos del horror. Estaba blanco y sangraba por una docena de manchas circulares.

El hombre que hacía las chapuzas de la casa subía por el jardín asombrado por la rotura de cristales y la vio emerger arrastrando el cuerpo inanimado con manos manchadas de rojo. Por un instante pensó cosas imposibles.

—¡Trae algo de agua! —gritó ella, y su voz disipó todas sus imaginaciones.

Cuando, con desacostumbrada celeridad, volvió con el agua, la encontró llorando de emoción y con la cabeza de Wedderburn sobre su rodilla limpiándole la sangre de la cara.

—¿Qué pasa? —dijo Wedderburn abriendo los ojos débilmente y cerrándolos de nuevo inmediatamente.

—Ve a decir a Annie que venga aquí fuera y luego ve a buscar al doctor Haddon de inmediato —le dijo al hombre tan pronto como trajo el agua, y añadió al ver que dudaba—: Te lo explicaré todo cuando estés de vuelta.

Pronto Wedderburn abrió de nuevo los ojos, y al verlo molesto por lo sorprendente de su situación, le explicó:

—Te desmayaste en el invernadero. —¿Y la orquídea?

—Yo me encargaré de ella.

Wedderburn había perdido mucha sangre, pero aparte de eso, no tenía ninguna lesión grave. Le dieron brandy mezclado con un extracto de carne de color rosado y lo subieron a su dormitorio. El ama de llaves contó fragmentariamente la increíble historia al doctor Haddon.

—Venga a ver el invernadero.

El frío aire exterior entraba por la puerta abierta y el empalagoso perfume casi se había desvanecido. La mayoría de las rotas raicillas aéreas, ya marchitas, yacían entre algunas manchas oscuras sobre los ladrillos. El tallo de la floración se rompió con la caída de la planta y las flores crecían con los bordes de los pétalos mustios y marrones. El doctor se inclinó hacia ella, pero vio que una de las raicillas aéreas todavía se movía débilmente y dudó.

A la mañana siguiente la extraña orquídea todavía estaba allí, ahora negra y putrefacta. La puerta batía intermitentemente con la brisa matinal y toda la colección de orquídeas de Wedderburn estaba reseca y postrada. Pero el propio Wedderburn en su dormitorio estaba radiante y dicharachero con la gloria de su extraña aventura.

En el observatorio astronómico de Avu

El observatorio de Avu, en Borneo, se alza sobre el espolón de la montaña. Al Norte se eleva el viejo cráter, negra silueta nocturna contra el insondable azul del cielo. Desde el pequeño edificio circular con su cúpula bulbosa, las laderas descienden abruptamente internándose en los negros misterios del bosque tropical que está debajo. La casita en la que viven el astrónomo y su ayudante está a unas cincuenta yardas del observatorio, y más allá están las chozas de los sirvientes nativos.

Taddy, el astrónomo jefe, estaba indispuesto con una ligera fiebre. Su ayudante, Woodhouse, se detuvo un momento contemplando en silencio la noche tropical antes de comenzar la solitaria vigilia. Era una noche muy serena. De vez en cuando llegaban voces y risas desde las chozas de los nativos, o se oía, procedente del misterioso interior del bosque, el grito de algún animal extraño. Insectos nocturnos aparecían saliendo de la oscuridad de forma fantasmal y revoloteaban en torno a su luz. Pensó, quizá, en todas las posibilidades de descubrimientos que aún existían allá abajo en la negra espesura, pues para el naturalista los bosques vírgenes de Borneo son todavía una tierra sorprendente llena de extraños problemas y medio sospechadas verdades. Woodhouse llevaba en la mano una pequeña linterna cuyo resplandor amarillo contrastaba vivamente con la infinita serie de matices entre el azul lavanfa y el negro con los que estaba pintado el paisaje. Tenía las manos y la cara embadurnadas de crema antimosquitos.

Incluso en estos días de fotografía celeste, los trabajos que se llevan a cabo de forma puramente temporal, y únicamente con los más primitivos instrumentos además del telescopio, implican todavía una gran cantidad de observación en posturas inmóviles e incómodas. Suspiró al pensar en las fatigas que lo esperaban, se estiró y entró en el observatorio.

El lector probablemente está familiarizado con la estructura de un observatorio astronómico corriente. El edificio es generalmente de forma cilíndrica, con una cubierta semiesférica y muy ligera que permite girarla desde el interior. El telescopio se apoya sobre un pilar de piedra en el centro, y un artilugio mecánico compensa el movimiento de rotación de la Tierra lo que posibilita la observación continua de una estrella una vez encontrada. Además de esto hay un compacto entramado de ruedas y tornillos en torno a su punto de apoyo, mediante el cual el astrónomo ajusta el aparato. Hay, por supuesto, una ranura en la cubierta móvil, que es la que sigue el ojo del telescopio en su inspección de la bóveda celeste. El observador se sienta o yace sobre un dispositivo inclinado de madera que puede dirigir, mediante ruedas, a cualquier parte del observatorio según lo requiera la posición del telescopio. En el interior es recomendable que el observatorio esté lo más oscuro posible a fin de realzar el brillo de las estrellas observadas.

La linterna brilló cuando Woodhouse se metió en su garito circular y la oscuridad general retrocedió hasta las negras sombras detrás de la gran máquina, desde donde pareció apoderarse sigilosamente de nuevo de todo el local cuando la luz disminuyó. La ranura mostraba un azul transparente y profundo en el que seis estrellas brillaban con resplandor tropical, y su luz se extendía cual pálido fulgor por el negro tubo del instrumento. Woodhouse movió la cubierta y luego, poniéndose al telescopio, giró primero una rueda y después otra, cambiando lentamente el gran cilindro a una nueva posición. A continuación, miró por el rastreador, el pequeño telescopio auxiliar, movió la cubierta un poco más, hizo algunos otros ajustes y puso en marcha el mecanismo. Se quitó la chaqueta, pues la noche era muy calurosa, y puso en posición el incómodo asiento al que estaba condenado durante las cuatro horas siguientes. Luego, con un suspiro, se resignó a la observación de los misterios del espacio.

No había ya ningún ruido en el observatorio, y la linterna se apagaba de forma constante. Fuera, se oía el grito ocasional de algún animal asustado, dolorido o que llamaba a su pareja, y los sonidos intermitentes de los sirvientes malayos y Dyak. Pronto, uno de los hombres inició una extraña salmodia en la que los otros participaban a intervalos. Después de esto se diría que se retiraron a dormir, pues no llegaron más ruidos en esa dirección, y la susurrante quietud se hizo más y más profunda. El mecanismo hacía un tic-tac constante. El agudo zumbido de un mosquito exploraba el lugar, y se hizo aún más agudo de indignación ante la crema de Woodhouse. Luego, la linterna se apagó y todo el observatorio quedó a oscuras.

Woodhouse cambió pronto su posición cuando el lento movimiento del telescopio lo hubo llevado más allá de los límites de la comodidad.

Observaba un grupito de estrellas de la Vía Láctea, en una de las cuales su jefe había visto o creído ver una notable variación cromática. No formaba parte del trabajo ordinario para el que se había creado el establecimiento y por esa razón quizá Woodhouse estaba especialmente interesado. Debió de olvidarse de todas las cosas terrenas. Tenía toda la atención concentrada en el gran círculo azul del campo telescópico, un círculo potenciado, al parecer, con una multitud innumerable de estrellas y pleno de luminosidad frente a la negrura del entorno. Mientras miraba le pareció que se volvía incorpóreo, como si también él flotara en el éter del espacio. ¡Qué infinitamente remota estaba la débil mancha roja que observaba!

De repente, las estrellas desaparecieron. Hubo un destello de negrura y de nuevo volvían a ser visibles.

—Qué raro —dijo Woodhouse—. Debe haber sido un pájaro.

Sucedió lo mismo otra vez, e inmediatamente después el gran tubo vibró como si lo hubieran golpeado. A continuación, la cúpula del observatorio resonó con una serie de golpes atronadores. Pareció que las estrellas se retiraban, al tiempo que el telescopio, que había quedado sin sujeción, viraba alejándose de la ranura de la cubierta.

—¡Santo Cielo! —gritó Woodhouse—. ¿Qué pasa?

Una forma negra, vaga y enorme, con algo que batía como un ala, parecía estar forcejeando en la abertura de la cubierta. Al momento, la ranura estaba de nuevo despejada y la luminosa bruma de la Vía Láctea relucía cálida y brillante.

El interior de la cubierta estaba completamente negro y sólo el ruido de roces indicaba el paradero de la desconocida criatura.

Woodhouse había caído del asiento en total confusión. Estaba temblando violentamente y sudando con lo repentino del suceso. Aquella cosa, fuera lo que fuese, ¿estaba dentro o fuera? Desde luego era grande, aparte de las demás características que pudiera tener. Algo cruzó como un disparo la luz del cielo y el telescopio se balanceó. Él se sobresaltó y levantó el brazo. Estaba, por tanto, en el observatorio con él. Aparentemente se agarraba a la cubierta. ¿Qué demonios era? ¿Podía verlo a él?

Quedó estupefacto durante quizás un minuto. La bestia, fuera lo que fuera, arañó el interior de la cúpula, y luego algo le aleteó casi en la cara y vio la luz de las estrellas brillar momentáneamente sobre una piel como de cuero aceitado. La botella de agua cayó de la mesita con estrépito.

La presencia de un extraño pájaro cerniéndose a pocas yardas de su rostro en la oscuridad le producía a Woodhouse una indescriptible sensación de desagrado. Cuando recobró el pensamiento, decidió que debía ser algún pájaro nocturno o un murciélago grande. Afrontaría cualquier riesgo para ver de qué se trataba. Sacando una cerilla del bolsillo, intentó encenderla sobre el asiento del telescopio. Hubo un humeante destello de luz fosforescente, la cerilla iluminó un instante y vio una gran ala lanzarse hacia él, un brillo de pelaje color marrón grisáceo y después recibió un golpe en la cara y la cerilla se le cayó de la mano. El golpe iba dirigido a la sien y una garra le hizo un rasguño lateral hasta la mejilla. Se tambaleó y cayó, y oyó cómo se hacía pedazos la apagada linterna. Recibió otro golpe según caía. Medio aturdido, sintió cómo le brotaba la sangre caliente por la cara. Instintivamente percibió que le atacaban a los ojos y, volviendo la cara para protegerlos, intentó meterse a gatas bajo la protección del telescopio.

Recibió otro golpe en la espalda y oyó el rasgarse de la chaqueta, luego la cosa golpeó la cubierta del observatorio. Woodhouse se escurrió como pudo entre el asiento de madera y el ocular del instrumento, y giró el cuerpo de forma que fueran principalmente sus pies los que quedaran expuestos. Con ellos al menos podía dar patadas. Se encontraba todavía en un estado de perplejidad. La extraña bestia andaba dando golpes en la oscuridad, pero en seguida se agarró al telescopio haciendo que se balanceara y que crujiera el engranaje. Una vez aleteó junto a él y Woodhouse dio patadas como loco y sintió un cuerpo suave con los pies. Entonces, estaba terriblemente asustado. Tenía que ser algo realmente grande para balancear el telescopio de esa manera. Durante un momento vio la silueta de una cabeza negra contra la luz de las estrellas, con unas orejas muy afiladas y erectas y una cresta entre ellas. Le pareció tan grande como un mastín. Luego, empezó a dar gritos lo más alto que pudo pidiendo ayuda.

A los gritos, el animal respondió bajando de nuevo contra él. Al hacerlo, la mano de Woodhouse tocó algo que estaba junto a él en el suelo. Dio una patada y al instante siguiente su pierna era cogida y sujetada por una fila de aplicados dientes. Gritó de nuevo y trató de liberar la pierna dando patadas con la otra. Entonces, se dio cuenta de que tenía a mano la botella de agua rota y, cogiéndola rápidamente, forcejeó hasta lograr una postura sedente; después, palpando en la oscuridad en dirección al pie, agarró una oreja aterciopelada, como la de un gato grande. Había cogido la botella rota por el cuello y con ella asestó un tembloroso golpe contra la cabeza de la extraña bestia. Repitió el golpe y luego la empleó como cuchillo lanzando, en la oscuridad, la parte rota del cristal contra el sitio en que juzgó que podía encontrarse la cara.

Los pequeños dientes relajaron su presión e inmediatamente Woodhouse liberó la pierna y dio fuertes patadas. Sintió la nauseabunda sensación del pelaje y el hueso cediendo bajo su bota. El animal lanzó un mordisco desgarrador al brazo y él lo golpeó de nuevo en la cara, según creía, y dio contra un pelaje húmedo.

Hubo una pausa. Luego, oyó el ruido de garras y el arrastrarse de un cuerpo pesado alejándose de él por el suelo del observatorio. Siguió un silencio roto sólo por su propia respiración sollozante y un ruido como de lamer. Todo estaba negro salvo el paralelogramo de luz de cielo azul con el luminoso polvo de estrellas contra el que se dibujaba ahora la silueta del telescopio. Esperó, al parecer, un tiempo interminable.

¿Iba a volver de nuevo aquella bestia? Buscó cerillas en el bolsillo del pantalón y encontró una que le quedaba. Intentó encenderla, pero el suelo estaba húmedo y chisporroteó y se apagó. Profirió una maldición. No pudo ver dónde estaba situada la puerta. Con el forcejeo había perdido completamente la idea de su posición. La extraña bestia, perturbada por el chisporroteo de la cerilla, comenzó a moverse de nuevo.

—¡Ya es hora! —gritó Woodhouse con un repentino destello de jovialidad, pero la bestia ya no venía a acosarlo de nuevo. Pensó que debía haberla herido con la botella rota. Notó un dolor sordo en el tobillo. Probablemente estaba sangrando. Se preguntó si le sostendría si trataba de ponerse de pie. Fuera, la noche estaba muy serena. No se oía un ruido de nada que se moviera. Los estúpidos durmientes no habían oído aquellas alas aporreando la cúpula, ni sus gritos. No servía de nada gastar energías en gritar. La bestia agitó las alas y él, con un sobresalto, se puso en actitud defensiva. Se dio con el codo contra el asiento, y éste cayó haciendo mucho ruido. Maldijo primero al asiento y después a la oscuridad.

De repente, la zona rectangular de luz de las estrellas pareció balancearse de un lado a otro. ¿Iba a desmayarse? No le haría ningún bien. Cerró los puños y apretó los dientes para darse fuerzas. ¿Dónde se había metido la puerta? Se le ocurrió que podía saber su posición por medio de las estrellas visibles con la luz del cielo. La banda de estrellas que veía estaba en Sagitario y en dirección Sureste; la puerta estaba al Norte, o ¿era al Noroeste? Trató de pensar. Si conseguía abrir la puerta podría huir. Quizás el animal estuviera herido. La incertidumbre era terrible.

—Atiende —dijo—, si no vienes tú, iré yo.

Entonces, el animal empezó a trepar por la lateral del observatorio y él vio cómo su negra silueta tapaba gradualmente la luz del cielo. ¿Estaba huyendo? Olvidó la puerta y observó cómo se movía y crujía la bóveda. De alguna manera, ya no se sentía ni muy asustado ni excitado. Sentía en su interior una curiosa sensación de hundimiento. La zona de luz, perfectamente delimitada, parecía disminuir cada vez más con la forma negra cruzándola. Era curioso. Comenzó a sentir mucha sed, pero no sentía inclinación por conseguir algo de beber. Parecía como si se deslizara por un larguísimo embudo.

Tuvo una sensación ardiente en la garganta y luego se dio cuenta de que estaba a plena luz del día y que uno de los sirvientes Dyak lo miraba con expresión curiosa. Después vio la parte superior del rostro de Taddy al revés. Un tipo divertido, Taddy, ¡ir por ahí de esa manera! Entonces, captó mejor la situación y percibió que tenía la cabeza en la rodilla de Taddy, que le estaba dando brandy. A continuación vio el ocular del telescopio, que tenía muchas manchas rojas. Empezó a recordar.

—Has convertido el observatorio en una verdadera maraña —dijo Taddy.

El sirviente Dyak estaba batiendo un huevo en brandy. Woodhouse lo tomó y se incorporó. Sintió una aguda punzada de dolor. Tenía vendado el tobillo y también el brazo y un lado de la cara. Los trozos de cristales rotos manchados de sangre yacían por el suelo, el asiento del telescopio estaba patas arriba, y junto a la pared de enfrente había un charco oscuro. La puerta estaba abierta y vio la cumbre gris de la montaña destacarse contra un brillante trasfondo de cielo azul.

—¡Puaf! —exclamó Woodhouse—. ¿Quién ha estado aquí matando terneros? Sacadme de aquí.

Entonces, recordó la bestia y la lucha que había tenido con ella.

—¿Qué era —preguntó a Taddy— esa cosa con la que luché?

—Tú eres el que mejor lo sabe —respondió Taddy—. Pero, de todas formas, no te preocupes por eso ahora. Bebe algo más.

No obstante, Taddy tenía bastante curiosidad y tuvo que soportar una dura lucha entre el deber y la inclinación para mantener a Woodhouse tranquilo hasta que le pusieron decentemente en la cama y hubo dormido con la copiosa dosis de extracto de carne que él consideró aconsejable. Después, los dos juntos abordaron el asunto.

—Era —dijo Woodhouse— más parecido a un gran murciélago que a ninguna otra cosa. Tenía orejas pequeñas y afiladas, y un pelaje suave y las alas curtidas. Sus dientes eran pequeños, pero diabólicamente afilados, y su mandíbula no podía ser muy fuerte o de lo contrario me habría destrozado el tobillo.

—Ha estado muy cerca —intervino Taddy.

—Me pareció que golpeaba muy a su gusto con las garras. Eso es prácticamente todo lo que sé de la bestia.

Nuestra conversación fue íntima, por decirlo así, pero sin llegar a la confidencialidad.

—Los sirvientes Dyak hablan de un Gran Colugo, un Klangutang, sea lo que sea. No ataca a menudo al hombre, pero supongo que le puse nervioso. Dicen que hay Gran Colugo, Pequeño Colugo, y algo distinto que suena como zampar. Todos vuelan de noche. Por mi parte, sé que por aquí hay zorros y lémures voladores, pero ninguno de ellos es muy grande.

—Hay más bestias en el cielo y en la tierra —dijo Woodhouse, y Taddy gruñó a la cita bíblica—, y más especialmente en los bosques de Borneo, de las que somos capaces de soñar en nuestras filosofías. En general, si la fauna de Borneo va a desparramar ante mí alguna más de sus novedades, preferiría que lo hiciera cuando no estuviera ocupado en el observatorio por la noche y solo.

Los triunfos de un taxidermista

He aquí algunos de los secretos de la taxidermia. Me los contó un taxidermista en estado de euforia, entre el primero y el cuarto whisky, cuando se ha dejado de ser cauteloso y todavía no se está borracho. Estábamos sentados en su guarida, exactamente en la biblioteca, que era a la vez sala de estar y comedor. Una cortina de cuentas la separaba, por lo que al sentido de la vista se refiere, del maloliente rincón donde ejercía su oficio.

Estaba sentado en una hamaca y, con los pies, en los que llevaba puestas, a modo de sandalias, las reliquias sagradas de un par de zapatillas, daba golpecitos a los carbones que no ardían bien o los quitaba de en medio poniéndolos sobre la chimenea, entre la cristalería. Los pantalones, dicho sea de pasada pues no tienen nada que ver con sus triunfos, eran del más horrible amarillo de tela escocesa, de los que hacían cuando nuestros padres llevaban patillas y había miriñaques en el país. Además tenía el pelo negro, la cara rosada y los ojos de un marrón fiero, y su chaqueta consistía fundamentalmente en grasa sobre una base de pana. La pipa tenía una cazoleta de porcelana con las Tres Gracias, y llevaba siempre las gafas torcidas de forma que el ojo izquierdo, pequeño y penetrante, lo fulminaba a uno desde su desnudez, mientras que el derecho aparecía oscuro, engrandecido y suave a través del cristal.

Se expresaba en los siguientes términos:

—No hubo jamás un hombre que disecara como yo, Bellows, jamás. He disecado elefantes, he disecado polillas, y todo lo que he disecado parecía mejor y más animado que al natural. He disecado seres humanos, principalmente ornitólogos aficionados, aunque también disequé una vez a un negro. No, no hay ninguna ley que lo prohíba. Lo hice con todos los dedos extendidos y lo utilicé como percha para sombreros, pero ese tonto de Homersby tuvo una pelea con él una noche, ya muy tarde, y lo estropeó. Fue antes de que nacieras. Es muy difícil conseguir pieles, si no haría otro.

—¿Desagradable? No lo creo. A mi entender, la taxidermia es una prometedora tercera alternativa a la inhumación y a la cremación. La gente podría mantener a su lado a los seres queridos. Chucherías de ese tipo distribuidas por la casa, harían tan buena compañía como la mayor parte de la gente y mucho más barata. Se les podría poner mecanismos para que hicieran cosas. Por supuesto habría que barnizarlos, pero no tendrían que brillar más de lo que mucha gente brilla por naturaleza. La cabeza calva del viejo Manningtree... De todos modos, se podría hablar con ellos sin que interrumpieran. Incluso, las tías. La taxidermia tiene un gran futuro por delante, ya lo verás. Están también los fósiles...

De repente se quedó en silencio.

—No, creo que no debería contarte eso —chupó pensativo la pipa—. Gracias, sí. No demasiada agua. Desde luego, se entiende que lo que te cuente ahora no saldrá de aquí. ¿Sabes que he hecho algunos dodos y una gran alca? ¡No! Evidentemente no eres más que un aficionado a la taxidermia. Mi querido amigo, la mitad de las grandes alcas que hay en el mundo son tan auténticas más o menos como el pañuelo de la Verónica, como la Sagrada Túnica de Tréveris. Los hacemos con plumas de somormujo y cosas así. ¡Y también los huevos de la gran alca!

—¡Santo cielo!

—Sí, los hacemos de porcelana fina. Te aseguro que merece la pena. Llegan a valer... uno llegó a trescientas libras justo el otro día. Ése era realmente auténtico, según creo, pero desde luego nunca se está seguro. Es un trabajo muy fino, y posteriormente hay que envejecerlos porque ningún poseedor de estos preciosos huevos comete jamás la temeridad de limpiarlos. Eso es lo bonito del negocio. Incluso cuando sospechan de un huevo no les gusta examinarlo demasiado detenidamente. En el mejor de los casos es un capital tan frágil...

"No sabías que la taxidermia alcanzara semejantes cimas. Pues, amigo mío, las ha alcanzado mayores. Yo he rivalizado con las manos de la mismísima Naturaleza. Una de las grandes alcas auténticas —su voz se convirtió en un susurro—... una de las auténticas, la hice yo. No. Tienes que estudiar ornitología y descubrirlo por ti mismo. Es más, una agrupación de comerciantes me ha planteado poblar con especímenes uno de los inexplorados islotes rocosos al Norte de Islandia. Quizá lo haga... algún día. Pero en estos momentos tengo otra cosita entre manos. ¿Has oído hablar del *Diornis*?

"Es uno de esos grandes pájaros que se han extinguido recientemente en Nueva Zelanda. Comúnmente se les llama *moa*, justo porque están extinguidos: No hay ningún *moa* vivo. ¿Comprendes? Bueno, se conservan huesos, y en algunas marismas han aparecido, incluso plumas y fragmentos secos de la piel. Pues bien, yo voy a... bueno, no hay por qué ocultarlo, voy a falsificar un *moa* disecado completo. Conozco a un tipo por ahí que pretenderá haberlo encontrado en una especie de ciénaga antiséptica y dirá que lo disecó inmediatamente porque amenazaba con hacerse pedazos. Las plumas son muy peculiares, pero he logrado un método sencillamente maravilloso de trucar trozos chamuscados de pluma de avestruz. Sí, ése es el nuevo olor que has notado. Sólo pueden descubrir el fraude con un microscopio y difícilmente se molestarán en hacer pedazos un bonito espécimen para eso.

—De esta manera, como ves, aporto mi empujoncito al avance de la ciencia. Pero todo esto es pura imitación de la Naturaleza. En mi carrera profesional he hecho más que eso. La he... vencido.

Quitó los pies de la chimenea y se inclinó confidencialmente hacia mí.

—He creado pájaros —dijo en voz baja—. Pájaros nuevos. Mejoras. Pájaros jamás vistos.

En medio de un silencio impresionante recobró su postura.

—Enriquecer el Universo, realmente. Algunos de los pájaros que hice eran clases nuevas de colibríes, y eran animalitos muy bonitos, aunque alguno era simplemente raro. El más raro creo que fue el *Anomalopteryx Jejuna*. Del latín *jejunus-a-um*, vacío, se llamaba así porque realmente no tenía nada, era un pájaro totalmente vacío, salvo el disecado. El viejo Javvers es el que lo tiene ahora, y supongo que está casi tan orgulloso de él como yo mismo. Es una obra maestra, Bellows. Tiene toda la estúpida torpeza de tu pelícano, toda la solemne falta de dignidad de tu loro, toda la desgarbada delgadez de un flamenco con todo el extravagante conflicto cromático de un pato mandarín. ¡Qué pájaro! Lo hice con los esqueletos de una cigüeña y un tucán, y un montón de plumas. Para un verdadero maestro en el arte, querido Bellows, esa clase de taxidermia es puro gozo.

—¿Que cómo se me ocurrió? De manera bastante sencilla, como ocurre con todos los grandes inventos. Uno de esos jóvenes genios que nos escriben *Notas Científicas* en los periódicos se hizo con un folleto alemán sobre los pájaros de Nueva Zelanda, y tradujo parte de él a base de diccionario y de sentido común —con lo poco común que es este sentido—, y se hizo un lío con el *Apteryx* vivo y el *Anomalopteryx* extinto. Hablaba de un pájaro de cinco pies de altura que vivía en las selvas de la Isla del Norte, raro y asustadizo, cuyos ejemplares eran difíciles de obtener, y cosas así. Javvers, que incluso como coleccionista es una persona terriblemente ignorante, leyó esos párrafos y juró que conseguiría el ejemplar a cualquier precio. Acosó a los comerciantes con pesquisas. Eso muestra lo que puede hacer un hombre persistente, el poder de la voluntad. Ahí estaba un coleccionista de pájaros jurando que conseguiría un espécimen de un pájaro que no existía, que nunca había existido, y que a causa de la mismísima vergüenza de su propia y blasfema inelegancia probablemente no existiría en estos momentos de haber podido impedirlo. Y lo consiguió. Lo consiguió.

—¿Un poco más de whisky, Bellows? —preguntó el taxidermista despertándose de una pasajera contemplación de los misterios del poder de la voluntad y de las mentes de los coleccionistas. Y una vez llenados de nuevo los vasos, procedió a contarme cómo había montado la más atractiva de las sirenas, y cómo un predicador ambulante que no podía atraer a la audiencia por culpa suya la hizo pedazos en Burslem Wakes diciendo que aquello era idolatría o algo peor. Pero como la conversación de todas las partes implicadas en esta transacción, el creador, el presunto conservador y el destructor no es uniformemente adecuada para la publicación, este jocoso incidente debe permanecer sin imprimir.

El lector no familiarizado con los tortuosos procedimientos de los coleccionistas puede que se incline a dudar de mi taxidermista, pero por lo que respecta a los huevos de la gran alca y los falsos pájaros disecados me he encontrado con que tiene la confirmación de distinguidos escritores de ornitología. Y la nota sobre el pájaro de Nueva Zelanda ciertamente apareció en un periódico matinal de inmaculada reputación, pues el taxidermista tiene un ejemplar que me ha enseñado.

Un negocio de avestruces

—Hablando de precios de aves, he visto un avestruz que costó trescientas libras —dijo el taxidermista, recordando un viaje de su juventud—. ¡Trescientas libras!

Me miró por encima de las gafas.

—Otro en cambio no lo querían ni por cuatro libras. No, no se trataba de nada extraordinario. Eran avestruces vulgares y corrientes. Algo descoloridas además a causa de la dieta. Y no había tampoco ninguna restricción especial de la demanda. Cualquiera hubiera pensado que cinco avestruces comprados a un indio habrían salido baratas. Pero el problema estaba en que una de ellas se había tragado ¡un diamante!

"El tipo al que se lo cogió fue Sir Mohini Padisha, un dandy tremendo, un figurín de Piccadilly, podríamos decir que de los pies al cuello, porque luego venía una fea cabeza negra cubierta con un enorme turbante en el que estaba prendido el diamante. El bendito pájaro se lo llevó de un picotazo repentino, y cuando el tipo montó un escándalo, supongo que se dio cuenta de que había obrado mal y fue a mezclarse con los demás para preservar el anonimato. Todo sucedió en un minuto. Yo fui uno de los primeros en llegar, y allí estaba este pagano apelando a sus dioses, y dos marineros y el encargado de las aves muriéndose de risa. Pensándolo bien, era una manera muy rara de perder una joya. El encargado no estaba allí en ese momento, así que no sabía qué avestruz había sido. Estaba completamente perdido, ya me entiende. A decir verdad, no lo sentí mucho. El muy fanfarrón había estado pavoneándose con el diamante desde que subió a bordo.

"Un suceso como ése no tarda un minuto en ir de un extremo a otro del barco. Todo el mundo hablaba de él. Padisha se retiró para ocultar sus sentimientos. A la comida —tragaba a solas con otros dos indios— el capitán trató de animarlo respecto del asunto y él se puso muy excitado.

Se volvió y me habló al oído. No compraría las aves; recuperaría su diamante. Exigía sus derechos como ciudadano británico. Tenían que encontrar su diamante. Su postura era inamovible. Apelaría a la Cámara de los Lores. El encargado de las aves era uno de esos cabezas cuadradas a los que no se puede meter una idea nueva en la mollera. Rechazó todas las propuestas de injerencia en la vida de los animales por medio de la medicina. Sus instrucciones eran las de alimentarlos y cuidarlos así y asá, y no iba a jugarse el puesto por no alimentarlos y cuidarlos así y asá. Padisha quería un lavado de estómago... aunque no se puede hacer eso a un pájaro, ya sabe. El tal Padisha defendía cantidad de procedimientos tortuosos, como la mayoría de esos benditos bengalíes, y hablaba de derecho de embargo sobre las aves y cosas así. Pero un abuelito que dijo que tenía un hijo abogado en Londres argumentó que lo que tragaba un pájaro se convertía *ipso facto* en parte del pájaro, y que por tanto la única solución de Padisha estaba en una demanda por daños e incluso en ese caso pudiera ser que se demostrara culpa concurrente. No tenía ningún derecho para actuar sobre un avestruz que no le pertenecía. Eso molestó muchísimo a Padisha, tanto más cuanto que la mayoría de nosotros lo consideró el punto de vista razonable. No había ningún abogado a bordo para resolver el asunto, así que todos hablábamos a nuestras anchas. Por fin, después de pasar Adén, parece que Padisha aceptó la opinión general y, a título personal, se acercó al encargado para hacerle una oferta por las cinco avestruces.

"A la mañana siguiente se armó un buen lío en el desayuno. El encargado no tenía ninguna autoridad para negociar con las aves y por nada en el mundo las vendería, pero parece ser que le comentó a Padisha que un euroasiático llamado Potter le había hecho ya una oferta, por lo que Padisha denunció al tal Potter ante todos nosotros. Pero creo que la mayoría de nosotros pensaba que Potter había sido muy listo, y yo mismo, cuando Potter dijo que había enviado un telegrama desde Adén a Londres para comprar las aves y que tendría la respuesta en Suez, maldije vivamente la pérdida de aquella oportunidad.

"En Suez, Padisha se puso a llorar —auténticas lágrimas— cuando Potter se convirtió en el dueño de las aves y le ofreció directamente doscientas cincuenta libras por los cinco avestruces, que era más del doscientos por ciento de lo que había pagado Potter. Éste dijo que le colgaran si se deshacía de una sola pluma, que lo que quería era matarlos uno a uno hasta encontrar el diamante, pero más tarde, pensándolo mejor, se ablandó un poco. Era un jugador empedernido, el tal Potter, un poco raro a las cartas; en cambio este tipo de negocio con premio incluido debía de sentarle como un guante. En cualquier caso propuso, como diversión, vender las aves en subasta pública, cada una de ellas por separado a personas distintas y a un precio de salida de ochenta libras por cabeza. Él se quedaría con una de las aves para probar su suerte.

"Debe saber que el diamante era muy valioso —un diminuto judío, dedicado al comercio de diamantes que viajaba con nosotros, lo había tasado en tres o cuatro mil libras cuando Padisha se lo enseñó—, así es que la idea de apostar con las avestruces prendió. Ahora bien, por casualidad yo había mantenido algunas conversaciones sobre temas generales con el encargado de los avestruces, y de forma totalmente casual éste había dicho que una de las avestruces estaba enferma, se imaginaba que de indigestión. Tenía una pluma de la cola casi totalmente blanca, señal por la que lo reconocí; de forma que, cuando al día siguiente, la subasta empezó con él, yo superé con noventa libras las ochenta y cinco que ofrecía Padisha. Me imagino que estaba demasiado seguro e impaciente con mi apuesta y alguno de los otros descubrió que yo estaba en el ajo. Entonces Padisha fue por esa ave como un lunático irresponsable. Finalmente el judío comerciante en diamantes lo consiguió por ciento setenta y cinco libras, Padisha ofreció ciento ochenta justo después de caer el martillo, o eso declaró Potter. En todo caso, el comerciante judío se lo quedó y allí mismo sacó una escopeta y lo mató. Potter organizó un escándalo porque, según decía, eso perjudicaría la venta de los otros tres. Padisha, por supuesto, se comportó como un idiota, pero todos estábamos muy excitados. No te cuento lo contento que estaba cuando terminó la disección sin encontrarse el diamante, más contento que unas pascuas. Yo mismo había llegado a ofrecer hasta ciento cuarenta por aquella avestruz.

"El hombrecillo judío se comportó como la mayoría de los judíos y no armó ningún alboroto por su mala suerte, pero Potter desistió de seguir con la subasta hasta que se aceptara que la mercancía sólo se entregaría una vez terminada la venta. El hombrecillo judío quería demostrar que se trataba de un caso excepcional y como los argumentos andaban muy igualados se pospuso el asunto hasta el día siguiente. Aquella noche tuvimos una cena animada, se lo puedo asegurar, pero finalmente Potter se salió con la suya, puesto que parecía razonable que él estaría más seguro si se quedaba con todas las aves y que nosotros le debíamos cierta consideración por su comportamiento deportivo. Y el caballero que tenía el hijo abogado dijo que había estado dándole vueltas al asunto y pensaba que era muy dudoso si, una vez abierto el pájaro y recobrado el diamante, no debería ser devuelto a su auténtico dueño. Recuerdo haber sugerido que eso caía dentro de la Ley de Tesoros encontrados, que realmente era lo cierto sobre el tema. Hubo una discusión muy acalorada, pero resolvimos que desde luego era estúpido matar las aves a bordo del barco. Luego, el viejo caballero, extendiéndose a su gusto en la charla legal, trató de establecer que la venta era una lotería, y por tanto ilegal, y apeló al capitán, pero Potter dijo que él vendía las aves en tanto que avestruces. Él no quería vender diamantes, decía, ni ofrecía eso como un incentivo. Las tres aves que él subastaba, según todos sus conocimientos y creencias, no contenían ningún diamante. Éste estaba en el que se había reservado, o así lo esperaba.

"De todas formas los precios subieron al día siguiente. El hecho de que ahora hubiera cuatro posibilidades en lugar de cinco originó una subida. Las benditas aves lograron una media de doscientas veintisiete libras, y, lo que es bastante extraño, Padisha no logró adjudicarse ninguna de ellas, ni una siquiera. Armó demasiado escándalo, y cuando debía estar pujando, estaba hablando de embargos; además Potter lo trataba con cierta dureza. Un avestruz fue adjudicada a un modesto y callado oficial, otro al hombrecillo judío y el tercero a un grupo de ingenieros. Entonces pareció que Potter de repente lamentaba haberlos vendido, y decía que había tirado por la ventana mil libras claras como el agua y que probablemente no conseguiría nada y que siempre había sido un tonto, pero cuando fui a tener una pequeña charla con él con la idea de convencerlo para que protegiera su última oportunidad, me encontré con que ya había vendido el avestruz que se había reservado a un político que iba a bordo, un tipo que había estado estudiando durante sus vacaciones los problemas sociales y la moralidad de la India. Ese último fue el avestruz de las trescientas libras. Bueno, pues desembarcaron tres de las benditas criaturas en Brindisi, a pesar de que el viejo caballero dijo que era una violación de las regulaciones aduaneras, y Potter y Padisha también desembarcaron. El indio parecía medio loco al ver que su dichoso diamante andaba de acá para allá, por decirlo así. Seguía diciendo que conseguiría una orden judicial (lo de la orden judicial se le había metido en la cabeza) y dando su nombre y dirección a todos los tipos que habían comprado las aves para que supieran dónde tenían que enviar el diamante. Ninguno de ellos quería su nombre y dirección, y ninguno estaba dispuesto a dar los suyos propios. Le digo que hubo un buen jaleo en el andén. Todos ellos partieron en trenes diferentes. Yo continué hasta Southampton, y allí vi al último avestruz cuando desembarcaba. Era el que habían comprado los ingenieros, y estaba de pie junto al puente en una especie de jaula con todo el aspecto de ser el marco más estúpido y zanquilargo de un diamante valioso que se haya visto jamás... si es que era el marco del valioso diamante.

"¿Que cómo terminó? ¡Oh! Pues así. Bueno... quizá. Sí, hay una cosa más que puede arrojar alguna luz. Una semana más o menos después de desembarcar bajaba yo por Regent Street haciendo unas compras, ¿a quién veo hombro con hombro y pasándoselo a las mil maravillas sino a Padisha y a Potter? Si lo piensa seriamente...

"Sí. Lo he pensado. Sólo que, sabe usted, no hay duda de que el diamante era auténtico. Y Padisha era un indio eminente. He visto su nombre en los periódicos... a menudo. Pero si el avestruz tragó o no el diamante ciertamente es otro asunto, como usted dice".

El hombre que volaba

El etnólogo miró pensativo a la pluma de bhimaj.

—Parecía que no les gustaba nada separarse de ella —dijo.

—Es sagrada para los jefes —explicó el teniente—, lo mismo que la seda amarilla, ya sabe, lo es para el Emperador de China.

El etnólogo no respondió. Dudó. Luego, abordando bruscamente el tema, preguntó:

—¿Qué diablos es ese cuento increíble que cuentan de un hombre que vuela?

El teniente sonrió levemente.

—¿Qué le contaron?

—Veo —indicó el etnólogo— que está al tanto de su fama.

El teniente lió un cigarrillo.

—No me importa oírla una vez más. ¿Cómo anda en la actualidad?

—Es tan condenadamente infantil —exclamó el etnólogo ya irritado—. ¿Cómo hizo que se la tragaran?

El teniente no respondió sino que se repantigó en su silla plegable, todavía sonriendo.

Aquí me tiene, recorro cuatrocientas millas lejos de mis asuntos para recoger lo que queda del folklore de esta gente antes de que sean completamente desmoralizados por los misioneros y los militares, y todo lo que encuentro son montones de leyendas imposibles sobre un esmirriado y pelirrojo teniente de infantería. Cómo es invulnerable, cómo salta por encima de los elefantes, cómo vuela. Ésta es la más penosa de todas. Un viejo caballero describía sus alas, decía que tenían un plumaje negro y que no eran tan largas como una mula. Dijo que lo veía a usted a menudo a la luz de la luna flotando sobre los picos de las montañas en dirección al país de Shendu, ¡maldita sea, hombre!

El teniente se rió alegremente.

—Continúe —dijo—, continúe.

El etnólogo lo hizo. Al final se enfadó.

—Manipular de esa manera a estas sencillas criaturas de las montañas. ¿Cómo pudo decidirse a hacerlo, hombre?

—Lo siento —explicó el teniente—, pero en realidad me lo impusieron. Le puedo asegurar que me vi obligado a hacerlo. Y entonces yo no tenía la más remota idea de cómo se lo tomaría la imaginación de los Chin. O la curiosidad. Sólo puedo alegar que fue indiscreción y no maldad lo que me hizo reemplazar el folclore por una nueva leyenda. Pero como usted parece ofendido intentaré explicarle el asunto. Fue en la época de la penúltima expedición a Lushai. Walter pensó que esa gente a la que ha estado usted visitando era amistosa. Así que con una ligera confianza en mi capacidad para cuidar de mí mismo me envió desfiladero arriba, catorce millas de desfiladero, con tres de los hombres del condado de Derby y media docena de cipayos, dos mulas y su bendición para ver cuál era el sentir popular en esa aldea que usted visitó. Una fuerza de diez, sin contar las mulas, catorce millas, ¡y en medio de una guerra! ¿Vio usted la carretera?

—¡Carretera! —exclamó el etnólogo.

—Ahora está mejor que entonces. Cuando subimos tuvimos que vadear el río una milla donde el valle se estrecha, con una buena corriente espumando en torno a nuestras rodillas y las piedras resbaladizas como el hielo. Fue allí donde se me cayó el rifle. Posteriormente los zapadores volaron el acantilado con dinamita e hicieron el cómodo camino por el que vino usted. Luego, abajo, donde aparecen esos altos acantilados, tuvimos que andar esquivando por el río, yo diría que lo cruzamos una docena de veces en un par de millas.

"Llegamos a la vista del lugar a la mañana siguiente temprano. Ya sabe cómo está situada sobre un espolón a mitad de camino entre dos montañas, y cuando empezamos a comprender la maldad de la aparente tranquilidad con la que la aldea yacía a la luz del Sol nos paramos a pensar.

"Entonces nos dispararon un pedazo de ídolo de latón limado justo para darnos la bienvenida. Bajó bufando por la ladera a nuestra derecha, donde están los cantos; no me alcanzó el hombro por una pulgada o así, y aplastó a la mula que llevaba todas las provisiones y utensilios. Nunca jamás oí tan mortal estruendo. A consecuencia de eso nos percatamos de la presencia de unos cuantos caballeros que llevaban mosquetes, vestidos con algo parecido a guardapolvos a cuadros, que se movían disimuladamente por el desfiladero entre la aldea y la cresta de la montaña por el Este.

" —¡De frente! —ordené—. No demasiado juntos.

"Y con esa expresión de ánimo mi expedición de diez hombres se recuperó y se puso en marcha a buen trote para bajar por el valle de nuevo en esta dirección. No esperamos a rescatar nada de lo que transportaba la mula muerta, pero mantuvimos con nosotros a la segunda mula —transportaba mi tienda y otras tonterías— por un sentimiento de camaradería.

"Así terminó la batalla: ignominiosamente. Mirando hacia atrás vi el valle salpicado de vencedores que gritaban y disparaban hacia nosotros. Pero nadie resultó herido. Estos Chins y sus escopetas no son nada buenos, excepto cuando disparan sentados. Se sientan, colocan y vuelven a colocar sobre una piedra, apuntando durante horas, y cuando disparan corriendo lo hacen principalmente por efectos teatrales. Hooker, uno de los hombres del condado de Derby, se encaprichó bastante con el rifle y se quedó detrás medio minuto para probar su suerte cuando volvíamos el recodo. Pero no logró nada.

"No soy Jenofonte para montar una historia increíble sobre mi ejército en retirada. Tuvimos que contener al enemigo dos veces a lo largo de las dos millas siguientes cuando se puso a hostigarnos un poco, intercambiando disparos con él, pero fue un asunto bastante monótono —principalmente fuertes jadeos—, hasta que llegamos cerca del sitio donde las montañas se juntan en dirección al río y aplastan el valle convirtiéndolo en desfiladero. Y allí tuvimos mucha suerte en vislumbrar media docena de cabezas redondas que venían sesgadamente por la montaña a nuestra izquierda —es decir, el Este— y casi en paralelo con nosotros. Al verlos mandé hacer alto.

"—Escuchad —dije a Hooker y a los otros ingleses—, ¿qué hacemos ahora? —y apunté a las cabezas.

"—Como que no soy negro que nos decapitarán —dijo uno de los hombres.

"—Lo harán —corroboró otro—. ¿Conoces la costumbre de los Chin, Jorge?

"—Allí donde se estrecha el río —interviene Hooker— pueden dispararnos a cada uno de nosotros a cincuenta yardas. Seguir bajando es un suicidio.

"Miré a la montaña a nuestra derecha. Se volvía más inclinada valle abajo, pero todavía parecía escalable. Y todos los Chin que habíamos visto hasta entonces estaban del otro lado de la corriente.

"—Escalar o pararse, no hay más —dice uno de los cipayos.

"Así que comenzamos a ascender montaña arriba serpenteando. Algo que muy débilmente sugería un camino subía oblicuamente hasta la cara de la montaña y eso fue lo que seguimos. Pronto aparecieron a la vista algunos Chin valle arriba y oí algunos disparos. Después vi que uno de los cipayos estaba sentado a unas treinta yardas por debajo de nosotros. Simplemente se había sentado sin decir palabra, aparentemente con el deseo de no darnos ninguna molestia. Entonces ordené hacer alto de nuevo. Le dije a Hooker que intentara otro disparo y volví atrás, encontrando al hombre herido en una pierna. Cargué con él y lo llevé hasta ponerlo sobre la mula ya muy bien cargada con la tienda y otras cosas que no tuvimos tiempo de retirar. Cuando alcancé a los otros, Hooker tenía en la mano su martini vacío, sonreía y apuntaba a un punto negro e inmóvil valle arriba. Todos los demás Chins estaban tras las piedras o habían vuelto junto al recodo.

"—Quinientas yardas —dice Hooker—, como me llamo Hooker, y juraría que le he dado en la cabeza.

"Le dije que fuera a repetirlo otra vez, y con eso continuamos de nuevo. Ahora la ladera se iba poniendo cada vez más empinada y, según subíamos, el camino que seguíamos se convertía cada vez más en un saliente. Finalmente, no había más que acantilado por encima y por debajo de nosotros.

"A pesar de todo es la mejor carretera que he visto en el país de Chin Lushai —dije para animar a los hombres, aunque estaba temiendo lo que se nos venía encima.

"Y en pocos minutos el camino dobló en torno a una esquina del acantilado. Entonces, punto final. El saliente llegaba a su fin.

"Tan pronto como comprendió la situación, uno de los hombres del condado de Derby empezó a jurar por la trampa en la que habíamos caído. Los cipayos se detuvieron tranquilamente. Hooker gruñó, recargó el rifle y volvió al recodo. Luego dos de los cipayos ayudaron a su camarada a bajar y empezaron a descargar la mula.

"Ahora bien, cuando di en mirar a mi alrededor empecé a pensar que después de todo no habíamos tenido tan mala suerte. Estábamos en un saliente de quizás unas diez yardas en lo más ancho. Por encima el acantilado sobresalía de forma que no nos podían disparar desde arriba, y por debajo había un precipicio cortado a pico de quizá dos o trescientos pies. Tumbados éramos invisibles para cualquiera a lo largo del desfiladero. La única entrada era por el saliente y en él un solo hombre valía tanto como una multitud. Estábamos en un fuerte natural con una sola desventaja, la de que nuestra única provisión contra el hambre y la sed consistía en una mula viva. De todas formas nos hallábamos, como máximo, a ocho o nueve millas de la expedición principal, y sin duda pasados uno o dos días enviarían por nosotros si no volvíamos".

—Después de un día o así...

El teniente hizo una pausa

—¿Ha tenido sed alguna vez?

—No de esa clase —respondió el etnólogo.

—Ejem... Nos pasamos todo el día, la noche y el día siguiente sólo con una nada de rocío que escurrimos de nuestras ropas y de la tienda. Y por debajo de nosotros, el río ríe que te ríe alrededor de una roca en medio de la corriente. Nunca conocí tamaña ausencia de incidentes y tanta cantidad de sensaciones. A juzgar por el movimiento que veíamos el Sol podía estar todavía cumpliendo la orden de Josué y ardía como un horno cercano. Por la tarde del primer día uno de los hombres de Derby dijo algo —nadie oyó qué— y marchó por el recodo del acantilado. Oímos disparos, y cuando Hooker miró por la esquina había desaparecido. Y por la mañana el cipayo con la pierna herida deliraba y saltó o cayó por el acantilado. Luego cogimos la mula y le disparamos. Dando sus últimos forcejeos tuvo necesariamente que ir por el acantilado también, con lo que quedamos ocho de nosotros.

"Podíamos ver el cuerpo del cipayo allá abajo con la cabeza en el agua. Yacía con la cara boca abajo y por lo que pude colegir apenas si tenía alguna fractura. Por mucho que los Chin codiciaran su cabeza, tuvieron la sensatez de dejarlo solo hasta que llegara la oscuridad.

"Al principio hablábamos de las posibilidades que había de que el cuerpo principal de la expedición oyera los disparos y especulábamos sobre cuándo empezarían a echarnos de menos y todo eso, pero al llegar la tarde habíamos agotado el tema. Los cipayos jugaban entre ellos a juegos con piedrecitas y después contaban historias. La noche fue bastante fría. El segundo día nadie hablaba. Teníamos los labios negros y las gargantas ardientes, y estábamos tumbados por el saliente mirándonos fijamente unos a otros. Quizá daba lo mismo que nos guardáramos nuestros pensamientos. Uno de los soldados británicos, sirviéndose de un trozo de caliza, empezó a escribir en la roca alguna tontería blasfema sobre sus últimas voluntades, hasta que lo paré. Cuando miré por el borde al valle y vi el río haciendo rizos casi estuve tentado de seguir al cipayo. Parecía algo agradable y deseable lanzarse abajo por el aire con algo de beber al fondo, o en todo caso no más sed. No obstante recordé a tiempo que yo era el oficial al mando y mi deber de dar ejemplo y todo eso me apartó de semejante locura.

"Sin embargo, pensar en eso me trajo una idea a la cabeza. Me levanté y miré la tienda y sus cuerdas, y me pregunté por qué no se me había ocurrido antes. Luego me acerqué a ver de nuevo el acantilado. Esta vez la altura parecía mayor y la postura del cipayo bastante más dolorosa. Pero era eso o nada. Y, resumiendo, descendí en paracaídas.

"Hice con la tienda un gran círculo de lona, de unas tres veces el tamaño de ese mantel, abrí un agujero en el centro y até ocho cuerdas a su alrededor convergiendo en el medio para montar un paracaídas. Los demás, que estaban tumbados por allí, me miraban como si se tratara de una nueva clase de delirio. Luego, expliqué mi idea a los dos soldados británicos y cómo pensaba hacerlo, y tan pronto como el breve crepúsculo se oscureció dando paso a la noche, me arriesgué. Ellos lo sostuvieron en alto y yo di una carrera por todo el ancho del saliente. El artilugio se llenó de aire como una vela, pero he de confesar que en el borde tuve miedo y me detuve. Tan pronto como me detuve, me avergoncé de mí mismo —como si estuviera delante de soldados rasos— y volví a intentarlo de nuevo. Allá salté esta vez —recuerdo que con una especie de sollozo—, completamente en el aire con la gran vela blanca llena de viento por encima de mí. Debo de haber pensado a un ritmo terrible. Me pareció que pasaba mucho tiempo hasta que estuve seguro de que el artefacto tenía la intención de mantener la estabilidad. Al principio se escoró lateralmente. Luego observé la cara de la roca, que parecía como si me pasara flotando y yo estuviera inmóvil. Entonces miré abajo y vi en la oscuridad el río y el cipayo muerto precipitándose hacia mí. Pero en la confusa luz vi también a tres Chin aparentemente pasmados al verme, y que al cipayo le habían decapitado. Ante eso deseé volverme de nuevo.

"Luego mi bota estaba en la boca de uno de ellos, y en un instante él y yo éramos un montón con la lona que caía aleteando encima de nosotros. Me imagino que le machaqué el cerebro con el pie. No esperaba otra cosa de los demás sino que me rompieran a mí la crisma, pero los pobres infieles no habían oído hablar nunca de Baldwin y huyeron sin que nadie les pudiera contener.

"Forcejeando, salí de la maraña del Chin muerto y de la lona, y miré a mi alrededor. A unos diez pasos yacía la cabeza del cipayo mirando fijamente a la luz de la luna. Entonces, vi el agua y fui a beber. No había ni un ruido en el mundo salvo por las pisadas de los Chins que huían, un débil grito desde arriba y el gluglú del agua. Tan pronto como hube bebido todo lo que me cabía me puse en marcha río abajo.

"Eso prácticamente termina la explicación de la historia del hombre que volaba. No encontré un alma en las ocho millas de camino. Llegué al campamento de Walter a las diez, y el tonto de nacimiento del centinela tuvo la cara de dispararme cuando aparecí saliendo de la oscuridad a la carrera. Tan pronto como logré meter en el duro cráneo de Winter mi historia, unos cincuenta hombres se pusieron en camino valle arriba para ahuyentar a los Chin y bajar a nuestros hombres. En cuanto a mí, tenía demasiada sed como para provocarla yéndome con ellos.

"Usted ha oído las historias increíbles que los Chin han hecho con esto. Alas tan grandes como una mula, ¿eh? ¡Y plumas negras! ¡El alegre teniente pájaro! Bueno, bueno..."

El teniente meditó alegremente un momento. Luego, añadió:

—Difícilmente lo creería usted, pero cuando llegaron por fin a la cresta, se encontraron con que dos cipayos más habían saltado al vacío.

—¿Los demás estaban bien? —preguntó el etnólogo.

—Sí —respondió el teniente—, los demás estaban bien, aunque un poco sedientos, ya sabe.

Y al recordarlo se sirvió otro whisky con soda.

El bacilo robado

—Ésta, también, es otra preparación del famoso bacilo del cólera —explicó el bacteriólogo, colocando el portaobjetos en el microscopio.

El hombre de rostro pálido miró por el microscopio. Evidentemente no estaba acostumbrado a hacerlo, y con una mano blanca y débil tapaba el ojo libre.

Veo muy poco —observó.

Ajuste este tornillo —indicó el bacteriólogo—, quizás el microscopio esté desenfocado para usted. Los ojos varían tanto... Sólo una fracción de vuelta para este lado o para el otro.

—¡Ah! Ya veo —dijo el visitante—. No hay tanto que ver después de todo. Pequeñas rayas y fragmentos rosa. De todas formas, ¡esas diminutas partículas, esos meros corpúsculos, podrían multiplicarse y devastar una ciudad! ¡Es maravilloso!

Se levantó, y retirando la preparación del microscopio, la sujetó en dirección a la ventana.

—Apenas visible —comentó mientras observaba minuciosamente la preparación. Dudó.

—¿Están vivos? ¿Son peligrosos?

—Los han matado y teñido —aseguró el bacteriólogo—. Por mi parte, me gustaría que pudiéramos matar y teñir a todos los del Universo.

—Me imagino —observó el hombre pálido sonriendo levemente que usted no estará especialmente interesado en tener aquí a su alrededor microbios semejantes en vivo, en estado activo.

—Al contrario, estamos obligados a tenerlos —declaró el bacteriólogo—. Aquí, por ejemplo.

Cruzó la habitación y cogió un tubo entre unos cuantos que estaban sellados.

—Aquí está el microbio vivo. Éste es un cultivo de las auténticas bacterias de la enfermedad vivas —dudó—. Cólera embotellado, por decirlo así.

Un destello de satisfacción iluminó momentáneamente el rostro del hombre pálido.

—¡Vaya una sustancia mortal para tener en las manos! —exclamó devorando el tubito con los ojos.

El bacteriólogo observó el placer morboso en la expresión de su visitante. Este hombre que había venido a verle esa tarde con una nota de presentación de un viejo amigo, le interesaba por el mismísimo contraste de su manera de ser. El pelo negro, largo y lacio; los ojos grises y profundos;

el aspecto macilento y el aire nervioso; el vacilante pero genuino interés de su visitante, constituían un novedoso cambio frente a las flemáticas deliberaciones de los científicos corrientes con los que se relacionaba principalmente el bacteriólogo. Quizás era natural que, con un oyente evidentemente tan impresionable respecto de la naturaleza letal de su materia, él abordara el lado más efectivo del tema.

Continuó con el tubo en la mano pensativamente:

—Sí, aquí está la peste aprisionada. Basta con romper un tubo tan pequeño como éste en un abastecimiento de agua potable, y decir a estas partículas de vida tan diminutas que no se pueden oler ni gustar, e incluso para verlas hay que teñirlas y examinarlas con la mayor potencia del microscopio: adelante, creced y multiplicaos y llenad las cisternas; y la muerte, una muerte misteriosa, sin rastro, rápida, terrible, llena de dolor y de oprobio se precipitaría sobre la ciudad buscando sus víctimas de un lado para otro. Aquí apartaría al marido de su esposa y al hijo de la madre, allá al gobernante de sus deberes y al trabajador de sus quehaceres. Correría por las principales cañerías, deslizándose por las calles y escogiendo acá y allá para su castigo las casas en las que no hervían el agua. Se arrastraría hasta los pozos de los fabricantes de agua mineral, llegaría, bien lavada, a las ensaladas, y yacería dormida en los cubitos de hielo. Estaría esperando dispuesta para que la bebieran los animales en los abrevaderos y los niños imprudentes en las fuentes públicas. Se sumergiría bajo tierra para reaparecer inesperadamente en los manantiales y pozos de mil lugares. Una vez puesto en el abastecimiento de agua, y antes de que pudiéramos reducirlo y atraparlo de nuevo, el bacilo habría diezmado la ciudad.

Se detuvo bruscamente. Ya le habían dicho que la retórica era su debilidad.

—Pero aquí está completamente seguro, ¿sabe usted?, completamente seguro.

El hombre de rostro pálido movió la cabeza afirmativamente. Le brillaron los ojos. Se aclaró la garganta.

—Estos anarquistas, los muy granujas —opinó—, son imbéciles, totalmente imbéciles. Utilizar bombas cuando se pueden conseguir cosas como ésta. Vamos, me parece a mí.

Se oyó en la puerta un golpe suave, un ligerísimo toque con las uñas. El bacteriólogo la abrió.

—Un minuto, cariño —susurró su mujer.

Cuando volvió a entrar en el laboratorio, su visitante estaba mirando el reloj.

—No tenía ni idea de que le he hecho perder una hora de su tiempo —se excusó—. Son las cuatro menos veinte. Debería haber salido de aquí a las tres y media. Pero sus explicaciones eran realmente interesantísimas. No, ciertamente no puedo quedarme un minuto más. Tengo una cita a las cuatro.

Salió de la habitación dando de nuevo las gracias. El bacteriólogo le acompañó hasta la puerta y luego, pensativo, regresó por el corredor hasta el laboratorio. Reflexionaba sobre la raza de su visitante. Desde luego, no era de tipo teutónico, pero tampoco latino corriente.

—En cualquier caso, un producto morboso, me temo —dijo para sí el bacteriólogo. ¡Cómo disfrutaba con esos cultivos de gérmenes patógenos! De repente, se le ocurrió una idea inquietante. Se volvió hacia el porta-tubos que estaba junto al vaporizador e inmediatamente hacia la mesa del despacho. Luego se registró apresuradamente los bolsillos y a continuación se lanzó hacia la puerta.

—Quizá lo haya dejado en la mesa del vestíbulo —se dijo.

—¡Minnie! —gritó roncamente desde el vestíbulo.

—Sí, cariño —respondió una voz lejana.

—¿Tenía algo en la mano cuando hablé contigo hace un momento, cariño?

Pausa.

—Nada, cariño, me acuerdo muy bien.

—¡Maldita sea! —gritó el bacteriólogo, abalanzándose hacia la puerta y bajando a la carrera las escaleras de la casa hasta la calle.

Al oír el portazo, Minnie corrió alarmada hacia la ventana. Calle abajo, un hombre delgado subía a un coche. El bacteriólogo, sin sombrero y en zapatillas, corría hacia ellos gesticulando alborotadamente. Se le salió una zapatilla, pero no esperó por ella.

—¡Se ha vuelto loco! —dijo Minnie—. Es esa horrible ciencia suya. Y, abriendo la ventana, le habría llamado, pero en ese momento el hombre delgado miró repentinamente de soslayo y pareció también volverse loco. Señaló precipitadamente al bacteriólogo, dijo algo al cochero, cerró de un portazo, restalló el látigo, sonaron los cascos del caballo y en unos instantes el coche, ardorosamente perseguido por el bacteriólogo, se alejaba calle arriba y desaparecía por la esquina.

Minnie, preocupada, se quedó un momento asomada a la ventana. Luego, se volvió hacia la habitación. Estaba desconcertada. Por supuesto que es un excéntrico, pensó. Pero correr por Londres, en plena temporada, además, ¡en calcetines! Tuvo una idea feliz. Se puso deprisa el sombrero, cogió los zapatos de su marido, descolgó su sombrero y gabardina de los percheros del vestíbulo, salió al portal e hizo señas a un coche que morosa y oportunamente pasaba por allí.

—Lléveme calle arriba y por Havelock Crescent a ver si encontramos a un caballero corriendo por ahí en chaqueta de pana y sin sombrero.

—Chaqueta de pana y sin sombrero. Muy bien, señora.

Y el cochero hizo restallar el látigo inmediatamente de la manera más normal y cotidiana, como si llevara a los clientes a esa dirección todos los días.

Unos minutos más tarde, el pequeño grupo de cocheros y holgazanes que se reúne en torno a la parada de coches de Haverstock Hill, quedaba atónito ante el paso de un coche conducido furiosamente por un caballo color jengibre disparado como una bala.

Permanecieron en silencio mientras pasaba, pero cuando desaparecía empezaron los comentarios:

—Ése era Harry Hicks. ¿Qué le habrá picado? —se preguntó el grueso caballero conocido por *El Trompetas*.

—Está dándole bien al látigo, sí, le está pegando a fondo —intervino el mozo de cuadra.

—¡Vaya! —exclamó el bueno de Tommy Byles—, aquí tenemos a otro perfecto lunático. Sonado como ninguno.

—Es el viejo George —explicó *El Trompetas*— y lleva a un lunático como decís muy bien. ¿No va gesticulando fuera del coche? Me pregunto si no irá tras Harry Hicks.

El grupo de la parada se animó y gritaba a coro:

—¡A por ellos, George! ¡Es una carrera! ¡Los cogerás! ¡Dale al látigo!

—Es toda una corredora esa yegua—dijo el mozo de cuadra.

—¡Qué me parta un rayo! —exclamó *El Trompetas*. —. Ahí viene otro. ¿No se han vuelto locos esta mañana todos los coches de Hampstead?

—Esta vez es una señora —dijo el mozo de cuadra.

—Está siguiéndolo —añadió *El Trompetas*.

—¿Qué tiene en la mano?

—Parece una chistera.

—¡Qué jaleo tan fantástico! ¡Tres a uno por el viejo George! —gritó el mozo de cuadra—. ¡El siguiente!

Minnie pasó entre todo un estrépito de aplausos. No le gustó, pero pensaba que estaba cumpliendo con su deber, y siguió rodando por Haverstock Hill y la calle mayor de Camden Town, con los ojos siempre fijos en la vivaz espalda del viejo George, que de forma tan incomprensible la separaba del haragán de su marido.

El hombre que viajaba en el primer coche iba agazapado en una esquina, con los brazos cruzados bien apretados y agarrando entre las manos el tubito que contenía tan vastas posibilidades de destrucción. Su estado de ánimo era una singular mezcla de temor y de exaltación. Sobre todo, temía que lo cogieran antes de poder llevar a cabo su propósito, aunque bajo este temor se ocultaba un miedo más vago, pero mayor ante lo horroroso de su crimen. En todo caso, su alborozo excedía con mucho a su miedo. Ningún anarquista antes que él, había tenido esta idea suya. Ravachol, Vaillant, todas aquellas personas distinguidas cuya fama había envidiado, se hundían en la insignificancia comparadas con él. Sólo tenía que asegurarse del abastecimiento de agua y romper el tubito en un depósito. ¡Con qué brillantez lo había planeado, había falsificado la carta de presentación y había conseguido entrar en el laboratorio! ¡Y qué bien había aprovechado la oportunidad! El mundo tendría por fin noticias suyas. Toda aquella gente que se había mofado de él, que le había menospreciado, preterido o encontrado su compañía indeseable por fin tendría que tenerle en cuenta. ¡Muerte, muerte, muerte! Siempre le habían tratado como a un hombre sin importancia. Todo el mundo se había confabulado para mantenerlo en la oscuridad. Ahora, les enseñaría lo que es aislar a un hombre. ¿Qué calle era ésta que le resultaba tan familiar? ¡La calle de San Andrés, por supuesto! ¿Cómo iba la persecución? Estiró el cuello por encima del coche. El bacteriólogo les seguía a unas cincuenta yardas escasas. Eso estaba mal. Todavía podían alcanzarle y detenerle. Rebuscó dinero en el bolsillo y encontró medio soberano. Sacó la moneda por la trampilla del techo del coche y se la puso al cochero delante de la cara.

—Más —gritó— si conseguimos escapar.

—De acuerdo —respondió el cochero arrebatándole el dinero de la mano.

La trampilla se cerró de golpe, y el látigo golpeó el lustroso costado del caballo. El coche se tambaleó, y el anarquista, que estaba medio de pie debajo de la trampilla para mantener el equilibrio, apoyó en la puerta la mano con la que sujetaba el tubo de cristal. Oyó el crujido del frágil tubo y el chasquido de la mitad rota sobre el piso del coche. Cayó de espaldas sobre el asiento, maldiciendo, y miró fija y desmayadamente las dos o tres gotas de la poción que quedaban en la puerta.

Se estremeció.

—¡Bien! Supongo que seré el primero. ¡Bah! En cualquier caso seré un mártir. Eso es algo. Pero es una muerte asquerosa a pesar de todo. ¿Será tan dolorosa como dicen?

En aquel instante tuvo una idea. Buscó a tientas entre los pies. Todavía quedaba una gotita en el extremo roto del tubo y se la bebió para asegurarse. De todos modos no fracasaría.

Entonces, se le ocurrió que ya no necesitaba escapar del bacteriólogo. En la calle Wellington le dijo al cochero que parara, y se apeó. Se resbaló en el peldaño, la cabeza le daba vueltas. Este veneno del cólera parecía una sustancia muy rápida. Despidió al cochero de su existencia, por decirlo así, y se quedó de pie en la acera con los brazos cruzados sobre el pecho, esperando la llegada del bacteriólogo. Había algo trágico en su actitud. El sentido de la muerte inminente le confería cierta dignidad. Saludó a su perseguidor con una risa desafiante.

—¡*Vive l'Anarchie*! Llega demasiado tarde, amigo mío. Me lo he bebido. ¡El cólera está en la calle!

El bacteriólogo le miró desde su coche con curiosidad a través de las gafas.

—¡Se lo ha bebido usted! ¡Un anarquista! Ahora comprendo. Estuvo a punto de decir algo más, pero se contuvo. Una sonrisa se dibujó en sus labios. Cuando abrió la puerta del coche, como para apearse, el anarquista le rindió una dramática despedida y se dirigió apresuradamente hacia London Bridge, procurando rozar su cuerpo infectado contra el mayor número de gente. El bacteriólogo estaba tan preocupado, viéndole que apenas si se sorprendió con la aparición de Minnie sobre la acera, cargada con el sombrero, los zapatos y el abrigo.

—Has tenido una buena idea trayéndome mis cosas —dijo, y continuó abstraído contemplando cómo desaparecía la figura del anarquista.

—Sería mejor que subieras al coche —indicó, todavía mirando.

Minnie estaba ahora totalmente convencida de su locura y, bajo su responsabilidad, ordenó al cochero volver a casa.

—¿Que me ponga los zapatos? Ciertamente, cariño —respondió él al tiempo que el coche comenzaba a girar y hacía desaparecer de su vista la arrogante figura negra empequeñecida por la distancia—. Entonces, se le ocurrió de repente algo grotesco y se echó a reír. Luego, observó:

—No obstante, es muy serio. ¿Sabes?, ese hombre vino a casa a verme. Es anarquista. No, no te desmayes o no te podré contar el resto. Yo quería asombrarle, y sin saber que era anarquista, cogí un cultivo de esa nueva especie de bacteria de la que te he hablado, esa que propaga y creo que produce las manchas azules en varios monos, y a lo tonto le dije que era el cólera asiático. Entonces, él escapó con ella para envenenar el agua de Londres, y desde luego podía haber hecho la vida muy triste a los civilizados londinenses. Y ahora se la ha tragado. Por supuesto, no sé lo que ocurrirá, pero ya sabes que volvió azul al gato, y a los tres perritos azules a trozos, y al gorrión de un azul vivo. Pero lo que me fastidia, es que tendré que repetir las molestias y los gastos para conseguirla otra vez.

—¡Que me ponga el abrigo en un día tan caluroso! ¿Por qué? ¿Porque podríamos encontrarnos a la señora Jabber? Cariño, la señora Jabber no es una corriente de aire. ¿Y por qué tengo que ponerme el abrigo en un día de calor por culpa de la señora...? ¡Oh!, muy bien...

El tesoro en el bosque

La canoa estaba acercándose ahora a tierra firme. La bahía se abría, y un intervalo en el blanco oleaje del arrecife indicaba el lugar por donde el pequeño río desembocaba en el mar. La zona de verde más espesa y profunda del bosque virgen, delataba su curso bajando desde la distante ladera montañosa. Aquí el bosque casi llegaba hasta la playa. A lo lejos se levantaban las montañas de textura oscura y semejantes a nubes, como si fueran olas repentinamente heladas. El mar estaba en calma, salvo por un oleaje casi imperceptible. El cielo resplandecía. El hombre del pequeño remo tallado a mano se detuvo.

—Debe de estar en algún sitio por aquí.

Puso el remo en la embarcación y estiró los brazos directamente delante de él. El otro hombre había estado en la parte delantera de la canoa, escudriñando minuciosamente el terreno. Tenía en su rodilla una cuartilla de papel amarillento.

Ven a ver esto, Evans.

Los dos hablaban bajo y tenían los labios duros y secos. El que se llamaba Evans, vino tambaleándose por la canoa hasta que pudo mirar por encima del hombro de su compañero. El papel tenía el aspecto de un tosco mapa. De tanto doblarlo estaba tan arrugado y gastado, que se rompió, y el otro hombre sostuvo los descoloridos fragmentos por donde se habían roto. Sólo se podía descifrar de forma borrosa, a lápiz casi borrado, el contorno de la bahía.

—Aquí —dijo Evans— está el arrecife, y aquí está el hueco —deslizó la uña del pulgar por el dibujo—. Esta línea curva y torcida es el río. ¡Qué bien me vendría un trago ahora! Y esta estrella es el sitio.

—¿Ves esta línea de puntos? —dijo el que tenía el mapa—. Es una línea recta, y va desde la abertura en el arrecife hasta un grupo de palmeras. La estrella está justo donde corta al río. Tenemos que señalar el sitio cuando entremos en la laguna.

—Es extraño —comentó Evans tras una pausa—. ¿Para qué están estas pequeñas marcas aquí abajo? Parece el plano de una casa o algo así, pero no tengo ni idea de qué puedan significar todas esas rayitas por aquí y por ahí. ¿En qué está escrito?

—En chino —dijo el hombre con el mapa.

—Por supuesto. Era chino —recordó Evans.

—Todos eran chinos —subrayó el del mapa.

Los dos se sentaron durante unos minutos clavando la vista en tierra, mientras la canoa se movía suavemente a la deriva. Luego, Evans miró hacia el remo.

—Es tu turno con el remo, Hooker—le dijo.

Su compañero plegó tranquilamente el mapa, lo puso en el bolsillo, pasó a Evans con cuidado y comenzó a remar. Sus movimientos eran lánguidos, como los de alguien casi sin fuerzas.

Evans estaba sentado con los ojos medio cerrados, observando el espumoso rompeolas de coral que se aproximaba cada vez más. El cielo estaba ahora como un horno, porque el Sol se hallaba cerca del cenit. Aunque estaban tan cerca del tesoro, no sentía la exaltación que habían previsto.

La intensa excitación de la lucha por el plano y el largo viaje nocturno desde el continente en la canoa sin provisiones —para usar su propia expresión— *le habían quitado toda la emoción*. Había intentado levantar la moral pensando en los lingotes de los que habían hablado los chinos, pero su mente no se concentraba en ello y volvía tercamente a la idea de agua dulce haciendo rizos en la superficie del río, y a la casi insoportable sequedad de los labios y la garganta. El rítmico batir del mar sobre el arrecife se hacía ahora audible y le proporcionaba un sonido agradable en los oídos; el agua batía el costado de la canoa y el remo goteaba entre cada golpe. Al poco, empezó a quedarse adormilado.

Era todavía borrosamente consciente de la isla, pero una extraña textura onírica se entremezclaba con sus sensaciones. Una vez más volvía a la noche en que él y Hooker habían descubierto el secreto del chino. Vio los árboles iluminados por la Luna, la pequeña hoguera ardiendo y las negras figuras de los tres chinos, plateados de un lado por la luz de la luna y dorados por el otro con el resplandor de la hoguera, y les oyó hablar en el inglés chapurreado en China, pues venían de distintas provincias. Hooker fue el primero en captar la marcha de la conversación y le había hecho escuchar. Algunos fragmentos de la conversación eran inaudibles y otros incomprensibles. Un galeón español procedente de las Filipinas desesperadamente encallado y su tesoro enterrado hasta que pudieran volver por él, era el trasfondo de la historia; la tripulación del naufragio diezmada por la enfermedad, una pelea o así y la necesidad de disciplina, y finalmente la vuelta a los barcos sin que nunca más se volviera a oír hablar de ellos. Después, Chang-hi hacía de eso sólo un año, vagando por la playa, se había topado por casualidad con los lingotes escondidos durante doscientos años, había desertado de su junco, y los había vuelto a enterrar con infinito esfuerzo él solo, pero con mucha seguridad. Puso mucho énfasis en lo de la seguridad, era un secreto exclusivamente suyo. Ahora lo que quería, era ayuda para volver y exhumar los lingotes. Pronto apareció el pequeño mapa y las voces se apagaron. Una buena historia para que la oyeran dos desocupados calaveras británicos.

El sueño de Evans pasó al momento en que tenía la coleta de Chang-hi entre las manos. La vida de un chino apenas si es sagrada como la de un europeo. La astuta carita de Chang-hi, primero penetrante y furiosa como una serpiente espantada, y después terrible, traicionera y miserable, se destacó abrumadoramente en el sueño. Al final, Chang-hi había puesto una sonrisa burlona, la mueca más incomprensible y sobrecogedora. Bruscamente las cosas se pusieron muy desagradables, como sucede a veces en los sueños. Chang-hi farfulló y lo amenazó. Vio en el sueño montones y montones de oro, y a Chang-hi interponiéndose y luchando por retenerlo en su poder. Cogió a Chang-hi por la coleta, ¡qué grande era el bruto amarillo! ¡Y cómo luchaba y se reía! ¡Y además seguía creciendo y creciendo! Luego, los relucientes montones de oro se convirtieron en un horno rugiente, y un enorme diablo de un sorprendente parecido con Chang-hi, pero con un inmenso rabo negro, comenzó a echar carbón. Le quemaron la boca horriblemente. Otro diablo gritaba su nombre: ¡Evans! ¡Evans!, dormilón; o ¿era Hooker? Se despertó. Estaban en la boca de la laguna.

—Ahí están las tres palmeras. Tiene que estar en línea con esa mata de arbustos —dijo su compañero—. Fíjate bien. Si vamos hasta esos arbustos y luego nos metemos en el bosque en línea recta desde aquí, daremos con ello cuando lleguemos al río.

Ya podían ver dónde se abría la boca del río. Al verla, Evans revivió.

—¡Date prisa, hombre! —exclamó—, o por los cielos que tendré que beber agua del mar.

Se mordió la mano y miró al destello de plata entre las rocas y la verde espesura. Pronto se volvió casi furioso hacia Hooker.

—Dame el remo —le dijo.

Y de ese modo alcanzaron la boca del río. Un poco más arriba, Hooker cogió un poco de agua en el hueco de la mano, la probó y la escupió. Algo más arriba aún lo intentó de nuevo.

—Ésta servirá.

Y empezaron a beber con ansia.

—Maldita sea —dijo Evans bruscamente—. Esto es demasiado lento. Se inclinó peligrosamente por la parte delantera de la canoa y comenzó a sorber el agua directamente con los labios.

Pronto terminaron de beber, y acercando la canoa a una pequeña cala, estuvieron a punto de desembarcar entre la maraña de plantas que daba a la orilla.

—Tendremos dificultad en abrirnos paso a través de la maleza hasta la playa para encontrar nuestros arbustos y seguir la línea hasta el sitio —observó Evans.

—Sería mejor que rodeáramos remando.

Así que volvieron a meterse en el río, y remaron de nuevo hasta el mar y por la costa, hasta el lugar donde crecía la mata de arbustos. Aquí desembarcaron, arrastraron la ligera canoa hasta lo alto de la playa y luego subieron hacia el borde de la jungla, hasta que pudieron ver la apertura en el arrecife y los arbustos en línea recta. Evans había sacado de la canoa una herramienta de los nativos. Tenía forma de L, y la pieza transversal estaba armada con una piedra pulida. Hooker llevaba el remo.

—Ahora es todo recto en esta dirección —dijo—. Tenemos que abrirnos camino por aquí hasta que demos con el río. Luego, tendremos que explorar el terreno.

Se abrieron camino por una tupida maraña de cañas, anchas frondas, árboles jóvenes. Al principio, el camino era muy pesado, pero rápidamente los árboles se hicieron más grandes y, bajo ellos, el suelo se aclaró. La sombra fresca sustituyó gradual e insensiblemente al ardor del Sol. Por fin, los árboles se convirtieron en enormes pilares que, muy por encima de sus cabezas, sostenían un verdoso dosel. Flores blancas y apagadas colgaban de sus tallos y enredaderas como sogas se deslizaban de árbol a árbol. La sombra se hizo más tupida. En el suelo hongos llenos de manchas y de incrustaciones de color marrón rojizo se hicieron frecuentes. A Evans le dio un escalofrío.

—Después del fuego de fuera esto parece hasta frío.

—Espero que estemos manteniendo la línea recta —dijo Hooker. Pronto vieron muy por delante un hueco en la sombría oscuridad por donde blancos haces de calurosa luz solar penetraban en el bosque. Había también hierba de un verde vivo y flores de colores. Luego, oyeron el ruido del agua.

—Aquí está el río. Debemos de estar ya cerca—dijo Hooker.

La vegetación era espesa junto a la orilla del río. Grandes plantas, todavía sin clasificar, crecían entre las raíces de los gigantescos árboles y extendían rosetas de enormes abanicos verdes hacia las franjas de cielo. Muchas flores y una enredadera de reluciente follaje se agarraban a los expuestos tallos. Sobre las aguas de la amplia y tranquila laguna que los buscadores de tesoros estaban ahora contemplando, flotaban grandes hojas ovales y una flor como de cera de color blanco rosado, no muy distinta a un nenúfar. Más allá, a medida que el río daba una curva alejándose de ellos, el agua de repente espumeaba y se volvía ruidosa en un rápido.

—¿Qué pasa? —dijo Evans.

—Nos hemos desviado algo de la línea recta —dijo Hooker—. Era de esperar.

Se volvió a mirar las frescas sombras oscuras del silencioso bosque que yacía tras ellos.

—Si andamos un poco por el río, arriba y abajo, deberíamos encontrar algo.

—Tú dijiste... —empezó Evans.

—Él dijo que había un montón de piedras —dijo Hooker.

Los dos hombres se miraron un momento.

—Intentémoslo primero corriente abajo —dijo Evans.

Avanzaron despacio mirando con avidez a su alrededor. De repente, Evans se detuvo.

—¿Qué diablos es eso?

Hooker siguió su dedo con la vista.

—Algo azul.

Se había hecho visible cuando coronaron la cima de una suave protuberancia del terreno. Luego, comenzó a distinguir qué era. Avanzó bruscamente con apresurados pasos hasta que pudo ver el cuerpo al que pertenecía aquella lánguida mano y el brazo. Apretó la herramienta con el puño. Era la figura de un chino que yacía boca abajo. El abandono de la postura era inconfundible. Los dos hombres se juntaron más el uno al otro y se quedaron mirando en silencio al ominoso cuerpo muerto. Yacía en un claro entre los árboles. Al lado estaba una pala del tipo chino, y más lejos había un diseminado montón de piedras junto a un hoyo recientemente excavado.

—Alguien ha estado aquí antes —dijo Hooker aclarando la garganta.

Luego, Evans empezó a jurar, a despotricar y a dar patadas contra el suelo. Hooker se puso blanco, pero no dijo nada. Avanzó hacia el cuerpo postrado. Vio que tenía el cuello hinchado y de color púrpura, y las manos y los tobillos tumefactos.

—¡Puaf! —exclamó.

Se volvió bruscamente y fue hacia la excavación. Dio un grito de sorpresa. Voceó a Evans que le seguía despacio.

—¡Tonto! No pasa nada. Todavía está aquí.

Luego, se volvió de nuevo a mirar al chino muerto y otra vez al hoyo. Evans se apresuró hacia el hoyo. Ya medio desenterradas por el condenado infeliz, yacían junto a ellos unas cuantas deslustradas barras amarillas. Se agachó sobre el hoyo y, limpiando el suelo con las manos desnudas, precipitadamente sacó una de las pesadas masas. Al hacerlo, un pequeño espino se le clavó en la mano. Sacó el delicado pincho con los dedos y levantó el lingote.

—Sólo el oro o el plomo pueden pesar así —dijo exultante.

Hooker estaba todavía pasmado mirando al chino muerto.

—Se adelantó a sus amigos —dijo por fin—. Vino aquí solo y alguna serpiente venenosa lo picó. Me pregunto cómo encontró el sitio.

Evans estaba de pie con el lingote en las manos. ¿Qué importaba un chino muerto?

—Tendremos que llevar esto al Continente poco a poco y enterrarlo allí durante un tiempo. ¿Cómo lo trasportaremos hasta la canoa?

Se quitó la chaqueta, la extendió en el suelo y echó en ella dos o tres lingotes. Pronto dio con otro pequeño espino que le había perforado la piel.

—Esto es todo lo que podemos llevar —dijo, y luego, con un extraño ataque de irritación, preguntó—: ¿Qué miras?

Hooker se volvió hacia él.

—No soporto... el cadáver —hizo un asentimiento con la cabeza hacia el cuerpo muerto—. Se parece tanto a...

—¡Tonterías! —respondió Evans—. Todos los chinos son iguales.

Hooker le miró a la cara.

—En todo caso, voy a enterrarlo antes de echarte una mano con...

—No seas tonto, Hooker. Deja que esa masa corrupta siga su curso.

Hooker dudó, y luego miró minuciosamente al pardo suelo a su alrededor.

—No sé por qué, pero me da miedo.

—La cuestión, es qué hacemos con estos lingotes. ¿Los volvemos a enterrar por aquí o nos los llevamos en la canoa al otro lado del estrecho?

Hooker pensó. Su pasmada mirada vagó por los altos troncos arbóreos ascendiendo hasta el remoto dosel verde iluminado por el Sol sobre sus cabezas. De nuevo le dieron escalofríos, cuando volvió los ojos a la figura del chino. Miró inquisitivamente a las profundidades grises entre los árboles.

—¿Qué te pasa, Hooker? —exclamó Evans—. ¿Has perdido el juicio?

—En todo caso, saquemos el oro de aquí —respondió Hooker.

Cogió la chaqueta por la parte del cuello, Evans sujetó el lado opuesto y levantaron el peso.

—¿Por dónde? —preguntó Evans—. ¿A la canoa?

—Es extraño —observó Evans, cuando apenas habían avanzado unos cuantos pasos—, pero todavía me duelen los brazos de remar. ¡Maldita sea! ¡Cómo me duelen! Tengo que descansar.

Bajaron la chaqueta hasta el suelo. Evans tenía la cara blanca y gotitas de sudor le afloraban en la frente.

—Es sofocante, de todas formas, aquí en el bosque —y a continuación, cambiando bruscamente a una ira irracional, exclamó—: ¿Para qué vamos a esperar aquí todo el día? ¡Echa una mano, hombre! Desde que viste al chino no has hecho más que perder el tiempo.

Hooker estaba mirando atentamente al rostro de su compañero. Ayudó a levantar la chaqueta sobre la que iban los lingotes y avanzaron en silencio unas cien yardas, quizás. Evans empezó a respirar con dificultad.

—¿Te ha comido la lengua el gato?

—¿Qué te pasa? —replicó Hooker.

Evans tropezó, y luego con una brusca maldición tiró la chaqueta. Estuvo un momento de pie mirando a Hooker, y después dando un gemido, se llevó las manos a la garganta.

—No te acerques a mí —dijo, yendo a apoyarse contra un árbol. Luego, con voz más segura—: Estaré mejor en un minuto.

Pronto la fuerza con la que asía el tronco le falló y se deslizó lentamente tronco abajo, hasta que no fue más que un montón informe a los pies del árbol. Tenía los puños apretados convulsivamente. El rostro se le desfiguraba con el dolor. Hooker se le acercó.

—No me toques. No me toques —dijo Evans con voz ahogada—. Vuelve a poner el oro encima de la chaqueta.

—¿No puedo ayudarte? —preguntó Hooker.

—Vuelve a poner el oro encima de la chaqueta.

Cuando Hooker cogió los lingotes, sintió una pequeña picadura en el pulpejo del pulgar. Se miró la mano y vio un espino delgado de quizás unas dos pulgadas de largo. Evans dio un grito desarticulado y se volvió del otro lado. Hooker se quedó con la boca abierta. Miró al espino un momento con los ojos como platos. Luego, miró a Evans que ahora estaba hecho un ovillo sobre el suelo con la espalda contrayéndose y extendiéndose espasmódicamente. Después, miró por los troncos de los árboles y el entramado de los tallos de las enredaderas, hasta donde todavía se podía ver claramente en la penumbra oscura y gris el cuerpo del chino vestido de azul. Pensó en las rayitas en la esquina del mapa y en un momento comprendió.

—¡Dios me ayude! —exclamó.

Los espinos eran similares a esos que los Dyak envenenan y utilizan en sus cerbatanas. Ahora comprendía lo que significaba el convencimiento de Chang-hi respecto de la seguridad de su tesoro. Ahora comprendía la mueca de su rostro.

—¡Evans! —gritó.

Pero Evans estaba ahora mudo e inmóvil, salvo por las horribles contracturas espasmódicas de sus miembros. Un profundo silencio se cernió sobre el bosque. Luego, Hooker empezó a chupar furiosamente la pequeña mancha amarilla en el pulpejo del pulgar. ¡A chupar por su vida! Pronto sintió un dolor extraño como de agujetas en los hombros y los brazos, y doblaba los dedos con dificultad. Entonces, se dio cuenta de que chupar no serviría de nada. Bruscamente se detuvo, y sentándose junto al montón de lingotes con las manos en la barbilla y los codos en las rodillas, miró al cuerpo de su compañero, deformado, pero que todavía se movía. Le vino de nuevo a la mente la mueca de Chang-hi. El dolor sordo se extendió hacia la garganta y lentamente se hizo más intenso. Muy por encima de él, una débil brisa agitó el verde dosel y los pétalos blancos de alguna flor desconocida bajaron flotando por la penumbra.

El dios de las dinamos

El encargado jefe de las tres dinamos, que zumbaban y rechinaban en Camberwell para mantener en marcha el ferrocarril eléctrico, procedía del condado de York, y se llamaba James Holroyd. Era un electricista práctico, pero aficionado al whisky, un bruto pelirrojo y pesado con una dentadura irregular. Dudaba de la existencia de Dios, pero aceptaba el ciclo de Carrot y había leído a Shakespeare, encontrándolo flojo en química. Su ayudante procedía del misterioso Este y se llamaba Azuma-zi. Pero Holroyd le llamaba Pooh-ba. A Holroyd le gustaban los ayudantes negros porque soportaban las patadas —una costumbre de Holroyd—, y no fisgaban en la maquinaria ni trataban de aprender su funcionamiento. Holroyd nunca fue plenamente consciente de algunas raras potencialidades de la mente negra, al entrar en contacto con la quintaesencia de nuestra civilización, aunque justo al final de su vida alcanzara a atisbarlas.

Describir a Azuma-zi, sobrepasaba cualquier etnología. Era, quizá, más negroide que otra cosa, aunque tenía el pelo rizado más que apelmazado, y su nariz disponía de caballete. Además, tenía la piel más morena que negra, y el blanco de sus ojos era de color amarillo. Los anchos pómulos y el estrecho mentón daban a su rostro la forma de una V viperina. También tenía la cabeza ancha en la parte posterior y baja y angosta en la frente, como si le hubieran embutido el cerebro a la inversa que a un europeo. Bajo de estatura, su inglés era todavía más reducido que su altura. Al hablar producía numerosos ruidos extraños sin valor comercial conocido, y sus escasas palabras estaban esculpidas y vaciadas en grotescos gestos heráldicos. Holroyd intentó aclarar sus creencias religiosas y, especialmente después del whisky, le sermoneaba contra la superstición y los misioneros. Azuma-zi, sin embargo, evadía la discusión sobre sus dioses, aunque por ello recibiera buenos puntapiés.

Azuma-zi, vestido con blanca pero insuficiente indumentaria, había venido a Londres en la bodega del *Lord Clive* procedente de los Estrechos y aun de más allá. Ya en su juventud, había oído hablar de la grandeza y las riquezas de Londres, donde todas las mujeres son blancas y rubias, y hasta los mendigos callejeros son blancos. Así que había llegado con unas monedas de oro recién ganadas en los bolsillos, para adorar en el santuario de la civilización. El día de su llegada era sombrío: el cielo estaba cubierto y una llovizna movida por el viento se filtraba hasta las calles grasientas, pero él se sumergió temerariamente en los deleites de Shadwell. Civilizado, sólo en el vestido, con la salud destrozada, sin dinero y prácticamente una bestia si exceptuamos lo más elemental, pronto se vio obligado a trabajar para James Holroyd y a soportar sus malos tratos en el cobertizo de las dinamos de Camberwell. Y para James Holroyd los malos tratos eran una muestra de cariño.

En Camberwell había tres dinamos con sus motores. Las dos que estaban desde el principio eran máquinas pequeñas. La mayor era nueva. Las máquinas pequeñas hacían un ruido razonable, sus correas zumbaban sobre los tambores, de vez en cuando las escobillas ronroneaban sordamente y el aire rugía constante entre los polos, uhuu, uhuu, uhuu. Una tenía las sujeciones sueltas y hacía vibrar el cobertizo. Pero la dinamo grande ahogaba todos estos pequeños ruidos con el continuo zumbido de su cilindro de hierro que, de alguna manera, hacía zumbar parte de la estructura metálica. El lugar hacía tambalear las cabezas de los visitantes con el sordo, monótono y constante latido de las máquinas, la rotación de las grandes ruedas, los giros de la válvula de bola, las ocasionales expulsiones del vapor y, sobre todo, la nota profunda, incesante, como de rompeolas, de la gran dinamo. Este último ruido era un defecto desde el punto de vista de la ingeniería, pero Azuma-zi lo atribuía al poder y orgullo del monstruo.

Si fuera posible, haríamos que el lector estuviera escuchando los ruidos de ese cobertizo en cada una de estas páginas, contaríamos toda nuestra historia al compás de semejante acompañamiento. Era como una corriente constante de estrépito, en la que el oído distinguía primero un ruido y después otro; se podía oír el intermitente resoplar, jadear y bullir de las máquinas de vapor, la succión y el golpe seco de los pistones, el sordo zumbido del aire entre los radios de las grandes ruedas motrices, el restallar de las correas de cuero al tensarse y aflojarse, el irritante bullicio de las dinamos y, sobre todos los demás, inaudible a veces, como si el oído se cansara de ella para volver de nuevo furtivamente a los sentidos, estaba la nota de trombón de la gran máquina. Al pisar, el suelo nunca parecía firme y seguro, sino que temblaba y trepidaba. El lugar desorientaba y aturdía lo suficiente como para reducir los pensamientos de cualquiera a extraños zigzags. Y en los tres meses que duraba la gran huelga de los mecánicos ni Holroyd, que era un esquirol, ni Azuma-zi, que era un simple negro, habían salido de aquel agitado remolino, sino que dormían y comían en la pequeña garita de madera situada entre el cobertizo y los portones de entrada.

Holroyd hizo una disertación teológica sobre la gran máquina poco después de llegar Azuma-zi. Tenía que gritar para hacerse oír:

—Mira eso —decía Holroyd—. ¿Dónde está tu ídolo pagano que pueda igualársele?

Y Azuma-zi miraba. Durante unos momentos, la voz de Holroyd fue inaudible, luego Azuma-zi oyó:

—Mata cien hombres. Doce por ciento mejores que los corrientes —dijo Holroyd—, y eso es algo muy parecido a un Dios.

Holroyd estaba orgulloso de su gran dinamo, y habló tanto a Azuma-zi de su tamaño y potencia, que Dios sabe qué extrañas representaciones mentales desataron dentro del negro y rizoso cráneo su conversación y el estruendo incesante. Explicó del modo más gráfico, la aproximadamente docena de maneras con las que la máquina podía matar a un hombre, y una vez le dio un buen susto como muestra. Desde entonces, en los descansos del trabajo —un trabajo pesado, puesto que no sólo hacía el suyo, sino la mayor parte del de Holroyd—, Azuma-zi se sentaba a observar la gran máquina. De vez en cuando las escobillas chispeaban y lanzaban destellos azulados, lo que hacía proferir maldiciones a Holroyd, pero todo lo demás era tan suave y rítmico como la respiración. La rueda de transmisión corría zumbando sobre el eje, y siempre a las espaldas del que miraba, se oía el complaciente golpe sordo del pistón. Así es que la máquina pasaba todo el día en ese ligero y amplio cobertizo, siendo atendida por él y por Holroyd. No se hallaba aprisionada ni esclavizada para mover un barco como las otras máquinas que conocía —simples demonios cautivos del Salomón británico—, sino que ésta estaba entronizada. Azuma-zi despreciaba por la pura fuerza del contraste las dos dinamos más pequeñas, y a la grande la bautizó secretamente con el título de *Dios de las dinamos*. Las pequeñas eran inquietas e irregulares, pero la grande era segura. ¡Qué grande era! ¡Qué fácil y sereno su funcionamiento! Mayor y más sosegada, incluso que los budas que había visto en Rangún, y además no inmóvil, sino ¡viva! Las grandes bobinas negras giraban, giraban, giraban, los anillos daban vueltas bajo las escobillas y la profunda nota de su muelle fortalecía el conjunto. Esto afectó misteriosamente a Azuma-zi.

Azuma-zi no amaba el trabajo. Cuando Holroyd se marchaba a convencer al mozo del patio para que le trajera whisky, se sentaba por allí a observar al Dios de las dinamos, aunque su puesto no estaba en el cobertizo de la dinamo, sino detrás de las máquinas, y además, si Holroyd le pillaba remoloneando, le golpeaba con una vara de grueso alambre de cobre. Se acercaba al coloso y se quedaba allí, de pie, mirando la gran correa de cuero que corría por encima. La correa tenía un parche negro y a él, por alguna razón, le gustaba contemplar en medio de todo aquel estruendo; cómo volvía el parche una y otra vez. Extraños pensamientos bailaban al compás de aquella rotación. Los científicos nos cuentan que los salvajes atribuyen almas a las rocas y a los árboles, y una máquina es algo mil veces más vivo que una roca o un árbol. Azuma-zi era todavía prácticamente un salvaje, la civilización no había calado más allá de las baratas vestimentas, las magulladuras y las manos y la cara tiznadas de carbón. Su padre, antes que él, había adorado a un meteorito, y quizá la sangre de sus parientes había salpicado las grandes ruedas del carro de Krishna.

Aprovechaba todas las oportunidades que le daba Holroyd para tocar y manejar la gran dinamo que le fascinaba. La pulía y limpiaba hasta que las partes metálicas deslumbraban con el Sol, y al hacerlo, experimentaba una misteriosa sensación de servicio. Solía acercarse a la

máquina para tocar las bobinas suavemente. Los dioses que había adorado, estaban todos muy lejos. Las gentes de Londres escondían a sus
dioses.

Al fin, sus oscuros sentimientos se fueron aclarando, convirtiéndose
en ideas primero y en actos después. Una mañana, al entrar en el rugiente cobertizo, saludó reverentemente al Dios de las dinamos y
después, cuando Holroyd estaba fuera, se acercó a la atronadora máquina para susurrarle que él era su servidor, y pedirle que tuviera piedad
de él y lo librara de Holroyd. En ese momento, un raro rayo de luz entró
por el arco del trepidante cobertizo, y el Dios de las dinamos, que giraba
y rugía, parecía radiante con el dorado resplandor. Azuma-zi supo entonces, que sus servicios eran del agrado de su Señor. Desde aquel
momento ya no se sintió tan solo, porque verdaderamente había estado
muy solo en Londres hasta entonces. Incluso, después de terminado su
trabajo, lo que no sucedía a menudo, vagaba por el cobertizo.

La próxima vez que Holroyd lo maltrató, Azuma-zi se fue inmediatamente a rezar al Dios de las dinamos:

—Contempla a tu siervo maltratado, ¡oh Dios mío!

Y el airado zumbido de la maquinaria pareció responderle. Después,
dio en creer que cada vez que Holroyd entraba en el cobertizo, una
nota diferente se incorporaba al sonido de la dinamo.

—Mi Señor aguarda el momento oportuno —se decía—. La iniqui-
dad del necio no es todavía completa.

Y vigilaba a la espera del ajuste final. Un día, había muestras de
cortocircuito y Holroyd, al hacer una revisión imprudente —era por la
tarde—, recibió una sacudida bastante fuerte. Azuma-zi, que estaba
detrás de la máquina, le vio saltar y maldecir a la pecadora bobina.

—Ya está avisado —se dijo Azuma-zi—. Ciertamente mi Señor es
muy paciente.

Al principio, Holroyd había iniciado a su negro en aquellos aspectos
elementales del funcionamiento de la dinamo que le permitieran hacerse cargo del cobertizo temporalmente durante su ausencia. Pero cuando
observó el comportamiento de Azuma-zi con el monstruo, empezó a
sospechar. Se dio cuenta veladamente de que su ayudante tramaba algo,
y relacionándole con la utilización de aceite en las bobinas que había
dañado al barniz protector en una parte, dictó la siguiente orden vo-
ceada sobre el ruido de la maquinaria:

—¡No te acerques más a la dinamo grande, Pooh-bah, o te desuello
vivo!

Además, precisamente porque a Azuma-zi le gustaba estar junto a
la gran máquina, era de puro sentido común el mantenerlo alejado de
ella.

Azuma-zi obedeció entonces, pero más tarde Holroyd le sorprendió haciendo reverencias al Dios de las dinamos, así que le dobló el brazo y lo pateó cuando se volvió para marcharse. Tan pronto como Azuma-zi estuvo detrás de la máquina con la mirada fija en la espalda del odiado Holroyd, los ruidos de la maquinaria adoptaron nuevos ritmos y sonaban como cuatro palabras de su idioma nativo.

Es difícil decir con cierta exactitud qué es la locura, pero me imagino que Azuma-zi estaba loco. Los ruidos y las rotaciones incesantes del cobertizo de las dinamos quizá habían revuelto completamente sus pocos conocimientos y sus muchas supersticiones, produciendo finalmente una especie de delirio. En cualquier caso, cuando en medio de ese frenesí vislumbró la idea de hacer con Holroyd un sacrificio humano a la dinamo-ídolo, le invadió un tumultuoso y extraño regocijo.

Esa noche, los dos hombres con sus negras sombras estaban solos en el cobertizo que, iluminado con una gran lámpara, centelleaba trémulos destellos rojizos. Las sombras oscurecían la parte posterior de las dinamos, así que las bolas reguladoras de las máquinas iban de la luz a las tinieblas, y los pistones golpeaban estrepitosa y regularmente. El mundo exterior, visto desde el extremo abierto del cobertizo, parecía increíblemente incierto y remoto. Parecía, también, absolutamente silencioso, puesto que el estruendo de la maquinaria ahogaba todo sonido exterior. A lo lejos, quedaba la negra valla del patio, y tras ella, las casas grises y borrosas, y encima el profundo cielo azul y las diminutas y pálidas estrellas. De repente, Azuma-zi cruzó el centro del cobertizo sobre el que se desplazaban las correas de cuero y se metió en la sombra de la gran dinamo. Holroyd oyó un chasquido, y el giro del inducido cambió.

—¿Qué diablos estás haciendo con ese interruptor? —gritó sorprendido—. ¿No te había dicho...?

Luego, vio la resuelta expresión en la mirada de Azuma-zi cuando el asiático salió de la sombra y avanzó hacia él.

A continuación, los dos hombres peleaban ferozmente delante de la gran dinamo.

—¡Tú, idiota, cabeza de café! —jadeó Holroyd con la mano del negro en la garganta—. ¡Aparta esos anillos de contacto!

Al instante, una zancadilla le tambaleaba de espaldas sobre el Dios de las dinamos. Instintivamente retiró las manos de su antagonista para protegerse de la máquina.

El mensajero enviado a toda prisa desde la planta para averiguar lo que había sucedido en el cobertizo de las dinamos, se encontró a Azuma-zi en la caseta del portero junto a la entrada. Azuma-zi intentaba explicar algo, pero el mensajero no lograba sacar nada en claro del incoherente inglés del negro y continuó apresuradamente hasta el cobertizo. Las máquinas estaban todas funcionando ruidosamente y nada parecía desajustado. Se apreciaba, no obstante, un peculiar olor a pelo chamuscado. Luego, vio una gran masa arrugada, de aspecto extraño, que colgaba de la parte delantera de la gran dinamo, y al acercarse, reconoció los deformados restos de Holroyd.

El hombre miró fijamente y dudó un momento. Luego, vio la cara y cerró los ojos convulsivamente, dándose la vuelta antes de abrirlos de nuevo para no volver a ver a Holroyd, y salió del cobertizo en busca de asesoramiento y ayuda.

Cuando Azuma-zi vio morir a Holroyd atrapado por la gran dinamo, las consecuencias de su acto le alarmaron algo. Sin embargo, sentía un gozo extraño y sabía que el Dios de las dinamos tenía puesta en él su predilección. Cuando encontró al hombre que venía de la planta ya tenía el plan decidido, y el director técnico, que llegó rápidamente al lugar de los hechos, sacó precipitadamente la conclusión obvia de suicidio. Este experto apenas si reparó en Azuma-zi, excepto para hacerle unas preguntas.

—¿Vio a Holroyd suicidarse?

Azuma-zi explicó que había estado fuera de allí, en el fogón de la máquina, hasta que notó un ruido diferente en las dinamos. No fue un examen difícil al no estar influido por la sospecha.

Los deformados restos de Holroyd, que el electricista retiró de la máquina, fueron rápidamente cubiertos por el portero con un mantel manchado de café. Alguien tuvo la feliz ocurrencia de ir a buscar un médico. Lo que realmente preocupaba al experto, era poner de nuevo en funcionamiento la máquina, pues siete u ocho trenes estaban parados en medio de los sofocantes túneles del ferrocarril eléctrico. Así que hizo volver rápidamente al fogón a Azuma-zi, que estaba respondiendo o equivocando las preguntas de la gente que por autoridad o atrevimiento había entrado en el cobertizo. Por supuesto, una muchedumbre se congregó a las puertas del patio —en Londres, por razones desconocidas, siempre hay una multitud rondando durante un día o dos junto al escenario de una muerte repentina—, dos o tres reporteros se colaron de alguna forma en el cobertizo, y uno llegó hasta Azuma-zi, pero el experto, que era también periodista aficionado, los sacó de allí.

Luego, se llevaron el cadáver, y el interés de la gente desapareció con él. Azuma-zi permaneció inmóvil y silencioso junto a su fogón, viendo una y otra vez entre los carbones una figura que se retorcía violentamente y luego se quedaba quieta. Una hora después del asesinato, cualquiera que entrara en el cobertizo tendría la impresión de que allí nunca había pasado nada extraordinario. Poco después, fisgando desde su rincón, el negro veía al Dios de las dinamos girar y rotar junto a sus hermanos menores, y las ruedas motoras se movían con fuerza y los pistones de vapor golpeaban con su ruido acostumbrado, exactamente igual que al comienzo de la noche. Después de todo, desde el punto de vista mecánico, había sido un incidente de lo más insignificante, la simple desviación de una corriente. Pero ahora la sólida corpulencia de Holroyd estaba reemplazada por la delgada figura y la escasa sombra del director técnico que iba y venía por la línea de luz sobre el suelo trepidante, debajo de las correas entre los motores y las dinamos.

— ¿No he servido a mi Señor? —susurró Azuma-zi desde la oscuridad, y la nota de la gran dinamo sonó plena y clara.

Mientras contemplaba el gran mecanismo rotatorio, la extraña fascinación que ejercía sobre él, un tanto paralizada desde la muerte de Holroyd, volvía a adquirir toda su fuerza. Jamás había visto Azuma-zi a un hombre asesinado tan rápida y despiadadamente. La gran máquina rugiente había aniquilado a su víctima sin vacilar un segundo en su golpear incesante. Ciertamente era un gran Dios.

El director técnico, ajeno a los pensamientos de Azuma-zi, estaba de pie dándole la espalda. Su sombra se proyectaba sobre los pies del monstruo.

¿Estaba el Dios de las dinamos todavía hambriento? Su servidor estaba dispuesto.

Azuma-zi dio un cauteloso paso hacia adelante, luego se detuvo. El director técnico de repente dejó de escribir, caminó por el cobertizo hasta el final de las dinamos y comenzó a examinar las escobillas.

Azuma-zi dudó un momento, y luego se deslizó silenciosamente hasta la sombra junto al interruptor. Allí esperó. Al poco tiempo, se podían oír los pasos del director técnico que volvía. Se detuvo en el mismo sitio que antes sin advertir al fogonero, agazapado a tres metros de distancia. Entonces, la gran dinamo silbó de repente, y al instante, Azuma-zi se abalanzaba sobre él desde la oscuridad.

El director técnico se vio agarrado y empujado hacia la gran dinamo. Pateando con las rodillas y forzando con las manos la cabeza de su antagonista, logró liberar la cintura y evitar la máquina con un balanceo. Luego, el negro lo cogió de nuevo, poniéndole la cabeza rizada contra el pecho, y estuvieron tambaleándose y jadeando durante lo que pareció un siglo. A continuación, el director técnico se sintió impelido a colocar una oreja negra entre sus dientes y morder furiosamente. El negro dio un grito espantoso.

Rodaron por el suelo, y el negro, que aparentemente se había zafado de la maldad de los dientes o desprendido de una oreja —el director técnico no sabía en aquel momento cuál de las dos—, intentó estrangularlo. El director técnico estaba haciendo vanos esfuerzos para coger algo con las manos y dar puntapiés, cuando se oyó el grato sonido de rápidos pasos sobre el suelo. Al momento, Azuma-zi lo dejó y se precipitó hacia la gran dinamo. Hubo un chisporroteo en medio del ruido.

El empleado de la empresa que había entrado se quedó mirando cómo Azuma-zi cogía con sus manos los terminales al descubierto, sufría una horrible convulsión, y luego colgaba inmóvil de la máquina con la cara violentamente deformada.

—Me alegro muchísimo de que llegaras cuando lo hiciste —dijo el director técnico todavía sentado en el suelo.

Miró a la figura aún palpitante.

—No es una muerte agradable, aparentemente, pero es rápida.

El empleado todavía miraba fijamente el cadáver. Era un hombre de comprensión lenta.

Hubo una pausa.

El director técnico se puso en pie torpemente. Se pasó los dedos por el cuello con cuidado y movió la cabeza varias veces.

—¡Pobre Holroyd! Ahora comprendo.

Luego, casi mecánicamente, se dirigió al interruptor que estaba en la oscuridad y volvió de nuevo la corriente al circuito del ferrocarril. Al hacerlo, el cuerpo chamuscado se soltó de la máquina y cayó de cara hacia adelante. El cilindro de la dinamo rugió alto y claro, y el inducido batió el aire.

Así terminó prematuramente el culto al Dios de las dinamos, quizá la más efímera de todas las religiones. A pesar de su brevedad, también pudo vanagloriarse de al menos un martirio y un sacrificio humano.

El robo en el parque de Hammerpond

Es un punto controvertido, si el robo en domicilios ha de considerarse un deporte, un oficio o un arte. Para oficio la técnica es muy poco rigurosa, y sus pretensiones de que se lo considere un arte, están viciadas por el elemento mercenario que determina sus triunfos. En general, lo más apropiado parece ser clasificarlo como deporte, un deporte para el que en la actualidad todavía no se han formulado las reglas, y cuyos premios se distribuyen de una manera extremadamente informal. Fue esta informalidad del robo domiciliario lo que llevó a la lamentable extinción de dos prometedores novatos en el parque de Hammerpond.

Los premios ofrecidos en este asunto, consistían principalmente en diamantes y otros diversos objetos personales propiedad de la recién casada Lady Aveling. Dicha señora, como recordará el lector, era la hija única de la señora Montague Pangs, la famosa anfitriona. Su enlace matrimonial con Lord Aveling fue extensamente anunciado en los periódicos, así como la cantidad y calidad de los regalos de boda, y el hecho de que la luna de miel la iban a pasar en Hammerpond. El anuncio de estos valiosos premios creó una gran sensación en el pequeño círculo, cuyo líder indiscutible era el señor Teddy Watkins, y se decidió que, acompañado por un ayudante debidamente calificado, visitaría la aldea de Hammerpond en plan profesional.

Siendo como era, hombre de natural retraído y modesto, el señor Watkins decidió realizar la visita de incógnito, y tras considerar debidamente las condiciones de la empresa, escogió el papel de pintor de paisajes y el nada comprometido apellido de Smith. Precedió a su ayudante, quien, según se decidió, no se le uniría hasta la última tarde de su estancia en Hammerpond.

Ahora bien, el pueblecito de Hammerpond es uno de los rincones más bellos de Sussex. Todavía sobreviven muchas casas con tejado de paja; la iglesia, construida en pedernal y con la alta aguja de la torre anidando bajo la colina es una de las más finas y menos restauradas del país, y los bosques de hayas y junglas de helecho por los que discurre la carretera hasta la gran mansión, son especialmente ricos en lo que los artistas y fotógrafos vulgares llaman "estampitas". De forma que, cuando llegó el señor Watkins con dos lienzos vírgenes, un caballete flamante, una caja de pintura, baúl de viaje, una ingeniosa escalerilla construida por secciones —siguiendo el modelo del difunto y llorado maestro Charles Peace—, palanca y rollos de alambre, se encontró con que le daban la bienvenida con efusión y cierta curiosidad media docena de otros hermanos del pincel. Esto convirtió en inesperadamente plausible el disfraz que había escogido, pero le obligó a soportar una cantidad considerable de conversación estética para la que estaba muy mal preparado.

—¿Ha hecho muchas exposiciones? —preguntó el joven Porson en el bar Coches y Caballos, donde el señor Watkins acumulaba hábilmente información local la noche de su llegada.

—Muy pocas —respondió Watkins—, sólo alguna que otra.

—¿En la Academia?

—En su momento. Y en el Palacio de Cristal.

—¿Le colgaron bien? —preguntó Porson.

—No diga tonterías —dijo el señor Watkins—. Eso no me gusta.

—Quería decir, si le pusieron los cuadros en un buen sitio.

—¿Qué insinúa? —preguntó suspicaz el señor Watkins—. Se diría que estaba tratando de averiguar si me habían puesto a la sombra.

Porson había sido criado por unas tías y, a pesar de ser artista, era un joven educado. No sabía lo que significaba ser puesto a la sombra, pero pensó que lo mejor era indicar que no pretendía nada de eso. Como la cuestión de colgar parecía un punto doloroso para el señor Watkins, trató de desviar un poco la conversación.

—¿Hace usted pintura figurativa?

—No, nunca se me dieron los números —respondió el señor Watkins—. Mi señora, la señora Smith, quiero decir, se encarga de todo eso.

—¡Ella pinta también! —exclamó Porson—. Eso es bastante divertido.

—Mucho —opinó el señor Watkins, aunque realmente no lo pensaba, y sintiendo que la conversación se le estaba yendo un poco de las manos, añadió—: He venido aquí para pintar la mansión de Hammerpond a la luz de la Luna.

—¡Hombre! —exclamó Porson—, es una idea bastante novedosa.

—Sí —aseguró el señor Watkins—. Me pareció una idea bastante buena cuando se me ocurrió. Espero empezar mañana por la noche.

—¿Qué? No pretenderá pintar al aire libre de noche.

—Sí, eso es lo que pretendo no obstante.

—Pero, ¿cómo verá el lienzo?

—Con una maldita linterna de policía... —comenzó el señor Watkins respondiendo demasiado rápidamente a la pregunta, y luego, dándose cuenta de ello, le pidió a voces otro vaso de cerveza a la señorita Durgan.

—Voy a utilizar algo llamado "linterna oscura" —le dijo a Porson.

—Pero ahora estamos a punto de Luna Nueva —objetó Porson—. No habrá Luna.

—En cualquier caso la mansión estará allí. Yo voy, ya sabe, a pintar primero la casa y después la Luna.

—¡Oh! —exclamó Porson demasiado sorprendido para continuar la conversación.

—Aseguran —intervino el viejo Durgan, el dueño del bar, que había mantenido un respetuoso silencio durante la conversación técnica— que hay no menos de tres policías procedentes de Hazelworth de servicio en la mansión a causa de las joyas de la tal Lady Aveling. Uno de ellos le ganó cuatro chelines y seis peniques al segundo mayordomo a cara o cruz.

Al día siguiente, hacia el crepúsculo el señor Watkins, lienzo virgen, caballete y una caja muy considerable con otros utensilios en la mano, caminó por el agradable sendero a través de los bosques de hayas hacia el parque de Hammerpond y clavó su aparato en una posición que dominaba la mansión. Allí fue observado por el señor Raphael Sant, que volvía de un estudio de las canteras de creta cruzando el parque. Habiéndole picado la curiosidad lo que Porson relataba del recién llegado, se dio la vuelta con la idea de discutir el arte nocturno.

El señor Watkins aparentemente no se dio cuenta de su llegada. Acababa de terminar una conversación amistosa con el mayordomo de Lady Hammerpond, y aquel sujeto se alejaba rodeado de los tres perros favoritos una vez cumplida la obligación que tenía de pasearlos después de la cena. El señor Watkins estaba mezclando colores con aire de gran concentración. Sant, acercándose más, quedó sorprendido al ver que el color en cuestión era un verde esmeralda tan fuerte y brillante como es posible imaginar. Habiendo cultivado una extrema sensibilidad al color desde su más temprana edad, expulsó el aire bruscamente entre los dientes tan pronto como vislumbró esa mezcla. El señor Watkins se volvió. Parecía molesto.

—¿Qué diablos va a hacer usted con ese verde brutal? —preguntó Sant.

El señor Watkins comprendió que su celo en aparecer ocupado a los ojos del mayordomo, evidentemente le había traicionado haciéndole cometer algún error técnico. Miró a Sant y dudó.

—Perdone mi rudeza —dijo Sant—, pero realmente ese verde es demasiado sorprendente. Me conmocionó. ¿Qué pretende hacer con él?

El señor Watkins hacía acopio de fuerzas. Sólo una actitud decidida podía salvar la situación.

—Si viene aquí a interrumpir mi trabajo —dijo—, le voy a pintar la cara con él.

Sant se retiró, pues tenía sentido del humor y era hombre pacífico. Bajando el monte se encontró con Porson y Wainwright.

—Una de dos, ese hombre es un genio o un lunático peligroso —explicó—, subid aunque sólo sea a ver su color verde.

Y continuó su camino, el semblante iluminado por la agradable premonición de una animada refriega en torno a un caballete al anochecer y el derramamiento de mucha pintura verde.

Pero con Porson y Wainwright, el señor Watkins fue menos agresivo y les explicó que el verde estaba pensado para ser la primera capa del cuadro. Se trataba, según admitió en respuesta a una observación, de un método absolutamente nuevo, inventado por él mismo. Pero a continuación se hizo más reticente, explicó que no iba a contar a todo el que pasara el secreto de su propio y particular estilo, y añadió algunos comentarios sobre la bajeza de alguna gente que remoloneaba por allí para enterarse de los trucos que podía de los maestros, lo que inmediatamente le alivió de su compañía.

El anochecer se hizo más oscuro, primero apareció una estrella y después otra. Las cornejas de los altos árboles a la izquierda de la mansión hacía tiempo que habían caído en soporífero silencio, la mansión misma había perdido todos los detalles de su arquitectura, convirtiéndose en un contorno gris oscuro, y entonces las ventanas del salón lucieron brillantes, se iluminó la galería de las plantas, y aquí y allá amarilleó alguna que otra ventana de dormitorio.

Si alguien se hubiera acercado al caballete en el parque lo habría encontrado abandonado. Una palabra breve y grosera en un verde brillante manchaba la pureza del lienzo. El señor Watkins estaba ocupado en los arbustos con su ayudante, que se le había unido directamente

desde la carretera. El señor Watkins tendía a autofelicitarse por el ingenioso ardid que había empleado para transportar su aparato
descaradamente a la vista de todos, justo hasta el teatro de operaciones.

—Ése es el vestidor —explicó a su ayudante—, y tan pronto como la
doncella se lleve la vela y baje a cenar haremos una visita. ¡Caramba!
¡Qué bonita está la mansión a la luz de las estrellas y con todas las ventanas y luces! Que me aspen, Jim, si ahora no me gustaría ser un pintor
de ésos. Encárgate de poner el alambre cruzando el sendero desde la
lavandería. Se acercó cautelosamente a la mansión, hasta que estuvo
bajo la ventana del vestidor y comenzó a ensamblar la escalera plegable.
Era un profesional demasiado experimentado para sentir ninguna excitación desacostumbrada. Jim estaba explorando el salón de fumar. De
repente, muy cerca del señor Watkins, en los arbustos, hubo un choque
violento y una maldición sofocada. Alguien había tropezado con el alambre que su ayudante acababa de poner. Oyó pies que corrían por el
sendero de grava de más allá. El señor Watkins, como todo buen artista,
era particularmente tímido, y sin poder contenerse, dejó caer la escalera
plegable y empezó a correr prudentemente por los arbustos. Era confusamente consciente de que dos personas venían pisándole los talones y
creyó que distinguía el contorno de su ayudante delante de él. En otro
instante había saltado el bajo muro de piedra que deslindaba los arbustos y estaba en parque abierto. Dos golpes secos sobre el césped siguieron
a su propio salto.

Se trataba de una ceñida persecución en la oscuridad a través de los
árboles. El señor Watkins, de constitución ágil y bien entrenado, ganó,
golpe a golpe, a la figura que jadeaba trabajosamente por delante. Ninguno habló, pero como el señor Watkins se puso deprisa a su lado, le
sobrevino un escrúpulo de duda terrible. El otro hombre volvió la cabeza al mismo tiempo y profirió una exclamación de sorpresa.

—No es Jim —pensó el señor Watkins, y simultáneamente el extraño se lanzó, como si dijéramos, a las rodillas de Watkins y directamente
estaban luchando a brazo partido los dos juntos en el suelo.

—Échame una mano, Bill —gritó el extraño cuando llegó el tercer
hombre.

Y Bill lo hizo, de hecho, con las dos manos y recalcando con algunos
pies. El cuarto hombre, presumiblemente Jim, al parecer se había dado
la vuelta y dirigido en una dirección diferente. En cualquier caso, no se
unió al trío.

La memoria del señor Watkins sobre los incidentes ocurridos en los
dos minutos siguientes es extremadamente vaga. Se acuerda oscuramente
de tener el pulgar en la comisura de la boca del primer hombre y de que,
sintiendo ansiedad por su seguridad y durante unos segundos al menos, mantuvo contra el suelo la cabeza del caballero que respondía al

nombre de Bill, agarrándole por el cuello. También fue pateado en gran número de sitios diferentes, aparentemente por una ingente multitud. Después, el caballero que no era Bill, logró poner la rodilla bajo el diafragma de Watkins y trató de doblarle sobre ella.

Cuando sus sensaciones se hicieron menos confusas, estaba sentado sobre el césped y ocho o diez hombres —la noche era oscura y estaba demasiado confuso para contar— estaban de pie a su alrededor, aparentemente esperando a que se recuperara. Tristemente llegó a la conclusión de que había sido capturado, y probablemente habría hecho algunas reflexiones filosóficas sobre la veleidad de la fortuna, si sus sensaciones internas no le hubieran quitado las ganas de hablar.

Rápidamente observó que no tenía las manos esposadas, y luego le pusieron en ellas un frasco de brandy. Esto le emocionó un poco —era una amabilidad tan inesperada.

—Está volviendo en sí —dijo una voz que se imaginó pertenecía al segundo lacayo de Hammerpond.

—Los tenemos, señor, a los dos —dijo el mayordomo de Hammerpond, el hombre que le había ofrecido el frasco—. Gracias a usted.

Nadie respondió a esta observación. Sin embargo, no llegó a comprender cómo se la aplicaban a él.

—Está bastante aturdido —dijo una voz extraña—, el bribón casi lo mata.

El señor Teddy Watkins decidió seguir bastante aturdido hasta comprender mejor la situación. Se percató de que dos de las negras figuras que le rodeaban, estaban en pie, una junto a la otra con aire abatido, y había algo en la posición de los hombros que sugirió a sus experimentados ojos que tenían las manos atadas. ¡Dos! Se irguió con la rapidez del rayo. Vació el pequeño frasco y se tambaleó hasta ponerse en pie con la ayuda de unas manos serviciales. Hubo un murmullo de simpatía.

—Deme la mano, señor, deme la mano —dijo una de las figuras junto a él—. Permítame que me presente. Tengo una gran deuda con usted. Eran las joyas de mi mujer, Lady Aveling, las que atrajeron a estos dos bribones a la mansión.

—Encantado de conocer a su excelencia —dijo Teddy Watkins.

—Supongo que vio a los bribones dirigiéndose a los arbustos y cayó sobre ellos.

—Eso es exactamente lo que pasó —dijo el señor Watkins.

—Debería usted haber esperado a que entraran por la ventana —explicó Lord Aveling—. Lo habrían tenido mucho peor si de hecho hubieran cometido el robo. Y tuvo suerte de que dos policías estuvieran fuera, junto a la verja, y les siguieran a ustedes tres. Dudo que usted solo hubiera podido apresar a los dos, aunque fue condenadamente valiente por su parte de todas formas.

—Sí, debí haber pensado en todo eso —dijo el señor Watkins—, pero no se puede pensar en todo.

—Desde luego que no —asintió Lord Aveling—. Siento que le hayan magullado un poco —añadió.

La partida se dirigía ahora hacia la mansión.

—Cojea bastante. ¿Puedo ofrecerle mi brazo?

Y en lugar de acceder a la mansión de Hammerpond por la ventana del vestidor, el señor Watkins entró en ella —ligeramente intoxicado y ahora propenso de nuevo a la alegría— del brazo de un auténtico par del reino de carne y hueso, y por la puerta principal.

—¡Esto —pensó el señor Watkins— es robar con estilo!

Los bribones, vistos a la luz de gas, demostraron ser puros aficionados locales, desconocidos para el señor Watkins. Les bajaron a la despensa, siendo allí vigilados por tres policías, dos guardias con las escopetas cargadas, el mayordomo, un mozo de cuadra y un carretero, hasta que el amanecer permitió su traslado a la comisaría de policía de Hazelworth. Al señor Watkins le obsequiaron en el salón. Le dedicaron todo un sofá y no quisieron ni oír hablar de su vuelta al pueblo esa noche. Lady Aveling estaba segura de que era brillantemente original y expuso su idea de que Turner era otro tipo semejante, tosco, medio borracho, de mirada profunda e ingenioso. Alguien trajo una notable escalerilla plegable que había sido recogida en los arbustos y le mostró cómo se ensamblaba. También le describieron cómo se habían encontrado alambres en los arbustos, evidentemente colocados allí para hacer caer a perseguidores incautos. Había tenido suerte de haberse librado de esas trampas. Y le enseñaron las joyas.

El señor Watkins tuvo el sentido común de no hablar demasiado, y ante cualquier dificultad en la conversación, se refugiaba en sus dolores internos. Al final, la rigidez de espalda y el bostezo se apoderaron de él. De repente, todo el mundo cayó en la cuenta de que era una vergüenza tenerle allí hablando después de la refriega, así que se retiró temprano a su habitación, la habitacioncita roja contigua a la suite de Lord Aveling.

La aurora encontró un caballete abandonado que soportaba un lienzo con una inscripción verde en el parque de Hammerpond, y encontró la mansión de Hammerpond alborotada. Pero si encontró al señor Watkins y a los diamantes de Lady Aveling, no comunicó la información a la policía.

Contenido

Prólogo 5

La Máquina del Tiempo 13

El hombre invisible 87

La guerra de los mundos 209

Los primeros hombres en la Luna 351

Cuentos 521
    El nuevo acelerador 523
    La floración de la extraña orquídea 536
    En el observatorio astronómico de Avu 543
    Los triunfos de un taxidermista 549
    Un negocio de avestruces 552
    El hombre que volaba 556
    El bacilo robado 562
    El tesoro en el bosque 568
    El dios de los dinamos 575
    El robo en el parque de Hammerpond 582

TÍTULOS DE ESTA COLECCIÓN

Aldous Huxley

Charles Baudelaire

Edgar Allan Poe

Ernest Hemingway

Fedor Dostoievski

Friedrich Nietzsche

Franz Kafka

H. G. Wells

H. P. Lovecraft

Hans Christian Andersen

Hermann Hesse

J. Wolfgang von Goethe

Julio Verne

Khalil Gibran

Lewis Carroll

Mark Twain

Marqués de Sade

Oscar Wilde

Platón

Rubén Darío

William Shakespeare